全国教育科学"十一五"规划2007年度教育部规划课题
（科教规办函〔2007〕010号，课题批准文号：FlB070303）
中国写作学会2009—2014年度二等奖教材
大学写作原创体系教材
创意写作基础理论教材

新编大学写作教程
（第四版）

主　编　王锡渭
副主编　李华珍　叶良旋
　　　　廖万军　刘荣林

图书在版编目(CIP)数据

新编大学写作教程/王锡渭主编. —4版. —北京：北京大学出版社，2017.5
ISBN 978-7-301-27935-9

Ⅰ.①新… Ⅱ.①王… Ⅲ.①汉语-写作-高等学校-教材 Ⅳ.①H15

中国版本图书馆CIP数据核字（2017）第007220号

书　　名	新编大学写作教程（第四版）
著作责任者	王锡渭　主编
策划编辑	李　玥
责任编辑	李　玥
标准书号	ISBN 978-7-301-27935-9
出版发行	北京大学出版社
地　　址	北京市海淀区成府路205号　100871
网　　址	http://www.pup.cn　新浪微博：@北京大学出版社
电子信箱	zyjy@pup.cn
电　　话	邮购部 010-62752015　发行部 010-62750672　编辑部 010-62704142
印刷者	三河市博文印刷有限公司
经销者	新华书店
	787毫米×1092毫米　16开本　25.75印张　659千字
	2008年7月第1版　2011年9月第2版　2013年9月第3版
	2017年5月第4版　2021年7月第7次印刷（总第21次印刷）
定　　价	52.00元

未经许可，不得以任何方式复制或抄袭本书之部分或全部内容。
版权所有，侵权必究
举报电话：010-62752024　电子信箱：fd@pup.pku.edu.cn
图书如有印装质量问题，请与出版部联系，电话：010-62766370

《新编大学写作教程（第四版）》编委会

主　编　王锡渭
副主编　李华珍　叶良旋　廖万军　刘荣林
参　编　（按姓氏笔画顺序排列）
　　　　王锡渭　叶良旋　付为贵　毕建模
　　　　刘荣林　孙颖洲　李华珍　李定乾
　　　　杨先顺　张　莹　张颖东　周文娟
　　　　周　安　郝学华　涂明求　黄悠纯
　　　　覃新菊　鲁晓霞　廖万军

目 录

上编 原理论

第一章 绪论 ……………………………………………………………… (3)
 第一节 写作的含义 ……………………………………………………… (5)
 第二节 写作的规律 ……………………………………………………… (12)
 第三节 写作的特点 ……………………………………………………… (37)
 第四节 写作学、写作教材和写作课 …………………………………… (43)
 思考与练习一 …………………………………………………………… (46)

第二章 写作发现 ………………………………………………………… (49)
 第一节 写作发现概述 …………………………………………………… (49)
 第二节 写作发现的标准 ………………………………………………… (53)
 第三节 写作发现的条件 ………………………………………………… (54)
 第四节 写作发现方法 …………………………………………………… (67)
 第五节 写作发现能力的培养 …………………………………………… (77)
 思考与练习二 …………………………………………………………… (81)

第三章 构思 ……………………………………………………………… (86)
 第一节 构思概述 ………………………………………………………… (86)
 第二节 构思原则 ………………………………………………………… (93)
 第三节 构思内容 ………………………………………………………… (98)
 第四节 构思过程 ………………………………………………………… (107)
 第五节 构思方法 ………………………………………………………… (111)
 第六节 构思能力的培养 ………………………………………………… (115)
 思考与练习三 …………………………………………………………… (119)

第四章 表达 ……………………………………………………………… (122)
 第一节 表达概述 ………………………………………………………… (122)
 第二节 表达语言 ………………………………………………………… (124)
 第三节 表达过程 ………………………………………………………… (126)
 第四节 表达方式 ………………………………………………………… (133)
 第五节 表达要求 ………………………………………………………… (151)
 第六节 表达能力的培养 ………………………………………………… (156)
 思考与练习四 …………………………………………………………… (161)

下编　文体论

第五章　新闻文体 (169)
　第一节　消息 (169)
　第二节　通讯 (180)
　第三节　报告文学 (188)
　思考与练习五 (199)

第六章　文学文体 (202)
　第一节　散文 (202)
　第二节　小说 (210)
　第三节　诗歌 (227)
　第四节　戏剧文学 (235)
　第五节　影视文学 (245)
　思考与练习六 (261)

第七章　应用文体 (265)
　第一节　公文 (265)
　第二节　总结 (315)
　第三节　求职信 (321)
　思考与练习七 (330)

第八章　理论文体 (336)
　第一节　社会评论 (336)
　第二节　杂文 (343)
　第三节　文学评论 (352)
　第四节　学术论文 (362)
　思考与练习八 (368)

附篇　应用性文本论

附篇一　广告文案 (375)
　第一节　广告文案概述 (375)
　第二节　广告文案写作 (377)
　思考与练习九 (387)

附篇二　申论 (390)
　第一节　申论概述 (390)
　第二节　申论考试的解题过程及其注意事项 (391)
　第三节　申论考试备考策略 (401)
　思考与练习十 (402)

第四版后记 (405)

上编

原理论

第一章 绪 论

　　表情达意、传递信息用到写作。没有文字之时,原始先民结绳记事,有了文字,人们先后在甲骨、青铜器、简牍、缣帛、纸张或电子媒介等上记写事件、抒发情感、表述认识、发布政令,统观人类文明史,写作记载和促进了人类的精神文明和物质文明的发展。

　　人类社会离不开写作,作为个人学会写作也十分重要。进入不断产生新媒体、写作海量发生的网络时代,纸笔化和无纸化写作并行而又相互影响、渗透。随着一些网站交流平台的研发问世,携带手机或其他手持电子设备随时随地可以传递信息,写作十分便当,全民写作时代已经来临。当代大学生一定要努力获得心手统一的文字功底,不能养成依赖互联网用鼠标"复制""拼装"文本[1],舍此只会制作"地摊货"的弊习。无数事实证明,不论在哪个专业学习,写作能力强是生存竞争的一个重要条件,会给生活、学习和工作带来许多便利,也成为展现才华的优势。具备良好的写作能力在毕业后远航能够为开展工作、评定职称或晋升职务提供一个乘风破浪的条件,进而实现生命与生存意义上的更高价值并受益终生。关于学生学会写作的重要意义,毛泽东早在1936年写给时任抗日红军大学校长林彪的信中就明确指出:"如果学生一切课都学好了,但不能看书作文,那他们出校后的发展仍是很有限的。"[2]这话在1999年教育部支持许多知名高校跟踪调查自己学校培养出去的学生的发展情况的汇总结论中也得到了证实。[3]

　　无人不希望自己撰写文章[4]具有天机云锦的才能,那么如何学习才能达到较高的写作水准呢?请看美国艺术心理学家鲁道夫·阿恩海姆对艺术创作的研究:

　　艺术家与普通人相比,其真正的优越性在于:他不仅能够得到丰富的经验,而且有能力通过某种特定的媒介去捕捉和体现这些经验的本质和意义,从而把它们变成一种可触知的东西。非艺术家则不然,他在自己敏锐的智慧结出的果实前不知所措,不能把它们凝结在一个完美的形式之中。他虽然能够清晰或模糊地表达自己的思想,但不能把自己的经验表达出来。一个人真正成为艺术家的那个时刻,也就是他能够为他亲身体验到的无形体的结构找到形状的时候。[5]
艺术家同一般人相比,前者不仅能够借助媒介深化经验的意义,把经验上升到本质的高度,而且能够运用恰当的形式把它呈现出来;而后者看见一匹马仅为一匹马,挖掘不出经验的深刻含义,对经验的表达也找不到合适的形式。这说的是艺术创作,借助文字表达的写作也很相似。比如,一位诗人同不会写诗的人在诗意的提炼和表达上存在一定差距。这个差距最主要的就是前者内化了写诗规律,能够手随心意;后者则仅知写诗的"皮毛",下笔似描红,所写的缺少鲜活的诗歌神韵。这种情况在其他文体的写作中也同样存在。在许多人经历的客观环境相似的情况下,个别人能写出令人称奇的文字,而多数人却不能发表只言片语。这说明,精于写作的能够巧妙地运用写作规律;而拙于表达的对写作法则不熟习,还在必然王国里摸索。他们之间最主要的差距表明:掌握写作规律是写作的关键要素。

---

[1] 文本是一个宽泛的概念,不同学科对其有不同的解释。从写作学的角度我们认为,已被作者以外的人解读过的文章称为作品,未被接受的单句、语段和文章都属于文本。
[2] 毛泽东.致林彪[M]//毛泽东书信选集.北京:人民出版社,1983:52.
[3] 王香平.大学生写作能力教程[M].广州:中山大学出版社,2007:4.
[4] 文章有广义和狭义之说。广义文章是根据写作发现按照一定审美规范将文字有机组合成特定体式的文本,本书采用这种说法。
[5] 鲁道夫·阿恩海姆.艺术与视知觉[M].滕守尧,朱疆源,译.北京:中国社会科学出版社,1984:228.

会写作的有各种情况的人,其中通过学习写作之法成为作家的大有人在,毋庸讳言,没有学习写作理论也能创作出彪炳千秋之作成为大家的也不乏其人。仔细研究后者的成功经验,不难发现,他们在创作前通过某种实践把握了文章"应该怎样写"①则是一条通则。例如,关汉卿、莎士比亚对舞台演出和许多剧本十分熟悉,还能粉墨登场,一旦写作,实践中掌握的戏剧创作之法就以素养的面目出现发挥作用。

掌握写作规律是牵住了写作的牛鼻子。然而,对大学生而言,只有经过系统的理论学习和习练把它化为内部语言,形成写作时可以随心所欲提取的一套系统"内存",才能称得上掌握了写作规律。为促使学生生成这种丰富的内部语言,提高写作技能,大学写作课在组织"第一课堂"的教学和推进"第二课堂"的写作活动中应该对学生开拓鉴赏文章的理论视野、提升良好的写作思维素养、培养能够应对社会各种写作需要的扎实的写作基本功。这三者教学的核心应在中小学的语文课上对学生进行基础性写作训练之上引领他们进入真正意义上的高起点写作。

关于写作歌德说:

艺术的真正生命正在于对个别特殊事物的掌握和描述……

到了描述个别特殊这个阶段,人们称为"写作"(Komposition)的工作也就开始了。②

歌德这段话的内涵是说,认识事物的特殊本质,把其独特性表述出来的过程才称之为真正意义上的写作。这说的是文学创作,对其他文体的写作包括论文、公文写作也同样适用。作为一门课程,大学写作对学生的写作水平要有较高要求,这个要求虽然不能以小说家、诗人、剧作家或理论家的水平为标准,但是规定学生写出的文章一定要有所创新,要有点特色,像模像样。这个要求并不高。翻阅中外写作史不难发现,一些脍炙人口之作有不少是业余作者写的。例如,《诗经》的作者们都不是专业的,他们的作品被奉为了儒家经典③,当时不是职业写手写出了富有美学或文化符号学意义的在世界传播而又经久不衰的作品并不少见。在现实生活中,随便浏览目前选刊,看到的篇章多为业余作者的作品。目光转向身边熟人,能够发现有不少并非是专业写手也能写出一手好文章。这些写作现象不是特例,而是很普遍的。可是,绝大多数刚入学的大学生只要一下笔就很熟练地"化合"出有着包浆般的观点、古董性的材料、一模所铸的结构和模仿似的语言的"考场四不像"。改变这种在大学生写作中被不自觉的取巧图便意识掌控、坦然制作"考场新八股"的普遍写作现象,消除他们的高考作文后遗症,培养他们的健康写作心理,使他们养成具有创新观念、掌握创新手法的优良写作素养,能够撰写出心手合一具有一定新意的文章,这是本科写作课程标准的教学目标。

之所以确定这样的教学目标,还是因为美、英、法等国和我国有些新闻媒体在其网站和报纸的一些栏目中已经发布"写作机器人"或"机器人记者"制作的消息。甚至美国"机器人记者"研发公司——叙述科学公司(Narrative Science)技术总监哈蒙德预言,未来十几年完全由写作机器人撰写的文章所占比例将达到90%以上④。可以预见,随着科学技术的发展,写作机器人的类型会越来越多,智能化程度也会越来越高,使用领域也会越来越广。推动其进程的是来自写作机器人替代人一部分写作的优势。其优势是它按照设定的算法程序,根据收集的信息,建立数据库,从中寻找相互间关系和模板,然后自动生成一篇具有可传播性的文章,其写作这类文章比人的速度更快,且成本更低。当前,写作机器人除了在媒体立足,也开始涉足文学、艺术创作领域,今后写

---

① 鲁迅有言:"凡是已有定评的大作家,他的作品,全部就说明着'应该怎样写'。只是读者很不容易看出。"见《不应该那么写》[G]//鲁迅.且介亭杂文二集.北京:人民文学出版社,1973:77。
② 歌德谈话录[G]//朱光潜,译.伍蠡甫,胡经之.西方文艺理论名著选编(上).北京:北京大学出版社,2004:432—433.
③ 蒋见元.先秦诗概述[M]//上海古籍出版社.先秦汉魏六朝诗鉴赏.上海:上海古籍出版社,1998:3.
④ 李晖,高洪山."写作机器人"将如何影响媒体[J].秘书工作.2015(08):64.

作机器人还将进入其他行业。社会上对写作机器人的写作是需要的,对人的写作也是需要的。凭借人设计的智能软件进行"采集清洗""计算分析""模板匹配"的机器人写作和反映人的本质力量对象化的创新性写作将是今后并行不悖的写作现象。用于告知一般信息的日常化、单一化、简单化和模式化的写作将由写作机器人承担,复杂的涉及创新性的写作将由人来完成,这很可能是以后社会需要的写作约定俗成的大致分工情况。而由人独自进行以情感人或说理深刻等具有独创性的写作则是人类具有著作权意义上的写作强项。为迎接写作智能机器人与人相伴时代的到来,根据写作机器人快速发展的趋势,确定上面表述的大学写作课程标准的教学目标是顺应了社会发展对大学生写作的要求。

据此,安徽省写作学会2014年1月邀请全国部分高校写作教师和有关研究机构的相关专家根据教育部关于培养创新人才建设专业核心课程教材,"不断修订完善,将学科、行业的新知识、新技术、新成果写入教材。鼓励编写及时反映人才培养模式和教学改革最新趋势的教材,注重教材内容在传授知识的同时,传授获取知识和创造知识的方法",编写特色鲜明的教材的文件精神[1]和大学新生在小学、中学阶段已经学习过一些写作理论、具有写出一般化文章技能的基础,结合大学生在校学习、毕业找工作和工作中的需要,遵循写作的本质是创新的铁律,使学生学会创意写作,第四次修订了以"写作发现—构思—表达"为体系的《新编大学写作教程》。希望通过这本教材的系统理论学习和扎实有效的科学练笔,学生写作能力能够得到行之有效的提高,实现"直挂云帆济沧海"的人生理想。

第一节　写作的含义

一、写作定义的历史回顾

写作是什么?

这是写作学研究的一个最基本的核心问题。释义写作概念,据管见所及,中国古代文论虽不乏写作过程的解说,对"写"和"作"分别作出过解释但还没有直接对写作进行定义说明的文字。中华人民共和国成立后,一些大学汉语言文学专业先后开设了写作课,讲授写作课的教师开始注意研究"写作是什么"的问题。对此基本都停留在"精神劳动""创造性的精神劳动"或"客观现实的反映"这些依据哲学观点推导出的浅层次的唯象理论的表述上。1978年以后,对"写作是什么"的研究逐渐深入,对于这个问题,一些大学写作教材,作出了解答。

由于写作现象的复杂性,写作学研究者对它的认识采用的观点和方法的不同,对"写作是什么"的解答,有不同的角度。在这个问题上,对写作的释义,有人从行为、能力和工具的维度陈述[2],有人从写作心理的平面切入[3],有人从写作行为的角度强调"制作"[4],有人从写作内容的角度突出"创造性"[5],有人从写作手段和写作过程的形式和本质的角度入手[6],有人从写作操作论和本体论的视角作出解说[7],有人根据美国当代文艺学家M. H. 艾布拉姆斯的"文艺四要素"学

---

[1] 教育部关于"十二五"普通高等教育本科教材建设的若干意见[ED/OL]. (2011-04-28)[2014-11-16]. 信息公开专栏. 信息公开目录. 高等教育. http://www.moe.gov.cn.
[2] 刘锡庆. 基础写作学[M]. 北京:中国广播电视大学出版社,1985:3.
[3] 王东成. 新编写作学[M]. 北京:高等教育出版社,1989:15.
[4] 朱伯石. 现代写作学[M]. 北京:人民日报出版社,1986:9.
[5] 王光祖,杨荫浒. 写作[M]. 上海:华东师范大学出版社,1999:1.
[6] 周姬昌. 写作学高级教程[M]. 4版. 武汉:武汉大学出版社,2009:2.
[7] 马正平. 高等写作学引论[M]. 北京:中国人民大学出版社,2002:65 67.

说和信息论观点进行诠释①。这些学者从各自的研究角度对写作的界说是不无道理的。

二、写作的含义

写作是什么？

弗洛伊德的精神分析学把人的心理分为意识、前意识和潜意识互为联系的三个层级。他的超我、自我和本我的人格结构理论虽被质疑，但在西方现代派文学创作尤其在意识流小说创作中却得到了广泛应用。也许是吸收了弗洛伊德的"冰山理论"，日本当代作家村上春树把人的复杂的精神活动划分成四个层级，他认为在地上二层，人人都在一定的房间内生活，在"灵魂地下一层""储存着我们记忆的碎片。而不为大部分人所知的是,在更深处的'地下二层',还有着一间漆黑的屋子"②。要创作打动人心的作品，就要找到通往"灵魂的地下二层"的道路。村上春树的这个形象说法蕴含作者创作选取灵魂深处的内容有层级的意思。

选择写作材料有层级，写作过程也有层级吗？

写作现象十分复杂，是一个流水无痕的整体，对其表述异常困难。列宁说：

如果不把不间断的东西割断，不使活生生的东西简单化、粗糙化，不加以划分，不使之僵化，那么我们就不能想象、表达、测量、描述运动。③

为了描述方便，我们把写作活动这个一体化的动态系统看成是由相互联系、相互渗透和相互作用的四层次组合的金字塔。其中，处在底层的是心理诉求要素群，由知觉、情感、注意和记忆等构成，是它萌生写作念头；在它之上是才智蕴蓄要素群，由素质、修养和能力构成，由它化解写作矛盾；位居第三层的是加工制作要素群，由"思维"贯穿的"写作发现""构思"和"表达"构成，是它纂组文章；居于顶层的是文意呈现要素群，由主旨、材料、结构、语言和表达方式等构成，它显现作者的思想或情感。一般来说，写作活动是在这个金字塔的自下而上和自上而下"连续"和"离散"的矛盾协调转换中逐渐推进的。

构成写作活动的四层次结构的金字塔具有临时性的特点。平时心理诉求要素群和才智蕴蓄要素群的各种要素散居在作者的前意识④之中，一旦作者心理诉求要素群因某种原因生成意念，形成主动（我要写）或被动（要我写）的表达欲望，就会召唤心理诉求要素群和才智蕴蓄要素群的相关要素进入意识，参与由"思维"贯穿的"写作发现""构思"和"表达"组合的加工制作呈现文意诸要素的工作，于是这个写作的四层次结构的金字塔就应运生成并运作起来。当文章写成后，这个塔形结构便自行解体，相关要素又回到前意识之中。

写作的中心是制作文章。文章制作的"果"由文意呈现要素群构成，推动文章制作活动的"因"是心理诉求要素群、才智蕴蓄要素群和加工制作要素群的合力运作。这从"因"到"果"便是文章的生成过程，以文章制作过程为研究对象，通过对文章生成过程的因果关系的由表及里的分析、综合和概括，能够揭示写作规律，回答写作是什么。

从方法学的角度，结合结构主义方法和系统理论对文章制作过程的构成写作活动金字塔要素进行四层次结构分析不难发现，加工制作要素群是文章制作四层次金字塔的上下贯通、相互协作的枢纽，整个构成结构以它为核心，它是文章制作的"车间"，心理诉求要素群、才智蕴蓄要素群上传的写作要素在这里进行加工，制成文意呈现要素群的各个要素。针对加工制作要素群的运行环节，破解其各个环节同其他要素群协作运行的关系，加以科学的归纳和概括，能很好地揭示

---

① 董小玉.现代写作教程[M].北京:高等教育出版社,2003:1—4.
② 村上春树.每一个故事,都种在灵魂深处[J].莲见,译.读者,2013(18):28.
③ 列宁.黑格尔《哲学史讲演录》一书摘要[M]//顾锦屏,吴达琼,译.列宁全集(第55卷),北京:人民出版社,1990:219.
④ "前意识"概念的使用借鉴了认知心理学的观点。

写作规律。

　　写作具有"创造性",是"制作",说到底是对价值性信息的转换、生成和表达。价值性信息是一种"写作发现"。这种发现是作者从生活、学习或工作中在心理诉求要素群和才智蕴蓄要素群的相互作用下经过取舍和提炼的,写作发现只有进行从内容到形式的系统完型,即完美地呈现表达文意的各个要素,才能更好地传播,这系统完型的孕育离不开"构思"。构思完备,还要用语言表达出来。"文字符号的排列、组合与操作"属于言语行为,是"表达"。这些活动都与"思维"有着直接的关系。通观它们,可以发现:"思维"与"写作发现""构思""表达"是文章制作过程中的四大要素,由它们构成了文章的加工制作要素群。在表达欲望的推动下,这个要素群在心理诉求要素群和才智蕴蓄要素群的协作下运作起来,形成了文章制作的核心过程,这个过程就是对有些研究者所说的写作是一种思想、思维、思路和语言修辞性的展开行为①的具体化,用图1.1表示就是:②

图 1.1

这个模式图对文章制作过程作了哪些概括呢?

　　第一,它指出了文章制作是从作者思考写作发现开始的。

　　说到这个问题,请看:

　　　　真没想到关于《红楼梦》的文章,是这样地不好写!我把这部文学巨著,又从头翻了一遍,睡前饭后,或是做着其他事情的时候,脑子里总在不断地思索琢磨,也还挑不起一个下笔的头绪。……虽然自己平日和朋友在一起的时候,也曾随便举其一端,而兴采烈地谈个没完,但是当自己要选个题目,来比较深入地抒写的时候,就感到自己真像进入大观园的刘姥姥,神眩心摇,应接不暇。③

这是冰心回忆撰写《〈红楼梦〉写作技巧一斑》时说的话,从中看出不写文章可以围绕一个话题随心所欲地"神侃",一旦提笔写作就要考虑很多问题。这其中最重要的就是确定写作发现。当作家再次阅读《红楼梦》"不断地思索琢磨",从脂砚斋的评语中发现《红楼梦》有一种写作方法是"两山对峙"后,于是她围绕这个写作发现在1963年写出了很有见地的评论。

　　生活中人们有很多发现,在不同场合能够经常听到有人说"我发现……""我发现……"这些发现绝大多数不能进入写作,只有把发现孕育成心理诉求点——确定为写作发现,写作才真正开始。这是因为面对发现,若选择它作者会思考其意义何在、价值大小和重要程度如何,经过权衡,作者若从中衡量出了不一般的意义和分量,认为很有传播的必要,于是这个具有价值性信息的写作发现,就成了促使作者写作的主要驱动力,作为写作个体的写作活动便开始了。例如,鲁迅创作《狂人日记》,他认为"在暴露家族制度和礼教的弊害,却比果戈理的忧愤深广"④,这种认识源

---

① 马正平.高等写作学引论[M].北京:中国人民大学出版社,2002:65—66.
② 该图经过了多次修改,最早见王锡渭《论高校写作教材的编写》[J].教育研究.2005.(10):89.
③ 冰心.《红楼梦》写作技巧一斑[G]//吴重阳,肖汉栋,鲍秀芬.冰心论创作.上海:上海文艺出版社,1982:129.
④ 鲁迅.《中国新文学大系》小说二集序[M]//且介亭杂文(二集).北京:人民文学出版社,1973:19.

于作家"偶翻《通鉴》,乃悟中国人尚是食人民族",他说:"此中发现,关系亦甚大,""因此成篇"①。因为有了重大的写作发现,所以动手创作。这重大发现就成了《狂人日记》创作的开端。作家写作讲究"写作发现",初学写作者以模仿为主就不讲究写作发现吗?初学者学习写作离不开模仿,这种摹仿一般是方法、角度、表达方式或语言上的学习,而在写作内容上避免与模仿对象的雷同,在模仿中发现了价值性信息是促使初学者写作的一个原因。

第二,它揭示出文章制作活动在"思维"贯穿全过程中"四要素"必须联动的规律。

写作中"思维"极为重要。具体来说,"思维"包括理论思维和意象思维。论说文的写作是"理论思维","思维"对于论说文的写作其作用不言而喻,这里不作赘述。文学创作采用的主要是"意象思维",就拿最强调情感作用的诗歌写作而言,常言道"愤怒出诗人",这断语强调的是"没有感情,就没有诗人,也没有诗"②。从创作诗歌需要情感的角度,"愤怒出诗人"是正确的,然而写诗,只有愤怒,没有思维,"不宜作诗,否则锋芒太露,能将'诗美'杀掉"③。文学写作,只有情感,没有"思维"的参与,是难以缀字成文的。写作,把发现确定为"写作发现"使用"思维","构思"依靠"思维","表达"运用"思维"。整个写作过程,"思维"贯穿始终,写作模式反映了"写作发现""构思"和"表达"离不开"思维"的写作现实。

在宏观上,文章制作的全部活动是为了把"写作发现"表达出来,这整个过程都是为了"写作发现"展开的。在具体写作中,"写作发现"引发"思维"考虑写作发现的内容,就在"思维"与"写作发现""互动"的同时,"表达"参加进来,它促进"思维"在对比中肯定或否定最初的"写作发现",帮助"思维"丰富"写作发现"的内涵和深化"写作发现"的意义。这种内涵的丰富、意义的深化为构思确定了方向,它也正是构思对"写作发现"内容深刻性的思考。当"写作发现"向着"构思"运行的时候,这时的"构思"与"写作发现"互动起来,重点解决表达"写作发现"的内容和形式问题。其间,"表达"和"思维"加入进来,帮同"构思"选择组合材料和梳理思路。当经过这一番联动,表达的内容和形式确定之后,"表达"与文章制作的另三个要素又连动起来,在"写作发现"和"构思"导引下,最后以"表达"完结而结束写作。这是写作过程中"思维"与其他三要素的系统联动。这是文章制作的一条基本规律。以写作发现为中心的顺时针式写作是这样(写作发现→构思→表达),以写作发现为中心的逆时针式写作也是这样(写作发现→表达→构思)。例如,有人发现了一个感人的场面或情节,于是就描述它,在表述的过程中,他既要深层次地思考这个场面或情节的意义,又要考虑下一步如何行文。这种写作属于"表达"在"思维"参与下与"写作发现"和"构思"的联动。就是在这样的不断联动中文章被撰写出来。

写作中的微观活动表现为"构思"和"表达"上的具体写作环节。这具体环节以一个要素的活动为主,其他三个要素也加入进来共同解决写作问题。例如,修改词句是局部的表达行为,这似乎仅与表达思想或情感有关,可仔细分析可以发现,它是牵一发而动全身的整体联动。如诗歌写作中的烹字炼句,它与"思维""写作发现""构思"是密切相关的。例如,"春风又绿江南岸"中的"绿"字敲定前,诗人曾分别推敲"过""到""入"和"满"字。而最终选定的"绿"字④之所以被历代文人称道,是因为它既丰富了"写作发现"的内涵——通过"绿"字诗人描画出家乡的美景,抒写神宗以翰林学士召他进京入对"治天下事"的喜悦和离家的留恋之情,又在结构上突出了功成身退"欲'还'钟山的渴望,使结局更富情韵"⑤。修改后的这个"绿"字在结构上能起到如此作用,表明

---

① 鲁迅.致许寿裳[M]//鲁迅全集(第9卷).北京:人民文学出版社,1958:285.
② 别林斯基.爱德华·古贝尔的诗[G]//梁真,译.列别金娜.别林斯基论文学.上海:新文艺出版社,1958:14.
③ 鲁迅.两地书·三二[M]//鲁迅全集(第9卷).北京:人民文学出版社,1958:79.
④ 洪迈.容斋随笔[M].上海:上海古籍出版社,1996:317.
⑤ 霍松林.历代好诗诠释[M].北京:中国社会科学出版社,2000:736.

这个小小的局部改动与构思又连在了一起。修改一词,整首诗为之生辉,这是古人不自觉地运用"四要素"联动成功的典型例证。

文章制作必须遵循"四要素"联动的规律,然而在具体写作中,有时作者的写作会出现不是"四要素"的联动,而是一两个要素局部"互动"的情况。这种情况就是大作家也是难免的。例如,托尔斯泰的写作,他说:"我发现自己有一种插叙的恶习;而且正是这种习惯,而不是像我从前所想的,是思想丰富,常常妨碍我写作,逼得我离开书桌去沉思与我所写的内容全然不同的事情。这是要命的习惯。"①插叙属于"表达",在与"思维"的互动中,没有顾及"写作发现"和"构思",于是就出现了背离"写作发现"——节外生枝的赘疣。

写作千差万别,不同作者的写作素质、修养和能力是不同的,就是同一人两次写作也是不一样的,自然对"四要素"的运用也不尽相同。"四要素"联动得好,文章会写得漂亮,而文章有缺憾则是"四要素"运用不全的结果。初学者写作中的顾此失彼,就是"四要素"使用欠缺所致。

第三,它概括了写作加工和转换的动态过程。

文章制作不是直线式的精神生产,而是在写作思维活动的推动下"写作发现""构思"和"表达"三者之间有反复,有循环,在螺旋往复中进行双向逆反多重水平加工的。具体来说就是,作者面对客观世界或主观心灵的写作对象,有了"写作发现",一般情况是围绕它进行构思。这就是"写作发现"向"构思"运动。在"构思"中发现,这个写作发现有问题,或者有了更好的写作发现,作者就会围绕新的写作发现再次进行构思。"构思"向"表达"运行,通常情况"表达"是对"构思"内容进行表述,在"表达"中,可能有新的写作发现,这种发现可能是对"写作发现"的否定,也可能是对"构思"的否定,于是再从新的写作发现或构思开始,进行"构思""表达"。这是一种有了"写作发现"进行"构思""表达"的写作加工转化。例如,曹禺在谈到《雷雨》创作时指出:"写作中常发生非推翻原来结构不可的事情。写着写着把当初没想到的地方想清楚了,把人物心灵深处的东西挖出来了,情节再这么搞不行了,不像那个人了;结构非改动不可。"②这说的是在"表达"中对"写作发现"有了新的认识——"把当初没想到的地方想清楚了,把人物心灵深处的东西挖出来了",这是对以前的"写作发现"的否定。内容变动了,形式也要变动,"结构非改动不可",这是根据新的"写作发现"再次的"构思"。写作就是在这样的加工转换的递进中越写越好的。

有了"写作发现"进行"构思""表达"的写作加工转化是这样,有了"写作发现",越过"构思",在直接"表达"中思考"写作发现"和"构思"的写作加工转换也是这样。后一种写作现象正是在表达中"表达"同"写作发现"和"构思"进行方向相反的不断否定写作内容和形式的信息交换中构筑了一个新的写作系统的,这就是美国写作学家威廉·W.韦斯特所说的:"写作过程能帮助你把零乱的思想条理化,使你的想法经过提炼而清晰起来,并且进一步发展你的思想"③。写作中不论是运斤成风的高手,还是依样画葫芦的初学者,一般都会在不断否定和肯定写作内容和形式中写出文章。

在整个文章制作活动中,"写作发现""构思"和"表达"相互制约、相互作用,在不断变化、相互协调中力求和谐统一。这种螺旋式多重水平否定之否定的加工不论是业余作者,还是专业作家都概莫能外。在这方面,托尔斯泰创作《安娜·卡列尼娜》在构思之后的行文中发现背离丈夫而遭受惩罚的宗教主题不妥而改为对社会的批判,以至于改变内容包括修改女主人公的形象和一

---

① 列夫·托尔斯泰日记选[G]//古典文艺理论译丛编辑委员会.古典文艺理论译丛(第一册).北京:人民文学出版社,1961:192.
② 曹禺.曹禺谈《雷雨》[J].王育生记录整理.人民戏剧,1979(3).
③ 威廉·W.韦斯特.提高写作技能[M].章熊,章学淳,译.福州:福建教育出版社,1984:2.

些情节,茹志鹃"有时候,甚至于开头已经进行了一段,或者完篇了,但是这个开头开不好,重新来"①的写作都是明证。

第四,它包含了写作有无明显构思阶段的两种现象。

何谓构思?构思是对写作发现从内容到形式的孕育过程,是从"写作发现"到"表达"过程中的一个重要阶段。然而写作是复杂的充满变数的活动,对此,莫言说:"作家的创作过程各有特色,我每本书的构思与灵感触发也都不尽相同"②。这说明各人的写作是不一样的,就是同一个人,这一次写作是一种情况,下一次写作可能是另一种情况。因此,由"写作发现"到"表达"通向写作完型的途径和方法不是唯一的。由"写作发现"经"构思"到"表达"是一种按部就班、循序渐进的"构思写作",从上面的模式图1.1可以彰明较著地看出写作存在着这种现象,同时它也表明了"非构思写作"的存在。

"构思写作"或表现为内部言语行为的"打腹稿",或表现为外部言语行为的列提纲。一般来说,短文写作常采用"打腹稿"的形式;长篇巨制撰写多选择列提纲的方式,例如,1937年诺贝尔文学奖获得者罗歇-马丁·杜加尔创作长篇小说《谛波父子》的构思采用的就是后一种。他说:

1920年春天,我立意要写出《谛波父子》的详尽而准确的提纲,……为了达到这一目的,我把家里凡是能找到的桌子都放在一个房间里去。根据我的构思,打算描写谛波一家四十年左右的历史,并把这四十年清楚地分为十二或十三个时期。我自己反锁在室内,手执铅笔和卡片,从早到晚就像在棋盘上一样从一张桌子到另一张桌子来回走着。在把手中拿着的一张短记卡片放到相宜的抽屉去之前,我反复推敲,往往几十次地离开,然后又返回到同一张桌前。③

鸿篇巨作《谛波父子》就是对所选用的大量资料按照事物进程的客观逻辑和情感逻辑编排后写作的。

"非构思写作"表现是,作者有了"写作发现",跨越"构思"阶段,依据"写作发现"进行"表达"。这种"表达",作者既要受到"写作发现"的制约,又要根据"写作发现"思考下一步如何表达。这"表达"与"写作发现"在相互作用中推进写作促使作者在行文中环环相扣地考虑"构思",完善"构思"。这在行文中不断生成和完善的"构思"又反转过来促进"写作发现"和"表达"的完善。这就是黑格尔所说的"心里的构思与作品的完成(或传达)是携手并进的"④。如果说"构思写作"中的"构思"在写作过程中以阶段的形式显形存在属于显性构思的话,那么,"非构思写作"中的"构思"则就是在从"写作发现"到"表达"的过程中由"写作发现"和"表达"促使生成的隐形存在的隐性"构思"了。与"表达"相伴生成的隐性构思的写作现象也不少见,被鲁迅称为"划时代的纪念碑"的《铁流》的创作便属此类。《铁流》创作前绥拉菲摩维奇在莫斯科的一位叫索吉尔柯的乌克兰朋友家里听到三位达曼军人讲述他们在黑海边上行军的真实经历,作家立即意识到它的价值——"群众的思想意识的改造"⑤,没有多加考虑,首先动笔叙述"整部作品的意义全部集中在这最后一个场面里"⑥的结尾,紧接结尾,叙写开端,多次修改使首尾一致后,进行中间部分的写作。在这中间部分写作中,作家"时时刻刻反复思考安排小说的脉络"⑦,最后经过多次艰难的修改,小

---

① 茹志鹃.漫谈我的创作经历[G]//文艺报编辑部.文学回忆与思考.北京:人民文学出版社,1980:347.
② 莫言.讲故事的人[J].当代作家评论,2013(01):8.
③ 罗歇-马丁·杜加尔.回忆录[G]//王忠琪,等译.中国社会科学院文学研究所文艺理论研究室编译小组.法国作家论文学.北京:生活·读书·新知三联书店,1984:217.
④ 黑格尔.美学(第1卷)[M].朱光潜,译.北京:商务印书馆,1979:363.
⑤ 绥拉菲摩维奇.《铁流》的创作经过[G]//张守慎,译.舒聪.中外作家谈创作(下).太原:山西人民出版社,1980:382.
⑥ 同上书,113页.
⑦ 同上书,114页.

说付梓。作家在行文中"时时刻刻反复思考安排小说的脉络"显然是伴随"表达"的隐性构思。

隐性构思也有多种情况。有些作者执笔前对写作对象认识不清晰,贾平凹就说过:"作家写东西是不清白的,是混沌的""是感性的,糊里糊涂的"①。一些人提笔跟着说不清道不明的意念或理念,想一句写一句,想一段写一段,写到无可再写时,就自然终止。然后,对毛坯文本进行通篇阅读,边阅读边思考,理念或意念逐渐明晰而成为了文意,接着围绕确定的文意进行文字和材料上的增删以及句子、段落的前后调整等。这种在行文中推进构思进一步形成写作发现再以写作发现为准绳对已有表述进行修改的写法,在构思上仍属于隐性构思。

第五,它抽象的是写作语言的转换生成过程。

在文章制作过程模式中,"表达"的内涵是言语活动。它包括内部言语和外部言语行为。我们知道,写作要解决的是把自己的写作发现传达给接收者的问题。这其中的关键就是能够把思维成果转化成为受众更易接受的语言。也就是在整个写作过程中经过多次调整,"表达"最终以外部语言的形式把"写作发现"表述出来。在这个过程中,"写作发现"是可塑性极强的"胚芽",是高度浓缩的。在"写作发现"阶段,作者的发现成果有的靠内部言语表述,有的靠外部言语记录。在"写作发现"和"构思"两者之间数次反复矛盾统一的运动中,高度浓缩的"写作发现"在"构思"中不断丰富着内容和确定合适的形式。这种构思活动主要以内部言语的形式出现,当作者认为这种内部言语能够表达"写作发现"时,于是作者使用的内部语言就要向受众交流的外部语言的"表达"转化,这种转化就是行文过程。然而,把"写作发现"表述出来是复杂和多变的,其间,思维的多维性和表达的一维性,思维的快和表达的慢是充满矛盾的。再者,思维内容和词语表达并不是一一对应的,有时意会了不一定能够言传出来;有时构思好了由内部言语向书面言语转化而书写出来的同思考的会有一定差距而并不一定理想。以上种种矛盾经过作者的努力,"构思"和"表达"在围绕"写作发现"的协调中,最终将得到不同程度的解决。

以上介绍的文章制作过程模式概括的只是抽象的普遍性,实际上写作活动更为复杂,不同作者的写作有不同的表现。借用当代文艺理论家王元化的话来说,文章制作活动不会像前面揭示的写作步骤在环节上那样整齐有序,写作"有时它会呈现为某种局部的交错进行的现象,有时它会形成为某种表面上的反复深化过程"②,再者,在整个写作过程中,心理诉求要素群和才智蕴蓄要素群也参与其中,没有它们,文章制作无法进行,尤其是才智蕴蓄要素群,它对文章制作的每个环节都要进行观照,然后对其决断。作为一个一体化整体,在当前写作活动除了观察体验活动和其外化的文章可视外,其余的都不能从外部直接观察其内部状态,然而不管怎么说,文章制作过程总是有的,大体上这个过程还是有"写作发现""构思"和"表达"环节的,还是有思维活动的。因此我们认为,在整个写作中"思维""写作发现""构思"和"表达"是文章制作过程的四要素,由它们构成了以"写作发现"为起点的文章制作过程,这个过程"思维"贯穿始终。写作中"四要素"应该在联动的相互协调中系统完善写作的内容和形式,然而在各人的写作中,四要素的使用,可能是联动的,也可能是缺失的,"构思"可能是显性的也可能是隐性的。由此得出如下的结论:从文章制作过程的角度来看,写作是作者在心理诉求要素群和才智蕴蓄要素群参与文章制作"四要素"的不同运用中对写作发现从内容到形式不断扬弃的表达活动。

---

① 贾平凹.你信不信?我没有读过《百年孤独》[N].羊城晚报,2014-12-07(B03).
② 王元化.文心雕龙创作论[G].上海:上海古籍出版社,1979:189.

第二节 写作的规律①

一、写作规律的含义

"艺术自有其规律,不遵守这规律,就写不成好作品。"②别林斯基说的虽是文艺作品的创作,但对整个写作也是适用的。研究写作规律是为了更好的写作。

不论是自然的、社会的真实事物还是电子的虚拟事物,都有其生存的时间和空间,这种时空表现为事物存在的一定范围。围绕事物存在的这个特定范围进行研究,是准确揭示该事物规律的基本条件之一。探讨写作规律的内涵,我们将从概念使用范围的角度来考察。

(一)特殊规律

从制作文章的角度看,文章构成有它一定的内容和形式,写作规律有的适用于内容,有的适合于形式。从整个写作过程来看,写作活动是由诸多环节构成的,有的规律仅在某个环节上起作用,在这个环节之外,运用它就会出问题。例如,换元法是一种很好的文学创作方法,文学创作应用它可以把生活中的素材升华为文学题材,如,《安娜·卡列尼娜》的素材是托尔斯泰邻近的一个庄园主的女管家皮罗戈娃不堪情妇地位被始乱终弃而卧轨自杀的真实事件,作家把女管家的肖像和一些事情换掉,重新编织故事,创作出了传世佳作。可见换元法在文学创作中是一种"点铁成金"的方法,然而把它用于新闻写作"真理就成了谬误"。不少假新闻在写作上表现为"张冠李戴""移花接木"都是作者有意或无意地采用了换元法而出问题的。由此看来,换元法的使用仅限于文学创作,它是起局部作用的规律。毛泽东指出:"任何运动形式,其内部都包含着本身特殊的矛盾。这种特殊的矛盾,就构成一事物区别于他事物的特殊的本质。"③写作活动的各个环节充满矛盾,每个环节上的矛盾是不一样的。不一样的矛盾只能用不一样的方法解决,这每个环节矛盾的解决方法是具体的、特殊的,就写作的整体而言,它是起局部作用的。因此,在写作活动中起局部作用的规律就是写作的特殊规律。

(二)一般规律

写作活动充满矛盾,这矛盾有的在某个环节上存在,有的则贯穿始终,后者是作者要解决的写作活动自始至终存在的三大矛盾。

其一是内容问题。它涉及材料的从无到有,从多到精;写作发现的从无到有,从肤浅到深刻等。写作中的这些内容属于观念的东西。马克思指出:"观念的东西不外是移入人的头脑并在人的头脑中改造过的物质的东西而已。"④物质的东西通过主体的改造转化为观念的东西涉及主体和客体的矛盾运动。写作的主、客体在矛盾运动中相互交融转化为文章内容是整个写作过程要解决的首要问题,它贯穿整个写作过程之中。

其二是"多中选一"的问题,即作者运用素质、修养和写作能力三者合一地解决写作上每次遇到的选用"一"的问题。写作前作者具有一定的知识阅历,同时具有感知、记忆、思维和表达的能力,综合运用它们要解决写作环节上遇到的一系列"一"的问题。它们包括:一个确定为感知的写作客体,一个认知写作客体的角度,一个新颖的写作发现,一个适合写作内容的体裁,一个醒目确切的标题,一个个能够体现写作发现内涵的合机材料,一个组装写作内容的恰当结构,每一个能

---

① 本节撰写参考了周姬昌主编的《写作学高级教程》[M].4版.武汉:武汉大学出版社,2009:17—43.
② 别林斯基.一八四七年俄国文学之一瞥(1848)[M]//3版.满涛,译.别林斯基选集(第二卷).上海:时代出版社,1953:410.
③ 毛泽东.矛盾论[M]//毛泽东选集:第1卷.北京:人民出版社,1991:308—309.
④ 马克思.马克思恩格斯选集(第2卷)[M].北京:人民出版社,1995:112.

准确地表达写作发现的文句,一个文句中选用的一个恰当的词语等。作者的素质、修养和写作能力同每次遇到的写作所用的东西从量上比较是"多",而在写作中遇到的都是或大或小的一个个的具体问题,这一个个的具体问题就是"一"。写作处处会遇到"多"中选"一"的问题。

其三是方法问题。方法是作者认识和表达写作对象的方式、程序和手段,是作者不断取得写作自由的武器。按照黑格尔的说法,"方法也就是工具,是主观方面的某个手段,主观方面通过这个手段和客观发生关系"①。被列宁摘抄的黑格尔的这番话表明方法是联系主观和客观的中介,是主体变革客体的工具。运用方法学从主、客体的角度考察写作过程,不难发现,这个过程的运动要素是由作者、写作客体和写作方法构成的。没有方法作者既无法认识写作客体也不能表达写作客体。具体来说,离开了方法,作者进行"写作发现""构思"和"表达"是不可能的。因此涉及对写作发现的确定,围绕它进行构思和表达的整个写作过程存在着方法问题。

以上三大问题在写作的每个阶段、每个环节、每个层面都同时存在着,这些矛盾贯穿写作活动的始末。针对这三大问题概括的"物我交融转化律""博而能一综合律"和"法而无法通变律"是一般规律。在整个写作过程中均起作用,并制约着特殊规律(见"(三)一般规律和特殊规律"的论述)的就是写作的一般规律。

(三) 一般规律和特殊规律

1. 写作原则和写作的一般规律

(1) 写作原则

为了使作者更好地写作,有人依据写作的一般规律或者集团利益等制定了一些写作条款,有的作者自己有一套写作规范。写作原则就是其中之一。它带有人为的主观因素,是人的主观意愿的反映。写作的原则很多,其中包括立意、选材、结构和语言表达的原则等。正确的写作原则经常被作者自觉不自觉地运用,例如,选材原则有一条是选材要典型,它要求作者要选用既有广泛代表性又有巨大说服力的材料。请看:

其实,我平时也比一般犯人吃得多,只要是打稀饭,而不是稗子面馍馍,我总要比别人多100CC左右。诀窍就在于我这个罐头筒……

……我有一个从外面带来的五磅装的美国"克林"奶粉罐头筒。这是我从资产阶级家庭继承下来的一笔财产。我用铁丝牢牢地在上面绕了一圈,拧成一个手柄,把它改装成带把的搪瓷缸,却比一般搪瓷缸大得多。它的口径虽然只有饭碗那么大,饭瓢外面沥沥拉拉的汤汁虽然牺牲了,但由于它的深度,由于用同等材料做成的容器以筒状容器的容量为最大这个物理和几何原理,总使炊事员看起来给我舀的饭要比给别人的少,所以每次舀饭时都要给我添一点……

这100CC是利用人的视觉误差得到的。

我的文化知识就用在这上头!②

《绿化树》中的主人公章永璘是一位知识分子,在三年困难时期的劳改农场,饥饿难耐为多吃一点食物,不是靠手心向上的乞求,而是运用物理学和几何知识获取。小说使用奶粉罐头筒可以多喝100CC稀饭的典型细节令人信服地说明知识分子运用已掌握的知识解决问题的普遍现象。这是遵循正确的写作原则进行创作的成功范例。

但是不同的人不一定都遵循经典性的写作原则,批阅高考作文就会发现许多考生由于各种原因违背选材的经典原则,有的选用人人皆知的老材料,有的杜撰虚假材料,有的选择不能表达文意的材料,有的选取一般化的材料。不遵循经典性写作原则的作者还是有自己一套的,在这方

---

① 列宁. 哲学笔记[M]. 2版. 北京:人民出版社,1993:189.
② 张贤亮. 绿化树[M]. 北京:作家出版社,2002:12—15.

面西方后现代主义作家反传统反理性主义,把"我们的思想及文学成规的准则都在被全然摒弃"①,"他写出的文本,他创作的作品在原则上并不受制于某些预先设定的规则,……在没有规则的情况下从事写作"②则实践着怀疑一切,否定一切,追求打破常规、标新立异的写作原则。

为了某种政治目的或团体利益而制定违背写作的一般规律的写作原则则对写作可能有危害,"文化大革命"时期"四人帮"的"三突出"原则就是典型例证。

(2) 写作的一般规律

传统经典的选材原则一共有四条:能表达文意、真实、新颖和典型。其要求是能从一定数量的材料中选取一个最符合四项原则的材料,这依据的是"博而能一综合律"。

"博而能一综合律"是在写作活动的各个层面、各个环节都起作用的一般规律,仅就材料的积累和选择的环节也可以看得出来。作者材料的积累过程最先是"一张白纸",接下来是得到一个材料到后来积累了许多材料。真正用到文章中去的是从"多"中选好,好中选出最优的"一"。"博而能一综合律"准确地揭示了从搜集材料到写文章选用材料的客观规律,而正确的选材原则的实质是"多中选优",依据的是"博而能一综合律"。请看刘禹锡的《秋词》③二首其一:

自古逢秋悲寂寥,我言秋日胜春朝。晴空一鹤排云上,便引诗情到碧霄。

诗人被贬朗州不悲观沉沦,借《秋词》表现充满大志的胸怀和积极进取的精神。可以推想,这首诗的创作,经多识广的诗人在记忆仓库里"秋日胜春朝"的景物很多,植物有枫树、黄菊、丹桂等,动物有灰雁、白鹤、黄雀等。在这多种生物中,诗人仅选用了一只白鹤入诗,惟其体大、高飞、圣洁才能抒发壮志凌云的情怀。这"多"中选"一"符合选材的四项原则,《秋词》的写作过程在材料方面也完全符合从"一"到"多"再到精当的"一"的"博而能一综合律"。

像"博而能一综合律"揭示写作材料从"一"到"多"再到"精"的"一"的本质联系一样,写作的一般规律是从写作的所有环节抽象概括出来的本质联系,是客观规律,是不能违背的,它是制定正确的写作原则的依据。

2. **写作方法和写作的一般规律**

(1) 写作方法

写作方法是一个宽泛的概念,我国古代,刘勰称其为"术"④,吕本中称其为"法"⑤。当代这个概念使用很混乱,在一定的语境内,有人把艺术手法称为写作方法,有人把写作技法等同于写作方法,也有人把写作技巧看作写作方法。综合这些人的看法,艺术手法、写作技法和写作技巧有一个重合之"点",就是表述写作对象的"窍门"。据此,我们认为,写作方法是为了表达写作发现,以篇章为单位,陈说写作对象使用的具有可操作性的独特方式。请看:

颜回曰:"回益矣。"仲尼曰:"何谓也?"曰:"回忘仁义矣。"曰:"可矣,犹未也。"他日复见,曰:"回益矣。"曰:"何谓也?"曰:"回忘礼乐矣!"曰:"可矣,犹未也。"他日复见,曰:"回益矣!"曰:"何谓也?"曰:"回坐忘矣。"仲尼蹴然曰:"何谓坐忘?"颜回曰:"堕肢体,黜聪明,离形去知,同于大通,此谓坐忘。"仲尼曰:"同则无好也,化则无常也。而果其贤乎!丘也请从而后也。"⑥

庄子采用孔子和颜回对话的形式,在师生三问三答中传播了通过坐忘获得大道理,做贤人的思想。为了表达它,庄子使用了反复手法。这种独特的强调手段是具有可操作性的。

---

① 汉斯·伯斯顿. 后现代世界观及其与后现代主义的关系[G]//王宁,顾栋华,黄桂友,等译. 佛克马,伯斯顿. 走向后现代主义. 北京:北京大学出版社,1991:17.

② 同上书,39页.

③ 刘禹锡. 秋词二首[M]//彭定求. 全唐诗. 郑州:中州古籍出版社,1996:2234.

④ 刘勰. 文心雕龙·总术[M]//周振甫. 文心雕龙注释. 北京:人民文学出版社,1981:470.

⑤ 吕本中. 《夏均父集》序[G]//刘方喜. 中华古文论释林(南宋金元卷). 北京:北京大学出版社,2011:12.

⑥ 庄子·大宗师第六[M]//曹础基. 庄子浅注. 北京:中华书局,1982:107.

写作方法很多,在具体的写作中根据表达内容的需要可以有所取舍,也可以加以变化。因为可以操作,所以它是具体的。品读文章能看出作者使用的方法,因此写作方法又是表层的。

(2) 写作的一般规律

写作的一般规律在写作过程中不是像作者运用写作方法那样通过阅读其表述的文字一看便知,而是在写作的各个环节在暗中起作用的,因此它是抽象的、深层的。当作者进行"写作发现→构思→表达"的时候,写作的三大规律在作者毫无察觉中同时发挥着作用,没有作者挑选的余地。在整个写作过程中,写作的一般规律是相对稳定的。

二、写作规律的特性

如前所说,写作规律有一般和特殊之分,这里所说的写作规律的特性指的是一般规律的特性。

(一) 同一性

写作活动是充满矛盾的,是对立统一的。写作的一般规律是对它的揭示。在写作活动中,"物"和"我"的矛盾,"物"和"我"的"化一";"博"和"一"的矛盾,"博"和"一"的综合;"法"和"无法"的矛盾,"法"和"无法"的通变,都是矛盾的统一。写作的三条基本规律揭示了写作的矛盾同一性的特点。

(二) 客观性

写作规律是从写作活动中抽象出来的,具有客观真理性,它存在于写作实践活动之中。作者可以认识它、利用它,但不能改变它,也不能创造、否定和消灭它。是否是写作规律,可以用写作活动来检验。请看元稹(一说王建)的《行宫》[①]:

寥落古行宫,宫花寂寞红。白头宫女在,闲坐说玄宗。

这是唐代新乐府运动的中坚——元稹创作的五言绝句,让人联想起李隆基治世几十年的盛衰史。这首仅有 20 字的小诗,洪迈颂赞它"语少意足,有无穷之味"[②],沈德潜美誉它"只四语,已抵一篇《长恨歌》矣"[③],潘德舆称赞它"足赅《连昌宫词》六百余字"[④]。玄宗行宫,景观有假山美池,楼台亭阁,花草树木,人员有太监宫女、卫士御厨等,在这么多的景观和人物中绝句仅选取年迈的宫女和无人欣赏的盛开鲜花作为材料入诗,极写唐明皇行宫的寥落,从材料的获取和表达方面来看,唐诗《行宫》的创作完全符合"博而能一综合律"。

(三) 普遍性

不分性别,不分年龄,不分职业,只要写作,写作的三大规律就会同时作用于一切写作者的整个写作活动之中,写作的一般规律具有广泛的覆盖性。中学生缺少生活材料,写作文很困难,这是在物我交融转化方面出现的问题,作家写作也同样存在这个问题。请看:

《火葬》是不可厚非的。它要关心战争,它要告诉人们,在战争中敷衍与怯懦怎么恰好是自取灭亡。可是,它的愿望并不能挽救它的失败。……我对战争知道得太少。我的一点感情像浮在水上的一滴油,荡来荡去,始终不能透入到水中去!……我想多方面地去写战争,可是我到处碰壁,大事不知,小事知而不详。[⑤]

老舍是一位写作经验丰富的作家,对《火葬》的创作有着积极的写作愿望,出发点不能说不对。但

---

① 元稹. 行宫[M]//彭定求. 全唐诗. 郑州:中州古籍出版社,1996:2478.
② 洪迈. 容斋随笔(卷二)[M]. 北京:中国世界语出版社,1995:12.
③ 沈德潜. 唐诗别裁集[M]. 长沙:岳麓书社,1998:434.
④ 潘德舆. 养一斋诗话(卷三)[G]//郭绍虞. 清诗话续编(下册). 上海:上海古籍出版社,1983:2047.
⑤ 老舍. 我怎样写《火葬》[G]//胡挈青. 老舍论创作. 上海:上海文艺出版社,1982:67.

是作品没有写好,这并不是他的写作能力差,而是种种原因限制了作家不可能深入生活导致的——故事背景的文城是被日寇侵占的城市,从作家"心中"钻出来的。抗战数年,作家并没有在任何沦陷区居住过,故事的内容"只好瞎说"。创作违背了物我交融转化律,作家写出了认为"要不得"的作品。

三、写作规律的内容

(一) 物我交融转化律

写诗作文发现可写之意和表述支撑它的材料这二者作为写作内容是不可或缺的,探讨物我交融转化律是为了解决写作内容或缺或无的问题。

1. 含义

物我交融转化律是对物我交融之后,转化为写作内容的必然过程的揭示。

这里的"物"指的是写作客体,具体是指进入作者认知视野的现象。它包括物质客体和经过加工的精神产品。"我"是写作主体,指的是有着自觉意识的写作者。

所谓"物我交融",是指写作客体与写作主体相互作用与有机融合。所谓"转化"是指经过物我交融,写作客体被写作主体"同化"或"顺应",作者获得了写作内容。

恩格斯指出:"一切观念都来自经验,都是现实的反映——正确的或歪曲的反映。"① 这话表明作为观念的文章是现实的反映,这反映表现为文章中作者表达的意识。其内容是写作主体和写作客体相互作用的结果。一千八百多年以前,陆机就认为四时的变迁使作者"慨投篇而援笔,聊宣之乎斯文"②。这说明,写作由客体引起,主体向客体运动而感兴,两者相互交融成为写作内容。这是普遍的写作现象。例如,丰子恺在 1935 年 3 月初的几天里,在写作之余坐在杭州西湖边上的长椅上休息,面对湖岸杨柳,觉得它美丽可爱,一时兴到,发现柳树高而能下,高而不忘本。这是依据杨柳枝条的"下垂"发掘的,是柳树的美引起散文家对它几天的多次"解读"获取的。

2. 写作客体在写作中的功能

写作客体在写作中发挥的重要作用,从表述内容的词语与写作客体存在着一定联系上也能够看得出来。例如,希腊文中的"字"的含义是"物",希伯来文中的"字"是"事"。在这方面,英国哲学家科林伍德在论述其他民族的经验只能用本民族的语言表述所产生词汇的类比含义时说:"我们没有专门表达这种东西③的一个词汇,因为我们没有这样一个东西。"④他的话说明词汇中不会出现没有现实事物的词语。词语如此,作品中的内容呢?请看杨万里的回答:

余少作有诗千余篇,至绍兴壬午七月皆焚之,大概江西体也。⑤

予之诗,始学江西诸君子,既又学后山五字律,既又学半山老人七字绝句,晚乃学绝句于唐人。学之愈力,作之愈寡……

……戊戌三朝时节,赐告,少公事,是日即作诗,忽若有寤,于是辞谢唐人及王、陈、江西诸君子,皆不敢学,而后欣如也。试令儿辈操笔,予口占数首,则浏浏焉无复前日之轧轧矣。自此,每过午,吏散庭空,即携一便面,步后园,登古城,采撷杞菊,攀翻花竹,万象毕来,献予诗材,盖麾之不去,前者未雠而后者已迫,涣然未觉作诗之难也。⑥

---

① 恩格斯.《反杜林论》的准备材料[M]//马克思恩格斯全集(第 20 卷). 北京:人民出版社,1971:661.
② 陆机. 文赋[G]//郭绍虞. 中国历代文论选(第 1 册). 上海:上海古籍出版社,1979:170.
③ "这种东西"指翻译古希腊政教合一的"国家"这个词.
④ 罗宾-乔治·科林伍德. 艺术原理[M]. 王至元,陈华中,译. 北京:中国社会科学出版社,1985:9.
⑤ 杨万里. 诚斋《江湖集》序[M]//王琦珍. 杨万里诗文集(中). 南昌:江西人民出版社,2006:1262.
⑥ 同上书,1263 页.

杨万里诗歌创作了几十年,到51岁方才感悟到作诗只注意学习他人技巧,在选词、炼句、用韵方面功夫下得越大,诗作越少的原因。他领悟到了师法自然的重要,把35岁以前学习"江西诗体"辛辛苦苦制作的上千首诗歌付之一炬,走在自然万象中发现诗意的写作之路,写诗不再艰难。他诗歌写作前期失败,后期成功创作了四千二百多首诗歌,并自成一体——诚斋体,流传下来9本诗集的诗歌创作史启示我们,只注意技法脱离写作客体的写作之路是一条死胡同。

(1) 触发写作者产生写作的动机和欲望的诱因

"大凡物不得其平则鸣","人之于言也亦然:有不得已者而后言","凡出乎口而为声者,其皆有弗平者乎!"①韩愈的这些话表明,从内心生发出来的语言有一定的外因,正是在这种外因的促使下产生了心理需要的表达。而"文辞之于言又其精"的书面表达也是如此。写作是一种心理活动。当写作主体认为这种活动是一种心理需求需要表述出来的时候,它就生成了一种心理张力,驱动着写作活动的开展。这种心理需求有主动和被动之分,其产生均不是无缘无故的,皆是由写作客体引发的。清代的陈梦雷(《古今图书集成》的编撰者)和李光地同为康熙时期翰林院编修,又是同乡和莫逆之交。陈梦雷在京城做官,母亲水土不服,护送她回福建老家,赶上了"三藩之乱",被举兵反清的耿精忠强受官职而身在曹营心在汉。他与同处危难之中的李光地密谋把掌握叛军的军事秘密通过李光地送进京城。后李艰难地逃出叛军之地,在提交的"蜡丸密书"中没有陈梦雷的名字。清军收复福建,陈被定为死罪,后被他人保救而从轻发落,被流放东北为奴。因送密信当了大官的李光地,从不谈及互以节操鉴证的誓约,也不为陈道出实情。从史料上看,陈李二人做过的秘事李光地能为陈说出真相也有机会为陈洗雪冤案,而李三缄其口。陈梦雷看清了李光地这个所谓"知心朋友"道貌岸然、背誓负约、卖友求荣的真面目,也为辩白自己,在苦寒之地写出了令士林争诵,"万人叹赏"足有5000言的《陈梦雷与李光地绝交书》。这是书信体散文的写作,论说文的写作也是如此。抗日战争爆发,关于这场战争,国民党内部有人的观点是"速胜论",有人的观点是"亡国论";在中国共产党内部有人轻视游击战争;在社会上,抗日战争未来如何,这也是人们普遍关注的问题。毛泽东针对写作客体——这场战争,人们对战争的看法和疑问进行了研究,获得了不同于常人的写作发现,促成了著名的《论持久战》的问世。

(2) 从事精神劳动的对象和获取写作材料的源泉

① 从事精神劳动的对象。

任何劳动都有劳动对象,作为精神劳动的写作虽然是人脑的一种写作思维活动,但是如果没有思维对象,思维将无法进行。"没有被反映者,就不能有反映"②。写作客体是写作主体进行写作思维活动的对象。例如,社论的写作,是针对社会上出现的某一矛盾提出问题、分析问题和解决问题的,其写作思维过程是:是什么,为什么和应如何。没有了社会存在的这个某一矛盾,社论的写作就因无"的"而不能"开弓""放矢"。

② 获取写作材料的唯一源泉。

关于文学创作,法国诺贝尔文学奖获得者弗朗索瓦·莫里亚克指出:"如果创作意味着凭空创造出东西来的话,那么他们所想出来的人物绝不是什么创造。我们所虚构的一些作品来源于现实的因素,我们是把我们对别人的观察所得和对自己本身的了解或多或少地结合起来。"③他的话表明文学创作的内容离不开现实。关于这一点明朝的叶昼认为《水浒传》之所以能世代相

---

① 韩愈. 送孟东野序[G]//童第德. 韩愈文选. 北京:人民文学出版社,1980:44.
② 列宁. 唯物主义和经验批判主义[M]//3版. 列宁选集(第2卷). 北京:人民出版社,1995:66.
③ 弗朗索瓦·莫里亚克. 小说家及其笔下的人物[G]//王忠琪等,译. 法国作家论文学. 北京:生活·读书·新知三联书店,1984:182.

传,是因为作家创作中使用的材料不是杜撰的而是来自生活的,他说:

> 世上先有《水浒传》一部,然后施耐庵、罗贯中借笔墨拈出。若夫姓某名某,不过劈空捏造,以实其事耳。……若管营,若差拨,若董超,若薛霸,若富安,若陆谦,情状逼真,笑语欲活,非世上先有是事,即令文人面壁九年,呕血十石,亦何能至此哉!……此《水浒传》之所以与天地相终始也与?①

《水浒传》创作成功的因素是多方面的,而作品中的人物形象来自作者感知的生活则是一个非常重要的因素。

同写实有关的创作离不开感知的现实生活,那么刻画阎罗王、孙悟空或超人卡尔的形象就可以脱离现实生活吗?对此鲁迅是这样说的:

> 天才们无论怎样说大话,归根结蒂,还是不能凭空创造。描神画鬼,毫无对证,本可以专靠了神思,所谓"天马行空"似的挥写了,然而他们写出来的,也只不过是三只眼,长颈子,就是在常见的人体上,增加了眼睛一只,增长了颈子二三尺而已。这算什么本领?这算什么创造?②

这说明描写天神、魔鬼或外星人的作品还是依据现实生活的元素创作的。

关于形象的塑造鲁迅介绍创作经验时这样说:

> 所写的事迹,大抵有一点见过或听到过的缘由,但决不全用这事实,只是采取一端,加以改造,或生发开去,到足以几乎完全发表我的意思为止。人物的模特儿也一样,没有专用过一个人,往往嘴在浙江,脸在北京,衣服在山西,是一个拼凑起来的脚色。③

这段人物形象塑造的话是形象的说法。"嘴""脸"和"衣服"是作家从熟悉生活原型形成的表象中分解出来的,然后对它们进行有机"化合",这种形象的塑造运用的是想象。文学作品的创作主要依靠想象,想象的材料是表象,任何表象无一例外都是作者感知写作客体后形成的。

表象属于感性材料,写作不但需要这种材料还需要理性材料。尤其是论说文的写作为了论证写作发现需要大量的理性材料。理性材料是作者从别人制作的精神客体中获取的。它包括戏剧情节、小说人物形象、历史典故、公开发表的文章阐述的道理等,这些材料唯有阅读相关的纸质的文章或观看电子传媒物才能得到。

(3) 表达主观意向和情思的凭借和依托

写作发现是一种主观意向或情感,它们都是抽象的。从传播学的角度看,将文章内容的抽象化和具体化相比较,后者更容易为受众理解。具体化最重要的是借助写作客体把它表达出来。这就是清人刘大櫆所说的"理不可以直指也,故即物以明理;情不可以显出也,故即事以寓情"④。请看:

> 它纠缠着丁香,往上爬,爬,爬……终于把花挂上树梢。丁香被缠死了,砍作柴烧了。他倒在地上,喘着气,窥视着另一株树……⑤

诗人流沙河感受到社会上有人为了攀升,损人利己不择手段,甚至置人于死地。痛感这种人投机钻营的可恨、可恶和可惧,这感受成了写作发现。为表达它,诗人在感知过的写作客体中选择了藤,对其攀援进行描述,刻画它向上爬的"物性"形象,借助画面把写作发现生动形象地展现出来。

(4) 制约写作者精神劳动的一种圭臬

文章作为对写作客体的反映,反映得如何,评价的客观标准可能有许多条,而其中有一条便

---

① 叶昼.《水浒传》一百回文字优劣[G]//2版.陈曦钟,侯忠义,鲁玉川.水浒传会评本(上册).北京:北京大学出版社,1987:26—27.
② 鲁迅.叶子作《丰收》序[M]//鲁迅且介亭杂文二集.北京:人民文学出版社,1973:3.
③ 鲁迅.我怎么做起小说来[M]//鲁迅全集(第4卷).北京:人民文学出版社,1996:509.
④ 刘大櫆.论文偶记[G]//郭绍虞,罗根泽.中国古典文学理论批评专著选辑.北京:人民文学出版社,1959:12.
⑤ 流沙河.流沙河诗集[M].上海:上海文艺出版社,1982:100.

是不能违背写作客体的规律性,这是写作的最起码要求,是写作必须遵循的一条基本法则。写作客体有它的特点、结构和存在发展变化的规律,文章内容是作者对它认知的能动反映。论说文的写作其中包括学术论文对写作客体规律的揭示必须符合写作客体的特点、结构或发展变化的规律,这就是通常说的"检验真理的唯一标准是实践"。公文写作必须具有解决问题的针对性、符合主客观条件的可行性和付诸实施的可操作性,这些要求归结到一点就是切合现实工作的"对症下药",不允许脱离实际的"瞎指挥"和纸上谈兵的"放空炮"。而文学创作描绘的写作客体一种是接近现实的,另一种是突出主观性对写作客体进行重新组装的。前者要符合生活的一般逻辑,后者从情感的世界里找到一种新的关系"分解"写作客体的表象对其进行重新组合,也不能违背情感逻辑的真实性,组合必须使受众认为其有道理。这就是存在决定意识。正是在这一点上,诗人李瑛说:"诗的最高规范是生活。"①而违背写作客体的规律性就成了贺拉斯讽刺的臆造——"如果画家作了这样一幅画像:上面有个美女的头,长在马颈子上,四肢是由各种动物的肢体拼凑起来的,四肢上又覆盖着各色羽毛,下面长着一条又黑又丑的鱼尾巴,朋友们,如果你们有缘看见这样一幅画,能不捧腹大笑吗?……有的书就像这样的画……是胡乱构成的。"②类似这样的写作内容是作者违背写作客体的自身规律杜撰的,受众感到虚假和不合逻辑。高明的作家都遵循写作客体的自身规律进行创作。列夫·托尔斯泰在1897年1月5日重读《复活》草稿中关于涅赫柳多夫决定娶卡秋莎,卡秋莎不念旧恶同意结婚,最后二人移居国外建立幸福家庭的几章后认为:"一切都虚假、杜撰、拙劣"③,最后修改成卡秋莎拒绝求婚,同政治犯西蒙松相爱。这种修改把不可能有的改成了生活中可能会有的情节,其合理性遵照了写作客体自身发展的逻辑。

3. 写作主体在写作中的主导作用

皮亚杰说:"客体首先只是通过主体的活动才能被认识的"④。写作客体同写作主体比较,写作客体处于被动地位,它虽然存在,但不会自动转化为写作主体所需要的写作内容。写作主体居于主导地位,反复认同写作客体,并"同化"或"顺应"它,写作客体才能被认知而成为写作内容。在现实生活中,许多事实证明了这一点。上海有一条肇家浜路,夜晚,路灯在年复一年日复一日地亮着,许多人视而不见。看到它发出的橙黄色的光芒,非常温馨,王安忆在《雨,沙,沙,沙》中把它用到了深夜雨中雯雯坐在小伙子自行车上的环境里。这是作家注意观察写作客体获得的。写作是一种变革写作客体的活动,只有写作主体调动认知能力,主动把握写作客体,写作客体才有可能被认知而成为写作内容。

(1)为写作实践活动确定方向和目标

宇宙包罗万象,方圆无限。写作主体因时间精力有限,知识和生活阅历有限,不可能也不必要对其进行全面反映。写作主体只能根据需要有选择地确定写作的方向和目标。小学生描写猫,就会观察猫的生活习性,老舍决定创作《骆驼祥子》,就在一段时间里观察车夫的生活。科研论文的写作也是确定了研究对象进行的。面对多彩世界,写作主体确定了写作对象,就会在一段时间内集中精力,熟悉它、研究它,为写好文章做准备。

(2)赋予写作客体以生命和灵魂

儿童"过家家","特征在于他们把无生命的事物拿到手里,和它们戏谈,好像它们和活的人一

---

① 李瑛. 诗选自序[J]. 读书,1981(4):81.
② 贺拉斯. 诗艺[M]. 杨周翰,译. 北京:人民文学出版社,1962:137.
③ 贝奇柯夫. 托尔斯泰评传[M]. 吴均燮,译. 北京:人民文学出版社,1959:497.
④ 皮亚杰. 发生认识论原理[M]. 王宪钿,等译. 北京:商务印书馆,1981:93.

样。"①同这种白日梦相似,弗洛伊德认为作家写作也是做白日梦②。关于这种白日梦高尔基说:

  文学家的工作或许比一个专门学者,例如一个动物学家的工作更困难些。科学工作者研究公羊时,用不着想象自己也是一头公羊,但是文学家则不然,他虽慷慨,却必须想象自己是个吝啬鬼,他虽无私心,却必须觉得自己是个贪婪的守财奴,他虽意志薄弱,但却必须令人信服地描写出一个意志坚强的人。③

文学作品的写作是作者对写作对象的情感表达,是作者理解写作对象命运的形象展示和作者揣度写作对象七情六欲的描摹。由于对写作对象注入了情感,作者"让一些物体成为具有生命的真事真物,并用以己度物的方式,使它们也有感觉和情欲"④。于是,在作者的眼中,春风懂得惜别之苦,"不遣柳条青"⑤,客居他乡,壮志难酬,身不由己,十分悲哀,秋虫也会下泪⑥,春之将尽草木感知,想方设法争奇斗艳⑦。面对写作客体,作者在情感的推动下运用联想和想象,把不具有人的生命的事物赋有了人的意识。而许多写人的经典之作更是把人物描绘得形神兼备,呼之欲出。

  (3) 努力完善对写作客体的认知

  英国美学家乔治·科林伍德说:"表现情感和意识到情感之间有某种关系"。⑧ 对于写作"表现情感"属于表达,"意识到情感"属于对情感的认知,是写作内容。他的话说明表达与认知有关。任何作者都想把文章写好,而是否写好它的最基本的条件之一取决于作者对写作客体的认知如何。写作,不论是大作家,还是初学者;不论是用辩证唯物论指导写作的作者,还是运用唯心论的观点进行写作的作者,在成功动机这种内在动因的驱使下,无不企望运用自己的本质力量完善地认知写作客体。论说文观点的新颖深刻、小说人物形象刻画得丰满、戏剧情节设计得完美等,都与作者对写作客体认知得深刻和全面有关。这是有心理学依据的。20世纪20年代,德国格式塔心理学派(Gestalt)有一个完形理论,该理论认为,人的神经系统遵循着一种"完形趋向律",即在一定条件下,尽可能地把事物趋向完善。作者的写作心理也具有这个特点。作者要同受众交流,表述写作内容"把最好的东西拿出来"⑨不留遗憾是他的心理期望值。为了获取这种心理期望值,作者无一例外地尽其所能,在自己能够达到的认知水平内完善对写作客体的认知。当代人评论古代或近代人的作品,常言作者受历史或阶级的局限,内容上存在这种缺陷或那种错误等,这可能不无道理,然而就作者而言,当时的他对所表述的写作客体在认知上已经尽力了。他绝不会看出问题,故意写出有毛病的内容,除非文章写好后发现内容问题,出于某种不能违背的客观条件而无奈罢手。⑩

  4. 物我交融及其转化过程

  皮亚杰认为:"知识在本原上既不是从客体发生的,也不是从主体发生的,而是从主体和各个客体之间的相互作用——最初便是纠缠得不可分——中发生的。"⑪同理,写作内容的获得也是在写作主体和写作客体之间连续不断相互渗透、相互融合的双向逆反的矛盾运动中发生的,其矛

---

① 维柯. 新科学[G]//伍蠡甫,蒋孔阳. 西方文论选(上卷). 上海:上海译文出版社,1979:536.
② 弗洛伊德. 作家与白日梦[G]. 张唤民,陈维奇,译. 弗洛伊德论美文选. 上海:知识出版社,1987:28—38.
③ 高尔基. 论文学技巧(1932年)[G]//孟昌,译. 高尔基. 论文学. 北京:人民文学出版社,1978:317.
④ 维科. 新科学[M]. 朱光潜,译. 北京:人民文学出版社,1986:180.
⑤ 李白. 劳劳亭[M]//全唐诗. 郑州:中州古籍出版社,1996:1027.
⑥ 戴叔伦. 客夜与故人偶集[M]//全唐诗. 郑州:中州古籍出版社,1996:1668.
⑦ 韩愈. 晚春[M]//全唐诗. 郑州:中州古籍出版社,1996:2086.
⑧ 罗宾-乔治·科林伍德. 艺术原理[M]. 王至元,陈华中,译. 北京:中国社会科学出版社,1985:116.
⑨ 毕淑敏. 男性的爱[M]//小说月报编辑部. 第10届百花奖获奖作品集. 天津:百花文艺出版社,2003:720.
⑩ 老舍抗战中创作的《火葬》,"写完,从头阅读一遍,自下判语:要不得!"他说,在抗战前,就该它到字纸篓里去了,作家是非吃饭喝茶不可的动物,抗战的艰苦生活磨了作家,只好"厚颜"发表了。文见老舍《火葬·序》。
⑪ 左任侠,胡祖萌,译. 皮亚杰的理论[G]//张述祖,陈泽川,沈德灿,等校审. 西方心理学家文选. 北京:人民教育出版社,1983:425.

盾运动的结果便是柯勒律治诠释的:"使外的变成内的,内的变成外的,自然变成思想,思想变成自然——这就是艺术中天才之秘奥"①。"外的变成内的""自然变成思想"属于对象的主体化,"内的变成外的""思想变成自然"就是主体对象化。

(1) 对象主体化

"对象主体化"是获得写作内容的一种方式。

在物我交融转化中,写作主体是要或看、或听、或闻、或尝、或触的,只要运用了感觉器官写作主体就能把握写作客体吗?20世纪英国著名哲学家、思想家、诺贝尔文学奖获得者伯兰特·罗素说:"严格来说,看见东西的并不是眼睛;看见东西的是大脑或心灵,眼睛只是一件传递和改变光能的工具。"②罗素在这里讲的是视觉问题,举一反三,感知事物离不开感官,而真正认知事物还要依靠"大脑或心灵"。不同的人由于知识阅历和认识问题角度的不同,对待同一个写作客体认知的结果是不一样的。例如,如何看待"焚书坑儒",晚唐诗人章碣在《焚书坑》③中讥讽了秦始皇,认为焚书坑儒意在"愚民",然而刘邦、项羽就是非读书之人;南宋的萧立之在《咏秦》④中认为民众是愚弄不了的;而明末清初的陈恭尹在《读秦纪》⑤中则认为秦法虽严亦有疏漏之处。三位诗人从各自的角度得出了不同于他人的写作发现。同一写作客体被他们各自主体化了。在物我交融和转化过程中写作主体总想在当时的心境中运用"记忆内存"进行相似性推理或想象,把握写作客体,获得写作内容。这种感悟是在写作主体掌握的一定知识和具有的一些经历的参与下,写作客体被主体化的,于是,被这样观照的写作客体就成了主体化了的客体。

这种"心理反映与镜子和其他消极反映的形式不同,乃是主观的,就是说,它不是消极的,不是毫无生气的,而是积极的,它的定义中包括人的生活、实践,它的特点在于,把客观的东西不断变化为主观的东西"⑥。写作客体是一种客观存在,有自己的结构,有无数个面和层次。写作主体对其观照,是运用自己的素质、修养、能力对其把握的。这种把握是把写作客体纳入他的认知范围之内,"依据自己的各个规定的总体来对待对象,同样也必须依据这个总体的每一个规定来考察对象"⑦的,因此,他所把握的已经不是对现实的写作客体的"复制""粘贴",而是带有他认知的特点,是"外化的自我意识"⑧,这就是对象的主体化。

(2) 主体对象化

主体对象化是获得写作内容的另一种方式。

人有七情六欲,会戴着思想情感的"有色眼镜"观照写作客体,当对象和主体由对立关系变成统一关系时,可能会有不寻常的写作发现或得到很经典的写作材料。请看李白的《独坐敬亭山》:

众鸟高飞尽,孤云独去闲。相看两不厌,只有敬亭山。

敬亭山是无感知的,在李白眼中,它理解诗人的处境,知己般地陪伴着孤独幽愤的诗人。按照皮亚杰的说法"对主体来说,客体只能是客体显示于主体的那个样子,而不能是别的什么"⑨。正是诗人超凡脱俗、怀才不遇和寂寞,才发现了敬亭山是他的知音。

---

① 柯勒律治.论诗和艺术[G]//伍蠡甫.西方文论选(下).上海:上海译文出版社,1979:520.
② 罗素.人类的知识——其范围和限度[M].张金言,译.北京:商务印书馆,1983:46.
③ 章碣.焚书坑[M]//全唐诗.郑州:中州古籍出版社,1996:4153.
④ 萧立之.咏秦[M]//韦居安.梅磵诗话(卷中).深雪偶谈 吴氏诗话 诗评 梅磵诗话.北京:中华书局,1985:25.
⑤ 陈恭尹.读秦纪[M]//胡光舟,张明非.新编千家诗.桂林:广西师范大学出版社,1998:1826.
⑥ 阿·尼·列昂节夫.活动·意识·个性[M].李沂,冀刚,徐世京,等译.上海:上海译文出版社,1980:30.
⑦ 马克思.1844年经济学哲学手稿[M].北京:人民出版社,1985:122.
⑧ 同上书,123页.
⑨ 皮亚杰.发生认识论原理[M].王宪钿,等译.北京:商务印书馆,1981:95.

这种写作行为被美学家称之为移情现象。它是写作主体把握写作客体特征时,把自己"感"到审美对象里面去①,把外物拟人化或把自己的情感寄托于外物上的。这种将自己的意识(思想情感等)寄寓到写作客体之上,使"心灵的东西也借感性化而显现出来"②的写作现象就是主体对象化。其特征是将自我意识客观化,"设身处在事物的境地,把原来没有生命的东西看成有生命的东西,仿佛它也有感觉、思想、情感、意志和活动"③。这种写作现象很普遍:深得皇帝赏识名望海内之人看见萤火虫认为它渴盼出名而炒作自己④,惜别之人在"心折骨惊"中所见蜡烛是知别离而流眼泪的⑤,都是写作主体以己度物,把自己的思想情感对象化的典型例证。

不论是对象的主体化,还是主体的对象化,这种主、客体相融中的变化,不是客体转化成了主体,客体就消失了,也不是主体转化成了客体,主体就不存在了,而是主客体"物我化一"后成了客体特征大或主体意识强的写作内容。

(二)博而能一综合律

探索博而能一综合律是要破解写作活动中遇到"多"和"一"的矛盾,通过"博"选择"一"而最终写出文章的问题。

1. 含义

对博而能一综合律的解释请看:

所谓"博而能一"是指写作主体既要具有为写作所必需的多方面的素质、修养和能力,又能够把这多方面的素质、修养和能力融会贯通,使之在不同范围内、不同条件下,形成一个有机整体。所谓"综合",是指写作主体对自身所具有的多方面的素质、修养和能力的归纳和集中、调动和支配,它既是博而能一的表现形式,又是博而能一的手段和方法。⑥

这一段表述把握了博而能一综合律的实质,释义很到位。

每个人在写作中都会遇到各种各样的矛盾,其间作者都会调动素质、修养和能力加以解决。博而能一综合律揭示的是作者综合运用素质、修养和能力化解写作过程中出现的各种矛盾最终写出文章的一般规律。

2. 博而能一的内容和表现

(1)"博"的内容和表现

"我在写每一篇东西的时候,我都翻箱倒柜,把所有的储藏,只要能用的都使用上来,哪怕并不是用在文字上"⑦。这是小说家茹志鹃创作时的情况。写作会遇到五花八门和料想不到的问题,对可能遇到的问题如何解决它们,作者有一个以往积累生成的应对系统。这个由素质、修养和能力组合一起解决写作问题的应对系统就是"博",无"博"文章制作活动无法开展。以下陈述"博"的内容。

① "博"的内容。

"源泉混混,不舍昼夜,盈科而后进,放乎四海。有本者如是,是之取尔"⑧。孟子的比喻说明"本"的重要。写作活动古人把"立本"放在第一位,"本"包括作者的思想、品德、情操的修养等。写作,古人强调"才、胆、学、识、力",这些都是写作主体表述写作发现必须具备的主观要素,由主

---

① 里普斯.移情作用、内摹仿和器官感觉[G]//伍蠡甫.现代西方文论选.上海:上海译文出版社,1983:13.
② 黑格尔.美学(第1卷)[M].2版.朱光潜,译.北京:商务印书馆,1979:49.
③ 朱光潜.西方美学史[M].2版.北京:人民文学出版社,1979:597.
④ 虞世南.咏萤[M]//全唐诗.郑州:中州古籍出版社,1996:259.
⑤ 杜牧.赠别[M]//全唐诗.郑州:中州古籍出版社,1996:3265.
⑥ 周姬昌.写作学高级教程[M].4版.武汉:武汉大学出版社,2009:28.
⑦ 茹志鹃.漫谈我的创作经历[G].新文学丛论,1980(1).
⑧ 孟子.离娄下[M]//万丽华,蓝旭,译注.孟子.北京:中华书局,2006:177.

观要素的综合构成了写作的"博"。写作的素质、修养和能力是其中的三要素,现分述如下。

A. 素质。

从心理学的角度来看,素质包括天赋和禀性,都有其生理基础,这是物质要素。它们不等于能力和个性,是发展能力和个性的前提。除此之外,素质还有后天获得的心理素质、政治素质和文化素质。它们构成了作者的精神要素。素质是写作主体在质的方面的物质要素和精神要素的总和。心理素质、政治素质和文化素质对写作产生的影响是"润物细无声"的。例如,《红楼梦》前八十回同后四十回在情节上有不少矛盾之处,其中,前者把宝玉拉出学堂,送进大观园,后者把他拉进学堂,让他日后中举。针对这些矛盾现象产生的原因,俞平伯指出,这同曹雪芹潦倒不堪与他痛恶八股科考及利禄之人,高鹗高中进士、官居御史有着内在的联系,并指出高鹗补叙《红楼梦》的失败"不在于'才力不及',也不在于'不细心谨慎',实在因两人性格嗜好底差异"[①]。从这些评价可以看出作家在不知不觉中就把心理素质、政治素质和文化素质运用到了写作之中。这三种素质对写作的影响是渗透性的。下面对这三种素质逐一阐说。

a. 心理素质。常言道文如其人,布封也说:"风格才是人本身"[②]。这其中就含有心理素质影响人写作的意思。例如,启功先生生性活泼开朗、风趣幽默,自撰出令人阅读都会发出会心微笑的墓志铭[③]是他的心理素质使然。心理素质是表现在写作主体身上经常的、稳定的、本质的个性心理特征,主要包括写作主体的气质、性格和兴趣。

• 气质。在心理素质中,相对稳定的个性特点就是气质,它对一个人的写作是在暗中起作用的,例如,郭沫若气质属于多血质,这种气质的特点具有可塑性和外倾性,外部表现明显,情绪兴奋性高,活泼好动、热情,注意力和情感易于转移和变化[④]。关于郭沫若的气质对他写作的影响,沈从文是这样评价的:

从五四以来,十年左右,以那大量的生产,翻译与创作,在创作中诗,与戏曲,与小说,几乎皆玩一角,而且玩得不坏,……在艺术上的估价,郭沫若小说并不比目下许多青年人小说更完全更好……他不会节制。他的笔奔放到不能节制……所以看他的小说,在文字上我们得不到什么东西……郭沫若对于观察这两个字,是从不注意到的……他详细的写,却不正确的写……凡是他形容的地方都有那种失败处。[⑤]

根据沈从文的这些评论纵观郭沫若1927年到1976年粉碎"四人帮"几乎一生的文学创作,我们不难发现,郭沫若对写作客体的观察不仔细不深入,写作充满情感,兴趣广泛,尝试多种文体的写作而不专一,这与他多血质的气质是不无关系的。

• 性格。心理素质中性格是个性中比较稳定的起核心作用的心理特征,如活泼、沉静、豪放、拘谨、刚强、懦弱等[⑥]。性格影响人的日常言行,也如影随形地渗透在写作之中。明朝的江盈科认为:

诗本性情。若系真诗,则一读其诗,而其人性情,入眼便见。大都其诗潇洒者,其人必豁快。其诗庄重者,其人必敦厚。其诗飘逸者,其人必风流。其诗流丽者,其人必疏爽。其诗枯瘠者,其人必寒涩。其诗丰腴者,其人必华赡。其诗凄怨者,其人必拂郁。其诗悲壮者,其人必磊落。其诗不羁者,其人必豪宕。其诗峻洁者,其人必清修。其诗森整者,其人必谨严。[⑦]

---

① 俞平伯. 后四十回底批评[M]//俞平伯. 红楼梦辨. 北京:人民文学出版社,1973:60.
② 布封. 论风格[G]//潘文烜,译. 石尔编. 外国名作家创作经验谈. 杭州:浙江人民出版社1981:251.
③ 余炜,启功. 别说我是书法家[G]//读者美文选粹(第3辑). 兰州:甘肃人民出版社,2003:362—370.
④ 夏征农. 辞海:中[M]. 普及版. 上海:上海辞书出版社,1999:2352.
⑤ 沈从文. 论郭沫若[G]//人民文学出版社编辑部. 中华文学评论百年精选. 北京:人民文学出版社,2003:167—171.
⑥ 宋书文. 心理学名词解释[M]. 兰州:甘肃人民出版社,1984:192.
⑦ 江盈科. 雪涛诗评一卷·诗品[M]//黄仁生. 江盈科集(下集). 长沙:岳麓书社,1997:806.

这阐发的是性格对执笔者写作的影响。在这方面,杜甫总结自己的创作经验自认为性格孤僻[①],具有这种性格,他观察事物仔细,情感体验深刻,能够静下心来推敲字句,做到"语不惊人死不休。"杜甫诗歌创作的巨大成就不能不说这与他的内倾性性格有一定关系。

• 兴趣。在心理素质中人对事物特殊的认识倾向就是兴趣。它对写作的影响是巨大的。从写作史上看,有的人是诗人,有的人是小说家,有的人是散文家,有的人是戏剧家。翻开其写作史,就会发现他钟爱某一文体,这种兴趣成了他创作这种文体的一种内驱力。喜爱它,有的人从青年到老年孜孜以求,终生为之写作。有的人为写一篇文章,不惜花几年乃至几十年时间。写作是很艰辛的,有了写作兴趣,难事也就不难了。兴趣使不少人写出好文章,兴趣也使不少人成了文学家。

b. 政治素质。杜勃罗留波夫曾经说过:"一个有才华的艺术家的作品,不管它们如何多样不同,总可以在其中看出一种共通的东西,这个共通性显出了它们全体的特点,使得它们和其他作家的作品有所区别。用艺术的术语来说,这可以叫作艺术家的世界观。"[②]评论家在这里说的涉及的就是政治素质。政治素质主要指人的道德观念和思想品质,它包括世界观、人生观、价值观、幸福观、节操观、责任感、义务感和荣誉感等,它对写作主体写什么,不写什么,对写作对象是肯定或是否定,起到非常重要的作用。晚唐诗人罗隐,本名罗横,十年不第作《谗书》,鲁迅说:"罗隐的《谗书》,几乎全部是抗争和愤激之谈。"[③]罗隐除了撰写小品文批判现实,还不断创作诗歌嘲讽时弊,这些写作内容除了客观原因之外,与他失意形成的政治素质也有一定的联系。

c. 文化素质。从一篇文章能看出作者的真实水平,这主要是通过阅读其文章,读者能从中衡量出作者文化素质的高低。文化素质是作者在家庭生活、学校教育和社会环境中获取的本民族和外来文明集合的一般知识。这种素质的高低决定文章内涵的厚重浅薄。有无这种素质,写作有"文野之分,粗细之分,高低之分"[④]。精读《文心雕龙》,可知该著作引及作者322人,引及作品436部、篇[⑤],从中看出刘勰在历史、思想史、文学史等方面的渊博知识,在继承文化遗产方面的超一流水平。品味《红楼梦》,不难领悟到作家文章内涵的博大精深和超过一般人的文化素质。在《红楼梦》第三十四回,宝玉请晴雯送两条半新不旧的手帕给黛玉,黛玉体会出这无字绢子的意思来,不觉神痴心醉。这"神痴心醉"是黛玉超出常人独有的情爱体味,有更深一层的含义。请看冯梦龙编辑的手抄本《山歌》中的《素帕》[⑥]:

不写情词不写诗,一方素帕寄心知。心知拿了颠倒看,横也丝来竖也丝,这般心事有谁知!
恐怕只有阅读过这首诗的作家才有可能为才女描绘出如此真切的富有文采性的情感体验。作家对爱情信物——"送"—"感"的描写,写出了宝黛二人的心意相通和爱恋品位,这一箭双雕的描写实属曹雪芹文化底蕴深厚的神来之笔。

B. 修养。

提起修养,黄庭坚多次讲到写好诗歌须有修养的问题。他曾在一首诗中写道:

炊沙作糜终不饱,镂冰文字费工巧。要须心地收汗马,孔孟行世日杲杲。[⑦]
诗句的意思是,诗歌写作刻意于文采辞丽只能是徒劳工巧,一无所获;只有从根本上着手,致力于

---

① 杜甫. 江上值水如海势聊短述[M]//全唐诗. 郑州:中州古籍出版社,1996:1335.
② 杜勃罗留波夫. 黑暗的王国[M]//辛未艾,译. 杜勃罗留波夫选集(第1卷). 上海:上海译文出版社,1983:271.
③ 鲁迅. 小品文的危机[M]//鲁迅全集(第4卷). 北京:人民文学出版社,1981:571.
④ 毛泽东. 在延安文艺座谈会上的讲话[M]//2版. 毛泽东选集(第3卷). 北京:人民出版社,1991:860.
⑤ 罗宗强. 《文心雕龙》的成书和刘勰的知识积累——读《文心雕龙》缀记[J]. 社会科学战线,2009(04):227—234.
⑥ 冯梦龙. 山歌(卷十)[M]. 上海:生活书店,1937:212.
⑦ 黄庭坚. 送王郎[M]//北京大学古文献研究所. 全宋诗. 北京:北京大学出版社,1995:11335.

修养,才能收到好的效果。什么是修养?所谓修养就是经过锻炼和培养,在某一方面达到的水平。同写作有关的修养有生活修养、理论修养、语文修养和艺术修养等。下面对其分别介绍如下。

a. 生活修养。写作离不开生活修养。缺乏这种修养创作可能是概念化的,可能是有漏洞的,也可能是内容虚假的。"初学写作的人,作品往往存在着直、露、近的毛病,其根源就是生活底子太薄"[1]。这说的是生活阅历浅给写作带来的负面影响,而生活修养深厚者写出的作品就可能鲜活生动而又符合生活逻辑,请看:

你向朱鸿兴的店堂里一坐:"喂(那时不叫同志)!来一碗××面。"跑堂的稍许一顿,跟着便大声叫喊:"来哉,××面一碗。"那跑堂的为什么要稍许一顿呢,他是在等待你吩咐吃法:硬面,烂面,宽汤,紧汤,拌面;重青(多放蒜叶),免青(不要放蒜叶),重油(多放点油),清淡点(少放油),重面轻浇(面多些,浇头少点),重浇轻面(浇头多,面少点),过桥——浇头不能盖在面碗上,要放在另外的一只盘子里,吃的时候用筷子搛过来,好像是通过一顶石拱桥才跑到你嘴里……如果是朱自冶向朱鸿兴的店堂里一坐,你就会听见那跑堂的喊出一连串的切口:"来哉,清炒虾仁一碗,要宽汤、重青,重浇要过桥,硬点!"[2]

这一段关于吃面条的前无古人的精彩描写不是纸上得来的,而是作家同相处的作家协会好友在苏州松鹤楼吃饭和从一些饭店当经理的朋友那里学来后的一种艺术表达[3]。

b. 理论修养。柯勒律治曾经说过:"一个人,如果同时不是一个深沉的哲学家,他决不会是个伟大的诗人。"[4]这句话的内涵涉及理论水平与写作水平的关系问题。理论水平高,面对眼前事物能判断出它是否具有写作价值,能发掘习以为常之事的新颖、深刻内涵,理论修养的高低影响文章内容的深浅。

c. 语文修养。"胸无点墨,作不出文章。"[5]这说明写作需要语文修养。语文修养主要指的是具备的语文知识和词语的积累。遣词造句、谋篇布局和文章定体离不开它。例如,公文写作要做到语言的庄重性和一字入公文九牛拉不出的语义单一的准确性,需要从许多同义词中选用最贴切的词,这要靠词语的积累。朱光潜说:"单说语文研究一项,他必须有深厚的修养。他必须达到有话都可说出而且说得好的程度。"[6]赏析李煜的《相见欢·无言独上西楼》,贺铸的《半死桐·重过阊门万事非》和李清照的《凤凰台上忆吹箫·香冷金猊》,不难发现,词人能把难以表达的情感抒写得真切自然且具有可摸可触的质感,就知道能意会不能言传说到底是没有找到表达它的词汇和技巧而已。

d. 艺术修养。写作需要艺术修养。懂一点绘画、雕塑、音乐、舞蹈的常识可以从艺术的角度对写作对象进行审美,对其表述更有美感。然而没有艺术修养,写作会是一种什么情况,请看:

我的生活知识与艺术知识都太少,所以笔下枯涩。思想起来,好不伤心:音乐,不懂;绘画,不懂;芭蕾舞,不懂;对日常生活中不懂的事就更多了,没法在这儿报账。于是,形容个悦耳的声音,只能说"音乐似的"。什么音乐?不敢说具体了啊!万一说错了呢?[7]

缺少艺术修养影响对写作对象的描写,从老舍这段话里可以看出艺术修养还是多一点好。

---

[1] 陆文夫. 同生活靠得更近点[G]//陆文夫. 艺海入潜记. 上海:上海文艺出版社,1987:237.
[2] 陆文夫. 美食家[M]//陆文夫. 陆文夫文集. 福州:海峡文艺出版社,1986:3—4.
[3] 陆文夫. 创作过程中的看想写[G]//陆文夫. 艺海入潜记. 上海:上海文艺出版社,1987:39.
[4] 柯勒律治. 文学传记[G]//伍蠡甫. 西方文论选(下卷). 上海:上海译文出版社,1979:35.
[5] 莱辛. 汉堡剧评[M]. 张黎,译. 上海:上海译文出版社,1981:482.
[6] 朱光潜. 资禀与修养[G]//朱光潜. 朱光潜美学文集(第二卷). 上海:上海文艺出版社,1982:252.
[7] 老舍. 戏剧语言——在话剧、歌剧创作座谈会上的发言[G]//王行之. 老舍论剧. 北京:中国戏剧出版社,1981:15.

C. 能力。

有了写作素质和修养就能写出文章吗？不一定。唐代的李善是著名的注释学家,他的《文选注》引书众多,在注释方面是一部学术水平极高、最具权威性和影响力的传世之作。这位饱学之士应该说具有超出常人的素质和修养了,然而《新唐书》记载他"有雅行,淹贯古今,不能属辞,故人号'书簏'"①。这说明他在写作能力方面是有欠缺的。实践证明写作除了需要素质和修养外,还需要能力。写作能力是作者写作才华的体现者,没有它,素质和修养就缺少了一个转化和展现的依托。写作水平的高低来自写作能力的强弱,写作能力如果弱小撰写文章就会相当艰难。

人们的写作能力是有差别的,在获取写作内容方面有的人敏锐,有的人迟钝。在表达方面有的人倚马可待,有的人"含笔而腐毫"。"诗人和艺术家所以超过我们一般人者就在情感比较真挚,感觉比较敏锐,观察比较深刻,想象比较丰富。我们'见'不着的他们'见'得着,并且他们'见'得到就说得出"②。这里朱光潜道出了诗人、作家同一般人写作能力的差别。写作离不开写作能力,这种能力不同,写作活动的效率也不同。写作能力是写作者完成写作活动所必备的而且影响写作活动效率的个性心理特征。

关于写作能力,别林斯基说:"诗人能以诗的方式接受现实印象,并且能借助幻想的活动,在诗的形象中把那印象复制出来,——就是这种能力构成创作的才能。"③他的这段话提到的写作能力构成包括感受能力、思维能力和表达能力。写作能力除了这三者外,还有其他的智力要素。参与写作活动的既有智力要素,又有非智力要素。这两类要素的有机组合就构成了写作的能力结构。在这个结构中,集中注意力,运用素质和修养解决面临的写作问题的能力就属于写作能力中的智力;在写作中,某种能力被不知不觉地使用而不被注意就属于非智力能力。下面对构成写作能力的这两类要素作以探讨。

a. 写作能力的智力要素。

• 感知能力。通常称之为观察能力,是指对客体的分辨能力。"人家没看清楚的地方,你看清楚了,那是你的本事。"④"这对创作来讲,是一件性命攸关的事情"⑤。这种能力强,一是有助于写作发现,二是有助于准确、生动地描写事物。孙犁说过这样的话:"艺术家的特异功能,不在于反映,而在于创造。不在于揭示众口之所称为美者、善者,是在能于事物隐微之处,人所经常见到而不注意之处,再现美、善。"⑥

• 记忆能力。在识记的速度、准确性、巩固性和提取信息的速度、准确方面反映出来的程度就是记忆能力。通过这种能力写作主体把感知的东西包括词汇储存在大脑里,建立起写作仓库,一旦写作需要,作者就会从这个仓库里提取相关信息把它们有机地排列组合在一起,这就是写作活动。高尔基说:"创作是记忆活动所达到的这样一种紧张程度,此时记忆活动的迅速足以从知识和印象的蕴蓄中抽出最显著和最有代表性的事实、景象、细节,并把它们包括在最确切、鲜明、家喻户晓的言词里。"⑦作家的这段话表明写作是在记忆能力的参与下进行的。文学创作需要大量的表象,"善于记住形象的人总是不停地、随时随地地做着两件事。一是对形象的复习和描摹,

---

① 欧阳修,宋祁. 新唐书[M]. 北京:中华书局,1975:5754.
② 朱光潜. 谈美感教育[M]//朱光潜. 朱光潜美学文集(第2卷). 上海:上海文艺出版社 1982:506.
③ 别林斯基. 爱德华·古贝尔的诗(1845)[G]//梁真,译. 别列金娜. 别林斯基论文学. 上海:新文艺出版社,1958:14.
④ 陆文夫. 创作过程中的看想写[G]//陆文夫. 艺海入潜记. 上海:上海文艺出版社,1987:37.
⑤ 陆文夫. 捕捉形象的能力[G]//陆文夫. 艺海入潜记. 上海:上海文艺出版社,1987:136.
⑥ 孙犁. 谈美[M]//孙犁. 尺泽集. 天津:百花文艺出版社,1982:109.
⑦ 高尔基. 苏联的文学(1934年)[G]//曹葆华,译. 论文学. 北京:人民文学出版社 1978:124.

二是对形象的理解和分析"①。

- 思维能力。这是对写作的各种信息进行分析、综合、抽象和概括的能力。整个写作活动从某种意义上说就是思维活动。文学创作对形象的分解和综合、论说文写作对问题的分析和概括等都是思维能力发挥的作用,写作能力在很大程度上是一种思维能力。

- 表达能力。在写作活动中,对内容进行言语表达的效果和程度就是言语表达能力。写作要把思考的成果外化出来,这种外化是经内部言语向外部言语转化的。这种转化十分不易。在这方面,创作《铁流》的作家绥拉菲摩维奇就说过:"我觉得,在脑子里一切都刻画得非常明晰,清楚:脸啊,动作啊,山啊,海啊,可是写到纸上,再一看,就不是那么一回事了。"②作家的话说明思考的成果把它表达出来其效果不一定令人满意。革拉特珂夫在创作中就感到"最困难的是把形象传达到纸上去"③。能把意会言传出来需要得心应手的表达能力。写作能力归根到底表现为言语表达能力。只有借助这种能力才能有效地向受众传达情感、思想或意图。

b. 写作能力中的非智力要素。

- 写作技能。在写作中,通过反复练习形成的处理写作信息巩固下来的达到迅速、准确和运用自如的自动化的行为方式就是写作技能。它包括言语技能、结构技能和书写技能。这些技能在写作运用时已经不被注意达到了浑然不觉的程度,例如,常用字的书写和造句等不用再注意就能自然地写出来,这主要是多次练习形成的。写作技能是写作的基本功之一。

- 写作技巧。在多次写作中对写作方法的运用达到熟能生巧的地步,能够完美地表达写作内容就是写作技巧。它的形成过程首先是对写作方法的运用,多次运用,熟练了,达到娴熟巧用的水平就生成为技巧。品读欧·亨利的小说,就会发现他把对比技法运用到了炉火纯青的地步,升华为写作技巧。

- 情感。"情感是人对现实的对象和现象是否适合人的需要和社会要求而产生的体验"④。它对写作思维活动产生一定的影响,良好的心境可以活跃思维,激越的情感抑制思维活动。法国浪漫主义女作家、文学批评家斯达尔夫人说:"一定程度的感情足以激发诗情,可是如果超过这个限度,感情就或把诗情拒之于门外。"⑤1994年春天,冰心就想写纪念甲午海战100周年的文章,舒乙见她,她说:"我要写一部大作品",并说,甲午海战的实况她知道得相当多,是她的父亲谢葆璋和父辈的那些海军将领朋友告诉她的。她父亲当时是"来远"号战舰的枪炮二副。每次提笔她便一边哭,一边说:"气死我了!气死我了!真可恨!真可恨!""那是一种真正的大哭,很吓人。双手捂着脸,号啕大哭,声泪俱下,荡气回肠,毫不掩饰,不管当着什么人,来势极猛,像火山爆发。"⑥国家的衰败、民族的耻辱、亲人的牺牲成了冰心挥之不去的痛处。一提起甲午海战,作家不能自已,影响了长篇小说《甲午战争》的创作,最终仅留下了哭得写不下去的连标点符号在内的219字(其中有泪痕的15个字看不清楚)的遗稿。

情感对思维内容也是有影响的。写作时由于感情的参与,作者会自觉或不自觉地被它掌控,就会从积极或消极的方面提炼文意、选用材料。例如,《全唐诗》存有孟郊科考的7首诗,前6首诗抒写落第,在悲情下书写的意象是天明的月亮、丧侣猿的哀声和春天的叶上霜等,而《登科后》表述的则是春风得意、心花怒放、马蹄轻快。前后所写内容的冰炭不同正是诗人不同情感下的思

---

① 陆文夫. 捕捉形象的能力[G]//陆文夫. 艺海人潜记. 上海:上海文艺出版社,1987:137.
② 绥拉菲摩维奇.《铁流》的创作经过[G]//张守慎,译. 舒聪. 中外作家谈创作(下). 太原:山西人民出版社,1980:379.
③ 革拉特珂夫. 我怎样写作《士敏土》[G]//冰夷,译. 石尔. 外国名作家创作经验谈. 杭州:浙江人民出版社,1981:117.
④ 宋书文. 心理学名词解释[M]. 兰州:甘肃人民出版社,1984:317.
⑤ 斯达尔夫人. 论文学[M]. 徐继曾,译. 北京:人民文学出版社,1986:296.
⑥ 舒乙. 梦和泪[G]//李朝全,凌玮清. 世纪之爱:冰心. 北京:团结出版社,1999:175—176.

维结果。

文学创作离不开情,它为文学作品的孕育注入灵魂和血液,情是文学作品的生命。在这方面,同在作品中运用叠字最具特色的是李清照的《声声慢》和乔吉的《天净沙·即事》,前者表达了词人愁闷凄苦的心情和孤独难耐之感,整首词有一条忧郁怅惘的情感脉搏在跳动,它以情动人;而后者唯美主义有余,生命律动不足,它缺少的是澎湃的诗情,则形同美术专业素描用的石膏像。

② 博的表现。

写作前,"博"表现为作者有一个有意无意形成的处于自然状态的无序隐形的写作应对系统。从记事起,在生存环境中写作主体身之所历、目之所见越来越多,加上写作实践,逐渐形成了包括写作需要的由素质、修养和能力组合的应对系统。这个系统因人而在内容和质量上存在差异。平时不写作,这个系统处于松散的隐形状态,它的存在连写作主体自身都意识不到。

写作中,"博"表现为作者的素质、修养和能力三者合一共同参与对文章制作中遇到的每个问题的解决。在文章制作从"窈冥"到定稿的过程中每个环节都存在矛盾,写作是不断解决矛盾的活动。这每个矛盾的解决都需要作者写作的素质、修养和能力的协力而为。虽然这三者在破解每一矛盾运用时的主次有所不同,但是它们依然协同解决作者眼前遇到的写作问题。一篇文章的写作从内容到形式会遇到许多无法回避的问题,只有把它们一一解决了,作者才能将大脑里的写作思维成果外化为可视的文章。其间当遇到写作的一个问题时,写作的应对系统就会调动全部的素质、修养和能力合力化解它。例如,文章标题的制作,作者要联想到它与内容包括同文意的关系,考虑题目的思想性就有政治素质和理论修养参与其中。与此同时,作者又要思考题目的准确、新颖和生动,考虑标题的文学性就有文化素质、语文修养和表达能力的介入。任何作者都企望自己的文章有一个过目不忘的好标题,拟制好题目是要花时间反复思考和多次修改的,考虑题目的审美性就要依靠心理素质和思维能力协同发挥作用了。总之,在解决每一个写作问题的过程中,"博"中的一个要素起"牵头"作用,其他要素也在同时协作共同解决这一问题。

写作后,"博"表现为能够在写作成品从内容到形式、从整体到部分窥见作者的多方面的真实水平。写作成品都是表达的文字,刘勰说:"夫缀文者情动而辞发,观文者披文以入情,沿波讨源,虽幽必显。"①通过阅读文字能够把握作者的思想、情感脉搏,刘勰的话说的是阅读文学创作成品的情况,举一反三,阅读任何写作成品,都能看出作者"博"的水平,因为写作成品是作者尽其所能的载体。选拔从事机关工作人员,申论是考试科目之一,通过批阅试卷上考生对"概括内容""材料分析""制定对策"和"论证行文"的书写文字,阅卷者就能测查报考者的阅读理解能力、贯彻执行能力、解决问题能力和文字表达能力。② 留下传世之作的古人"世远莫见其面,觇文辄见其心"③,通过品评其文章,能够了解他的内心世界。同样,通过文章解读,能看出作者的政治素质、文化底蕴和写作能力。例如,宋元之交诗人徐钧在组诗《史咏集》中,对在《资治通鉴》中记载的从周至唐一千多位历史人物赋诗1530首(据与徐钧同时代著名儒学家金履祥说有1530首,今存297首),对所写之人采用儒家观点品评,多有高卓之见。这种咏史的写作实践,在写作史上是前无古人的。若无广博的儒学史学素养、高深的文学修养和遣词造句的表达能力三者合一的创作是绝对没有如此多的作品的。

涉及写作的"博",朱光潜说:"每人所见到的世界都是他自己创造的。物的意蕴深浅与人的性分情趣深浅成正比例,深人所见于物者亦深,浅人所见于物者亦浅。诗人与常人的分别就在此。"④

---

① 刘勰.知音[M]//祖保泉.文心雕龙解说.合肥:安徽教育出版社,1993:963.
② 中央机关及其直属机构 2015 年度考试录用公务员公共科目考试大纲[EB/OL].(2014-10-13)[2014-11-03].考试录用,中央机关及其直属机构 2015 年度考试录用公务员专题. http://www.scs.gov.cn.
③ 同①.
④ 朱光潜.诗论[M]//朱光潜美学文集(第二卷).上海:上海文艺出版社,1982,55.

性分情趣深浅决定文学作品意蕴的深浅,任何文章都有文意深浅的问题,要把文章写得"深",写作者必须在素质、修养和能力上下功夫。

(2)"一"的内容和表现

①"一"在形式上的内容和表现。

A. 线索。

记叙类文章里有情节、场面和细节等,需要一个东西把它们贯穿起来,把文章中的各种材料、各个部分自始至终贯穿起来的单一成分和因素就是线索。它包括人物、事件、物件、时间和地点等。

B. 焦点。

叙事文章的"核心",是文章表述的关键部位。文学创作,作家们非常看重焦点。例如,托尔斯泰说:"艺术品里顶重要的东西,是它应该有一个焦点才成,就是说,应当有这样一个点:所有的光会齐在这一点上,或者从这一点上放射出去。这个焦点万不可以用话语完全表达出来。"①散文《第一次》②描述一个蹒跚学步的儿童从马路登上人行道的过程,其间其母亲的循循善诱、小姑娘的热情鼓励、老奶奶的疼爱有加和老爷爷富有睿智的赞扬都向着儿童迈步登上人行道聚合。这个儿童第一次的艰难举步就成了全文的关节点。

②"一"在内容上的表现。

文意是"一"在内容上的表现,清代的刘熙载说:"凡作一篇文,其用意俱要可以一言蔽之。扩之则为千万言,约之则为一言,所谓主脑者是也。"③文意是整篇文章的中心,是灵魂和统率。材料的选择,结构的采用和语言的运用都是为文意服务的。文意的"一"介绍如下。

A. 主题。

主题最初是德语中的音乐术语,后被引入日语作为写作学概念使用。主题在文学作品里称为主题思想,在议论文里称为中心思想。

B. 情感。

20世纪80年代初期高晓声对传统文艺学的主题说颇有微词,他说:"作家写小说,恰巧不是想用理性去教育读者,而是想用感情去影响读者、感动读者"④,"所谓作品的主题思想,对于作家的创作工作来说是没有多大意义的。"⑤"我写《陈奂生上城》……有所触发,有所感动,于是才写了它。"⑥托尔斯泰也说过:"要使一部作品写得动人,仅仅使它受到单一的思想的指导是不够的;它的全篇,还应该渗透着一种单一的情感。这正是我的《少年》所缺上的。"⑦两位作家的论述说明"一"在内容的表现在文学创作中有的是"情感"。

除了主题和情感,"一"在内容上的表现还有意念、情趣、理趣等,这些都属于古人所言的"意"。根据许多古人强调写文章以意为主的观点,本书把文章主旨称为"文意"。

文意的深浅是文章质量高低的最重要的一个因素,郑板桥在谈及诗歌写作时涉及这个问题,他说:"作诗非难,命题为难。题高则诗高,题矮则诗矮,不可不慎也。少陵诗高绝千古,自不必言,即其命题,已早据百尺楼上矣。"⑧郑板桥在这里所说的"命题"就是提炼文意,他认为杜甫诗

---

① 童庆炳,马新国.文艺理论学习参考资料新编(上)[G].北京:北京师范大学出版社,2005:288.
② 郭永朝.普通话教程[M].长春:吉林大学出版社,2008:138.
③ 刘熙载.艺概·经义概[M]//王气中.艺概笺注.贵阳:贵州人民出版社,1986:444.
④ 高晓声.且说陈奂生[G]//高晓声.创作谈.广州:花城出版社,1981:15.
⑤ 同上书,17页.
⑥ 同上.
⑦ 列夫·托尔斯泰日记选[G]//古典文艺理论译丛编辑委员会.古典文艺理论译丛(第一册).北京:人民文学出版社,1961:196.
⑧ 郑燮.范县署中寄舍弟墨第五书[M]//朱桦.历代名家书简.广州:广东人民出版社,2004:320.

歌写得好,很重要的是有"据百尺楼上"的"高题"。对此举一反三,只要写作,作者就要调动写作的应对系统下功夫提炼正确、深刻、新颖的"高题"。

(3) 由"博"到"一"的综合过程

从写作的一个具体环节说,写作活动在每个环节都会遇到"多"和"一"的矛盾。"多"和"一"都与写作有关,包括内容和形式等。写作每次遇到的"多"是写作思维的对象有数种情况,而"一"是必须选择其中的一种。在每次遇到"多"和"一"的矛盾中,作者写作的应对系统对"多"进行多层次、多角度的扫描和评定,从"多"中选"一",这是写作在每个环节遇到的"多"和"一"的矛盾的综合过程。在这个过程中被择优的"一"已经根据需要被"博"打造,成为了文章的一个或大或小的构成要素。由这样一个个的"一"包括文意、标题、结构,甚至每一句话等便构成了文章的有机系统。

从写作的整个过程看,由"博"到"一"的综合过程根据王元化的研究①,它被刘勰概括为"三准":"履端于始,则设情以位体;举正于中,则酌事以取类;归馀于终,则撮辞以举要。"②这第一准是"设情以位体",即"依据表达思想情感的需要确定主题、确定体制、安排结构";第二准是"酌事以取类",即写文章要选择符合表达文意需要的材料;第三准是"撮辞以举要",即写文章要考虑选词恰当,表述得体③。

刘勰概括的"三准"就是写作过程从"博"到"一"的三个环节,根据这个理论,结合当代的写作实际我们把这三个环节概括为以下三点。

① 为表达写作发现找到合适的体裁。

有了写作发现以后,作者就要考虑适合表现它的体裁。在思考这个问题之前,作者已经掌握了许多文体的特点,知道每种文体的审美规范,结合要表达的内容从许多体裁中选出一种,这个环节就是作者根据情或意,为内容表达找到一个合适体裁的综合。申论的论证,题干上表述含有重要性、必要性和危害性等写作内容要求,考生在备考中熟悉了论证中政论文、策论文、评论文和启示文的写法,从中选出政论文进行写作,实际上就是为适合考试内容的要求寻找合适体裁的综合。

② 为表述写作发现选用最佳材料。

写作发现是来自作者对材料分析概括的结果,为表述写作发现,写作主体必须对所掌握的各种材料进行加工整理。第一步是汇聚材料:按照表达文意的标准,运用发散法选取材料;第二步是归类材料:依据一定的逻辑梳理杂乱的材料;第三步是取舍材料:根据选材的典型、新颖原则,选用最优材料。在这方面,魏巍写作《谁是最可爱的人》一开始有二十多个故事,从中选出五个故事,最后只用了三个材料从三个方面表达了中国人民志愿军是最可爱的人的主旨就是范例。

上面概括的使用材料的综合是一种基本模式,如同一件"铸造模具"。实际上对材料进行从杂多到精新的综合十分复杂而又因人而异。如果初学写作者在选材时学习它、采用它,熟练并掌握它,进而内化为一种技能,写作水平会有一定提高。

③ 为突出写作发现组织精练语言。

写作语言是对思维内容的记录。对写作内容的思维是多向的,语言是杂多的。根据写作发现和选取的材料选用恰当的语言进行删繁就简的表述就表现为语言从繁杂到精练这种由"博"到"一"的综合。北岛的《生活》仅有一个词——"网"可谓是最精练的诗歌了,可以推想,他在创作这首诗的时候,一定想得很多,其中包括很多意象,伴之而来的还有许多诗句,然而最终还是围绕写

---

① 王元化. 文心雕龙创作论[M]. 上海:上海古籍出版社,1979:185—189.
② 刘勰. 熔裁[M]//祖保泉. 文心雕龙解说. 合肥:安徽教育出版社,1993:622.
③ 参考了祖保泉. 文心雕龙解说[M]. 合肥:安徽教育出版社,1993:630—631.

作发现从中选择了一个"网"字来表达。

为了表述的方便,我们把文章写作的综合过程粗略地"描画"成一幅由"博"到"一"的"流程图",实际上写作由"博"到"一"的综合过程像河流一样,是整体向前运动的,是难以划分的。在整个过程,它有时直线前进,有时调转水头;有时顺势而下,有时逆折回川,尽管会有"九曲",但是终究会流向要到达的地方——写出文章。我们勾画的写作由"博"到"一"的综合过程仅是地图上的"河流走向图"而已。

(三)法而无法通变律

只要写作,就要使用方法,研究法而无法通变律是解决如何自觉采用方法把文章写得更好的问题。

1. 含义

法而无法通变律揭示的是作者自觉不自觉地学习、借鉴写作之法,并加以革新或创造,灵活运用于写作的一般规律。

这里说的"法"是写作的一般规律的下位概念,是指在写作过程的不同阶段上起作用的特殊规律,是相对稳定的写作之法。而"无法"指的是把握了"法"的精髓之后的灵活运用。"通变"是指对写作之法的革新或创造。"法"是通变的基础,"无法"是通变的结果。①

2. "法"的内容和表现

(1)文章体制

人类源远流长的写作活动产生了许多文体,它们都有自己的特点和结构形式,这些特点和结构形式构成了文章体制,文章样式就是文章体制,它对写作有一种相对的约定俗成性。在古文论里有不少关于"文章以体制为先"的论述,多人关注这个话题说明了文章体制的重要。

① 文章的间架结构。

结构是对内容的安排,形式上的它是事物的构成部分在结构上的反映。

"在文学中,时间仿佛领着人朝前走,时间决定着人的审视"②。只要有故事情节,叙事作品就会有发生、发展、高潮和结局的组织构造,尽管有些变化,如采用倒叙、插叙和补叙等,但是按照时间顺序安排结构的这种基本格局却很难打破。这是因为情节是时间的一种存在方式,结构情节摆脱不了时间问题,任何事件都是在一定时间里发生的,涉及情节的文章内容在客观上具有时间先后的因果联系,违背它就有可能出现表述上的混乱。

论说文体对内容的一般布局是提出问题、分析问题和解决问题。这种结构安排是人们认识事物的思维逻辑的反映,即"是什么""为什么"和"应如何"。议论文这样安排结构表述内容脉络清晰,符合人们认识问题的思维规律。

② 文体特点。

从写作运动史上看,经过作者的写作实践和读者好恶的选择,许多文体被相对固定下来。这种相对固定的内容之一就有文体特点,"夫文本同而末异,盖奏议宜雅,书论宜理,铭诔尚实,诗赋欲丽"③。曹丕在这里说的是文体在表述上的特点。写作某一文体,没有文体感——不按照这种文体的特点来行文,就写得不像这种文体。关于文学作品的写作,高尔基说:

作者的推测和见解,以赤裸裸的形式表现出来,总是价值不大的。我们要求作者把他头脑中所想到的东西描绘出来,而不是叙述出来。要把您的见解、您的观念具体体现出来,要用形象把它表现出来。④

---

① 释义"法而无法通变律"参考了周姬昌. 写作学高级教程[M]. 4版. 武汉:武汉大学出版社,2009:35.
② 维·什克洛夫斯基. 散文理论[M]. 南昌:百花洲文艺出版社,1994:296.
③ 曹丕. 典论·论文[G]//郭绍虞. 中国历代文论选(第1册). 上海:上海古籍出版社,1979:158.
④ 高尔基. 文学书简(上卷)[M]//曹葆华,渠建明,译. 北京:人民文学出版社,1962:476.

这就是说,文学创作要用意象思维,表达的写作对象具有形象性。例如描写一座破败的庙宇:

钟楼倒塌,殿宇崩摧。山门尽长苍苔,经阁都生碧藓。释迦佛芦芽穿膝,浑如在雪岭之时;观世音荆棘缠身,却似守香山之日。诸天坏损,怀中鸟雀营巢;帝释欹斜,口内蜘蛛结网。没头罗汉,这法身也受灾殃;折臂金刚,有神通如何施展。香积厨中藏兔穴,龙华台上印狐踪。①

文中没有寺庙破烂不堪的抽象话语,都是对景物的具体描绘,作品通过这样的形象刻画,一个破败庙宇的形象跃然纸上。

(2) 写作准则

写作准则就是前面说到的写作原则,它是在长期的写作实践活动中总结出来,又用于规范写作的原则和要求。在这方面,托尔斯泰为自己的写作制定过《文学的规则》,其中就有"任何一部作品的宗旨应该是效益——道德。""作品的主题必须是崇高的"②等。他的创作遵守着这个法则。关于写作准则钱锺书也注意到了:"性情可以为诗,而非诗也。诗者,艺也。艺有规则禁忌"③写作中遵循正确的写作准则,最起码的文章内容和形式不会出现问题。写作准则有六个方面。

① 写作指导思想。

不论是何人写作都自觉不自觉地受到一定的写作指导思想的支配,我们提倡写作坚持唯物辩证法,它是最先进、最科学也是最有效的写作指导思想。一些人写文章观点的片面性、绝对化就是没有辩证地看问题导致的。而要写出好文章,运用唯物辩证法很重要。例如,文章写作要文从字顺是最起码的要求,但是在一定条件下语句不通、错别字连篇也可能是好文章。请看杨小滨的《一个美国学生给回国旅行的中文老师的伊妹儿》④

杨老师:我是刘学生。/我贵姓刘,您送给了我的名字。/您活在中国的十间太九,我们都很失去您。/放家,没有学校了。/我的中文不但快快地坏了,的体重而且慢慢地大了。您的身体什么了?/天气在北京怎么办?/今天是星期末,/您必须在用朋友玩儿?我猜?/或者,做研究功课,勤勤奋奋?/再次,我们真的失去您了。我们老老实实希望您来美国回得早。/请让我们认识您的飞翔号码,所以我们可以去飞机场一起把您捡起来。⑤

这是一首描摹美国学生给中文老师发的电子邮件的诗歌,如果按照语言要通顺,文中不能有错别字的绝对要求创作这种内容的诗歌,就没有这首诗写得生动、形象、有味道。可以想见创作这首诗时诗人突发奇想:文从字顺的要求不能绝对化,描写美国人学习汉语文不从字不顺可能更真实、更形象、更有意味。

② 文意提炼。

正确、深刻、新颖是发掘文意的写作准则。在这方面,一些人的写作包括论文写作观点虽正确但有一种出土文物的陈旧,有的人在博客上发表见解很是吸引眼球,可在正确方面出了问题,有的人写文章文意正确新颖揭示的却是知其然不知所以然的唯象之说。避免立意出现这些问题,作者提炼文意应注意正确、深刻和新颖的三者合一。

③ 材料选择。

表达文意、真实、典型和新颖是材料选择的写作准则。以这四者的统一为标准可以挑选出理想的材料。

---

① 施耐庵,罗贯中.水浒全传(上)[M].上海:上海人民出版社,1975:73.
② 托尔斯泰.文学的规则[G]//陈桑,译.山东师范大学中文系文艺理论教研室.外国作家谈创作经验(下).济南:山东人民出版社,1980:473.
③ 钱锺书.谈艺录[M].北京:中华书局,1984:39—40.
④ 为节省版面,本书对自由诗的排版不是表达上的特殊要求,一般不采用分行分节的排版形式,而为显示原诗的分行分节,本书使用了"/"为分行,"//"为分节的分隔号形式.
⑤ 杨小滨.一个美国学生给回国旅行的中文老师的伊妹儿[J].晚报文萃(B),2006(08):33.

④ 结构安排。

完整性、连贯性和严密性是结构安排的写作准则。这三者有机统一的结果:文章言之有序,文章结构天衣无缝。

⑤ 语言表达。

准确、生动、简洁、务去陈言是语言表达的准则。行文符合这四点,是写作需要的语言。

⑥ 书写要求。

合乎规范、清楚好认、美观大方是写作的书写要求。这些准则是从接受美学的角度提出的,符合书写原则,文面视觉漂亮,阅览舒服,为文章传播提供了一个条件。除了在校的学生,现在写作基本上都用电脑打字了,文面应该制作得更加美观。

(3) 写作技法

写作技法属于写作方法,它是写景状物、叙事论理的具体之法,包括一般手法和辩证手法。写作技法是在表述内容方面起作用的特殊规律,来自于生活,具有客观的真理性。它是构成文体美的内在因素,通过它,写作内容得以表达,作者写作意图得以实现。

3. "无法"的内容和表现

写作具有个体性、创造性,且每人每次写作具有不重复性。有人根据这些写作特点,依据鲁迅说过的话:"现在市场上陈列的'小说作法''小说法则'之类,就是专掏这类青年①的腰包的。然而,好像没有效。从'小说作法'学出来的作者,我们至今还没有听到过"②,断定"写作没有共同的方法"。被鲁迅否定的"小说作法"之类的书据作家茅盾和文章学家张寿康说,在中华人民共和国成立前也见到过,那种不负责任的、胡乱拼凑几条所谓秘诀,是骗人的③。而鲁迅联系自己读私塾的写作情境,对1926年由开明书店出版的夏丏尊、刘薰宇执笔揭示写作规律的《文章作法》则是肯定的。这说明写作之法是存在的,对此刘勰早就说过:"文场笔苑,有术有门。"④这"术"和"门"就是写作之法。我们所讲的"无法"指的不是没有写作之"法",而是指"法"的变化和对"法"的灵活运用。

(1) 文章体制的发展变化

① 间架结构。

"天下无百年不变之文章"⑤。清末民初博学多能的姚华曾说:"夫文章体制,与时因革""文章应时而生,体各有当""故事际一变,则文成一体""说似诡谲,理实寻常"⑥。这里他论述的是文随时变的道理。随着社会生活的变化,作者对新的写作领域的开拓,新的写作内容使结构发生了一些变化。例如,传统小说《红楼梦》《复活》等写人的行为,以讲故事为主,安排情节多是"发生、发展、高潮、结局"的格局。后来出现了心理小说,其中包括情绪小说和意识流小说等,它们情节淡化,在结构安排上,不以情节为主而以心理活动为主。在这方面,英国当代作家B.S.约翰逊认为:"生活是混乱的、易变的、任意的,它遗留下成千上万的解开来的头绪,参差不齐。"⑦"小说家不能用那样没法再用的形式来体现今日的现实"⑧他重申当前现实变化迅速。"小说家也必

---

① "这类青年"鲁迅指的是思考"应该怎样写"的有志创作的青年。
② 鲁迅. 不应该那么写[M]//鲁迅. 且介亭杂文二集. 北京:人民文学出版社,1973:77.
③ 王凯符,吴继路,张文田,等. 写作[M]. 北京:北京大学出版社,1983:2—5.
④ 王运熙,周峰. 文心雕龙译注[M]. 上海:上海古籍出版社,2010:210.
⑤ 袁中道. 花雪赋引[M]. 珂雪斋集(卷10). 上海:上海古籍出版社,1989:459.
⑥ 姚华. 曲海一勺[G]//郭绍虞,王文生. 中国历代文论选(第4册). 上海:上海古籍出版社,1980:406—407.
⑦ B.S.约翰逊. 小说——形式与手段[G]//刘若端,摘译;崔道怡,朱伟,王青风,等编. "冰山理论":对话与潜对话——外国名作家论现代小说艺术(下册). 北京:工人出版社,1987:670.
⑧ 同上书,673页。

须发展形式(通过发明或由其他手段借鉴、偷窃或修补),多多少少要令人满意地包括一个总在变化着的现实,他们自己的现实,而不是狄更斯的现实,或哈代的现实,甚至也不是詹姆斯·乔伊斯的现实。"①创作《不幸者》他借鉴了法国新小说派第二代作家马克·萨波塔的不装订的盒装"扑克牌小说",把材料完全按任意的状态交织在一起,没有时间顺序,写成27个部分,每部分4至8页不等,不装订,散放在一个盒子里,除首部和尾部被标明之外,其余25个部分的次序是任意的。这种写作内容的无序安排,表述的是人的意识活动的零乱无序。

② 文体特点。

写作作为一种运动由于作者和受众的共同推动,文体不会固定不变而在不断发展变化着。例如,古代叙事写人的散文是写实的,而中华人民共和国成立"十七年"时期(1949—1966)出现了散文的虚构,如冰心的《小桔灯》、何为的《第二次考试》。在字数方面,以往的文艺性散文篇幅短小,而现在有不少优美散文洋洋万言。随着社会和写作运动的不断发展,各种文体的特点也会随之渐进变化。

(2) 写作准则的发展变化

前面提到的写作准则是知识更新周期长、信息爆炸和互联网时代之前以纸质媒体传播为主的产物,是制作精品要求写作应如何做的。进入20世纪70年代后期,物质文明和精神文明建设发生了巨大变化,尤其是互联网提供了大众自由写作和几乎是随意发表文本的平台。宽松的写作环境满足了大众的写作和发表的欲望,他们不再用视为"紧箍咒"的精品文章的写作准则限制自己的写作,尤其是电子文本的写作。不受限制的自由写作,使一些昔日奉若经典的写作准则被消解,例如,精炼含蓄是诗歌创作在语言上的一条金科玉律,而被网民关注一时被调侃为"梨花体""羊羔体"和"废话体"等诗歌创作的"突围者"把这条准则从幕前拉到了幕后,如表述同唐寅《一剪梅》中"行也思君,坐也思君"这8个字一样情感的诗歌被"稀释"成八十多字的口语。有资料显示,截至2016年12月,我国网站数量为482万个,互联网网民7.31亿人,手机网民6.95亿人,即时通信用户6.66亿人,网络文学用户3.33亿人②。数以亿计前所未有的网民参与网上各种写作,其写作水平的不同层次,写作目的的多种多样,对写作的不同要求,致使在高品位文本写作准则之外,写作准则已经呈现出多样性的特点。

(3) 写作技法的灵活运用

"言而当法。③"庄子的这句话含有言语表达应该符合写作之法的含义。在古文论中,许多论述都谈到了有法、无定法和活法问题。把这些论述归纳起来就是写作之法是存在的,应当灵活运用。文学创作刻画人物有个肖像描写,关于肖像描写鲁迅提倡"画眼睛",他说:

要极省俭地画出一个人的特点,最好是画他的眼睛。我以为这话是极对的,倘若画了全副的头发,即使细得逼真,也毫无意思。我常在学学这一种方法,可惜学不好。④

"画眼睛"是鲁迅创作小说经常使用的,而在芥川龙之介的《鼻子》那里对禅智内供的刻画是鼻子,在茨威格的《一个女人一生中的二十四小时》那里描写的则是赌徒们的手。三位小说大师笔下同是肖像描写,可描写的对象不一样。"法"在这里因写作对象不同而随之变化。元初的郝经说:"文有大法,无定法。观前人之法而自为之,而自立其法。彼为绮,我为锦;彼为榭,我为观;

---

① B. S. 约翰逊. 小说——形式与手段[G]//刘若端,摘译. 崔道怡,朱伟,王青风,等编. "冰山理论":对话与潜对话——外国名作家论现代小说艺术(下册). 北京:工人出版社,1987:670.
② 中国互联网络信息中心. 第39次中国互联网络发展状况统计报告[R]. (2017-01-22)[2017-01-26]. http://www.cnnic.net.cn.
③ 庄子. 寓言第27[M]. 2版. 曹础基. 庄子浅释. 北京:中华书局,2000:419.
④ 鲁迅. 我怎样做起小说来[M]//南腔北调集. 北京:人民文学出版社,1980:102.

彼为舟,我为车;则其法不死,文自新而法无穷矣。"①写作之法是根据具体情况具体运用的。写作中一位作者对它是一种用法,另一位作者对它可能是另一种用法,"法"的运用是千变万化的。就是同一位作者运用同一种方法,也不会"胶柱鼓瑟"的。比如映衬在《红楼梦》里使用很多,刻画黛玉"质本洁来还洁去",描述潇湘馆前是"千百竿翠竹遮映",后院"有大株梨花",这是以景衬人。而刻画"才自清明志自高"的探春素喜阔朗则用的是以物衬人——极写她卧室里用品的"大"。同是写人,同是用映衬,前者是绘景,后者是写物。这就是对"法"的活用。

"法"的活用实际上是举一反三的使用。一种手法在一种文体里对表达写作对象很有用,根据情况如果适合可以把它巧妙地移植到另一种文体里。例如对比,在叙事作品的写作中可以用它对比描写,在议论文体的写作中可以用它对比论证,在说明文体的写作中可以用它对比说明。

4. 法而无法的通变过程

从写作史的角度考察,初始"法"是没有的,写作实践有了"法",许多作者采用这个"法"写作,"法"被创造性地活用,进而"法"被发展和创新,出现了更高的"无法",这个"无法"是被进一步革新创造的"法"。在写作运动中这个被革新创造的"法"还会继续发展变化的。这就是"法"而"无法"的通变过程。例如,对比作为一种方法,在写作实践中被发现后,许多作者都采用它写作,而欧·亨利创造性地把它革新为"突转"和"逆转"。这"突转"和"逆转"就成了新的写作技法,它们还将变化着。

从个体写作史的角度考察,法而无法的通变过程是由"模仿""化用"和"融合"三个环节构成的,下面对这三个环节分别作一介绍。

(1)模仿

初学写作,作者没有写作之法的概念,写作无从下手,这是"无法"的阶段。面对一篇好文章跟它学习写作,作者开始找出其中的写作之法,循法而写,进而掌握了这种写作之法,这是从"无法"到"有法"的过程。在写作中,以他人的文章为摹本,仿效其中突出的写作特点写出相类似文章的写作行为就是模仿。模仿在写作学上被称为仿写。

模仿阶段是每个人都要经过的,很重要,不要轻视它。法国社会心理学家加布里埃尔·塔尔德早在一百多年前就在《模仿律》一书中说过,模仿是最基本的社会现象②。写作也是如此,任何人的写作都起源于模仿,大作家的初始之作,绝不是"韩娥似的歌唱",而只是"婴儿般的咿呀学语"。这是因为,初学者对要采用的文体头脑空空,没有样式,不知如何下笔,而只要有个"葫芦",就可以比着画"瓢"了。模仿是学习,是无法向有法的迈进。在这方面歌德说过很中肯的话:

我们全都要从前辈和同辈学习到一些东西。就连最大的天才,如果想单凭他所特有的内在自我去对付一切,他也决不会有多大成就。可是有许多本来很高明的人却不懂这个道理。他们醉心于独创性这种空想,在昏暗中摸索,虚度了半生光阴。③

智者的话证明了模仿在写作中的作用。关于模仿,朱熹曾说:"前辈作文者,古人有名文字,皆模拟作一篇。故后有所作时,左右逢源。"④这话里有写作要多模仿的意思。模仿是需要的,可是要有方法。清代的袁枚在《随园诗话》里提出模仿要善学的主张。模仿善学就是对于优秀篇章,要吃透它的内容,把握它的方法,在写作中不是刻舟求剑地生搬硬套,而是理论联系实际地加以运用,这是模仿的关键。

---

① 郝经. 答友人论文法书[G]//羊列荣,刘明今. 中国历代文论选新编(宋金元卷). 上海:上海教育出版社,2007:233.
② 加布里埃尔·塔尔德. 模仿律[M]. 何道宽,译. 北京:中国人民大学出版社,2008:37.
③ 爱克曼辑录. 歌德谈话录[M]. 朱光潜,译. 北京:人民出版社,1978:246.
④ 朱熹. 朱子语类卷第139 论文[M]//黎靖德,编. 王兴贤,点校. 朱子语类(第八册). 北京:中华书局,1986:3321.

(2) 化用

模仿是需要的,然而一味模仿不变通,写作就会失去自我,所写的将是运用别人的语言表达别人早已表达过的思想或情感。这就是清代的沈德潜所说的:"诗不学古,谓之野体。然泥古而不能通变,犹学者但讲临摹,分寸不失,而己之神理不存也。"①通过借鉴提高自己的写作能力,这是模仿的目的。要在此基础上提高一步,就要在模仿中不断对别人的东西进行改造,把它变为有着自己特色的东西。根据表达需要,在方法上对他人文章中的可取之处进行改进并加以活用的写作行为就是化用。例如,姜夔在《送〈朝天续集〉归诚斋时在金陵》中有想象奇特、造语新奇的诗句:"年年花月无闲日,处处山川怕见君"②。诗人运用跨越式联想③极言杨万里诗艺高超的威力。这精妙的诗句是有所本的。杜甫曾有"老去诗篇浑漫与,春来花鸟莫深愁"④,韩愈也写过"孟郊死葬北邙山,从此风云得暂闲"⑤。二位诗人是从自然之物感受的反面吟诵诗人或因年老或因作古使得"花鸟失愁""风云得闲"的。而姜夔则从自然之物感受的正面赞颂诗人创作是"花月无闲,山川怕见"的。姜夔同杜、韩之诗在写作构思的联想方式上是相同的,只不过姜夔借鉴了杜、韩从反面着笔的方法,迁移出正面的表述,这属于写法的化用。化用是在借鉴基础上对"法"的灵活运用,许多作家阅读他人作品受到启发,以此作为引发点进行创作,写出了好作品。如鲁迅的《狂人日记》柯岩的《周总理,您在哪里?》都是这方面的典型⑥。

化用的现象是多种多样的。从化用成果在一篇文章中所占比例来看,有的是通篇的,有的是局部的。从化用的文章构成要素来看,有的是内容,有的是形式。从化用方式来看,有的是角度,有的是手法等。这一切都是对写作之"法"的化用。

关于化用,茅盾指出:

学习是融化了他所研究的甲乙丙丁等各家,然而他所写的作品非甲非乙非丙非丁……而亦似甲似乙似丙似丁。有才能的作家学习的结果就是如此。⑦

茅盾说的这种情况,就是不断学习、不断借鉴、不断化用写作之法达到的一种写作高度,这是写作能力在质的飞跃前的量的积累。

(3) 融合

关于融合,钱锺书说过:"有学而不能者矣,未有能而不学者也。大匠之巧,焉能不出于规矩哉"⑧。规矩是写作之"法","出于规矩"是"能者"学后博采众家之长创造的"无法"。融合是化用基础上的创新,是更高水平的"无法",是写作由必然王国进入了自然王国,是孙悟空取得真经成佛后没有了"紧箍咒"的自由。在这方面,茅盾指出:

天才的作家则更进一步,他从前代的名著中吸取了精华,变为他自己的血肉,他不但非甲非乙非丙非丁,并且也不似甲似乙似丙似丁,他是用他自己的天才把前人的精华凝炼成新的只是他自己的东西了,他在人类智慧的积累上更加增了一层。⑨

茅盾在这里说的就是融合。在这方面陈与义、陆游、杨万里、鲁迅等都是典型。其中鲁迅对自己

---

① 沈德潜. 说诗晬语[G]//郭绍虞. 中国历代文论选(第4册). 上海:上海古籍出版社,1980:415.
② 姜夔. 送〈朝天续集〉归诚斋时在金陵[M]//北京大学古文献研究所. 全宋诗(第五十一册). 北京:北京大学出版社,1993:32037.
③ 关于"跨越式联想"请参看本书第三章第五节二、形象构思法和抽象构思法(一)形象构思法 1. 联想。
④ 杜甫. 江上值水如海势聊短述[M]//全唐诗. 郑州:中州古籍出版社,1996:1335.
⑤ 韩愈. 赠贾岛[M]//全唐诗. 郑州:中州古籍出版社,1996:2099.
⑥ 鲁迅创作《狂人日记》参阅了果戈理的同名小说,柯岩创作《周总理,您在哪里?》借鉴了王洪涛的《莉莉——写给抗战中牺牲的小女儿》,该诗见《诗刊》1963(12)。
⑦ 茅盾. 创作的准备[G]//叶子铭. 茅盾论创作. 上海:上海文艺出版社,1980:453.
⑧ 钱锺书. 谈艺录[M]. 北京:中华书局,1984:40.
⑨ 茅盾. 创作的准备[G]//叶子铭. 茅盾论创作. 上海:上海文艺出版社,1980:453.

的写作要求很严格,在我们眼中,他的《狂人日记》是经典作品,而他认为《狂人日记》,是"拙作"①,"很幼稚,而且太逼促,照艺术上说,是不应该的"②。经过不断的写作实践,他摆脱了外国作家的影响,技巧圆熟了,创作了具有自己特色的《肥皂》和《离婚》。在杂文写作方面,他熟知大量的中国古代文史哲作品,并且吸收了外国作品的营养,把文学创作的形象性和议论结合起来,把丰富的知识融入严谨的说理之中,在冷峻的剖析事理中又不乏幽默风趣,创造了别具一格的鲁迅杂文体。取众家之长,成一家之格,这就是融合。

第三节　写作的特点

写作有它自身的特点,把握了它的规律,学习写作,进步可能会快些。以下对写作特点作以探讨。

一、个体性

(一)写作行为的个体化

文学作品的写作要突出个性,关于文学作品创作行为的个体化请看下面的文字:

有一次,沈从文与林斤澜聊写作,提起刘绍棠写景爱用"鸟语花香""桃红柳绿""大地回春""风和日丽"等词,沈从文直摇头,问:"刘绍棠呢?他看见的春天呢?他在哪里?"后来,有教育家自费出版散文集,向林斤澜索序。林以为其文章无个性,亦以此典故回敬,借沈从文口问道:"你呢?你在哪里?你的春天呢?你的感觉?你的个性在哪里?"③

在这里两位作家评论文学作品的一个共同点就是看它有没有一个"我"字。在这方面,别林斯基曾经说过:"一个诗人的一切作品无论在内容和形式上怎样纷歧,还是有着共同的面貌,标志着仅仅为这些作品所共有的特色,因为他们都发自一个个性,发自一个统一而不可分割的'我'。"④巴金曾经回顾自己50年的创作指出:"我总是按照我的观察、我的理解,按照我所熟悉的人,按照我亲眼看见的人写出来。"⑤莫言也说他的创作是用"自己的方式,讲自己的故事"⑥。理论家和作家的表述虽然各异,但是其中的共同点却是文学写作离不开写作者的"我"。

写作是不同于物质生产的特殊的精神生产劳动。这种精神产品的生产虽然存在着协作的形式,像教材的合作编写、文学作品的集体创作,但是就是这种集体写作的形式,具体内容的写作还是要分头执笔,即必须落实到每个人的行文上。公文写作,起草者虽然为单位立言,从机关的角度行文而不代表自己,但是所写内容有深浅之分,语言表述有好差之别,从这一点上说,公文写作还是有我之所在的。

写作是一种个人能力发挥的活动。写作中考虑的立意、选材、结构、技法和语言问题只能通过作者个人最终得以解决。就是旁人提出的写作建议是否采纳的决定权,最终还是要由作者做出的。

(二)作者意识的差异性

24岁的马克思在批判普鲁士书报检查令对作者的写作风格的扼杀时说过一段十分精彩的

---

① 鲁迅. 致许寿裳[M]//鲁迅全集(第11卷). 北京:人民文学出版社,1981:353.
② 鲁迅. 致傅斯年[M]//复旦大学,上海师范大学中文系. 鲁迅书信选. 上海:上海人民出版社,1973:6.
③ 陈熙涵. 林斤澜的随和与严格[N]. 安徽市场报,2009-05-17(11).
④ 别林斯基. 亚历山大·普希金的作品[G]//梁真,译. 别列金娜. 别林斯基论文学. 上海:新文艺出版社,1958:137.
⑤ 巴金. 观察人[M]//李小林,李国煣. 巴金论创作. 上海:上海文艺出版社,1982:537.
⑥ 莫言. 讲故事的人[M]//刘再复. 莫言了不起. 北京:东方出版社,2013:111.

话:"你们赞美大自然令人赏心悦目的千姿百态和无穷无尽的丰富宝藏,你们并不要求玫瑰花散发出和紫罗兰一样的芳香,但你们为什么却要求世界上最丰富的东西——精神只能有一种存在形式呢?"①从这段批判的话语中可以看出,"精神"应是丰富多彩的。作为"精神"之一的文章是千姿百态的。这万紫千红的多样性其重要原因就是来自作者意识的差异性。

写作前,作者在所处的生存环境中形成了他的精神世界,这精神世界属于"意识"。意识,有作者的思想情感、知识经验、看问题的立场、观点和方法等。一旦写作,意识中的诸多要素就组合成了作者的写作素质、修养和能力结构。社会生活的复杂性致使人们精神世界的多样性。这种多样性的表现之一就是人们意识的差异性。面对写作对象,由于人们意识的差异性,写作素质、修养和能力的不同,在立意、选材和语言的运用等方面也存在着差别。例如,梅花常是诗人吟咏的对象,千百年来,咏梅诗词成百上千,而首首不同,这"一树梅花万首诗"表现出来的情感和思想的不同就源于作者思想意识的不同。描绘梅是如此,刻画蝉也不例外。请看唐诗中的"咏蝉三绝":

蝉
虞世南
垂缕饮清露,流响出疏桐。居高声自远,非是藉秋风。

在狱咏蝉
骆宾王
西陆蝉声唱,南冠客思侵。那堪玄鬓影,来对白头吟。
露重飞难进,风多响易沉。无人信高洁,谁为表予心。

蝉
李商隐
本以高难饱,徒劳恨费声。五更疏欲断,一树碧无情。
薄宦梗犹泛,故园芜已平。烦君最相警,我亦举家清。

对这三首殊异的唐诗,清人施补华的评价是:"同一咏蝉,虞世南'居高声自远,非是藉秋风',是清华人语;骆宾王'露重飞难进,风多响易沉',是患难人语;李商隐'本以高难饱,徒劳恨费声',是牢骚人语。"②这个评价十分中肯,它是结合诗人所处环境形成的意识做出论断的。虞世南深受太宗器重,春风得意,身在高位,又是书法大家,不用炒作,佳名自会远播。有了显贵地位形成的意识,看见蝉饮"清露"、居高而鸣,自然抒写出"居高声自远,非是藉秋风"的妙语了。而骆宾王身陷牢笼,在艰难环境中不能辩白自己,狱中产生的思想情感和着鸣蝉之声,吐露出"露重飞难进,风多响易沉"的心语。李商隐官小位卑,生活困苦。官场的失意、困顿的生活,心中自然会不时涌起哀怨之情。这郁闷在胸的情感在"高洁之蝉"的连声鸣叫之中,以"本以高难饱,徒劳恨费声"的心声宣泄出来。三首诗的不同来自三位诗人意识的不同。

二、创造性

(一) 创造性是受众的要求

接受美学认为,完整的文学过程有两个阶段:第一个是由作者到文本,即写作过程;第二个是由作品到读者,即接受过程。它们合在一起,构成了创作的"动力过程"。接受美学强调读者在写作活动中的作用是有一定道理的。受众的喜好与厌恶对作者有一定的影响,有经验的作者在写

---

① 马克思.评普鲁士最近的书报检查令[M]//马克思恩格斯全集(第1卷).北京:人民出版社,1995:111.
② 施补华.岘佣说诗[G]//清诗话(下册).上海:上海古籍出版社,1978:974.

作中都会思考接受问题。

受众对写作有什么要求呢？

接受过程中受众是各种各样的，他们对写作的要求也是多种多样的。而在许多要求中无一例外首肯的是"创造性"。

在接受活动中，受众感兴趣的是新鲜性，这是一种普遍的接受心理。心理学家麦独孤研究了人类的主要本能和原始情绪之后认为"一切动物为了生存，"都具有"好奇本能与惊奇情绪"[①]。这"好奇"人类也是具有的。在接受活动中"好奇"表现为寻新求异。寻新求异虽然有高雅和低俗、健康和不健康之别，但是受众要求写作内容、形式的新颖则是一致的。摹仿、雷同之作，受众心理是排斥的。避免模仿、雷同，满足受众健康高雅的接受心理要求，创造性的写作是一条重要途径。

（二）创造性是写作的本质

1922年12月15日，郭沫若从日本寄往家中的信中谈到了写新诗的原则，其中第5条是，"作一诗时，须要有个前无古人后无来者的心理。要使自家的诗之生命是一个新鲜的产物，具有永恒的不朽性。这么便是'创造'。"[②]"前无古人后无来者"内涵是独有，独有就是既不重复别人也不重复自己，这就是创造性。同创造性所不同，在写作中模仿和雷同是存在的。对于模仿，法国作家雨果说它"是艺术的灾祸"，"还是让我们别出心裁吧"[③]。对于雷同，鲁迅说："诗歌小说虽有人说同是天才即不妨所见略同，所作相象，但我以为究竟也以独创为贵"[④]。从中外两位作家的话中可以明显地看出写作中的摹仿和雷同是被否定的，而创新性则是被肯定的。这是因为，模仿毕竟在写作中采用了别人的东西，雷同虽然有一种是无意的"撞车"，但在内容或形式上同别人的文章有相仿的地方。真正的写作应该像雪莱所说："我不敢妄图与我们当代最伟大的诗人们比高下。可是我也不愿追随任何前人的足迹。凡是他人独创性的语言风格或诗歌手法，我一概避免模仿，因为我认为，我自己的作品纵然一文不值，毕竟是我自己的作品。"[⑤]

1. 写作不是对写作对象有闻必录的记写

（1）有闻必录是不可能的

自然现象和社会生活是丰富多彩的，就算是一种事物，作为一个系统也是很复杂的，任何伟大的作家也不能尽述它的一切。单是大学生食堂就餐的情景就多姿多彩。当观察一个就餐者的时候，没有进入眼帘的许多事情正在发生着。客观事物从纵的角度看既有形成的历史，又在不断发展着；从横的方面看，它同周围的事物存在着诸多联系。写作不可能对它不加选择地穷尽一切，而"靠单纯的模仿，艺术总不能和自然竞争，它和自然竞争，那就像一只小虫爬着去追大象"[⑥]。

（2）有闻必录是不必要的

假如有人在写作上能够有闻必录也是不必要的。因为写作是主体对客体的创造性的能动反映，这种反映要表述的最主要的是写作发现，写作发现是写作的中心。为了表达它，要选择性地运用同它有直接关联的材料，把它们有机地合成一个整体，受众才能从中领悟到作者的写作发现。反之，不加选择地表述，这样的写作带来的是文章内容的杂乱，读之受众将不知所云。

---

① 麦独孤.人类的主要本能和原始情绪[G]//张述祖，等审校.西方心理学家文选.北京：人民教育出版社，1983：139.
② 郭沫若.做新诗的原则[G]//张澄寰.郭沫若论创作.上海：上海文艺出版社，1983：246.
③ 雨果.《短曲与民谣集》序[G]//柳鸣九，译.雨果论文学.上海：上海译文出版社，1980：90.
④ 鲁迅.不是信[M]//华盖集续编.北京：人民文学出版社，1973：37.
⑤ 雪莱.《伊斯兰的起义》序言[G]//伍蠡甫.西方文论选（下）.上海：上海译文出版社，1979：47—48.
⑥ 黑格尔.全书序论[M]//朱光潜，译.黑格尔.美学（第1卷）.北京：人民文学出版社，1979：51.

(3) 有闻必录是违背写作本质的

写作如同炼金。凡是写作都要涉及材料的处理,处理材料最基本的是选取和舍弃。这就是法国作家夏多布里昂所说的"挑选和隐藏"①。这是因为"本来存在的自然是不能摹仿的;本来的自然含有许多不重要、不合适的东西,我们必须有所选择"②。这种工作是在大量的材料中舍弃同写作发现无关的,遴选与写作发现有关的,在此基础上选用最能说明写作发现的,这从多到少、再到精是写作材料的纯化过程。例如,记者是在自然或社会发生大量的事件之中按照所在通讯社的新闻传播原则通过遮蔽和显现对新近发生的事件所作的报道就是例证之一。

被提纯的材料按照表达写作发现的需要,被组合或化合成一篇有机的文章,这文章内容已经"不是从现实中搬来的"③,而是经过了作者不同程度的加工,这种加工既有主观性,又有客观性,是二者的有机统一。由于文体写作要求的不同,这种主、客观的统一有的是主观性强一些,有的是客观性强一些。前者如文学文体的创作,后者如议论文体、新闻文体、说明文体和应用文体的写作。然而不论是哪一种文体写作,作者都对文中牵涉的写作客体按照自己的理解进行了或多或少的加工改造。"人的意识不仅反映客观世界,而且创造客观世界"④。例如,南宋诗人葛天民在国土沦丧时品尝梨子,这"梨""甘酸尚带中原味";契诃夫笔下的狗,"在街上走着,为自己的罗圈腿害羞"⑤;为了论证自己发现的《红楼梦》的一个新主题,作者会从他角度解释《红楼梦》内容。这些都已经对原来的客观之物作了不同程度、不同方式的改造。文学创作,歌德说:"艺术要通过一种完整体向世界说话。但这种完整体不是他在自然中所能找到的,而是他自己心智的果实"⑥。这种"心智的果实"被苏珊·朗格称之为"艺术家创造出来的"⑦。非文学性文章写作,作者在文中表述的写作内容已经被沙里淘金般地提纯了,这也是一种创造。总之,写作是作者按照自己理解的客体对它进行了不同程度和方式的改造,这改造是写作的本质。

2. 写作是对写作发现的表达

写作应该写什么,诗人邵燕祥说:

每一首抒情诗应该是一个独创,提供出的新东西,既区别于过去和现在的别的诗人,也区别于作者的别的作品。

真正的诗人不重复前人,也不重复自己。

抒情诗总是要求着新的视角,新的感受,新的境界。⑧

获得诺贝尔文学奖的美国小说家海明威说:

对于一个真正的作家来说,每一本书都应该成为他继续探索那些尚未到达的领域的一个新起点。⑨

写作的"不重复"和"新"是主张写"独创"。每一本书都是一个新起点,内涵是创新。这里诗人和作家语中的潜台词是所写的要新颖。在这方面,何其芳更是把它上升到创作法则的高度,他说:"给予一些新的东西,这也可以说成了创作的原则之一了。"⑩

---

① 夏多布里安. 基督教真谛[G]//古典文艺理论译丛编辑委员会. 古典文艺理论译丛(2). 北京:人民文学出版社,1961:101.
② 歌德. 诗与真[G]//伍蠡甫. 西方文论选(上). 上海:上海译文出版社,1979:446.
③ 苏珊·朗格. 艺术问题[M]. 滕守尧,朱疆源,译. 北京:中国社会科学出版社,1983:79.
④ 列宁. 哲学笔记[M]. 2版. 北京:人民出版社,1993:182.
⑤ 契诃夫. 契诃夫札记[G]//汝龙,译. 邻居集. 上海:上海译文出版社,1982:6.
⑥ 爱克曼辑录. 歌德谈话录[M]. 北京:人民文学出版社,1978:137.
⑦ 苏珊·朗格. 艺术问题[M]. 滕守尧,朱疆源,译. 北京:中国社会科学出版社,1983:76.
⑧ 《上海文学》编辑部. 百家诗会选编[M]. 上海:上海文艺出版社,1982:58.
⑨ 海明威. 在诺贝尔文学奖授奖仪式上的书面发言[G]//象愚,译. 顾骧,散文家喜爱的散文,北京:北京十月文艺出版社,1997:284.
⑩ 何其芳. 何其芳文集(第四卷)[M]. 北京:人民文学出版社,1983:56.

新颖就是作者的写作发现。在古人看来,文章是"经国之大业,不朽之盛事"①。写作要有一定的价值,就必须表达自己的写作发现。从人类文明史的角度来看这个问题,就会发现,无数表达写作发现的文章或记录了自然科学的发现,或记载了社会科学的研究成果,或丰富了人们的精神生活,在传承人类文明方面起到了非常重要的作用。写作发现属于创新,社会发展需要写作的创新。

从写作实践方面来看,古今中外的作者写出自己独特发现的佳作俯拾即是,请看苏轼的《琴诗》:

若言琴上有琴声,放在匣中何不鸣?若言声在指头上,何不于君指上听?②

诗人能在九百多年前发现内因和外因之间的辩证关系,文意新颖。尽管纪昀说"随手写四句,本不是诗。""千古诗集,有此体否?"③但是从他的评语中不难看出苏轼的这首诗写的是一种写作发现,实属创新之作。

李白诗歌写得前无古人,与他提倡创新是分不开的。他在一首诗中写道:

丑女来效颦,还家惊四邻。寿陵失本步,笑杀邯郸人。

创作上反对模仿,自己诗歌创作在实践着出新。相传他到黄鹤楼,来了诗兴,正准备写诗,发现"眼前有景道不得,崔颢题诗在上头"④,认为自己要写的没有超过崔颢,只好作罢。到了金陵,作《登金陵凤凰台》,同崔颢下了一次"敌手棋"。在写作上杜甫是"语不惊人死不休"的,语要惊人,能收到令人拍案叫绝的效果,表达上没有出新是不行的。

习近平指出:"创新是文艺的生命。"⑤创新是一切文章的写作之魂。文章所写如果不是写作发现,就无创新可言,创新是依附于写作发现的。写作发现是有别于他人的价值性信息,从内容到形式把这个信息表达出来,写他人所未写,这是创新的具体体现。

三、综合性

写作是一项复杂的活动,涉及文意的提炼、材料的选用、结构的安排和语言的使用,整个写作活动都与作者的写作素质、修养和能力有关。

作者在家庭、学校和社会环境中形成了他与写作有关的素质、修养和能力。当作者在写作中遇到某一问题时,他的写作素质、修养和能力会拧成一股绳合力解决这个问题。一旦文章写出来,透过文字,读者能从中窥见作者的写作素质、修养和能力。请看高适的《咏史》:

尚有绨袍赠,应怜范叔寒。不知天下士,犹做布衣看。

这首五绝抒写了诗人怀才不遇的感慨,嘲讽了须贾之类官员的平庸。从诗中选用范雎由布衣到秦相的史料和在写作上遵守的格律中不难看出诗人的文化素养,"尚"和"犹"的运用反映出诗人非常高超的表达能力。一首小诗透露出诗人的许多信息。

一篇文章能看出作者的写作素质、修养和能力,这是因为作者在所写的文章中把它们都毫无保留地使用了,这种使用是由"博"到"一"的综合。

作者在文章写作前已经储备了与写作有关的素质、修养和能力。这其中有掌握的一定量的词汇、许多材料、一些写作技能和理论知识等。它们组合在一起构成了写作的"博"。"博"是写作准备,不是目的,而是为了文章制作的"一"。写作尽管复杂,头绪多,但是毕竟是由一

---

① 曹丕. 典论·论文[G]//郭绍虞. 中国历代文论选(第1册). 上海:上海古籍出版社,1979:159.
② 苏轼. 琴诗[M]//北京大学古文献研究所. 全宋诗. 北京:北京大学出版社,1993:9442.
③ 胡光舟,张明非. 新编千家诗[M]. 桂林:广西师范大学出版社,1998:1129.
④ 刘克庄. 后村诗话[M]. 北京:中华书局,1983:8.
⑤ 习近平. 在文艺工作座谈会上的讲话[N]. 人民日报,2015-10-15(02).

个个的环节构成的。写作中要解决的每个环节上的问题就是"一"。这个"一"可能是发掘的一个主题,可能是采用的一个结构,可能是选用的一个材料,也可能是锤炼的一个词语等。这其中任何的一个"一"的解决,都有作者的写作素质、修养和能力的共同参与。请看下面的一段描述文字:

迎春姊妹等并宝玉上了那只,随后跟来。其余老嬷嬷众丫鬟俱沿河随行。宝玉道:"这些破荷叶可恨,怎么还不叫人来拔去?"宝钗笑道:"今年这几日,何曾饶了这园子闲了一闲,天天逛,那里还有叫人来收拾的功夫?"林黛玉道:"我最不喜欢李义山的诗,只喜他这一句:'留得残荷听雨声。'偏你们又不留着残荷了。"宝玉道:"果然好句,以后咱们别叫拔去了。"①

这一段文字最令读者击节的是恰到好处地引用了李商隐《宿骆氏亭寄怀崔雍崔衮》中的一句诗——"留得枯荷听雨声"。古代写荷的诗很多,如"荷叶满江鲜""双影共分红""一一风荷举""清水出芙蓉""小荷才露尖尖角""映日荷花别样红"等。只有诗歌背记得多,才能从中挑选出最切合创作作品需要的。这表明曹雪芹渊博的学识和高强的记忆能力参与了其中。选用的诗句同小说情节和描绘的环境浑然一体,林黛玉随口说出又极符合她的性格,这说明作家的生活素养、非凡的意象思维能力和表达能力从中起了作用。一句诗的选用是作家的写作素质、修养和能力综合运用的结果。

写作活动是一个个问题的解决过程,这个过程是"博"围绕着"一"的转化。文章中的"一"是"博"的结果,它是作者的写作素质、修养和能力的综合运用。

四、实践性

写作,是由"写"和"作"合成的。"写"在中古以前是抄写的意思,现在指的是书写。"作"是制作、造的意思。两个字合起来,顾名思义,写作就是抄写制作。抄写制作,就是要写。这个词里包含着实践性。正是在这一点上,古人强调在多读的基础上多写。例如,欧阳修说过的"世人患作文字少,又懒读书,每一篇出,即求过人,如此少有至者。疵病不必待人指摘,多作自能见之"②就是明证。舒乙回忆父亲老舍写作是"每天写","他自己给自己规定下定额,每天必须写多少字,完不成决不收工"③,停笔除非是病得很重。这笔耕不辍就是天天写。

写作中常有眼高手低的现象:自己所写的同自己所想的有一定的差距而不满意。例如,马烽在"文化大革命"前创作过小说《我的第一个上级》和电影文学剧本《我们村里的年轻人》等广受赞誉的作品。在"文化大革命"中因受迫害无法动笔,粉碎"四人帮"之后,"提起笔来手生得很,东拉西扯,怎么也弄不成个样子。有时候连一些适当的词汇也找不到了。勉强成篇,自己翻阅不满意,请别人看了也摇头。于是只好推倒重来,三番五次修改"④。"文化大革命"十年不能写作,由生疏导致了行文困难。这说明即使掌握了写作的十八般武艺,长期不动笔墨,会写也会逐渐"淡出"为不会写。写作是"用进废退"的。

写作是有方法的。要想表达得好,掌握写作方法很重要。对于作者而言,写作方法是人人都想获得的。那么写作方法是如何获得的呢?

写作有一个从"无法"到"有法"的过程。不论是初学者还是有经验的作者,当学习一种新的写作方法时,他先是了解这种方法。这种了解或是学习这种方法的理论,或是研读含有这种方法的文章。接着就是按照自己对方法的理解,进行练习。掌握这种方法的关键,是通过练习形成作

---

① 曹雪芹,高鹗. 红楼梦[M]. 启功,张俊等整理. 北京:商务印书馆,2005:297.
② 苏东坡. 记六一语[M]//萧屏东,校注. 苏东坡笔记. 长沙:湖南文艺出版社,1991:64.
③ 舒乙. 生命在案头[J]. 读者,1994(5):4.
④ 马烽. 三十年创作小结[G]//文艺报编辑部. 文学回忆与思考. 北京:人民文学出版社,1980:15.

者对这种方法概括的内部语言,只有如此才能真正掌握这种写作方法。关于这个问题,鲁迅说:"文章应该怎样做,我说不出来,因为自己的作文,是由于多看和练习,此外并无心得或方法的。"①在这里鲁迅说的"多看"是指阅读别人的作品,从中揣摩别人的好的写作方法,然后是"练习"。练习多了就知道"文章应该怎样做了"。鲁迅的话表明,从"无法"到"有法"之"岸",实践是摆渡之舟。

第四节 写作学、写作教材和写作课

一、写作学

(一)写作学的含义

人类的写作活动,产生了无数优秀篇章。按照鲁迅的说法"凡是已有定评的大作家,他的作品,全部就说明着'应该怎样写'。只是读者很不容易看出,也就不能领悟。"②阅读了作品不知道作者是如何写作的情况并不少见,请看高尔基回忆他少年时阅读福楼拜小说的情景:

我记得,我在圣灵降临节这一天阅读了福楼拜的《一颗纯朴的心》,黄昏时分,我坐在杂物室的屋顶上,我爬到那里去是为了避开那些节日的兴高采烈的人。我完全被这篇小说迷住了,好像聋了和瞎了一样,——我面前的喧嚣的春天的节日,被一个最普通的、没有任何功劳也没有任何过失的村妇——一个厨娘的身姿所遮掩了。很难明白,为什么一些我所熟悉的简单的话,被别人放到描写一个厨娘的"没有兴趣"的一生的小说里去以后,就这样使我激动呢?在这里隐藏着一种不可思议的魔术,我不是捏造,曾经有好几次,我像野人似的,机械地把书页对着光亮反复细看,仿佛想从字里行间找到猜透魔术的方法。③

对着光亮试图"找到猜透魔术的方法"——捉摸小说是如何撰写的,这说明写作是一个"迷"。

文章是如何写出来的,这是一个诱人的难解之谜。解决它涉及一系列的问题。这其中有作者自身的问题,有作者同客体的关系问题,有作者在写作过程中构筑文章体系的问题,还有作者所写的文章与读者的关系问题等。由这些问题合成了复杂的写作现象。这种复杂性不仅表现在构成写作的要素多,而且表现在写作的因人而异上,还表现在写法的多变上。尽管如此,写作只要是一种现象,甚至是一种偶然现象,就内含着必然性,就有规律可循。对此,雨果说:"艺术有它自己所遵循的法则,就像其余的事物有各自的法则一样"④。写作也是有规律的。

揭示事物规律就是人们常说的"透过现象看本质",方法是毛泽东阐述的分析事物的"由表及里"⑤,即:从事物现象的表层结构入手,分析它与相关系统结构的浅层结构、中层结构和深层结构的关系,揭示系统整体与部分、部分与部分以及各要素之间的必然联系。文章作为一个静态可视的有机组合系统是有生成过程的,这个生成过程的金字塔结构系统由表层结构、浅层结构、中层结构和深层结构组成。其表层结构由文意呈现要素群构成,浅层结构由文章制作要素群构成,中层结构由才智蕴蓄要素群构成,深层结构由心理诉求要素群构成。在这个系统里,各要素群既有自身的横向联系,又同其他要素群有着纵向联系。它们的运动既有层次上的因果联系,又有各要素群要素之间多层次、多维度的交叉联系,由这些联系构成了写作的复杂现象。写作学就是要

---

① 鲁迅.鲁迅全集(第13卷)[M].北京:人民文学出版社,2005:26.
② 鲁迅.且介亭杂文二集[M].北京:人民文学出版社,1973:77.
③ 高尔基.谈谈我怎样学习写作[G]//戈宝权,译.宇清,信德.外国名作家谈写作.北京:北京出版社,1980:279.
④ 雨果.《秋叶集》序[G]//柳鸣九,译.雨果论文学.上海:上海译文出版社,1980:98.
⑤ 毛泽东.中国革命战争的战略问题[M]//2版.毛泽东选集(第1卷).北京:人民出版社,1993:180.

把这些联系揭示出来。通过对复杂的写作现象的结构、层次和要素之间关系的分析和综合,揭示出写作规律的系统科学理论就是写作学。

写作学包括写作思维学、写作心理学、写作语言学、写作技法学、写作文体学、写作文化学、中外写作史、写作美学、写作方法学和写作哲学等。它们构成了学科理论体系,从不同层面不同角度揭示写作规律。

(二) 我国写作学的历史和现状①

在人类文明史中,写作是一项重要的活动。这种活动产生之后,研究它的学问也产生了。

上古时期舜提出"诗言志",是最早的诗歌写作论,被朱自清誉为诗论的开山纲领②。春秋战国时代,诸子散文有不少三言两语式的见解深刻的写作言论。而产生于同一时期③的《毛诗序》是涉及我国诗歌创作理论具有开创意义的第一篇专论。三国时期,曹丕写出了第一篇文章学论文——《典论·论文》;约公元301年前后陆机撰写出第一篇写作学论文——《文赋》④;齐、梁之际,探讨写作规律体系完整严密的是刘勰,他写出了第一部体大思精的写作学专著《文心雕龙》。在他之后至近代的1400多年中,总结写作规律的论著包括诗话、词论的专著等相继问世。

在现代,1919年傅斯年撰写出论文《怎样做白话文》⑤,终结了文言写作理论,完成了写作学从"传统"到"近代"的转变,奠定了白话"文章作法"的理论基础。1922年,陈望道编写了《作文法讲义》,开创了"作文法"研究的先河。1924年,叶圣陶编撰了写作知识的普及读物《作文论》,从内容到形式概括了文章写作的心理过程及其规律。1925年,梁启超著有《中学以上作文教学法》,论述了写作的基本原则、各类文章的写作方法和作文教授法三个方面的内容,提出了"多一点科学精神"观念上的"教给规矩"的作文教学主张,是写作教学的理论先声。1926年,夏丏尊和刘薰宇合著了《文章作法》,打造了一种"比较固定"的作文教本。1934年,叶圣陶与夏丏尊写出了《文心》,以故事的形式对文章进行了全方位的研究,比较系统地陈述了文章写作的理论知识。以上这些著作在社会上产生了很大影响,但它们以"体"(文体论)代"论"(基础理论)、有"学"(语法学、修辞学)无"道"(写作学理论)⑥。

中华人民共和国成立后,1952年朱德熙编写了《作文指导》,是中华人民共和国成立后出版的第一本写作教材,是文本写作学的雏形。1958年,何家槐编著了《作文基础知识讲话》为文本写作学搭建了一个框架。1960年,复旦大学中文系写作教研室集体编写出《写作基础知识》,是一部具有比较强的学术性和科学性的写作理论专著,是第一次将写作学从中学作文教学剥离出来,提升到高等教育层次的文科写作教学的专用教材。1964年,北京大学中文系编写了《写作基础知识》,初次建立了"原理+文体"写作知识体系。1973年,山西师范学院中文系编写出《写作知识》,虽打上了"文化大革命"的烙印,但不失为一本指导写作具有操作性的教材,是那一时期在写作学建设方面具有过渡性质的代表性著作。1981年7月,中国写作学会会刊——《写作》正式提出写作学概念。1983年,朱伯石主编的《写作概论》完善了"八大块"写作知识体系,是"以文为本"的集大成之作。1984年8月20日,时任全国政协主席的邓颖超为《写作》题词:"振兴写作学科,为四化建设服务",把写作作为一门学科看待。1986年,刘锡庆编纂出《基础写作学》,阐述了写作的"双重转化"理论,首次提出了写作行为的基本过程的观点。同年以朱伯石教授名义集中

---

① 编写现当代写作学研究现状参考了王志彬. 20世纪中国写作理论史[M]. 南京:南京大学出版社,2002.
② 朱自清. 诗言志辨[M]. 北京:古籍出版社,1956:4.
③ 詹锳.《毛诗序》创作年代及作者之考证[D]. 上海:华东师范大学人文学院古籍研究所,2006:4.
④ 陆机撰写《文赋》的时间说法不一,其中杜甫在《醉歌行》中说"陆机二十作文赋,汝更小年能缀文",本文采取大多数人的说法。
⑤ 傅斯年. 怎样做白话文[J]. 新潮,1919-01(1).
⑥ 万奇. 20世纪中国写作理论概览[J]. 广播电视大学学报,1998(3).

了22位武汉大学第一期写作助教班学员集体讨论提纲修撰的我国第一本《现代写作学》,虽瑕瑜互见,但从写作客体、主体、载体和受体方面全方位、多学科、多角度研究写作,打开了一扇从新视角用新方法研究写作学的"大门",被认为是新时期"革故鼎新"的写作学理论专著[①]。1986年至今,写作学研究不断深入,进入了一个蓬勃发展时期。

传统写作学主要以文章为研究对象,其理论框架是由"现代汉语+传统文艺理论"构成的,主要是静态的研究,揭示的写作规律多是浅表性的写作本质,对规范写作起到了十分重要的作用。

现代写作学把生活、作者、文章和读者纳入研究范围之内,对写作现象既有静态的考察,又有动态的探究;既有对客体的分析,又有对主体的概括,体系相对完善。

从不完善到比较完善,从不系统到比较系统,力图科学地揭示写作活动的特点和规律,这是中国写作学由古老到焕发青春留下的研究轨迹。

二、写作教材

写作教材属于写作学,它表述的是被写作现象证明的写作规律,然而它不可能对写作规律进行全方位包罗万象的陈述,它只是根据课程标准从一种观念、一个视角观照写作现象,构筑一个有所取、有所不取的写作规律体系,不涉及写作学的方方面面,因此它不能与写作学画等号。

写作教材应是指导一定对象学习的教科书,具有阐发相应写作理论的层级性。大学写作教材传授知识的对象是已经掌握主题、材料、语言、结构等写作原理和一些常用文体写作知识的大学生。适合大学生学习的写作教材,其内容传授的应为大学生在校学习、竞争上岗和职场需要的写作知识和技能。同中小学语文教材中涉及的最基本的写作基础知识所不同,大学写作教材应注重学生思维方式的训练和创新能力的培养,其目的使学生树立写作的创新理念,掌握撰写特色文章的思维能力和写作技巧。

写作教材应是对写作规律的科学揭示,具有学术理论的深刻性。写作现象十分复杂,写作教材不仅要指出某种写作现象的"是什么",而且更要揭示产生这种写作现象的"为什么"。这种揭示是对写作现象深层本质的抽象概括。学生明白了写作的深层本质,才有可能更自觉地从事写作活动。

写作教材应有效地指导学生写作,具有把写作知识转化为技能的可操作性。写作教材不是探讨写作的专门杂志,它是教师用来指导学生学习写作的,最终是以提高学生写作能力为目的的。因此,建构深刻的理论性和工具性统一的理论体系,设计相应的配套练习,使学生通过理论知识的学习和训练,能够扎实有效地提高写作水平是检验一部写作教材优劣的最重要的依据之一。

三、写作课

写作是教育部规定的汉语言文学、汉语国际教育、中国少数民族语言文学和外国语言文学(包括各语种和翻译)等本科专业最重要的不足10门的核心课程之一[②],是培养学生专业核心能力的"饭碗课程"。学习这门课程,掌握写作知识和技能,使之成为一种特长,是一张通向高质量就业之门的"入场券",是一种工作后进一步提升发展空间的"助推器"。

依据课程标准,开设写作课要做到以下几点。

第一,传授写作学知识。掌握写作学理论知识对学习写作十分重要。鲁迅曾经回忆他在私

[①] 杨荫浒,张恩普.中国现代文章写作理论发展概要[M].长春:吉林人民出版社,2002:171.
[②] 中华人民共和国教育部高等教育司.普通高等学校本科专业目录和专业介绍(2012)[M].北京:高等教育出版社,2012:86—117.

塾里学习写作的情况，他说：

从前教我们作文的先生，并不传授什么《马氏文通》《文章作法》之流，一天到晚，只是读、做、读、做，做得不好，又读又做。他却说不出坏处在哪里，作文要怎样。一条暗胡同，以任你自己去摸索，走得通与否，大家听天由命。①

没有理论指导的写作实践，仅靠摸索，投入的精力大花费的时间多，收效小，进步慢。学习写作学的理论知识，在写作实践中，可以去掉盲目性，增强自觉性，改掉不好的写作习惯。

第二，结合讲授理论分析例文(例文见本书各章后的"思考与练习")。根据讲授的写作理论分析例文是为了增加学生的感性认识，在此基础上使学生能够更好地理解教师讲授的写作理论，并为学生写作提供一个模仿的范本。

第三，对学生进行写作训练(训练内容见本书各章后的"思考与练习")。写作课属于智能课。这门课的讲授同理论课、知识课和鉴赏课是有区别的。例如，讲授诸如哲学、文学理论等理论课只要学生听懂了教师的授课内容，经过复习掌握了该门课的理论就可以了。但是写作课则不然，这种课要通过写作训练培养学生的写作能力，从某种意义上说，写作课在一定程度上是方法技能课，是"授人以渔"的课。只有通过讲授理论并运用它对学生进行针对性的训练，学生才能将写作理论知识转化为写作技能。相反，依靠背记写作知识能够提高写作能力那就成了被鲁迅讽刺的事情："可以登广告，收学费，开一个三天包成文豪学校了"。②

思考与练习一

一、思考题

（一）什么是写作？

（二）下面的两首诗对你的写作有何启示？

九月一日夜读诗稿有感走笔作歌③
陆游

我昔学诗未有得，残余未免从人乞。力孱气馁心自知，妄取虚名有惭色。四十从戎驻南郑，酣宴军中夜连日。打球筑场一千步，阅马列厩三万匹。华灯纵博声满楼，宝钗艳舞光照席。琵琶弦急冰雹乱，羯鼓手匀风雨疾。诗家三昧忽见前，屈贾在眼元历历。天机云锦用在我，剪裁妙处非刀尺。世间才杰固不乏，秋毫未合天地隔。放翁老死何足论，广陵散绝还堪惜。

下横山滩头望金华山之二④
杨万里

山思江情不负伊，雨姿晴态总成奇。闭门觅句非诗法，只是征行自有诗。

（三）请扫描二维码，阅读南航的《每人都是一本书》，谈谈它同"考场八股"的区别。

（四）郑谷改诗符合什么规律？为什么？

郑谷在袁州，齐己携诗诣之。有《早梅》诗云："前村深雪里，昨夜数枝开。"谷曰："'数枝'非早也，未若'一枝'。"齐己不觉下拜。自是士林以谷为"一字师"。⑤

每人都是一本书

---

① 鲁迅. 做古文和做好人的秘诀——夜记之五[M]//二心集. 北京：人民文学出版社，1973：67.
② 鲁迅. 不应该那么写[M]//且介亭杂文二集. 北京：人民文学出版社，1973：77.
③ 北京大学古文献研究所. 全宋诗[M]. 北京：北京大学出版社，1998：24789.
④ 杨万里. 下横山滩头望金华山其二[M]//周汝昌. 杨万里选集. 北京：中华书局，1962：161.
⑤ 魏庆之. 诗人玉屑(上)[M]. 上海：古典文学出版社，1958：141.

早梅①
齐己

万木冻欲折,孤根暖独回。前村深雪里,昨夜一枝开。

风递幽香出,禽窥素艳来。明年如应律,先发映春台。

(五)请扫描二维码,阅读月满天心的《清粥》,运用"物我化一律"分析这篇散文。

清粥

(六)杜甫《古柏行》描绘诸葛亮庙前柏树:"霜皮溜雨四十围,黛色参天二千尺"。对此沈括说:"四十围乃是径七尺,无乃太细长乎?"②苏轼《惠崇春江晓景》有"春江水暖鸭先知"的诗句,清人毛奇龄对此说:"水中之物,皆知冷暖,必以鸭,妄矣。"③谈谈你对他们批评的看法。

(七)赵师秀在《雁荡宝冠寺》诗中的颔联是"流来桥下水,半是洞中云"。方回对它的评说是"杜荀鹤'只应松上鹤,便是洞中人',此三、四亦相犯"④。对赵师秀的这两句诗,纪昀批评它"疑人化鹤有理,疑水为云却无理。此落套而又不善套,其病不止相犯也。"⑤纪昀的评论有道理吗?为什么?

(八)品读下面的描述,体味情感在写作中的作用。

那鼾声大约起于父亲着枕十秒钟之后。开始是比较平静的荡漾,有点像站在平原上,看江河从身边流过的感觉;后来分贝逐渐加大,觉得空气在微微颤动了;再后来便是声响如雷,风起云涌,一呼一吸之间仿佛楼板也共振起来。这时如果我也躺在小楼上我自己的床上的话,在恍惚之中,我就会享受到在大海的波峰浪谷之间行船的乐趣了。⑥

(九)请运用"博而能一综合律"分析下面的词的写作。

临江仙⑦
朱敦儒

直自凤凰城破后,擘钗破镜分飞。天涯海角音信稀。梦回辽海北,魂断玉关西。

月解重圆星解聚,如何不见人归?今春还听杜鹃啼。年年看塞雁,一十四番回。

(十)请结合写作理论谈谈自己写作从无法到有法的过程。

(十一)请运用法而无法通变律,分析周邦彦的《西河》。

西河·金陵怀古⑧
周邦彦

佳丽地,南朝盛事谁记。山围故国绕清江,髻鬟对起。怒涛寂寞打孤城,风樯遥度天际。断崖树犹倒倚,莫愁艇子曾系。空遗旧迹郁苍苍,雾沉半垒。夜深月过女墙来,赏心东望淮水。

酒旗戏鼓甚处市,想依稀、王谢邻里。燕子不知何世,入寻常、巷陌人家,相对如说兴亡,斜阳里。

(十二)范成大的《州桥》具有写作的创造性特点吗?为什么?

州桥
范成大

州桥南北是天街,父老年年等驾回。忍泪失声询使者:"几时真有六军来?"

---

① 齐己.早梅[M]//全唐诗(下).郑州:中州古籍出版社,1996:5136.
② 沈括.梦溪笔谈[M].上海:上海书店出版社.2003:192.
③ 毛奇龄.西河合集·诗话卷五[M]//钱锺书.谈艺录.北京:中华书局,1984:221.
④ 方回选评.纪昀刊误.诸伟奇,胡益民点校.瀛奎律髓[M].合肥:黄山书社,1994:1044.
⑤ 同上.
⑥ 胡廷武.听鼾[M]//祝勇.21世纪中国文学大系,2003散文.沈阳:春风文艺出版社,2004:187.
⑦ 朱敦儒.临江仙[M]//沙灵娜,注释;陈振寰,审订.樵歌注.贵阳:贵州人民出版社,1985:102.
⑧ 周邦彦.西河[M]//罗忼烈.清真集笺注(上).上海:上海古籍出版社,2008:136.

二、文章评析

请扫描二维码,阅读黎干驹的《从事学术研究的五种境界》,分析这篇文章的写作发现、构思和表达。

从事学术研究的
五种境界

三、作文(选作)

(一)请运用"主体对象化""对象主体化"作文。

写作内容:"军训生活""校园之晨""食堂就餐""夕阳下的操场""寝室夜话""大学第一课"(六者选一)。

写作要求:①主题自定;②题目自拟;③文体自选;④字数不限。

(二)请以"_____与互联网"为题作文。

写作要求:①主题自定;②把题目补充完整;③字数不限。

(三)请扫描二维码,阅读杨绛的《镜子》和莫小米的《读成勇士》,归纳两位作家各自的写作发现,概括她们写作的共同点,学习她们的写作方法,写出属于自己的写作发现,不少于600字。

镜子

读成勇士

第二章 写作发现

写作是从"写作发现"开始的,"构思"和"表达"都是围绕它展开的。它对整个写作活动起着如刘安在《淮南子·原道训》所言"道"的作用。[①]"写作发现"质量的高低是决定写出的文章质量高低的最重要的因素。

以往的写作学教材,谈到了主题问题,本书把主题作为写作发现类型的一种。关于写作发现的研究是当代写作学研究的一个新课题和"新的理论增长点",对写作发现从表层结构和深层结构上给以科学的概括,能够更准确地揭示写作规律,对写作尤其是创意写作具有指导意义。

第一节 写作发现概述

一、写作发现的含义

毛泽东曾经指出:"在生产斗争和科学实验范围内,人类总是不断发展的,永远不会停止在一个水平上。因此,人类总得不断地总结经验,有所发现,有所发明,有所创造,有所前进。"[②]生产斗争和科学实验,属于物质文明建设,要"有所发现,有所发明,有所创造,有所前进",同样,写作从事精神生产,所写的也应要"有所发现"。

何谓写作发现?

写作由众多要素组成,这些要素所起的作用有大有小,其中起关键作用的是文章制作的核心。关于这个问题,茹志鹃说:

我觉得一个最主要的东西,就是我要从这段生活中,从这些人物中,首先自己从这里面悟出一个道理来,悟出一种思想来。我悟出的东西是人家还没有悟出来的,……是属于我自己的东西。从一片大家共见的生活之中,要去挑出那种自己独到的见解,独到的领会,独到的领悟出来的一切道理。我觉得只有掌握了这个东西之后,(这个道理就是我要通过这个作品告诉人们一个什么东西),才能够把所有的材料、人物率领起来,否则的话,是一盘散沙。[③]

女作家在这里所说的能够"把所有的材料、人物率领起来"的是作品主旨。它是"自己独到的见解","是人家还没有悟出来的",是作者在写作上的发觉,这独有的发觉就是写作发现。

写作发现有何特性呢?

写作发现是新颖性的。"发现"这个词的意思《现代汉语词典》把它解释为"经过研究、探索等,看到或找到前人没有看到的事物或规律"[④]。这种解释抓住了发现的实质。前人没有看到的事物,前人没有找到的规律是以前没有发现的,这对于写作而言是至关重要的。托尔斯泰在论述真正的艺术品时指出:"只有传达出人们没有体验过的新的感情的艺术作品,才是真正的艺术作品。表达思想的作品,只有当它传达出新的概念和思想而并不重复已知的一切时,才能算是真正

---

① 刘安. 淮南子[M]//高诱. 诸子集成(第7册). 北京:中华书局,1954:1.
② 毛泽东. 学习马克思主义的认识论和辩证法[M]//毛泽东文集(第8卷). 北京:人民出版社,1999:325.
③ 茹志鹃. 漫谈我的创作经历[G]//文艺报编辑部. 文学回忆与思考. 北京:人民文学出版社,1980:373.
④ 现代汉语词典[M]. 第5版大字本. 北京:商务印书馆,2006:368.

表达思想的作品。"①"不重复已知""新的感情""新的概念和思想"是独特的,托尔斯泰的话表明真正的作品表达的写作发现必须新颖。他创作的《战争与和平》就是如此。他说:"我开始写一部关于过去历史的书。在描写时,我发现,这段历史的真相不仅是没有人知道,而且人们所知道的和所记载的完全与史实相反。"②作家要写的"历史的真相"是人们所不知道的,尽管它是历史,但是无人知道,把它作为写作发现依然是新颖的。写作要"作","作"是要创造,写作的创新性决定了写作发现的新颖性。

写作发现是有益性的。这种有益性包含以下三点。

第一,于己有益。写作具有个体性,所写的应该是自由的。然而所写的"无恻隐之心""无羞恶之心""无辞让之心"或"无是非之心"③是有损于自己的。从对自己身心健康的角度来说,不是什么样的发现都能成为写作发现的,要写作必须对发现有所选择,所选中的发现最起码不应该是对自己的"冲动的惩罚"。一些研究资料表明④,写作是一种通过语言的建构过程获得心理平衡的自我治疗方式。然而笔下所写心不坦然,就会打破心理和生理的平衡而心存负担,这对健康是有害的。

第二,于人有利。人们在生活中都会有自己的发现,这些发现五花八门,它们大体上有高下之分、善恶之别,其中有的不能成为写作发现。写作有各种目的,把自己的发现同他人交流是其中之一。倘若有这个目的就不能不考虑与他人有无益处的问题了。写作是选择的艺术,从对他人有利的角度选择写作发现是有价值的。在这一点上托尔斯泰说:"写作而没有目的,又不求有益于人,这在我是绝对做不到的。"⑤一些人认为,表达发现只要自己愉悦就行,殊不知"美底享乐的特殊性,即在那直接性,然而美底愉乐的根柢里,倘不伏着功用,那事物也就不见得美了"⑥。表达发现,满足自己的心理需要,若不示人,另当别论,然而只要传播,倘若于人不善,则发现就失去了美学价值。

第三,对社会有用。人们的发现多如繁星,而成为写作发现的从与社会有关的角度而言,无非同精神文明或物质文明有关。写作要对社会有用当然也涵盖了写作的核心内容——写作发现。这一条写作规律早被王充所揭示,他说:"为世用者,百篇无害;不为用者,一章无补。"⑦写作发现从大处说是于社会有益,这个有益就是为物质文明或精神文明建设添砖加瓦。例如,1978年5月10日经胡耀邦两次审阅的先在中央党校内部刊物《理论动态》第60期上刊登后在1978年5月11日《光明日报》上转载的《实践是检验真理的唯一标准》是作者对马克思主义关于"实践是检验真理的唯一标准"在新形势下富有针对性和现实性的"接着说",拉开了新时期思想解放的序幕,带来了真理标准的大讨论,对我国的改革开放产生了积极的推动作用。

以上分别探讨了写作发现的于己于人于社会有益的问题,这问题中的三者如果构成了以下3种类型——"第一"和"第二"、"第一"和"第三"、"第一""第二"和"第三"其中的每种的两者或三者的相互联系、和谐统一,就构成了写作发现走向公共性不可或缺的条件。

写作是一种特别复杂的现象,就文意而言,人们的写作会出现各种情况。在被大众非议的文意表述中,一类情况是:有人采用"戏说""恶搞"手段,以己度人,编造"六指"信息;有人道听途说,

---

① 托尔斯泰.什么是艺术?[G]//伍蠡甫.西方文论选(下).上海:上海译文出版社,1979:434.
② 托尔斯泰.《战争与和平》跋[G]//古典文艺理论译丛编辑委员会.文艺理论译丛(第1期).北京:人民文学出版社,1957:212—213.
③ 孟子.公孙丑上[M]//夏延章,唐满先,刘方元.四书今译.南昌:江西人民出版社,1996:360.
④ 关于这个问题,弗洛伊德的《精神分析引论》、肯·威尔伯的《意识谱》、马斯洛的《动机与人格》和汉娜·阿伦特的《人的境况》都有涉及。1998年以来,我国学者也对该问题进行了探讨。
⑤ 列夫·托尔斯泰日记选[G]//古典文艺理论译丛编辑委员会.古典文艺理论译丛(第1册).北京:人民文学出版社,1961:194.
⑥ 鲁迅.《艺术论》译本序[M]//二心集.北京:人民文学出版社,1973:63.
⑦ 王充.论衡·自纪篇[M].陈蒲清,点校.长沙:岳麓书社,1991:452.

颠倒黑白,杜撰混淆视听之语。这些虽然豁人耳目但是同有益性是相背的。而在另一类情况中有人写文章理真意善但无新意,所表达的文旨不属于写作发现。这两类或被否定或被"差评"的写作现象启示我们,写作发现是新颖性和有益性的统一,二者缺一不可。根据这个道理,分析人们在内容上的发现,可以得知,发现作为一种信息,有的有意义,有的无意义;有的可传播,有的不可传播。综上所述,写作发现是有意义可传播的价值性信息。

前面说的是对内容的写作发现,下面探讨形式上的写作发现。

在写作中,有时面对繁杂材料,"剪不断理还乱",有时面对绝佳材料"疑此江头有佳句,为君寻取却茫茫"。这些与没有找到写作手段①有关。写作很重要的一点就是有了内容寻找更适合表达它的手段,这就牵涉到形式问题了。写作会出现在一定条件下,形式成了主要问题,不解决,内容无法表达的情况。当已有的形式都不适合于对内容的表达时,写作者就会打破旧手段的桎梏,创造一种新的形式表达它。例如,词盛于宋代,可在隋朝的民间唱词写手已经创作了长短句②,对他们来说,齐言诗歌束缚情感的表达,而长短交错的句式"能言诗之不能言"③,于是创造出诗歌的姊妹体——词。这便是当时民间词人运用长短句表情达意抒写出歌者词在体制上的写作发现。

综合以上所说,我们认为,写作发现是可以传播的价值性信息或为表达内容寻找到的写作新手段。从写作史来看,流传至今堪称经典的作品不是在内容上就是在形式上是有所发现的,且后一种发现一般是形式问题已经成为写作矛盾的主要方面,已有的形式不能表现内容非找到一种新的形式解决不可的地步才有的。当有了这种写作发现,写作者一般是围绕它构思,选用和安排内容,然后加以表达的。

二、写作发现的类型

写作发现丰富多彩,从不同的角度可以把它们划分为不同的类型。

(一) 从发现内容的角度划分

1. 从发现的内容重要性的角度划分

写作发现的意义有大有小,因此它们有大小之别。请看统计学界著名专家美国人C.R.劳的论述:

最高水平的创造性是一种新思想和新理论的产生,这种新思想或新理论与任何已存在的结构有着本质的不同或是完全不一样,完全不能从已有的理论演绎而成。这种新思想或新理论可以比任何已知的理论解释更广泛的自然现象,另外一种不同水平的创造性是指在一个已存在法则范围内的新发现,但这种新发现在某个特殊的领域内具有巨大的意义。④

新理论或新思想的发现意义有的应用广泛,有的使用在特殊领域。前者理论意义特别重大,例如,马克思的剩余价值理论、爱因斯坦的"由于物质的存在,时空的几何学是非欧几里德的,而时空的非欧性质则在万有引力现象中表现出来"⑤都属于重大的写作发现。这类写作发现对社会科学或自然科学产生了重大影响,表述这样的发现能促进精神文明或物质文明建设。法布尔揭示萤火虫对蜗牛肉质实施液化处理,然后"吸食"⑥的写作发现相对而言,其意义要小一些。表达这类写作发现能丰富人们的精神生活。写作发现的意义虽然有大有小,但是只要有价值都可以

---

① 写作手段是写作学领域使用的一个普遍概念,凡是涉及解决写作问题的措施都称之为写作手段。
② 词的产生时间采用了赵荣蔚的说法,文见周建忠主编的《中国古代文学史》(上),南京:南京大学出版社,2005:477—478.
③ 王国维. 人间词话[M]. 徐调孚,注. 王幼安,校订. 北京:人民文学出版社,1960:126.
④ C. R. 劳. 统计与真理——怎样运用偶然性[M]. 北京:科学出版社,2004:16.
⑤ 霍伊尔,纳里卡. 当代天文学和物理学探索[M]. 何香涛,赵君亮,译. 北京:科学出版社,1989:360.
⑥ 法布尔. 昆虫记[M]. 刘莹莹,王琪,译. 南京:译林出版社,2010:337.

成为文章写作的核心。

2. 从发现创新的层次性的角度划分

创新的程度有高有低,因此,写作发现有原创性和新意性之分。原创性是一种独创性,对此,诺贝尔物理学奖获得者汤川秀树说:

独创性究竟是什么呢?那就是,思考和提出迄今为止任何人都没有思考过的观点,发现任何人都没有注意到的事物和现象,制造出任何人都没有能够制造出来的新的产品等。[1]

汤川秀树对独创性的分类诠释,若写作主体遇到其中一种把它表达出来就属于原创性的写作发现。这种具有开创意义的写作发现就是原创性写作发现,例如,分享2015年诺贝尔生理学或医学奖项之一的屠呦呦在1972年3月8日全国"523项目"办公室在南京召开的抗疟药物专业会议上,报告了利用青蒿提取物抗疟的实验结果,这个以实验结果作为报告的核心观点属于"开创说",是原创性写作发现。受别人写作发现的启迪,在此基础上的借鉴和化用的写作发现就属于新意性写作发现,学术论文写作的"接着说"就属此类。

3. 从发现内容的角度划分

本书在第一章讲到的"博而能一综合律"的"'一'在内容上表现"为文意的几个类型便属于写作发现的类型。这里要说明的是文学创作表达的独特的情感属于写作发现,表达非一般的主题思想也属于写作发现。例如,陆文夫创作《围墙》前,有一个地方砌墙,有人说它高了,有人说它低了,作家又接触了类似的事情,他多次思考此类事件,最后,作家认为:做事的人倒霉,不做事的人都正确。[2] 这个提炼的主题在小说中得以很好的表达也是人人笔下所无的写作发现。

写作发现在文学创作中有的是情节或情景,例如,绥拉菲摩维奇和儿子沿着高加索山脉的峰脊走着,他惊奇地发现,悬崖消失了,巍峨的山岭缩小了,眼前出现了一片无法形容的天地:右边是浩瀚的大海,左边在深不可测的悬崖下是浅蓝色的林麓,而在它们的外面是一望无际的古班草原。这种雄伟的景象震撼了作家心灵,这种景色似乎用命令的口吻要作家把它表现出来。创作时作家在这个壮阔的画面中加进达曼军人在黑海行军的故事,创作了《铁流》。[3]

(二) 从发现写作手段的角度划分

无论做何事都要讲究方式、方法,写作也不例外。从提倡创新的角度说,写作是寻找空白点的艺术。当发现无人涉及的写作空白点,用新的手段填补它,下功夫能写出初春柳芽般的文章。写作的新手段有以下两种。

1. 新角度

写作中思考写作客体的出发点就称之为写作角度,构思的立足点、行文的切入点指的都是写作角度。写作时会遇到写作客体被他人表述过了,再从其行文的立足点去表达很难超越的情况,然而换一个他人从未写过的切入点观照这个写作对象,于是就有可能写出别开生面的文章。例如,古代诗歌有不少名篇吟咏的是同一题材,写得各有千秋,与作者发现新的突破口是分不开的。从新出发点发掘写作对象的思想意义,就会有新的文意。关于写昭君出塞的题材,唐朝以前就有不少人写过,到了唐朝,写它的也有70首之多。在这些诗中,有的从乡国之思的角度表述,有的从政治使命的角度抒写,有的从追求荣华生活的角度下笔,它们新意连篇,在写作史的景区中争奇斗艳。对老题材,避开他人已写的角度,采用新视角书写是非常机巧的写作手段。

2. 新手法

写作手法都是在表达写作对象中产生的,有相对的稳定性。根据表达写作对象的需要,可以

---

[1] 汤川秀树.人类的创造[M].那日苏,译.石家庄:河北科学技术出版社,2002:106.
[2] 陆文夫.艺海入潜记[G].上海:上海文艺出版社,1987:40.
[3] 绥拉菲摩维奇.《铁流》的创作经过[G]//论写作.北京:人民文学出版社,1956:101—102.

适当选用。当有了很好的内容采用现有的写作手法无法表达时,就要根据它的特点有意识地创造适合表达它的手法,写作成功,文成法立,这新手法就属于手段的写作发现了。例如,梁启超为了宣传爱国救国的政治主张,达到"开民智"的启蒙目的,以写作为传播手段,在行文上完全采用文言文宣传效果不佳,又无语体文可资借鉴的情况下,在王韬写作报章文体的基础上,破"古文义法"之冰,采用骈散结合的体例,选用古文、熟语结合外国语法,写出了言文参半的适应内容上的启蒙性和语言上的大众化的,介于文言文与语体文之间具有向现代议论散文过渡性质的文章,这类文章被称为"新文体"。在"新文体"中,梁启超使用的语言表达手法就属于他的写作发现。

第二节 写作发现的标准

一、写作发现的客观标准

评判一篇文章是否有创见,是否有新意,实际是对该篇文章写作发现的评价。这种评价是有客观标准的。

(一) 公认性

常言道,人眼是秤。当文本进入接受过程成为作品后,它会在不同范围内和不同程度上引起人们的注意。正常情况是文章中的写作发现如果真正有价值,对它关注的人就会很多,反之就会很少,或者是"泥牛入海"。这种社会认可率就是公认性。例如,1953 年 4 月 25 日,美国科学家沃森和克里克在《自然》上发表了题为《核酸的分子结构——脱氧核糖核酸的结构》的学术短论,提出了"该结构是由相互缠绕的双螺旋链构成并围绕中心轴旋转"[1]的观点,这篇短文被大量转载,其观点被许多人引用,由于这是划时代的发现,1962 年,他们和英国科学家威尔金斯分享了诺贝尔生理学或医学奖项,得到科学界的公认。

(二) 时间性

对写作发现的评价是一个复杂的现象,它有许多不确定因素,这其中有些因素最主要的是环境或认知制约着对写作发现的正确评价。有的写作发现在当时公认性很高,可是到后来,就发现没有什么价值。有的写作发现在当时不被人重视,可是经过岁月的打磨,后来却焕发出珍宝般的光辉,被社会公认。自然科学有这种现象,文学创作也有这种情况。例如,司汤达在《论〈红与黑〉》中称自己"描绘巴黎人的爱情可以说完全是一种创举,恐怕在什么书上也没见到过"。在这篇评论中他称自己"敢于描写巴黎的爱情。在他之前,还没有人做过这种尝试。同样,过去也没有人认真地描写过 19 世纪最初 30 年间压在法国人头上的历届政府所带来的社会风气"[2]。这是司汤达在《红与黑》中的写作发现,该作品 1830 年出版,当时并没有引起多少人的注意。他曾说过,1880 年才会有人阅读他的作品,1935 年他的发现才会被人理解。然而不到一百年,《红与黑》以其深刻的思想和生动的表达赢得了世界声誉。时间不会说谎,它是最公正的评论家。在这方面陆文夫表述得非常形象:"时间的激流会把真正的艺术品磨洗出光亮,而把那些名噪一时的东西付之东流。"[3]

二、写作发现的主观标准

对写作发现的评价采用客观标准应该说是最具公信力的,然而这是文章进入接受过程的评

---

[1] 沃森,克里克. 核酸的分子结构——脱氧核糖核酸的结构[J]//朱玉贤,译. 北京大学学报(自然科学版),2002(S1):53.
[2] 司汤达. 论《红与黑》[G]//盛澄华,译. 古典文艺理论译丛(第 4 册). 北京:人民文学出版社,1962:181—183.
[3] 陆文夫. 艺海入潜记[G]//上海:上海文艺出版社,1987:92.

价,在文本制作之前关于写作发现标准的把握还得依靠作者的主观标准。由于作者写作的素质、修养和能力存在着差异,写作发现的主观标准是不统一的。初学写作者对写作发现理解有偏差,会把别人文章中的写作发现拿来作为自己文章的核心。由于知识面狭窄,写作视野不开阔,有的作者在文章中表述的写作发现虽然是自己的发现,但是由于没有涉猎与其有关的文章,他料想不到自己表达的写作发现别人早已表达过。写作高手,由于知识面宽和生活阅历广,对所写的写作客体做过深层次的研究,又浏览过别人撰写的同一内容的文章,他对自己的写作发现有着很高的评价尺度。

尽管写作的主观标准因人而异,但是最起码的自己应把新颖性作为一个标准。如何做到新颖性呢?请看闻一多为了创作诗歌,1919年2月10日制订的读书计划:

近决志学诗,读诗自明、清以上,溯魏、汉、先秦。读别裁毕,读明诗综,次元诗选、宋诗选,次全唐诗,次八代诗选,期于二年内读毕。①

他计划所读之书几乎囊括了中国的古代诗歌,阅读如此之多的诗作,为自己的写作发现树立起一个参照的标杆。现在的检索工具和手段很多,查阅资料非常方便。自己有了发现,为避免"撞车"可以"查新",为慎重起见,可先登互联网,运用搜索引擎,打出关键词,比对电子文献,若无相同意思的表述,然后进入图书馆查阅纸质文献,如果查出自己的发现同别人有相同之处,就应毫不可惜地舍弃。

第三节 写作发现的条件

写作发现的条件有客观条件和主观条件。这两个条件不是截然分开,而是密切联系相辅相成的。客观条件与主观条件结合,通过主观条件,形成写作发现。

一、写作发现的客观条件

写作发现的客观条件主要是人生阅历,写作环境等。

(一) 阅历与写作发现

1. 阅历的含义

阅历是指人的整体人生经历和现实生活的动态经历,以及对这种经历的感受、理解和认识。

2. 阅历对写作发现的作用

阅历给主体提供全身心的观察体验,感受思维,产生主体所需要的各个方面的发现,其中包括写作发现。阅历是写作发现的前提和基础。为写作发现提供线索和原材料,为写作发现提供构思灵感。

3. 从阅历中产生写作发现的过程

阅历包括宏观意义上的整体人生阅历和微观意义上的现实生活动态阅历,也就是人生的纵向坐标和横向坐标。由此产生纵向发现和横向发现。

(1) 纵向座标经历与写作发现

从宏观上来看,每个人都有自己独特的人生经历。人生就是一本书,人生阅历就是不断阅读人生这本书的过程,并在纵向的时间阶段过程中,和横向的生活空间中,不断地产生发现和写作发现。阅历不仅是生命的现实内容,也形成生命的精神内容。在这种发现过程中,由于不断地产生对人生的理解认识和感受,也产生写作发现。这种写作发现一般具体表现为对过去阅历有了

---

① 闻黎明,侯菊坤. 闻一多年谱长编[M]. 武汉:湖北人民出版社,1994:66.

一定时空距离之后的写作发现。

从时间角度说,当人们走过某种生活历程,回头去看的时候,便会有居高临下的感觉;从空间角度看,当人们从一个城市来到另一个城市,对故乡的一切,便会有了新的发现和认识。时间、空间的变换会产生写作发现。广义的人生的回顾,就意味着对人生的思考和发现。人人都有对童年的回忆,童年的一切回忆中那么美好,然而在当时却全然不知,只感到时间太慢。有了时空距离,就等于有了坐标参照系,如同坐火车向外看,才感到它在飞驰。无论是哪一种回忆,你是否体会到时过境迁,心态与当时很不一样了呢?俗话说:"时间改变一切。"回头去看的感觉,实际就蕴藏生活发现和写作发现。由于这样,历史也会以两种形态出现,一种是动态的当时的历史,一种是回头去看的历史。两者很不相同,甚至相反。因为后者是以精神的形态去掌握现实的形态。后者由于心理距离发生了变化,会产生原先所没有的超脱感、清醒感、自由感。认识和答案也和当时很不一样。由于时空跨度大,往往这种写作发现更具人生哲理性。在这方面曹雪芹创作《红楼梦》、巴金撰述《家》和茹志鹃写作《百合花》都是典型例证。

现实社会生活中的人生经历和亲身感触,是写作发现的条件。阅历在前,发现在后,人生经历和对现实生活的体验是写作成功的重要因素。

(2) 横向坐标经历与写作发现

微观上的人生经历是我们人生的横坐标,指尚未形成整体前后联系的片段的每日每时的动态的日常生活。这种生活的产生更多的是客观机遇加上主观能动性的结果,比如,你每天能否办成一件事,遇到了什么人、什么事,选择上街还是在家等,不计其数的日常生活都是客观机遇加上主观能动性的结果。每一个人都有不同的客观机遇和不同的主观能动性,也就造成了多彩缤纷的各不相同的现实日常生活。相应地也会产生各不相同的写作发现。如果说,现实的日常生活内容主要是我们自我选择的结果,那么,对日常生活的写作发现,也更多在于主观的选择。比如,对生活的内容、角度、方向的发现选择,对生活的情趣爱好选择及对生活的美感选择等,都决定对生活的内容其中包括生活的细节、生活的特征的写作发现。"文章合为时而著,歌诗合为事而作"①,应该说,这种"时"和"事"可以指宏观意义上的,也可以是微观意义上的,即每时每刻发生在每个人身边的具体的人和事。但它只是为"文章、歌诗"提供写作发现的条件和前提。因为每个人对每天的生活选择和写作发现是不同的,可以产生写作发现,也可以不产生写作发现。孙绍振说过:"虽然生活是文学的土壤,但是有了基础不等于有了文学,正等于有了土壤不等于有了花朵一样。并不是任何生活都能够转化为文学形象的。"只有"那些震撼了作家心灵,影响了作家命运的生活,才最有可能化为形象,也就是当生活与作家的感情发生火一样的关系的时候,生活才进入了形象的熔炉"②。

由此,我们可以发现,情感感受是写作发现的重要条件,例如,鲁迅在《一件小事》中写了对人力车夫的发现,是由于对人的灵魂价值有了情感上的震动和发现,一般人可能根本没有产生这种注意和发现,当它来自于"生活与作家的感情发生火一样的关系",这就产生了鲁迅的写作发现,其价值,可以比喻为从成吨的生活矿藏中提炼出的只有几克的黄金般的精华。鲁迅在《一件小事》中揭示的人的道德价值观问题,揭示的人的灵魂的价值及其与人的现实地位不成比例这一真理,直到今天,不仅在一般的交通事故中存在着,而且在生活的所有领域存在着。在汶川地震中,有许多的普通教师为救学生,有许多母亲为救孩子,表现了惊人的自我牺牲精神;在抗震救灾中,多少战士奋不顾身,多少普通百姓积极捐款,通过这些,我们理解了什么是"高大",这不再一次证

---

① 白居易. 与元九书[G]//郭绍虞. 中国历代文论选(第2册). 上海:上海古籍出版社,1980:98.
② 孙绍振. 文学创作论[M]. 沈阳:春风文艺出版社,1987:9.

明鲁迅的写作发现的普遍性吗?可以说,我们每个人在动态的现实生活中,不仅随时在进行多种方向和可能的抉择,而且也随时产生多种方向和可能的发现。生活中时时处处都有可写的东西,重要和关键的是需要我们去发现,像鲁迅那样去发现。

(二) 写作环境与写作发现

1. 写作环境的含义

写作环境是写作者进入写作过程的具体的主、客观环境条件。

写作环境从性质上分,包括硬环境和软环境。硬环境是写作环境的客观方面的条件,包括社会环境、居住环境、人际环境等。软环境是写作环境的主观方面的条件,是写作主体内环境,包括写作主体的动态活动、情绪心态状况、健康年龄状况等。写作环境从空间上分有宏观环境和微观环境,宏观环境指写作主体的整体环境,如社会环境、时代环境;微观环境指写作主体周围的具体环境如人际环境、生活居住环境、学习及写作的条件等。

2. 写作环境对写作发现的作用

宏观环境制约影响写作发现。《礼记·乐记》指出:"是故治世之音安以乐,其政和;乱世之音怨以怒,其政乖;亡国之音哀以思,其民困。声音之道,与政通矣。"[①]宏观的社会时代环境影响制约写作的重要因素有战争与和平,动荡与稳定,以及言论和思考的自由开放程度等,这些都影响制约写作成果和写作人才的产生,影响制约写作的内容方向。例如,比较突出的情况是,在社会矛盾冲突比较激烈,社会动荡十分严重的情况下,往往会产生更多的时代的思想者,产生更多的写作发现,往往会出现百花齐放、百家争鸣的情形。从客观条件来说,这是由于社会有迫切寻找现实出路和精神出路的需要,从主观条件来说,这是因为写作人才的产生往往有一种群体效应,在互相激励互相影响下,会促使某些领域产生更多的写作人才,产生更多的学者和作家,例如,我国的春秋战国时代。

微观环境会成为写作发现的导火索,并成为构思灵感爆发的外部条件。写作发现离不开微观环境的启迪,往往一种构思酝酿很久,等待的就是生活机遇的某一点的启发。例如,郭沫若写历史剧《屈原》《虎符》,构思酝酿长达十几年,当遇到某一恰当时刻,恰当的环境激发再加上恰当的心态,竟然一挥而就。微观环境是产生写作发现灵感的土壤。条件是必须具备恰当时机,恰当的环境激发加上恰当的心态。在写作中,当一种微观环境不能启发写作灵感的时候,换一种微观环境往往会产生写作灵感。不同文体的写作发现需要不同的微观环境启发,例如,诗歌、散文的写作发现,更多需要大自然的美的环境,需要审美形象,这种环境不仅提供诗歌、散文的题材发现,还陶冶作者的精神情怀,为写作的灵感发现奠定基础。中国古代诗人李白、杜甫青年时代曾长达十年到处游历,畅游祖国的名山大川,践行他们的志向"读万卷书,行万里路",这就为他们丰富的诗歌创作发现提供了丰厚的基础。有的微观环境是阻碍写作发现的,据释惠洪《冷斋夜话》记载,重阳节前一天听到树林中风雨之声,北宋黄州诗人潘大林诗兴大发,挥毫"满城风雨近重阳",忽听有人敲门索租,意败搁笔。构思好的短诗因写作小环境遭到破坏而无法成文尚且如此,微观环境阻碍写作发现就更无须赘言了。

写作环境还包括写作者的主体内环境。每个人的人生遭遇和遭际,是首要的产生主体内环境的原因。值得注意的是,坎坷不幸的遭遇往往可以在一定主体条件下,成为人才成长的动力,促使作者产生有价值的写作发现。历史上不少伟大的学者、作家、诗人,多在坎坷经历中成长,在恶劣写作条件下进行写作,例如,《堂吉诃德》的作者塞万提斯,在作战中残废,归途中被海盗掠去为奴,当职员被诬入狱,处处不顺。58岁时才写出他的处女作,一举成名,62岁告别人世。关于

[①] 郭绍虞.中国历代文论选(第1册)[G].上海:上海古籍出版社,1980:61.

这一类写作,司马迁总结说:

夫《诗》《书》隐约者,欲逐其志之思也。昔西伯拘羑里,演《周易》;孔子厄陈、蔡,作《春秋》;屈原放逐,著《离骚》;左丘失明,厥有《国语》;孙子膑脚,而论兵法;不韦迁蜀,世传《吕览》;韩非囚秦,《说难》《孤愤》;《诗》三百篇,大抵圣贤发愤之所为作也。此人皆意有所郁结,不得通其道也,故述往事,思来者。①

这也是司马迁自身的写照。司马迁的解释:"圣贤发愤之所为作""皆意有所郁结,不得通其道也,故述往事,思来者"是合理的,我们用现代的语言解释,就是说,这种不幸的个人遭际,一方面,为写作主体提供了写作发现所需要的灵魂净化的精神土壤,清醒的写作心态。另一方面,苦闷、忧虑依靠写作得到精神的出路,写作发现也给痛苦的心灵以强力支撑,这无疑是通过写作发现作者进行自我的心理治疗,给灵魂以慰藉。在自我心理疗救下,坎坷的经历发挥了正能量作用,成为了"圣贤发愤"的条件,也成为了写作发现的条件。在中外写作史上有许多这样的事例,李煜从"万人之上"沦为俘虏吟诵出千古绝唱,成为了著名词人,曹雪芹从"锦衣裤"到"举家食粥酒常赊"在浮华尘世中清醒,写出传世巨著,这似乎是伟大的文学创作发现注定要付出的代价。

当然,良好的外部条件也可以产生写作发现,它为写作主体提供良好的写作心态和研究环境,比较突出地表现在自然科学的研究和学术写作方面。这种好的外部条件包括相当好的科学发展水平和设备,写作者相当好的社会地位和社会处境等。即使文学写作,也不能一概而论,例如歌德、托尔斯泰,客观上他们都具有较高的社会地位和较好的写作条件;然而他们内心深处更多充满了时代和人生的矛盾和痛苦。这在他们的代表作品如《浮士德》《复活》等反映了出来。

写作发现还和每个人的具体的现实活动,具体的主体心态有关。这时,好的心态更为重要。例如参加高考的时候,当时的天气情况,路上顺畅与否,个人健康状况,心情如何等方面,同数学考试相比,都会更多地成为高考作文成绩的制约因素。灵感思维作为思路的畅通状态,是需要环境条件激发的。正如刘勰所说:"是以陶钧文思,贵在虚静,疏瀹五藏,澡雪精神。"②

综上所述,坎坷不幸的环境条件促使心灵在写作发现中寻求出路并获得支撑;良好顺利的环境条件则提供好的心态并促使产生灵感发现。

二、写作发现的主观条件

写作发现的主观条件主要有观察能力、感受能力、阅读理解能力及审美素养、知识素养、思想理论素养等。

(一)观察能力与写作发现

1. 观察的含义

观察是人类的信息接收器官如视、听、嗅、味、触等对外界信息的接收和发现过程。广义的观察存在于人们一切现实活动中。人从出生就开始观察,产生对外界的感觉、知觉等反应,开始了主客观之间的信息交换活动。

2. 观察能力对写作发现的重要性

观察能力是体现人类潜能的重要方面,是衡量人才素质的标志之一。对现实的观察提供的是直观的第一手材料,也为理解第二手材料,展开联想、想象打下基础。只有通过观察体验,才能产生感觉、知觉进而启动情感感受和思维;只有通过观察,才能得到发现,才能引发科学发明和艺术创作的冲动。无论是在科学发明方面还是在文学艺术创作方面,观察力是发现力的基础,是走

---

① 司马迁.史记·太史公自序[G]//郭绍虞.中国历代文论选(第1册).上海:上海古籍出版社,1980:78—79.
② 刘勰.文心雕龙·神思[M]//周振甫.文心雕龙注释.北京:人民文学出版社,1981:295.

向创造的第一步。观察力是人在儿童时期就表现的重要的智商尺度。历史证明,古今中外著名的科学家和文学家都是观察能力和发现能力很强的人。

3. **观察能力的产生过程**

(1) 观察力来自人的感官的生理属性

所有生物都有与外界的信息交换,以完成物质交换的生命活动。在人的信息接收过程中,以视觉听觉为主导,五官互相配合,相辅相成,融为一体,由五官的立体的全方位的信息接收,综合而成。这为我们提供了现实世界声光色味形等多种方面的物理特性,以作为我们物质活动的基础;又经大脑的情感活动、思维活动,进一步转化为我们的精神内容。例如,不同的气味、色彩、形状的食物,不仅唤起我们的物质需求,而且还可以唤起不同的情绪情感。作为个体的每一个人感官功能发育发展的程度是有差异的。每一个个体有先天的差异,如遗传、性别的差异,还有后天的差异,如接受的教育训练和长期的环境影响,职业影响等。这些差异,使有些人在某些方面的发展可以达到很高的水平。例如画家对形状、色彩、光线等就有特殊的观察力和感知力。音乐家则对于声音的节奏、旋律等方面的感知特别优越。作家的观察力和感知力,则主要表现在于对人的形象、个性灵魂方面的发现和感知。用进废退,人的感官只有在使用中才会敏锐起来。要在实践中去培养和发展。要多多地观察和感受外界,使自己的感官在实际运用中发展。人类的信息接收器官,眼耳鼻舌身(视听嗅味触),提供给大脑以情感感受和思维判断的信息。这些构成生命的精神内容,并提供人类现实行为的动因。假设没有人类的信息接收器对外界信息的接收、发现和反映,那么人的生命内容就什么也没有了。人类的日常生活行为,物质创造活动和精神创造活动都离不开观察和发现。

(2) 观察力来自于感官的社会属性和心理属性

古人认为"天人合一",因为自然界最初是我们最主要的观察和发现对象,也是精神信息的来源。例如,中国古代诗歌的产生,和大自然关系十分密切。"诗者,人志意之所之适也。……感物而动,乃呼为志"①。随着人类社会实践活动的开拓,人们观察发现的范围越来越广,人类的感觉器官成了自然进化和社会实践相结合的产物,更多地带有社会化的内容,其功能也越来越能够和客观外界的属性达到最大限度的吻合和一致。由于人类科学文化的历史传承,人类感官具有更多的社会属性和科学文化传承的内涵。马克思说,人的五官是历史的产物。现代人的感官对外界的敏锐观察,发现力、感受力及审美力主要来自于人的素质、修养和能力的深厚性。这些,我们称为感官的社会化。文化修养越高的人,感官的社会化程度就越高,对自然界和人类社会的观察理解力就越高。例如,同样是看月亮,有的人产生无限联想,有的人无动于衷。诗人面对月亮生发了无数情感和美感,而一个文化修养不高的人,对月亮美的观察力、发现力就很有限。因此,我们说,人的感官只是一种工具,真正起作用的是人的思想和情感。在感觉器官能力正常的情况下,对外界的观察力和发现力,起决定作用的是人的文化修养和情感的丰富性。虽然人的感官的生理功能不是生物界最完美的,但人类的感觉器官的心理功能、社会功能,达到的功能范围,是动物界没有的。后者占得比重越大,人就越能体现人的特点和价值,就越远离动物属性,具有人的属性。可以说,人从小到大,接受的所有社会教育,都是为了实现人的社会化。

4. **从观察发现中产生写作发现的方法**

观察方式按观察的动机态度分,有无意观察和有意观察。按观察总的角度分,有主观角度的观察和客观角度的观察。按专业职业及写作的内容需要来分,总的来说有科学观察和艺术观察。其中又可细分不同科学和艺术领域的观察。这三大类,就应用范围来说,第一种最为宽泛,第二

---

① 孔颖达. 诗大序正义[G]//郭绍虞. 中国历代文论选(第1册). 上海:上海古籍出版社,1980:5.

种次之,第三种又次之。当然,三者依次具有包容关系。

从主观动机上来说,我们大部分的观察是无意观察,每个人日常生活都有。例如,我们每天观察周围环境,观察自己和别人的衣、食、住、行等。无意观察具有偶然性、随意性和无序性等特点。它在观察者当前意识活动中唤起的是意识流活动,多数会成为无意记忆,成为生命的无用内容而被淡化消失,但有时可在潜在情感积累的基础上和较明确动机驱动下转化为有意观察和有价值的发现。所以,对于有心人来说,无意观察也可以产生写作发现。因此,随身要带一个小本子,把无意观察产生的发现及时记下来。相对而言,有意观察是带有动机、意图、目的的观察,例如,我们在生活中对某一目标的专注,记者采访,市场调研等,往往伴随人们现实的相应的实践活动、精神活动等,唤起的是当前的显意识活动和比较集中的感受和思考,追求的是具体的目标发现。

在现实的对社会生活和自然界的观察中,主观角度的观察和客观角度的观察,来自于每一个人与现实生活某种联系和关系之中。这影响和决定了人对现实的较偏于主观,或较偏于客观的观察角度和观察发现。关系和角度决定发现。每一个人,对自己周围的人,亲属、朋友、同事等,都有观察和发现,这是由于人与人之间的相互联系,建立了不同的相互关系,从而决定这种观察和发现的主观色彩和客观的准确性。每个人,对自己所处的环境也有观察和发现,居住环境、单位环境、社会环境等,这是人与环境的关系决定了每个人对环境的观察和发现的主观角度或客观角度,领导视察,检查卫生,应该说较客观一些,但也含有主观色彩。可以说,日常生活中出现的观察发现,既没有纯客观,也没有纯主观,而是有所偏向或两者结合的。从主观角度主观因素看环境,每个人的顺心与否,走运还是倒霉,都影响对环境的看法,从客观角度客观因素看环境,又不得不依附于环境的客观的社会的共同标准。所以,对社会、对人生、对环境等方面的观察和发现,主观角度和客观角度事实上是辩证的对立统一的。因此,由此产生的写作发现也是偏向于主观因素或偏向于客观因素或两者结合。如调查报告、市场预测分析、评估测评和总结等。

按专业、职业及写作的内容需要来分,总的来说有科学观察和艺术观察。科学观察是对于现实生活的客观冷静的观察,不带主观色彩,追求科学的客观性、准确性和严密性,例如,植物学家对植物的观察,天文学家对天体的观察,包括仪器观察和直观观察,其职业特点和需要就是站在科学角度上,是从共性的角度上,从理性的角度上来观察,不带情感色彩、不带幻想,重视科学事实和科学依据。这种科学方面的观察和发现,是追求最大限度的符合客观事实和客观原貌的观察。艺术观察是站在审美角度的观察,体现写作主体与现实的审美关系。这种观察带有情感色彩,观察客观对象的个性特征和美学形象特征,艺术观察,是带有审美情趣,渗透个性的观察,含有对观察对象的选择和加工。我们在现实审美活动中常常发现,对人的审美观察,往往是"情人眼里出西施";对艺术作品,对自然美景等方面的审美欣赏观察,也是"仁者见仁,智者见智"的。

从具体职业、专业和具体的发现需要、写作需要来说,人与现实的关系有经济关系、政治关系、科学关系、审美关系等不同的关系,这就使人们在实践中对现实的观察体验很不相同,以致从不同观察角度产生不同的观察发现。珠宝商人与珠宝就是经济关系,人与现实的经济关系会产生经济角度的观察,产生经济发现;植物学家、动物学家与植物、与动物是科学关系,人与现实的科学关系会产生科学角度的观察,产生科学发现;诗人与大海就是审美关系,人与现实的审美关系则会以审美角度的观察产生审美发现。这些不同关系产生的不同的观察发现,往往是互相冲突的,大海作为我们观察的客观对象,诗人和渔夫面对大海会产生截然不同的观察和感受,诗人会在暴风雨中观察发现到大海的壮美,渔夫面对暴风雨却无法产生美感愉悦,他因为不能出海打鱼而唉声叹气,因为,他与大海是经济关系。因此,他不因为居住海边多年而写出关于大海的诗。

爱情是美的,但掺进经济因素,美就受冲击。政治家、商人,必须确立各自的与现实的政治关系、经济关系角度去对现实观察和发现,一旦违反,例如凭幻想、凭审美就会失败或惨败。一个小说家的天性或职业敏感是对于人的心灵的洞察,是要发现人的个性特点,通过发现人的个性形象,进而发现人的内心世界。他擅长的是与人心灵沟通,情感发现。这和医生对病人的观察是不同的。医生的职业则相反,在他的医疗领域内,要求他必须排除个人情感,外科医生动手术时态度要清醒中立,才能下手又准又快。

这就说明,我们要恰当调整与现实的关系,恰当调整观察角度,才能得到我们所需要的发现。如果你想感受和发现生活中的美,就需要与现实建立审美关系和审美角度,排除其他关系和角度,才能具备能够发现形式美的眼睛和发现音乐美的耳朵。

(二) 感受能力和写作发现

1. **感受的含义**

感受是人们对感官接收的外界信息的情感反应。这种情感反应是在感受者原有长期感受的情感积淀基础上产生,在原有思维认识的基础上产生的。感受发现带有极大的个体差异性。感受由观察开始,又进一步上升到思维,写作发现是感受发现的进一步升华。

2. **感受发现对写作发现的作用**

感受一般指情感感受,感受力是一个人情商的主要指标。感受力强的人能够发现一般人易忽视的或不能发现的细节,能够更深入地理解人与人之间的人性和人情,更能代表大多数人的共同感受,产生更多的艺术发现创造。艺术发现包括文学艺术的写作发现,更大程度上是情感发现,而不是思想发现和认识发现。那么,这种情感是什么情感呢?

作为个体的人,要上升为更高程度的社会的人,必须接受作为全社会情感感受的共同标尺,例如"真善美"的共同情感标尺。能上升为写作发现的个体情感感受,是因为能够代表社会,代表大众,被大多数人所接受,从而成为社会化的群体感受。例如,许地山的《落花生》、朱自清的《背影》等,其中带有作者个性的感受发现,所描写的人性、人情、人生哲理等已经不再属于他们个人,而是属于全社会。于是,作家的写作发现就引领人类的精神生活、精神理想、精神方向,如同科学家的科学发现引领人类的物质生活一样。文学艺术更多的对人和社会的发现,使得整个社会的群体和个体的"以人为本"的高于动物界的精神文明也得以发展。

感受发现的范围是广泛的,由于这种感受发现以符合社会化要求的情感发现为基础,具有健康的人文精神,从而居高临下,具有极大的包容性,所以能发现和理解人生的各种各样的情境和情感活动,能够更多地发现自然美、社会美和艺术美,能够洞察人心,认识人理解人,善于与人沟通,深谙人性与人情,具有一定的情感感应能力和心理感应能力;在文学艺术欣赏中,这种感受发现更易于与作品产生共鸣,更多地体会到各种各样的人生感受。感受发现在写作发现方面,能够提供更多的对自然美、社会美和艺术美的审美发现,创造出被全人类接受的共同美;也能为思维拓展更广的范围,更大的空间,为写作提供灵感发现。

3. **从感受发现中产生写作发现的过程**

(1) 感受角度与写作发现

写作主体与社会现实关系的确立,决定感受的角度和内容。每一个写作主体都生活在一定的社会和时代背景中,都具有自己独特生活经历,与现实处于某种关系之中,产生不同的观察角度、立场、心态等,由此,每时每刻产生对现实环境、人和事的观察、感受和发现。能不能产生写作发现,这取决于感受的角度和方法。由于写作主体与社会现实生活的关系不同,感受生活的角度和方法不同,感受发现的结果也不同。从而对生活会有不同的发现。例如,主体与生活的关系,有经济关系、审美关系,感受的角度就有经济角度、审美角度。马克思曾指出,珠宝商人不能发现珠宝的美,他只关心珠宝的经济价值。鲁迅也形象地指出,石油大王绝感受不到北京捡煤渣老婆子的辛酸。我们在日常生活中也有不同角度获得不同感受的经验,例如,我们出去旅游,能不能获得审美感受,也取决于旅游过程的心态和兴致。又如,幸福感,就随每个人的感受角度有很大的差异。往往从小人物角度出发,不仅是获得幸福感的源泉,而且也是获得对现实世界清醒发现的源泉。欧·亨利当过流浪汉,他的流浪汉小说很著名。这是因为他具有小人物心态,在自己的艺术创造中有了清醒的发现的结果。他在主观上从小人物出发,客观上却成了艺术上的大人物。一般来说,历史上具有人民性的作家,都具有平民意识,站在人民一边,从而才具有了"以人为本"的艺术发现,产生不朽的艺术杰作。

(2) 综合感受力与写作发现

五官感受由于情感和想象的作用,在心灵内部产生多元化、立体感、全方位的沟通,称为综合感受,又称五官通感。情感积淀决定综合感受力,丰富的情感经历和情感感受来自于每个人的生活道路,也来自于文学艺术的修养,这种情感积淀又成为产生新感受的基础,于是,感受力像滚雪球一样发展,由此产生综合感受力。由于每个人的生活道路不同,文学艺术的修养不同,这也使得每个人面对具体情境,综合感受力是不同的,具体的感受发现也是不同的。正如黑格尔所说:"同一句格言,在完全正确理解了它的青年人口中,总没有阅世很深的成年人的精神中那样的意义和范围,要在成年人那里,这句格言所包含的内容的全部力量才会表达出来。"①生活和自然界也是一部书,面对这部书,每个人的阅读能力是不一样的。朱自清的《荷塘月色》把荷塘写得很美,许多记者采访那荷塘,却很失望,只看到了普通。那么荷塘的月下美妙,源于哪里呢?源于朱自清的综合感受,是情感的作用、想象的作用,使作者五官产生丰富的通感,这实际是作者长期情感积淀的结果。许多人也走过这个荷塘,却什么也没发现,这实际是由于情感枯竭的原因。荷塘本身当然很重要,更重要的是在于发现。推而广之,生活中处处都有美,关键在于对美的发现。

(3) 感受的迁移发现与写作发现

感受的迁移发现,是从一种主客体状态转移到另一种主客体状态时产生的新的感受发现,因为状态的转换会产生一种新鲜感,产生旁观清醒的自由感。心理学认为,"在连续较长时间的单调工作后,常引起脑疲劳。如果能及时转到另一项性质不同的工作,就会使脑松弛,或者通过听音乐、散步、郊游等活动转化自己的情绪,使自己经常保持最佳状态"②。

我们在生活中常有这样的体会,老是处于某种单一状态长期下去,会出现大脑的抑制状态,从而产生一种枯燥乏味的状态,缺乏新鲜和创意。改变不同的环境,改变不同的生活内容,可产生不同的生活感受,产生不同的思维方式,从而建立一种新鲜的多样的清醒的发现状态。

感受迁移发现有两种,一种是宏观上的整体的感受迁移,表现为主体才华兴趣在人生方向和职业方向上的迁移。例如,鲁迅和郭沫若原来都是学医的,后来改行从事了文学。俄罗斯著名作家契诃夫也是学医的,并且长期当医生,后来成了作家。据说契诃夫写小说,最初是为了给病人解闷,写多了,他的文学成就反而喧宾夺主了。西班牙小说家塞万提斯立志当军人,却在历尽坎坷之后,晚年当了作家。出现这种才华和兴趣的转移现象,实际是感受产生了迁移发现,这种迁移发现也可以称为感受的灵感发现。所以我们可以理解,对于写作发现来说,往往并不在于写作专业自身,而在更宽广的领域。

另一种感受迁移是微观的,表现在写作者对写作环境的感受选择。写作者根据需要调整自己的生活和工作环境,从而调整自己的心态,在生活内容上敢于打破常规,在看似与写作无关的

---

① 黑格尔. 逻辑学(上卷)[M]. 杨一之,译. 北京:商务印书馆,1966:41.
② 史仲芳. 心理与健康[M]. 成都:成都科技大学出版社,1987:241.

方面,去找到和发现写作感受。例如,1941年九十月的一天,郭沫若从一个人手中买到了一个虎符,是古代用来调兵遣将的凭证。这虎符由两个半边合成,战争中,一半留在宫中,一半执在领兵在外的将军手里。郭沫若把它摆在书案上,作为镇纸。有一天,他正在思考下一个写作题材,久久没有新意,十分烦恼。他把笔一扔,突然抬头看见虎符。"何不利用虎符寻找一段有关的历史作为剧本的原型呢?"想着想着,郭沫若就有了强烈的创作激情和灵感,他迅速地构思了剧本,从而完成了《虎符》的创作。这些故事说明了作家们通常在生活的广泛方面获取灵感,寻找线索和写作原型。事实上过分投入和沉浸于某种单一状态,有时会抑制发现。科学发现是如此,文学发现也是如此。关键是要挣脱束缚,获得一种自由发现的状态。哲学上认为,规律就是对自由的把握,可以说写作规律的重要方面就是对写作自由心态的追求和掌握。艺术包括文学艺术被称为是自由情感的自由传达,关键是作者要有高居写作之上的"自由"心态。人们要获得这种状态有时看似很难,实际却又很容易,是因为往往这种感受发现来自无意得之,意外得之,恰好印证了老子的"无为无不为"的自然之道。仔细琢磨老子在《道德经》第十一章中指出的有与无、虚与实的辩证关系,会有利于我们理解为什么写作活动会从看似与写作无关的方面,获取写作发现:

三十辐,共一毂,当其无,有车之用。埏埴以为器,当其无,有器之用。凿户牖以为室,当其无,有室之用。故,有之以为利,无之以为用。①

(三)阅读理解能力和写作发现

1. 阅读的含义

阅读是通过读者的思考想象理解文字信息的智力活动。

成功的阅读的条件,是阅读主体(读者)和阅读客体(文字信息)之间建立正确的精神联系,实现信息的精神转化。将文字符号这种视觉信息变为思维活动,必须要实现信息的转换才行,在这一转换的过程中,就产生阅读者动态的智力活动,并伴有阅读再创造。否则,阅读活动就不可能完成。根据这种阅读信息转换的程度,阅读可分为高效阅读、有效阅读或无效阅读、负效阅读。

2. 阅读发现对写作发现的作用

阅读是写作的重要前提。阅读不仅提供了写作所需要的技能技巧和一般知识基础,而且也为写作提供内容和形式的发现。读者向作者崇拜模仿,也开始了阅读者向写作者的转化过程,这一过程,读者不仅接受书上已有的真理,更在真理指引下去主动性地发现真理。表现在阅读过程中,读者对作品的思考和认识;进一步联系现实,得出对现实的发现和认识。这些,都更深刻地带有读者自己的思维发现、思维成果、思维创造。由此,产生阅读再创造。阅读再创造是读者主动性阅读的知识发现,也是产生写作发现的前奏。

阅读对写作主体具有全面导向作用。通过阅读,为写作者提供了追求的目标方向,甚至崇拜的偶像。一般来说,阅读模仿在前,个性化创造在后。从阅读活动向写作活动的跨跃过程,也就是写作主体发现自我,获得自我表现和发展的过程。

3. 阅读发现的过程

(1) 最佳阅读心态和阅读灵感

在阅读过程中,有效的阅读表现在阅读者和作者作品之间建立了精神联系,产生了情感共鸣,产生了思想的一致性,这样就产生了阅读灵感。这是最佳的阅读状态,它来自并产生读者最佳阅读心态。在这种状态下,阅读主体和阅读客体之间产生了密切的精神联系,实现了书本上的文字信息向读者头脑中的精神信息的转化。通过这种读者和作者之间的精神交流过程,读者

---

① 老子. 道德经[M]//任法融. 道德经释义. 北京:东方出版社,2009:58—59.

发现了与作者的契合点。这种契合点越多,阅读共鸣的程度就越大,由阅读发现产生的阅读愉悦也就越强烈,由此读者似乎找到了知音,从中也发现了自己,重新给自己找到了一个新的精神定位,如同电脑重新装了系统。读者在阅读中,更新了自己的精神系统,也就重新发现了自己。阅读灵感状态、共鸣状态,和读者的最佳阅读心态有关。而阅读心态又是由读者的阅读环境条件、社会环境条件和社会地位条件决定的。需要指出的是,前者和后面三项客观条件的关系并不成正比,有时甚至呈现反比的关系。例如,高尔基生活在黑暗的社会底层,却使他对书及书中的美的境界有更加强烈的感受和发现,对书中的光明和美好更加向往,他在自传体小说《在人间》中多次对读书感受作了美好描写,描写了阅读的狂热和幸福。主观追求和客观现实的反差,更强化了他的主观追求,他的有灵感的高效率阅读就产生了,从而成为在社会这所大学中自学成才的佳话。

(2) 阅读理解和再创造

阅读理解包括两个层次,一方面,表层层次:任何成功的作品都首先告诉了读者世上的许多人和事,告诉了读者许多思想和情感,这是作者在"说什么";另一方面,深层层次:通过"怎样说",呈现了作者某种先进的有特色的精神系统。我们只有进入阅读的深层次,成功地吸收了某种有效的精神系统,才会为写作奠定了更扎实的基础。阅读过程这种从表层到深层的飞跃,包含有读者自己创造性和个性化的理解吸收,通常称为阅读中的再创造。例如,谈读书体会,复述故事,发表对作品中人物的看法等,每个人都有自己的侧重点,都有自己的理解,这种阅读的再创造也就是阅读中的自我发现。可以说任何阅读都有再创造的过程,只不过程度不同。越读越笨的,消解了文本对话的主体作用和文本传递的意义,甚至把"哈姆雷特"解读成了"贾宝玉",称为负效阅读。再创造能力差的,甚至连文字符号都不能转化为相应的形象和思想,这种情况下可以说读者和作者之间没有建立精神联系,没有实现信息的转化,可称为低效阅读或无效阅读。再创造能力好的,可以更多义、更全面、更彻底地理解作者的思想境界和心态。通过表层的字里行间,作者的精神系统像和谐的涓涓细流滋润了读者的心田,可称为有效阅读或高效阅读。在这一过程中,阅读者的自我发现很重要,包括建立在阅读灵感基础上的阅读方法的自我发现,建立在个人阅历、情感记忆、经验积累基础上的阅读感受的自我发现,建立在知识范围和思维能力基础上的阅读修养的自我发现等。

有效率的阅读,使作者的思想和精神成了全社会的思想和精神,它使无数读者通过阅读实现了社会化,并真正找到了自我,形成了自我个性化精神系统。

在此基础上,阅读也产生了更多的写作者,推动更多更好的写作发现和表达。进而产生更多的阅读,人类文化就像滚雪球一样发展。

(3) 阅读个性与阅读发现

阅读个性除了个性化再创造吸收理解之外,更主要包括批判性的阅读理解。通过带有思考和疑问的阅读,使读者在分析比较中,形成自己的信念和判断,扩大自己的视野,开拓了思路。面对不同内容的作品,面对作者不同风格不同特点的作品,面对他们的长处与短处,读者产生了取舍,可以说,取舍作品的同时,读者也就是取舍了自我。客观地说,读者最喜欢的作品也有它的短处,最不喜欢的作品,也有它的长处。主观上怎样去看,这往往和读者的个性、立场、经验经历有关系。比如,郭沫若喜欢李白的作品,毛泽东喜欢鲁迅的作品,这实际上体现了他们自己的个性特征、风格特征。我们一般的读者也是这样。可以说,人们在自己所喜欢、所崇拜的作家作品中,往往找到并进一步形成了自我的个性特征。在阅读欣赏初级阶段,喜欢和不喜欢中就有判断和选择。我们的目标是要在判断和选择中,兼收并蓄,集思广益,使自己更加完善起来。英国学者培根对于读书说过一段名言:"读史使人明智,读诗使人聪慧,演算使人精密,哲理使人深刻,道德使人高尚,逻辑修辞使人善辩。总之,'知识能塑造人的性格'。"①

这就说明,选择不同作家作品对人的塑造是不同的,对读者精神心态影响也是不同的。马克思青年时代就主张,要追求人的全面发展和自我完善。鲁迅在读书的观念上也主张应像蜜蜂酿蜜一样,采花不要偏向一种,而要多多益善。所以,博览群书,广泛地包容、理解和批判性地吸取是辩证统一的关系。

(四) 审美素养与写作发现

1. 审美、审美素养和审美活动的含义

审美是对艺术作品、客观生活和自然界中的美的现象的美感发现体验过程,具有个体差异性、情感愉悦性和直觉形象性的特点。

审美素养是每个人审美经历和能力的积累和表现,来自于长期的审美欣赏活动和审美创造活动。

审美活动是人类特有的带有时代性、社会性和文化艺术传统的传承性的高级精神活动。群体审美活动作为社会的行为,标志社会精神文明发展的程度。审美活动作为个人的行为,则标志着生命的精神内容的高级需要及其丰富程度。

审美活动领域包括自然美、社会美和艺术美。自然美包括天然的和人工的自然美,对自然美的审美主要重在形象的形式美。由于自然美可以唤起我们与社会实践相关的情绪情感反应,从而和谐心灵,陶冶情操,所以,对自然美的审美是我们不可缺少的精神食粮。社会美主要是以人为中心的社会生活、社会实践的美。对社会美的审美主要重在内容。其中,人的审美理想及现实追求,成为推动历史进步、时代发展的巨大力量。艺术美则来自于上述两者的升华和集中。艺术美以内容和形式相统一的有情感魅力的形象,使人们用美的方式把握现实,按美的规律去创造,并获得更加集中强烈的审美享受。

2. 审美发现对写作发现的作用

审美发现对写作发现具有重要的作用,尤其是在文学艺术领域的写作发现,主要依靠审美发现。在其他领域的写作发现,审美发现也起辅助作用。文学艺术的写作发现,是美的发现过程,包括自然美、社会美、艺术美领域的审美发现。作家艺术家要在平凡的生活中发现人类灵魂的美,发现大自然的美和社会的美。审美素养较高的人在现实生活中更能发现到人生中美的境界,得到更多的审美享受。审美享受意味着审美发现,当你欣赏自然美心旷神怡,当你被好人好事所感动;当你听一首歌,看一部电影、电视剧被感动,这本身就是美感发现和体验的愉悦。没有发现,就不能体验。推而广之,所有的审美活动都潜在审美者的发现。

当把自己的审美享受和发现通过文字传达给别人,就进入写作发现。

(五) 知识素养与写作发现

知识素养指对一般知识、生活经验、专业知识等方面的知识的积累程度和运用能力。一般知识是科学文化方面的普通的常识,生活经验是对人生的经历的认识和反思的能力,专业知识是每一个人学有专攻的知识领域及职业所需要的知识领域。这三个方面对于写作发现都提供重要的基础。例如,生活经验丰富的人在阅读发现中,在社会发现中,要远远超过生活经验缺乏的人。

知识的运用和写作发现关系密切。写作发现在很多情况下,是在阅读的基础上产生的。写作发现离不开对别人作品的分析判断,离不开对前人知识的批判的继承。在知识的运用中可以产生写作发现,我们要在大量阅读和对知识的运用中获得快乐,并形成我们自己的个性。在当今传播知识爆炸的时代,我们面对信息泛滥的社会,往往感到压力,往往被自己追求的目标所奴役。

---

① 培根. 人生论[M]. 何新,译. 长沙:湖南人民出版社,1987:205.

这就要求自我信念的独立和个性化创造,才能有驾驭知识的能力,才能居高临下,提纲挈领。这就必须掌握进入知识宫殿的金钥匙,这金钥匙就是不要失去自我,永远保有自己鲜活自然的阅读灵性。

(六) 思想理论素养与写作发现

1. 思想理论素养的含义及对写作发现的作用

思想理论素养是指科学思维分析的能力和修养,它是使人从表象中跳出来的抽象思维力,我们需要马克思主义的人生观、价值观及辩证唯物论的思想方法作为思想理论素养的根基,从而在一切方面登高望远。

由此所产生的写作发现一般来说是对社会和学术的科学的发现,主要表现在一般的议论文和学术论文等方面的写作。正是因为思想理论素养可以使写作主体具有源于现实、高于现实,居高临下的发现高度,从而才能挣脱表象之网,更准确地抓住事物的本质,这对于理论写作的选题、立意、论证、表达等,都具有全方位的意义。理论素养还影响到写作主体在各种文体写作过程中自我调节、自我评判的能力,并可以使各种文体的写作在自我评判和控制中具有高的水准。

我们的写作归根结底是为了生产固化的精神产品,以文字符号的形式建构具有自己思维风格特点的文章。这一过程是将日常生活赋予我们生命体验的、极容易稍纵即失的现实信息符号,由表及里地向纵深的高度提升。我们一方面要认识到事物的形象,更重要的还要发现其背后的意义,这样就离不开思考,并由此产生发现。发现与思考是不可分开的,二者相互依存,发现某种现象后,若不加以思考,还是难以写出东西来的。而思考能力是与理论修养分不开的。我们选择正确的理论,是为了有更好的思维方式,更好地认识分析社会实践,从而在社会实践中有所发现。

2. 思维方式与写作发现

钢琴的键盘是有限的,弹出的曲调却是无限的,关键是这个键盘必须是有序的、和谐的。好的思维方式也是这样。由于思路方向合乎客观规律,思维过程和谐有序,所以,好的思维方式可以使我们面对现实,用实践活动弹奏出优美的生活乐章;不仅如此,还可以使我们在精神产品的创造中产生无数的写作发现。例如,形象思维的联想、想象活动,可以使我们获得比喻发现、对比发现、象征发现、推测发现、融合发现等;还有抽象思维的逆向思维、发散思维等思维发现,都可以使我们思路开阔,富于创意。一个人掌握和形成为数不多的属于自己的好的思维方式,就可以使自己终生受益无穷。最基本的是必须形成思维的习惯,然后才能谈得上发现。无论是抽象思维、形象思维,都可以使我们驾驭现实、高于现实。因此我们进行思维活动,必须采取有效的思维方式,形成有自我风格的有效的思维系统。许多人也在思维,却没有正确有效的思维方式,甚至是错误的思维方式,结果在现实生活中处于盲目被动的状态,睁着眼睛却发现不了表象后面的本质。结果只能人云亦云、随波逐流,丧失主体的自我能动性,更谈不上写作发现。写作发现的成功,首先是思维方式的成功,要成为写作大家,首先必须是思想家。我们可以通过继承前人思维的成果,结合向现实中的有效思维系统学习和吸收,并通过自己的实践探索,来形成有效、高效的思维方式。还要像电脑一样,具有防病毒抗干扰能力,才能终生牢固运用一种到几种最基本的好的思维方式,形成自己的发现特色。

3. 思想理论素养与写作话语发现

(1) 思维能力和语言发现的关系

写作发现包括写作形式规范的发现尤其是语言的发现。而语言的发现和写作主体的思想理论素养主要是思维方式的形成及个性的确立密不可分。

语言不能离开思维活动而单独存在。语言和思维有密切的相辅相成的关系,思维是语言的前提和基础,语言是思维的外壳和表现形式。

思维活动在人的大脑内部进行,主要运用语言符号进行思维,但有时也可以不用语言符号,而采用其他的信息符号,以建立大脑神经的沟通和联系。

语言表达受到一系列的制约限制,首先是思维能力的限制,思维模糊语言就模糊,而在思维活动清晰的情况下,相应的语言表达较容易产生。语言的表达还要受到其他一系列的限制,如语言语法形式规范的限制,语言环境的限制,语言表达时主体心态情感的限制等。所以,语言与思维相比,是不完全相等的,这种不相等,包括思维的快速和话语发现的迟滞;话语的合理思维设计和话语环境的意外干扰;思路的正确或可能正确与主体不和谐不稳定的心态情感干扰和畸变等。这就要求不仅要有文化基础,更重要的是要有好的思维方式,好的心态情感,才能突破这些限制,使限制变为合规律的自由,并成为稳固的个性化语言特征,这种特征一旦形成,会推动形成和谐思路,引导写作的方向,接连不断产生写作发现。

(2) 思维个性和语言发现的关系

每个人都有自己的个性特征,通过多方面的信息显示出来。如生理上的外在的个性特征,静态的如性别、长相、年龄、高矮胖瘦等,动态的如主体的内在个性特征思维、性格、情感等,尤以主体思维对信息的发现和加工处理的方式为中心。内在的个性特征决定支配外在的个性特征,并产生外在动态特征如语言、表情、行为等。每个人都有自己的思维个性特征。一旦形成特征,就会有惯性力量,推动他在现实中各项活动的发展方向。其中,好的语言个性会成为语言风格,产生生成力、影响力和感化力。

思想理论素养是广义的,包括上述的个性化思维方式、情感性格及语言表达等个性化方面,当然也有世界观、价值观等共性的方面。思想素养不仅要追求共性方面如世界观、价值观方面的正确,也要追求个性化方面的有力完美。这种追求也就是美的个性发现、美的自我的发现。有了发现,就会形成特征,就会产生生成力、惯性力,进而产生写作发现和创造。写作个性的自我发现和外界的激励有关,正向激励尤其重要,巴尔扎克青年时代下海经商失败,一度产生自杀念头,是他的崇拜者韩斯卡夫人的来信转变了他的信念,在信中,这位影响他一生的读者赞扬了他的文学天才,使他正确认识发现了自己,从此他毕生投入文学事业。正向激励是对一个人方向的认证肯定,个性特征的认证肯定,会加固他的自我特征的形成。

写作发现也会促成语言的个性化发现。好的有特征的个性化表达方式的发现,也会成为写作发现的推动力量。语言发现是写作发现的一个重要方面,语言的发现的条件,第一,要有语言的丰富性作为基础,具有一定的语言量的积累,这种积累来自于实践生活、阅读及应用。第二,语言的发现要有灵活清晰的思维作为前提,语言表达的过程就是思维不断运转的过程,这种思维能力来自于生活的磨练和大量的学习。第三,形成好的有个性化的语言形式规范。例如,在生活的日常表达中,每个人都会有自己的个性化的表达习惯,如表情动作习惯,语词语气、语调习惯等。我们发现,正是这些,给每一个个体形象以现实形象定位。当然反过来也会推动个体个性化思维方式的形成,进一步加固个性化表达方式,以至形成特征。

所以,语言是不可能单独存在着的,它依附于思维的内容、精神的内容。而思维的精神的内容又依附于动态实践的内容。不依附于动态实践的思维是空洞的思维。语言可以拿出来单独研究,但孤立的从语言求语言,从写作求写作,想要培养出语言大师、文章大家来,无异于舍本求末、缘木求鱼。写作活动是一种动态的书面语言表达的活动,它和口头语言一样,在现实中是一种动态的信息过程,而不是静态的。因此,在这一过程中,通过不断地信息发现和信息的创作,体现了生命的潜能,表现了生命的价值。通过口头语言,人们表达自己的思想认识和情感,建立形成和推动了某种人际关系,实现了自己实践中的某种目的;通过书面语言,人们表达自己的思想认识或情感,实现更大范围更大程度上的实践效果。并在表达方式的掌握和运用中,有了发现的价值和创造的快乐,实现了自己人生的精神需求和精神表现。

第四节　写作发现方法

一、写作发现方法的含义

西汉时的刘安说过这样的话:

夫临江而钓,旷日而不能盈罗。虽有钩箴芒距,微纶芳饵,加之以詹何、娟嬛之数,犹不能与网罟争得也。射者扞乌号之弓,弯綦卫之箭,重之羿、逢蒙子之巧,以要飞鸟,犹不能与罗者竞多。何则?以所持之小也。张天下以为之笼,因江海以为罟,又何亡鱼失鸟之有乎?故矢不若缴,缴不若无形之像。①

刘安在这里以网鱼、捕鸟进行比喻说理,喻含工具先进能更好地实现心愿的意思。然而工具只是器具而已,不等于方法,方法是一切领域中思想或行为的活动方式。写作发现方法是"心用的工具"②"主观方面的手段"③。巴甫洛夫说:"有了良好的方法,即使是没有多大才干的人也能做出许多成就。如果方法不好,即使是有天才的人也将一事无成。"④可见方法十分重要。要写作,离不开写作发现方法。从写作客体中发现要表达的内容,写作主体依靠写作发现方法,科学巧妙地运用它可以在更高的层面上发现以前发现不了的事物。那么什么是写作发现方法呢?

写作发现方法既不是认识世界和把握世界的具有普遍性的哲学方法,也不是写作时采用的特殊的具体技法,而是与它们有一定联系,介于写作的一般规律和具体技法之间写作主体处理写作对象选择使用对整篇文章的生成产生重要作用的一般方法。例如,采用了逆反法,文章的主旨是耳目一新的,对老材料的表述也会"新说",由此也会带来论证的不一般化等。

写作发现方法是达到写作目的的方式。要写出好文章,首要的是要有非同一般的写作发现。在写作中无论是斫轮老手还是文坛学步者,选择和运用写作发现方法,都是以发掘写作发现为旨归的。例如,词作家阎肃,接到创作电视剧《西游记》主题歌歌词的任务后,旋即写出"你挑着担,我牵着马,迎来日出送走晚霞。踏平坎坷成大道,斗罢艰险又出发。一番番春秋冬夏,一场场酸甜苦辣"既符合剧情又情景交融的词句。可是接下来陷入了迷茫,一连思考两个多星期难以下笔,他思来想去的是生发电视剧《西游记》主题歌的"魂"。这个"魂"是揭示七十二变的旨趣?还是展示战胜八十一难取得真经的事理?他推敲既是又不是。数天在客厅的地毯上来回踱步思索,儿子说他"来回走出一条道来了",这话无意中提示了发掘电视剧《西游记》主题歌主题的一个新视角。听了儿子的话,阎肃想到了鲁迅在《故乡》结尾的话——"其实地上本没有路,走的人多了,也便成了路"。他立即记写了"敢问路在何方?路在脚下"揭示电视剧《西游记》主题歌主题的歌词。⑤ 纵观阎肃提炼电视剧《西游记》主题歌旨意的过程,不难发现,词作家对师徒取经途远路险百折不回精神的"点睛"经过数番提炼,这数次升华歌词主旨无意中使用了"发散法"⑥。从这种方法的使用过程来看,很显然其用意是为了挖掘写作对象的哲理意蕴的。

写作发现方法是辩证观点和系统思想的化合体。写作发现方法是写作思维的操作系统,它

---

① 刘安.淮南子·原道训[M]//陈广忠.淮南子斠诠(上册).合肥:黄山书社,2008:11.
② 培根.新工具[M].徐宝骙,译.北京:商务印书馆,1986:8.
③ 黑格尔.逻辑学(下卷)[M].杨一之,译.北京:商务印书馆 1976:532.
④ 巴甫洛夫.第二讲唾液腺.——唾液的化学成分.——唾液腺活动的研究方法[M]//孙晔,熊秉慈,沈青春,等译.巴甫洛夫全集(第5卷).北京:人民卫生出版社,1959:16.
⑤ 阎肃.我写《敢问路在何方》的灵感来自儿子的一句牢骚[EB/OL].2012-06-15[2015-08-29].报告.高端论述.文化.http//www.71.cn.
⑥ 关于发散法请参见教材第二章第四节二、写作发现方法的类型(一)发散法.

融入了最先进的理论,是辩证观点和系统思想的一种特殊的具体化,是对辩证法则和系统思想在写作应用层面的科学概括。例如,为了避免写作发现的不妥,写作主体看待写作对象不能片面性、绝对化,而要全面、辩证、联系性地观照写作对象,这些思想在发散法、逆反法和向背法等中得到体现,所有的写作发现方法都包含有系统思想的最佳性的观点,每一种方法的采用都是旨在找到一个理想的写作发现。

写作发现方法是把握写作对象的科学实践程序。不少人把工具和方法混为一谈,实际上使用工具的科学操作程序才称得上"方法"。写作发现方法是思考写作发现行为的活动方式。它不是物化手段,而是一种抽象出来的写作思维活动的"工艺流程",是观照写作对象的特殊的实践活动方式,是深入搜寻写作发现具有可操作性的程序。例如,向背法的使用流程是:①从正面构想一事物,②继而从反面构想一事物,③接下来找到它们之间相反相成的条件,把它们巧妙地融为一体。在思考写作对象时,按照这三个环节展开写作思维,就会有新的写作发现。

通过以上对写作发现方法的三个特征的探讨,可以看出,写作主体围绕写作对象为实现理想的写作发现目的,而遵循和使用具有可操作性的程序化的系统思维活动方式,就是写作发现方法。

二、写作发现方法的类型

写作是对写作发现的表达,发现写作发现是写作活动最重要的环节之一,在这个环节里如何发现写作发现是有方法的。在写作实践中,作者都有意无意使用了一些写作发现方法。在许多情况下,为了发现一个令人称妙的写作发现,写作主体会使用几种写作发现方法。下面我们对经常使用的写作发现方法作以介绍。

(一)发散法

1. 含义

发散法最早由任美国心理学会主席的武德沃斯于1918年提出,美国心理学家吉尔福特于1967年概括的。吉尔福特说,发散思维"是指从已知信息中产生大量变化的、独特的新信息的一种不同方向、不同范围、不因循传统的思维方式,其重点是从同一来源中产生各种各样的为数众多的输出"①。从一个信息中产生众多的新信息,在形式上表现为"从一到多"。发现有用的写作信息常常采用发散法。例如,在文意的提炼方面,宋末元初文学家戴表元说过这样的话:"凡作文发意,第一番来者,陈言也,扫去不用。第二番来者,正语也,停止不可用。第三番来者,精意也,方可用之。"②这"精意"属于写作发现,它是经过"三番"提炼出来的。从一个写作对象开拓出"三番来者"的文意,这文意的生成是"从一到多",显然这样发掘文意运用了发散法。像这种面对写作对象,围绕它进行多角度多层次的广泛发想,产生许多新的形象性信息或新的观念性信息的方法就是发散法。

2. 特点

(1)多端性

美国当代文艺理论家韦勒克、沃伦说过这样的话:

当我们一次又一次地重新阅读一部作品并且认为我们"每读一次都在其中发现了新的东西"时,我们通常所指的并不是发现了更多的同一种东西,而是指发现了新的层次上的意义,新的联

---

① 吉尔福特. 创造性才能——它们的性质、用途与培养[M]. 施良方,沈剑平,唐晓杰,译. 北京:人民教育出版社,1991.69.
② 陈绎曾. 文说[M]//李军,辛梦霞. 校点. 戴表元集. 长春:吉林文史出版社,2008:616.

想形式,即我们发现诗或小说是一种多层面的复合组织。[1]
同诗歌、小说一样,任何事物都是一种"多层面的复合组织",依据事物的这个特性我们可以从不同的视角认识事物。

运用发散法对一个写作对象进行"从一到多"的发想,每一次发想一个角度,多次发想,就呈现出认识事物的多端性的特点来。请看微型小说《花生米》:

老汉过生日,厚道老实的二儿媳,特意打集上买回来十斤花生米,冲着老汉憨憨一笑:"爹,你好吃花生米,给……"

"放一边!"老汉面色不悦。嘴里没说,心里嘟噜着:

"好吃?哼!我都馋……"

片刻,邮递员登门:"信。"

信,是大儿媳来的。上面写道:

"爹爹六十大寿,随信寄给您老人家一粒花生米。花生米,俗称'长寿果',敬祝您老人家万寿无疆……"

老汉阅毕,仰天长叹:"还是大儿媳好啊!字字句句暖人心……"[2]

这篇小小说看似简单,思想内涵却很丰富。若要写出好的评论,必须从中有独特发现。要有独特发现选择角度很重要。"老实人吃亏"这是从伦理学的公平性角度发掘的,这个主题很一般。"交流要讲究表达艺术"是从交际语言学的角度提炼的。这个主题比"老实人吃亏"要新颖一些。"老人需要喝'心灵鸡汤'"是从心理学的角度生发的,这主题比前两个又"鲜亮"一些。如果从哲学的角度思考这篇小小说,得出"老人更需要精神赡养"的主旨,这不能不说是一个很好的写作发现了。这个写作发现就是几次变换角度分析作品得到的,这多侧面多角度地思考写作对象就体现了发散法的多端性的特点。

(2) 灵活性

人们写作常常养成了一些习惯,其中之一有思维定势。思维定势既有利又有弊。其弊的一面是写作中遇到新问题,有些作者总是习惯于在自己曾经走过的思维路线上行进,有时已经证明此路不通了,可是仍然固执地在习惯思路上徘徊。采用发散法,写作者发现选择的思维道路走不通后,立即改弦易辙,变换一个新的角度思考问题,可以摆脱思维定势的束缚。运用发散法思考写作对象,一个角度不行,再变换一个角度,这就体现了灵活性的特点。

写作要表达新的发现,许多写作对象别人都写过,如生物中的梅花、荷花、松树、蜜蜂,历史上的人物、事件如项羽、王昭君,商鞅变法、焚书坑儒等。面对老材料中大家公认的固定的内涵,如果从他人已经揭示其内涵的角度去写作,就很难写出新意。针对这种情况,运用发散法灵活地改变角度,从别人没有写过的角度思考写作对象,会产生新的写作发现,在此基础上可以写出富有特色的文章。例如,叶公好龙这则寓言,其公认含义是叶公的言行不一,从哲学的角度谈知行脱节,文章不易出彩。若从美学的角度发散,就会发现叶公是一位审美者的形象。他喜欢的是艺术的龙,而不是现实生活中的真龙。正如人们喜爱米老鼠而厌恶田鼠一样。若是这样改变角度行文,能令读者击节称赏。

(3) 精细性

写作现象是复杂的,不同时代不同作者对同一写作现象价值性信息的发现是不同的,于是就有了"说不尽《红楼梦》"的写作现象。评论《红楼梦》有的议它的主题,有的评它的人物形象,有

---

[1] 韦勒克,沃伦. 文艺理论[M]刘象愚,邢培明,陈圣生,等译. 上海:生活·读书·新知三联书店,1984:278.
[2] 翟俊伟. 花生米[J]. 三月,1984(3).

的论它的结构,有的写它的语言特色,有的言它的细节描写等。对《红楼梦》的写作发现同一作者即使写过了,以后研究它还会有新的发现。写作发现尽管多种多样,但都是对写作对象的认识。列宁说:"要真正地认识事物,就必须把握住、研究清楚它的一切方面、一切联系和'中介'。"[1]认识写作对象要达到"把握研究它的一切方面、一切联系和'中介'"的程度,运用发散法可以做到。采用发散法思考写作对象,不仅研究它的整体,而且探析它的部分;不仅探究它的本身,而且还要推求与它有关的其他因素。这样的思考把握了写作对象的方方面面,就体现了精细性的特点。在写作实践中,辩论赛这种口头作文正方和反方都要考虑辩题的各个方面。例如,反方既要考虑正方辩题的有利条件和不利因素,也要考虑反方的有利条件和不利因素,甚至在什么条件下什么范围内反方的辩题是正确的。通过这样细致入微的思考,找到反方论题的可辩性,回避正方辩题的有利条件,这论辩之前进行精心的理论准备不就是运用发散法体现出来的精细性的特点吗?

写作从某种角度说是一种竞赛,一个写作对象会有多人写作。例如,一个重大事件众多记者去报道,一部文学作品也有许多人评论,只要运用发散法,全面细致地考察写作对象,总会发现别人表述没有涉猎的"空地",对此,笔耕者拿出自己辛勤的收获可以参加"比赛"。

(二)聚合法

1. 含义

每个人在写作前都积累了一定量的感性材料和理性材料。当从某一角度审视其中的材料时,就会发现它们的关联性,被抽象概括的这种联系就有可能是一种写作发现。写作是寻找材料和材料之间新关系的艺术。关于找寻材料之间的新关系黑格尔说:

假如一个人能见出当下显而易见之异,譬如,能区别一支笔与一个骆驼,则我们不会说这人有了了不起的聪明。同样另一方面,一个人能比较两个近似的东西,如橡树与槐树,或寺院与教堂,而知其相似,我们也不能说他有很高的比较能力。我们所要求的,是能看出异中之同,或同中之异。[2]

揭示材料之间的共有性若避免一般化,要做到在相同事物中寻找不同点,在不同的事物中发现相同点。写作发现一种是"同中寻异"的发现,另一种是"异中觅同"的发现。"艺术家的使命在于能找出两种最不相干的事物之间的关系,在于能从两种最平凡的事物的对比中引出令人惊奇的效果,这就不能不使艺术家给人的印象经常是一个不合情理的人,众人看来是红的东西,他却看出是青的"[3]。巴尔扎克所说的"看出是青的"就属于"异中觅同"的发现。运用这种方法,就是把自己掌握的材料中的"驴唇"和"马嘴",从别人从未思考的角度找到一种新关系,把它们"对"起来,这无疑是一种令人拍案叫绝的写作发现。请看女诗人夏宇的诗作:

把你的影子加点盐

腌起来

风干

老的时候

下酒[4]

---

[1] 列宁. 再论工会、目前局势及托洛茨基和布哈林的错误[M]//列宁选集(第4卷). 北京:人民出版社,1995.419.
[2] 黑格尔. 小逻辑[M]. 贺麟,译. 北京:生活·读书·新知三联书店,1954:262.
[3] 巴尔扎克. 论艺术家[G]//盛澄华,译. 古典文艺理论译丛编辑委员会. 古典文艺理论译丛(第10册). 北京:人民文学出版社,1965:101.
[4] 夏宇. 甜蜜的复仇[M]//修订版(初中部分). 沈庆利. 二十世纪中国诗歌精选. 北京:人民文学出版社,2005:202.

这首爱情诗创造的充满张力的丰美意象,得力于一个巧妙的比喻:喻体是腊月里风干腌制禽、畜之肉,本体是记住"你"青春年少的言谈举止。本来"风干腌制的禽、畜之肉"和人有记忆风马牛不相及,然而在诗中,诗人把它们联系在了一起:风干腌制的禽、畜之肉可以久存,烹调后别具风味,刻骨铭心的事情记忆久长,可以回味。这两者在"久储"和"有味道"方面建立了新的联系。这种面对若干不同的写作材料,寻求它们相同点的方法就是聚合法。在形式上这种方法是"从多到一",即从数种现象中寻找一种规律性的联系。

2. 特点

聚合法的最大特点就是"求同性"。

文章都有主旨。主旨是如何形成的?这主要是作者运用聚合法从许多材料中寻找共同点中形成的。面对许多材料,它们有的具有相关性,有的没有联系性。对此,作者根据差异的同一性的观点,对它们进行分析和综合,排除无关的材料,从中归纳出共同的东西来,于是主旨形成了。运用聚合法,寻求的是事物和事物之间的共同点,寻找的是事物发展变化的规律,这就使聚合法具有了"求同性"的特点。例如,方方的《书生放牛》①,叙述的一件事情是徐迟到五七干校放牛吹笛子,老牛不听。另一件事情是长江流域规划办公室的工程师们包括女作家的父亲在内的一帮知识分子在五七干校劳动,为拉开两头争斗之牛设计一个又一个的方案无法实施,一个农民用一把火使它们掉头跑开。这两个故事情节各异,方方从中抽象出它们的共同点:

书生放牛虽出尽洋相,但书生的能耐不在放牛。书生能做无数远远复杂于放牛的事。比方著书立说,比方设计大坝,等等。所以,最好的法子还是让会放牛的去放牛,让书生去做他能做的事情。

值得一提的是,聚合法是一种求同思维,许多人对它持否定态度,这是片面的。科学使用它也会有使人眼睛一亮的写作发现,例如,据天文学家朱文鑫考证:我国古代典籍,曾多次记载彗星,仅自秦始皇七年至宣统二年就记录哈雷彗星回归29次②,这样丰富的材料我国古代没有人对它的运行规律进行科学概括。英国天文学家哈雷从彗星记录中挑选了1337年到1698年出现的361颗彗星中的24颗,用一年时间计算了它们的轨道。发现1531年、1607年和1682年出现的这三颗彗星轨道看起来如出一辙,后来又挑选了1456年、1378年、1301年、1245年一直往前到1066年出现的彗星进行研究。在计算的基础上运用聚合法寻找它们出现的规律,概括出在1531年、1607年和1682年出现的三颗彗星可能是同一颗彗星三次回归的写作发现。于1705年把这个发现——1682年会引起世人极大恐慌的大彗星将于1758年再次出现于天空表述在《彗星天文学论说》中,并强调:"如果彗星最终根据我们的预言,大约在1758年再现的时候,公正的后代将不会忘记这首先是由一个英国人发现的……"③哈雷的论断来自计算后的科学归纳。这是在写作史上,成功运用聚合法寻找相同点概括出写作发现的一个经典范例。在求同性上,大多数高中生写出的一般化作文尤其是高考写出的"考场八股"多数都是"套作",都是有意无意"变相借用"他人写作成果的趋同性思维,这样使用聚合法,当然是不正确的。然而,从差别巨大似乎看起来没有联系的两个或几个事物中寻找它们之间的共同点进而使之成为一个写作发现则是应该提倡的。

(三)逆反法

1. 含义

据《史记·孟尝君列传》记载,战国时期的孟尝君懂得用人的道理,礼贤下士,许多人纷纷归

---

① 马莉,鄢烈山. 被封锁的消息[M]. 北京:文化艺术出版社,1999:49—51.
② 朱文鑫. 天文考古录·中国史之哈雷彗[M]. 上海:商务印书馆,1933:59—79.
③ 日月. 千古奇冤一朝雪[J]//太空探索,2007(11):53.

附于他。孟尝君能广揽人才,这几乎成了历史上众口一词的赞语。王安石读过司马迁的这篇文章后,从反面作了一篇被沈德潜称为"千秋绝调"①的《读〈孟尝君传〉》。在这篇文章中,王安石说孟尝君是鸡鸣狗盗之徒的头目,谈不上收揽人才。如果不是这样,他依仗齐国的富强,只要得到一位真正的贤士,就能制服秦国而称王,还用得着借助鸡鸣狗盗之徒的力量吗?鸡鸣狗盗之徒出于他的门下,这是真正的人才不来的原因。王安石在写作这篇文章的时候,从不同于常人的反面认识孟尝君收拢人才的做法,批驳了传统的看法。这篇文章的写作,王安石运用了逆反法。逆反法又叫反向思维法,古人称"翻案法",当代人形象地叫它"反弹琵琶"。这种方法不是一般地调换角度,而是完全改变人们习以为常的思维角度、思维观念,从反面思考写作对象的。例如,活人给去世的人吊唁买花圈,这是生活常识。然而法国作家亨利·特罗亚创作《最好的顾客》同生活常识相左,进行逆向思维,让老单身汉莫里斯·巴罗丹为自己购买了十二个漂亮的花圈,引起具有善心和责任心的花圈铺子老板娘厄泰尔普以为他是凶杀犯的误会,揭示了"消除人与人的隔阂,人们不是不为,而是不能"②的新颖主题。

2. 特点

(1) 超常性

运用逆反法是不盲从许多公认的看法,采用它是从反面认识写作对象的。这种不恪守世俗的思维观念,不沿袭单一常规的思维路线,而从与众人截然相反的角度思考问题,就体现为"超常性"的特点。逆反法欧阳修在写作《纵囚论》时使用过。《纵囚论》是针对唐太宗赦免三百多死囚而发的议论。在欧阳修之前,许多人都称赞唐太宗做的这件事是讲"仁德"的,欧阳修运用逆反法思考它,一反流行的看法,认为唐太宗和死囚是上下想到一块了,才会有这样的事情。再者赦免死囚不能屡次这样做,如果这样做了,杀了人而得不到惩罚,以后杀人者就更会肆无忌惮地杀人了。"纵囚"不能作为经常使用的法律,不能作为经常使用的法律不是圣人的法律。唐太宗赦免死囚的举措完全是为了求仁取德。这种非同一般的笔致是从流行看法的反面看待问题的,体现了"超常性"的特点。

(2) 辩证性

使用逆反法写作的人都有体会,在运用它的时候,首先从正面对写作对象进行分析,琢磨通常的说法合理在什么地方,然后从反面考虑有无文章可做。如果有文章可做,再作进一步的探究。运用逆反法,不仅思考问题的正面,而且还要考虑问题的反面。对正反两个方面都进行了思索,这就体现了辩证性的特点。例如,柳宗元的好友王参元家中失火,"家无馀储",作为人情交往理应安慰,然而柳宗元写的却是贺信,这是从反面做文章的。整篇文章的行文在"大喜"而"贺"之前,是惊愕,笔下有惜墨如金的慰问之词,这是从正面思考失火之"害"的。接下来用墨如泼地陈说"喜",重点表述的是坏事变好事的道理,这是从反面思考火灾之"利"的。两方面均考虑到,而中心则是写"利",这体现了辩证性的特点。

根据逆反法的辩证性特点写作,表面上看是对"常理"的颠覆,实际上是从反面表述合情合理的见解。具体地说,它是从一个充满矛盾的写作现象的反面,表达在一定条件下的新见解的合理性。例如,"欺骗行为,是被法律所不容、道德所不许、到处受谴责的行为"③,待人处事诚实是一种美德,然而作家周大新《奖赏欺骗》对军事上的欺骗却大加赞赏。因为这种欺骗不是出于一己之私,而是牵扯到团体、民族、国家的利益,是出于对己方人员生命的保护,是敌我双方都公认的

---

① 刘学锴,余恕诚. 王安石文选译[M]. 北京:人民文学出版社,1998:80.
② 王洪,吴岳添. 世界短篇小说名篇鉴赏辞典[M]. 北京:北京燕山出版社,1990:258.
③ 周大新. 奖赏欺骗[J]. 读者,2001(12):24.

"兵者,诡道也"①的战争法则。这种欺骗成功越大,功劳越大。作家在这里奖赏欺骗,并没有否定忠诚这种美德,而是在军事领域赞赏欺骗,这种看法没有人说它不正确。相反,奇谈怪论、哗众取宠的"恶搞"仔细分析起来,都不是从充满矛盾的写作对象的反面表述令人首肯的写作发现的,它们不具有辩证性,属于诡辩之类。

（四）向背法

1. 含义

大千世界,无数相反的事物共处在一个统一体中,这是随处可见的。这种现象被马列主义的作家和一些文学工作者写进了他们的文章。毛泽东在《矛盾论》中分析的矛盾现象,鲁迅在《离婚》中塑造的爱姑在最后一次交涉离婚事宜前后判若两人就是明证。社会生活和自然现象中的矛盾运动也使得一些人养成了从两个相反的方面思考问题的习惯。这种从两个相反的方面思考问题的方法就是向背法。这种方法被美国精神病理学家 A.卢森堡称之为"两面神思维"。其成为写作发现方法的具体做法是:作者从两个完全相反的方向思考写作对象,在思考中,或是积极地构想出两个相反的事物,把它们组合成一个统一体,或是把同样起作用而又彼此对立的事物统一起来。许多揭示了自然规律、社会生活规律的著名文章有不少是运用向背法写出来的。例如,爱因斯坦关于相对论的论文是如何写出来的,在许多年中一直成了许多科学家解不开的谜。在纪念爱因斯坦诞生一百周年的时候,这位科学巨匠在1919年写的《相对论的基本概念和方法的发展》发表了。美国行为科学家卢森堡研读了这篇珍贵的轶文之后发表了如下的见解:"爱因斯坦有意表述出一种对立体双方同时存在的情况……这种想法是一种令人相当吃惊的……这一关键性步骤是对立面同时存在的形式直接得到表述的。"②从卢森堡的断语中我们知道,爱因斯坦表述相对论的基本观点,是把对立物同时存在作为论证依据。显然,这位著名科学家在思考写作狭义相对论和广义相对论的论文时十分巧妙地运用了向背法。

2. 特点

（1）辩证性

辩证性是向背法的最大特点。唯物辩证法告诉我们,对立统一规律是宇宙间普遍的规律。任何事物都是矛盾的统一体,在这个统一体中,矛盾的一方以另一方为存在的条件。客观世界的构成是这样的,作为写作发现方法的向背法也是符合对立统一规律的。运用向背法思考写作对象,既要思谋它的正面,又要思索它的反面,同时还要探究它的两个方面在事物中所起的作用和可能转化的条件,这是向背法的精髓,也是辩证法的具体运用。这里不难看出,辩证性是向背法最突出的特点。例如,土耳其当代作家阿吉兹·涅辛创作的讽刺小说《我是怎样自杀的?》③描写了一位患有自杀狂症的人,一心想着自杀,服毒因药假没有死成,上吊因绳子质量差跌倒在地板上,想用煤气中毒的办法结束生命,又因煤气不足没能闭眼。死不成,就想到了活。于是他到饭馆里大吃一顿。先吃了腊肉、鸡蛋,又吃了罐头和通心粉。吃兴未尽,又到糖果店里买了甜酥,这一吃吃出了问题。人们用急救车把他送进医院。医生诊断他食物中毒,医院里已经挤满了这样的病人。这篇小说先从病人求死的角度描写,描绘了患者的求死不得。后从患者求生的角度描述,叙述了这位想活者的遭遇。如果只写这个人的求死过程,说不定读者从中能得出社会不让他死的结论。而写完自杀狂死不成的过程之后,再叙写他活不下去的情景,读者欣赏完毕就能得到假冒伪劣商品使得人们求死不能又求生不得的认识。"求生不得求死不能"是一个新颖的主

---

① 孙子兵法[M].赵国华,注说.开封:河南大学出版社,2008:100.
② 格林伯格.爱因斯坦:创造力的鉴赏家[J].美国科学新闻(中文版),1979(21).
③ 涅辛.我是怎样自杀的?[M]//徐志超.中外幽默小说精萃.南昌:百花洲文艺出版社,1998:326—331.

题。它是作家从截然相反的两方面思考得到的,很辩证。

(2) 寻契性

使用向背法要把握三个要点,一是从正面设想一事物,二是从反面构想一事物,三是设置它们统一或转化的条件。这三个要点相比较而言,第三点更为重要。这是因为这一点思考不周全,就会导致前功尽弃;若第三点为妙招,就为写出新发现之文打下了成功的基础。这第三点要考虑矛盾事物的统一或转化的条件就是思索事物合情合理组合或转变的关键,换一句话来说就是找寻事物相反相成的契合点。因此,寻契性就成了向背法最重要的特点。

文学创作除了依据深厚的生活基础,凭借扎实的文化素养,采用绚烂之极的浅切笔墨描述使人看不出特别之处的平常之事令人称奇之外,更多的是把不可能写成可能,把可能写成不可能。这是一种创造。越是独创的东西,越是要把它表述得入情入理。这就是雨果说的:"独创性在任何情况下都不能当作荒谬的借口。在文学作品里,构思愈是大胆,创作愈应无懈可击。如果你要有与众不同的理由,你的理由就应该十倍于人。"① 如何才能做到这样?巴尔扎克说得好:"偶然是世界上最伟大的小说家,若想文思不竭,只要研究偶然就行。"②

现实生活只有你想不到的而没有人做不到的事情。生活中,不可能发生的事件发生了,正常的事情后来发展为"爆炸性新闻",都属于特殊的偶然事件。偶然事件在局外人看来不可思议,然而当事者则认为很正常。恩格斯指出:"被断定为必然的东西,是由纯粹的偶然性构成的,而所谓偶然的东西,是一种有必然性隐藏在里面的形式。"③ 这就是说,特殊事件是在特殊的条件下产生的。研究偶然事件隐藏的必然性,是寻找把不可能转变为可能,把可能转变为不可能的条件。研究转化的条件就是寻找事件转化的关键,这是运用向背法寻觅写作发现的核心问题,这个问题解决了就找到了写作发现中对立事物向反面转化——情节发展的内在逻辑。寻找到了矛盾转化的关键,依据它设计情节是运用向背法创作必须遵循的重要原则。舍此,所写文章就收不到出人意外入人意中的效果。例如,苏联早期中篇小说《第四十一》描述的是在你死我活的战争期间一位红军女战士马柳特卡在押解蓝眼睛的白党中尉时产生爱情的故事,这是作家将不可能写成了可能。阅后令人首肯这篇小说写得顺理成章,是作家把故事发生的背景设置在马柳特卡在押送俘虏中尉在海上遇到风暴,漂到远离队伍、远离社会的荒岛上,二人只能相依为命的环境中。这个特设环境就是拉夫列尼约夫在构思中想到的二人为敌对关系的弱化进而产生爱情的客观条件。没有这个把为敌对关系转变为恋人关系展开情节的特设环境作为作品的关键要素,那么小说就成了不近情理的胡编乱造之作了。

运用向背法写作议论文,是把同样起作用的对立物放在一起阐述写作发现的。写作这样的文章最起码的要求不是诡辩而是自圆其说。要使文章观点具有被实践检验的真理性,对写作发现考虑的关键点是对立物相互联结和在一定条件下转化的同一性。读一读爱因斯坦的《论运动物体的电动力学》、毛泽东的《矛盾论》不难发现这一点。

(五) 换元法

1. 含义

现实世界的万事万物,小到单细胞生物,大到一个天体,它们都是由一些要素构成的。如果换掉其中一个或数个要素,该事物就会发生变化或不复存在。这是一条普遍规律,写作也不例外。在中外文学史上,许多著名作品的创作最初起源于作家见到、听到或亲身经历过的事情。作

---

① 雨果. 短曲与民谣集[G]//柳鸣九,译. 石尔. 外国名作家创作经验谈. 杭州:浙江人民出版社,1981:256.
② 巴尔扎克.《人间喜剧》前言[G]//陈占元,译,伍蠡甫,蒋孔阳. 西方文论选(下卷). 上海:上海译文出版社,1979:168.
③ 恩格斯. 路德维希·费尔巴哈和德国古典哲学的终结[M]//马克思恩格斯选集(第4卷). 北京:人民出版社,1972:240.

家有了感触,觉得素材很有创作价值,于是对其进行分析,把其分解成人物、情节、时间和地点等要素(有时把素材再分解成更小的构成部分),然后根据表情达意的需要,去掉原材料中的一个或数个构成要素,换上另外的要素,在此基础上进行联想和想象,结果创作出了属于自己发现的非常精美的作品。例如,果戈理创作《外套》前,别人告诉他一件逸事:一个穷苦的小公务员用节衣缩食的钱买了一支猎枪。打猎时不慎将猎枪掉进湖里,回家后因丢了心爱的猎枪而一病不起。同僚知晓后,凑钱给他买了一杆猎枪。知道了这个素材,再品读《外套》,就会发现,高明的作家为了揭露沙俄时代的世态炎凉和人与人之间关系的冷漠无情,把听来的故事中的猎枪换成了在冬天的彼得堡生活的必需品——外套,将皆大欢喜的结局改成了小公务员因外套被抢走而挨冻生病致死的悲剧结尾。在这里,作家对听来的故事进行加工改造,舍弃了原材料中的一些东西,换上了故事中没有的东西,然后从换上外套这个要素的角度去设计情节刻画人物,创作出了一篇脍炙人口的小说。根据表达思想或感情的需要,舍去最初引起写作冲动的材料中的一个或数个要素,换上别的要素,并以换上的要素为中心,按照一定的逻辑(形式逻辑,生活逻辑或情感逻辑)把它和引起写作冲动的材料中留取的要素亲和在一起,进行内容的设计,这种发现方法就是换元法。

2. 特点

换元法最大的特点是构建性。

使用换元法,原有的写作对象抽去了一个或数个要素,这就使写作对象残缺不全了,换上新的要素后,几个要素还不是有机的,运用换元法就是把这些要素经过整合建立一个新的形象性体系或理论性体系,这种新体系的建设就是换元法的构建性。

列宁谈到马克思主义哲学时指出:"他用德国古典哲学的成果,特别是用黑格尔体系(它又导致了费尔巴哈的唯物主义)的成果丰富了哲学。这些成果中主要的就是辩证法。"①在黑格尔那里,按照恩格斯的说法:"黑格尔第一次——这是他的巨大功绩——把整个自然的、历史的和精神的世界描写为一个过程,即把它描写为处在不断的运动、变化、转变和发展中,并企图揭示这种运动和发展的内在联系。"②黑格尔在哲学上的巨大贡献是辩证法。但是他的哲学却是"头足倒置的"。路德维希·费尔巴哈在批判了黑格尔哲学之后,坚持了唯物主义,但是他的历史观却是唯心主义的。马克思把黑格尔的辩证法和费尔巴哈的唯物主义有机结合起来,进行了质的改造,从实践的角度观照世界,建立了实践论基础上的唯物主义和辩证法相统一的哲学体系,真实地从理论上再现了各种社会现象之间的内在联系,这一理论创新是使用换元法实现了人类历史观的重要变革。

文学创作,作家虽然把换元的要素拼装到最初引起创作冲动经过取舍的材料上,但是也不一定成功。这是因为,"当我们深思熟虑地考察自然界或人类历史或我们自己精神活动的时候,首先呈现在我们眼前的是一幅由种种联系和相互作用无穷无尽交织起来的画面"③。恩格斯的话告诉我们,事物中的各要素是相互联系和相互影响的。如果事物去掉一个要素或数个要素,添上一个另外事物的要素,就会引起整个事物的一系列的变化。采用换元法,只考虑换元,不思考换元后它对其他要素带来的影响,就会导致因要素的性质不同进行捆绑式的相加而不能成为一个和谐的统一体。而采用换元法创作的具有审美价值的作品都是作者在换元后,以换上的要素为中心,依照生活的逻辑或情感逻辑,在富有创造性的联想和想象中,把它和引起作者创作冲动的

---

① 列宁. 马克思主义的三个来源和三个组成部分[M]//列宁选集(第2卷). 北京:人民出版社,1995:310.
② 恩格斯. 反杜林论[M]. 北京:人民出版社,1971:21.
③ 同上书,18页。

材料中留用的要素巧妙地化合在一起,进行情节设计和形象塑造的。例如,高晓声在"文化大革命"结束后不久,出差住进了一个高级招待所,每天住宿费5元。他由旅馆费可以报销联想到农民住在这里会怎样,经过分析,把构成素材诸要素中的招待所和5元住宿费这两个要素留了下来,把自己换成了农民陈奂生。在换元之后,作家紧紧围绕着陈奂生能住进招待所,感到掏出卖油绳的5元钱很可惜而设计了一系列情节,把素材中留用的要素和换上的要素水乳般地融为一体,建立了一个新的形象系统,创作出一篇引人入胜的小说。

除了纪实性的写作之外,其他叙事性作品的创作都程度不同地使用了换元法,这是一种非常普遍的写作现象。使用换元法创作请记住德国戏剧理论家莱辛的话:"把现实世界的各部分加以改变,替换,缩小,扩大,由此造成一个自己的整体,以表达他自己的意图。"①这段话莱辛强调了两点:使用换元法一是要表达自己的意图,二是要构建属于自己的整体——作者创造的"第二社会"或"第二自然"。

(六)迁移法

1. 含义

在认识、改造客观和主观世界的实践中,各个学科的发展是不平衡的。纵观人类发展的历史,不难发现这样的事实:一个学科的研究有了突破性进展,它会给许多学科的研究带来勃勃生机。就个人而言,许多思维敏捷的作者了解了别的学科的科研成果后,把它拿来思考自己学科的疑难问题,写出了富有新意的文章。关于这种现象列宁说:"从自然科学奔向社会科学的强大潮流,不仅在配第时代存在,在马克思时代也是存在的。在二十世纪,这个潮流是同样强大,甚至可以说更加强大了。"②他山之石,可以攻玉,对此,马克思总结道:"正像关于人的科学将包括自然科学一样,自然科学往后也将包括关于人的科学:这将是一门科学。"③属于这门科学的一个重要组成部分——迁移法被一些作者所掌握,撰写出观点新颖的文章。例如,王明居先生吸收了模糊数学的有用理论,研究美学,写出了被季羡林首肯的具有奠基性的《模糊美学》。④ 这种跨学科领域或实践领域,运用相距甚远的学科或实践领域的成果,思考面临的写作问题的方法就是迁移法。

2. 特点

(1)联想性

英国病理学家贝里奇研究过迁移法。他发现:"有重要的独创贡献的科学家,常常是兴趣广泛的人,或者研究过他们专修学科之外的科目的人。独创性常常在于发现两个或两个以上研究对象或设想之间的联系或相似之点,而原来以为这些对象或设想彼此没有关系。"⑤他的话告诉我们,运用迁移法的人对两个学科或两个实践领域取得的成果都很了解。当自己运用本学科或实践领域的成果无法解决面临的写作难题时,他会想到所涉猎的相关学科的理论或别的实践领域的成功经验,并从中寻找有用的东西,"拿来"解决眼前的难题。这种由此想到彼的思维活动就表现为联想性的特点。研究《红楼梦》由林黛玉爱情的失败想到交际学的有用理论,进而探讨其爱情失败的原因,把交际学引入"红学"研究,写作中这种迁移法的运用是以联想作为桥梁的。

(2)寻同性

世界的统一性表现为物质性。这种物质性有着共同的规律,相似性就是其中的一条规律。

---

① 莱辛.汉堡剧评[M].张黎,译.上海:上海译文出版社,1981:179.
② 列宁.又一次消灭社会主义[M]//列宁全集(第20卷).北京:人民出版社,1972:189.
③ 马克思.1844年经济学—哲学手稿[M].刘丕坤,译.北京:人民出版社,1979:82.
④ 季羡林.《比较文学》序一[M]//2版.陈惇,孙景尧,谢天振.比较文学.北京:高等教育出版社,2007.
⑤ 贝里奇.科学研究的艺术[M].陈捷,译.北京:科学出版社,1979:58.

尽管客观事物多种多样,但从某个角度来看都具有一种相似性,这就是"异中有同"。在写作中,人们运用迁移法,探求的是两个学科或两个实践领域之间的相关性,寻找的是它们之间的共同点,迁移法是根据相似性的规律考察写作对象的。例如,系统论是自然科学方法论,这种理论把一个事物看作是由许多要素组成的一个系统,这种理论要求从整体性、联系性和最佳性的角度看待事物。运用这个理论考察文学史,会发现许多文学史缺少读者评价作品的内容,运用这个理论考察写作学,会发现有些写作学缺少写作过程的某个环节的论述,运用这个理论考察名著,会发现它的瑕疵,这就有文章可做了。运用不属于本学科或本实践领域的有用东西考察写作对象,是要用"拿来"的东西寻找同写作对象的相同之处的,这在思维上表现为"求同",也就是在这种求同思维中进行跨学科、跨实践领域的理论联系实际寻找有价值的写作信息的。

3. 类型

迁移法有两种类型。

(1) 同迁

同迁是作者迁移的成果同从他方借鉴的东西在性质上具有相类性,在思维上表现为求同性。例如清代小说家李渔,是一位颇有成就的戏剧文学家和舞台艺术家,他创作小说《谭楚玉戏里传情,刘藐姑曲终守节》就有意识地把戏剧艺术中的表现手法移入小说创作之中,用戏剧文学的表现手法创作小说,"按照戏剧的格局表现人物,按照生、旦、净、丑的行当刻画人物的性格"[①],把戏剧文学创作手法用于小说创作,迁移使用后表现出来的同被迁移之间的事物关系在性质上具有相同性,这属于同迁。

(2) 异迁

异迁是作者迁移成果同借鉴他处成果之间的关系是相异的,这是作者在他处发现了有用的东西,对迁移事物在求同基础上的有意异用。例如北宋中期人刘斧创作的小说《王榭》,不是从刘禹锡"旧时王谢堂前燕,飞入寻常百姓家"的诗句中借鉴王朝兴替、人世变迁的文意,或是表现它所采用的以小见大手法,而是别出心裁故意误解诗句,在"王谢""堂前""乌衣巷"和"燕"字上进行超常联想和奇特想象,将东晋开国元勋王导和著名将领谢安等高门士族的"王谢"改为王榭,使之成为一个人物,又把诗中的"燕"拟人化为王榭海上遇险漂游到了乌衣国(燕子国),向他提供饮食的老年夫妻和嫁于他的妙龄美女,而这一家三口都是王榭所居乌衣巷堂前的南飞之燕。

第五节 写作发现能力的培养

写作发现的本质在于,别人常看到却未能从中有所发现,大家常想到却未能进一步深入理解,你发现了、理解了,于是,用自己的语言方式,在写作中表达出"人人心中所有,人人笔下所无"的形象或见解。

为此,我们要通过如下途径的努力,培养这种写作发现能力。

一、建立好的情感思维系统,为写作发现及表达疏通信息通道

大多的情况下,人们的发现能力被杂乱而泛滥的信息所淹没了。所以,我们要在写作发现活动这一动态实践的活动中,掌握好信息的控制和处理,得到和完成独特的信息的发现、创造和表达过程,培养为写作所需要的独特的发现素质和发现能力。

一般来说,作为个体的人的信息活动包括如下方面,首先是人的生命内部自身的信息活动,

---

① 何满子,李时人. 古代短篇小说名作评注[M]. 上海:上海古籍出版社,2000:700.

生理信息的活动,包括生命遗传信息和生命生长过程的信息;其次是外部环境现实生活中的信息,构成生命的生理感受和精神感受的内容。内部的生理信息和外部的精神信息又是相互交织、相互影响的。在这一过程中,人的五官是信息接收器,它通过感觉传导通路把外界信息输入到大脑,人的大脑是信息处理器,它对接收到的信息进行组合处理。

对外界信息接收的速度和处理的速度通常表现为大脑神经联系反应的快慢,也反映了智商的高低。对社会中的人和事的理解和发现,不仅需要智商,往往更多地取决于情商的高低。写作发现是智商和情商的结合。这是再高级的电脑也不可企及的。像电脑一样,人脑这一信息处理系统,也是需要硬件和软件组合的,安装什么样的系统,就会有什么样的信息处理过程,也就会产生什么样的信息处理结果。但是写作发现,归根结底,是来自于大脑的情感思维信息处理系统。情感思维系统的选择和建立至关重要,它决定每个写作主体面对现实会有不同的写作发现,并且全方位决定每个人在社会中实现的成就的高低和价值的大小。

清代袁枚指出:"作史者,才、学、识缺一不可;而识为尤。"①这也可用于所有的写作发现,"学"是知识积累,也就是信息的储存,"才"是思维能力,也就是信息的反映处理,"识"就是写作发现和创造能力,是"才"和"学"的最终的归属。

二、培育鲜活的感受发现力,为写作活动提供信息发现的源泉

传统上,从文章本身研究写作,是只看结果没有到原因,其揭示的唯象理论,对指导和提高写作能力的效果并不理想。根本在于,这并不是写作发现的源泉。人的生命的内容和价值,来自生活信息的内容和价值,失去了生活给与的生命的生理信息和精神信息,生命就不存在。生命的精神信息必须附着在某种现实的内容感受之中,而不可以依靠自身来实现,王夫之说过:"身之所历,目之所见,是铁门限。"②因而,写作活动必须附着在生活感受的精神信息之中,不可以依靠精神自身来实现。"一个艺术家有无才华,其标志是能够直接从生活中发现别人熟识无睹的题材和其中包含着令人深思的、发人猛醒的人生真谛。……一个真正的作家应该在文学领域中表现生活的新大陆,作家应该是人物心灵的哥伦布"③,这就要求写作者保有对社会人生鲜活的好奇心和浓厚的寻根探底的兴趣,为此将精神聚焦到值得发现的目标上,那么,精神的"新大陆"就会层出不穷。

发现意味着精神的生机勃勃,没有发现意味着流于陈腐。俗话说:"哀莫大于心死",这可用来比喻被世俗生活的陈规日益掩埋的、没有发现力创造力的麻木心灵。明代董其昌说:"文章要得神气,且试看死人、活人、生花、剪花、活鸡、木鸡,若何形状,若何神气。识得真,堪得破,可与论文。"④这段话,使我们感到,中国古代写作理论的整体化、直感化、悟性化,简直像中国古代中医理论一样,蕴藏着无穷的奥妙和不可言尽的天机。这段话引申开来,就是要求写作者永远保有清新有活力的淳朴的心灵个性,不要被生活表象所淹没,而要像大树一样扎根生活的深处汲取营养。所以,"把生活比作艺术花朵的土壤是不全面的,因为光有土壤还不可能有花朵,还得有种子,种子就是作家的心灵和个性"⑤。

三、在写作话语发现中培养开拓对自我的发现

作为写作主体的自我发现是从写作话语发现中开始的,艰难的第一步也从此开始。

---

① 袁枚.答兰坨第二书[M]//高路明.袁枚文选.北京:作家出版社,1997:67.
② 王夫之.薑斋诗话[G]//戴钦祥.古代名家论写作.北京:中共中央党校出版社,1995:59.
③ 孙绍振.文学创作论[M].沈阳:春风文艺出版社,1987:6.
④ 董其昌.《画禅室随笔》卷三[M]//张声怡,刘九州.中国古代写作理论.武汉:华中工学院出版社,1985:33.
⑤ 孙绍振.文学创作论[M].沈阳:春风文艺出版社,1987:36.

(一) 从整体上、根本上提高自己的写作话语能力

大脑对外界各种信息进行处理，一方面作为人内部的精神信息，影响人的生理信息的运转；另一方面，也通过语言表情动作等把处理过的信息表现出来。例如，轻松愉快的心情，既影响人的生理运转，如影响胃的工作状况，也影响人的思维活动，进而影响写作发现和语言表达。古人认为："文以气为主。"这种"气"，从宏观的整体的角度，可以理解为"才性""气质"；从微观的动态的角度，可以理解为是人的生理的和精神的信息通道，像俗话说的"气血通畅""气韵流畅"。例如，在好的精神状态下写的书法和文章，我们往往称其为气韵生动、气韵流畅，这是有道理的。

为什么书法家、画家、作家、学者到了一定层次，技法的因素就不那么重要了，就是因为他们特别重视的是这种"气"，追求自我的个性精神因素的张扬，追求精神的自我完善和表现。因为无形的东西可以支配有形的东西。在写作学习中，技能技巧的东西，词语的应用等，是有形的，是可以传递的知识性的工具性的东西，而写作个性，写作风格是无形的，是不可传递的素质方面。所以，我们可以理解，"文不可以学而能，气可以养而致"[①]。这就是说写文章不能单靠书本学习，更多地靠全面素养，靠养心养气。文如其人，做文章先要学做人。孟子说："吾善养吾浩然之气。"这说明古人很早就重视自我修养，重视全面素质的培养，以疏通自我内部精神信息（气）的运行。其结果是："德，水也；言，浮物也。水大而物之浮者大小毕浮"[②]，用现在的话说，人的全面素养，精神系统，情绪心态才是最根本的，文章语言只不过是其信息传递的工具，受其控制制约影响，就像水与浮物的关系。我们知道，小溪小河只能浮起很小的物体，只有长江大海才能漂游万吨巨轮。我们要做长江大海，写作的话语发现就会轻松漂游在我们精神的水面上。

(二) 写作话语发现的方法和过程

具有写作发现的条件，是远远不够的。例如，有了丰富的生活经历，并不一定就可以写作。即使有了写作内容的发现，例如，有了对生活的正确认识也是不够的，还要有写作主体对写作的语言、风格和文体规范等形式方面的独特发现和运用。有时形式的发现落后于内容的发现，例如，通常说的词不达意的现象。有时内容的发现落后于形式的发现，所谓文胜质的现象。写作发现要求的是内容发现和形式发现相统一。

最基本的要掌握语言文字的信息载体。在人类信息的表达过程中，需要信息表达的载体，人类信息载体可以有多种。文字就是最基本的信息载体之一。写作的信息载体首先是文字符号，其次是语言的词汇组合，再次是语言的意群组合成为文章。和口头语言的共性个性相统一一样，文字和文章也是共性个性相统一的。

首先，看书面语言信息载体的共性特征。作为书面语言的信息，不受时间、空间限制，具有社会性、民族性、时代性甚至世界性。这些特点，对人类文明的传播和传承意义重大而深远。正如曹丕在《典论·论文》中所说："盖文章，经国之大业，不朽之盛事。年寿有时而尽，荣乐止乎其身，二者必至之常期，未若文章之无穷。"

其次，我们从语言的个性方面来看。作为个体的书面语言写作活动，是语言信息载体在思维作用下的运动和实现。在表达过程中，对于语言形式的发现可以说主要是个性风格的培养和发现。例如，每个人写的字体和个性有关，通过字词组合写成的句子及文章和每个人的思路心情有关。所以，写作者在写作过程中，首先要形成有自我个性的语言风格。写作语言风格来自于作者

[①] 苏辙. 上枢密韩太尉书[M]//郑麦. 苏辙散文精选. 上海：东方出版中心，1999：107.
[②] 胡诠. 答谭思顺[G]//戴钦祥. 古代名家论写作. 北京：中共中央党校出版社，1995：37.

的思维习惯,日常生活的个性化语言习惯,和作者的文化素养、精神风貌。语言一旦形成个性风格,就会形成一种力量,推动写作主体自由流畅地表达自己的任何认识或情感,表达自己的艺术想象发现或科学创造发现。自我个性化语言风格往往是在语言的实际运用中形成的,没有这种实际运用,语言风格不可能形成。语言反映作者的思维,带有作者的个性和心态。语言不能单独存在。它是附着在某种个性和心态之下,附着在某种内容中,在实际运用中形成的。所以,作者对语言风格发现和掌握,实际上是来自于写作主体的实践活动和思维的动态过程。语言风格的形成,决定了写作者的风貌,是作者带给读者的第一印象。

唐代杜牧指出:"凡为文以意为主,以气为辅,以辞采章句为之兵卫。"① 由此我们理解,写作过程中大脑处理信息的思维过程,心态情感状况,即"意"和"气"是占主宰地位的,其动态的相应表现就是语言载体上的自然流畅的发现和表现。写作活动必须抓住的主要环节,对写作最有价值的,是在于大脑如何处理信息,写作者如何进入适应信息处理的思维状态和表达状态。同其他信息工具相比,语言工具的最大优势是和思维的结合度较为紧密。与思维结合最为紧密的是与心态直接相关的表情眼神体态等,其次是口头语言,最后是书面语言。思维的自由、表达的自由和对于信息载体的自由运用是分不开的,语言相对而言,是多种信息载体中最有利于思维的直截了当表达的载体,口头语言及书面语言,可以说是思维的直通车。相比较而言,其他的思维信息的表达载体,如绘画、音乐等,要更难掌握更加复杂一些。从某种意义上说,书面语言和口头语言在内容上是相同的,在信息载体工具和表达形式上是不同的,但两者是可以互相转化的,书面语言可以用口头的形式表达出来,口头语言也可以用书面的形式表现出来。它们共同服务于人们的思维活动。写文章和说话一样,主要是面向现实内容,按照有效的清晰的思维系统,进行思维和表达,那么语言就出来了,文章也就出来了。所以,通常情况下,人们说话是没有感到负担的,这是因为以动态思维为主导;同样,在动态思维为主导的情况下,写文章也应该没有负担。反之,如果没有思维的主导,就会把写文章当作一种负担。写作,实质上是人们认识体现自己思维的价值,通过在现实中不断探索,追求发现,由此产生乐趣,这样,写作的负担就会消逝。一些写作名家深谙此意:"故文章之境,莫佳于平淡,措语遣意,有若自然生成者。"②"文章不难于巧而难于拙,不难于曲而难于直,不难于细而难于粗,不难于华而难于质"③,由此,可以理解,写作像通常说话一样,是生命的自然需要。不应被当作额外负担。宋代苏轼说:"所示书教及诗赋杂文,观之熟矣。大略如行云流水,初无定质,但常行于所当行,常止于所不可不止,文理自然,姿态横生。"④ 这里说的"常行于所当行,常止于所不可不止"就是指语言表达是自然的动态的过程。语言可以作静态研究,但客观上是动态存在的,也是不断发现和表现的过程。我们的思维通常是以意识流的状态运行着,并随时对外界信息做出反应和应对处理,这通常表现为口头语言;在书面语言的写作活动中,写作的思维都离不开思维发现,某些应用文体较能体现口头语言对现实的实用和应对特色,但归根到底,有价值、有效果的对外界信息的处理和应对,还是体现出个性化特有的思维发现和方式发现。发现就存在于对现实的思维之中,也就相应体现在信息表达之中。事实上,写作并不是什么神秘的活动,伟大的写作也是来自于平凡自然的意识流淌。我们研究成功写作者的心态,就可以发现这是一种自由和谐舒畅的写作状态,是一种有利于个性发展和精神张扬的状态,而不是相反。人的生命是大自然的一部分,像大自然的万物消长,生机不断一样,人的生命的信息的运动与和谐组合,也有它的自然之道。金代元好问《论诗三十首》指出:"一语天然

---

① 杜牧.答庄充书[M]//张厚余.杜牧集.太原:山西古籍出版社,2004:211.
② 姚鼐.与王铁夫书[G]//郑奠,谭全基.古汉语修辞学资料汇编.北京:商务印书馆.1980:535.
③ 李涂.文章精义[M]//郭绍虞,罗根泽.中国古代文学理论批评专著选辑.北京:人民文学出版社,1960:63.
④ 苏轼.答谢民师书[G]//四川师范学院中文系古典文学教研组.中国历代文论选(下).北京:人民文学出版社,1980:767—768.

万古新,豪华落尽见真淳。"可以说,人类所有的伟大文化和文明都证明了这一点。

思考与练习二

一、思考题

(一)你认为作者在下面的小小说中表述的写作发现是什么?

二僧人①
非马

丹山与役道有一天在一条泥泞的路上走,雨还在不停地下着。

来到一个弯处的交叉口,他们看到一个穿丝绸和服的可爱的少女,走不过去。

"来吧,姑娘。"丹山马上说。抱起她,把她带过泥坑。

直到夜里他们抵达投宿的寺庙,役道没讲过一句话,然后他再也忍不住了。"我们当和尚的要远离女性,"他告诉丹山,"特别是年轻漂亮的,那是危险的。你为什么那样做?"

"我老早把那女孩子放下了,"丹山说,"你还带着她?"

(二)品读贺敬之《桂林山水歌》,阅读下面的文字,谈谈诗人的写作发现对创作这首诗所起的作用。

《桂林山水歌》只是短短几十行,似乎可以一挥而就,但诗人前后竟用了两年时间……1959年他去桂林,一下子被漓江山水迷住了,他在本本上很快写下了这几句话:"水几重呵山几重,水绕山环桂林城""是山城呵,是水城?都在青山绿水中……"但诗人不满意,觉得太配不上桂林的神姿仙态了。一直到两年后,他想出"呵,桂林的山来漓江的水,祖国的笑容这样的美"这两句诗后,才把这首诗整理发表。②

(三)据《洪驹父诗话》载,苏东坡认为郑谷的《雪中偶题》是"村学中诗",不及柳宗元的《江雪》。③ 比较两首诗,谈谈柳诗提炼写作发现胜在何处。

江雪
柳宗元

千山鸟飞绝,万径人踪灭。

孤舟蓑笠翁,独钓寒江雪。

雪中偶题
郑谷

乱飘僧舍茶烟湿,密洒歌楼酒力微。

江上晚来堪画处,渔人披得一蓑归。

(四)举例说明写作发现的主客观条件。

(五)阅读下面两篇古文,思考两位作者各发现的写作角度。

送董邵南序④
韩愈

燕赵古称多感慨悲歌之士。董生举进士,连不得志于有司,怀抱利器,郁郁适兹土,吾知其必

---

① 非马.二僧人[M]//江曾培.世界华文微型小说大成.上海:上海文艺出版社,1992:454.
② 叶延滨.为新中国放声歌唱的歌手——访诗人贺敬之[G]//中央人民广播电台文艺部.诗人谈诗.北京:广播出版社,1983:92—93.
③ 蔡正孙.诗林广记[M].北京:中华书局,1982:89.
④ 韩愈.送董邵南序[M]//童第德.韩愈文选.北京:人民文学出版社,1985:68.

有合也。董生勉乎哉!夫以子之不遇时,苟慕义强仁者,皆爱惜焉。矧燕赵之士出乎其性者哉!

然吾尝闻风俗与化移易,吾恶知其今不异于古所云邪!聊以吾子之行卜之也。董生勉乎哉!

吾因子有所感矣。为我吊望诸君之墓,而观于其市,复有昔时屠狗者乎?为我谢曰:"明天子在上,可以出而仕矣。"

送黄圣源洛出宰尚州序①
柳梦寅

岭之南,地鄙而人才。地鄙,故势约者宰焉;人才,故地著者宜多显。余尝默数朝著,纵步于台省廊庙,以大行其志,率岭南人。君,岭南人也。自先世家安东,幼年北学京师,仍居焉。既成名十九年,左授宰于尚,郁郁甚可怜哉!

其始来京师也,岂不以京师所与游多硕士茂阀,繇是达于朝、行其志,甚不难乎?今观居鄙者布于内,居内者达于鄙,人与地易焉。虽素居京师者,亦欲挈挈而南。况君舍乡而客,去膏就瘠,以自约宰于尚,不亦宜乎?

虽然,"居移气,养移体",理固有之,虽胡越犹然。矧君生岭南、复岭南,为政于岭南。岭南风气,如水之投水。而地灵人杰,亦岂复客君也哉?吾知其还也,必达于朝。纵步于台省廊庙,以大行其志也无疑。于其别,申有告焉。观于其地,苟有一尺闲土可居余者乎?余欲举家而移之。

(六)面对红花绿叶、杨柳小河、池塘虫鱼等,请举例谈谈可以产生哪些观察发现(谈谈不同的观察发现来源于哪一种观察角度)。

(七)谈谈下面这首小诗的写作发现。

人民英雄纪念碑②
周振忠

一
块
巨
大
的
磨
刀
石
砥砺着
民族的意志

(八)请扫描二维码,阅读冯骥才的微型小说《苏七块》,你认为创作这篇小说使用的最重要的写作发现方法是什么?为什么?

(九)下面的志怪小说《董永》和黄梅戏《天仙配》的创作主要采用了哪一种发现方法?为什么?

苏七块

董永③
干宝

汉董永,千乘人。少偏孤,与父居。肆力田亩,鹿车载自随。父亡,无以葬,乃自卖为奴,以供

---
① 柳梦寅.送黄圣源洛出宰尚州序·於于集[G]//韩国文集丛刊(63辑).首尔:民族文化推进会,1991:516.
② 周振忠.人民英雄纪念碑[M]//阿红.迷你哲理诗.合肥:安徽文艺出版社,1988:90.
③ 干宝.董永[M]//郭广伟,郭杰.搜神记选.福州:福建教育出版社,1987:14.

丧事。主人知其贤,与钱一万,遣之。

永行三年丧毕,欲还主人,供其奴职。道逢一妇人曰:"愿为子妻。"遂与之俱。主人谓永曰,"以钱与君矣。"永曰:"蒙君之惠,父丧收藏。永虽小人,必以服勤致力,以报厚德。"主曰:"妇人何能?"永曰:"能织。"主曰:"必尔者,但令君妇为我织缣百匹。"于是永妻为主人家织,十日而毕。

女出门,谓永曰:"我,天之织女也,缘君至孝,天帝令我助君偿债耳。"语毕,凌空而去,不知何在。

(十)阅读王国维的"三境界说",请指出这段话主要使用的写作发现方法,并说明理由。

古今之成大事业、大学问者,必须过三种之境界:"昨夜西风凋碧树。独上高楼,望尽天涯路。"此第一境界也。"衣带渐宽终不悔,为伊消得人憔悴。"此第二境界也。"众里寻他千百度,蓦然回首,那人却在,灯火阑珊处。"此第三境界也。此等语皆非大词人不能道。然遽以此意解释诸词,恐为晏、欧诸公所不许也。①

(十一)请扫描二维码,阅读李国文的《大树底下不长草》,分析作家写作这篇散文主要使用的写作发现方法。

大树底下不长草

(十二)请扫描二维码,阅读陈亭初的《提升报告》,指出创作这篇微型小说主要运用的发现方法。

提升报告

二、小练习

(一)阅读下面节选的小小说,请运用发散法补写3~5个合理因素。

画蛇添足的二十种合理因素(节选)②
魏金树

过去有几个人得到一杯酒,大家约定谁先在地上画完一条蛇,谁就喝那杯酒。有一个人(姑且称之为某甲)先画成,见别人还没有画完,便接着给蛇画脚,结果酒被别人端走了。他的这一行为成为后人的笑柄。然而经笔者考证,事实并非如此,某甲实为一个非常聪明的人,他添足的做法当然也非常合理和必要,现列举20种理由如下:

1. 这是一群前卫画家的角逐,某甲是个对艺术非常执着的人,他添足表现他超人的想象力和艺术天分。至于那小小的一杯酒,他当然嗤之以鼻。

2. 据说古代有一种蛇确实有脚,某甲给蛇画脚本来想以新取胜,没想到在时间上延误了。

3. 按照多劳多得的原则,某甲比别人画得多自然应该得,至于酒被别人抢去,实为对某甲不公平。

4. 某甲的一位好朋友见他先画完了却迟迟不喝那杯酒,急得直拍大腿,意思是让他快喝。他误会了朋友的意思,以为让他再画上腿。

5. 某甲天生不喝酒,一喝酒就严重过敏,他故意磨蹭时间,给蛇画脚系故意而为。

6. 某甲是个"妻管严",他妻子曾三令五申,不让他在外面喝酒,他又岂敢违犯。

7. 那天某甲本来就喝多了,对那杯酒他实在不感兴趣。

8. 比他画得稍慢的那人是个虚荣心很强的富翁,平时挥金如土,他知道某甲肯定比他画得快,便提前将某甲重金收买了。

9. 与某甲一起画蛇的都是他的领导。他尽管画技高超,但岂敢在领导们面前争第一。他故意让着领导,领导自然看得出来,至于以后很快升迁也就在情理之中了。

---

① 徐调孚,注.王幼安,校订.人间词话[M].北京:人民文学出版社,1982:203.
② 魏金树.画蛇添足的二十种合理因素[J].大众文艺:快活林,2004(1).

10. 这次比赛除了画得最快得一杯酒外,还设了一个突出贡献奖,明确规定画得笔画最多者得之,这个奖项的奖品为一坛酒。

....

(二) 请运用聚合法概括下面材料的共同点。

1. 文艺复兴时期意大利诗人但丁说:"道德常常能填补智慧的缺陷,而智慧却永远填补不了道德的缺陷。"

2. 我在大学二年级读书时,一个周末的下午,有一堂选修辅导课,教师是从另一所大学请来的。周末下午学生活动多,都没心思上课,我去教室换鞋,准备参加足球赛,这位老师以为我来上课,便一字一句地说:"一个人,我这课也要上,不能辜负你。"此时,我只好坐下来听课,整个教室只我一个学生,他板书一丝不苟,讲课声音沉着而洪亮。下课了,他拍拍身上的粉笔灰,向我点点头,夹起教案走了。

3. 一位年轻的女护士,第一次给一位赫赫有名的外科专家当助手,复杂险难的手术从清晨直到黄昏,眼看患者的伤口即将缝合,女护士突然严肃地盯着外科专家,说:"大夫,我们用的 12 块纱布,你只取出 11 块。""我已经取出来了,"专家断言道,"手术已经一整天,立即开始缝合伤口。""不,不行!"女护士高声抗议,"我记录得清清楚楚,手术中我们用了 12 块纱布。"外科专家不理睬她,命令道:"听我的,准备——缝合!"女护士毫不示弱,她几乎是大声叫起来:"你是医生,你不能这样做!"直到这时,外科专家冷漠的脸上才浮起一丝欣慰的笑容。他举起左手心里握着的第 12 块纱布,向所有的人宣布:"她是我合格的助手!"

三、文章评析

(一) 请扫描二维码,阅读戴玉祥的《一棵白菜的意外遭遇》,分析这篇小小说采用的写作发现方法。

一棵白菜的意外遭遇

(二) 品读下面的诗歌,分析诗人使用的发现方法。

赠刘景文①

苏轼

荷尽已无擎雨盖,菊残犹有傲霜枝。

一年好景君须记,正是橙黄橘绿时。

四、作文(选作)

(一) 请扫描二维码,阅读陈百范的《楼顶上的疯子》,提炼出最具有传播性的价值性信息,然后作文。

楼顶上的疯子

(二) 歌德说:"不要说现实生活没有诗意。诗人的本领,正在于他有足够的智慧,能从惯见的平凡事物中见出引人入胜的一个侧面。"②诗歌要写好一个侧面,构思就要选择一个角度。请从互联网上查阅李广田、余光中、席慕蓉和杨唤的同题诗歌《乡愁》,分析他们的构思角度。运用写作发现方法寻找别人没有写过的角度描写礁石或梅花。

(三) 请扫描二维码,阅读陈毓的《报恩的豸》,参考这篇小小说,运用迁移法以"感恩"为题作文。

报恩的豸

(四) 以"再回故乡"为题,写那些以前身在其中,却没有发现的事物。

---

① 苏轼. 赠刘景文[M]//北京大学古文献研究所. 全宋诗(第14册). 北京:北京大学出版社,1993:9433.

② 歌德谈话录[G]//朱光潜,译. 伍蠡甫,胡经之. 西方文艺理论名著选编(上). 北京:北京大学出版社,2004:429.

（五）请运用"异中觅同"的聚合法创作一首小诗或微型小说。

（六）微型小说创作基本上是把"可能写成不可能"，把"不可能写成可能"。请运用向背法创作一篇微型小说。

（七）贾平凹说："从内容到形式，你找到独特二字，你便站得住脚了。"[1]学习下面的诗歌和小说片段，描述你发现的事物。

写作要求：①主题自定；②题目自拟；③文体自选；④字数不限。

送人游吴[2]

杜荀鹤

君到姑苏见，人家尽枕河。古宫闲地少，水港小桥多。

夜市卖菱藕，春船载绮罗。遥知未眠月，乡思在渔歌。

茶峒地方凭水依山筑城，近山一面，城墙俨然如一条长蛇，缘山爬去。临水一面则在城外河边留出余地设码头，湾泊小小篷船。……贯穿各个码头有一条河街，人家房子多一半着陆，一半在水，因为余地有限，那些房子莫不设有吊角楼。河中涨了春水，到水逐渐进街后，河街上人家，便各用长长的梯子，一端搭在自家屋檐口，一端搭在城墙上，人人皆骂着嚷着，带了包袱、铺盖、米缸，从梯子上进城里去，等待水退时，方又从城门口出城。[3]

---

[1] 贾平凹.使短篇小说短起来——自我告诫之一[M]//范陪松.贾平凹散文选.天津：百花文艺出版社，1992：229.
[2] 彭定求，等.全唐诗（下）[M].郑州：中州古籍出版社，1996：4298.
[3] 沈从文.边城[M]//凌宇.沈从文小说选（第2集）.北京：人民文学出版社，1982：210—211.

第三章 构　　思

写作活动由"写作发现"开始,继而展开"构思",最后以语言文字来"表达"。在这个复杂的动态过程中,"构思"作为其中的一个环节,处于重要的位置上:构思前的材料工作应为构思服务,构思后的表达由其生发而来。不管是文字表达还是口头发表,都是对构思成果的外化。

第一节　构思概述

一、构思的含义

(一) 对构思概念的三种不同理解

1. 泛义的构思

泛义的构思指整个写作行为过程中的一切思考性行为,和写作思维的含义相近。

"构",在这里不仅指结构,而且指整体性思考、构想。"思",则指的是思维活动,包括常规性思维中的理论思维、意象思维和非常性思维中的潜意识思维(包含基因编码程序和生平感知等意识)与灵感思维等的思维活动。这种思维活动,是通过想象、联想、推理、判断而形成的,贯穿着一定思想情感的关于文章内容和形式总观念的思维活动。

深入研究泛义的"构思"对于人们理性的认识写作活动是有意义的。

2. 广义的构思

广义的构思指作者在写作前所进行的孕育、酝酿、设计的思维活动,是对立意、选材、结构等的思考行为,即设想、构想之思。

广义的构思,是作者在观察体验、有所发现的基础上,提炼文章主旨、加工材料并选择最佳表现方式,以指导写作实践的创造性总体思维过程。广义的"构思"虽比泛义的"构思"所指要具体一些,但它仍无法显示"立意"与"选材""结构"之间的思维区别性。

3. 狭义的构思

狭义的构思专指有了写作发现之后,执笔行为发生之前对材料的选择、加工以及对材料的如何使用等进行的谋划。

狭义的构思是对文章内容的"结构"之思,定格之思。如怎样开头、如何结尾,分多少段落,划几个层次……甚至包括编写提纲。深入探讨狭义的"构思"对于文章写作具有直接的指导意义。

本书所说的"构思"是介于广义构思和狭义构思之间的概念,我们认为"构思"既要考虑写作内容,又要考虑文章的形式。既是一个关于写作内容的创造性的总体思维过程,又是一个必须具体确定文章结构的"定格之思"。

构思是独创,只有个体生命才有可能最先萌发创造的意念(决不可能由众人异口同声地发出)。可以说,构思这种心理现象的生命个体化及其模糊性、神秘性,是导致人们对"构思"概念的理解和运用产生分歧的根源。

(二) 构思的分类

由于写作主体、客体、载体和受体的不同,写作构思涉及的内容、性质、方式、方法等都会有所不同。由于人们对构思分类研究的目的不同,采用的分类标准也往往不同,分类的结果自然就不可能一致。下面从帮助大家学习写作的角度,分别简介几种不同的分类。

1. 从是否运用创造想象的角度划分[①]

(1) 实构

实构是写作思维中构思的一种意象思维。运用它构思反映的内容,都是真人真事。这种意象思维是围绕着怎样才能更好地描述真人真事展开的,实构常用于纪实性文体的写作。它以记录生活真实为思维原则,要求思维素材是作家亲身见闻或亲身经历的,所描述的像新闻纪录影片一样,都是生活中的真人真事。其特点除了具有文学性之外,还具有有案可稽的档案性。实构的形象是经过纪实真实性的取舍对表象进行有机组合的典型,是对表象的纯化。在这方面以分别获得诺贝尔文学奖的丘吉尔的《二战回忆录》和阿列克西耶维奇撰写战争和灾难的具有"文献"价值和书写"真实"[②]的纪实作品为代表。

实构的情况有两种:一是表述作者自己的。它主要表现为亲历性的写作,在回忆中作者也对表象进行分解,然而在表象分解后,作者不对有用的表象进行创造想象的"化合",而是运用联想把它们组合在一起,不创造新的形象。在这个思维过程中,实构的思维表现为"联想—回忆"的形式,没有创造想象的参与。二是描绘他人的。这种形象思维的材料有作者从别人那里收集到的具有情节性的语言文字材料,有作者经过采访或体验生活之后头脑里留下的表象,也有作者本人在长期生活中积累的大量表象。一旦有了写作发现,作者先是回忆材料,找到有用的材料后,运用联想将它们联结起来。在联结的过程中,作家运用再造想象把具有情节性的语言文字材料转换为生动形象的画面。这个生动形象的画面虽然作者没有亲眼看到过,但它确实是有真凭实据的。其思维就表现为"回忆—联想—再造想象"的形式,虽有想象的参与,但不改变生活的真实。

(2) 虚构

虚构也是写作思维中构思的一种常用的意象思维。运用虚构的作者在构思时思维遵守的是艺术真实的原则,依据生活而不拘泥于生活,所描述的是"可能发生的事",而不必拘泥于"已经发生的事"。依据写作发现,作者尽其所能对具有情节性的生活素材进行生发改造,所塑造的人物不必实有其人。

以艺术真实为思维原则的虚构,在意象思维的时候,作者先是运用联想进行回忆,回忆从别人那里得到的具有情节性的素材和耳闻目见的人物、事件,经过头脑中的"过电影",对有用的材料进行分解,然后把分解后的有用表象进行联想和想象,对其巧妙融合,从而创造出一个新形象。这个新形象不是表象和表象的机械相加,而是表象和表象之间的你中有我、我中有你的有机化合。在这种有机化合出新形象的思维过程中,想象是伴随始终的。这个想象是以创造出生活中没有的新形象为主的,是创造性想象。采用虚构,整个形象创造的思维过程呈现出来的是"回忆—联想—创造想象"的方式。

(3) 实构与虚构的关系

虽然实构与虚构同属于意象思维,但作者遵循的思维真实性的原则是不同的,因此思维形式也是不一样的。实构以回忆的形式展开联想与再造想象,创造想象不介入其中;而虚构则离不开创造性想象,换一句话来说就是,创造想象是虚构最主要的表现形式。

作者应该充分认识实构与虚构的独特形态、独特功能,并将此认识纳入写作的构思理论体系

[①] 关于实构和虚构的分类,参考了王锡渭. 实构论[J]. 文艺理论与批评,1997(3).

[②] 高莽. 阿列克谢耶维奇和她的纪实文学[M]//乌兰汗,田大畏,译. 阿列克谢耶维奇. 锌皮娃娃兵. 北京:昆仑出版社,1999:序言第12页.

中,依据构思的实际形态去拓宽材料渠道,营造广阔的境界空间。在写作构思过程中,既注意根据写作目的与写作内容的需要,恰当选用不同的思维形式,又能根据具体的写作对象努力实现实构与虚构的融合,从而更好地实现自己的写作意图。

2. 从文体写作的角度划分

(1) 文学创作构思

这种构思的起点、意向和态势均无固定的模式,思维的内容和空间均有极大的自由度和弹性。因为对文学创作来说,构思就是展开想象的翅膀,营构有声有色、有情有意的艺术境界的架子。将具体的表象、感受、体验经过艺术概括、集中、重构,达到典型的"具体"。在意象思维展开的过程中渗透理论思维,从而创造出意境。思路的打开和推进常常是个性化的感性生成,犹如鬼使神差一般。长篇文学作品的创作构思通常包括行文前的总体构思和写作过程中随时进行的局部构思。

(2) 应用写作构思

这种构思指的是以思维的类化、序化为根本特点的写作构思。受写作发现写作命意的决定,思维的内容必须是真实、客观的;思路的打开常常依赖逻辑推演或依循固定的模式;文本的结构往往是模式化的;文体与技法的选择以切用为尚。

(3) 文学创作构思与应用写作构思的关系

将构思分为文学创作构思与应用写作构思两类,显然不能概括许多处于中间地带的文体写作现象,因而不够科学,但这种分类毕竟能从一个重要的层面揭示出构思的一些本质特征,还是值得认真探究的。

文学创作构思与应用写作构思分属两大类文体的写作,但大量存在的边缘文体的写作则表明它们之间的关系还是十分密切的,构思者必须恰当处理好两者之间的关系。它们之间的区别是十分明显的:不仅构思涉及的内容有着根本的不同,构思展开的步骤、运用的主要方法也有很大差异。但更需要引起我们特别注意的是两者之间存在着广泛联系。它们具有许多共同的特性:首先,它们都强调构思的创造性。无论是实用文章的写作还是文学性文体的创作都有一个最基本的要求:要有或大或小的创造,主题或者内容意蕴都不应该与其他文章或作品相同。这里说的创造可分为大中小三级:最大的创造是原创,这是个性化、独创性都极强的创造;一般的创造是创新,这是既有主题意蕴上的改造和革新,又有形式上的改造和革新;最简单的创造是新颖,主要是在形式上或者某些次要方面的与众不同。其次,它们都注重构思的总体性。构思的总体性一是指对文章进行整体思考,也指在特定的背景中思考。它们都能以理论思维为主导,逐步进入显意识和潜意识的心灵大宇宙去引爆灵感。也可以意象思维为主导,渗入理论思维,构起文本的间架。最后,它们都重视写作发现对构思的指导性。写作发现始终是这两种构思活动的核心,并不断现身,统领着文学性文体的创作和应用文章的写作。

3. 从写作过程是否有明显阶段的角度划分

(1) 显性构思

这种构思指的是作者在进入表达之前,对聚材命意和谋篇布局,甚至是定体选技等都作了大致的构想。显性构思最大的特点是思维具有方向性,思维的内容最终总是能从无序走向有序,动笔之前,文章的面貌已基本清晰、完整地呈现于作者的头脑中。

(2) 隐性构思

这种构思也叫感性生成构思,指的是作者在动笔写作之前不做(或几乎不做)预先的构想,而是在写作时心随笔到,笔随意转,新意叠出。有时一个词、一句话或者是一个意想不到的新信息,就能引发作者文思泉涌,思路完全随机生成,有学者将此种现象命名为"非构思"。诗歌创作中常见这样的现象,诗人首先获得了格言似的诗句,然后就围绕着它展开写作;小说创作中运用这种构思方式的更是屡见不鲜;曹禺的名作《雷雨》就不是从第一幕写起的,由此可见在剧本创作中这种隐性构思也是存在的。

(3) 显性构思与隐性构思的关系

写作是一个复杂的创造性活动,一般说来普通文章的写作如果没有"蓝图"(即显性构思的成果)指引,表达时就会没有明确的目的和方向,写出的东西也可能就会让人不知所云。所以否定构思必要性的理论是站不住脚的。但是,写作中那种笔随意转,甚至将预先构想的东西都弃置不顾的现象又确实存在着。因此,我们认为:显性构思与隐性构思应该共存互补。面对写作,应该以显性构思为主,以隐性构思为辅。在努力提高显性构思质量的同时,不忽视隐性构思的妙用。

(三) 构思的作用

受后现代主义和中国现实生活的影响,写作界出现了一种否定写作构思作用的理论。从哲学上看,否定写作构思的作用是形而上学的片面性导致的;从认识论上讲,是把复杂的写作现象简单化了;从逻辑上说,是犯了以偏概全的错误。古往今来人们的写作实践已反复证明构思的作用是根本无法否定的。构思的作用若要具体展开,那是说不胜说的,下面择其要者略说三点。

1. 决定文章成败,提高作品质量的关键

古人云:"凡事预则立。"构思正是对文章内容和形式的全面的预先设计。从主题的提炼与确立到材料的选择和使用,从谋篇布局到定体选技,从表达方式的选择到如何遣词造句,全都是构思的任务。虽然行文过程中还有可能会对此前的预构进行修改,虽然展纸命笔时常有意随笔转、内容随机生成的情形出现,但就总体而言,构思的质量如何还是决定文章成败的关键。缺乏精心的构思,写作时脚踏西瓜皮滑到哪儿算哪儿,结果是难于预料的,尤其是长篇巨制的创作,缺乏显性构思,创作的质量是很难保证的。朱光潜早就指出:"一般人作文往往不先将全部想好,拈一张稿纸,提笔就写,一直写将下去。他们在写一句之前,自然也得想一番,只是想一句写一句,想一段写一段;上句未写成时,不知下句是什么,上段未写成时,不知下段是什么;到写得无可再写时,就自然终止。这种习惯养成时,'不假思索'而任笔写去,写得不知所云,也是难免的事。文章'不通',大半是这样来的。"①

2. 序化思维,开拓思路的按钮

准确地说,人、事、物、理、情都可以成为产生写作发现的源头,也都可以成为触发构思的"触媒"。构思伊始,作者的思维或处于活跃状态或处于滞涩状态,常常都是处于纷乱的状态:时而"思接千载",时而"视通万里";时而"山重水复疑无路",时而"柳暗花明又一村";时而"曲径通幽",时而"豁然开朗"……作者即使默思静想,搜索枯肠,惨淡经营,呕心沥血,也仍然可能会出现文思堵塞、茫然无措的窘况。出现上述状况,实属难免,构思者必须沉着冷静,镇定坚毅,不可乱了方寸,应该及时调整心境,调动积累,最好是沉静下来,放松自己的思维活动,换换脑筋,在迂回中诱导思维的活跃,重新呼唤认识的综合。有必要指出的是:这是一种促成思维对象各归其位、思维趋于类化、有序化的构思状态,而不是放弃构思。

构思如同开启思路的按钮。只要作者展开构思,就必然会留下思路,思路就是思维前进留下的轨迹。思路的中断、阻塞,肯定是思维出现了问题。构思会促使思维前进,命意选材会给思维提供内容,布局谋篇、遣词造句都会促使思路不断向前推进。为了避免构思中出现思维滞涩或思绪散乱的情形,最好努力找到促使思绪聚合的脉络(论说类文体写作使用)或线索(记叙类文体写作使用),这是构思的一个关键点,贯穿于全文之中,构思就不会走弯路。运用它,就可以把作者

---

① 朱光潜.谈文学[G].北京:北京大学出版社,2013:90.

构思中逐渐明朗起来的内容各要素,依据表现写作发现的需要穿结起来,组成一个完整、和谐、统一的有机整体。脉络或线索在构思中能起到穿针引线的作用,但它一般不独立存在,往往是随着构思的思路一起出现,并作用于构思,使构思由最初的朦胧的一种意念,随着思路而自觉不自觉地发展,逐渐形成并明朗化。

总之,构思可以加深作者对事物的认识,发现事物本身所具有的未曾被认识的新意,可以使作者将一切已感知的有关事物集合起来,形成一个磁力的核心,从而沿着既定走向,滚雪球般地滚动下去,越滚越大,形成一个充实的整体;或者是串联起来,像彩线串珠一般,将一些零散的材料牵挂在构思线索上,沿着思路延伸,形成有机的艺术链。

3. 勘察"表达空间",孕育"精神成果"

构思是一种内隐行为,它能产生两大明显的作用:一是勘察"表达空间"。"表达空间"是指时代、社会、读者预留给文章思想存在的一种可能性空间。作者必须搞清时代、社会、读者的需要。否则闭门造车,即使"车"本身没有问题,但没有行车的路,没有驾车、乘车的人,就只能还是枉劳无功。构思对表达空间的勘察结果往往直接体现在"产品"的内容和表现形式的选择上,对写作结果尤其是传播效果的影响十分显著。二是孕育精神成果。从构思涉及的内容可以清楚地看到,构思主要是预构出文本的雏形,孕育精神的新成果。构思是在观察、采访、阅读的基础之上,运用各种思维方式对写作的"原料"进行加工制作,从而在大脑中预制出未来文本的"蓝图"。

在当今信息传播"受众为王"的时代,从事写作构思的主体,当然不能忽视构思勘察"表达空间"的作用。现在大众文化水平普遍提高,大众选择精神产品的要求越来越苛刻,作者要在靠孕育过程充分汲取各种营养来培育"精神胚胎",才能保证其不出现畸形或者夭折。

(四)构思与写作发现

1. 写作发现是构思的前提与基础

作为一种物我交融的思维活动,构思首先是写作主体的一种发现,一种对事物客观规律性的发现。一篇文章为什么这样开头,而不那样开头?表现这个主旨为什么要使用这样的材料,而不使用那样的材料?为什么这篇文章只能使用这样的语体风格来表达?为什么这样的情节安排对于表现这样的事件和人物就是生动的、合理的,反之,效果就不好?等等,都有一定的规律性,也即必然性。这种必然性是蕴含在人、事、景、物等客观事物之中的,是客观事物存在的自身逻辑,它并不以写作主体的意志为转移,写作主体需要在写作构思中挖掘它、发现它,并以之为基点和线索,使构思向不同的方向有目的地展开。正是在这个意义上我们清楚地看到写作发现是构思的前提与基础。

2. 写作发现对构思的激活与牵引

写作发现对构思的激活是指没有写作发现,构思者的思维就处于休眠状态,构思也就无从谈起。写作发现对构思的"牵引"是指作者的思维内容和推进方向总是受写作发现的制约,接受写作发现的引导。构思中随时都会产生新的发现,而这些新的发现又会进一步激活和牵引新的构思。源源不断的"发现"激活并牵引着思维,由此可见"写作发现"在整个构思活动中始终是占据主导地位的,整个构思都是对写作发现的"完形",整个构思都是围绕写作发现进行的。

3. 构思对写作发现的影响与要求

构思不仅是对未来文章的预想,而且也是一种创造性的实践活动。构思体现了写作主体的写作意图和写作理想。事物的客观必然性是构思的基础,而作者的写作意图和写作理想则规范了构思的走向和形态,违背了事物客观逻辑的构思,是无目的的胡思乱想,而拘泥于客观事物本身的构思,则无以体现精神产品的灵动与自由。写作发现形成写作意图和写作理想,激活与牵引构思。但构思作为受制于写作意图和写作理想的思维活动,又会反作用于作者的"发现",进一步丰富写作发现,会给发现提出许多新的要求,从而对"写作发现"产生重要的影响。

二、构思与思维

在写作构思阶段,思维制约着整个构思过程,离开了思维就无所谓构思。对于构思过程来说,虽然它所涉及的材料来源于客观世界,但在这个过程中起主导作用的是写作主体的思维。写作前,我们常常通过各种思维途径和方法,把思维对象——也就是被反映的客观世界——表面上看起来彼此毫无关系的事物和过程联系起来,从而获得关于对象本质和规律的认识。构思从本质上说是对客观对象的再认识、再体验,是主体的一种创造性思维功能,但它必须受到客观材料的制约。

(一)构思中思维的作用

1. 帮助确立正确的写作意向

客观事物和社会生活纷繁复杂,事物的本质和规律往往不是直接表现出来的,有时甚至是和本来面目相反的。作为写作主体怎样才能向人们揭示某种新的、人们所不知晓的道理,怎样把由生活暗示的某种思想变成比较明晰、深刻的主旨,怎样获得对事物的独特理解,从而确立文章的写作意向,这都需要在构思阶段对材料进行正确地分析综合、抽象概括,由此及彼地深入研究,这正是思维方法的深刻体现,正确的写作意向也正是在此基础上才得以确立的。

2. 帮助确立合理的文章结构

在写作构思中,对结构的预想其实质就是如何组织材料的问题。材料的组织是一项十分复杂而困难的工作。严密、清晰的思维,是写作有条理文章的重要条件。结构是客观事物的内在联系及发展规律通过作者构思在文章中的具体反映。安排结构涉及表现的技巧、方法问题,最根本的还是思维方法问题。写作主体认识透彻,思维严密、灵活,思路就会清晰、灵动。思路往往就是分析与综合的思维活动的体现。按照一定的思路去组织材料,确定它们在文章中的地位,结构就会自然有序、清晰缜密,就会有章法。反之,写作主体思维混乱,思路不清,就很难写出有条理的文章。

3. 帮助实现语言表达的准确、清晰

语言表达能力是衡量写作主体写作水平的重要标志之一。提高语言运用的能力,关键是提高思维的能力。这是因为"语言是思想的直接现实",是思维的工具,思维与语言是密不可分的,思想是无形的、抽象的,没有语言便无从表现,而语言又依赖于思维,要想说得明白,首先要想得清楚。写作实践证明,语言的准确、深邃,靠的是思维的明晰、深刻和创新。如果思维没有条理,所表达的概念含混不清,违反了正确思维的基本规律,那么表达出来别人也就必然看不懂、听不明白。写作中存在的"文"不能逮"意"的现象,其实很多时候问题还是出在"意"上,"意"有问题,"文"当然也就不能"逮"了。

(二)构思中思维的形式[①]

写作构思阶段,涉及的思维形式多种多样,它们彼此之间构成了十分复杂的辩证关系,相互渗透,相互影响。我们以作者是否清楚地意识到思维过程为标准来划分,可以把思维划分为常规性思维和非常性思维。

1. 常规性思维

人们遇到问题常使用抽象思维或形象思维,这是心理学使用的概念,它揭示了人们思维的普遍的心理现象。写作运用思维,也是一种心理现象,这种思维现象或创造形象系统,或构筑理论

[①] 关于构思中的思维形式,参考了王锡渭. 写作思维类型刍议[J]. 东北师范大学学报,1993,(3)。

系统。在系统构建中，整个思维过程有它自己的特点。因此，我们把围绕文意建立形象世界的思维称为意象思维，把依据见解建立理论体系的思维称为理论思维。使用这两种思维，作为思维过程写作主体是清楚的，因此它们属于常规性思维。

(1) 理论思维

运用概念、判断和推理，围绕见解建立理论体系的思维就是理论思维。在写作构思中，理论思维能使写作主体运用概念、判断和推理，实现由形象到概念、由具体到抽象的转变，从而揭示事物的本质，表述认识的结果，预见事物发展的方向。在文学创作中，从整个创作过程来看，虽然它不能生动而具体地把人和事物按照其生活本身中的感性形式完整地表现出来，但它参与其中，为素材羽化为题材起引领和"烛照"作用，帮助作者创造符合情感逻辑或生活逻辑的"第二自然"或"第二人生"。从表述过程使用语言来看，文学创作需要通过语言来描述形象，作者就得准确地掌握概念的内涵和外延。贾岛把"僧推月下门"改为"僧敲月下门"，反映出诗人在写作中对每个词义的推敲，体现的就是理论思维的作用。韦应物的《听嘉陵江水声寄深上人》有言："水性自云静，石中本无声。如何两相激，雷转空山惊？"也是以生动形象的语言，反映出寓意深邃、耐人寻味的深刻哲理，实际上也体现出理论思维的作用。在理论文章的写作中，理论思维更是主要的思维形式。写作主体在定向接触大量感性材料的基础上，经过反复的分析、综合、归纳，升华、提炼出一个抽象概括的主旨来。这个选题立意的过程，就是凭借理论思维进行的。构思中对于材料的选择、结构的安排等，也都是按照一定的理论思维形式和逻辑顺序来完成的。

(2) 意象思维

诗人刘祖慈说：

我追求用形象来表现我的思想。

我努力把我的思想包容在形象之中。

我之所以用意象、象征、联想、想象等，目的在于表达我的思想。

为了一个确切、动人的形象，我却辗转反侧，梦寐以求。①

刘祖慈为表达写作发现——"我的思想"不是运用概念、判断和推理，而是呕心沥血地寻找恰切的形象，这种有别于议论文写作思维的方式属于意象思维。文学创作，通过感性形象反映和把握事物，刻画形象表述作者的情或意的思维方式就是意象思维。具体来说，始终不脱离具体的感性材料和事物表象，运用虚构或实构，对感性材料和记忆表象进行选择、提炼，进而对其进行组合或化合式的整合，创作出文学形象的思维活动就是意向思维。

意象思维的过程始终依靠想象、联想和情感等多种心理功能。写作构思中的意象思维能够通过形象，具体、鲜明地反映和描绘周围环境和实际生活，深刻反映事物本质内容。文学作品的创作主要依靠意象思维。因为文学构思不是单一的对客观事物的逻辑认识活动，而是在丰富的表象记忆和情感积累的基础上来反映事物本质内容和现实生活的。意象思维的中心环节是写作主体的想象活动，它具有在原来生活的基础上创造新形象的能力。写作主体可以凭借它创造出源于生活并高于生活的文学作品，创造出新的形象，为写作主体开拓出广阔的思维空间，能够"精骛八极，心游万仞"地进行写作构思活动。

2. 非常性思维

非常性思维包括灵感思维和直觉思维，运用这两种思维形式的作者都不能清楚地意识到思维的过程。

---

① 《上海文学》编辑部.百家诗会选编[M].上海：上海文艺出版社，1982：146.

(1) 灵感思维

以长期贯注于一个写作目标的紧张思考为前提,受特殊联想的触发,从距离思考问题较远的事物或其他方面的知识中得到出人意料的启示,迅速地获得新奇的思维成果的思维活动就是灵感思维。它常在人们构思间隙不期而至,由于具有突发性、非自觉性的特点,作为写作主体是无法在意识上做到自觉把握的。写作灵感一旦触发,它就像一道闪电,一下子照亮写作主体的思路,使其突然触类旁通、顿然领悟,使思维认识得到突发式的飞越。灵感的到来,使常规思路被打破,从而使写作具有创新性。灵感并非神秘莫测,它是写作主体长期精心构思、艰苦寻觅的结果。只有不断地探寻、追求、苦思,才会获得顿悟和灵感。

(2) 直觉思维

对一个问题未经逐步分析,仅依据内因的感知迅速地对问题答案作出判断、猜想、设想,甚至对未来事物的结果有"预感""预言"的思维形式就是直觉思维。在高考考场,有的考生阅读完作文试题的题干和题料,能够立即判断出写哪一种文体,头脑中闪电般地浮现出要使用的材料,这就是使用了直觉思维。直觉思维是一种心理现象。它在构思中能起到很大作用,往往是对思考内容和形式进行直接判断。直觉思维的特征主要有三点:一是直接性,不依赖于严格的证明过程,以对问题全局的总体把握为前提,以跨越的方式直接获取问题的答案。直觉的形式表现为很快产生假设,迅速对问题的解决方案作出猜想和预测,在表现形式上往往是一种"顿悟"。二是视觉性,直觉思维者往往以视觉化的方式再现并处理事物,其信息编码方式倾向于图像形式,在信息编码加工过程中表现为果敢的甄别和取舍,而这又决定于思维者对解决方向和目标的大胆的、直接的预见。三是内隐性,直觉思维的智力操作是内隐的,其思维的过程往往是思维者不能言表的,而且不能对思维结果作出评论,因为它不依赖于分析技巧而掌握问题的意义和结构组成,是一种对问题的直接把握。直觉思维能力是可以通过自觉地培养训练来不断提高的,比如通过获取广博的知识和丰富的生活经验,特别是提高对那些不太明显的软事实,如印象、感觉、情绪等无形事物的观察力等,就都能帮助我们培养和提高自己的直觉思维能力。

第二节 构思原则

文无定法,构思也没有固定的套路。但在写作构思阶段,形式是一种预期的目的,是可以先于生活而成为一种现成的规范的,因此构思也不能完全随心所欲,它也还是有一定的规律和要求的。由于实用写作与文学写作无论是内容还是形式都存在很大的差异,构思应遵循的原则自然也就会有不同,所以下面分而论之。

一、应用写作的构思原则[①]

(一) 被动性与主动性相结合

应用写作的写作动机与文学创作不同,文学创作的动机往往来自于内心的激情,来源于作者自我心灵的需要,写作是为了满足某种精神需求。在整个创作的构思活动中,包括主旨的确立、材料的选择及结构的安排都由作者自己来决定,不必顾及外界的要求。而在应用写作中,写作活动多与社会、与工作的实际相联系,必须服从于社会的需要,服从于实际工作的需要。所以应用

---

① 关于应用文的构思原则参考了刘桂华.应用写作构思原则[J].天中学刊,2003(6)。

文章的撰稿者往往不能根据自己的喜好来决定对某一事物的态度,文章的主旨和所使用的材料有时是被动接受的,甚至连文章的结构方式也是规定好的。即使撰稿者本身没有写作的欲望,也必须立即投入到写作活动中去。特别是公文的写作,撰稿者往往因职责所在不能随意推托。因此,实用写作的构思在很多情况下表现为一种理性意识强制支配下的被动行为,个人的情感处于被压抑甚至被排斥的地位。

应用写作在构思中有一定的被动性,但并不妨害撰稿者在文章的构思过程中发挥主动性、积极性和创造性。撰稿者只有将被动的意图转化为个人的主动认识,充分调动起写作的积极性,才能出色地完成写作任务。否则,写出来的只是一篇干巴巴的传声筒式的文章。作为实用文章的撰稿者,在平时就应熟悉党和国家的方针政策,把中央的精神、上级领导机关的部署和本单位、本部门的具体情况结合起来,研究新问题,总结新经验,提出新建议。特别是有些重要行政公文的撰写,撰稿者并不只是把领导讨论的意见简单加以归纳,而是要在起草文件、拟订方案时,为领导拾遗补漏,这是一项要付出巨大的心血和富有创造性的脑力劳动,是撰稿者的再创造。作为撰稿者,对领导考虑不当、不周的问题,要敢于和善于用适当的方法提出自己的意见或建议,以保证公文的质量,确保能正确地指导实际的工作,解决实际问题。这些工作都体现了实用写作主体在构思中的主观能动性。

总之,撰稿者必须遵循主动性与被动性相结合的原则,在被动中不忘积极主动的发挥,才能获得理想的构思效果。

(二)明确的目标指向性

应用写作的构思在目标指向上与文学创作有着明显的区别,一般文学创作由于没有明显的实用目的和功利目的,所追求的是情感的抒发和精神的张扬,且这种情感或精神没有现实具体的要求,所以大多没有确切的目标指向性。如莫言写《四十一炮》,绝对不是为了给那个叫罗小通的孩子作传;路遥写《人生》,也不是为高加林寻找一条明确具体的出路。而实用文写作则不同,秦代李斯写《谏逐客书》,是为了让秦王收回逐客令,为秦王朝的兴盛和统一大业奠定人才基础,其目的是现实的,其目标是明确的。应用写作不是一般的有感而发,而是必须针对现实中具体的实际问题,或要求找出解决问题的方法,或要求作出某种规定,其写作有明确的目标指向性。

应用写作由于初始的写作动机是实际工作、生活的需要,其写作目的在生成方式上有两种情况:一种是发现式,是指撰稿者在社会实践活动中出于工作、学习、生活的需要,针对一些具体事物或事理,有所发现,产生了一些想法,从而产生出某种写作目的;另一种是交托式,即由领导交办或他人托办,具有代言的性质,这一类在行政公文写作中比较多见。不论哪种方式,也不论其文字长短、内容多少,总有一个目的,或是为了发布法律、政策;或是为了宣告决议、决定;或是为了陈述事情、报告情况;或是为了请求指导、解决困难;或是为了答复问题、指导工作;或是为了告晓应知的事项;或是为了商洽有关事务,都有一个明确而集中的意图和意见。在构思中,撰稿者所有的注意力都直接指向所发现或要表达的意图和意见,或要解决的那个问题。整个构思活动都服务于特定的目标。

另外,应用写作在构思中要明确读者对象,即锁定其目标指向。文学创作往往没有固定的读者对象,作者在创作时并没有刻意要给什么人看,因而不能确定文章的目标指向。应用文章为了实现其功利目的或现实效应,必然有特定的读者对象,这个对象目标可能是具体的个人,可能是政府管理部门,也可能是与社会组织相联系的公众。这就要求在构思中要考虑到不同的对象目标和具体的交流情境,从而据此选择恰当的词语、句式、结构形式和行文语气,做到有针对性,有的放矢。如公文是针对特定部门、机关而制发的,必须考虑收文单位的职能范围和工作性质;书信是针对具体的收信人而写的,应表达收信人急需知道的事情或发信人急于告知的情况,并考虑收信人的身份而采用相应的语气;批复是答复下级机关的请示的,要态度明朗、意见具体,具有可操作性。同样一份工作计划,发给本单位职工要求遵守执行的,语气要坚定;呈送给上级领导要求审批的,语气要谦和诚恳。公告、倡议书是面对公众的,要考虑人民群众的接受心理。总之,实用写作在构思中要根据特定的对象目标,根据不同的读者群,适时调整实用文的表现形式,诱发读者的阅读动机,这样才能真正有效地实现应用文的实用价值。

(三)构思依据必须真实可靠

应用写作是认识和反映客观存在的真实事物和现象的,是为客观实际服务的,不像文学作品那样可以反映一些假定的事物和现象。文学作品中的主观现象可以超越时空限制,像刘勰所说的"文之思也,其神远矣。故寂然凝虑,思接千载;悄焉动容,视通万里;吟咏之间,吐纳珠玉之声;眉睫之前,卷舒风云之色。"[①]但在应用写作的构思中绝不能有任何的假定设想和随意虚构,即使是合理想象也不允许。它所使用的材料必须是客观实际所具有的,不是虚假的、杜撰的。应用写作要求的真实是一种绝对的真实,它不仅需要构思者所使用的材料在任何一个细枝末节上都绝对真实可靠,而且这种材料不仅在现象上、本质上符合客观实际,在局部上、全局上也必须符合客观实际,能代表事物的主流和本质。构思中如果不能严格遵守这样的原则,那么文章越是"妙笔生花",其结果则越糟。

(四)以理论思维为主,意象思维为辅

应用写作构思主要采用理论思维,这是由应用写作的特点与理论思维的特点共同决定的。首先,与意象思维以"形象"为材料不同,理论思维以"概念"为材料,通过判断和推理的形式,抽象出定理、规律,概括出意见、经验、办法等,直接作用于读者的理智。应用文正是为"事"而作,为"用"而作,它必然以理性为成品特征,理论思维是制造理性效果的最恰当方式。其次,理论思维是以本质化为目的的,它的功能是从具体、生动的社会现象中抽象出某种观念,在头脑中将客观事物的本质属性与非本质属性区别开来,把握其本质和内在规律性。这是一个思考问题和解决问题的过程,这一过程必须思路鲜明、条理清楚、推理严谨、层次分明、论据充分、结论证据确凿。应用写作要反映事物的本质和主流,表达作者理性和智性的见解,所以,在构思文章的内容与形式时,都要受到理论思维的制约,只能以意象思维为辅。

二、文学创作的构思原则

(一)创新与守正辩证统一

创新原则是指对文学性文体的构思从内容到形式都必须努力追求原创性,即独一无二。守正原则乃是指对文学性文体的构思不能无视文学传统、民族文化特色,内容上不能邪僻,形式上不能畸变。

文学构思要遵循创新的原则,道理不难理解:文学之所以能陶冶人的情操、抚慰人的灵魂、振奋人的精神,主要在于它的审美功能。读者之所以愿意接受文学的审美教化,主要原因之一就在于文学能满足了读者对情感的渴求,文学从内容到形式都能给因庸常的生活而郁闷的读者带来超越庸常的新颖感,满足了读者求新求异的心理。因此,文学性文体的构思必须追求创新。追求创新的原则不仅是读者的需要而且也是作者的需要,设若作者的创作只是如同建筑工人垒砖一般的"码字",那将是多么地让人郁闷啊!

---

① 祖保泉. 文心雕龙解说[M]. 合肥:安徽教育出版社,1993:520.

文学构思要遵循守正的原则,道理不难理解:文学的审美是一个不能脱离传统和现实的活动。传统和现实造就和制约着读者的审美理想、趣味。如果完全不顾传统和现实的制约就不是简单的"冒点风险"的问题了,而是文学还能否是一种审美艺术的大问题了。

强调文学构思的创新与守正辩证统一,不是某种外来强权的硬性规定,乃是对文学艺术规律的自觉遵循。"创新"乃是文学存在的意义所在。"守正"的"守"是坚守和遵守之意,"正"是健康和雅正之意。文学作品的构思只有秉承健康的审美理想、雅正的审美趣味,才不会让创新的追求畸变为"恶搞"。才能长久地吸引读者。

(二)个性化与规约化辩证统一

个性化原则指的是文学构思必须时刻不忘张扬个性,要在构思的全部内容上打上个性化的烙印。而所谓规约化原则,则指的是文学构思必须时刻不忘对优秀文学传统的继承、借鉴,不忘时代的精神,不忘创新原则的呼唤——须知要创新也是一个规约!

个性乃是使人成为具有独立意识、创新精神、创新思维、创新能力的根本。文学写作的过程,就是写作主体发现、发展及至健全个性的过程;就是发现、认知外部世界的过程,而且是同步叠合的不可分割的整体,只有在学会展现自我的前提下,才可能学会展现他人及外在世界。中外文学史上许多著名的作家都是从写自传性作品开始走上创作之路的,许多名家的成名作或代表作都是自传性作品,也都说明了这个道理。

没有个性就没有创造性,创新思维和创新能力其实就是个性化思维和个性化的实践能力。对写作主体而言,构思就是一种发现,即挖掘、发现客观事物本身的逻辑——事物的客观规定性,这是构思的基础。同时又是一种有目的的创造性活动。正是写作主体的写作意图、写作理想规定了构思思维的走向和形态,而写作意图和写作理想反映的正是主体对文体写作规范的自我认识。

文学构思中受到的规约是多种多样的。比如,文学作品强调审美价值,突出创造主体的主观感受和鲜明的自我色彩,突出艺术形象、审美情感的表现,有较大的创造空间,但在文体规范上也绝不是就可以天马行空,毫无限制的,只不过不像那种完全模式化的应用文体,其文体规范多体现为某种审美导向而已,如诗歌强调韵律、节奏,散文讲究情景交融,小说突出对人物形象的刻画,戏剧注重创造白热化矛盾冲突,等等。这些从某种意义上看就是一种规约。至于说构思中对时代提供的"语境"、对自己主观条件等的种种考虑,那就更不用说是受到了种种规约。

文学构思要遵循个性化与规约化辩证统一的原则,一方面,任何一种"个性"实际上都是相对而言的,实际上任何个体都逃脱不了历史、社会,都不可能不受到自己生存环境的影响。从某种意义上来说,这种影响还是非常必要的呢,过于极端的追求"个性化",完全无视历史、社会,这样的构思结果是一定让人难以接受的。更何况完全不受主客观两个方面的规约,是任何人也无法做到的。另一方面,如果我们过分强调规约的原则,就难免会对个性化产生压制作用,因而影响构思的创新。

(三)"化大为小"与"小题大做"辩证统一

"化大为小","大"是指生活中的"重大题材",常常是生活的异态;"小"是指细节,更多的是生活当中的常态,但却能够给人带来情感的冲击和思想的启迪(其实,对常态的刻意描述就会使其成为异态)。"化大为小"就是使大题材落到实处,将"重大题材"或异态的生活细节化、生命化、情思化。"小题大做","小"指的是题材的平凡、普通,而"大"则指的是立意高远、美妙。"小题大做"就是将庸常的生活奇异化,即小见大,在小题材中发现、开掘高妙的蕴意。

构思中遵循"化大为小"的原则,即精心选取典型的人、事、物、理,以点带面,通过某些侧面反映全体,犹如海上的冰山,虽只露一角,但却能让人窥其一角而能想见其全貌。面对庞然大物,如果不是大手笔，很难绘出其全貌，即使是丹青高手，能画出庞然大物的全体，观者恐怕往往也难详其全貌。所以，古今中外高明的作家往往驾驭重大题材时都是"化大为小"。曹雪芹写《红楼梦》从刘姥姥一进荣国府入手，并通过刘姥姥三进荣国府推进情节发展，表现作品主题，展现艺术情趣。托尔斯泰的《战争与和平》的构思也是遵循"化大为小"的原则的，这部小说写的是1805—1820年间俄国人民反抗拿破仑入侵时的一段历史。题材可谓大矣，但作者从四个贵族家庭入手，将一个时代的风云变幻浓缩到四个家庭数十人身上，生动地展现了那段历史。

构思中遵循"小题大做"的原则，即精心选择那些貌似琐屑实则蕴含丰富的小题材或给作品拟个看似很小的题目，然后打起十二分的精神，即小见大。鲁迅先生指出"不可将一点琐屑的没有意思的故事，便填成一篇，以创作丰富自乐。"但这不是说不可写小事，而是要做到"选材要严，开掘要深"[①]，以"小"见"大"。

大与小，相辅而相成，对立又统一。古人对此也早有认识并运用到艺术创作中去，佛家有"芥子纳须弥"之说，道家庄子在《逍遥游》中曾有大、小之辩，并将这一原理运用于写作。

（四）"化虚为实"与"化实为虚"辩证统一

"虚"，就是指情思，也是鲁迅先生所说的"沉默时的充实"；"实"，就是指生活包括生活的细节。"化虚为实"就是把高蹈的情思世俗化、生活化甚至细节化。"化虚为实"就是在构思时运用意象思维，努力调动头脑中储存的表象，让它们成为情思的对应物。"化虚为实"并不是简单易行的事情，因为即使找到了理想的"实"也还远远不够，还要找到恰当的语言将其表现出来。《文心雕龙·神思》篇说："意翻空而易奇，言征实而难巧。"意思就是想象中的意境容易出色，用具体语言表达时却难以做到精巧。文学之难不正是因为它要以语言为媒介来描述生活、表达情思吗？而"化虚为实"却要跨越两道坎，能不难吗？

构思的"化虚为实"原则强调的是文学创作必须坚持意象思维的原则。

文学构思中又要遵循"化实为虚"的原则。"实"仍然是指生活和生活的细节。"虚"也仍然是指情思。在进行文学构思时如果不能"化实为虚"，作者对未来文本涉及的生活细节的选取和处理就会失去依据。构思的"化实为虚"，也不是简单易行的事情，既要占有丰富的"实"又要能从中提炼、生发出精粹的"虚"，并且能以此为"实"的选取、展开的依据。要落实这样的构思原则，肯定也非轻而易举之事。

但是，我们只要沉潜到生活之中，简化一下思维，再难的事情也是可以解决的。对于大多数人来说，情思不外乎这样几个意识：时间（人生不同阶段）意识、生命意识（人的价值和实现方式等）、关怀（或悲悯）意识、爱（或被爱）的意识。阅读和思考可以解决情思的问题，更重要的是当我们用自己的眼睛观察世界，用自己的心灵感悟生活的时候，我们事实上已经与情思相亲了。甚至可以这样说，在文学构思中，对"实"的真正理解才是关键点，要通过对生活的观察和描写，表达自己的情思；要借助情感的抒发和思想的阐释，帮助自己和读者找到观察和描述生活的独特视角。情到深处言自动人，思愈朦胧愈多回味。

构思的"化实为虚"原则强调的是文学创作必须高度重视理论思维，必须坚持理性思维渗透的原则。

能够自觉地遵循"化虚为实"与"化实为虚"辩证统一的原则，构思的结果才会"实""虚"并茂。

---

① 鲁迅．关于小说题材的通信[M]//鲁迅全集（第4卷）．北京：人民文学出版社，2005：377．

第三节 构思内容

一、提炼与深化文意

（一）与文意相关的几个概念

1. 课题

课题是研究或讨论的问题，同一个课题可以提取出不同的文意。就学术论文来说，课题就是研究的对象，文意则是研究得出的结论，课题是文意产生的基础，文意的产生有利于课题的完成。

2. 论题

论题是议论文作者在文章中要论证的对象，有时也指作者要证明的基本观点。论题一般概括反映文章内容的性质或基本范围，具有客观性；主题是论证的结果，明确表达作者的见解，具有一定的主观性；同一论题可以产生不同的主题，即不同的论点。

3. 标题

标题是标举文章或作品名称的，是全文的眼睛。有的标题直接点明文意，有的标题则是暗示文意，还有的标题只是标示出内容的范围、性质，或表达方式、体裁、线索以及感情的基调等，而文意则多是从对文章内容的分析中归纳得出。

（二）提炼与深化文意的原则

1. 文意的提炼与深化，必须以正确的思想为指导

文意来自社会生活，但社会生活本身并不能直接产生文意，而是要经过提炼和加工。作者在提炼、确立、深化文意的过程中，必然会受到自己的立场、观点、情感的制约，必然会融进自己对材料的认识与感受，其中也包含作者的写作意图、审美情趣等。这就是说，文意的确立与深化是与作者的思想与情感密切相关的，能以正确、先进的思想为指导，就能帮助作者正确地认识生活，明辨是非，把握生活的本质与规律，写出对社会有益的文章。反之，则很难确立、深化正确的文章主旨。

2. 文意的提炼与深化，必须发掘事物的本质，把握事物的个性

从文意的形成过程来看，文意是作者对客观事物认识的集中体现，它是一系列的生活材料反映在人的头脑中所产生的某种观念、情感等。文章选用的材料一旦确定，材料中包含的客观的思想意义也便随之确定，作者不能主观臆断，更不能随意贴标签。因此，作者确立和深化文意必须从全部材料出发，努力发掘事物的本质。

文章总是通过"个别"来表现"一般"，通过"个性"反映"共性"的，正确、深刻的文意也就应该是共性与个性的统一物。因此，构思中要不断深化文意就得努力发掘事物的本质，把握事物的个性。

3. 文意的提炼与深化，必须符合现实需要，反映时代精神

人们的思想意识总是不可避免地被打上时代的烙印，作者应以当代人的思想情感和美学高度去认识和评价生活、理解和把握事物，从而准确地传达当代人的思想、情绪、愿望、呼声，反映当代人的思索、发现，体现鲜明的时代精神。实践证明，流传久远的作品，无不体现鲜明的时代精神，无不具有强烈的现实针对性。

（三）提炼与深化文意的方法

1. 宏观着眼，以小见大

文章的主旨总是与社会现实有着直接或曲折的联系，提炼文意"宏观着眼"的方法：一是指从社会、全局、整体出发;二是指从全部材料出发。只有这样才不会犯一叶障目不见整体的错误。如果心中没有全局、没有整体、没有社会及事物发展的总体趋势,不对具体写作涉及的全部材料加以研究,作者是很难提炼出辩证有力的文意来的。但如果仅仅盯着全局、整体、社会、人类,找不到使力的"突破口",文意也是很难深化下去的。与"宏观着眼"紧密相关的是"以小见大"的方法,即作者在广阔的社会背景下选择某一点作为突破口,在研究了全部材料之后,选定典型材料,在不忘整体、全局的同时,从这个典型的局部、侧面开掘下去,从而促使文意进一步深化。

2. **依材取义,重点突破**

一般来说,不同材料的文章,其文意的确立是各有侧重的。

"写人"的文章就应着力对人物的思想进行开掘,努力寻找到支配人物言行举止的思想境界。

"记事"的文章一般要着重对事件"意义"的探求,要在事件所具有的多方面的社会意义、思想意义中,找出最重要、最动人、最闪光的那一点,通过它来照亮文章的一切,才能保证文章主旨的深化。

"论理"的文章,一般要着力问题的分析,要善于抓住主要矛盾,从认识和解决主要矛盾入手,才能不断深化文章的主题。

3. **反复比照,选准角度**

提炼和深化文意有一个选择角度的问题。构思者面对的材料是纷繁的,材料能给构思者的启示往往是多方面的,在众多的思想意义中究竟取哪一点?又如何深掘下去呢?这就有一个角度的问题,这个角度就是认识切入的方位。深化主旨就要善于和别人比、和同类材料的文章比,人所寡言我多言之,人所难言我易言之,人所未言我着力言之。只有这样才能不断深化文意。

4. **逆向思考,独出机杼**

逆向思考也是构思中深化文意常用的方法。写作领域中有很多材料已形成了相对稳定的主题定势,面对这样的材料只有逆向思考独出机杼,才能异中求新,不断深化文意。

二、选择与加工材料

(一)材料及相关的概念

1. **材料的含义**

材料是作者为特定的写作目的而收集的或写入文章的一系列事实现象和理论依据。动笔之前材料是产生"写作发现"的基础,构思阶段材料也是"写作发现"具体体现之一。如果说文意是文章的灵魂的话,那么材料就是文章的血肉。它解决的是言之有物的问题。写作中材料工作有四个环节:占有、鉴别、选择、使用,与构思关系最为密切的是选择和使用两个环节。材料的多义性、可塑性给构思提供了广阔的思维空间。

2. **与材料相关的几个概念**

(1) 素材

素材是文学、艺术、新闻都使用的术语。在文学创作领域,素材是指作者为创作需要通过各种途径搜集到的原始材料,它一般是零乱的、不完整的。

(2) 题材

题材也是文学、艺术、新闻都使用的术语。在文学创作领域,题材有广义和狭义之分,广义的题材是指作品反映的社会生活、社会现象的某一方面,如"农业题材""军事题材"等。狭义的题材则是指构成文学作品内容的一组完整的生活现象。

(3) 资料

资料指作者在写作过程中用来参考和引用的各种书面、音像材料。撰写学术文章、实验报告和其他科技文章经常使用"资料"这个概念。

（二）选择与加工材料的原则

1. 服从文体规范

文体对于材料的要求是很严格的。新闻文体要求材料必须真实，不能虚构；议论文体运用事实、现象作为论据，要求使用时尽量能定向、概括，构思时就不应去挖掘细节；散文要求在平凡、琐屑的材料中见精神、见情致，构思时就不能着意去编织起伏跌宕的情节。总之，忽视文体对材料的规范作用，就会写出非驴非马的东西。

2. 确保内容充实

哪怕是写一篇几百字的短文，也应力求内容的丰富、充实，单薄、浅露的文章谁也不会喜欢，而内容的丰富充实主要表现在材料上。材料的数量多质量好，文章的内容自然就会充实。

3. 尊重客观实际

构思者一定要从客观实际出发，要有科学的求实态度，要有公正之心、是非之心。不能凭个人的好恶对待材料。写学术论文不能对那些有价值的但不利于自己观点的材料视而不见；写人物报道，那个人做了十件好事一件错事，也不能将十件好事都按下不提，只抓住那一件错事大肆渲染，将一个好人写成了坏人。

（三）选择与加工材料的方法

1. 归纳裁剪

归纳就是对已选定的材料再进行一次分析，然后分门别类的整理、概括。剪裁就是对材料的又一次取舍。作者在写作中无论是写人还是叙事都不可能从头至尾一一铺叙出来，材料的意义和动人之处往往散漫的存在于各个环节或包裹在整个事件中，犹如璞中之玉，不经剥离，难显出光辉。因此，构思者从一开始就得着力归纳，并通过裁剪，从而表现出深刻的写作命意。

2. 概括统计

概括是形成概念的一种思维过程和方法。概括的方法能帮助构思者将从某些具有相同属性的事物中抽取出来的本质属性，推广到具有这些属性的一切事物，从而形成关于这类事物的普遍概念。正是因此，概括的方法能使构思者将写作对象的基本情况、基本过程、主要蕴含等用扼要的语言表述出来。

概括和抽象有联系。没有抽象就不能进行概括。在运用抽象和概括的方法选择和加工材料时，要注意舍弃次要的、非本质的属性，把主要的、本质的属性抽取出来，再通过概括推广到同类事物的全体。

统计是另一种形式的概括，是对材料的数字性说明。例如，我们对刚毕业的大学生就业情况作一次调查，能专业对口的，不太对口的，根本不对口的，各占多少？产生这些情况的主观原因是什么？客观原因是什么？除了介绍典型的具体材料以外，就还必须对材料进行数据统计。

3. 综合虚构

综合虚构是文学构思中加工材料的重要方法。作者面对诸多材料，根据命意往往是东取一毛、西取一嘴，如果还嫌不够，就再展开联想、想象，从而虚构出理想的材料，满足写作的需要。

三、谋篇与布局

（一）谋篇布局的含义及其主要环节

1. 谋篇布局的含义

谋篇布局涉及结构问题，结构是对内容的组织安排。谋篇是对文章整体的谋划，就是把各段恰当地组织成一个有机的整体。布局是从棋战中借来的术语，意思是指作者对构想中的文章的字、词、句、段、层次都做出恰当的安排。谋篇布局通常又叫安排文章的篇章结构。在构思阶段,"谋篇布局"既可以是"写作发现"的内容之一,又可以是"写作发现"具体外化的手段。篇章结构安排得好,文意就鲜明突出,材料就衔接自然,文章就会线索清晰,前呼后应,整篇文章就会显得集中、完整、统一、和谐。

2. **谋篇布局的主要环节**

(1) 层次与段落

层次与段落是结构安排的核心环节,它们安排好了,文本的基本结构框架也就确定了。层次也叫结构段、意义段,体现了文章内容的一个个相对独立部分和表现的次序。一篇文章划分多少个层次,要根据主题表达的需要,由内容的多寡繁简来决定,不能机械规定。但必须遵循两条原则:一是组合部分的不可或缺性;二是组合次序的不可调换性。

层次的安排方式在不同的表达方式为主的文体中,会有不同的表现形态。比如,在议论为主的文体中常用的方式主要是总分式、递进式、并列式等。

段落一般也被称为"自然段",它是文本内容表达过程中的停歇与转换在文字形式上的体现。段落必须由提行来标志,但不能反过来说,凡有分行标志的就是段落。一个段落要表达一个相对独立、完整的意思;要注意长短适度;要处理好段旨;尤其要注意段与段之间的联系。

(2) 过渡与照应

过渡与照应是使文本内容前后连贯的一种重要的结构手段。过渡是上下文之间的连接与转换的方式。过渡的方式主要有过渡段、过渡句、过渡词语三种,分别用来连接两个层次、段落、语句。文本需要安排过渡的主要有三种情况:一是由开头部分进入主体部分,或由主体部分转入结尾部分;二是文本内容发生重大转换时;三是当表达方式或表现方法变化时。

照应即前后文的彼此配合和呼应。常见的照应方式主要有三种:一是首尾照应,二是题文照应,三是行文中前后照应。合理而巧妙地运用照应,不仅能使全文前后贯通,首尾圆合,而且能使某些关键内容在这种"前呼后应"中得到强化,给读者留下深刻印象或某种启迪。

(3) 开头与结尾

开头与结尾都是文本中独立的层次,只是由于所处位置显要,因而受到作者的高度重视。

开头是理出全文内容的头绪,确定基调,提携下文的关键。开头的方式多种多样,或开门见山,直接入题;或曲径通幽,曲折入题。

结尾是全文的收束,应与开头保持和谐一致。结尾贵在自然、有力,能给人留下深刻的印象。结尾的方法有很多,常见的有三类:一是总结全文,点明题旨;二是自然收束,含而不露;三是展望未来,或对读者提出希望、发出号召。

(二) 谋篇布局的主要方法

1. **分合与曲直**

分合与曲直,都是使文势发展具有曲折变幻之美的基本结构手法。而所谓文势,指的是文本内容发展的趋势和走向。它是由作者对文本内容表达秩序的安排所决定的。

(1) 分合

"分"是指放开笔墨,具体铺写,要有无拘无束之态;"合"是指收束笔墨,概括思想,贵能自然从容。写作者善用分合法,文势发展就会显得伸缩自如、收束灵活。晚明时期精通诗文、书画的董其昌所说的"文章最忌排行,贵在错综其势",就主要是针对写作者要"散能合之,合能散之"而言的。

不论是叙事、写人、论理还是释物、言情,皆可以分合之法来安排结构,确定文势走向。相对而言,在各种文体写作中,议论文体和记叙文体中的散文在分合法的运用效果方面表现得最为典型。议论文最基本的结构方式就是所谓总分式,有先总后分和先分后总,以及总—分—总三种表现形态。前面的"总",是引论部分,通常是直接提出中心论点,或是提示全文论述的内容范围。中间的"分"是本论部分,即将中心论点展开来进行多方并列或逐层深入的分析论证。后面的"总"是结论部分,通常是对论证内容进行概括,阐明或再次确立中心论点,并以此收束全文。散文的最基本的结构方式就是所谓"形散神不散"。形散,是指散文内容的表现不拘泥于事件过程的完整叙述,或是事理逻辑的完整论述,而是可以由特定的事物或事理引发出丰富多彩的联想,给人以兴之所至信笔挥洒的"散漫"之感。神不散,就是要能将这些兴之所至信笔挥洒的"散漫"材料或隐或显地聚合到写作者所要表达的特定思想情感上来,使作品具有集中、鲜明的整体表达效果。

(2) 曲直

"曲"是指构思中努力发现与把握表现对象发展的曲折迂回,并在文意、材料的处理中努力体现这种变化;"直"则是指构思中努力做到正面、直接揭示文意,处理材料不事渲染,从而促使文势发展简明平直。

写作中曲直手法的运用应当是相互融合的。要做到有直有曲,曲直互补,直中求曲,曲中见直。直中求曲,方能使脉络清晰而不浅陋;曲中见直,才能令文意含蓄而不晦涩。一味求直,必然有"一览无余"之病;一味求曲,也难免令人费解。一般来说,曲直结合,在议论文中主要表现为正面论述与侧面或反面论证相结合,以求在多角度交叉中使论点得到更透彻的阐释。

2. 疏密与虚实

疏密与虚实,都是能够使文本内容的表现收到错综变化、相得益彰之效的结构安排之法。

(1) 疏密

"疏"主要是指行文疏朗,文气舒缓;"密"主要是指行文绵密,文势紧迫。疏密通常也叫"详略",一般来说,构思者在预想未来文章的某一段或某一部分时,是让其容纳数项还是仅说一项或者是采用语疏情密的结构方法;是采用款款而叙还是喷泄而出的语气,往往需要构思者呕心沥血。疏密作为安排结构的方法,在构思中往往根据思想内容表达的需要统筹安排,努力做到主次详略安排得当,疏密相间自然,既有结构富于变化之美,又有突出文本特定思想内容之妙用。

需要特别强调的是:一定要根据文本内容表达的需要来确定主次,安排详略,而不能机械地去套用先详后略或先略后详的简单模式;对疏密含义的理解要全面,并要认识到这两者的含义是相对而言的,不能绝对化。

(2) 虚实

"虚"是指构思中对表现对象进行侧面的间接的表述安排,这是从效果,从大处着眼来进行这种表述安排的,目的是使对象的某种特征或深刻意蕴得到突出。"实"则是指构思时对写作对象进行直接、正面地叙述、描写的安排,目的是使对象的具体形貌清晰明了。虚实作为谋篇布局的重要方法还包含构思者对未来文章思想与材料关系的处理,是准备用事实来表现观点还是用阐述、说明来论证观点,构思者必需预作筹划。

构思中注意虚实结合,可以避免在叙述或描写中局限于对象本身,或就事论事;注意虚实结合,还可以为读者在阅读中发挥想象和参与创造提供"艺术空白",从而唤起读者想象和理解能力的参与创造。

3. 抑扬与张弛

抑扬与张弛都是使行文节奏具有错综变化效果的基本结构手法。行文中如果没有节奏的变化,就会让人觉得单调。

(1) 抑扬

"抑"就是抑制、降低;"扬"就是扬起、升高。构思中的节奏指的是一种内在节奏,也就是作者的情感起伏变化。对人们情感变化的评价可以归纳为褒与贬两大类型,这种情况反映在写作中就形成了抑与扬。行文内容在表现过程中交替出现抑扬的变化,行文的节奏就会有上下高低的起伏变化,就会造成读者情感起伏的变化,这就是抑扬法的独特魅力所在。

(2) 张弛

"张"指行文节奏紧张、急促,内容呈现紧张激烈;"弛"指行文节奏舒缓、轻松,内容呈现轻松舒缓。构思文章的结构如果能正确而灵活地运用张弛之法来调节节奏、安排结构,使之与人的心灵节奏的内在要求相适应,就能收到一种节奏错综变化之美。

(三) 谋篇布局的基本原则

1. 要正确反映客观规律和事物的内在联系

文章的内容不外乎是客观事物和作者心灵的反映,构思安排文章的结构就必须符合客观事物的发展过程及规律。叙一件事,总有一个发展过程,总可以分为若干个阶段,总有它的来龙去脉和前因后果;议一个问题,问题总会包含几个不同的方面,总有各种矛盾和解决矛盾的途径。诸如此类,要把事情和道理都说得清楚明白,就一定要依据事物的内在联系来安排文章的结构。

2. 要服从于表现文意的需要

文意是文章的灵魂和统帅,安排结构的根本目的在于表达文章的主旨,因此在构思文章结构时,层次的确定、段落的划分、先后的交代、照应,以及怎样开头,如何结尾等,都必须根据表现文意的需要来斟酌。

3. 要体现不同体裁的特点

文章的体裁不同,其篇章形式也往往有别。如散文是分段分层的,戏剧则分场分幕,诗歌则分行分节。就一篇具体文章来说,如果是消息,一般就都有标题、导语、主体和结尾;如果是一篇总结则常常是由概况、做法、经验和教训等部分构成。总之,对篇章结构的构思必须考虑文体的特点。

四、确定文体

(一) 确定文体的依据

1. 文体的含义

文体就是文章的体裁、体式或样式,它是一篇文章或一部著作实际呈现出来的内容及其表达特点与结构方式的整体状貌。

2. 确定文体的依据

确定或区分文章体裁的要素有三个:一是文章所写的材料,二是文章写作的目的,三是文章中使用的主要表达方式。这三者综合起来就决定了不同文章体裁的不同特征。严格地来说,文体既是对文本形式的一种特定要求,又是对文本内容的一种特定要求,并且是对它们之间最终实现有机融合的一种特定要求。破坏了这种特定要求,便失去了这种文体的"文体感"。

(二) 几类常用基本文体

寻求统一的文体分类标准,是人们长期探索的一个重要课题。由于分类的标准难以统一,当代中国的文体分类一直是个众说纷纭的话题。在本书中,我们从功能用途的角度将文体分为四大类,即新闻文体、应用文体、文学文体、理论文体。在每一类文体中,我们选取了社会使用频率较高的文种加以介绍,目的当然是很明确的,希望能给使用本书的读者提供切实的帮助。

1. 新闻文体

指新闻的体裁、样式,是新闻报道的具体而又不同的载体形式,是新闻事实在新闻报道中呈现出的信息内容、表达特色和结构方式的整体形态。新闻类文体中使用频率最高的文种是消息和通讯。新闻文体在构思上最突出的特点是强调时效和真实。

2. 应用文体

应用文体是党政机关、企事业单位、社会团体、人民群众用于工作、学习、生活等方面,直接为现实生活服务,具有实用价值、惯用格式的一类文章的总称。这类文体是人们交流思想、经验、传递信息、沟通关系、处理具体事务的一种工具。应用文体中文件规定公文、事务文书等是使用频率相对较高的文类(文种)。平实、模式化是构思这类文体必须遵循的原则。

3. 文学文体

它包括诗歌、小说、戏剧和散文等。这类文体都具有情感化的特征。文学文体的构思受制于作者特定的审美理想、审美观念、审美趣味,也体现出作者审美能力的高下。

4. 理论文体

指以概念、判断、推理等逻辑形式为基本思维方式,对事实、事理或学术问题等对象进行分析论证,从而明辨是非,阐述作者的观点、立场的说理性文章。各类评论、学术论文是这类文体中使用频率较高的文种。遵循理性是构思这类文体最突出的特点。

(三)确定文体的技巧

1. 充分认识"定体"的重要性

构思中确定文体是十分重要的。刘勰在《文心雕龙·熔裁》篇里强调"草创鸿笔",首先是"设情以位体。"①在这里刘勰明确地提出构思第一步就是确定文章的"情志",给它安排一个恰当的"体裁"。为何要如此呢?因为"文章"是一种用语言文字以表情达意的"制作",那么它就应与一切制作一样,应有体式、型范、规矩,而且应"以体制为先"。否则,将无所依傍,不知如何下笔。

2. 努力培养"文体感"

文体感是写作主体对文体长期接受和应用的一种心理积淀,是写作过程中自觉或不自觉地规范写作行为的"内在尺度"。形成文体感的建立是定体能力的前提与基础。文体感的培养途径和方法多种多样,最重要的方法之一是多多阅读、认真揣摩那些文体规范的名篇,这会帮助作者快速地形成对文体特点的敏感,理解、把握各类文体。

3. "守格"与"创格"

"体裁"不是一成不变的,所以对体裁要有辩证的观点,把"守格"与"创格"很好地统一起来。构思时要既不失"体制"又不被"体制"所缚。能深知"大体须有,定体则无"的道理。如此在构思中定体的技巧自会日臻佳境。

五、选用技法

(一)技法及相关的概念

1. 写作技法的含义

写作技法是指在长期的写作实践中逐渐形成,并被总结出的那些带有规律性的技巧和手段。是作者为了表情达意而采取的有效艺术手段,写作技法受制于作者的世界观、艺术观,同时又作用于他的写作实践,为写作活动服务。在构思中,作者对技法的考虑主要体现在炼意选材、谋篇

---

① 祖保泉.文心雕龙解说[M].合肥:安徽教育出版社,1993:622.

布局、遣词造句(包括内语言①状态)等方面。

2. 表达方式的含义

表述特定内容所使用的特定的语言方法、手段,就叫表达方式。它是文章构成的一种形式要素。表达方式随语言表达的产生发展而逐步形成。表达方式包括叙述、描写、抒情、议论、说明五种,不同的文体有着各自常用的表达方式。

写作技法与表达方式的关系十分密切,它们互相依存,不可分割。表达方式是运用写作技法的前提和基础,许多写作技法包容于表达方式之中;写作技法又具体体现表达方式,是表达方式的延伸和拓展。但写作技法大多是从不同的表达方式中派生而来的,它比表达方式的内涵更细致和具体。当然,并非所有的写作技法都是表达方式的具体化。

(二)技法举隅

1. 正反比照法

指构思全文时,从一个方面一个角度把对立的人、事、物、景等作对举表述,通过类别、性质相同的材料本身所含藏的正反意义的对照来显示文旨。运用正反比照法需注意:取材立意必须具有鲜明的可比性。正反比照作为谋篇布局的方法之一,主要优点是:文章的主旨会更加突出鲜明;可省去许多陈说材料蕴含的笔墨;可使用于各种文体。

2. 从一到多法

从一处发生的事引出发生在不同地方的许多与之有关的事。作者先抓住一件事叙写,然后有条不紊地分头叙写发生在不同地方的事。从一到多法主要适用于叙事性文章,尤其适合对那些既有明确中心又错综复杂的事件的叙写,往往能将错综复杂的事态叙写得条理清晰。

3. 举纲张目法

在全篇首段或尾段亮出基本观点(纲),再在其他各段(多在段首)显示分论点(目),从而做到条贯有序、眉目清楚。这一方法主要适用于议论性文章,往往使文章中心论点突出,分论点显豁,使人一眼就能辨出文章的层次。

4. 立骨法

首先确立文章骨架。所立之"骨"应是文意的高度浓缩,可以是一个字,也可以是一句话或一段话,以它作为全文的中心。行文时一定要紧扣这一字一句或一段。在"立骨法"中,"一字立骨"是原初模式,"一句立骨"和"一段立骨"都是由它派生出来的。文章构思绝少不了炼意,如果文意集中,则采用此法能使全文有"眼"(文眼)。运用立骨法需注意:对笔下所写对象要有独特发现和感受,并能用一个字(或词、句、段)将它概括出来;要将此字(或词、句、段)一贯到底。

5. 悬念

悬念的本义是指读者对文章中人物命运或故事的发展产生的一种紧张与期待的心态。作为构思文章的一种技法,它指的是作者精心设置疑窦和矛盾,以激活读者阅读兴趣的艺术手段,传统的称谓是"扣子"或"关子"。悬念由两个部分组成:设悬和解悬。设悬又分为"守密式"和"透露式"两种。"守密式"是作者先提出矛盾,造成疑团,引人关注,但故意将结果隐藏起来;"透露式"是先把引人关注的事件结局写出来,却不立即陈述事件发展变化的过程和原委。解悬就是在情节发展到一定阶段上解释悬念,以满足读者的期待心理,即"解扣子"。

6. 巧合与误会

巧合与误会是关系十分密切的技法。在写作中它们往往连用,使情节波澜起伏,曲折有致,从而大大增强作品的吸引力。

---

① 关于"内语言"参看本书第四章"内部语言与外部语言"的相关内容。

巧合是作者精心策划的"偶然",它是情节发展、"突变"的推动力。巧合是虚构的但必须合乎情理。应是偶然之中的必然。巧合要新奇,不落窠臼。尤其要注意防止"弄巧成拙"。

误会是指错误地把此事物当作彼事物,并由此引发了许多矛盾,借此曲折情节。误会通常有"言语误会"和"视觉误会"两种方式。

7. 意识流

意识流是通过回忆、联想、梦境、幻觉、独白等方式,深入表现人物意识瞬息万变的复杂曲折的流动状态和隐藏在内心深处的心理活动的一种构思方法。这种构思方法涉及"意识流"的概念、"自由联想"和"心理时间"。

"意识流"的概念是美国著名心理学家威廉·詹姆斯于1884年在《论内省心理学所忽略的几个问题》一文中最先提出,后来在其著作《心理学原理》中加以发挥的,他说:

意识并没有对它自己显现为是被砍碎了的碎块。像"链条""序列"这样的语词,并没有恰当地将它描述为它最初将自己呈现出来的样子。它完全不是接合起来的东西,它是流动的。"河"或者"流"的比喻可以使它得到最自然的描述。在后面谈到它的地方,我们称它为思想之流,意识之流,或者主观生活之流。①

詹姆斯把人的意识活动比喻成"流水"意在说明人的心理活动是不间断的。

意识流的构思方法在构思内容上涉及奥地利精神分析学家弗罗伊德的"自由联想"。这种联想的内容是相互交织的意识和潜意识。

意识流的构思方法在内容的表述上涉及法国哲学家、诺贝尔文学奖获得者亨利·柏格森的"心理时间"。柏格森认为:

在这里,记忆在起作用。它把过去的某种东西推到了现在。我的心理状态沿着时间的路线前进,它因不断积累的绵延而扩张……②至于心理生活,由于它在掩盖它的符号下面展开,所以我们很容易地发现时间就是心理生活的材料。"③

柏格森的话是说,在人的内心深处,各个时刻不断绵延流动。要充分表达人的内心体验,用一般的时间序列是不适用的,而需要把过去、现在、未来的各个时刻相互渗透。

这三种理论被用于心理小说的写作于是产生了意识流技法。"意识流"作为构思中的一种技法,特别长于表现人物多层面的意识活动,它包括内心独白、自由联想、时空交错等。运用意识流的构思技法能使作品在形式上构成局部或整体的辐射式结构或象征模式,能造成跳跃式叙述,能让时空交错闪回切割,从而使人物的各种思绪和不同层次的意识得以自如的表达,且大大地节约笔墨。

8. 象征

构思中所说的象征,指的是以具体、可感的形象事物来寓意或揭示人们对生活的感受和认识,强化或美化人与物之精神品格的一种写作技法。

象征从形式方面看,可分为明喻式和暗喻式两种;从它在文章中使用的范围来看,可分为局部象征和整体象征两种。

9. 变形

变形是指根据写作主体的需要,对人物、情节、环境所做的突破常规的曲折构想的方法。它不仅在夸张的内容中突出事物的本质特征,而且在形式方面也给人以深刻的印象。

变形的方式是多种多样的,从它使用的范围看,就有局部变形和整体变形之分;从它所依据

---

① 威廉·詹姆斯. 心理学原理(第1卷)[M]. 田平,译. 北京:中国城市出版社,2003:335.
② 亨利·柏格森. 创造进化论[M]. 姜志辉,译. 北京:商务印书馆,2004:8.
③ 同上书,10页.

的创作方法看,有常态变形和超常态变形之分;从变形的程度看,又可以分为畸变和物化两种类型。畸变是指在不改变人物、景物外形的情况下,展示出人物精神、心理的扭曲和变形或景物环境的主观化的变异;物化是以人格化的物来表现人类社会生活的内容,或以虚幻情景下的人演绎现实生活中扭曲的事。

第四节 构思过程

构思的过程会因写作的内容、文体、要求不同而导致种种差异,作者及其写作习惯的不同,更会使构思的情形各有差异。但无论有多少差别,作为写作活动最为重要的环节之一的构思过程,还是存在一些规律性的东西,需要作者去把握和运用。一般来说,构思的过程都会包括这样两个前后相续的阶段:孕育深化;成熟定型。

一、孕育深化

有了写作发现,下一步便是如何孕育深化,如何展开思路。最初,作者还能自觉地驾驭着思路,但到了统觉①全部显示,各种材料不仅鲜亮,而且成了有生命的活物,它们按照事物的内部特有的联系组合在一起后,作者就不能自主地去驾驭了,思路就会不自觉地顺着事物间特有的联系去运动。这时,思路的作用,就是使这些事物间的联系更具有条理性、逻辑性,更加紧密和牢固。同时,还会使它们的特征和作用也更加明显地体现出来。这样,思维的活动线路和进程,就基本确定下来。如用文字把它反映出来的话,就成了文章的结构。因此,可以这样肯定地说:思路清晰明白了,结构也就连贯和严密了。至此,全部构思就已经走向成熟,作者只需抓住战机,及时引爆——抓住触发思路的由头和契机,顺着思路,把文章写出来。这样写出来的文章也一定会条理清楚,结构自然天成。

构思的展开是按文体的性质及表达特点来进行的。因此,研究构思的孕育深化也当依文体的性质及表达特点来进行。

(一)文学构思的孕育深化

对文学创作来说,构思的展开就是要求作者激活心智,调动积累。构思就是展开想象的翅膀,营构一群人物、一组事件或一片景象,搭起有声有色、有情有意的艺术境界的架子。这是总的趋向。在具体进行时,是从具体到"具体",即从"第一自然"进入到"第二自然",也就是说将具体表象、感受、体验,经过艺术概括、集中、重构,达到典型化的"具体"。这是意象思维的展开过程。这里,虽然也有抽象思维的渗透,但其目的是服务于意象思维,为了更好地塑造形象,构成意境。文学体裁多种多样,基本类型有两个:一是抒情意境型;二是人物故事型。它们的构思各有特点。

1. 抒情意境型文章构思的孕育深化要有"情与境"的触发

抒情意境型文章构思的展开总是围绕特定的"情与境"进一步"取象",把"境"的审美特质渲染出来,把"情"的种种内涵熔铸进去,使之达到情浓境美的状态。换句话说,抒情意境型文章构思的任务就是把作者在审美阶段获得的丰富的表象材料综合、加工、改造成为蕴含有一定生活意义的审美意象。意象,顾名思义是"意"与"象"的统一。

例如,茅盾的《白杨礼赞》的构思就是他在西北之行积累了大量感受的基础上展开的,构思孕

---

① 统觉是艺术构思中有某事物引起作者对自己已有知识、经验及情感或一种初念的联系和融合,并在此基础上加深对某事物的理解和认识的一种思维现象。初念是指客观事物给作者的第一印象。

育深化的触发点是猛然看见了前面有一排傲然耸立的白杨树,作者将西北之行的大量感受附丽到白杨树上去之后,于是抒情有了凝聚点和突破口,这在作者心中还只是直觉性的触动。作者只说出这种直觉是不够的,尚无审美境界与情意抒发的具体性。于是作者一方面"因枝振叶",在感情的支配下写景物,如写白杨积极向上,倔强挺立,是树中的伟丈夫;同时强化景与物的关系,如以黄土高原的雄壮而又单调作为白杨树的背景,以贵族化的楠木与白杨对比。另一方面,"沿波讨源",借景物来融会情意,赞美白杨,发掘白杨树的象征意义。这样写,作品便构成"情与景"融会的初境(白杨像哨兵,我不禁惊叫了一声),"景中有情"的拓境(写白杨努力向上的美质),"由此及彼"的凌境(以白杨是树中的伟丈夫过渡,转到它象征北方的农民和守卫家乡的哨兵),审美境界的开拓与情意的升华,极有层次。总体来说,这类文章构思的展开就是沿着情感的线索,有层次地开拓境界,以此来表达作者的情思。

2. 人物故事型文章的构思深化离不开生发和重构

人物故事型文章构思的展开,艺术想象是必备的条件。展开构思的能力也就是虚构的能力。民间有句俗语:"真《三国》,假《封神》,《西游记》哄死人。"其实,作为历史小说的《三国演义》,也是"七实三虚"。如鞭打督邮是刘备所为,但作者却把这事放在张飞身上,这是根据小说中张飞的性格"张冠李戴"的。"草船借箭"的发明者本属孙权,却被移植到诸葛亮身上,以突出他的足智多谋和神机妙算。斩华雄,诛文丑,也并非关公所做。华容道义释曹操,历史上无案可稽,但为了突出关公的勇武、忠义的性格,作者特地编写了这些情节。这些移植和编造,令读者可信。这种艺术想象,是作者思维的主动精神的体现,但也要受到一定的制约。

第一,要遵循生活逻辑。情节要合乎人物性格的规定性,合乎人物之间关系和人物与环境关系的处理;情节的安排,也要合乎生活的规定性,合乎生活的发展趋向。这并不意味着限制艺术想象的自由。因为整体情节应是产生于构思之初,在构思具体展开过程中,偶然性的场景会随作者对人物关系的直觉判断纳入艺术构筑之中,艺术想象如同灵光迅疾飞动。这种艺术想象不是历史公式的图解,也不是"轻车熟路"的模式。

第二,要受作者情感和思想观念的支配。在构思展开的过程中,作者的情感和观念有一种特殊的力量,对生活逻辑进行"情化"的改造,使客观性模糊,而主观的东西体现得很鲜明。这是构思展开过程中主观能动性的发挥。例如,突出、强化人物性格的某些性格特征,而简略另外一些方面;简化、紧缩人物性格变化的发展过程,把多种因素决定的性格发展历程,借助于一两组矛盾、一两场冲突、一两个转折点来完成;还有简化人物关系,在人的社会关系网中,选取一两种关系加以强调和突出,等等。这些都是为了使文学写作创造的典型更集中、更鲜明。

第三,要受制于作者的艺术趣味。作者对表象材料的集中概括、移植组接、扭曲变形等处理,总按照他的艺术修养、艺术趣味的心理定势去进行。有的侧重于现实主义的以真为本,有的侧重于浪漫主义的幻想境界;有的追求故事情节的曲折多姿,有的追求抒情意境的浓郁缠绵;有的讲究性格的复杂浑厚,有的喜欢形象淡雅透明;有的对含蓄之美很珍视,有的觉得明朗的风格很可贵;有的好用象征手法,有的快意于直剖人生,等等。这些制约因素,作者在构思时自然会出现,只要正确对待,处理好它们之间的关系,并不影响作者的创作构思的深化。

(二)议论文章构思的孕育深化

对议论文章来说构思的孕育深化,就是演绎发挥开去,说明事理中的种种关系,将理论不断提升,搭起有证有据、有条有理的理论体系的框架。

例如,管卫中的《人生的杀手:意气用事》一文,目的是为了提醒人们要慎重对待人类的情绪。作者深知情绪对一个人的生活、命运的影响有多么重大,所以要对这个问题发表意见,他对情绪的理解和他对情绪控制不当可能会产生的危害的认识,使他定下了论述的角度,构思就这样萌发。构思的展开就是形成一个论证的过程：先阐述情绪的正面效应，接着思路一转，点出情绪也可能产生负面效应，从正反两面说明情绪的存在与重要性；然后，反复举例，谈小人物不懂得用理智的缰绳控制情绪的野马，意气用事从而造成的恶果。继而只举一例，说明大人物意气用事会造成的可怕后果，以历史上刘备意气用事作为典型，证明情绪一旦失控会造成的负面效应——刘备尽起蜀国70万大军，杀奔东吴为被害兄弟关、张复仇，结果造成蜀国从蒸蒸日上走向衰落，吴蜀两国联手抗魏大局被破坏，最终被魏国各个击破，蜀国灭亡。以充分的事实和深刻的道理进一步论证了情绪可能产生的负面效应。最后，明白无误地亮出自己的观点：

大至国事，小至家事，多少人间悲剧、惨剧、闹剧，皆源于关键时刻的失误、错误决断，而这些致命的失误，又源于人的情绪冲动、无理智，不成熟。可见，意气用事，确为人生的一个蒙面杀手。这个杀手藏在人的心里，人们往往对它不经意，缺乏警惕，所以说，警惕哟，意气用事。①

这样，意气用事就不是一个抽象概念，而是有了具体内涵；情绪的负面效应也得到了具体的证实。

论述性文章就是为了使概念或规律得到具体的阐释，使抽象概念变为具体概念，使人们对观念、判断有具体深刻的理解。在由抽象向具体转化的过程中，各层次之间都有一定的逻辑关系，都有一定的逻辑组织形式，或层层演绎，或步步归纳，或辩证分析，或将历史的方法与逻辑的方法相结合。总之，议论性文章构思的展开是一种理性的分析（不排斥形象思维的渗透），既要列出证明中心命题的分论点和论据，又要理出事理的逻辑关系。分论点和各层次的合乎逻辑的展开，就是议论文章构思深化的具体表现。

二、成熟定型

在构思的定型阶段，构思的内容主要是考虑文章的"意"或"象"与文章的"文"（即如何表达）的关系。只有在对未来文章的具体形式有了基本确定的设想之后，创作主体才能进入文字传达，着手由"意"或"形"到"言"的转化。故从表现的角度出发，修正、调节前阶段已有的构思内容，赋予某种确定的形式，就成为此阶段构思活动的主要内容。定思中，作者主要考虑的是传达的明晰程度和传达的最佳效果。鉴于此，我们认为构思的最后阶段，其内容主要是文章定型的"三化"活动。

（一）定型的"三化"

1. 有序化

有序化包括对未来文章总体的驾驭及局部次序的设想。创作主体按照思路发展，对材料进行调整、组合，从而构成表达思想感情的逻辑序列，变无序为有序。李准在创作《李双双》之后，深有体会地说："我觉得写人物时，应该是反复酝酿揣摩，烂熟于心，真正达到呼之欲出的境界，方可动笔。人物的语言、行动，到什么地方，他会怎样说话，会表露什么感情，只有完全把握准确，成为浑然一体的时候，在创作时才可以随心所欲、从容不迫。"②可以说任何作品都是一个有序化的系统，构思的成熟定型首先就表现为文章成为一个有序化的整体。

应用性文体构思定型的"有序化"表现得更为明显。如果作者觉得自己对未来的文章构思已基本成熟定型，那么他对要表现对象的内在联系（自然的或逻辑的）一定已了然于心，对文章将采用何种文体或写作模式也一定基本确定，而文体或写作模式的确定，在此正可以体现出构思成熟定型的"有序化"。

---

① 管卫中. 人生的杀手：意气用事[M]//王景科. 写作例文选. 济南：山东文艺出版社，2008：99.
② 李准. 向新人物精神世界学习探索——《李双双》创作上的一些感想[G]//卜仲康. 中国当代文学研究资料·李准专集. 南京：江苏人民出版社，1982：142.

2. 凝聚化

未来文章能否取得清晰、准确的传达效果,还取决于构思的重点是否突出,蕴含着某种思想感情的形象特质是否得到鲜明的凸显。与构思初始"扩展"的特点相比,定思活动呈现为一种收束、浓缩的逆反运动,就是从意识中存在的大量印象与形象中挑选最有价值的材料,选取一切需要的,抛掉多余的,在一个确定的方向上浓缩事实与印象,以便尽可能全面和清晰地表现出、传达出在意识中越来越定型的文章的主要思想。应用性文体的构思如此,文学性文体的构思也如此,如彭邦桢的《月之故乡》就是这种"凝聚化"的结果:

天上一个月亮/水里一个月亮//天上的月亮在水里/水里的月亮在天上//低头看水里/抬头看天上/看月亮,思故乡/一个在水里/一个在天上①

诗的第一节写的是个横断面:天上水里二月相映。诗人由天上月猛然跳跃到水中月,回环往复,不断地浅唱低吟,形成了一种深邃缥缈的意境。诗的第二节写的是个纵切面:虽然时间上极短,只是低头与抬头之间,但思维上无疑具有巨大的跳跃,由月及人,再由人望月到人思乡,进而发出了心底埋藏已久的幽叹:水里也好,天上也罢,那都是月亮的故乡!我的故乡呢?孤悬海外多年的现实,促使多愁善感的诗人产生了强烈的失落感和流亡意识,仿佛使读者看到了一个不知所终的流浪者,正柔肠寸断地沉浸在对乡愁的倾诉之中:我原本是有故乡的呀!可故乡呢?一个在水里,咫尺天涯,无法触摸,这不是故乡;一个在天上,天涯咫尺,遥不可及,那也不是故乡!在反复吟咏之中,思乡的无限惆怅之情就凸显了出来。

诗歌的语言极具张力,十分清晰地将诗人内心深处蕴藏着的、渴望两岸早日统一的迫切心情表现了出来。在这里,诗人写的不仅是他个人所见,而是借此写了一个社会;也不仅是一时一地的感受,而借此写了一个时代。显然,是诗人思维的凝聚化成就了这首诗。

3. 审美化

审美化也是构思完成的重要标志之一,在构思的成熟定型阶段,作者总是以文章形式的优化为目标的。如果是文学创作,作者此时的审美活动当然主要是着眼于提高未来文本的艺术性,提高增强主观创作意图的物化程度以及物化效果。虽然在有序化、凝聚化活动中也渗透着对未来文本形式的优化或者说美化意识,但除此之外,作者肯定还需要集中考虑一些形式因素,如文本的基调、风格、表现手法、技巧、具有特征的语言等。

即使是应用文的写作,在构思的成熟定型阶段,这种审美化的意图也是不可或缺的。一方面是因为我国有"美文"的传统,另一方面则是因为应用文的传播效果与文章形式的优化往往也是成正比的,只是应用文构思的审美化与文学创作关注的形式因素存在一定差异而已。

(二) 构思的个性化与构思的节制

1. 构思的个性化

从构思的过程中可以看出,文章的构思在作者的思维活动中体现出由模糊而渐趋明晰、由粗略而渐趋精细、由表浅而渐趋深入、由驳杂而渐趋凝聚的过程特点。构思是一种整合化和个性化的活动,个性化表明每一个具体的构思过程都有其特点。有的作者具有较强的内在视觉,能够相当完整地看到内心营构的世界,因而使构思有较高程度的完整性和具象性;有的作者则不在表达前作完备的预构,而习惯于动笔之后的"即构";有的作者能凭着超常的知觉能力和灵感的惠顾,使构思不经孕育阶段,无须有意识的比较、分析、综合,便直接进入定思阶段,某些构思环节被压缩或转为隐态。构思活动的整合化是指由一系列心理现象构成的心理综合活动,也就是说,在构思时,大脑是作为一个整体发挥各种功能的。所以,整个写作过程的不同阶段具有反复、同步的

---

① 人民文学出版社编辑部. 台湾诗选[M]. 北京:人民文学出版社,1980:37.

性质,构思发展过程的阶段划分以及阶段内部的环节界定,也仅是为了便于阐明问题而采取的一种简单化的表达。实际上,整个构思是个完整的过程,要在构思中截然划分界线是相当困难的。正是由于以上的原因,构思的过程总是个性化的。

2. 构思的节制

构思的节制既是构思的艺术要求,又是构思的终点。作者要注意从整体上去把握构思的节制。从艺术要求方面说,它的含义是以少胜多,留有余地。唐代诗人刘禹锡说:"片言可以明百意,坐驰可以役万景,工于诗者能之。"[1]讲的就是以少胜多。鲁迅的《朝华夕拾》中的散文,都篇幅不大,不追求须眉毕现,更不求全求多,却让读者有思索的余地,因而显得含蓄而深刻。以少胜多,虽少实多,这是辩证法在构思艺术上的体现。节制也是美学上的要求。含蓄美、精练美,几乎是古今中外一切写作实践的一条法则,构思的节制正是为了达到这一境地。有所节制,必然在具体构思中讲究有虚有实、有隐有显、有详有略、有疏有密,讲究象外之象、言外之言,无疑可以增强文章的审美效能。构思的节制,对一切文章都是适用的。简练、精深、晓畅,是实用文章的起码要求,如果不注意构思的节制,显然也是难以实现这些要求的。

以上是构思阶段的大致过程和所要考虑的主要问题。在写作实践中,构思阶段形成的框架要到行文阶段去丰富、去验证,因此还有许多问题要不断思考、不断揣测。所以,构思的整体完成,实际上是在文章打上最后一个标点的时候。有时,即使文章写完了,也可能还会推倒重来,或大规模修改,这又得进行再构思。

总之,构思的过程虽然勉强可以分为孕育深化和成熟定型两个阶段,但它们之间的关系是紧密联结、往返变化的。由于每个作者的写作个性和构思能力不同,构思的方式也各不相同。因此要将构思机械地作阶段性划分,在实际上是几乎不可能的。

第五节 构思方法

由于构思涉及的内容和范围十分广泛,构思的方法自然也就多种多样。构思不会脱离具体环境,不能摆脱具体的限制和要求,以此作为标准,则可将构思的方法分为自由构思法和命题构思法两种。构思的实质是思维的运用,以思维是否具有形象为标准,也可将构思方法分为形象思维法和抽象思维法两种。作者写文章的习惯不同,构思的习惯和方法也就往往各不相同,从构思习惯的角度归纳,常用的构思方法有提纲构思法、腹稿构思法和断续构思法。

一、自由构思法和命题构思法

(一)自由构思法

自由构思法是指作者构思时思维活动不受任何预定的路线、目标的限制,而是自由自在地进行,"海阔凭鱼跃,天空任鸟飞"。从感知开始,作者的思维机制就无拘无束地运行起来,各种思绪和各种记忆中的表象会连翩不断地呈现,既有形象思维在作用,又有抽象思维在活动。在这种自由运思中,作者的思想和情感都是自然而然地出现的,像泉水般涌出来,又似溪水般流动着。文学创作中的意识流,就属于自由运思的范畴。自由构思法主要是指自由联想、内心独白和象征等构思人物形象的艺术手段。掌握自由运思的方法,要靠作者长期的写作实践,要靠虚心的学习、借鉴,在运用中去体会,由"生"而"熟",由"熟"而"巧"。

---

[1] 刘禹锡.董氏武陵集纪[G]//郭绍虞.中国历代文论选(第2册).上海:上海古籍出版社,1979:89.

（二）命题构思法

命题构思又称限定构思。在校生的写作训练及社会上的各种招聘写作考试常常会用到这种构思方法。比如,在写作训练中,学生们常会被要求写命题作文,此时便只有运用命题构思法。其方法是,首先对教师的命题及要求进行思考,也即审题,弄清题目的含义、要求的文体和写作的范围;然后根据命题要求确定中心,选择材料,谋篇布局,遣词造句。由于题目是他人定下的,因而作者的思维活动受到了限制,必须朝着规定的写作目标进行构思,并通过构思达到这一目标。与自由构思相比,作者进行命题构思时就不能无限制地自由立意、自由选材、自由联想、自由定体（体裁）,然而作者可以在命题的规定性之下充分发挥构思的主动性,仍然能够使构思取得良好的结果。这是因为他人命题之后并未完全限定作者只能使用某一类材料,确定某一条思路表达某一种思想,写出某一样感情,而是在这些方面都留有广阔的天地,因此构思的进行还是有一些比较自由的空间。

二、形象构思法和抽象构思法

（一）形象构思法

形象构思法,是一种艺术地把握世界的思维方法。在文学创作中,它不仅始终不离开生活的具体可感的形象形态,而且驰骋着想象、饱和着情感,围绕艺术形象的萌生、发展、成长的过程而进行思维。其思维的结果,不是以抽象的结论,而是以血肉丰满的艺术形象来揭示出生活的某些本质或规律。形象构思法在作者进行构思的过程中,是与艺术感觉、情绪记忆、联想、想象等交融在一起的。形象构思法并非与理性绝缘,而是和抽象思维相互交织,相辅相成的。能否正确地运用形象构思法来进行写作,取决于写作者的思想水平、生活经历、文学素养及掌握艺术技巧的程度。初学写作者要通过多练和运用情绪记忆、联想、想象来掌握形象构思法。

1. 联想

联想是由一事物想到另一事物的心理过程,是跨越两个事物或两个概念之间的相关度差距,由此想到彼,把二者联系起来的思考,是客观事物普遍联系的规律和大脑联结功能在心理活动中的反映。由于事物间存在不同的联系,所以联想也有不同的方式和类型。最基本的类型有接近联想、类似联想、对比联想、因果联想;如果就内容划分,又有象征联想、推测联想等。

联想大致又可分为三种方式:连环式、辐射式、跨越式。连环式是一种由甲想到乙、由乙想到丙、由丙想到丁的思维展开方式。其思路外化为文字,最典型的表现形式是顶针修辞;辐射式就是以甲为中心为起点,分别想到乙、丙、丁等;跨越式就是由甲发想,越过乙、丙,直接与丁联系起来。这种跨越可以不论虚实之分、不管是否相关,只要有相似性、可比性就行。

2. 想象

弗洛伊德说过这样的话:"即使我们彻底地了解了作家是怎样决定选材的,了解了具有创造性想象力的艺术的本质是什么,我们所了解的一切也根本不能帮助我们自己成为作家。"[①]在他看来成为作家的是作家创作时同儿童一样在做既严肃真实又同现实区别开来的"快乐的幻想"。"快乐的幻想"这种"白日梦"最重要的心理活动形式是想象。关于想象,韩非说:"人希见生象也,而得死象之骨,案其图以想其生也,故诸人之所以意想者皆谓之'象'也。"[②]从见"象之骨"到"想其生",这是一种简单的再造想象,写作的想象要复杂得多。面对写作的问题情境,作者在运思中对表象进行的整合活动就是想象。这里说的表象是客观事物在人脑中留下的印象。当人们直接

---

① 弗洛伊德. 作家与白日梦[G]//张唤民,陈伟奇,译. 弗洛伊德论美文选. 上海:知识出版社,1987:29.
② 韩非子·解老[M]. 高华平,王齐洲,张三夕,译注. 北京:中华书局,2010:209.

或间接地感知某种外在事物之后,这种事物的形象会印在人脑中,靠记忆保存下来。当人们想象时,便以记忆中保存的表象材料为基础,进行分解综合,然后对其组合或化合,可以再现客观事物,或者创造出未曾经历过,甚至不存在的事物形象。文学和实用文的写作都需要想象,但二者有重大区别。前者可以强化构思对象的个性特征,融合主体的情志和倾向,可以虚拟,以创造性想象为主;后者要抽象出共性特征,排除主观随意性,必须符合事实和逻辑,以再造性想象为主。

想象作为一种形象构思方法,指的是作者进行回忆、联想、处理、加工表象,升华和提炼主题的思维行为。首先,早已储存在作者头脑中的印象,由于外界的刺激或主观的探求被激活,鲜明地浮现于脑际。这时在头脑中呈现的形象是过去直觉印象的再现,因而称之为回忆。它是形象的记忆,但已不同于一般的记忆。回想在文学创作构思中十分重要。在写小说的人物形象和场景时固然需要,写游记、自传、回忆录之类的文章就更离不开视觉印象的回忆。其次,在进行回忆时,常常会从一事物联想到另一事物。有的是接近联想,有的是类似联想,又有的是对比联想,还有的是象征联想,以及推测联想。一般来说回忆和联想中的形象,都是来自作者头脑以外已有的事物,而想象的形象则是作者头脑加工的产物。当然,这想象的形象也是以生活中的事物为依据的。

(二) 抽象构思法

这种构思方法又被称为逻辑思维或理论思维构思方法。所谓抽象构思法,不同于感性的直观,它是对于客观事物抽象的间接的概括的反映,是运用概念、判断、推理的思维方式来反映事物的本质的。抽象构思法包括形式逻辑思维和辩证逻辑思维,两者是互相渗透、不可分割的,但它们不是平等发展的,而各有特殊的思维规律。抽象构思法在社会评论、杂文、文学评论、学术论文等议论文体的写作中经常被运用,在文学创作中也同样地存在着。初学写作者可以通过辩论、演讲、写议论文等实践,训练自己的分析、综合能力,掌握抽象构思的方法。

1. 分析

分析就是把客观事物的整体分解为各个部分、方面、要素,逐个加以研究的方法。构思中从不同的角度,对人、事、物、意、理、情的各个方面进行解剖,拓展思路,为综合和收缩创造条件,推进构思。

客观事物出现在作者面前是感性的整体,作者对它的认识是直观的、大概的、笼统的,对事物分析的过程实际上是一个透过现象认识本质的过程。分析可以分为感觉分析、简单分析和辩证逻辑思维的分析三类,要根据具体的写作对象和写作目的恰当地选用。再通过选用不同的分析方法,展开对构思对象的分析,进而收拢思维,进行综合。

分析可以从概念入手,也可以从表象入手,然后进行理性的推导,走向思维的收敛。

2. 综合

恩格斯指出:"思维既把相互联系的要素联合为一个统一体,同样也把意识的对象分解为它的要素。没有分析,就没有综合。"[1]综合就是在分析的基础上,把对象的各个部分、各个方面、各个环节、各种因素联结起来,结合成一个统一整体进行考察的思维方法。构思中确立一个概念,做出一个判断,都需要综合;把分解的形象细节进行"拼凑"和粘连也需要综合;对各类文体的各种构思对象的梳理、认识和加工也都需要综合。

综合不是任意拼凑,也不是各部分机械的相加,而只能是按对象各部分之间的有机联系从整体上把握事物。综合可以分为感性认识中的知觉综合、抽象思维中的简单综合和辩证思维的综合三类,构思中要根据具体的对象和需要恰当选用,然后综合为整体认识。

---

[1] 恩格斯. 反杜林论[M]//马克思恩格斯选集(第3卷). 北京:人民出版社,1995:381.

在这里需要指出的是,文学创作也要运用到分析和综合,只不过是"分析"在创作中表现为"分解",把表象拆分为它的构成要素即是。"综合"在文学创作中表现是为表达主旨进行的集中概括,具体来说就是对分解后的有用的表象要素进行的组合或化合。这种综合歌德创作《少年维特之烦恼》刻画绿蒂的形象就采用了。他说:"我写东西时,我便想起一个美术家有机会从许多美女中撷取精华,集成一个维纳斯女神之像,是多么宠幸的事。我因不自揣,也模仿这种故智,把许多美女们的容姿和特性合到一炉而冶之,铸成那主人公绿蒂"①。像歌德这样,采用综合塑造人物形象是很普遍的写作现象。

三、提纲构思法、腹稿构思法和断续构思法

(一)提纲构思法

写作发现确定之后,先构思提纲、提要。内容包括总题、起首、中部各段提示、收尾。有时还有必要交代一下具体材料及其使用方法,如详细提示记叙文各部分该用什么描写方法、议论文具体的论证方法(如归纳、演绎、对比、类比)等。通过提纲大致提示这些问题,这样一来,文章的间架就立了起来,脉络或线索也就一清二楚了。再从头写起,直到结尾,思路自然就会清楚,畅通无阻。

初学写作者在构思时应该学会编写提纲,养成列提纲的习惯。因为这种构思方法不仅可以将思维成果物化,而且可以培养逻辑思维力。列提纲就是把思想视觉化,思路是否清晰,内容的条理性、严密性怎样,看提纲就会一目了然。提纲经过数次修改,会使文章思路一步步臻于完美,到起草文章时就能一以贯之,顺理成章。一些较差的习作,往往主次不分、杂乱无章、丢三落四、语无伦次,或者思路不清、中心不明、内容空洞,大多是因为动笔前缺乏恰当的构思,没能列个好提纲。

尽管列提纲是个好习惯、好方法,但也应根据具体情况而定,比如写一篇内容单一篇幅短小的文章,就没有必要列提纲了。

(二)腹稿构思法②

这种方法简单地说就是心里先完全想好,然后才写到纸上去。鲁迅先生在写作前往往是"静观默察""凝神结想""烂熟于心",做到胸有成竹,然后淋漓酣畅,一挥而就。腹稿构思就是要求在心中起草,腹中修改,胸中成文。这样写下来的文字,大多数是经过深思熟虑的。

一般来说,构思中作者的思维进程往往是沿着三条认识线交叉推进的:一是立意定体的"认识线"。"意"处在动态的变化之中,一般有表、浅、深三个层次。"意"的深化就是认识的不断由浅入深;"定体"指的是构思中为文章选定模式的过程,它不仅具有"合模"的趋向性,而且具有动态可塑性。二是选材取事的"信息线"。选材取事的心理要求促使构思时信息线的形成。它与认识线并行、交叉,是信息提取、加工、组合的思维活动轨迹。三是构架谋篇的"布局线"。布局是整篇的合理架构、心理上的精密安排,是一连串巧妙地导向结局的匠心组合。架构谋篇的过程具体表现为定基调、理线索、搭骨架。构思中的"三线交叉推进"虽然在不同的构思方法中可能都存在,但腹稿构思法对其尤为倚重,这是因为腹稿构思法是一种整体构思,作者的思维、文章蓝图、言语活动、生成字句的操作都是隐形的、心理的、内在的。作者对文章在总体上所进行的思考与把握,常常表现为构思的连续性、综合性、完整性和立体化,并受整一和均匀规律的制约。腹稿构思法紧扣三条认识线"交叉推进",就使隐形的、心理的、内在的操作更具可靠性。

---

① 歌德.诗与真[G]//徐中玉,译.杜书瀛.古典作家论典型.南宁:广西人民出版社,1988:111.
② 腹稿构思法,参考了周姬昌.写作学高级教程[M].武汉:武汉大学出版社,1989:101—112。

运用腹稿构思法进行构思还应高度重视梳理线索,腹稿构思梳理的线索具有客观存在性和主观认识性,只有被主体发现和认识的线索,才能成为文章的结构线。文章的骨架必须与体裁相称,运用腹稿构思法,构思中的心理建构总是趋向一定的文体,既要合体、实在,又要灵动。

(三)断续构思法

断续构思法就是断断续续、日积月累地写文章的人常用的构思方法。比如在校的学生们一边学习各门功课,一边参加各种校内外活动,闲暇时间,准备一本袖珍笔记本,把自己的所见所闻、所感所思写在上面,过一段时间后,再综合整理构思成一篇完整的文章。一本完了,再来一本,这样写出来的文章自然亲切又具有真情实感。日记、读书杂感、见闻录等文章通常就是使用这种方法构思成文的。

造成断续的原因有主客观两个方面。造成构思"中断"的客观原因可能多种多样,一旦客观条件允许,就应立刻"续"上。造成构思"中断"的主观原因主要是思维发展找不到方向所致,而"续"则是因为或长或短的停顿后,获得了思维的新材料,思路因此又能承续下去了。运用断续构思法必须注意:构思中常常会遇到阻力,不能一遇阻力就"断"(停下来),如果这样不说灵感难以获得,恐怕还会常常导致写作流产。

以上介绍的三种构思方法,都只是仅供构思时参考。运用构思法,不可拘泥。写作者在构思时,重要的是要保持头脑清醒,思维活跃。不要迷信古人,也不要被清规戒律束缚住手脚。构思结果的好坏虽有定论,但构思的方法却没有固定的模式。构思受作者的世界观和认识水平的支配,具有作者的主观因素和个性色彩,也受其所采用的文章体裁和艺术种类的特殊规律所制约。不同的作者有着不同的构思习惯,不能强求一律。

第六节 构思能力的培养

构思能力就是作者在正式展纸动笔之前,首先在头脑中完成命意、定体、用料、选技和布局(甚至包括遣词造句)等任务的能力,因此,对构思能力的培养,也应围绕完成以上诸方面任务的需要来进行。随着写作学界对构思能力研究的不断深入,人们发现在构思需要的诸种能力中起主导作用的主要是"寻找"与"发现""孕育"与"设计""调动"与"凝聚"三个方面的能力,培养构思能力若从它们入手则可事半功倍。

一、"寻找"与"发现"能力的培养

(一)"寻找"与"发现"的含义

这里所说的"寻找"是一种内隐行为,是指有目的有辨析的去采撷存储于胸的写作内容,即作者为了写作的需要而进行的内观察和探索。它是激发创造性思维活动的关键。它也是一种有着明确指向的期待、一种有着强烈预期的追求。

构思中的"发现"则是指对客观对象本质的"发现"——作者对客观对象价值的认知,对对象意蕴的一种开掘。它可以是一种人所未知的新意念、新思想、新观点的获得,也可以是一段情愫、一种情绪、一份经验的了悟,还可以是对客观对象的价值、意义和美的认知。由于构思中发现的成果丰富了人类的文化,所以,在这个意义上讲,它也是一种创造。构思中的发现主要是对"益"的关注、对"真"的认知、对"善"的体认、对"美"的追求,对"人"的品味。构思中的"发现"更是"标新立异""无中生有""异想天开"和思维的"纵横驰骋"。

寻找与发现是主体被积累的材料、被内在积淀的情愫所引发,并与主体当前由于某种"关注"而形成的心理趋向、优势兴奋中心相联系,突然间向外在事物、事件、现象的投射。发现是

作者心灵的蓦然领悟；构思的发现是作者独特眼光和非凡的内观察力的凝合,体现着深层的心理内容；寻找与发现虽然是对外在事物一种独特的把握,但在这种把握中,外在事物只是一个机缘,"寻找"使这个机缘的某一突出之点与作者个人体验相契合；寻找与发现并不改变原来的事物的面貌,而只是把透过独特眼光所看到的成分注入其中,从而在直觉中出现一个新的创造物。从这个意义上来看,构思能力所依重的"寻找"与"发现",也就是对"写作发现"的开拓。

（二）"寻找"与"发现"能力的培养

一般来说,一篇文章总要有一个正确、深刻、新颖的主旨；总要有一组典型而翔实的能够表现中心的材料；总要有一个自然而又严密的结构形式把这些观点和材料组织在一起；总要使用一些鲜明、准确的语言把作者的情思表述出来。而要将这些深刻的情思和完美的形式表现出来,就必须在心灵中认真地寻找与发现。构思就是一种心灵中的认识,一种心灵中的寻找,一种心灵中的发现,构思的能力就是一种在心灵中寻找和发现的能力。人们的头脑好像是一个生活的行囊,里面装了很多东西,但并不是所有的东西都会闪光发亮。谁能在生活的行囊里发现那些闪光发亮的东西,谁就能够写出独具特色、富有新意的文章来。构思中无论是对文意的提炼、表现,还是对材料的选择、使用；无论是对结构的谋划、组织,还是对语言的遣调、润饰,都要在寻找与发现中进行优化选择。

对应用文写作来说,构思中的"寻找"与"发现"能力是十分重要的,因为以实用为目的的应用文,只有特别注重主旨的明晰突出、材料的真实准确、结构的严密紧凑和语言的洗练畅达,才能让读者一目了然。所以,写作应用文构思的过程,需要作者态度审慎、精神集中,需要作者思维灵活、多变,需要作者全力以赴的寻找,更需要一种敏锐、独到的发现能力。

对于文学写作而言,构思中的"寻找"与"发现"能力更有着十分重要的意义,因为以陶冶人的情操、塑造人的健康灵魂为根本目的的文学创作,要求作者必须找到丰富而又典型的题材,并从中发现丰富而又深刻的蕴含,进而寻找到恰当的表现形式。

如何培养构思中的"寻找"与"发现"能力,古今中外的经典作家和写作高手们总结出了很多行之有效的方法,值得我们认真学习借鉴。这里仅从思维的角度,提醒作者注意:变换思维方式是提高作者"寻找"与"发现"能力最为有效的途径之一。思维方式变了,常常会使作者觉得眼前豁然开朗,久觅不得的材料会不期而至,熟视无睹的事物会突然闪射出绚丽的光彩。思维方式的变化,会促使构思者自觉地树立创新意识,自觉地使用各种思维的方法和技巧,从而大大地提高思维的品质。

二、"孕育"与"设计"能力的培养

（一）"孕育"与"设计"的含义

我国古代的写作理论有一个非常突出的特点,就是大量地使用生命化的术语。古人喜欢运用类比思维,使用许多比喻和象征来谈论写作活动。这些比喻和象征的内容常常是人类生命体及其部分。"孕育"这个术语正是这样被创造出来的,古人将写作中的构思比喻成受精并孕育精神生命的阶段。而"设计"这个术语的创造则是将撰文比喻成造物,设计是造物之前主体对活动过程与结果的预想、预构。马克思曾指出:"蜘蛛的活动与织工的活动相似,蜜蜂建筑蜂房的本领使人间的许多建筑师感到惭愧。但是,最蹩脚的建筑师从一开始就比最灵巧的蜜蜂高明的地方,是他在用蜂蜡建筑蜂房以前,已经在自己的头脑中把它建成了。"① 构思中的"设计"指的是对将

---

① 马克思. 资本论[M]//陆梅林. 马克思恩格斯论文学与艺术(1). 北京:人民文学出版社,1982:66.

要写的文章整体状貌先在头脑中勾勒出大致模样。

(二)"孕育"与"设计"能力的培养

构思即是对文章模样的"预想",在头脑中构建未来文章的雏形。文章不是作者头脑对客观事物照相式反映的产物,而是对客观事物能动的反映,是有标准、有预见、有选择、有设想的反映,是经过深思熟虑的。也就是说,人们在写文章之前,文章的轮廓在自己的头脑里就已孕育成熟、设计好了,虽然在写作过程中还会有所变化,但是作者对自己的文章大体是什么样子,在构思阶段就应该有了大致的预见。如果急于成文而疏于构思,在行文之中对于文章的主旨、材料、结构、表达手法等毫无设想,那是很难顺利地进入写作过程的。即使勉强进入,也是写不下去的,或者半途而废,或者推倒重来。一些在机关长期从事文字工作的人都有这样的体会:如果某次起草文稿工作失败,问题往往并不是出在动笔之后,而是出在动笔之前。没有想好就绝不可能写好的。所以,必须高度重视动笔前的"孕育"和"设计"。

这种"孕育"和"设计"对构思者的要求是很高的。第一,作者需要具备一定的素养。如思想修养、生活经历、知识储备和写作技巧等,并争取将这些素养在一个高层次上统一起来。第二,作者要善于从社会生活群体生命及自身生命中选取材料,这些材料将成为文章的血肉。第三,作者要充满创造的激情,勤于促成主观的能动和客观的材料产生碰撞,其碰撞的火花即为灵感。这是生命各种因素和信息的有机的遇合。第四,提纲设计。孕育是需要一定时间的,是理智的行为。在这一环节,主体要把握全篇,尤其要抓住的是文意-核心和结构-骨骼。文意作为核心,是生命自由创造本质的集中表现,因此它有着核心地位和决定性作用。结构被喻为是骨骼,构思时要特别关注它是否健全、匀称。

写作要有一个完整的、充裕的思索阶段即构思阶段,这个阶段之所以是必不可少的,是因为只有经过周密的思考,动笔时才可能摆脱那种顾此失彼的窘况。确切地说,在应用写作中,当明确了某项具体的写作目标并且已占有了大量材料之后,就要经过一个酝酿文稿写什么、怎样写的过程,就要根据写作意图围绕写作中心进行一系列的构思活动。这种"袖手于前"的孕育和设计,对于"疾书于后"的写作来说,是至关重要的。

培养"孕育"与"设计"能力,关键是提高作者的综合素养。外物与内情能否遇合,遇合之后能否顺利长成"健康的孩子",显然是与作者的观察、体验以及思维关系至为密切。要想构思中文思泉涌,第一要从人生观的根本上着力,要有一种强烈而又科学的使命观;第二要开发想象力,尤其是创造性想象力,因为想象力是引导作者创造性思维的推动力,人类思维中无与伦比的想象力是使科学不断进入未知领域的强大动力;第三还要学习科学的新方法,因为"设计"的好与差同作者对科学新方法的掌握与运用水平直接相关。

三、"调动"与"凝聚"能力的培养

(一)"调动"与"凝聚"的含义

"调动"指的是作者根据拟写文章的需要,唤起储存于大脑中的表象、情愫、概念、经验、意念等,通过联想、想象或推理进行重新组合、融化,从而提炼出文章主旨,谋划出文体结构等。"凝聚"主要是指作者根据拟写文章的需要,将平时有意或无意中占有的材料加以整理、选择、提练、加工,使它们按照文章主旨的需要流动起来,逐步地向一个渐趋明确的目标集中,从而形成可以支撑观点、说明事理的材料,并进而形成严谨合理的结构。

写作必须占有大量的材料,这是不言而喻的,但并不是所有的原材料都是作者决定写文章的时候才动手收集的。许多材料是作者在平时就已有意无意地、不加修饰地汇集在了一起,只不过当时作者对这些原材料的感受较模糊,还未引起足够注意,因为它们是没有中心地、杂乱地交织

在一起的。但是,当作者确定了某一写作目的,并开始进行文章整体构思的时候,就要调动那些原本交织在一起的原材料,对它们加以选择、提炼、加工,逐步地向一个渐趋明确的目标集中,使它们按照文章主旨的需要,凝聚成可以支撑观点、说明事理、描述生活的质料或题材。如果把丰富的写作原材料比作"矿石",那么构思就是从"矿石"中把蕴藏的稀有"金属"即思想提炼出来的过程。看上去,这个思想仿佛是自然涌出的,其实它是经过"长期积累""偶然得之"的。如果把结构比作是支撑文章大厦的"间架",那么构思就是调动材料并促使其合理"凝聚"从而形成"间架"的过程。可以说,每一篇获得成功的文章都体现着作者"调动"原材料的技巧和能力。每一篇内容集中、主题深刻、结构合理的文章都体现着作者超强的凝聚能力。构思中"调动"与"凝聚"能力的确实是十分重要的。

(二)"调动"与"凝聚"能力的培养

培养构思中的"调动"与"凝聚"能力,其方法往往因人而异、因文而异。因为作者的身份不同、修养不同,构思调动的对象、范围、方式都会有很大不同,甚至"凝聚"的方式也都会差异很大。但无论如何以下三个方面对于培养构思的"调动"与"凝聚"能力都是十分有效的,因此,值得我们思考、借鉴。

首先,要善于利用大脑的"联结能力",掌握侧向思维①。这对于提高构思的"调动"和"凝聚"能力是非常有效的。心理学研究表明,人的大脑具有将新知觉的信息与旧有信息结合起来并纳入其知识体系的能力,心理学家将这称为"联结能力",联结能力是人产生新思想的条件和前提。思想的产生与概念的不同组合方式有很大关系。大脑中储存的概念虽然多而杂,但却是按照一定的程序和结构编码储存的。一旦有新的信息出现,且这新信息又是主体可以吸收的,那必然会冲击旧有的储存程序,出现新的组合,形成新的概念联结模式。于是便有产生新思想的可能。当然,并不是所有的新信息都有创造这样的条件和机会,只有那些最有利于当下产生新的思想内容的信息才有这种机会。而侧向思维就是从其他领域引入,可以使思维内容发生飞跃变化的科学思维方式。阿基米德在浴盆洗澡解决王冠制造者是否掺假的难题,就是浴盆溢出的水这个信息给了他解决问题的机遇。当然,侧向思维必须在一定条件下才能发挥作用,这就是主体必须在脑中形成"优势灶"。但"优势灶"的形成,需要主体对所思考的问题紧追不舍,成为梦寐以求的悬念。写作中的神来之笔——灵感现象,其实正是侧向思维的功劳。大脑中有了"优势灶","凝聚"能力自然就会强大起来。

其次,要勤于聚材、勤于训练思维的灵活性。这对于提高构思的"调动"和"凝聚"能力也是非常重要的。勤于聚材便会见多识广,但见多识广的人思考问题也不一定就不会僵化。心理学认为,人的心理活动是有"功能固定性"的,即人的心理一旦接受了某物的特定功能以后,就很少会想到它还可以有其他功能,只有那些见多识广又思维灵活的人才不会被"功能固定性"限制。因此,我们要培养构思的"调动"和"凝聚"能力,就必须多多获取信息、勤于思考、不墨守成规,尤其是在构思中注意保持思维的灵活性。

最后,要慎重对待"选择"。做事需要"三思而后行",写文章更不能例外。大家都主张写文章要写出真情实感,但仅写出原生态的生活和感情是不够的,还要对它们进行观照,对其取舍,写出的内容应蕴含作者的独有意识。这就需要通过联想和想象来凝聚和提炼我们的见闻和思想。这就要求作者必须运用创造性思维,创造性思维的实质就是思维活动中选择、突破和重构这三者的有机统一。"选择"是解开人类思维创造之谜的第一把钥匙。创造性思维中的"突破"不仅仅是为

---

① 侧向思维又称"旁通思维",是发散思维的又一种形式,这种思维的思路、方向不同于正向思维、多向思维或逆向思维,它是沿着正向思维旁侧开拓出新思路的一种创造性思维。

了使现存的体系危机四伏,更是为了导致新的思想大厦拔地而起。人的创造活动是受"重构"后的新思想体系指导的。"调动"和"凝聚"都起于选择,"调动"和"凝聚"也都是选择,"调动"和"凝聚"都必然导致突破,重新"凝聚"的新思想体系又必然会指导作者再去"寻找"与"发现",再去"孕育"与"设计"。构思的结果正是在这样的推进中不断完善,构思的能力正是在这样的螺旋式循环中不断提高的。

思考与练习三

一、思考题

(一)陈忠实的《白鹿原上奏响一支老腔》是运用实构写作的吗?为什么?请扫描二维码阅读。

白鹿原上奏响
一支老腔

(二)下面的文字是运用理论思维写作的吗?为什么?

战争的规律——这是任何指导战争的人不得不研究和不能不解决的问题。

革命战争的规律——这是任何指导革命战争的人不能不研究和不能不解决的问题。

中国革命战争的规律——这是任何指导中国革命战争的人不能不研究和不能不解决的问题。

我们现在是从事战争,我们的战争是革命战争,我们的革命战争是在中国这个半殖民地半封建的国度里进行的。因此,我们不但要研究一般战争的规律,还要研究特殊的革命战争的规律,还要研究更加特殊的中国革命战争的规律。①

(三)比较下面的两首诗,第一首诗是运用意象思维创作的吗?第二首诗呢?它的创作运用的是有意想象吗?为什么?

勤奋

天才与勤奋做伴/成功与刻苦相连/不要期待幸运/不要坐等明天/听天由命是懒惰者的信条/把握人生是勤奋者的箴言

给乌兰诺娃②
——看芭蕾舞《小夜曲》后作
艾青

像云一样柔软,/像风一样轻,/比月光更明亮,/比夜更宁静——/人体在太空里游行;//不是天上的仙女,/却是人间的女神,/比梦更美,/比幻想更动人——/是劳动创造的结晶。

(四)请扫描二维码,阅读乔伊斯的《尤利西斯》,运用意识流技法理论分析下课后萨金特请斯蒂芬检查作业的一节。

尤利西斯

(五)构思一篇应用文章要遵循哪些原则?

(六)请扫描二维码,阅读阿盛的《厕所的故事》,你认为阿盛创作该散文符合文学创作的原则吗?为什么?

厕所的故事

(七)请扫描二维码,阅读唐跃培的《要治"堵",先治"心"》,思考作者是如何做到"宏观着眼,以小见大"的?

要治"堵",
先治"心"

---

① 毛泽东.中国革命战争中的战略问题[M]//毛泽东选集(第一卷).北京:人民出版社,1991:170—171.
② 艾青.给乌兰诺娃——看芭蕾舞《小夜曲》后作[M]//于依.艾青诗文名篇.长春:时代文艺出版社,2003:119.

(八)品赏下面的诗作,体味诗人精巧的构思和高超的剪裁艺术。

三衢道中①
曾几

梅子黄时日日晴,小溪泛尽却山行。绿阴不减来时路,添得黄鹂两三声。

(九)思考贺铸创作《芳心苦》构思的精妙之处,这样写有何好处?

芳心苦②
贺铸

杨柳回塘,鸳鸯别浦。绿萍涨断莲舟路。断无蜂蝶慕幽香,红衣脱尽芳心苦。返照迎潮,行云带雨。依依似与骚人语。当年不肯嫁春风,无端却被秋风误。

(十)下面的文字运用了哪一种联想方式?

人有祸,则心畏恐;心畏恐,则行端直;行端直,则思虑熟;思虑熟,则得事理。③

(十一)品读下面的诗歌,思考诗人构思的思路和联想方式。

杜鹃花得红字④
真山民

愁锁巴云往事空,只将遗恨寄芳丛。归心千古终难白,啼血万山都是红。

枝带翠烟深夜月,魂飞锦水旧东风。至今染出怀乡恨,长挂行人望眼中。

(十二)请扫描二维码,阅读王青伟的《!——?》,请指出作者创作微型小说使用的联想方式。

! ——?

(十三)从互联网上查阅星新一小说《奇怪的顾客》,分析作家的构思手法。

(十四)请扫描二维码,阅读崔合美的《绿色太阳》,思考作家围绕写作发现是如何构思的?

绿色太阳

(十五)你认为谋篇布局有哪些最基本的原则?

(十六)请扫描二维码,阅读冯友兰的《论命运》,找出文章的观点,分析作者构思的脉络和选材的特点。

论命运

(十七)你认为构思能力的培养要注意些什么?

二、小练习

(一)你能运用跨越式联想,围绕新发现创作一首颂扬教师的小诗或一篇散文吗?

(二)运用想象描述一辆破旧的自行车。

(三)采用分析和综合阐述一个道理。

(四)《春日郊外》是诗人紧扣初春景色的自然特征勾勒画面的,学习这种写法,快速作文。写作对象不限,文体不限,字数不限。

春日郊外⑤
唐庚

城中未省有春光,城外榆槐已半黄。山好更宜余积雪,水生看欲倒垂杨。

莺边日暖如人语,草际风来作药香。疑此江头有佳句,为君寻取却茫茫。

---

① 北京大学古文献研究所. 全宋诗[M]. 北京:北京大学出版社,1998:18590.
② 贺铸. 芳心苦[M]//王诤,等编. 全编宋词. 延吉:延边人民出版社,2004:439.
③ 高华平,王齐洲,张三夕译注. 韩非子[M]. 北京:中华书局 2010:193.
④ 真山民. 杜鹃花得红字[M]//北京大学古文献研究所. 全宋诗(第65册). 北京:北京大学出版社,1998:40880.
⑤ 北京大学古文献研究所. 全宋诗(第23册)[M]. 北京:北京大学出版社,1995:15049.

三、文章评析

（一）请扫描二维码，阅读村上春树的《钢笔》（张致斌译），分析作家是如何进行创造想象的。

钢笔

（二）品读下面的诗歌，思考诗人是如何发掘主题的。

误会①
郑炯明

那个艺人,满身大汗的/在热闹的广场上/表演他的绝技//他静静地立在那儿/突然,像随风飘起的一片羽毛/停留在空中翻筋斗/然后落下/两手撑着地面/成为倒立的姿势/看着周围惊讶的人群//我以为他是在用另一种角度/来了解这世界,然而/他的伙伴却说:/他只是想试试他的力量/能否举起地球罢了

（三）欣赏下面的歌词，品味动静手法使用的妙处。

莫斯科郊外的晚上②
米哈伊尔·马都索夫斯基

深夜花园里四处静悄悄,/树叶儿也不再沙沙响,/夜色多美好,令我心神往,/在这迷人的晚上。//小河静静流微微泛波浪,/明月照水面闪银光,/依稀听得到,/有人轻轻唱,/多么幽静的晚上。//我的心上人坐在我身旁,/偷偷看着我不声响,/我想开口讲,/不知怎样讲,/多少话儿留在心上。//长夜快过去天色蒙蒙亮,/衷心祝福你好姑娘,/但愿从今后,/你我永不忘,/莫斯科郊外的晚上

（四）请扫描二维码，阅读刘国芳的《重复》，分析这篇微型小说创作使用的构思方法，并说明使用它的好处。

重复

四、作文

（一）品读李白的《早发白帝城》、杜甫的《春夜喜雨》、梅尧臣的《春寒》和陆游的《书愤》，学习诗人运用"一字立骨法"创作一首诗歌或一篇散文。

（二）想象作文。

写作内容：机器人来了。

写作要求：① 角度新颖；② 标题醒目；③ 文体自选；④ 字数不限。

（三）对于大大小小的行贿受贿的丑恶现象，不少人"又恨又骂却又干"。请以"铲除滋生'又恨又骂却又干'的腐败土壤"为话题发散，记写发散的四五个观点，选择一个新颖的（这个观点已经包含了论证角度）。这个角度可能是政治的、哲学的、法学的、伦理学的或心理学的等）围绕它继续尽情发散，并对发散内容进行记录（发散内容包括观点、材料和语言等），进而运用聚合法对它们进行归类，标出类别序号，在此基础上列出"博后选一"含有标题（题目自拟）、论点、论据和论证方法的提纲，然后对其表达，写一篇不少于800字的议论文（文后请附提纲）。

---

① 郑炯明.误会[M]//翁光宇.台湾新诗.广州:花城出版社,1985:164—165.
② 米·马都索夫斯基.莫斯科郊外的晚上[M]//薛范,译配.蔡少芬,毛鼍.中外歌曲精选.开封:河南大学出版社,2008:9—10.

第四章 表 达

写作发现与构思运作时,表达也适时加入其中,不断地以内部语言显现着发现与构思的过程与内容,同时又不断地修正着发现与构思的内容与走向;当写作思维逐渐清晰明朗,走向成熟,运思的内容与成果即开始由内部语言向外部语言转化,以书面语言符号的形式进行系统条理的表述;在进行书面语言表达的过程中,写作思维的内容进一步与运思成果交互与印证,不断匡正构思的内容;而写作思维也不断以发现和构思的核心内容来规定着语言表达的内容与路线,不断优化和完善着语言的表达形式,最终促成文章的诞生。在这样的交互对流过程中,写作表达一直扮演着十分重要的角色,它以语言生成与表述来呈现写作思维的内容,同时又反过来验证和修改写作思维的内容,把作者使用的内部语言转化为向读者交流的外部语言,把无形的思维成果外化为有形的文章。

语言是一种信息载体,对文章而言,就是组成篇章形式的静态的文字,是写作思维成果的现身形态,也是最终提供给读者来解读的一套独立的符号编码。写作表达是我们运用语言符号系统表情达意的思维运作。写作学研究的对象是人类的写作行为,如果我们只从写作的结果——静态文字组成的文章出发,来研究人类的个体以内部思维的动态行为为特征的写作现象,或者说只是从表达的结果研究这种动态的行为过程,那么研究的对象、方法和结论仍然还停留在传统文章学的范畴,对写作学而言,无疑是舍本逐末,本末倒置,其研究的逻辑起点和考察路径显然是有着根本性的问题的。

第一节 表达概述

一、表达的含义

表达,就是写作主体把写作发现与运思的内容和结果转换为语言符号,并导向形成文章的思维运作过程。

表达,包含两个层面的意义:一是写作主体以内部语言把捉心理现象、意念思绪,使之呈现在意识的平台上,形成明确的心理语言的思维运作过程。它既可以在心理层面上自言自语,自说自话,又随时可以通过意识的梳理和过滤而发声于外,成为相对自由的口头语言的表达;二是写作主体把内在的写作发现与运思的复杂内容和结果条理化、系统化,外化为有序排列的书面语言符号,向形成文章的方向发展。

表达不仅是写作主体的外在言语和书写行为,更是以积极的内部言语活动为主要内容的创造性思维活动。表达对于写作而言,既是对发现与构思内容的言语生成与转换,又是把内在的思维语言外化为书面语言形式的创制过程,那么它也就注定成为决定写作成败的最后的关键环节,应给予充分的重视。

二、表达的特点

(一)表达既是言语行为又是展现写作发现的心理过程

表达在写作过程中,并不仅仅表现为写作行为最后阶段的考辞和书写成章,而是从写作行为发生的时候就在作者的心里不停地发生着、变化着和演进着。表达实际上参与写作行为从发生到终结的整个历程。

表达从一开始就表现为内部语言的复杂现象。内部言语不是无缘无故生成的，不是空穴来风、天外来客，不是天赐神予的灵感火花，它的生成以及最终向外部语言的转化都是围绕着表述写作发现的内容来进行的。写作初念的出现与写作表达的开始几乎是同步的。即写作发现的产生之时，同时就是由意向言转化的表达的开始。在表达的时候，经由写作发现孕育而生的诸多感念与思绪终须显现为明确的语言符号，因此，表达的开始，就是由混沌杂乱的思维形态向着清晰语言转化的初始。写作发现的内容如果足够尖锐或深刻，就会形成强大的表达动力和心理驱力，使得写作主体得以积极地在语言仓库中迅速翻捡着适合表达发现内容的那些语言形式，由发现之意而生发表达之言，可能是一个词汇或一个句子，也可以形成一系列或一连串的语段，来实现对写作发现的表述生成。

表达既表现为一种内部言语活动，同时又始终伴随着复杂多样的心理现象。表达作为内部言语的积极运作，不存在所谓纯粹的外部写作行为。在表达的时候，思维和语言之间，多方交互，多元对流，难以分割，彼此共生。感知与记忆杂糅，感念与启悟交叉，情思与形象互映，思绪与语词发明。

表达在实现由意生言、呈现写作发现的过程中，又作为一种强有力的心理力量，不断促进和激活思维，积极参与写作构思的活动。它不是被动的、机械的对思维内容的语言记录，不是"下载"，更不是打印机式的工作，而始终是伴随着作者活跃的心理活动的一种思维过程。实际上，表达在给运思赋予符号载体——语言的同时，又反过来积极参与构思内容的评价与反馈，重构和匡正写作发现的内容与走向，并导向新的更加完善的表述语言的生成。因此，表达作为一种创造过程，始终与写作运思相融合不断向前发展。

当运思的内容越来越成熟、结构关系越来越完善、内部言语越来越明确的时候，一个思想的生命终于孕育成型，临盆分娩，表达就进入到外化阶段，最终导向外部语言（口头语言和书面语言）的表达，对写作而言就是运用书面语言符号把心中的构想物化成现实的文章了。

（二）表达是受制于特定表达方式和文体框架的符号化过程

当写作表达进入到考辞外化阶段，要用书面语言把内在构思变成文章的时候，表达要受到写作内容、写作目的和接受对象的制约，以选择与之相适应的特定的表达方式，并进而形成特定的文体形式，在这个文体的框架中运用语言符号进行编码，即进行符合一定文体规范的语言表达。

如果要展现客观对象的外在形态与美感体验，就要运用描写的表达方式，比如朱自清想写出眼中的春光和心中的春色，以写景散文文体语言和规范创作出了《春》；如果要表述现象世界的某些人事物象在时间链条上的发展进程，忠实记录重要事件变化始末，就要运用叙述的表达方式，写成小说、剧本、散文、消息、通讯、报告文学等文体的文章；如要表达对人生事态复杂的体验和情感，就要运用抒情的表达方式，或寄之以事，或融之以景，或寓之以理；要证明或驳倒某一观点或理论，就要使用议论的表达方式，假如面对的是社会现象，可以写短论、时评、思想评论，如果针对的是科学研究方面的问题，可以写学术论文，等等。不同的文体，其语言表达会以特定的某种表达方式为主，有着相对独立的表达规范和样式。写作表达，不能不考虑写作内容和接受对象的需要，以一定的文体表达范式来进行符号化运作。

受制于一定的文体，以有形的文字符号为手段的表达，相对于以无形的内部语言为手段的表达是存在着一定的差异的。因为内部语言活动是动态的，而语言符号却是静态的，要用静态的东西表达动态的过程是困难的。语言无论怎样丰富多彩都是有限的，客观事物和思维是无限的；有限的符号很难尽善尽美地表达无限的客观事物的形态、意义和思维的内容、疆域。但是，文字表达决不是为运思成果钉上语言符号的十字架,而是要尽力缩小内部语言和外部语言之间的差异,进行饱蘸情思和个性特征的创造性的符号编码。这是集中反映一个人的表达能力和表达技巧的创造过程。因此,表达作为一种行为,起始于写作发现与写作初念的发生,并以运思的内容在一定的文体框架中实现语言符号化而终结。

(三) 表达是对运思内容的再创造过程

外部语言的表达过程,不可能是一个不加整理、毫无创造的过程,不可能是"复制"意义上的思维内容的直接外化,而是一个充满理性、激情和灵性的再创造过程。在这个过程中,作者要调动一切表象记忆、情感体验、知识储备、经验积累、理论素养,在积极的高强度的运思中,以语言捕捉最真切最恰当最有意味的那些思想意念,并把它们按在纸上,物化成为有序的书面语言符号的表达。在这一过程中,大脑处于极度亢奋的状态,许多新的感念和思想会借助灵感的翅膀翩然飞翔,生机盎然的语言如喷泉般汩汩涌现。如果表达只是思维内容的机械加工与呆板复现,那么,文章势必成了没有生气、没有活力、没有灵性的一潭死水,哪里还会有阅读中感受到的那种类似于生命律动的强烈体验?当代作家王蒙在《漫话小说创作》中深刻指出:

构思得差不多了,靠写。写,不仅仅是把想好的东西记录下来,固定下来,写,是创造的最重要的阶段。正是在写的过程中,你的思维活动、感情活动、内心活动才空前活跃起来。你写的一行一行的字把你带入了你所要写的那个世界,你好像看到了你要写的人物,你好像经历了他们所经历的事情,你的分析和判断、追忆和联想、痛苦和欢乐、爱和憎、痛和痒、寻求和向往,一句话,从你的头脑到你的神经,到你的感官,正是在写作的过程中将会怎样地活跃起来啊!只有这种活跃,才是文思的保证,才是写出来"栩栩如生"的保证,才是写得下去的保证。①

第二节 表达语言

一、口头语言与书面语言

从表达的意义而言,写作语言区别于人类文化意义上的语言系统,而是现代语言学家索绪尔所谓的"言语",也就是特定语境下的个人的话语表达活动。索绪尔在研究中发现,传统语言学在研究语言时,是笼统地把语言与言语混为一谈的。他认为语言具有两重性,也就是说,语言既是发音动作,又是声音印象;既是生理现象,又是与观念结合的心理现象;既有个人的一面,又有社会的一面。于是,他把语言区分为语言(Langue)与言语(Parole)两个概念,语言是由语法、句法和词汇构成的静态系统,具有约定俗成的特点;而言语则是个人的言语表达行为,也就是对语言的运用过程。虽然言语依赖于语言系统,但又表现出个人的、异质的、活跃的和不稳定的特点。因此,我们知道,语言学研究的对象主要是语言,也就是语言系统和语言现象,而写作学研究的主要是言语,也就是个人的语言表达与运思的特点和规律。

在这种表达活动中,我们又把"言语"区分为口头语言和书面语言。

口头语言是以声带发声的形式来表达的语言,是发声器官受大脑语言中枢支配所产生的结果,具有形象性、情境性、即时性、易逝性和随意性等特点。口头语言以句子为单位来表达,常常可以借助当下具体的语境省略某些句子成分,也可随时补充和修正说过的话。书面语言是以文字形式表达的语言,是诉诸视觉解读的符号系统,它脱离特定的语境而独立存在,具有逻辑性、严密性和规范性等特点,通常以篇章形式来表达,可反复阅读而不便随时更改。

---

① 王蒙.谈短篇小说的创作技巧[G]//李犁耘,吴怀斌.中青年作家谈创作(上).济南:山东文艺出版社,1984:12.

我们平时说话主要运用的是口头语言,而写作运用的是书面语言。两者交叉渗透,相辅相成。一般来说,口头语言是人在出生后到幼年期从生活中自然自发的听说学习的结果,而书面语言则是后天年龄稍长后的幼年或童年接受教育和阅读学习的结果,它是口头语言的提纯,其词汇比口语更加丰富多彩,其句式也更加繁复和富于变化,更加讲究修饰,更为严谨规范。

口头语言由于主要用于即时的口头交际,包含地域文化特色,附着大量的方言语汇,充斥土语、俚语、俗语。因此,口语表达的内容转瞬即逝,不利于保存,也主要在特定时空或在一定地域范围内使用。总体而言,口语的字词语汇的总量应当说没有书面语言庞大。除小说等个别文章体裁为着一定的表达目的和效果有限地使用口语和方言,写作表达主要使用的是书面语言系统,虽然不排斥口语的吸收运用,但一般的文章写作都少用口语形式,慎用方言词汇。韩愈在《送孟东野序》中指出:"人声之精者为言,文辞之于言,又其精也。"也就是他认为,写作运用的书面语言比之口语是精之又精的。在写作中我们不可以对口语不加提炼地随便用于书面表达。

书面文字符号的出现,是人类文明诞生的一个重要标志,恩格斯说:"语言是从劳动中并和劳动一起产生出来的。""首先是劳动,然后是语言和劳动一起,成了"人类历史向前发展的"两个最主要的推动力。"① 由于书面语言既具有记录功能、保存功能,又具有逻辑严密的特点,因此,自人类创造了书面语言的写作这一社会文化现象以来,社会进步和文明进化呈现了加速度的态势。伴随当今互联网时代的信息爆炸,人类社会的写作现象呈现出更加繁荣的文化景观,已经充分证明了这一点。一个人有无文化、文化水平高低的标志,就主要表现为学习和阅读书面语言及运用书面语言来进行思维与表达的量度和深度。从这个意义上说,首先要有质量地熟练掌握书面语言工具,才存在深度思维与写作表达的可能。

二、内部语言与外部语言

马克思深刻指出:"语言是思想的直接现实。"② 可是,人的精神活动与言语活动并非一一对应,这已被心理学家和语言学家证实,黑格尔说过:"不能用语言表达人们所想的东西"③。人们必须用语言进行思维和表达,可语言又不能充分完美地表达我们的思想,这个矛盾如何理解?

有时人们说:"你怎么想的就怎么说。"可是这一点我们能够做到吗?在写作中,语言不仅仅是个如何运用书面语言的问题,也不仅仅是个遣词造句的问题。写作语言包含思维和对外表达的双重功用,思维和表达的内容常常是不对等的,也不可能是完全一致的,这就存在内部语言和外部语言的对应与转换的问题了。

内部语言是用来思维的语言,外部语言是用来表达的语言。

对个人而言,没有内部语言就没有外部语言。任何说和写出来的语言,都势必在头脑中预先形成,以内部语言的形式存在和活跃于大脑之中。内部语言不是用来与别人交流的语言,而是个人进行思考时使用的语言,类似于内心独白。内部语言通常黏附着大量的心理表象,有着丰富性、形象性的一面;它以某些意念为核心,在某些意向上生发延展,语言形态上呈现着不连贯、不确定、相对简约的一面,词汇不多,句法不整,结构松散,表现为极其复杂多样、纷乱无序、立体多向、瞬息万变、流转跳跃的意念形态。

外部语言是内部语言定型化和条理化的结果。它是合乎逻辑、合乎语法规则的清晰语言,表现为语言符号的线性链条和有序排列。丰富复杂、立体无序的内部语言与逻辑线性、系统严整的

---

① 恩格斯.自然辩证法.劳动在从猿到人转变过程中的作用[M]//马克思恩格斯全集(第20卷).北京:人民出版社,1971:513.
② 马克思,恩格斯.德意志意识形态[M]//马克思恩格斯全集(第3卷).北京:人民出版社,1960:525.
③ 黑格尔.哲学史讲演录[M].北京:商务印书馆,1959:306.

外部语言之间相差悬殊,自然二者就不可能简单化地一致起来,想什么不一定能说什么写什么。所以,有些人经常抱怨自己的文笔不能充分地表达思想,彼时不能充分传达此时的意念活动。刘勰说:"方其搦翰,气倍辞前;暨乎篇成,半折心始。何则?意翻空而易奇,言征实而难巧也。"[①]刘禹锡在《视刀环歌》中咏叹:"常恨言语浅,不如人意深。今朝两相视,脉脉万重心。"俄国诗人德纳松说:"世界上没有比语言的痛苦更强烈的痛苦。"这些话语指出的都是内部语言和外部语言的不一致性,言不尽意,外部语言无法充分传达内部语言的丰富内容。但是,内部语言和外部语言之间毕竟是有着直接和必然的联系,相辅相成。没有内部语言的发生,外部语言的表达也就无从提起,成了无源之水;没有外部语言的条理有序的表达,内部语言再丰富多彩,也是没有价值和意义的。

如何解决语言的痛苦和表达的困难呢?唯一的办法是多读、多思、多写,一方面对内建立起丰富的内部语言仓库和理论知识的记忆仓库,为繁杂信息和复杂意念提供尽可能丰富的表达介质,提高内部语言的生成能力;另一方面要建立起内外部语言的密切联系和多元对应的桥梁,通过口头表达和书面写作的有效训练不断强化内部语言向外部语言的转化能力,在想得清的条件下,又要表达得尽可能的充分。

第三节　表达过程

写作行为的表达过程是写作学研究的一个新的成长区域,也是写作学走向成熟的一个重要标志。

所谓表达过程,就是写作中由意到言的语言生成过程,并由内部语言导向行文措辞外化为文章的行为过程。这是写作行为的最后一个也是最重要的阶段。

生活中我们会有许许多多的感知,有时我们并没有把这些感知的内容以语言的形式存储脑中或表述出来,这种情况显然不可能进入真正的写作过程。当这些发现的情、意达到一定强度成为心理诉求,主体就会寻求语言的对应与表达,或谋之与人言语交流,或诉诸书面记写,这样,写作意义上的表达行为就发生了,由意生言、以言会意的表达过程就开始了。这时,在大脑内部会形成以写作发现为焦点的信息凝聚中心,对相关信息和语言的敏感度明显增强,实际上进入了潜在的构思阶段;在这时候,如果有某种超强的相关信息或刺激因素的激惹,就可能会形成较强的心理能量和表达欲望,明确地进入显在的意识平台上的构思过程;构思过程其实是沿着感知发现形成的核心思想和凝聚中心,在新的刺激信息的引导下,探求对象的结构关系与发展规律的运思过程,同时又是积极地生发和搜索语言以寻求恰当的表达形式的过程。当写作主体运思进入到相对成熟阶段时,大脑中就形成了文章的雏形,就像一个胎儿经过十月孕育就自然进入到分娩阶段一样,表达过程也就进入最后的环节——行文阶段,也就是以书面语言形式把内在的构思成果物化出来,定格为文章。一篇文章的行文过程,就是寻章摘句,赋形外化,为运思成熟的内容结构寻求外部语言的生成与实现,为无形的思维成果和内部语言寻求尽可能充分与完美地有形展呈,最终成为由书面语言符号组成的、可被阅读的、结构完整、形式完备、语言丰美的文章。

由于表达的内部过程处于黑箱的状态,立体多元又头绪纷繁,是写作运思学研究的重要内容,虽具草蛇灰线,有迹可寻,仍为比较难以表现的部分。下面就写作表达的外化过程作些简单描述。

---

① 刘勰. 文心雕龙·神思[M]//祖保泉. 文心雕龙解说. 合肥:安徽教育出版社,1993:520.

一、表达的准备阶段

文章在运思基本成熟之后,就要进入写作表达的外化阶段。在开始阶段,也就是动笔伊始,写作主体必须要明确以下两个问题。

(一)表达目标与文体选择

我们要根据表达目标、表达内容和接受对象的需要选择具体特定的表达文体。写作是人们有目的的社会行为,它总是或明或隐地有着一定的表达目标;我们也总是聚集了某一些特定的材料,或是人事景物构成的现象材料,或是概念理论构成的思想材料。表达的目标和表达的内容材料互为表里、互相作用,决定表达的文体选择。如告知某种社会上已经发生了的重要事情,就可写成新闻中的消息;或评论某一社会现象,树立正确的观点或批驳错误的观念,可以写成杂文、或社会评论;或在科学研究中有新的发现或创造,就要写成学术论文;或表达个人的一种思想感情或一段心路历程,可以写成凝炼有韵的诗歌或自由铺叙的散文;如果要表现一段社会生活,传达对生活的深刻体验和理解,塑造某些人物的性格形象,展示某些人物的人生际遇、情感历程和精神面貌,就要进行小说或剧本创作……

不同的文体对应一定的表达目标和写作内容,每一个作者其实都有一定的文体感,大脑中也通过阅读学习和写作实践存在一定的文体范式与表达规则,在表达的初始阶段,作者会自觉或自动地对未来的写作行为进行明确的文体选择,并以已有的文体感选择特定的表达方式进行符合文体范式的语言生成。

(二)表达方式与语体设计

文体确立之后,写作主体就需要选择和运用这一文体惯用的表达方式来进行语言组织与表达。不同的文体有着特定的表达方式。如新闻文体中的消息,就主要使用叙述这一表达方式来写作,描写与说明偶尔用之,但抒情和议论却基本不使用;同样属于新闻文体的通讯和报告文学,虽然叙述与描写是主要的表达方式,但却可以较多地运用议论和抒情的表达方式;小说与散文以叙述和描写为主要表达方式,抒情、议论和说明间或有之;议论性文体中,以议论为主要表达方式,但也间有叙述、描写和说明来提供论据材料或进行概念与理论解说,极少使用抒情的表达方式;公文文体通常运用叙述、议论和说明等表达方式,描写与抒情却基本不用。

行文之初,不同的表达目标和文体选择,又决定文章的语体设计与运用。所谓"语体",指的是语言组织形态表现出的特点突出的语言风貌或语言风格。"语体"表现为具有不同特点的"类"的语言板块,它们具有特定的表意功能,在整篇文章的语言形式上构造出有着鲜明的个性特色的语言风貌。

整体而言,语体可分为口头语体和书面语体。口头语体用词造句通俗活泼,话语简短,省略成分较多,更多保留着日常口语交流的语言特点,对交际语境依赖性较强。而书面语体则用词庄重文雅,句式较长,表意内容较为复杂,层次多元,曲折多变,淡化了具体的语言环境,可以完整独立、相对充分地表达作者的思想感情。

具体而言,口头语体可分为对话体、演讲体、报告体、朗诵体、广播体等;书面语体又可分为文艺体、政论体、科技体、事务体等。

通常来说,特定的语体是为特定的文体服务的。比如,文学作品的创作一般要使用文艺体,议论性文体多使用政论体等,但语体在表情达意上也有着一定的独立性,文体与语体也不是绝对对应不可改变的。交谈性语体,以对话的形式也可以写出学术论文,也有人用事务体写小说,写杂文等。语体的特意交错的运用,有时能产生特殊的表意功能,给人以耳目一新的感觉。关键是语体的选用能不能实现某一文体的文章所需的整体表意功能,如果适用并有良好的表达效果,这就是"言语合体";如果文体与语体不相协调、不相适应,不能融为整一的有机体,这就是"文不得体"。

二、表达的进行阶段

(一)开笔角度与确定基调

开头是文章的开端部分。文章写作动笔之时,也是最难的关键环节。古今中外对此说法很多,"万事开头难"。我国古代有"凤头、猪肚、豹尾"之说,明代的谢榛说:"起句当如爆竹,骤响易彻;结句有如撞钟,清音有余。"[①]这里都是强调开头的重要性,要写得如凤头一样的漂亮,如爆竹一样振聋发聩,令人耳目一新,也就是文章的开头应当具有很强的吸引力。有时,表达的开头好像很容易,下笔千言,如野马脱缰,一气呵成;有时写作的起始却令人费尽思量,反复琢磨,仍然迟迟难以动笔;有时开头写了数稿,却总是不能满意。列夫·托尔斯泰在写《安娜·卡列尼娜》时,开头也是几易其稿,最后才写出:"幸福的家庭都是相似的,不幸的家庭各有各的不幸"这样经典的文字。

文章写作的"开头难",难在何处?关键在于,文章开头的表达需要解决两个重要问题:一是找准恰当的切入角度,二是要奠定全文的表达"基调",而且要把这二者协调起来。

1. 开笔角度

文章下笔时首先要找准切入角度。文章构思成熟之后,其存在于我们内心的形态其实与外化为成品的文章并不是一回事,它以内部语言的形式动态地存在于我们的大脑神经联系之中,呈现着立体交叉、多层多维的形态,大体轮廓和整体安排是相对清楚的,具体细部却又常常是模糊混杂的。要把这样的内部语言构成的文章雏形外化为书面语言的线性表达,就一定要找到准确的切入角度,选择一个最佳的表达起点,就如同抽茧剥丝要找到"头绪",否则就无法把蚕茧抽成一根长长的丝线,对文章表达来说,就无法启开下文,豁开思路,把内在的运思结果顺利地导流出来。从这个意义上说,好的开头确是成功的一半。

文章开头的切入角度虽然只是表达的起点,但它却包含文章的丰富的可能性信息,规约文章整体结构的安排,决定文章的终点所之,这样也就影响文章思想内容传达的深度与广度。角度不准,就有可能在文字表达上偏离原有的构思,造成"下笔千言,离题万里"的结果。

2. 确定基调

文章总是有着一定的基调与味道。所谓文章的"基调",指的是作者通过话语语气、造句特色所传达出的一种情绪味道与情感氛围,它是文章内容情调与语言特色的有机统一。

首先,文章开篇的语言基调,应当与文章内容的人事物理相协调,或者说受到文章思想内容、题材对象的深刻影响。尤其是小说的语言基调,要更多地受到题材内容的制约。如鲁迅的小说,不同的内容题材与思想主题就显示出不同的语言情调。《狂人日记》的开头是这样写的:

(一)今天晚上,很好的月光。我不见他,已是三十多年;今天见了,精神分外爽快。才知道以前的三十多年,全是发昏;然而须十分小心。不然,那赵家的狗,何以看我两眼呢?我怕的有理。

(二)今天全没月光,我知道不妙。早上小心出门,赵贵翁的眼色便怪:似乎怕我,似乎想害我。还有七八个人,交头接耳的议论我,又怕我看见。一路上的人,都是如此,其中最凶的一个人,张着嘴,对我笑了一笑;我便从头直冷到脚跟,晓得他们布置,都已妥当了。

这显然是一个精神病人的癔语,奠定了变态怪异、紧张激愤的情绪基调。这是因为鲁迅发现了中国封建文化里"四千年来时时吃人"这样深刻的思想,不可以常态的人物与故事来加以表现,才创

[①] 谢榛. 四溟诗话[M]. 北京:中华书局,1985:16.

造出这样极具语言张力的怪诞的独白式语调,以激起读者的惊诧感受并引发深入思考。

第二,文章语言基调的设计,又与作者的个性气质与创作风格有着深刻的联系,所谓"文如其人"。这一点在散文的写作上表现得最为明显。鲁迅的散文由于他独特的个性气质形成了他坚忍的风格,语言基调深邃、沉郁,尖锐中不失幽默,辛辣里间有调侃,用语简洁利落,造句别出心裁,创造出鲁迅散文特有的精炼的语言风格。郭沫若的散文气势浩荡、激情满怀,又不失其清丽和缠绵。茅盾的散文却是深刻而细致。冰心的散文充满了慈爱的情怀和清新的气息,饱蘸着那种特有的女性或母性的温馨与缠绵、细腻而纤柔,来体察人心、品评事物,创造出冰心特有的语言风格。请看冰心的散文《往事》(一):

窗外雷声作了,大雨接着就来,愈下愈大。那朵红莲,被那紧密的雨点,打得左右敧斜。在无遮蔽的天空之下,我不敢下阶去,也无法可想。

对屋里母亲唤着,我连忙走过去,坐在母亲旁边——一回头忽然看见红莲旁边的一个大荷叶,慢慢地倾侧下来,正覆盖在红莲上面……我不宁的心绪散尽了!

雨势并不减退,红莲却不摇动了。雨点不住地打着,只能在那勇敢慈怜的荷叶上面,聚了些流转无力的水珠。

我心中深深的受了感动——

母亲呵!你是荷叶,我是红莲。心中的雨点来了,除了你,谁是我无遮拦天空下的荫蔽?[①]

文中冰心甚至说因为和母亲患一样的病,也就有了和母亲身体上的某种联系,内心感到一种温暖。这样的语言风格首先受到女性作家感兴趣的题材内容的影响和制约,也只有女性的多情、柔婉和细腻才可以写出;其次,这种属于冰心个人的语调,迥然与众不同,代表作家的个性风范。

文章的基调在外在形态上表现为语言的特色、格调和话语语气,从表达主体内在的角度来说,则是体现为写作时的主观态度与体验,表现为特定的"情绪"与"心境"。作者在构思相对成熟以后,对即将表达的人、事、物、理总会有着一定的情感与态度。正如曹雪芹说《红楼梦》的创作:"满纸荒唐言,一把辛酸泪。都云作者痴,谁解其中味?"作者在动笔写作时,就要考虑以什么样的态度和情绪来表达心中的所思所想,并把自己的情感体验运用某种调子的语言传达出来,以感染读者。

(二)表达过程的推进模式

当作者一旦进入表达过程,就会自觉或不自觉地沿着内容材料和中心意思所指明的方向前进。从写作心理上来说,作者沉浸到所要表达的对象世界中,物我交融,就会进入到一种类似于灵感的情绪激昂的忘我状态中去,大脑此时会形成一个相对集中的兴奋中心,"思接千载,视通万里",调动他所有的知识、经验的记忆与情感、思想的储备,意至神会,文思沛然,语言不断生成,如泉涌一般从笔尖流泻出来。

在写作表达的进行过程中,不同的内容对象、文体规范和表达方式,会形成一定的表达模式。

1. 叙事类文体的表达模式

叙事类文体以写人记事为主要内容,来表达作者对人对事乃至于对社会人生的情感或思想认识。它是以时间为链条,展开人情事态或心理情感的发展变化过程。它循着开端、发展、结局的线索展开表达过程。

开端阶段,主要交代非常态事情的发生情况。首先要交代事情发生的时空定位或事情的各项要素与关系;有时也可以表现和渲染事情发生时的情景或氛围;对于篇幅较短的文章,有时可以概述事情的内容或意义。

---

① 冰心.往事(一)[M]//刘家鸣.冰心散文选集.天津:百花文艺出版社,1992:67.

发展阶段,主要表达事情的演进过程与情节推进。表达人物的行为过程;或表达某一事件的演变情况;有时也交代情感的起伏变化状态。

结局阶段,主要表达事情的自然收尾。表达事情结束时的情况,通常是人物性格的选择或矛盾解决的必然结果。对于较短的叙事文章,有时会总括全文、点明题旨、深化意义。

2. 议论类文体的表达模式

议论类文体主要是确立或反驳一种观点,有时破立并存,表现为一个合理的逻辑推导过程。通常分为引论、本论、结论三部分。

引论部分,主要是明确提出一个需要解决的问题。通常要表明态度或观点,有时要交代问题产生的原因或背景,也可说明探讨此问题的意义和价值。

本论部分,主要通过逻辑推导与深入分析,使观点成立。可对问题或材料作横向考察,作并列式地剖析,通过推理或引证,一一加以澄清或表述明白;也可对问题或材料进行纵向考察,作递进式剖析,一个问题引出一个问题,一个层次又深入另一个层次,个个阐说,层层推进,由现象到本质再到更深层的本质,或由抽象理论到具体现象再到更深的具体现象或回到抽象理论,也可由肯定到否定再到更深层的肯定或否定。

结论部分,主要是对本论部分进行总结概括,有时也对论题解决的意义、价值给予深化性的表述。

3. 说明类文体的表达模式

说明类文体是为了介绍或解释某一事物或事理,通过对对象的精确解说,逐步展示对象的性状功用等知识和内容情况。表达过程的模式主要由概说、分说、总说三部分构成。

概说部分,要提出和概述某一现象、事物或事理。有时也说明对象的基本特点,或提供认识对象相关的背景材料。

分说部分,对要说明的对象的形状功用等内容分别加以具体阐释。或根据对象的外部特征按一定的空间顺序逐步解说,或根据对象的内部特征如性质、功用、规律等分别加以解说。分说时,特别要注意解说的层次、类别、顺序,要有逻辑性与合理性。

总说部分,主要进行总括性的说明。或解说逻辑顺序所达的终点;或概括全文,指明掌握该知识的重要性;或说明当前科学上对解说对象的认识水平,展望研究前景。

三、表达的完形阶段

在写成初稿之后,写作过程还没有最终完成。距离定稿还有最后一个完形的阶段,那就是要进行修改润色的工作。修改润色是表达阶段的最后一个重要环节,是整个写作活动的最终完形过程。一方面,人们对客观事物的认识是无止境的,而文章是对客观事物的认识结果,经常会发生"意不称物"的情况,所以必须进行不断深入的研究,才能不断深化我们的认识,匡正我们的思维结果,正确深刻地反映客观事物的本质和规律;另一方面,文章又是我们对认识结果的语言表达,而由"意"到"言"的转化过程也有一个"言不逮意""言不尽意"的问题,所以必须经过修改润色,使文章的表达效果更加充分与完善。

古人云:"作十篇不如改一篇",修改是完善文章质量的重要手段,也是效验写作思维、反思表达内容、美化文章语言的必然过程,更是提高写作能力的重要途径。如果没有修改润色,那么写作行为就只能停留在草稿阶段;如果每一次写作行为都只是生产出"毛坯"和"样品"就草草收兵,那么作者就永远也不会窥得制造"成品"甚至是"精品"的堂奥,时间长了就会形成不良的写作习惯。相反,如果每次写作都对初稿进行推敲修改,尽心尽力,不够完善绝不罢休,那么,不仅优化了写作产品,也在修改的过程中提高了写作的鉴评能力和表达能力,逐步熟悉和掌握了各种写作方法和技巧。

从绝对意义上说,写作行为很难有终极的完善定稿,修改润色过程也许是没有尽头的。"文章不厌百回改",以曹雪芹之巨匠手笔,著《红楼梦》尚须经过"批阅十载,增删五次",最终在有生之年还是遗憾地没有完成对小说的修订工作。鲁迅秉如椽之笔,其七千余字的短篇小说《肥皂》,改动竟达150处之多。写作是个体性的创造行为,每个人的写作能力和写作水平是有限的,任何文章的写作都不会是绝对的完美无缺,最后可以做到一字不易。从相对意义上说,正是一个人的写作水平的有限性,对事物的认识与表达也有一定的阶段性和局限性,而作为写作结果的文章也只能是作者在一定时期和一定思维水平上的产物,所以还是要经过修改完善,完成定稿方能示人,写作行为才能告一段落,画上句号。我们说的修改润色,当然只能是相对意义上的尽个人能力使文章的尽可能完善,达到最佳的表达效果。

(一)修改的内容

1. 深化认识,调整观点

对文章思想观点进一步深入思考,有时会发现观点上的谬误、片面、肤浅、模糊、混乱或陈旧。因此,修改时就要"先求是,再求深,再求新",要把偏颇的观点改为正确的,片面的改为全面的,平庸的改为高雅的,肤浅的改为深刻的,模糊的改为鲜明的,混乱的改为集中的,陈旧的改为新颖的。深化认识和匡正思维是需要一个琢磨钻研、寻觅碰撞的过程的,而文章的修改正是可以提供这一契机的平台。在经历艰难的修改过程的隧道之后,甚至有时可以把我们对一个问题或对象的认识提升到一个新的高度,展现出另一番思想的洞天和豁然之境。

2. 增删材料,优化内容

材料是为支持观点服务的,二者是高度统一的。在阅读初稿时,要善于发现观点有无材料支持,或者有材料而不够典型、不够有力、不够具体,这就要增添或置换新的材料;如果材料过多而又良莠不齐,内容芜杂而淹没了观点,这就要对材料进行筛选甄别,以删减那些质量不高、陈腐不新、不够真实、可有可无的材料,使得文章的观点更加鲜明突出,文章的内容更加新颖生动和丰富多彩。调整材料时,一要考虑材料的向心力,也就是材料与观点的内在联系,凡是能支持观点的材料就留下,对于与观点没有必然联系的材料,哪怕自身价值再高、再生动有趣,也一定要舍弃;二是要在有向心力的材料中分析、比较材料的表现力,凡是具有较强典型性和感染力的,能生动有力地支持观点的材料就保留,与观点虽有一定联系,但表现力较弱、表达效果一般的材料就可以舍去。善取一定要善舍,善舍才是最佳的善取。取舍的结果,使得文章的内容更加优化,更加趋于精当完善。

3. 调整结构,顺理成章

初稿写成之后,一要在整体上重新审视文章的结构,谋篇布局追求合理、整一,使之符合客观事物的内部联系与本质规律,即顺理成章;二要在层段推进上追求周密、有序,做到前后连贯、环环相扣、疏密有致、首尾圆合,即文气通畅。清代教育家唐彪在《读书作文谱》中曾转引武叔卿的观点:"如文章草创已定,便从头到尾一一检点。气有不顺处,须疏之使顺;机有不圆处,须炼之使圆;血脉有不贯处,须融之使贯;音节有不叶处,须调之使叶。如此仔细推敲,自然疵病稀少。"[①]修改时要注意考察层次是否划分清楚,前后关系是否合理有序;段落是否安排妥当、完整单一,段与段的连接是否紧凑自然,开头结尾是否合乎要求,也就是开头要启开全文,结尾要托举全文,做到首尾圆合、前后辉映。要避免层次紊乱、段落欠妥、前后脱节、虎头蛇尾等毛病。

---

① 唐彪.读书作文谱[G]//南京大学,南京师范学院,杭州大学,山东师范学院.古人论写作.长春:吉林人民出版社,1981:76.

4. 润色语言，言之有文

古今中外文章家写诗作文初成之后，无不重视语言的推敲润色，使之精炼而又富于文采。"吟安一个字，捻断数根须"，"语不惊人死不休"，法国作家福楼拜提出的"一词说"，相关的典故不胜枚举。这是因为文章使用语言表达思想，反映客观事物，一要准确，言之有理；二要生动，言之有文。文章在写作初稿的过程中，由于思想的积极活跃，文字表达与书写往往跟不上思想的速度，所以写作时大多来不及推敲词句，语言表达上不免粗糙，多有疏漏。只有在初稿写完之后，再回过头来对语言文字进行琢磨和美化的工作，才有可能使文字表达相对完美，最终完成文章的定稿。语言的修改需要字斟句酌。首先看有无错别漏字，用词是否准确恰切，造句是否通顺；其次诵读是否文气通畅、音韵上口，节奏上是否急缓有节、疏密有致；再次看通篇有无遗笔漏意，是否充分有力地表达了所要表达的思想。最后考察一下文面的问题，看看是否符合文体的行款格式的要求，标点符号的使用是否准确无误，如果是手写的文章还要看书写有无笔误，是否清楚美观。

（二）修改的方法

1. 反复阅读，冷静自改

通常修改是自己改，特别要重视阅读初稿，最好要多次阅读，以重新审视与反思，大到发现观点谬误，认识偏颇，结构不整，线索混乱，小到造句有病，用词不当。毛泽东指出：有些人"文章写好之后，也不多看几遍，像洗脸之后再照照镜子一样，就马马虎虎地发表出去。其结果，往往是'下笔千言，离题万里'，仿佛像个才子，实则到处害人。这种责任心薄弱的坏习惯，必须改正才好。"① 又说："鲁迅说'至少看两遍'，至多呢？他没有说，我看重要的文章不妨看它十多遍，认真地加以删改，然后发表。文章是客观事物的反映，而事物是曲折复杂的，必须反复研究，才能反映恰当；在这里粗心大意，就是不懂得做文章的起码知识。"②

自己修改既可用"热处理"，写完初稿后立即趁热打铁，趁写作思维还处于亢奋状态，思维内容还十分清晰的时候，往往可以发现整体思想上表达不充分不到位的情况；更为常用的是"冷却法"，或叫作"冷处理"，也就是搁置一段时间，至少几天，等头脑冷静下来，再去审阅修改，不仅使头脑清醒客观，容易发现问题和疵病，更可能获得新的角度甚至是新的高度来重新审视自己的文章。明末清初的著名文学家李渔说："文章出自己手，无一非佳；诗赋论其初成，无语不妙。迨易日经时之后，取而视之，则妍媸好丑之间，非特人能辨别，我亦自解雌黄矣。"③

2. 虚心借鉴，请人修改

当局者迷，旁观者清。它山之石，可以攻玉。修改文章，更要虚心听取师友他人的意见和建议。他人的意见往往与当事人有不同的角度和新意，通常可以提供有益的参考和镜鉴。当然，作者也要有自己的主见，利用他人的意见得到启迪，再潜心深入思考，才有利于改好文章。颜之推说："学为文章，先谋亲友；得其评裁，知可施行，然后出手。慎勿师心自任，取笑旁人也。"④ 何其芳在20世纪60年代初给中国科学院文学研究所编辑的《不怕鬼的故事》一书写了篇序言，他就"不怕"两个字做文章，强调了战略上要藐视"鬼"。后来毛泽东审阅这篇序言时指出："除了战略上藐视，还要战术上重视。对具体的鬼，对一个一个的鬼，要具体分析，要讲究战术，要重视。不然就打不败它。……你可以再写几百字，写战术上重视。"⑤ 何其芳根据毛泽东的修改意见，在序言中

---

① 毛泽东. 反对党八股[M]//毛泽东选集(第3卷). 北京：人民出版社，1964：797.
② 同上书，801页.
③ 李渔. 闲情偶寄[M]. 杭州：浙江古籍出版社，1985：47.
④ 庄辉明，章义和. 颜氏家训译注[M]. 上海：上海古籍出版社，1999：168.
⑤ 人民出版社资料组. 序跋按·附录[G]. 北京：人民出版社，1978：105.

增加了相应的内容。这样一来,文章的观点就更加全面,也更加正确深刻,内容上也更充实了。

第四节 表达方式

一、叙述

叙述就是把人物的经历、行为或事情的发生、发展的变化过程表达出来。

叙述表现出我们对外在世界在时间链条上的发展变化过程的认识。它包括人物、事件、时间、地点、原因、结果等六个要素。消息是向人们传达当下世界重要的变化情况,主要使用叙述的新闻文体。在消息中,六要素又叫作五个"W"和一个"H":When、Where、What、Who、Why、How。

(一)叙述的详略

叙述的详与略,指的是具体叙述与概括叙述。二者难以截然分开,各有优长。一般来说,具体叙述是对人事现象发展变化过程的细致展现,而概括叙述则是对现象演进过程的大体情况的交代。叙述详略的选择,当视内容主次、表达重心和阅读需要而定,做到详略得当,疏密有致。老舍在《谈叙述与描写》一文中说:"或问:叙述宜细,还是宜简?细写不算不对,但容易流于冗长。为矫此弊,细写须要拿得起,推得开。古人说,写文章要精骛八极,心游万仞。这是什么意思呢?就是作者观察事物,无微不入,而后在叙述的时候,又善于调配,使小事大事都能联系到一处,一笔写下狂风由沙漠而来,天昏地暗,一笔又写到连屋中熬着的豆汁也当中翻着白浪,而锅边上浮动着一圈黑沫。大开大合,大起大落,便不至于冗细拖拉。这就是说,叙述不怕细致,而怕不生动。在细致处,要显示才华。"①

(二)叙述视角与人称

当我们进行叙述的时候,首先要选择叙述的视角。叙述视角是作者选择的对叙事对象和故事内容进行观察和讲述的特定角度,选定叙事者的角色和位置,从而提供给读者一个特定的阅读视野。叙述视角体现了作者或叙述者与文章中的人与事的特定关系。叙述有客观视角,又叫外视角,也有主观视角,又叫内视角。

客观视角又叫作"全知"视角,是作者在叙述时并不进入现象世界的时空环境与因缘关系之中,而是作为旁观者超越叙事对象之上,有着"上帝"一般的权威,无所不知,无所不能,可随意转换视角,变换时空,既可写人物的任何外在的公开行状或私下的隐秘行为,也可进入人物内心世界,披露其显意识或潜意识的任何心理内容。作者虽然不在作品中,读者却可以感觉到作者的无处不在。由于作者拥有绝对的权威和自由,太过强大的声音淹没了读者的感受,因此也存在一定的缺陷,在一定程度上限制了读者的解读参与和审美创造。

主观视角则是作者在叙述时以"我"的身份和视角进行表述,或者在叙述时把视角限制在某个核心人物"他"的思想感情范围内,作者只能表现"我"或特定的"他"的所思所想、所见所闻和所作所为,对于作品中其他的人物,只能以观察者的角度进行描述,而不能以"全知"视角随意变换时空和角度进行全方位的表达。

视角的不同特征和功用主要通过叙述人称的选择来加以实现。叙述人称是作者对读者与被叙述对象的称谓关系的选择,以得到相对有利的表述条件。使用不同的叙述人称可以得到不同的叙述视角。

---

① 老舍.谈叙述与描写[M]//山东省教学研究室.写作教学参考书.济南:山东人民出版社,2007:54—55.

1. 第三人称

第三人称是"古老"的叙事方法。作者以局外人的身份对读者"你"来叙述第三方"他"或"他们"的事情。如果作者作为叙述者隐身事外,超然于人事象之上,与文章中的"他"和"他们"没有任何时空因缘关系,那么就获得了叙述的"全知"视角。由于这种时空与关系的隔离,作者就具有了叙事上极大的自由与优势,可以洞察人物或事件的各个方面,不管是人物内心的所思所感、外在的一言一行,还是事件的来龙去脉、进程的隐秘曲折,事无巨细,不分内外,都可以自由灵活地表达明白。例如《三国演义》就自由地记述了跨越百年、纵横万里的事件;《红楼梦》就展现了众多人物复杂的内心世界。

在第三人称叙述中,如果作者叙事时把自己的视角固定在某一个人物的思想感情范围内,以"他"的感受和视野来表述内外世界,那就获得了叙述的主观视角。一旦进入主观视角的叙述过程,视角就不可随意转换,要相对固定下来,以这个人物的所思所想、所见所闻和所作所为来展开故事。虽然叙事上失去了"全知"的表述特权,但又得到另一种好处:读者随人物思想进程和故事发展把自己与人物融为一体来体验着这一特定人物的心理情感,感同身受着特定环境下的另一种人生和命运,而不同于"全知"视角下的读者只能作为旁观者观看作者演绎的别人的人生表演和命运遭际。如海明威的《老人与海》,就充分显示出第三人称叙述中主观视角的表达魅力。

在写作中,第三人称叙述可以根据需要转换视角,由"全知"的客观视角临时转换为主观视角,假手作品中的某一人物来进行观察与叙述,事后再回到原来的视角。例如《红楼梦》中,曹雪芹就特意转换叙述视角,借用刘姥姥这个来自豪门之外社会底层的没有多少文化的老年村妇的眼睛来进行观察,用她的感受来描述所见所闻,在她惊诧莫名和叹为观止的感觉落差之中充分表现出贾府的豪奢荣华和不同地位、不同角色的人物之间的微妙关系。第三人称还可以自由地变换时间与空间来叙述,表达不同时间与空间的人物和事件,不会受到时空关系的制约。

第三人称叙述在特权和自由之外也有其局限性,由于作者只能隐身事后,叙述时就不可以站出来随意地发表感受与评价。如《史记》只能对事件的详略主次加以选择,采用春秋笔法隐讳含蓄地表现主观倾向。不得不说的话语也只能在叙述结束后,司马迁才可以"太史公曰"另加点评,作者不可在叙述过程中任意显示倾向、表露态度。

2. 第一人称

(1) 我向叙述

我向叙述是作者在叙述时以"我"的身份和视角来叙述"我"或他人的事情的。由于"我"直接进入事件的时空之中,参与到事件的因缘关系之内,表述我的生活我的感受,或以"我"的观察和感受来叙述事件发展变化的过程,因此是一种主观视角也是单一视角的叙述。

在我向叙述中,叙述者"我"出现以下两种情况。

一是自我叙述,即作者以相对真实的身份直接进入叙述的时空关系中,叙述"我"的事情,"我"的见闻或我的感思。常见于散文文体,尤其是抒情散文、游记和日记等。

二是他我叙述,即作者叙述虚构的故事时候,假借一个"我"进入事件的时空关系之内成为其中的一个角色,并作为故事的叙述者,以这个"我"的眼睛来观察生活,以这个"我"的心理和口吻来叙述事件。如《孔乙己》,小说的作者是鲁迅,而叙述者则是故事中的人物——酒店里的小伙计"我",以幼稚单纯的小伙计的口吻、眼光和心理来叙述孔乙己在咸亨酒店里的几次人生演出,虽为主观视角,却能够更加客观冷峻地展示出人生的残酷真相和社会的吃人本质。

不管是作者真实的"我"还是假借的叙述者"我",都直接进入事件的时空关系之中,由于在叙述中置身事内,第一人称中的我向叙述就成为主观性很强的叙述,一方面特别长于表达作者对外在事物的主观倾向,因而在对他人和事件的叙述中容易形成亲切的叙事氛围,造成强烈的真实感；另一方面，特别是在自我叙述中有利于显示出作者的个性特质，形成独特的抒情风格，如朱自清的《荷塘月色》，我们分明在一种朦胧氤氲的情境氛围中与作者同思同感，同时又认识了一个苦闷多情而又独特的"我"。

第一人称叙述的主观视角虽然在展现主体个性与特质、表达主观感受与情志方面相对直接和灵活，却不能不舍弃客观视角在表现外在世界所得到的超时空、全方位视野，和展露众多人物内心世界的方便与自由。因而第一人称叙述也有其一定的局限性：不可以任意表达叙述者"我"感知范围以外的事物和他人的内心感受，不可以突破叙述者"我"的单一视角和时空限制，丧失了视角和时空转换上的自由。如要对他人心理活动加以表现，就不能直接进行描述，而只能以"我"的心理活动进行主观猜测或推论，或通过"我"能够感知的他人的外在行为加以间接表现；对其他时空里的人和事，也就不能随便进行表达了。

（2）对向叙述

对向叙述是作者或叙述者"我"向特定的"你"叙述"你""我"之间或他人的事情的。

这种叙述即所谓的第二人称叙述。曾经有人否认第二人称叙述的存在，说作者仍然站在"我"的角度来叙述，仍属于第一人称叙述，是不可以站在"你"的角度来表达的。如："叙述的人称是以叙述者的立足点确定的。在文章中，叙述者或者是站在自身的立足点上叙述，或者是站在第三者的立足点上叙述，所以第二人称叙述实际上是不存在的。"[①] 人称叙述视角所谓"立足点"的理论表述，早已得到学界批评匡正，成为写作学历史发展的遗迹。诚然，在第二人称叙述中，作者或叙述者仍然是以"我"的身份进行表达的，但是，问题是有一个特定的"你"进入叙事时空和因缘关系之中，成为叙述的接受者和叙述的主要内容对象。如朱自清的《给亡妇》，作者只对特定的"你"说话，那就是他亡故的妻子"谦"——武钟谦，"你"进入叙述时空关系中，成为听者也成为叙述的内容对象，而作为读者的我们，却成为了真正的第三者和旁观者——"他"或"他们"，看和听作者对妻子的私情话语和往事追忆。这一特质使得第二人称叙述有其不可替代的叙事功能和独有品质，因此，第二人称叙述是一种独特的表述现象和表达方法。

在第二人称叙述中，作者或叙述者依然是"我"，而且与第一人称叙述中的"我"一样，直接进入到叙述的时空和文章的内容之中，仍以"我"的观察和感受来叙述事件进程，其表达的主观色彩不弱于甚至更甚于第一人称叙述常见的"我向叙述"；从视角而言，其主观视角不变，但读者"你"成为特定的叙述对象和交流对象，有着强烈的对面交流的表达特征和阅读感受，表达对象和内容就受到了一定的限制，这就不同于我向叙述的单一视角叙述了。在叙述中有时以"我"写"你"，又可由"你"见"我"，因此，我们把它叫作"对向视角"。从形和质两方面看来，第二人称叙述仍可归入第一人称叙述，与我向叙述并立而成为第一人称叙述的另一种形式——对向叙述。

对向叙述有着独有的性质，同时也有着特有的文体范式。一般说来，日记体、书信体和祭吊文等对话式文体是对向叙述的特有文体形式。一些诗歌、散文和小说也经常使用对话式表达或假借上述文体形式以第二人称来写作。韩愈的《祭十二郎文》、苏洵《祭亡妻文》、朱自清的《给亡妇》和郭沫若的《银杏》等，都是第二人称对向叙述的经典之作。

对向叙述的表达对象和接受对象经常是统一的，有时却是不统一的，但可以造成统一的感觉。如书信的写作，叙述的表达对象和接受对象就是特定的读者，也即文章中的"你"；有时，读者并不是文章中的"你"，但由于强烈的对向交流的表达特质，给读者一种对面交流的至为亲切的阅读感受，甚至于造成某些心理条件接近或类似的读者幻身为作品中的"你"的阅读错觉。

与我向叙述相较，一方面，对向叙述在表现自我感受方面往往更加直白坦露，似乎可以直接

[①] 路德庆. 普通写作学教程[M]. 北京：高等教育出版社，1991：246.

把心掏出来,尽情倾诉自己的感受,作者内心的透明度大大增加(请参阅本节"三、抒情"中"直接抒情"所举示例舒婷的诗《雨别》);另一方面,由于对向叙述中,作者"我"特别熟悉"你"的情况,距离近,信息量大,增强了作者观照人物和剖析事件的深入程度。对向叙述虽然有着一些特别的表达优势,却也有其局限性:在叙事的范围上比我向叙述有着更多的限制,受到"我"与"你"关系的制约,只能向特定的读者"你"进行表达,只能表达"你""我"之间相关的事情,不可随意诉说"你""我"关系之外无关的事情。如《三国演义》第五十七回,诸葛亮不顾个人安危过江吊丧,在周瑜灵前当众宣读祭文。祭文当然是祭者对逝者的对向叙述,文中主要是大谈周瑜生前的功勋业迹,自己与周瑜的交往与情谊。由于宣读时以情动人,声情并茂,真正的接受者周瑜虽不能亲耳聆听,九泉有知,也当心动;而在场的东吴文官武将由于受到对向叙述的强烈主观情感氛围的感染,无不为二人的智者知音之谊和英雄相惜之情所感动。此举终于化险为夷,化解了恩怨误解,保住了孙刘联盟,其外交取得这样的成效与对向叙述的表情力和感染力发挥了强烈作用有着重要的关系。

(三)叙述方式

1. 顺叙

顺叙就是以时间的自然链条为主线,在特定的空间环境里,把人物言行、心理活动或事件的发展变化过程表达出来的一种叙述方式。这是叙述方式中最基本的表达方式,既要考虑事物发展的自然进程,又要符合读者的接受心理和阅读习惯,把人物的经历、事物发展变化的过程表述得条理清楚。顺叙在使用时要注意主次分明、详略得当,切忌平均用笔,平铺直叙。

2. 倒叙

倒叙又叫"倒插笔"。就是首先把事情的结局或事件进程中某一特殊阶段如高潮部分提到前边来写,然后再按事情的自然顺序叙述开来的叙述方式。倒叙的写法,意在强调和突出事情的高潮或重要部分,以造成强烈的对比效果;或引发悬念,引人入胜;或启人疑窦,令人推究。倒叙的使用要注意事件内容的特点和表达的需要,不要勉强运用。倒叙之后回到顺叙的主线上时,要注意过渡显明,衔接自然。

3. 插叙

插叙就是在叙述过程中,根据事件内容的表达需要,通常是某事或某物需加特别交代或说明,暂时中断叙述主线,插入另一段相关的叙述或说明的文字,再回到叙述主线的一种叙述方式。插叙的内容一般是由当前的事物或情况引发了对往事的回忆,或者是对人物或事件背景的介绍,从而丰富了表达的层次,充实文章的内容,同时使叙述线索起伏断续,文脉错落变化。插叙要注意的是:一是不要过多地插叙,以免破坏主线的自然顺畅和阅读的完整感;二是要插入适时,回到主线时要自然过渡,巧于衔接。

4. 补叙

补叙是在事件结束后或叙述过程中一个事件暂告一段落之时,对前文中某些未及说清的情况或特意隐藏的事实所作的必要的补充交代。补叙有时可如倒叙一样,成为叙事性文章的整体构思。与之不同的是,倒叙是把后面的重要内容提到开头来表达,而补叙是在前文中故意语焉不详或设下伏笔以留待后边加以照应或弥合,以造成强烈的阅读效应。

5. 平叙

平叙又叫分叙,是对同一时间不同空间发生的两件或更多事件所作的分别叙述或交叉叙述。古代小说中"花开两朵,各表一枝",一般指的就是平叙。平叙主要针对复杂事件中不同情况同时发生时所进行的叙述。通常是交代完一件事,再交代另一件事情。有时也可以交替表达两个或更多空间的齐头并进的事件,如通讯《为了六十一个阶级弟兄》。表达时要注意有条不紊,层次分明,空间转换时要交代明白,不可混乱杂糅,搅成一锅粥,要给读者呈现出事件的整体感和立体感。

二、描写

没有描写,我们决不能想象刘白羽笔下的"天池"令人屏气之"静",朱自清笔下的"梅雨潭"青翠欲滴的"女儿绿",也感受不到张飞长板桥喝退曹军的威武、阿Q摸小尼姑头皮后的得意、祥林嫂捐门槛的虔诚,看不到贾宝玉偷吃胭脂的怪癖、孔乙己人生悲剧的喜剧演出……

描写,就是把人、事、景、物的状貌形象地表现出来,使人如睹其面、如闻其声、如临其境、如见其形的表达方式。宋代诗人梅尧臣说过:"必能状难写之景,如在目前;含不尽之意,见于言外,然后为至矣。"①宋祁在《玉楼春·春景》词中写道:"绿杨烟外晓寒轻,红杏枝头春意闹。"王国维认为"红杏枝头春意闹,着一'闹'字而境界全出。"关键在于一个"闹"字,把代表春天的特征性景物——杏花绽放枝头的喧嚷情态表现得十分突出,静态景物呈现出动态的生动画面,更揭示出作者在春光明媚之中内心的春意萌动,令人感怀万端。

在记叙性文章中,叙述和描写是最基本的表达方式,二者经常结合使用,被称为"描述"或"描叙"。

(一)描写的对象

1. 人物描写

(1)肖像描写

肖像描写又叫作外貌描写,是描写人物的姿容、衣饰、神情、仪表、风度等外在形态的。人之外形,大体相似又千差万别。如何才能写好?既要描绘形象,又要传神写照,其关键在于"以形写神",从而写出独特的"这一个"。否则千人一面就失去了描写的价值。如古人写美女的套语:倾城倾国,闭月羞花等,就没有写出对象的个性特征。"以形写神"是东晋画家顾恺之提出的反映生活的绘画理论,他明确地提出传神的重要性,要传神,就要以形写神。"就人物画来说,顾恺之首先注意的是头部的形的传神作用,……在头部的五官形象里,哪部分又比较重要呢?顾恺之认为眼睛最为重要。据说他画人有时数年不点目睛。人问其故,答曰:'四体妍蚩,本无关于妙处,传神写照,正在阿堵中。'"②老舍说过:"人物的外表要处,足以烘托出一个单独的人格,不可泛泛的由帽子一直形容到鞋底。"③对写作而言,人物外表的要处,当然不单单指的是眼睛,比如孔乙己身上的破旧长衫,阿Q头上的破毡帽、癞疮疤、细小的黄辫子,张飞的环眼虬须,关羽的红脸与美髯……这些都是人物外表的突出特征,与人物的身份、处境、性格或品质有着内在的关联性,对这些特征的把捉与表现,也正是鲁迅所推重所表达的"画眼睛"的方法。

金庸在《神雕侠侣》第五回中,通过杨过的观察和心理语言描绘了初次登场的小龙女的形象:

杨过抬起头来,只见一只白玉般的纤手掀开帷幕,走进一个少女来。那少女披着一袭轻纱般的白衣,犹如身在烟中雾里,看来约莫十六七岁年纪,除了一头黑发之外,全身雪白,面容秀美绝俗,只是肌肤间少了一层血色,显得苍白异常。④

短短数十言的描写竟用了四个与白有关的词语,作者紧紧抓住人物之白给予特别强调,全身雪白——衣着素白和肌肤苍白——白色的主调、冰雪的形象成为小龙女的性格标签和心理特征:洁若冰雪又冷若冰雪,美艳绝俗且孤芳冷傲,独处幽闭而心静如水,不谙世事更不通世故。以特别

---

① 欧阳修.六一诗话[M]//欧阳修,郑文,姜夔,王若虚.六一诗话 白石诗说 滹南诗话.北京:人民文学出版社,1962:9.
② 葛路.中国古代绘画理论发展史[M].上海:上海人民美术出版社,1982:25.
③ 老舍.人物的描写[G]//胡絜青.老舍论创作.上海:上海文艺出版社,1980:86.
④ 金庸.神雕侠侣[M]//金庸作品集(9).北京:生活·读书·新知三联书店,1999:152.

之"形"传出独特之"神",成为"画眼睛"肖像描写手法的典型示范。

（2）行动描写

行动描写就是对特定条件下能表现人物思想、性格特征的行为举止的描写。行动描写能十分有效地展现人物的内心世界和独特性格。每个人的行为都是具体的特定的,与其内在的动机相关联。近代文论家吴曾祺认为:"人之一身,五官百体,其相去不甚远,而至于一言一动,则百人而无一相类者,神为之也。"[1]也就是说,人的生理方面大体相近,但每个人的言行举止却迥然不同,是因为每个人的个性气质大有差异。我们在行动描写时一定要抓住人物内在的"神"——独特的精神气质来加以表现。鲁迅在《孔乙己》中,描写主人翁两次在咸亨酒店出场,第一次是"排出九文大钱","排"字显出一种有点儿钱的气势和风度,而第二次也是最后一次来喝酒,是爬着来的,"他从破衣袋里摸出四文大钱,放在我手里。""摸"则显然表达了他经济上的极端窘迫和精神上的萎靡不振。《三国演义》里刘备之哭,曹操之笑,无一次不合乎性情,不合乎情节境况。只有透辟地揣摩人物的心理需要和性格气质才能准确地写出具体情况下人物的特定行为。

（3）语言描写

语言描写是对人物的对话、独白及说话时的语气声态的描写。"言为心声",无论真话谎言,都能相对直接地表现出人物的内心世界和个性气质。对话描写时要考虑符合人物的角色、性格、身份、心理、文化水平和所处的环境,抓住人物的个性化语言予以展现,出色的语言描写能表现出"话中有话"的丰富的隐含信息。在《三国演义》第二十一回,曹操煮酒论英雄,与刘备有一大段经典的对话描写。文中曹、刘宴谈之际,一个借题发挥,着意追问;一个心怀隐情,故作不知;一个步步紧逼,当面揭穿;一个处处设防,唯恐有失。唇枪舌剑之中极富戏剧性,曹操称雄天下的野心、狂妄自大的性格,刘备虚以委蛇的心理、随机应变的智谋和个性,都得到生动的体现。

鲁迅说:"作者用对话表现人物的时候,恐怕在他自己的心目中,是存在着这人物的模样的,于是传给读者,使读者心目中也形成了这人物的模样。"[2]人物的语言描写忌讳以作者的语言代替人物的语言,忌讳没有个性"标签"的"千人一腔"。

（4）心理描写

心理描写是对人物在特定环境下的意志、愿望和思想、感情等内心活动的描绘。古人云:"泪眼描写易,愁肠写出难。"心理描写可以把描写的笔触直接探入人物内心深处,描述多层次的情态变化和心理活动以揭示人物的思想、感情和个性特征。常用以下几种方法。

① 分析描述。

这种描写又叫"心理剖析"。即作者以旁观者介入式地对人物心理活动进行客观细致的描述。心理活动是复杂而难以捉摸的,但又不是无迹可寻。因为人物特定的心理总是一定环境中围绕客观情势所思所虑产生的意念活动和情感态度。如张贤亮的小说《灵与肉》中的一段心理描写:

突然,他想到了那匹棕色马,心里顿时感到一种酸楚的甜蜜。他觉得他不仅早就认识了她,而且等待了她多年。一种从来没有出现过的心荡神移的感觉袭倒了他,使他不能自制地跌坐在姑娘的旁边。他两手捂着脸,既不敢相信他真的得到了幸福,担心这件侥幸的事会给他带来新的不幸,又极力想在手掌的黑暗中细细地享受这种新奇的感情。[3]

这是主人公许灵均在被打成右派流放西北牧马的人生低谷中,竟然不幸中万幸,与一个四川来的

---

[1] 吴曾祺. 涵芬楼文谈[M]. 北京:金城出版社,2011:78.
[2] 鲁迅. 看书琐记[M]. 花边文学. 北京:人民文学出版社,1973:92—93.
[3] 张贤亮. 灵与肉[M]//张志英,张世甲. 张贤亮代表作集. 郑州:黄河文艺出版社,1989:233.

漂亮姑娘结婚了,对他新婚之夜时特定的心理活动所作的分析描述,显然与常人结婚时的幸福心态既有相似之处,又大不相同:有甜蜜感受,却又夹杂着酸楚;有心荡神驰,同时又有担忧而不敢相信。分析描述常用"他想到""他觉得""他认为""他忖道"等作为标志,来提示读者这是作者以旁观者角度进行的心理分析和描述。

② 内心独白。

这是以第一人称说出自己的心里话,直接展示、坦露"我"的内心世界,说出自己的心理感受和态度体验的心理描写。例如,《红楼梦》第三十二回史湘云劝宝玉学点"仕途经济之道"引起宝玉不满,引发宝玉表达出对黛玉的称许和肯定:"林姑娘从来说过这些混账话不曾?若他也说过这些混账话,我早和他生分了。"黛玉恰巧在外面听到了:

林黛玉听了这话,不觉又喜又惊,又悲又叹。所喜者,果然自己眼力不错,素日认他是个知己,果然是个知己。所惊者,他在人前一片私心称扬于我,其亲热厚密,竟不避嫌疑。所叹者,你既为我之知己,自然我亦可为你的知己,既你我为知己,则又何必有"金玉"之论呢?既有"金玉"之论,也该你我有之,又何必来一宝钗呢?所悲者,父母早逝,虽有铭心刻骨之言,无人为我主张;况近日每觉神思恍惚,病已渐成,医者更云:"气弱血亏,恐致劳怯之症。"我虽为你的知己,但恐不能久待;你纵为我知己,奈我薄命何!想到此间,不禁滚下泪来。

黛玉在爱上宝玉之后,多次试探无果,猜忌之心又造成二人多次摩擦,自己满怀深情,无法言说,期待既久,因之获病,这次却在不经意间从背后听到宝玉对她的衷心评价与知心表白,终于懂得了宝玉的情意和对自己的推重,真如平地响雷般的震撼。惊喜之余,立刻想到了这份情感的不祥之兆,又由喜转悲。这是寄人篱下、聪慧机敏、多愁善感、情窦初开的林黛玉,在超强信息的刺激之下产生的复杂感受的真切表达。作者由第三人称的客观视角描述,笔触转为黛玉的主观视角独白,直接揭示人物的内心情态。《红楼梦》中对黛玉往往采用这种内心独白的心理描写,使得黛玉的艺术形象更加鲜明而真实。

③ 梦境、幻觉描写。

这是心理描写的两种特殊手法。梦幻是现实生活和客观事物对人物心理产生刺激而折射出的意念活动,是思虑和欲望化了装的反映,是现实生活在人们深层的心理镜面上的折射。梦幻的内容虽在表现形态上虚幻不真,实则反映了人物心理世界另一种意义的真实。从心理学上说,梦幻是人们现实中无法实现、被压抑到了潜意识中的欲求,在梦幻状态下的虚假实现或变形演出。日有所思,夜有所梦。平日积聚的愿望或体验,乘梦者睡眠之际以倒错、怪诞、飘忽的潜意识表象浮动于脑中,这便是梦。幻觉亦类似,虽然看上去是清醒状态,实则也是理智之阀门失效,因而深层的欲求愿望以某种心理表象显现在意识的平台上。弗罗伊德在心理学上的重要贡献就是通过梦的解析发现了潜意识的存在,他认为:现实中无法满足的欲望被压抑到意识深处,即进入潜意识之中了,而后在显意识的理智之门不起作用时的梦幻状态下就偷偷溜了出来。梦境、幻觉的内容和形态多数情况下表现出杂乱无章难于破译,但有些时候却能再现已逝的生活情景、思考逻辑或隐示未来生活的某种征象。

王朝闻在《谈人物的心理描写》一文中说:"梦是心理的形象化了的反映,是现实的一种化了装的反映。也可以说是现实在意识上的一种改造。它不只是一种表现已有的生活的回忆的变形的形式,而且常常是一种尚未有过却可能有的生活现象的形象化了的预测。不论它的状况怎样复杂、新奇以至怪诞,它和人物的性格及其处境常常是有密切关系的;它是和人在一定时期的感觉、认识、情感、意志有密切关系的。"[①]

---

① 王朝闻.论艺术的技巧[M]//简平.王朝闻集(2).石家庄:河北教育出版社,1998:331.

中国古代文学中有着大量的梦幻描写,这些描写多具有深刻的审美意义。《红楼梦》中共计写做梦三十二次,写梦境幻象共十三处,放笔渲染达七处,且写法独特,各不雷同。全书起于梦结于梦,或短或长,或独写一梦,或梦中有梦,连环写梦,醒后说梦。作者或许意在引导读者在梦幻的氛围中领悟"人生如梦"的旨意。作家们在创作中有意识地运用梦境和幻觉的描写来表现人物的内心世界,同时也在表达着作者对现实生活的不满或渴望,抒发作者的理想和愿望。请看苏轼的《江城子·十年生死两茫茫》[1]:

十年生死两茫茫,不思量,自难忘。千里孤坟,无处话凄凉。纵使相逢应不识,尘满面,鬓如霜。

夜来幽梦忽还乡,小轩窗,正梳妆。相顾无言,惟有泪千行。料得年年肠断处,明月夜,短松冈。

苏轼贬居山东密州,妻子王弗之坟在千里之外的川蜀。词的上片写自己屡遭贬谪,劳碌奔波,潦倒衰老,使梦中年轻美丽的妻子难以相认。下片写出梦中的喜悦与醒后的悲哀,但梦非现实,只能相顾,却不能言,当然十年沧桑,千言万语一时也说不出来。苏东坡在逆境中渴望情感的慰藉,更加怀念死去的妻子,因而有了梦中相会,借梦抒情,也就有了这首感人的词作。

2. 景物描写

与人相对的是外在的环境。人生活其中,它可以影响人、造就人;人也可以影响和改变环境,使之适应人的需要。优美的环境描写,可以启迪人的思想、陶冶人的性情,给人以美的享受;还可以表现出人对现实的态度,环境对人的影响,人与环境复杂微妙的关系,从中也可以间接反映出人物的心理、性格。清代王夫之说:"'昔我往矣,杨柳依依;今我来思,雨雪霏霏。'以乐景写哀,以哀景写乐,一倍增其哀乐。"[2]原诗的意思是,当年我离开的时候,杨柳惜别,依依不舍;现在我回来了,思维万千,正如眼前落雪纷纷,春光不再,已然物易人非。对于景物描写来说,人的内心感受与环境物象通常有着对应或比衬的关系,如果我们掌握一定的描写艺术手法,既可描绘出优美的自然景观和动人的社会风物,亦可鲜明生动地表现人物的情感、心态与性格。

(1) 自然风景描写

自然风景是人类的重要审美对象,无论诗词文章,既可随心展现,又可独立成篇。古今散文诗词不乏写景名篇,在小说中也有大量的表现,为情节发展提供特定的环境气氛,表现出独有的审美价值。

景物描写重在抓住对象的特点加以表现。秦观的《春日》这样描写:"一夕轻雷落万丝,霁光浮瓦碧参差。有情芍药含春泪,无力蔷薇卧晓枝。""浮"字在这里确是事物的精微特征,也成为全诗的"诗眼"。钱锺书很欣赏这个"浮"字,在《宋诗选注》中特意注道:"'浮'字描写太阳照在光亮物体上面的反射。李商隐《戏赠张书记》诗所谓'池光不受月'的不受,也许是'浮'的好解释。"[3]

(2) 社会环境描写

社会环境描写是对人物活动和事件展开的时代背景和人物生活环境的描写。上乘的社会环境描写,可以为人物活动提供社会舞台和历史背景;精当的具体环境描写能展示人物的性格与志趣。如《祝福》开头对鲁镇旧历年底准备"祝福"气氛的描写:

旧历的年底毕竟最像年底,村镇上不必说,就在天空中也显出将到新年的气象来。灰白色的

---

[1] 苏轼. 江城子·十年生死两茫茫[M]//张志烈,张晓蕾. 苏轼选集. 北京:人民文学出版社,2002:195—196.
[2] 戴鸿森. 姜斋诗话笺注[M]. 北京:人民文学出版社,1981:10.
[3] 钱锺书. 宋诗选注[M]. 北京:人民文学出版社,1982:89.

沉重的晚云中间时时发出闪光,接着一声钝响,是送灶的爆竹;近处燃放的可就更强烈了,震耳的大音还没有息,空气里已经散满了幽微的火药香。

这段文字渲染了那个年代过年时的特有氛围——黯淡中的热闹,隐喻黑暗的社会环境中人们依然保有对幸福生活的祈求,暗示祥林嫂也不例外,并照应了小说的标题。还有对鲁四老爷书房的描写:

我回到四叔的书房里时,瓦楞上已经雪白,房里也映得较光明,极分明的显出壁上挂着的朱拓的大"寿"字,陈抟老祖写的;一边的对联已经脱落,松松的卷了放在长桌上,一边的还在,道是"事理通达心气和平"。我又无聊赖的到窗下的案头去一翻,只见一堆似乎未必完全的《康熙字典》,一部《近思录集注》和一部《四书衬》。无论如何,我明天决计要走了。

这些文字,侧面地揭示了一个不学无术的"讲理学的老监生"的空虚生活。对祥林嫂的悲剧命运的表现营构了压抑沉闷的生存环境和文化背景,对作品思想意义的揭示起到了重要的烘托作用。

(3) 场面描写

场面描写就是对特定时空条件下众多人物活动的总体描绘。场面描写要注意两个问题。一是处理好"点"和"面"的关系。既要突出重点人物的言行,又要顾及整体情况。不可只有"点"的描写,没有"面"的展示,那就不是场面描写了;也不可只写"面"的情况而没有重点人物的突出表现,容易流于呆板。二是安排好表达顺序。场面描写由于内容较多,写作时要根据一定的线索来有序表达,或以空间位移进行视觉扫描,或以时间先后表现感知过程,才能做到层次分明,条理清楚。例如,《红楼梦》第四十回,凤姐和鸳鸯撺掇刘姥姥出丑,引众人开心。这段文字显示了作者高超的场面描写艺术:

贾母这边说声"请",刘老老便站起身来,高声说道:"老刘,老刘,食量大如牛,吃一个老母猪不抬头!"自己却鼓着腮不语。众人先还发怔,后来一听,上上下下都哈哈大笑起来。湘云掌不住,一口茶都喷了出来。林黛玉笑岔了气,伏着桌子只叫"嗳哟!"宝玉滚到贾母怀里,贾母笑的搂着叫"心肝"。王夫人笑的用手指着凤姐儿,却说不出话来。薛姨妈也掌不住,口里茶喷了探春一裙子。探春手里的饭碗都合在迎春身上。惜春离了坐位,拉着他的奶母,叫"揉一揉肠子"。地下无一个不弯腰屈背,也有躲出去蹲着笑去的,也有忍着笑上来替他姊妹换衣裳的。独有凤姐鸳鸯二人掌着,还只管让刘老老。①

这段文字,有点有面,有总有分。事多不乱,条理分明。刘姥姥的表现让众人先怔后笑,继而以视觉顺序和时间先后逐一写出在场的主要人物的不同身份和个性的不同的笑,秩序井然,用笔精准,情态毕肖,而后又总写"地下无一个不弯腰屈背,也有……,也有……"最后又回到事件的谋划者、全场独有的撑着没笑的凤姐、鸳鸯那里,既有"点"的放大处理和集中表现,又有"面"的有序安排和精彩展呈。

(二) 描写的方法

描写的方法很多,根据划分的不同角度,我们把描写分为以下几种。

1. 从描写的风格上划分

(1) 细描

细描就是对事物的特征作细致入微的刻画。欧阳山《三家巷》中对区桃的描写:

她的前胸微微挺起,两手匀称地、富于弹性地摆动着,使每个人都想起来,自己也曾有过这么一段美妙的青春。她的刘海细细地垂在前额的正中,像一绺黑色的丝带,白玉般的脸蛋儿泛着天然的轻微的红晕,衬着一头柔软的深黑的头发,格外鲜明。她的鼻子和嘴都是端正而又小巧的,好看得使人惊叹。她的细长的眼睛是那样的天真,那样纯洁地望着这整个的世界,那怕有什么肮

---

① 曹雪芹,高鹗. 红楼梦[M]. 北京:中华书局,2005:295.

脏的东西,有什么危险的东西,她一定也不曾看见。黑夜看见她来了,赶快让开了路;墙头的电灯却照耀得更加光明。①

作者在这里就是对人物外貌主要特征作了相对全面细致的刻画,写出了一个年轻姑娘的青春气息、性感和美丽,以及纯洁天真的性灵。

细描不同于细节描写。细节描写主要是对人物行为的具有典型意义的细枝末节的描写。细描重在对某一事物的"面"上的诸多重要特征的描绘,全面展现对象情状;而细节描写则强调对事物某个"点"的集中表现,细微处见精神。细描的目的,就是尽量表现出对象的主要形态,给人以全面的印象。细节描写则是通过抓住事物的极富特征和典型意义的细微之处的描绘,表现事物特征,刻画人物心理和性格,以小见大,取得特殊的艺术效果。

(2) 白描

白描是一种不尚修饰,以质朴的文字,抓住事物的特点,寥寥几笔就勾勒出事物形象的描写方法。请看吴敬梓在《儒林外史》第二回中描写的夏总甲:

两只红眼边,一副锅铁脸,几根黄胡子,歪戴着瓦楞帽,身上青布衣服就如油篓一般,手里拿着一根赶驴的鞭子,走进门来,和众人拱一拱手,一屁股就坐在上席。②

用笔不多,却勾勒出对象的突出特征,传神写照,给人以深刻印象。

鲁迅在写作中特别注重白描的运用,他精辟指出:"'白描'却并没有秘诀。如果要说有,也不过是和障眼法反一调:有真意,去粉饰,少做作,勿卖弄而已。"③

白描不仅可写人,亦可绘景。冰心的《通讯十六》中有一段对黎明前天空的描写:"天色碧蓝,一弦金色的月,不远对着弦月的凹处,悬着一颗大星。万里无云的天上,只有一星一月,光景真是奇丽。"奇丽是景物总的特点,这段文字简洁明快,不做铺排,直书对象的鲜明特点,使人如临其境。

2. 从描写方法上划分

(1) 直接描写

直接描写也叫正面描写,是通常所见的最常用的描写方法。就是把描写的笔触直接指向描写对象,正面描绘其主要的形象特征。

(2) 间接描写

间接描写又叫侧面描写。这是描写的特殊方法。它不直接描写所要描写的对象,而是通过对其他人或事物变化的表现来映衬、烘托出主要人物的情况,以"烘云托月"的手法,达到以实写虚的目的。北宋画家郭熙说:"山欲高,尽出之则不高,烟霞锁其腰,则高矣。水欲远,尽出之则不远,掩映断其派,则远矣。"④这虽是绘画技法之说,但写作技法的间接描写在道理上同它是相通的。这个道理被清代著名文艺理论家刘熙载作了揭示,他说:"正面不写写反面,本面不写写对面、旁面,须如睹影知竿乃妙。"⑤"山之精神写不出,以烟霞写之。春之精神写不出,以草树写之。"⑥

《三国演义》第五回中"关羽温酒斩华雄",书中特意写了出战之前曹操"教酾热酒一杯,与关公饮了上马。关公曰:'酒且斟下,某去便来。'出帐提刀,飞身上马。众诸侯听得关外鼓声大振,

---

① 欧阳山. 三家巷[M]. 北京:人民文学出版社,1960:49.
② 吴敬梓. 儒林外史[M]. 上海:古籍出版社,2010:19.
③ 鲁迅. 作文秘诀[M]//鲁迅全集(第4卷). 北京:人民文学出版社,1982:614.
④ 郭熙. 林泉高致·山水训[M]. 梁燕,注译. 郑州:中州古籍出版社,2013:107.
⑤ 刘熙载. 艺概·诗概[M]//王气中. 艺概笺注. 贵阳:贵州人民出版社,1986:227.
⑥ 同上书,243页.

喊声大举,如天摧地塌,岳撼山崩,众皆失惊。正欲探听,鸾铃响处,马到中军,云长提华雄之头,掷于地上。——其酒尚温。"书中没有正面描写关羽与华雄的战斗场面,而是从侧面描写袁绍军帐中的诸侯们的听觉反应,显示出战斗之激烈;又从战斗结束后热酒尚温,突出地表现了战斗时间之短,从而烘托出关羽气盖山河、勇猛无伦的英雄形象。

三、抒情

(一) 关于情感

写作中要想很好地抒情,首先要搞清什么是"情"。金末元初的文坛领袖元好问在《摸鱼儿·雁丘词》中说:"问世间,情为何物,直教生死相许?"元好问发出千古一问:感情到底是什么东西?以至于达到让人愿意付出生命、生死置之度外的地步?

儒家经典《礼记·礼运》中说:"何谓人情?曰:喜、怒、哀、惧、爱、恶、欲,七者弗学而能。"①这是对感情的直观、感性的解释。这些当然是感情。看电影、读小说或听人倾诉,不知不觉洒下了同情之泪;读一段新闻,听一段演讲,跟着它的内容忽喜、忽怒、或哀、或愁。这一切,无非是外物作用于我们的心理上产生的感应或反应,感之于内,发之于外,这就是感情。英语中叫作"Feeling",德语中叫"Fuhluug",追溯到语源,乃是感触的意思。刘勰在《文心雕龙·物色》中说的"物色之动,心亦摇焉""情以物迁,辞以情发""诗人感物,联类不穷"②都是感情由外物而触发,在心理上产生相应反应,并由内情的触动而表达出来的生发过程。

心理学告诉我们,"感情:affection,通常是指情绪和情感的总称。既包含与生理需要相联系的低级情绪情感,也包含与社会需要相联系的高级情绪情感。"③"情感:feeling,亦称感受,一般指对情绪过程的主观体验和感受。"④我们认为,感情是个体内心的有高低不同层次的复杂体验或感受,是人的需要、欲望与客观事物相碰撞或者说发生关系时,环境与事物是否符合自己的生理需要或社会需要所产生的各种不同的感受、体验等心理反应和心理活动。

(二) 情感的层次

1. 情感的生理层面

情感的生理层面,即来自生理支配或反应的出于本能的心理体验。它可分为两个方面:一是来自生理局部的反应,如触摸、按摩、搔痒、啜饮、咀嚼、吞咽、嗅舐等产生的局部生理快感或不适的感觉,或由于病痛、针刺、击打、受伤、受刑等而产生的局部痛苦感受;二是来自身体的整体反应,如紧张、酸软、疲劳、燥热、寒冷、温暖、满足等,如感冒发烧,通体不适;洗澡以后,浑身慵懒。这些通常的生理感受似乎并不关联我们所理解的感情的内涵,但在复杂感情的表达方面却非常重要,有着特殊的表达价值。它们虽说是我们感受的生理层面和浅表内容,但很容易用语言加以表达。而我们内心体验到的许多复杂微妙的感情,却难以言表。因此我们经常描写人的外在情状来表达内心感受,以"眼中泪"写"心中事"。但由于情感的复杂和情绪的微妙,很多情况下恰恰是"执手相看泪眼,竟无语凝噎",难以用语言直接描绘出来的。读者的解悟往往要结合事件相关条件,唤起类似的经验才可以明白。这时候,我们就需要通过生理层面的低级感受的提示性表达,来明确地喻示和显地描述复杂的情感体验,虽不能言尽其意,毕竟可以唤起读者类似的经验记忆。如"心痛""温暖""酸楚""甜蜜""悲苦""凄凉""冷清""心里痒痒的"等表达复杂情感的词语,无不是包含了生理层面的简单体验,这样可以立即唤起我们的相关记忆,联系当时的情境即

---

① 孙希旦. 礼记集解(上册)[M]沈啸寰,王星贤,点校. 北京:中华书局,1989:606.
② 刘勰. 文心雕龙·物色[M]//祖保泉. 文心雕龙解说. 合肥:安徽教育出版社,1993:905—907.
③ 简明心理学辞典[M]. 合肥:安徽人民出版社. 2004:110.
④ 同上书,285 页。

可产生相应感受甚至是共鸣。当然,这些词语还可以进一步展开比喻或描述性延伸,如"心痛"还可以表达为"心如刀割"或"心痛如绞"等,再如:听了此言,如同掉进了冰窟窿,感到彻骨的寒冷;就像打翻了五味瓶,酸甜苦辣一起涌上心头。这些比喻或描述,使得情感表达更加具体可感,形象生动。

2. 情感的心理层面

情感的心理层面正是一般意义上我们所说的情感,这是主体受需要、欲望的支配与客观事物发生关系时所产生的各种心理体验。它是我们的心理上具体真切的感受,是意识可以反映、分析和描述的内容,大体如《礼记》中对此所描述的喜怒哀乐。这是写作中主要进行描述的情感内容。通常就是上文中例示的以低级感受所表达的心理内容。

3. 情感的心灵层面

心灵深处的情感我们有时体会不到,大多时候不出现在意识之中,与文化观念有着深刻的联系。这种深层次的情感往往"从来不需要想起,永远也不会忘记。"我们所知的有些爱情,可属于此层面。如宝黛爱情的破灭,黛玉"只求速死",因情而殒,宝玉心灰意冷,愤而出家;梁祝爱情,以死抗争,双双化蝶。再如为国捐躯、以死报国的爱国之情,面对死亡捍卫信仰的宗教感情,还有家族、家庭的亲情等,都可归属于这一层面的感情。精神层面的情感常常可以达到"生死相许"的程度。

我们常因某些情况的发生和变化而触发了欲求,左右了心理,支配了感情。人们认识事物时,总有一定的心理过程,同时又伴随着一定的情感因素。"文章不是无情物",我们写文章,总要表现一定的客观事物,表达某种思想认识,其中必定渗透着作者的态度和情感。

(三)抒情方式

1. 直接抒情

直接抒情,即直抒胸臆,不需要借助其他表达方式。特点是痛快、奔放,不加遮掩。它可以判断句直接进行表达,例如,茅盾的《白杨礼赞》结尾写道:"白杨树实在是不平凡的树""我要高声赞美白杨树!"也可用呼告式语言,如柯岩在《周总理,你在哪里》中呼唤:"周总理,我们的好总理,你在哪里呵,你在哪里?你可知道,我们想念你,——你的人民想念你!"也可将抒情对象进行比拟式表达,有时也以内心独白的方式坦露情怀,或以第二人称进行激情告白。如舒婷的诗《雨别》:

我真想摔开车门,向你奔去,/在你的宽肩上失声痛哭:"我忍不住,我真忍不住!"//我真想拉起你的手,/逃向初晴的天空和田野,/不畏缩也不回顾。//我真想聚集全部柔情,/以一个无法申诉的眼神/使你终于醒悟;//我真想,真想……/我的痛苦变为忧伤,/想也想不够,说也说不出。①

作者以第二人称不加遮拦地向想象中的"你"进行独白式的诉说,表达了一个少女对爱情率真、大胆的渴望和追求,裸露出复杂而又激越的情怀。

直接抒情,通常情况下并不是一开始就把某种感情直接表述出来,不是直白浅露的叫喊。它需要一定的依托和铺垫,渐次把情感推向高潮,然后才能像火山一样顺势喷发出来,形成直接浓烈的情感表达。

如黄河浪在《故乡的榕树》②一文中对故乡的榕树进行了多方面的铺写,从现在的住所左近的两棵榕树,引发了对故乡的两棵老榕树的怀想,有直接描写榕树的形貌:"站在桥头的两棵

---

① 舒婷.舒婷的诗[M].北京:人民文学出版社,2000:114.
② 黄河浪.故乡的榕树[J].名作欣赏,1990(2):18—20.

老榕树,一棵直立,枝叶茂盛;另一棵却长成奇异的S形,苍虬多筋的树干斜伸向溪中,我们都称它为'驼背'。"也有关于老榕树的传说,叫"驼背"的那棵树中藏有一条大蛇,因成精作怪,犯了天条,被玉皇大帝惩罚,榕树也遭到雷劈火烧;女人把榕树当神来虔诚的供奉;老榕树给村民遮挡风雨,提供荫凉,在榕树之下就有了丰富多彩的浪漫的农村社会生活。最后"驼背"的榕树"在一次台风猛烈的袭击中,挣扎着倒下去了。倒在山洪暴发的溪水里,倒在故乡亲爱的土地上,走完了自己生命的历程。"三十年后的今天,作者用榕树叶子给童年的儿子做了支哨笛并吹了起来:"那忽高忽低、时远时近的哨音,弥漫成一片浓浓的乡愁,笼罩在我的周围。"所有的关于故乡榕树的描述,不断激荡着怀乡的情愫,终于推向了激情喷发式的直抒胸臆:"故乡的亲切的榕树啊,我是在你绿荫的怀抱中长大的,如果你有知觉,会知道我在这遥远的异乡怀念着你么?如果你有思想,你会像慈母一样,思念我这飘泊的游子么?故乡的榕树啊……"这段文字如果前面没有充分的有关故乡和榕树的铺垫性描写,后来的感情直白表露就如空中楼阁,没有了坚实的依托。

直接抒情和间接抒情是相对而言的。可以说,没有绝对纯粹的直接抒情。因为情感是内在的、无形的,"我恨不得把心掏出来给你看",也无济于事。它一定要有所附丽、有所寄托。只是直接抒情更加外露奔放一些而已。另外,直接抒情在文章中不宜过多、过滥,要适当、适度。否则,感情就显得空泛而浅薄。

2. 间接抒情

间接抒情就是依附于事、景、理的抒情,借助于其他表达方式如叙述、描写、议论来抒情。写作中使用最多的是间接抒情,它更加自然,也更容易使抽象的感情具体化、形象化。

(1) 寄情于事

寄情于事就是在叙事中表达情感。它不仅在叙事,同时也是在咏叹,是用故事在歌唱。如朱自清的散文《背影》,作者叙述的是父亲去车站为儿子送行,坚持要去为孩子买橘子,在儿子的眼中父亲艰难地把橘子买了回来。车开后,父亲渐去渐远消失在站台上。故事本身是平常的事,但作者饱蘸情感的墨水,在貌似淡然的描述中把无须回报、含蓄执着的父爱表达得感人至深。

叙事抒情需要注意:作者对所叙之事已产生了独特的深情,通常不是一时的感发,也不是另外生硬地强加进去的,应当是因为感动才进行叙说的,事中之情不是节外生枝式的随机添加的味精佐料,而是在叙述中自然而然地流露出来的。

(2) 融情于景

融情于景就是通过描写景物来抒情,通常有两种情况:

一是移情入景,又叫缘情写景。作者带着情感去描写景物,把感情投射到外物上。特点是:先有情后有特定的"情景","因情生景"。王国维在《人间词话》中所谓:"物皆著我之色彩""一切景语皆情语也"[①]是一个由内向外的感情推移过程。如杜甫的《春望》:"国破山河在,城春草木深。感时花溅泪,恨别鸟惊心。烽火连三月,家书抵万金。白头搔更短,浑欲不胜簪。"由于诗人伤痛"国破",因而眼中所见虽是春暖花开的美景,却表现的是草木深深,触目荒凉,由"感"和"恨"而"花溅泪""鸟惊心"。

马致远的《天净沙》也是因心造境:"枯藤老树昏鸦,小桥流水人家。古道西风瘦马,夕阳西下,断肠人在天涯。"由于羁旅他乡,游子断肠,所以笔下皆是衰景,即便是"小桥流水人家"的美好,也因为不是自己的家园,更增其悲凉之意。

---

① 王国维.人间词话[G]//韩湖初,陈良运.古代文论名篇选读.北京:中国书籍出版社,1998:515.

二是触景生情,由接触到某种外物的激发而相应地产生某种感情。特点是先有景后有情,这是一个由外而内的感情触发过程。请看张恨水的散文《山窗小品·虫声》:

> 唯秋雨之后,茅檐犹有点滴声。燃菜油灯作豆大光,于案上读断简残篇,以招睡神。时或窗外风吹竹动,蟋蟀一二头,唧唧然,铃铃然,在阶下石隙中偶弹其翅,若琵琶短弦,洞箫不调,倍觉增人愁思。①

秋雨之后,灯下夜读,本来是平淡的一个秋凉之夜,当作者偶然听到窗外秋风飒然,微虫小唱,顿感凄清寥落,孤独惆怅,一阵秋意袭上心头。表达顺序是由外景而生内情。

(3) 寓情于理

寓情于理即借助议论来抒情。情与理原本难以截然分清。你中有我,我中有你。只是这里的议论染上更多的情感色彩,议论的目的不仅是表达作者的分析和认识,更多的是要表达作者的倾向和感情。在语言形式上不再是客观的分析推理,而主要是带有强烈的情感色彩的分析判断。多用于某些叙事性文章(如小说、报告文学)和杂文中。所说之"理",不仅要充满浓厚的感情,还要深邃警辟,富有哲理,或以形象化语言来表达,才能具有很强的说服力和感染力。请看郭定功的《"小平您好"三议》:

> 今年国庆节的天安门前,大学生游行行列里忽拉打出一幅横标——"小平您好"。它衬以塑料床单,挑以竹竿,可谓至小至陋,而其出现却使群情振奋,万众欢腾。小小横标,何以有如此魅力? 寻味再四,觉其优胜之处有三。一曰自发。……二曰得民心。除四害,扫阴霾,拨乱反正,展宏图,讲科学,重知识,强国富民,多赖邓公之力。此天地共知,万民同感。拥护邓公,实即拥护三中全会以来之正确路线。"小平您好"举在北大学生之手,却是发亿万斯民之所欲发。出乎我心入于民心,说突然,实不突然,如此怎能不激起十亿国人的感情波澜? 三曰词约义丰。"小平"二字,直呼其名,倍含亲切;"您好"二字,敬爱之情,尽在其中。加"同志"则赘矣,庄重有余,亲近不足;增"万岁",则颇有神而远之之嫌,且有违邓公本心。只此寥寥四字、平平一语便最好,自有深情厚意无限,至朴至雅,至亲至重。如谓"悬之国门而莫能增损一字",此则得之,焉有其他? 文质彬彬,未曾见动人情、撼人心有如是者! 以此观之,虽谓之诗,谓之至文,可也。②

这段文字,文白间杂,节奏明快,笔调轻松、诙谐。在对一个小小标语的层次分明的解析之中,饱蘸感情,表达了国人对三中全会以来政治形势和经济发展的衷心拥护,激发出对带领人民改革开放的总设计师邓小平的无限敬爱之情,发自肺腑,震撼人心。

(四) 抒情的要求

1. **真挚自然**

文章中的情感,应当是现实社会生活的风雨在作者心灵湖面上所激起的波澜或涟漪。作者抒写发自肺腑的真情,才能打动读者,引发共鸣。这是抒情的基本要求。如果虚情假意、心口不一、矫揉造作、无病呻吟、装腔作势,不仅不能感人,反而令人生厌。抒发真情的请看辛弃疾在《丑奴儿》(又名《采桑子》):

> 少年不识愁滋味,爱上层楼。爱上层楼,为赋新词强说愁。
>
> 而今识尽愁滋味,欲说还休。欲说还休,却道天凉好个秋。

由于内心有真情,哪怕一句白话"天凉好个秋"也能把无边的愁怨和极度的无奈表达出来。

老舍在《关于文学的语言问题》一文中对于抒情的真实与虚伪举了一个例子形象生动地加

---

① 张恨水. 山窗小品[M]//张恨水全集. 山窗小品及其它. 太原:北岳文艺出版社,1993:430.
② 郭定功. "小平您好"三议[M]//曾彦修. 全国青年杂文选. 北京:中国青年出版社,1986:433.

以说明:譬如一个人老远地回家,看到父亲死了,他只能喊出一声:"爹",就哭起来。他决不会说:"伟大的爸爸,你怎么今天死了!"即使有真情,也要表达得自然而然,不可夸大造作,矫情虚饰。

2. 健康优美

仅有真情还不行,因为情感是有高下层次之别的。在真之外,还要与善和美联系起来。人的内心世界分为两极,一为高尚的美好的,属于人性的一面;也有低俗的丑恶的,属于兽性的一面。我们写文章所抒发的感情要求内容健康高尚,高扬人性的旗帜,而低劣丑恶的情感通常是不便于表达的。英国诗人罗金斯写道:"少女可以为她失去的爱情悲唱,守财奴却不能为他丢掉的钱袋而哀歌。"就是这个道理。

3. 具体生动

感情是内在的感受和体验,一定要附着于具体可感的事物上,才能使之具体化、形象化,使读者唤起类似的感知和体验。情感总是具体情境下的产物,没有普泛的抽象的情感,所以要以实写虚,力避人云亦云的套话。

贺知章有著名的《回乡偶书》一诗:"少小离家老大回,乡音无改鬓毛衰。儿童相见不相识,笑问客从何处来。"写的是久别故乡的游子刚回到家乡时的心境和所遇到的场面。"少小"与"老大"相对,点明离家时间之长,含有人生易老的感慨。未变的是乡音,变了的是容颜。貌变心不变,显示出游子眷恋故乡的无限深情。三、四句最为精彩,写的是自己,却从儿童的感觉入手,不相识尚可理解,但被误称为"客",游子心中的难受、尴尬和啼笑皆非,就具体可感,呼之欲出了。"笑问"折射出诗人的辛酸和内心的震动。作者垂老回乡,人生慨叹良多,复杂难言,却通过"少小"与"老大"的对比,"乡音无改"与黑发霜鬓的对照,及童言笑问、生疏误解的细节描写,把人们心中所有而笔下所无的情感表达得淋漓尽致。

四、议论

(一)议论的含义

议论就是摆事实,讲道理,析事论理,发表自己的观点和意见的一种表达方式。人们的思想认识源自何来?首先自然是来源于客观事物,同时又来自于人类特有的认识能力或思维能力。理论思维的特点是抽象与概括。

庄子与惠子游于濠梁之上。庄子曰:"鲦鱼出游从容,是鱼之乐也。"惠子曰:"子非鱼,安知鱼之乐?"庄子曰:"子非我,安知我不知鱼之乐?"惠子曰:"我非子固不知子矣;子固非鱼也,子之不知鱼之乐,全矣!"庄子曰:"请循其本。子曰'汝安知鱼乐'云者,既已知吾知之而问我。我知之濠上也。"[①]
庄子与惠子目之所见相同,但观点却不同。如果我们对这个故事加以认识的话,从理论上说,庄子是审美上的"移情作用",惠子是心理学意义的以己度人,推己及人。整个争辩过程是充满逻辑和机智的理性表达。每个人对事物的感知与认识能力是不同的,不同的知识背景和理论水平,造成对事物的认识角度不同,高下有别。大多数人看花是看出花的美丽娇艳、春光无限,有些人则看出含泪凝愁、春意难留,更有些人从中看出了宇宙人生的妙谛。

(二)论证的方法

论证的方法较多,主要分为立论和驳论两类。下面介绍其中常用的几种。

[①] 庄子·秋水[M]//曹础基.庄子浅注.北京:中华书局,1982:257.

1. 例证法

例证法逻辑上叫归纳法,是由个别现象推出一般道理的方法。因为所列的相关现象不能包举,因而通常不是严密的逻辑推理。由于这是我们理论思维的常用方法,所以在议论文中是使用较多较有说服力的论证方法。通常事例在前,论证在后;也可观点在前,事例在后。应当注意的是:第一,事例一定要典型,才能做到"事实胜于雄辩",否则就会犯"不完全归纳"的逻辑错误;第二,要对事实加以分析,然后得出结论,否则就成了"观点加例子",前后两张皮,"加法议论文"。

例如,谭楷的《危机感与忍耐性》一文,其论点是:忍耐是对危险和丑恶的纵容。文章说:

四川某轻工所一职工,为了致富想出绝招:在集体宿舍养蝎子。结果,蝎君钻缝越壁造访四邻,弄得人人毛骨悚然,坐卧不安。但碍于情面,四邻皆忍着。……由此想起民族能忍之美德,乘公共汽车忍挤;听污言秽语忍臭;看歹徒行凶、小偷行窃转过头去忍怒;听长篇嚼蜡报告陪会静坐忍听;遇长官办事推诿受到踩乎忍踢;乃至忍贫穷、忍落后、忍天下难忍之事。

我正准备赋诗礼赞这忍之美德,耳畔忽闻《国歌》声——唱了近40年国歌,才悟出:我们伟大民族能忍之美德,早已被田汉聂耳写绝了。你看:"中华民族到了最危险的时候","每个人"才会"被迫着发出最后的吼声"。也就是说:不到最危险那火候,不是被迫,请放心吧,大伙忍着,不要吼,也不会吼的。①

从一个具体事例出发,引发更多的典型事例的罗列与总结,我们已经完全可以从中得出自己的结论,也就相信作者的归纳了:中国人能"忍","忍"得过分,"忍"得没有原则。最后一个实例——《国歌》歌词的点评,虽有涉险,剑走偏锋,却典型有力地揭示了国人的这一负面的文化性格。

2. 引证法

引证法逻辑上称为演绎法。它运用理论论据,由一般道理推出具体现象亦同此理,或以普遍性的论据来证明特殊性的观点。如引用《荀子》所言:"国将兴,必贵师而重傅,……国将衰,必贱师而轻傅。"就可以推出具体的结论:我们今天要兴国强邦,就要实施科教兴国的战略方针,尊重科学,重视教育,提高全民族的文化素质,才能获得社会发展的持续动力,建设强大的祖国,屹立于世界民族之林。引证法一要注意所引的论据一定要准确无误,不能断章取义,张冠李戴;二要保证所引用的论据的科学性和针对性;三要重视逻辑地揭示论据和论点之间的关系。

3. 分析法

分析法又叫作因果论证法,是通过分析现象、解剖事理,揭示其中的因果关系,从而阐明自己的论点的方法。

如《和尚动得,我动不得?》一文,先简述《阿Q正传》中的故事:阿Q伸手去摸小尼姑新剃的头皮,小尼姑满脸通红地说:"你怎么动手动脚的……"阿Q说:"和尚动得,我动不得?"别人做了,我也能做。然后进行分析:

说"和尚动得",不免有诬蔑之嫌,且不去管它。但这句话实有警辟,它简洁而活脱脱地勾出了一些人的一种心理和处世原则。本来并不认为"动"得有理,但既然有人先动了,那么我也来动一动,便是理直气壮,至少无可非议的了。"和尚动得,我动不得?"能化非为是,变无理为有理,既有助鼓动自己"动"的勇气,又可以充当抵御责难的挡箭牌,功能多样,效用明显,所以这一原则便被一些人广泛采用。

…………

"和尚动得,我动不得?"是一种泯灭良知的麻醉剂,一种自我欺骗的借口,一种向邪恶看齐的

---

① 谭楷. 危机感与忍耐性[M]//人民日报文艺部. 阿Q真地阔了起来. 北京:人民日报出版社,1989:241.

哲学。这样一种心理或处世原则,如果在社会上弥漫开来,不但扶正祛邪难以实现,而且会形成一种破坏力量。①

这段分析文字充分揭示出社会上的一些人,对明知不可"动"的事情却去"动"的心理"动因",剖析出他们"动"的无理却要打出"动"的有理的自欺欺人的旗号,析出其中包含的心理原则和行为哲学;并且最后深刻指出这样做的"恶果"。

分析法的运用,既可以从"因"推出"果",也可由"果"导出"因",也可双向对流,因果互证。因果论证要揭示出论点和论据之间因果关系的必然性,分析要准确无误,逻辑严密。

4. 对比法

对比法是将两种相反或相差很大的事物加以比较,来讲清道理,说明事物本质的论证方法。这种论证方法能突出事物本质,给人以鲜明的印象,极具逻辑力量。对比思维是常用的思维方法。如苏东坡诗云:"宁可食无肉,不可居无竹。无肉令人瘦,无竹令人俗。"表达了对精神追求和物质享受之间对立关系所持的鲜明态度。古人言:"满招损,谦受益。"毛泽东说:"谦虚使人进步,骄傲使人落后。"都是运用对比思维所表达的观点。

邵燕祥的杂文《大题小做》中说:"有了钱,造坟修庙,而且有的还占了耕地。小学校的危房,说是无钱修缮。让神鬼向人争地盘,让死人抢活人的饭碗,让过去堵了未来的路。"②把对立的事物加以对比来说理,观点鲜明,富有论辩的力量。运用对比法要注意:作比的双方一定要截然不同,反差极大,形成明显的对照,才能达到说理的效果。

5. 反证法

反证法是从反面进行论证,是一种间接证明的方法。可以进行立论,更多的是用于驳论。在立论中,是通过证明与自己论点相反的观点的错误,从而证明自己论点的正确。在驳论中,则是建立起与对方观点针锋相对的相反论点,通过证明新论点的正确,从而证明对方观点的错误。

例如,卢维毅的《"人比人,气死人"吗?》一文,在简述"人比人,气死人"的社会流行观点之后,首先就树立了相反的观点:"事情不在比不比,而在会不会比,怎样比。会比,不仅不会'气死人',还能鼓舞人、教育人。"③进而通过例证和分析充分证明了这一观点的正确性,从而驳倒了原观点。

6. 归谬法

归谬法是一种常用的驳论方法,又叫引申法。这种方法先假设对方论点可以成立,再加以引申,用对方的逻辑推论下去,却导出极端荒谬的结论,从而证明对方论点是错误的。例如,舒芜在《人不直立,天生此膝何用?》一文中写道:

民国初年,改革礼制,要废除跪拜,康有为出来反对,有名言:"人不跪拜,天生此膝何用?"

真是绝妙的逻辑!人不砍脑袋,天生此细脖子何用?人不打屁股,天生此厚屁股何用?人不……④

引申至此,对方观点的荒谬之处已经被放大多倍,其可笑已是不言而喻了。

归谬法要准确地找到对方观点的谬误之处,并运用对方逻辑加以延伸推导,进行放大处理,彰显其荒谬之处,令人感到可笑之余,使对方观点不攻自破,具有很强的说服力。

五、说明

说明,就是对事物的形状、构造、特性、关系、成因、功用等方面的内容所做的简明客观的解

---

① 谢云. 和尚动得,我动不得?[M]//严秀,牧惠. 当代杂文选粹(第1辑). 长沙:湖南文艺出版社,1986:79—80.
② 邵燕祥. 大题小做[M]//人民日报文艺部. 阿Q真地阔了起来. 北京:人民日报出版社,1989:53.
③ 解放军报编辑部. 并非闲话[M]. 北京:长征出版社,1982.
④ 舒芜. 舒芜小说[M]. 北京:中国人民大学出版社,1993.

说。它是说明文、议论文的主要表达方式,也是一般记叙文和应用文的常用表达方式之一。说明的表达,其内容是科学的,态度是客观的,语言表述是简明、准确的,不允许表达好恶情感和随意性的分析猜测。

(一)说明的分类

从不同角度来看,说明有不同的分法。根据说明的对象,可将说明分为实体性事物的说明和抽象性事理的说明。根据说明的性质和目的,可将说明分为诠释性说明、简述性说明和实用性说明。根据说明的语体可将说明分为科技性说明和文艺性说明。

(二)说明的方法

说明的具体方法比较多,如定义说明、诠释说明、分类说明、分析说明、比较说明、比喻说明、举例说明、引用说明、数字说明、图表说明等。以下我们简要介绍其中常用的几种。

1. 定义说明

定义说明是用下定义的方法,以最简要的语言对事物的本质属性或内涵外延所作的确切解说。它能以精确简明的文字把一个事物或事理与其他事物区别开来,给读者以清晰的概念。

通常对一个事物的定义说明要揭示它的属加种差。所谓"属",是指被定义概念的上一级系统的概念。一般使用与被定义概念相对接近的上一级系统的概念。如给"兰"这种花草下定义,与它最接近的属概念是兰科草本植物,应当表述为"兰,是多年生兰科草本植物的统称。"而"植物"和"生物"这两个概念虽然都是"兰"的属概念,却是更上级更宽泛的概念了,所以这两者都不太适合给"兰"下定义。所谓"种差"是指被定义事物的特有属性,是与同类事物的根本性的差异之处。如给"蝙蝠"下定义,则应当表述为:"蝙蝠,是唯一具有飞翔能力的哺乳动物。""哺乳动物"是它的属概念,而"唯一具有飞翔能力"则是它的种差。如果把种差表述为"能飞的哺乳动物"则不够准确,因为能够滑翔飞行的哺乳动物还有其他几种,如鼯鼠,前后肢之间有翼膜,可滑翔。但真正具有飞翔能力的,在哺乳动物里却只有蝙蝠。正是这一特有属性,蝙蝠区别于其他所有的哺乳动物,这样下定义就是精确恰当的了。

定义说明要注意以下几个问题:

一是不可以负概念或否定式表述来下定义。如"实用写作是非文学写作"。

二是不可使用比喻的方式来下定义。如"教师是培育祖国花朵的园丁"。

三是下定义时不可以重复使用被定义项的概念和意思。如"声音是声音作用于耳膜的结果。""自信就是自己相信自己。"

对复杂事物下定义要有广博的知识与理性判断,分辨出该事物的合适的"属"和特有的多元"种差"。如对"人"下定义,属概念可以是动物,但种差却是极其复杂的,不太容易表达周全。不是所有的事物或对象都可以使用定义说明。如"美"这个概念,它的属概念就不好确立。有人说美是美感,有人说美是生活,也有人说美是和谐……不一而足,目前尚无定论。对不能或不便进行定义说明的事物,可以使用诠释说明或其他有效的说明方法。

2. 诠释说明

诠释说明是对事物的性状、特征、成因、功用等多种属性每次从一个角度抓住事物的一个特点进行解说的方法,可以理解为定义说明的具体化,常和定义说明结合使用。由于定义说明高度概括,严谨简约,对事物多方面的特征未能作进一步详细和具体的介绍,或对于不适合下定义或下定义比较困难的事物,就可以使用诠释说明。

3. 分类说明法

分类说明是根据事物某一属性的差别进行分类,再分别加以解说的方法。分类是我们认识事物的一种常用的思维方法,它可以使复杂的事物条理分明,在对事物进行说明的时候容易帮助人们了解事物的概貌,加深对事物本质属性的认识。进行分类说明,可以一次性把事物分成几个类别,如文学作品可以分为四大类:诗歌、小说、戏剧和散文。也可以进行多次分类,也就是对某一事物以不同标准进行多次分类。如诗歌,还可进一步分类,以其内容为标准可分为抒情诗和叙事诗;按语言形式分,有格律诗、自由诗、散文诗和歌谣。

分类说明时要严格遵守"对等"和"包举"的原则。所谓"对等",就是每次分类要有一定的标准,只能使用一个标准,分出的每一类别之间的关系是平行的、并列的,互不交叉的。所谓"包举",指的是"种"的总和要穷尽其"属"。也就是说,分类时要在一个标准之下把该事物的所有类别包括进来,不可有遗漏。

其他几种说明方法不再一一介绍。写作时各种说明方法经常结合使用,非止一种。究竟使用哪几种,根据内容需要决定,灵活运用。

第五节　表达要求

对写作来说,表达过程是以语言文字表达构想的积极的思维过程。对于表达的内容我们不能简单地理解为主体内在的抽象的思想、感情,而应当理解为,经由写作发现并以其为核心,通过进一步构思成熟的某种思维结构。

一方面,写作表达指向把思维的内容转化为语言,由内部语言的生成最终转化为外部语言的表达——主要指书面语言形式的文章。当主体在生活中发现问题产生一定的思想、情感之后,就要对这些认识的内容进行语言的对应转化和内部表达;当进一步对这些认识进行深入思考和梳理的时候,就有可能向文章的构思出发,随之也会生发出更深入更细致的思维内容,而这些也需要以语言的形式来表达出来。也就是说,表达实际上是对我们心中所思所想的内容,寻求对应的语言传载和定型物化的过程,把抽象的思维内容——"意",内化为具象的思维形式——"言"(内部语言),或外化(物化)为有形有质的"言语"或"文章"(外部语言)。对写作而言,表达就是由意生言,以言逮意,出言外化,形成文章的过程。

另一方面,写作表达也指向反思和匡正写作发现和构思的内容。对于表达来说,并不仅仅意味着只是由意生言,由内而外的单向表达过程,在实际的写作表达中,它通常表现为主体的写作思维在语言的生发与表达中不断反思和修正发现的思想和构思的内容。由意生言时,以意逮言;反过来,又由言观意,以言正意。因而,表达的过程,其实是由写作主体控制下的"意—言—意—言……"生发、反馈、印证的交互过程和不断深化的过程。

在发现—构思—成文的写作过程的不同阶段,表达有着不同的要求。为方便表述起见,我们以写作的大体阶段划分来说明写作各阶段表达的要求。

一、发现阶段的表达要求——写作发现的准确捕捉与描述

发现之初,有时产生于生活中的观察体验是与客观事物直接面对时产生的感性认识,这些感性认识,通常以事物的形象展呈和情绪化的感受为主要表现形式,并不能直接转化为明白的语言描述;有时是在阅读语言材料中发现或产生的思想意念或主观感受,通常也没有形成清晰的语言表述。当某种感知或感受的内容的深度和强度达到一定的质量时,主体就会给予一定的价值评判,极有可能把这些感知感受的内容上升到发现的高度,这就要求写作主体以积极的运思立即寻求相应的概念词语或表述句式等相对简单的语言形式将其固定下来,储存下来,成为我们记忆中的经验和思想。反过来说,只有以语言的形式把发现的感受或思想储存下来、定格下来,形成清晰的语言表述,才是真正意义上的写作行为,因为写作作为一种创造性的精神劳动,说到底是对有价值的信息的语言生成与表达,而这些有价值的信息只有生成或转换为语言才可真正称得上"写作发现",才能实现其价值。"语言是直接与思维联系的,它把人的思维活动的结果,认识活动的结果,用词及由词组成的句子记载下来,巩固下来"①。陶渊明所言"此中有真意,欲辨已忘言"的得意忘言的境界适合写作发现中对事物的感知与体悟,却不适合写作表达的要求,而他也毕竟没有完全忘言,以"忘言"之言表达出悠然自得的超脱心境。虽然发现阶段的语言表达不一定最终导向一篇文章的形成,但肯定可以称为写作的开始。

(一)迅速捕捉,文随思生

对写作发现的语言生成与表达,要求尽快地把抽象的思维内容转化为语言形式,迅速地记忆在脑中或记写在纸上。

"写作发现"的产生,有时是长期思索,不断探求的结果,是一种系统深刻的理性认识。如鲁迅对"国民劣根性"的认识和批判,对封建社会以宗法礼教观念为核心的"吃人"的文化本质的深刻把握,长期萦绕在鲁迅的心中,"吃人""非人间"等念头早已成为清晰的概念存于思维之中,最终作者以小说、散文和杂文等多种形式的文章予以充分的传达。这种深刻的理性认识,也需要"研阅以穷照,驯致以绎辞"②,既可以内部语言的形式储存于记忆之中,也可在适当的时机以书面语言形式准确地表达出来,形成文章。

"写作发现"有时又表现为"灵感"现象,是一种"顿悟"式的创造性思维活动。这种瞬间的感悟、飞来的创意或"神赐"的灵感,往往会形成持续性的思维亢奋状态,思如泉涌,而语言也与思维同步,丰富多彩的内部语言随之而来。这样的时候正是写作的最佳状态,我们应当迅速抓住"灵感"的翅膀,文随思生,有意地把思维内容转化成语言的形式,尽快地进入写作状态。否则时过境迁,"写作发现"的内容可能就会无迹可寻,荡然无存,徒留遗憾。对此,普希金在抒情诗《秋》中作了十分生动形象的描述:

<blockquote>
于是思潮在头脑里无顾忌地起伏,
明快的韵脚也迎着它前去一试,
手急于要找到笔,笔急于要找到纸,
一转眼——诗章便源源地流个不止。③
</blockquote>

如果诗人没有执笔就纸,立即以语符记录,那么,奔涌的诗思可能就会在退潮之后,只剩下荒芜的沙滩。

(二)简约记写,意到笔随

在写作的发现阶段,有时还停留于感觉的层面,思维中主要呈现着事物的形象,尚未向清晰的内部语言转化;有时表现为复杂的情绪或丰富的感受,思维亢奋而又朦胧多变,难以用语言层次分明地清晰表达;有时又表现为精思卓识,感悟深邃,思通精微,意接玄奥,而又时清时浊,繁复跳跃,难以用语言全面系统地顺畅表达。这种思维和语言不能同步,"文"滞后于"思"的情况,在表达上来说,就是所谓的"语言的痛苦"。在这样的时刻,我们要求写作主体,也要意到笔随,运用简约的语言形式重点记忆或快速记写,可以是某个概念,某个词语,也可以是简括的句式,不求完整,不求精准,但求快速记录。哪怕是言不尽意,但简单的语言记述足以使我们重新唤起对"写作发现"内容的记忆,而不致流失某些思维的多元混沌之中跳动而出的鲜活的思想、瞬间的感悟或有趣的创意。

---

① 斯大林.马克思主义与语言学问题[M],北京:人民出版社,1957:20.
② 刘勰.文心雕龙·神思[M]//祖保泉.文心雕龙解说.合肥:安徽教育出版社,1993:520.
③ 普希金.秋[M]//高莽,等译.普希金诗选.北京:人民文学出版社,2003:308.

二、构思阶段的表达要求——句段生发与系统传达

构思过程其实是沿着感知发现形成的核心思想和凝聚中心,探求对象的结构关系与发展规律的运思过程,思维的内容多元复杂而又趋于形成一定的结构性框架;同时这一阶段又是积极地生发内部语言寻求恰当的表达形式的过程。因此,这一阶段的表达要求主要是把写作发现的内容更加细化成多层次的内部语言表达,同时又要考虑文章的整体结构的系统呈现和意义层次的合理有序的安排。

我们以鲁迅《好的故事》为例,来说明构思阶段的表达要求。文章开头,作者在"昏沉的夜"里,孤灯独坐,梦境中见到了一个"好的故事"。先总体表达:"这故事很美丽,幽雅,有趣。许多美的人和美的事,错综起来像一天云锦,而且万颗奔星似的飞动着,同时又展开去,以至于无穷"。接着分写"我仿佛记得曾坐小船经过山阴道,两岸边的乌桕,新禾,野花,鸡,狗,丛树和枯树……"这是现实中的美丽自然景观的描绘;接着开始概括性地写出梦中的"好的故事":"现在我所见的故事也如此。水中的青天的底子,一切事物统在上面交错,织成一篇,永是生动,永是展开,我看不见这一篇的结束。"然后对梦中所见进行了具体真切的描写:"河边枯柳树下的几株瘦削的一丈红,该是村女种的罢。大红花和斑红花,都在水里面浮动,忽而碎散,拉长了,缕缕的胭脂水,然而没有晕。茅屋,狗,塔,村女,云,……也都浮动着……带织入狗中,狗织入白云中,白云织入村女中……在一瞬间,他们又将退缩了。但斑红花影也已碎散,伸长,就要织进塔,村女,狗,茅屋,云里去。"下面又总写并突转,回到现实中。"现在我所见的故事清楚起来了,美丽,幽雅,有趣,而且分明。青天上面,有无数美的人和美的事,我一一看见,一一知道。我就要凝视他们……我正要凝视他们时,骤然一惊,睁开眼,云锦也已皱蹙,凌乱,仿佛有谁掷一块大石下河水中,水波陡然起立,将整篇的影子撕成片片了……眼前剩着几点虹霓色的碎影。"显然,美丽的"好的故事"是在水中的倒影,很容易破碎,又是梦中所见,这里我们似乎也明白了,鲁迅所说的"好的故事"也许只能出现在梦境中吧。因此文章的结尾作者写出:"我真爱这一篇好的故事,趁碎影还在,我要追回他,完成他,留下他。我抛了书,欠身伸手去取笔,——何尝有一丝碎影,只见昏暗的灯光,我不在小船里。但我总记得见过这一篇好的故事,在昏沉的夜……"这篇散文,我们可以从中感到鲁迅在构思的表达上层次分明,前后逻辑连贯,有总有分,有承有转。在对"好的故事"的现实记忆与美丽梦境的两个层次描述上,展现了语言的生成主要是对画面的描绘,表现出作者高超的语言功力与表现力。既有局部表达的意象延展和基于语义的连类生发,又照顾到文章的整体构思进行合理有序的系统传达。

三、行文阶段的表达要求——书面语言的外化与优化

当主体以写作发现为核心所产生的一系列思维运作逐渐成熟定型的时候,那么总有一刻需要分娩出来,写作就进入最后的表达阶段——成文阶段,也就是以书面语言形式把内在的构思成果物化出来,定格为文章。在写作行文阶段,思维的多维立体和表达的一维线性之间,思维的快捷跳动与表达的逻辑推进之间,充满着矛盾;思维内容和词语表达并非一一对应,意会不一定能够言传,书写出来的结果又不一定能充分表达出思维内容。因此,写作行文阶段在表达上主要有两个要求,一是书面语言的准确外化,即以外部语言尽可能充分地逻辑地展示内部语言的多元复杂的内容,准确地传达出思维内容和结果;二是书面语言的进一步优化,达到表达的最佳效果,使文章定格为成品,趋向精品,体现个人写作创造行为的最优价值。

(一)准确

书面语言的准确表达,是语言表达的基本要求。主要体现在以下两个方面。

1. 用词要恰当

在语言的表达上,首先是用词的准确与恰当。词语的恰当使用是语言表达的重点,如果用词不当,则思想表达的核心内容就会出现含混、错误或歧义。要用词恰当,就要做到:一要理解词义,掌握词语的概念内涵,才能用得对,用得准;二要词汇量丰富,要表达一个意思,可以在较多的同义词、近义词中检索出最准最佳的词语,才可能用好,表意达到最优化的效果。关于语言的准确,请看周恩来在1954年4月28日日内瓦会议上发表的讲话中的一段:

我们认为美国的这些侵略行动应该被制止,亚洲的和平应该得到保证,亚洲各国的独立和主权应该得到尊重,亚洲人民的权利和自由应该得到保障,对亚洲各国内政的干涉应该停止,在亚洲各国的外国军事基地应该撤除,驻在亚洲各国的外国军队应该撤退,日本军国主义的复活应该防止,一切经济封锁和限制应该取消。

这段文字有着一些同义、近义词的叠加使用,如"制止""防止"和"停止","保障""保证"和"尊重","撤除""撤退"和"取消",这些词语在运用上首先是避免了单纯的重复运用,而且准确到位,不可更改,更为重要的是用词有力量有气势,达到了最佳的表达效果。这样的语言表达,必须以丰富的语汇作基础,以准确的语感和深厚的语言修养作保证才能达到。

2. 造句要合乎语法、逻辑

合乎语法和逻辑的句式是传达语言意义的基本结构。语言的表意,是通过一句一句的话语来传达的。而每一句话都包含着基本的语言表达的语法规则和逻辑规则,读者正是遵从这些表意规则所规定的意义指向来理解语言的思想内容和概念关系的。在口语的表达中,经常会出现语法或逻辑的错误,或句子成分的省略,或词语搭配不当,或逻辑上不够严密,大多不致引起听者误解的情况。这是由于口语表达的语境相对具体和明确,说者与听者有着相对接近或相同的表达对象和理解条件的,听者往往会越过言语表达上的失当或错误直接领悟说者要表达的意思。而在书面的表达中,由于作者与读者失去了共同的具体语境,那么就要求语言表达必须在文章创设的语境中注意表达的完整和严谨,必须严格执行语法、逻辑的双重规约才能进行准确充分的意义传达,而不致引发读者的误会或歧解。

"小杨对母亲毕恭毕敬,母亲说一,不敢说二,从不愿让母亲伤心。"

"饭店多了,竞争强了,低劣的饭菜和生硬的服务就难以生存了。"

"这实在是出乎敌人意料之外的。"

"我是一个人吃饱全家人不饿的快乐的男孩。我出生在一个贫困的农民家庭,上有哥姐,下有弟妹。"

这几个例子存在着语法或逻辑错误,造成语义不通或误解。第一句在"不敢说二"前面缺少主语"他"。第二句"饭菜"和"服务"不可与"生存"搭配,应把"难以生存"改为"造成竞争力的低弱,饭店就难以生存了。"第三句语法没有问题,是表意的逻辑不对,应当是"意料之中"。最后一句是一位一年级大学生的作文里的一句话,显然是前后矛盾,逻辑不通,可以删去"一个人吃饱全家人不饿"的不恰当表达。这些错误主要原因是思维的不清晰,语感不明,或知识的不足,造成语法错误或逻辑混乱。

(二) 简练

莎士比亚说过:"简洁是智慧的结晶。"鲁迅先生强调:"力避行文的唠叨,只要觉得够将意思传给别人了,就宁可什么陪衬拖带也没有。"① 从信息论观点来看,语言的简练就是用最少的文字传达出尽可能多的信息量。信息量是可供读者学习和参考的知识与思想的容量,反过来说,信息

---

① 鲁迅. 我怎么做起小说来[M]//南腔北调集. 北京:人民文学出版社. 1980:101.

量相同的表达,字少为佳。

比如这样一句话:"我们要用闸门一样的理智来锁住洪水一样的感情。"语言表达没有语病,但如果把明喻改为暗喻,则表意丝毫不变而语言会更加简约:"我们要用理智的闸门来锁住感情的洪水。"

胡兰成有篇文章《买笔的故事》[①],专门说的是语言不够简练的教训,而文章中的语言就表达得十分精当和简洁,没有多余的"水分",请看:

新加坡著名作家尤今有这样一次经历:当记者时,笔是随身工具,一日不可缺少。

一回,托一位同事为我买圆珠笔,再三再四地嘱咐他:"不要黑色的,记住,我不喜欢黑色,暗暗沉沉,肃肃杀杀。千万不要忘记呀,12支,全不要黑色。"

次日,同事把那一打笔交给我,天哪,我差点昏过去:12支,全是黑色的。

责他、怪他,他振振有词地反驳:"你一再强调黑的,黑的,忙了一整天,昏昏沉沉地走进商场时,脑子里只有印象最深的两个词:12支,黑色。于是就一心一意地只找黑的买。"

言之成理,我哑口无言。

当时,我如果言简意赅地说:"请为我买12支笔,全要蓝色。"相信同事就不会买错了。

从此以后,尤今无论说话、撰文,总是直入核心,直切要害,不去兜无谓的圈子。

没有赘肉的语言,精确、精致、精神,决不会误事。

作家流沙河对于文坛和学界盛行的烦琐折绕的"理论"话语很有意见,他曾说过一个笑话:

1988年北京晤苏叔阳,共嘲当今文风之可笑,苏君朗诵论文长句:"审美主体对于作为审美客体的植物生殖器官的外缘进行观感产生生理上并使之上升为精神上的愉悦感。"问我懂不懂,我不懂。苏君曰:"闻花香很愉快,就是这个意思。"我拍案赞叹曰:"有很高的可笑性呀。"苏君大笑,席间喷饭。[②]

这个笑话有力地鞭笞了当时学术研究和写作中的不良文风,不使用简单明了的话语却特意堆砌词藻、转弯抹角,造成表达上的诘屈聱牙,让人不知所云。

语言不够简洁主要有以下几种表现。

重复。就是语句在字面上或语义上有非强调性的相同词语。例如,"比赛争夺十分激烈,有时为了争夺一分,换发球多达十二三次之多。""姑娘们不由自主下意识地退避几步。""给他们以施展才华的用武之地。"

冗赘。虽用词不重复,但语义繁复,句子里杂有冗余无用的成分。例如,"我抱着侥幸的心理和试试看的态度,拖着不健康的病体,来到了这家医院。""我陷入了深深的沉思。"

堆砌。是指同义、近义或相似的词语的无谓叠加,堆砌词藻。例如,"这篇文章艺术精湛,工笔勾勒与大笔浓涂相结合,择景用笔,错落有致,情景交融。整篇文章构思严谨,气势雄浑,有呼应,有烘托,有映衬,写景传神,寓意深刻。"这段文字过多使用相关相近的褒扬性的词语,中心意思却不够集中明确,词多害意。

(三)生动

生动就是语言表达要新鲜别致,形象活泼,有生气,不枯燥。不独文学性强的诗文小说,就是议论、说明等其他文体,也要力避语言的枯燥乏味、呆板俗套,尽量追求语言的生动形象。

一要善用形象化词语。特别在动词、形容词的使用上,要尽力化虚为实,推陈出新。如日常通用动词"看",如果在特定的语境下,就显得不够具体、不够鲜明真切。可考虑具体情境中这一

[①] 胡兰成. 买笔的故事[J]. 现代青年(细节版),2008(1):25.
[②] 流沙河. 可笑性很高[M]//流沙河,等. 高级笑话. 成都:四川文艺出版社,1995:6.

动作的具体情态来选用其他相关动词:如"瞥""扫""瞪""觑""盯""瞄""白""翻""打量""端详""睥睨"等,这样就要清晰生动得多了。

再如,臧克家《烙印》组诗首篇《难民》的开头诗句:"日头坠在乌巢里,黄昏还没溶尽归鸦的翅膀。"作者后来谈起这句诗的创作时是这样说的:

起头是想这样写的:"黄昏里扇归鸦的翅膀",后来又改为:"黄昏里还辨得出归鸦的翅膀",最后才写成现在这个样子。我觉得,这定稿是比较好的。请闭上眼睛想一想这样一个景象:黄昏朦胧,归鸦满天,黄昏的颜色一霎一霎的浓,乌鸦的翅膀一霎一霎的淡,最后两者渐不可分,好似乌鸦翅膀的黑色被黄昏溶化了。当我在推敲这个句子的时候,并不是单单为了要把它造得漂亮,而且心里先有了黄昏时分那样的一个境界,力图使自己的诗句逼真地把它表现出来。"①

句子生成时,内心有着相关图景;内心的图景也要找到合适的语言来表达。内在的意,有时是朦胧的感受,有时表现为"象",在寻求语言对应的表达时,就需要以形象生动的词语来传达出来。

二要善用形象化修辞手法。写作中,为了增强语言的表现力、感染力,经常采用多种修辞手法。秦牧在一次新闻工作者座谈会上的讲话中形象地指出:一个好的比喻,常常能很有效地吸引人,比如说资本主义社会里,有的人可以不遵守法律,而有的人却非守法不可。有人比喻说:法律像一张蜘蛛网,大昆虫冲走了,小昆虫给黏住了。这个比喻就把意思表达得形象生动,含义丰富。

(四)和谐

写作中的语言层面的表达,虽然只是一个微观的具体写作环节,但这一具体环节也不是孤立自在的,它也要考虑到写作的表达中心——写作发现与构思的内容,要与整体的表达联系起来,一方面语言表达要为表现写作发现和构思内容服务,另一方面用词造句、手法运用又要受到写作发现和构思内容的制约。选词炼句是局部的表达行为,同时又是牵一发动全身的整体联动,应当考虑全文思想表达的需要和前后文语言运用上的和谐优化。

北宋著名诗人范仲淹另一名篇《严先生祠堂记》,结尾有几句赞美严先生品格的词句,初成时写道:"云山苍苍,江水泱泱,先生之德,山高水长"。范仲淹对此很有几分得意,一个叫李秦伯的人却建议将"先生之德"的"德"字,改为"风"字。范公深以为然,悦而从之。纵观这四句话,皆以山水喻人之德,这里明用"德"字显得过于直白又失之虚浮,与"云山""江水"失去了内在的匹配,而山水之喻之后以"风"来表达,则更加妥切,更为协调,更添蕴含,更具神采。另外,从诵读的音韵上来说,"德"为入声,不能与上下文和谐上口,而"风"为平声,读来铿锵昂扬,韵律更美。为什么"诗改一字,界判人天"?关键是在表意的深层结构上与全文契合整一,在表达思想上更加鲜明生动了,与前后文的语言也连贯和谐了。

第六节 表达能力的培养

一、语言生成能力的培养——由意生言的生成转化

(一)获得语言的基本素养

表达能力提高首先要解决语言素养的问题。掌握一定数量的字、词、语汇,是语言表达能力的前提和基础。专家统计,汉字共有六万多个,《康熙字典》收入四万七千零三十五个。当今,最

---

① 臧克家.学诗过程中的点滴经验[M]//臧克家.学诗断想.成都:四川人民出版社,1979:166.

为常用的汉字大约三千左右。《红楼梦》用汉字四千二百多个;《毛泽东选集》共用二千九百八十一个汉字。对汉语表达来说,更重要的是词与句的问题。汉语不仅字词量巨大,其词汇的丰富和句式的多样,表意的准确、细致和优美都堪称世界上所有语言之最。对于写作表达来说,如果不能解决语言素养的问题,建立起蕴藏丰富的"语言仓库",表达能力的获得和提高是不可能实现的,这是一个相当艰难的学习过程,需要培养高度的语言敏感和记忆能力,并付出长期艰辛的努力。

我们当下的当务之急,是:一要生存,二要温饱,三要发展。苟有阻碍这前进者,无论是古是今,是人是鬼,是《三坟》《五典》,百宋千元,天球河图,金人玉佛,祖传丸散,秘制膏丹,全都踏倒他。①

我们来看鲁迅杂文中的这段话语,这些词汇所表达的都是中国人最崇信的"国粹",也多是我国传统文化中的代表性、象征性的糟粕!作者排列的这些词汇,多么丰富,多么典型,又多么的形象生动!同时,在简洁有力的四字句的推动下,最后表达出强烈的激情和明确的主张,产生了势如破竹、振聋发聩的感召力!没有丰富多彩的内部语言仓库,哪里会有这么精彩的词汇的罗列与铿锵有力的节奏的呈现!

秦牧所提倡的要在大脑中建立的"语言仓库",含义当不是指一定词汇量的字典式存放,而应理解为通过"语言仓库"的建立,来获得较强的写作表达能力。我们表达任何意思和想法,都可以在这个"语言仓库"里检索到合适的表达语汇。语言素养问题的解决就是要建构蕴藏丰富的"语言仓库",而"语言仓库"的建构主要靠有效阅读来实现,通过阅读中的理解、记忆和写作运用,加以不断内化和巩固。古今中外学者、作家关于阅读与写作的关系多有高论,这不在本节讨论范围之内。

(二)培养以语言描述思想的思维习惯

在已经掌握一定的词汇量,建立相对丰富的语言仓库之后,写作表达能力的提高就要进一步培养用语言表达思想的能力和习惯。生活中我们经常会产生很多念头和想法,大多情况下没有转化为语言,就在我们的意识中消失了。为避免具有写作发现意义的想法的消失,我们应当记住它,或写下来,以各种方式表达出来,才不至于付之东流,难再拾起。古今中外众多作家都表达过个人智能的发展一定要养成勤于思考的习惯。所谓思考的习惯,就是要善于发现、理解和把握客观事物的本质联系和发展规律,同时又要善于运用内外部语言来描述、转化和表达我们的思维内容。

国学大师黄侃说:"作文之术,诚非一二言能尽也。然挈其纲维,不外命意与修辞二者而已。意立,而辞从之以生;辞具,而意缘之以显。二者相依,不可或离。"②在这里,黄侃把写作表达分为命意与修辞,有其合理性,并认识到二者是不可分离的由意生言、辞具意显的动态关系。

内部语言对思维内容的表达与转化,是需要思维主体积极主动地进行的,并不是真正意义的表达行为,也不完全是自然自发的语言转化行为。而是写作发现之后,在进而形成的表达交流的动机和意向的驱使之下,自觉主动地产生相应的内部语言的过程。虽然这时的内部语言黏附着复杂的心理表象,但已经有了句法不整、结构不全、语汇不多的言语内容,同时形成用于记忆和表意的深层次句法结构。这一切对于写作表达极具意义,是有可能导向外部语言的表达的。

这要求我们在现实生活中,如果有所感悟,有所认识,就一定要循着感兴的内容,自觉主动地推进思维内容的发展,而这是一定要借助于语言的积极参与和配合的,要以语言相对明晰地描述

---

① 鲁迅. 忽然想到(六)[M]//华盖集. 北京:人民文学出版社,1973:35.
② 黄侃. 文心雕龙札记·熔裁[G]//于忠善. 历代文人论文学. 北京:文化艺术出版社,1985:69.

和传达思维内容。思维的内容积极寻求语言的转化与表达，刺激着语言的生发；而由语言对思维进行描述的时候，思维又进入相对深层亢奋状态，联类不穷，纵横搜求，语言的生发进一步刺激思维的延展。思维与语言互为表里，互为因果，互相促进，互相激发。

这一阶段的写作表达，内部语言的积极参与是重在思维的层层推进和思维结构的形成，而非一味追求外部表述语言的定型完成。所谓"成竹在胸"的构思成熟，并非一篇文章的所有语言已经完全敲定成形，了然于心，只需要用纸笔记写下来就行了，而应当是运用内部语言描述过的思维内容，是未能完全设定语言形式的文章雏形。

二、书面表达能力的培养——单项表达和综合表达

当内部语言构思相对成熟，认识的结构相对定型，言语的生成不断丰富，就可能转向以表层句法结构为基础的外部语言的书面表达了。书面语言的表达能力的培养要重视以下两种情况。

（一）单项表达，勤于练笔

通常所说的"练笔"，就是培养单项表达能力，它指的是对个别的事物或某一想法的表达能力。面对眼前的有写作价值的具体的人物、事物和景物，或我们内心产生的某种有意义的情思和想法，我们要善于进行语言的描述与表达，尽量以书面语言的形式将其固定下来。这样会在我们的记忆中形成大量的富有特征和意味的表达单元，有利于写作表达能力的整体发展。据说老舍要求自己每天写几千字，白天没写夜里补，不完成就不休息，就是在没有创作任务的时候也是如此。这时候老舍所做的显然是有意地培养书面表达能力，而且是以单项写作练习为主的。他特别注意把观察和感受到的某一人事景物或某个想法用书面语言表达出来，成为日后创作的丰富素材，这才造就了一位著作等身的多产作家。

（二）综合表达，快速成文

对于一个较为成熟的构思，要求作者适时进入写作状态，一定要围绕文章的核心思想和整体结构，综合运用各项表述能力进行系统的语言表达，由字生句，因句构段，积段成篇，快速地写成文章初稿。

1. 线性语言传达立体构思

构思形成的文章雏形，是以内部语言形式存在的，由多种事、景、情、理构成的多层多面、立体多元的复杂结构。而外部语言则是清晰明确的前言搭上后语的线性表达，正如刘勰所说："夫人之立言，因字而生句，积句而成章，积章而成篇。"①也就是说，书面语言（包括口头语言）的表达是一个意思联系下一个意思、一句接一句的线性传达，最终谋求篇章的形成。这就要求我们在书面语言表达的这一特性之下，综合运用单项语言表达能力来传达出内部的立体性构思。每一个词的使用和每一句话的表达都要考虑前后连贯，环环相扣，同时又要考虑全文的思想集中、内容完整与风格统一。例如，鲁迅散文集《野草》中有一篇《狗的驳诘》，全文如下：

我梦见自己在隘巷中行走，衣履破碎，像乞食者。

一条狗在背后叫起来了。

我傲慢地回顾，叱咤说：

"呔！住口！你这势利的狗！"

"嘻嘻！"他笑了，还接着说："不敢，愧不如人呢。"

"什么！？"我气愤了，觉得这是一个极端的侮辱。

"我惭愧：我终于还不知道分别铜和银；还不知道分别布和绸；还不知道分别官和民；还不知

---

① 刘勰. 文心雕龙·章句[M]//祖保泉. 文心雕龙解说. 合肥：安徽教育出版社，1993：661.

道分别主和奴；还不知道……"

我逃走了。

"且慢！我们再谈谈……"他在后面大声挽留。

我一径逃走，尽力地走，直到逃出梦境，躺在自己的床上。

一九二五年四月二十三日①

在这里，可以想见鲁迅是把自己对封建文化中人间不平等的深邃思考，通过人与狗的对话巧妙地表达出来。在这样的整体构思中，短短的文笔没有多少无关的字句，用词造句都在围绕着主题思想的表达，层层推进地生发开来。全文开头，说我进入梦中，"像乞食者"，造成了人与狗的关系的接近，这就有了"我"与狗对话的可能。"我"对狗的态度开始是"傲慢"并进行呵斥，说它是"势利"的狗，而且"气愤"了，感到"侮辱"；而狗的语言则是意味深长，以反语"愧不如人"引发了狗的"驳诘"："不知道分别"这样几组概念——"铜和银""布和绸""官和民""主和奴"……这几组词语所表达的是人间不平等的象征性事物，特别是由狗说了出来，特别有震撼力！而作为人的"我"，无可辩驳，好似衣不遮体，哪里还有什么傲慢？剩下的只有逃走。有意思的是逃出的是梦境，回到了现实的"床"上！进一步喻示我们所处的社会正是公然存在着不平等、不公正、不道德的黑暗人间！而且逃无可逃！文章的遣词造句，无不考虑整体的思想表达与对比、反衬的手法运用，产生了耐人寻味的理趣和深刻的思想力量！

2. 快速起草，一气呵成

成文阶段，不管是书面语言的生成或是书写，都需要一定时间，而思维却像是插上了翅膀，可以任意飞翔，其速度往往快于书面记写。为了保证思维的连续性，内容的完整统一，行文起草的时候，就要求写作表达尽量一气呵成，快速成文，不要因为字斟句酌的修辞所造成的频繁停顿或其他事务的无谓干扰，而阻碍甚至消解思维的内容，影响语言的延展和书写的速度。

美国写作学家威廉·W. 韦斯特说："无论在什么情况下，他们都不在准备第一稿的中途停下来剪裁、核对或润饰。在这样早的一个阶段去执行这种任务，等于让珍贵的想法从头脑中逃脱，使令人愉快的创造力量死亡。"②列夫·托尔斯泰也特别强调："起草，不仔细考虑一个片断或思想表现的是否正确。"③鲁迅也说起自己的小说创作："令人难以放下笔。一气写下去，这人物就逐渐活动起来，尽了他的任务。但倘有什么分心的事情来一打岔，放下许久之后再来写，性格也许就变了样，情景也会和先前所臆想的不同起来。"④由这些重要经验的表述我们可以推论，行文阶段的书面表达能力的培养，特别要重视养成快速起草、一口作气写出初稿的习惯，草稿之中思维的问题与语言上的瑕疵，可以留待下一步修改的环节来润色完善。

三、写作评改能力的培养——走向定稿的鉴评修改

文章写作过程中及初稿写成之后，都需要对写作成果加以评改，通过鉴评，判断优劣高下，找出错讹，深化写作思维；通过修改，调整内容，润色语言，完善写作表达，最终把草稿变成定稿。

评改能力是写作表达能力的一个重要组成部分。缺乏评改能力，就不能深入地评价和反思自己的写作内容与过程，总结经验，有效地提高写作能力；也不能较好地完善一次写作行为，把个人的写作价值和创造能力全部发挥出来，得到自己最优化的写作成品。

写作中的鉴评与修改，实际上是贯穿于写作行为始终的。在写作发现与构思的阶段，写作主

---

① 鲁迅. 野草[M]. 北京：人民文学出版社. 1973：37.
② 威廉·W. 韦斯特. 提高写作技能[M]. 福州：福建教育出版社，1984：413.
③ 列夫·托尔斯泰日记选[G]//山东师范学院中文系文艺理论教研室. 外国作家谈创作经验. 济南：山东人民出版社，1980：173.
④ 鲁迅. 我怎样做起小说来[M]//南腔北调集. 北京：人民文学出版社，1980：102.

体经常会驻足回首,审视自己的观点和思路,结构和材料,评价其高下优劣,进行增加、删除、更换、调整。特别是语言表达过程中,选词、造句本身就有着评价和选择的问题,随时斟酌修改的情况更加普遍。也就是说,写作的评改活动是作用于全部写作过程的,但最为显在的是文章初稿写成之后,在走向定稿的过程中发挥重要作用。因此,这里主要谈的是走向定稿的评改能力的培养。

写作主体的鉴评能力与修改能力往往有着一定的差距,二者不一致也不是同步的。通常情况下,正如常言的"眼高手低",也就是鉴赏评价能力相对高些,而修改动手能力较低。这是正常现象,我们有能力看出瑕瑜,评出优劣,却不一定有能力改正问题,完善表达。虽然鉴评能力的高超不一定带来修改能力的提高,但鉴评能力的低下却必然造成修改能力的低下。修改能力是要依托于鉴评能力的,不辨真假美丑,不识正误高下,如何能够进行文章修改?鉴评能力的提高会有助于修改能力的提高,至少不会影响或降低修改能力提高的。

(一)鉴评能力的培养

大量赏读优秀文章,多做写作练习,多做评改活动,积累丰富的感性经验,对于写作的方法、规则、语感、节奏、韵味、风格等方面的优劣高下,就会作出直觉的判断和理性的分析。这对于鉴评能力的提高是至关重要的基础条件。因为鉴评的工作一定是建立在比较的基础之上,没有经验,没有比较,就没有发言权。刘勰在《文心雕龙·知音》中说"操千曲而后晓声,观千剑而后识器"就是这个道理。

学习和掌握一定的写作知识和理论是培养鉴评能力的重要条件。丰富的读写评改的经验能使我们迅速辨析写作成果的质量优劣,而如果有高水平的写作理论修养,就可以进行更加深入的理性分析,知其然而更知其所以然,鉴评能力的提高就会更加自觉有效。

(二)修改能力的培养

一要建立精品意识。我国古代文人特别重视文章的个体生命的价值实现功能,有"立言不朽"的写作精神和文化传统。《左传·襄公二十四年》中说:"太上有立德,其次有立功,其次有立言,虽久不废,此之谓不朽。"曹丕在《典论·论文》中也说:"盖文章,经国之大业,不朽之盛事。年寿有时而尽,荣乐止乎其身,二者必至之常期,未若文章之无穷。是以古之作者,寄身于翰墨,见意于篇籍,不假良史之辞,不托飞驰之势,而声名自传于后。"[①]在这样的认识之下,古代文人特别重视文章的修改,诗文写作有着极强的精品意识,写文章追求"一字不易"的境界,作诗则苦吟推敲,"语不惊人死不休"。我们要学习古人的优秀写作文化传统,虽不宜"两句三年得,一吟双泪流",修改过程太过漫长,也不宜强求尽善尽美,但也要尽量追求个人写作能力与价值的最高表现。文章初稿写出之后,通过研判鉴评,多加修改润色,追求优质的写作成果,建立文章写作的精品意识,并且通过经常不断的修改实践来促进修改能力的提高。

二要养成修改习惯,积累评改经验。有些作者写出初稿之后,没有修改的习惯,不爱修改或怕修改,总是以"毛坯"示人。中学作文教学因高考作文时间有限,平时训练总是强调"文不加点"的写作速度,而不重视修改能力的培养,不重视通过修改来全面提高学生的写作能力。而要培养自己的修改能力,在每一篇文章的初稿写成之后,我们都应当通过重新阅读,甚至是重读多遍,体会文中思想的表达是否贴合于写作的初衷,材料是否充实有力,审视文章中层次推进是不是环环相扣,逻辑关系是否顺畅,结构是否合理;最后才去字斟句酌,润色语言,一词不工,一句不妥,也不得心安。在这样的修改过程中,复杂的思维与有形的表达之间循环往复,互动激发,思维更加精深,语言表达能力也会不断改善,语言的痛苦也会得到不同程度的降解,更重要的是提高了文

---

① 曹丕.典论·论文[G]//韩湖初,陈良运.古代文论名篇选读[M].北京:中国书籍出版社,1998:103.

章的鉴评能力,积累起丰富的修改经验。由修改经验的丰富和修改能力的提高,进而全面发展写作表达的综合能力。

思考与练习四

一、思考题

（一）为什么说表达不仅是外部语言的书写行为？
（二）口头语言与书面语言的差别有哪些？
（三）表达过程的推进模式有哪些？
（四）表达过程有哪几个阶段,各阶段分别要做好哪些工作？
（五）如何理解表达的要求？
（六）思考韩元吉创作下面这首词的情感基调。

好事近
汴京赐宴闻教坊乐有感
韩元吉

凝碧旧池头,一听管弦凄切。多少梨园声在,总不堪华发。　　杏花无处避春愁,也傍野烟发。惟有御沟声断,似知人呜咽。

（七）赏析下面的诗歌,品味诗人锻字炼句的妙处。

春日游湖上
徐俯

双飞燕子几时回,夹岸桃花蘸水开。春雨断桥人不渡,小舟撑出柳荫来。

（八）描写有几种常用的方法？思考《草堂》采用的方法。

草堂
赵秉文

几家篱落掩柴关,尽在浮岚涌翠间。稻垄明边通白水,竹梢缺处补青山。

（九）下面画线部分的文字属于何种描写？体味这种写法的好处。

我之看骆驼则是另外一种心情,骆驼扮演的是悲剧的角色。它的槛外是冷冷清清的,没有游人围绕,所谓槛也只是一根杉木横着拦在门口。地上是烂糟糟的。它卧在那里,老远一看,真像是大块的毛姜,逼近一看,可真吓人！<u>一块块的毛都在脱落,斑剥的皮肤上隐隐地露着血迹。嘴张着,下巴垂着,有上气无下气地在喘。</u>水汪汪的两只眼睛好像是眼泪扑簌地盼望着能见亲族一面似的。<u>腰间的肋骨历历可数,颈子又细又长,尾巴像是一条破扫帚。</u>骆峰只剩下了干皮,像是一只麻袋搭在背上。骆驼为什么落到这悲惨地步呢？难道"沙漠之舟"的雄姿即不过如是么？①

（十）请扫描二维码,阅读契诃夫短篇小说《美女》,品赏作家描绘玛霞之美使用的描写手法和使用这些手法的妙处。

美女

（十一）如何理解情感的层次？
（十二）抒情有哪些要求？
（十三）品读下面的古代散文,体味画线部分的文字表达作者情感的语言艺术。

---

① 刘天华,维辛.梁实秋散文[M].北京:中国广播电视出版社,1989.246—247.

亡妻龚氏圹铭①

彭绩

乾隆四十三年九月朔,彭绩秋士,具舟载其妻龚氏之柩,之吴县九龙坞彭氏墓,翌日葬之。龚氏讳双林,苏州人,先世徽州人。国子生讳用鳌之次女,处士讳景骙之冢妇。<u>嫁十年,年三十,以疾卒,在乾隆四十一年二月之十二日。诸姑兄弟哭之,感动邻人。于是彭绩始知柴米价,持门户不能专精读书。期年,发数茎白矣。</u>

铭曰:作于宫,息土中,吁嗟乎龚。

(十四)品读下面的散文片断,体味作家准确选用一系列同义词对展现男女主人翁初次见面都被对方容貌吸引的神情心态的妙处。

不大一会儿,果见一着装女郎走过来坐在我对面。四目相对,竟吓了我一跳! 美,出奇的美! 美得使我心惊肉跳,不敢再看。可不看又不行,为什么不行,我也说不清,于是又偷看了一眼,正好她也看我。人家那种看,不像我这种看,人家是用一种审视的目光,上下打量,似乎要辨清我这身草绿色包装里,装的是个什么躯体,为什么老偷眼盯人家姑娘的脸?! 我有点尴尬,继而心虚,但仍想再瞟她一眼……②

(十五)说明有哪些常用的方法?

(十六)朱自清听过"三曲清歌"是如何表达神迷心醉的?

歌声③

朱自清

昨晚中西音乐歌舞大会里"中西丝竹和唱"的三曲清歌,真令我神迷心醉了。

仿佛一个暮春的早晨。霏霏的毛雨默然洒在我脸上,引起润泽、轻松的感觉。新鲜的微风吹动我的衣袂,像爱人的鼻息吹着我的手一样。我立的一条白矾石的甬道上,经了那细雨,正如涂了一层薄薄的乳油;踏着只觉越发滑腻可爱了。

这是在花园里。群花都还做她们的清梦。那微雨偷偷洗去她们的尘垢,她们的甜软的光泽便焕发了。在那被洗去的浮艳下,我能看到她们在有日光时所深藏着的恬静的红,冷落的紫,和苦笑的白与绿。以前锦绣般在我眼前的,现有都带了黯淡的颜色。——是愁着芳春的销歇么? 是感着芳春的困倦么?

大约也因那濛濛的雨,园里没了浓郁的香气。涓涓的东风只吹来一缕缕饿了似的花香;夹带着些潮湿的草丛的气息和泥土的滋味。园外田亩和沼泽里,又时时送过些新插的秧,少壮的麦,和成荫的柳树的清新的蒸气。这些虽非甜美,却能强烈地刺激我的鼻观,使我有愉快的倦怠之感。

看啊,那都是歌中所有的:我用耳,也用眼、鼻、舌、身,听着;也用心唱着。我终于被一种健康的麻痹袭取了。于是为歌所有。此后只由歌独自唱着、听着;世界上便只有歌声了。

一九二一年十一月三日,上海

(十七)阅读下面的学术短论,指出作者使用的论证手法。

"朱门酒肉臭"的"臭"是"香"④

张维元

杜甫的"朱门酒肉臭,路有冻死骨"的"臭"字,多以为杜甫指的是豪门权贵,酒池肉林多得腐烂发臭。这误解了名句。

杜诗中"酒肉臭"的"臭"应是作"香"解。"臭"字的本义是"气通于鼻皆曰臭,无香秽之别",例

---

① 王运熙. 中国古代散文精粹类编(下)[M]. 上海:上海文艺出版社,1987:1231.
② 于济川. 夸妻[J]. 读者文摘,1991(07):40.
③ 朱自清. 歌声[M]//郑林. 背影:朱自清散文. 上海:上海社会科学院出版社,2003:111.
④ 张维元. "朱门酒肉臭"的"臭"是"香"[N]. 光明日报,1993-02-08(06).

如《易经·系辞上》中有说:"二人同心,其利断金,同心之言,其臭如兰。"说明兰花的香味是有鼻共享的。《易经》中还注明:"臭"为气味,属名词,非形容词。"臭"读音同"嗅"(xiù)。"臭"字的内涵到何时发生了变化,尚不得而知。然而南朝梁人何逊作诗曰:"兔园标物序,惊时最是梅。衔霜当路发,映雪拟寒开。枝横却月观,花臭绕凌台。朝洒长门泣,夕驻临邛杯。应知早飘落,故逐上春来。"又明代大诗人叶敬平拜访友人,写道:"未进君家门,先闻酒肉臭。"何诗中的"花臭绕凌台"的"臭"是指花香;叶诗中的"酒肉臭"实际上是指酒与肉发出的香味飘溢于空气中。

"朱门酒肉臭"出自《自京赴奉先县咏怀五百字》一诗,是杜甫于天宝十四年冬月去奉先探家时所作。诗人中夜出发,凌晨经过骊山,当时唐明皇、杨贵妃等正寻欢作乐,大摆宴席,而路途上却有冻饿而死的穷人,鲜明的对比,诗人忧国忧民,愤火中烧,写下了震撼人心的名句。此外,尚有两个简单的事实被忽略。其一,要说肉臭尚可勉强,但酒人们熟知是愈陈愈香,不会发臭的;其二,诗人写的是寒冬季节的事,所以才有"路有冻死骨"之说,北方的数九寒冬,肉是不会发臭的。

(十八)谈谈修改的内容和方法。

(十九)如何培养和提高表达能力?

二、小练习(选作)

(一)下面的两段文字在表达方面对你的写作有何启发?请以"梦"为题分别写出小说、散文和说明文的开头,每个开头不多于200字。

郑伯克段于鄢[1]

初,郑武公娶于申,曰武姜。生庄公及共叔段。庄公寤生,惊姜氏,故名曰寤生,遂恶之。爱共叔段,欲立之。亟请于武公,公弗许。……

郑伯克段于鄢[2]

克者何?能也。何能也?能杀也。何以不言杀?见段之有徒众也。段,郑伯弟也。何以知其为弟也?杀世子、母弟目君。以其目君,知其为弟也。……

(二)描写事物常用超常精妙的比喻,品评下面的作者运用比喻写"愁"的妙处。你能运用比喻,写出有别于他人的"愁"吗?

海水直下万里深,谁人不言此愁古。　　　　李白《远离别》
白发三千丈,缘愁似个长。　　　　　　　　李白《秋浦歌》
问君能有几多愁,恰似一江春水向东流。　　李煜《虞美人》
春去也,飞红万点愁如海。　　　　　　　　秦观《千秋岁》
自在飞花轻似梦,无边丝雨细如愁。　　　　秦观《浣溪沙》
若问闲愁都几许?一川烟草,满城风絮,梅子黄时雨。　贺铸《青玉案》
只恐双溪舴艋舟,载不动许多愁。　　　　　李清照《武陵春》

(三)记写军训首次站军姿的心理活动。

(四)表述的上品之一是"吟叹不自已,然无异语,皆人所知也,人不能道尔"[3]。杨万里的《新柳》即是。表达有时"忽有好诗生眼底,安排句法已难寻"[4]。请把你感知过的人人眼中有,笔下无的人、事、景或物经过锤炼,表达出来。

---

[1] 左丘明. 左传·隐公元年[M]. 蒋冀骋, 标点. 长沙: 岳麓书社, 1988: 1.
[2] 葛根贵, 刘世南. 十三经直解[M]. 南昌: 江西人民出版社, 1993: 369.
[3] 魏庆之. 诗人玉屑(卷之十九)[M]. 上海: 古典文学出版社, 1958: 439.
[4] 陈与义.《春日二首》之一[M]//北京大学古文献研究所. 全宋诗. 北京: 北京大学出版社, 1997: 19493.

新柳①
杨万里

柳条百尺拂银塘,且莫深青只浅黄。未必柳条能蘸水,水中柳影引他长。

(五) 请以300字的篇幅写出一个小说、剧本、电影或电视剧的内容提要。

(六) 阅读下面的材料,从欣赏过的报告文学、小说或电影、电视剧中推荐一位令你感动的英雄人物,参照下面的文字,写出人物事迹和颁奖词。

【人物事迹】吴锦泉是土生土长的南通市港闸区人,是南通市最年长的红十字志愿者。如今虽然已经87岁高龄,老人却几乎还是一天不落地准时出门,在路口支起摊子。每次磨刀仅有几元收入,老人省着攒着,攒到一定数目,基本上捐了出去。老人一个月的收入维持在1400元至2000元之间,但开销却几乎从不超过400元……2008年汶川地震老人捐款1000元;2010年玉树地震老人捐款1000元;2013年他向四川芦山地震灾区捐款1966.2元。去年他又捐给14岁的白血病女孩600元,捐给红十字会11840多元……累计至今,这位磨刀老人的捐款,已超过4万元。② (略有删改)

【央视颁奖词】窄条凳,自行车,弓腰扛背,沐雨栉风,身边的人们追逐很多,可你的目标只有一个。刀剪越磨越亮,照见皱纹,照见你的梦。吆喝渐行渐远,一摞一摞硬币,带着汗水,沉甸甸称量出高尚。③

三、文章评析

请扫描二维码,阅读李佩芝的《小屋》,思考并回答问题。

(一) 为什么作者对小屋如醉如痴?
(二) 这篇文章的题材内容与语言基调之间的关系。
(三) 这篇文章的语言表达的特点。
(四) 这篇文章的情感内容与抒情特色。

小屋

四、作文(选作)

(一) 学习福楼拜指导莫泊桑写作的两段话和贾平凹表述的写作发现片段,选择一个人、事、景或物,运用叙述与描写,生动形象地展现其独有的特点。行文500字左右。

当你走过一位坐在自家门前的杂货商的面前、走过一位吸着烟斗的守门人的面前、走过一个马车站的面前的时候,请你给我画出这杂货商和这守门人的姿态,用形象化的手法描绘出他们的包藏着道德本性的形体外貌,要使得我不会把他们和其他杂货商其他守门人混同起来,还请你只用一句话就让我知道马车站有一匹马和它前前后后五十来匹马有什么不同。

…………

不论人们所要描写的东西是什么,只有一个词最能够表示它,只有一个动词能使它最生动,只有一个形容词使它性质最鲜明。因此就得去寻找,直到找到了这个词、这个动词和这个形容词,而决不要满足于"差不多",决不要利用蒙混的手法,即使是高明的蒙混手法,决不要借助于语言的戏法来回避困难。④

---

① 杨万里. 新柳[M]//北京大学古文献研究所. 全宋诗(第四十二册). 北京:北京大学出版社,1998:26183.
② 严君臣,王颖菲. 快报报道的磨刀老人吴锦泉当选感动中国年度人物[N]. 现代快报,2016-02-15(F5).
③ 中央电视台. 感动中国 2015[EB/OL]. (2016-02-14)[2016-02-14]. 直播. 特别节目. http://www.cctv.cn
④ 莫泊桑. 小说[G]//柳鸣九,译. 中国社会科学院外国文学研究所外国文学研究资料丛刊编辑委员会. 欧美古典作家论现实主义和浪漫主义(二). 北京:中国社会科学出版社,1981:238.

最不爱上市的是有些知识分子,他们腰里的钱少,书架子上的书多。没时间便是他们普遍的苦处,呆头呆脑又是他们统一的模样。妻子给了钱让去上市,总是不会讨价还价,总是不会挑来挑去,又总是容易上当受骗,又总是容易突然忘却。于是,大都是妻子夺了权,也取消了他们上市的资格。但是,卖主最怕的是这些离知识最近的女人,他们个个巧舌利齿,又是一堆新名词的啰唆。买萝卜闲没洗泥,买葱爱剥皮,买一斤豆芽,可以连续跑十家二十家豆芽摊,反复比较,不能主见,末了下决心买时,还说这豆芽老了,皮儿多了,怎么个吃呀!过秤时,又要看秤星,危言一句:"这秤准不准?!"又只能秤杆翘高,不能低坠,称好后用手多余加一撮半把。最后掏钱,却一角一角拣数,到了二分三分,口袋里有,硬说没有了,边走边还要责骂:"你这卖水菜的,真小气!"[①]

(二)以"致弃学打工的农村青年"为题,写一封公开信。

(三)阅读下面的文字,写一篇不少于1000字的文章。标题自拟,内容自定,文体不限。

三十多年前的唐山大地震之后,在唐山、丰南的断垣残壁上看到许多大标语:"它震它的,咱干咱的!""它来一次地震,咱来一次革命!""人民自有回天力,泰山压顶腰不弯!""一次地震就是一次共产主义教育!"

2008年5月12日,四川汶川发生了震惊中外的特大地震。在灾区,我们到处可以看到这样一些口号:"抗震救灾,众志成城!""救护心灵,抬头向前。""天灾无情,人间有爱。""有爱就有家。""一方有难,八方支援。""孩子,我们和你在一起。""我们坚强同行。""为生命祈祷,将爱心传递。"

[①] 贾平凹.十字街菜市[M]//范陪松.贾平凹散文选集.天津:百花文艺出版社,1992:88-89.

下编

文体论

第五章 新闻文体

我们每个人身边每时每刻发生着大大小小的事情,也有各种各样的人物,这其中有的可以写新闻。当前,新媒体的不断出现,改变着信息传播的途径。不论这种改变在未来是什么载体,人们对新闻的需要也不会改变,且对新闻内容在广度、深度方面有更高的要求。社会产生新闻,百姓需要新闻。大学生毕业后的职场有新闻发生,单位也非常希望有扬名的报道。根据用人单位宣传和受众对新闻的需要,大学生要会写新闻。

第一节 消 息

一、消息概述

消息是大众传媒最常用的一种新闻体裁。学习消息的写作,要了解消息的基本知识,培养消息写作的基本能力。

(一)消息的含义

消息一般指的是以记叙为主要表现手段,用简洁明快的语言,对国内外新近发生的具有传播价值的事实进行迅速及时的简短报道。要弄清消息的概念,我们还需要分清它与新闻这个概念的区别。新闻有广义和狭义之分,广义的新闻是消息、通讯、特写、新闻评论等诸种新闻文体的总称。狭义的新闻则专指消息。

消息是广播、电视、报纸、网络最常用、最主要的一种新闻体裁。它常常能最迅速地告诉受众发生了什么新闻事实,有关的通讯常常成为它的后续报道。消息报道新闻事实的方式,是撮要式的,往往是倾全力突出重点,而不及其余(一般情况),或仅简单提及。就此而言,消息是关于新闻事实的最为快捷的、撮要式的报道。

(二)消息文体的分类

对消息的分类可以有多种标准和方法。以篇幅长短作为标准,可将消息分为长消息、短消息、简讯、一句话新闻等。以结构是否完整作标准,可将消息分为结构完整的消息和结构不完整的消息。简讯、一句话新闻和标题新闻等,当然都属于结构不完整的消息。以报道的内容作为标准,可将消息分为时政消息、经济消息、文娱消息、体育消息等。以内容性质与写作角度不同为标准,则可将其分为动态消息、经验消息、述评消息、综合消息、特写性消息、解释性消息、人物消息等几类。

1. **动态消息**

动态消息就是对刚刚发生或正在发生的新闻事实(事件)所作的最具有时效性的报道。它是最常见的消息。动态消息,顾名思义就是抓住动态进行报道,让受众了解事实(事件)最新发展动向。所以在写作中要特别抓住两点:一是要注意发现事实从无到有其间体现出的新闻价值;二是要注意发现事实的从有到变,在变中体现出的新闻价值。

2. **经验消息**

经验消息是对具有普遍意义的典型经验的报道,也称"典型消息"或"典型报道"。它主要反映具体单位、部门、行业在工作、学习和生产中创造的成功经验,以及某人在某项活动中取得新成果的典型做法,用以提供榜样,带动全局。所以它往往偏重于交代情况、介绍做法和反映变化与效果,由事实引出经验来。

经验消息的写作一定要注意:要选择既有推广价值又能引起普遍兴趣的经验;尽量写得生动具体,避免说教;尽量寻找新闻"由头",体现新闻特点,避免写成工作总结。

3. 述评消息

述评消息是一种兼有新闻评论与消息两者特点的报道形式。"述"是对新闻事实(事件)所进行的叙述;"评"是对新闻事实(事件)进行的分析评论。这种文体评论的特点体现在对某些发人深省的事实(事件)进行的就事论理的评析上;消息的特点则体现在为受众提供具有新闻价值的信息上。

撰写这一类消息要特别注意两点:一是努力促成"述"和"评"的有机结合,用简要的新闻事实的叙述为评析奠定坚实的基础;二是用对新闻事实的言简意赅、鞭辟入里的评析,对报道进行理性升华。

4. 综合消息

综合消息是一种把发生在不同地区或部门的具有类似性质的事件综合为一体的报道。作者往往就某一现象或问题在较广阔的空间范围进行采访,然后综合写成消息。

综合消息的写作有两种基本的综合方法:一是横断面的综合,将发生在同一时期的各种事件加以横向综合,概览全局;另一种是纵深度的综合,从大处着眼,小处入手,对事物不同侧面进行分析综合,能对现实产生持久的影响力。

5. 特写性消息

特写性消息是以报道重要新闻事件中人物活动片断和事件场景为主要内容的新闻体裁。与其他不同类别的消息相较,特写性消息最突出的特点是注重描写。

特写性消息的写作需要注意:要运用形象的语言,再现人物活动过程和场景,给人以如见其人、如临其境的感受;反映事物的特征和高潮的片断要用简笔勾勒,不事雕琢,重在传神;要突出富有特征的细节描写。

6. 解释性消息

解释性消息也称分析性报道,是一种以解释新闻事件为主的新闻体裁,它报道事实时,侧重于说明新闻事实的来龙去脉,阐释事件发生的原因、发展趋势以及与其他相关事物的联系,阐明事实的意义。这种消息多用于我国经济工作的政策、方针和社会生活中出现的影响较大的新问题。与动态消息只注重报道事实结果"发生了什么"不同,解释性消息重在回答新闻事件中的"为什么"。

解释性消息的写作需要注意:要有大背景意识,要提供新闻得以产生的全局性背景;要用背景事实自身的逻辑力量说明新闻事件产生的必然性;要巧妙开篇,引人入胜。

7. 人物消息

人物消息以表现人物为主,常常是迅速地反映新闻人物的某种行为或某个侧面,用新鲜、典型的事实材料来表现其思想和精神面貌。人物消息的突出特点是:以人说事、以事显人,不贪大求全。

人物消息的写作需要注意:表现方法上要将人物的主要特点进行聚焦、放大,给与集中、突出的描绘;选材上要抓取人物活动的一两个场面,以细腻的语言充分展示人物内心世界的横剖面;结构上常常用一个概括性的导语开头,但只点出部分事实要点,而把真正重要、精彩的东西放在后面,从而使读者看完全篇会产生一种满足感。

(三) 消息文体的特点

1. 新鲜及时

消息是向人们报道新情况、新事物、新经验、新人物、新问题的文体,因此第一次发生的事件,最新发现的事实,萌芽状态的新事物等,是消息报道的主要内容。消息内容的"新"意味着报道要快,在大众传媒竞争白热化的今天,作者的竞争意识、受众意识都必须落实在写作实践中,通常情况下,一定要争分夺秒,任何延宕迟缓,都会削弱甚至丧失消息的新闻价值。

2. 简明扼要

消息为了能及时传播新闻事实,语言上十分简练,结构上一般是开门见山。作者的职业素养和文体意识都必须体现在作品中。要将何时、何地、何人、何事、何果等新闻要素简明扼要地报道出来。即使有描写,也只能是抓住关键略加点染。

3. 用事实说话

从文字上看,消息的作者只是客观地、朴素地叙述见闻。消息强调用事实说话,但并非不要思想、观点,只是他的思想观点最好都寓含在具体的新闻事实的叙述之中,他的开放意识、监督意识都必须通过事实来体现。要让精选的新闻成为无形的意见。

二、消息写作

消息的写作要求作者必须做到:敏锐地发现、迅速地构思、准确地表达。

(一) 新闻的发现

没有发现就没有新闻,新闻的发现是消息写作的基础和前提,敏锐的新闻发现能力是消息写作最为倚重的能力。

1. 发现并准确判断对象的新闻价值

消息写作中首先要考虑的是:报道是否有新闻价值、能否为受众欢迎。而能否发现报道对象的新闻价值,则取决于报道者是否具有新闻敏感。

什么是新闻价值呢?有人认为:"所谓新闻价值,是指新近发生的事实在传播过程中所履行的能满足人们知晓、认识、教育、审美等诸种需要的功能。"[1]有人说得更简洁:"现代新闻价值,是指新闻满足受众需要所表现出的效用和意义。"[2]新闻价值应该是指新闻中所蕴含的社会价值,其核心是在新闻中所包含的社会性。所谓社会性,就是事物与公众利益相关联的属性,一般来说,与公众利益关联程度越密切,事物所含的社会性越大,反之越小。所以,新闻价值的实质就是与公众利益相关联的属性及程度。与此相对,传播中的新闻能够直接满足受众心理的特性,则可以认为是新闻的使用价值,这种使用价值当然也包括媒体用之来获取的传播利益。

如何发现并准确判断对象的新闻价值呢?

首先,要弄清构成新闻价值的要件,新闻界的专家们认为构成新闻价值的要件主要是:时效性、重要性、接近性、显著性、人情味等。它们都是衡量事实有没有报道价值的客观标准,但并不是说简单掌握了这些标准就能够成为一名合格的记者。在实践中,我们经常会看到这样的情况,对同一个事实,有的作者就能从中挖掘出新闻价值,而有的却一无所获;有的看到了表面的现象,有的却能通过表象发现本质,开掘出更大的价值。更多的情况是,有经验的作者总能从社会的各个方面发现层出不穷的新闻,而经验不足的作者却老是哀叹无新闻可写。面对丰富多彩的生活和日新月异的变化,怎么会出现这么大的差异?究其原因,主要是因为新闻采访是个性化的劳

---

[1] 雷跃捷. 新闻理论[M]. 北京:北京广播学院出版社,1997:86.
[2] 刘建明. 传统新闻价值观的自我颠覆[J]. 当代传播,2002(5):35.

动,作者自身素质的不同,决定了他的眼界和新闻发现力的悬殊。因此,需要提醒大家注意:新闻采访不是呆板的生产流水线,新闻技巧不是新闻元素的累加,采访需要作者的激情与创造,需要艰苦的劳动和坚韧不拔的意志。"苦中作乐"是新闻写作者应有的情怀:采访既要劳力更要劳心,且常常会出现意想不到的困难和干扰,作者没有吃苦精神是不行的,而在这些苦和累中,发现有较大价值的新闻,则是作者的乐趣。

其次,要发现并准确地判断对象的新闻价值,还必须克服轻视新闻发现的倾向。许多缺乏新闻写作经验的作者往往并不缺乏表达能力,他们所缺乏的主要是新闻素质,尤其是新闻"发现"的才能。通常,他们的作品,是新闻事件先发现了他们,而不是他们先发现了新闻。正如有人所形容:他们不像是鹰,翱翔时就在寻觅,随时准备扑向目标;而像是长嘴水鸟,一直在等待,直到食物流入嘴里。"新闻发现"在新闻实践中绝不是只以偶然和巧合的方式实现的,它是贯穿于新闻采、写、编全过程中的思维活动。不过有时来得过于突然,有时则自始至终在新闻高手们的感觉之中。如果作为一个有志于新闻写作的普通人就不能安于做一只"长嘴水鸟"。

再次,应该搞清新闻发现的本质。随着新闻实践的不断发展,人们愈来愈感到:新闻发现在所有优秀新闻报道的采、写、编过程中都起着至关重要的作用。这种时而让人感觉很明显,时而让人感觉不明显,时而又看似简单而偶然的新闻现象,其实包含深刻的尚未揭示的科学道理,它甚至可以同一项人类新的发现过程相提并论。

在科学史上,有许许多多伟大的发现,似乎都像哥伦布发现新大陆一样显得有点偶然。比如:洗澡时发现了阿基米德定律;注射失误导致了医学史上疫苗免疫方法的重大发现;在葡萄上洒石灰水防止小偷偷吃的无奈举措则无意中使人发明了波尔多混合液等都说明,人类的发现相当一部分在思维上的表现并无惊人之处,有时,它的确像是一种偶然的机会给予了某人一种简单而正确的认识,像是某种可遇不可求的幸运,使某人忽然看到了原本没有看到的事物真相。然而,如果你仔细追踪所有人类新发现的思维变动踪迹,就不难理解人类任何新的发现都要以执着为代价、以留心为前提、以相当的知识积累为背景。那些"得来全不费工夫"的新的发现,绝大多数都经历过"踏破铁鞋无觅处"的艰难与困苦。

同科学发现相比,新闻发现也青睐人类对知识领域的开拓,但首要任务则不像科研一样去潜心开拓知识领域;它也需要挖掘人们尚未弄清的事实真相,但目的并不是为了真相而真相。新闻发现的本质含义是指:新闻作者和媒体对客观事实所寓含的新闻传播价值先于世人的正确理解、评估和认识。

按照以上的理解,新闻发现对于作者来说,每一次采写经历都应该是一次"发现"的经历。并不是每一个参与新闻报道的人采访到了某一客观事实就等于已经有了新闻发现;同样,与新闻事实有关的当事人也理所当然地知道并且"发现"了此一事实的发生,不能理解为当事人也是新闻发现者。真正的新闻发现不是指对事物本身的采访和发现,而是对事实的新闻传播价值的发现;不在于先于世人"发现"了今天的新事,而在于领先理解和认识了人们没有理解和认识的传播价值和可能的传播效果。比如,被群众称为"雷锋传人""爱心使者"的郭明义同志,30多年来无论是在军营、企业,还是在社会生活中,都把服务人民作为自己坚定的理想信念和价值追求,做群众贴心人,在平凡的岗位上,忠实地履行着共产党员的职责和义务,发挥着一名共产党员的先锋模范作用。但他并不知道自己的言行、业绩有何种新闻传播价值,也无意企求自己的业绩一定被媒体传播。而报道他事迹的辽宁省委宣传部、省委组织部、省总工会联合调查组则是新闻发现者。是他们发现了学习郭明义对于我们建设社会主义和谐社会、实现科学发展是多么的重要。正是因为联合调查组获得了可贵的新闻发现,由他们采写的新闻报道才在全国引起了热烈的反响。

再比如,一些业余通讯员每见身边的新事必写必报,往往是非新闻发现产生的采写冲动,其实际传播效果并不理想,公开发表率很低。间或有少量报道被采用,也很难确认是采写者本人有新闻发现的结果,倒可以理解为编辑部从大量来稿中获得了某种新闻发现。

2. 展示并凸现对象主体的新闻价值

新闻发现能力不仅体现在作者能对报道对象新闻价值的慧眼识别,还体现在能对报道对象新闻价值的凸现和放大上。

对报道对象新闻价值的突出和放大有很多具体方法,这里简单介绍三种:一是以相应背景进行烘托,在一部分消息中,背景是因突出事实的新闻价值而设的。背景的交代有时并不需要花费太多的文字,但却对突出事实的新闻价值发挥了至关重要的作用。二是以较大的篇幅详细叙述。消息不容文字过于生动具体,对某些关乎新闻价值的部分详加叙述,再与某些局部的简略叙述形成对照,就明显造成一种叙述上的强调和文字的凝聚。三是造成鲜明、强烈的对比。恰当的对比可以造成强烈的反差。

(二) 消息的构思

消息的构思就是为新闻发现赋形定势,涉及内容很多,以下两个方面尤需重视。

1. 尊重事实,精选角度

(1) 对新闻事实进行分析和判断

第一,审视采访对象提供的新闻事实。无论消息涉及何种材料,报道者都必须采访与新闻事实有关的各方人士,而他们对新闻事实的叙述或多或少都会存在差别,报道者只有经过分析,有选择地挑出适合消息写作需要的叙述内容作为素材,才能保证构思的需要。由于不同采访对象的记忆会存在偏差,采访对象的立场也往往存在差异。消息要求客观、公正,报道者要说"两面理"。因此,消息作者进行构思时必须对采访对象的叙述进行条分缕析,相同或相似的观点可以进行归类,不同或对立的观点可以进行分类。这样在写作时,报道者就可以较全面地反映新闻事实的真相。

第二,拎出相关新闻事实的逻辑主线。消息要报道的无论是人物还是事件,其背后都有一根发展的逻辑主线。消息报道者在构思时应该把这根逻辑主线清晰地提炼出来。提炼这根逻辑主线的常用方式主要有三种:一是从时间维度上进行梳理,这是最基本最常用的方式。二是从因果关系维度入手,实践中人们发现一些新闻事实背后存在因果关系,如果能从这个角度加以提炼,就会发现一条清晰的逻辑主线。三是从矛盾分析维度入手,很多时候新闻事件都是由各种社会矛盾引起的,通过对各种矛盾的分析,便能找到新闻事实的逻辑主线。

(2) 准确选择报道角度

对一个新闻事件的报道,如果报道角度欠佳,不仅会影响其新闻价值的最大发挥,而且会影响受众的准确接受。一般说来,影响报道角度的因素是多种多样的,比如,新闻主题价值表现的需要、不同特点的媒体带来的特殊需要、不同受众的不同心理需求,等等。其中消息的主题是整篇报道的灵魂,它是新闻素材的蕴含与作者思想、观念碰撞的结晶。作者一定要以主题需要为依据,在充分尊重事实的前提下,精心选择报道的角度。具体而言,尤应记住以下三点。

一要选择利于突出焦点的角度。一般来说,消息的篇幅都不会很长,作者在报道中应当尽力将受众的注意力凝聚到新闻事实的某一焦点上。这个焦点有时是和社会公众在某一个时间段中的关注点(热点)紧密相连的。在现实生活中,许多问题都可能成为人们关注的焦点。比如大学生的就业与创业问题、社会保障体系问题、医疗改革问题、新农村建设问题、中小学教育改革问题等,都与社会公众的利益密切相关。在消息写作中就应该选取热点、焦点问题,加以充满人文关怀的报道。

二要选择利于突出特点的角度。消息所选的角度,必须有利于突出新闻事实的特点。特定的新闻事实所具有的特点,是可以给人留下特别深刻印象的地方。构思消息时,必须对所报道的新闻事实进行一番分析思考,找出它的独特之处。因此,报道角度的选择,其实也是舍弃事实的一般之处,保留和突出事实的非同寻常之处。

三要选择利于突出亮点的角度。消息写作应当有利于凸现事实新闻价值最为集中的亮点。换句话说,就是要从现有的题材中挖掘出新闻的深层意义,并力求体现消息最大的新闻价值。

2. 量体裁衣,恰当选择结构形式

消息的构思有一个重要的任务,就是确定其结构形式。消息的结构形式比较常见的有"倒金字塔式结构""时间顺序式结构""悬念式结构""并列式结构"以及打破常规的"自由式结构"等。到底采用哪种形式,需要作者综合考虑,恰当选择。

(1) 倒金字塔式结构

与一般记叙文的结构安排完全不同,它打破了记叙事件的常规,不是根据事件发生、发展的时间顺序来安排层次段落,而是根据事实的重要程度来决定段落顺序。它把最重要、最新鲜的事实放在消息的开端(导语),其他事实也是按先重后轻、先主后次的顺序来安排的。这种结构形式的导语一般都采用"部分要素导语",即在导语中只突出一两个新闻要素,突出最吸引人的那部分内容;对于事件过程的叙述往往比较简略,每段文字都很简练;各段之间往往有逻辑上的联系。第二段往往是第一段的具体化或补充,而第三段又是对上一段的进一步补充。读者每多读一段,就多知道一些具体内容或细节。如果只看导语,也可以大体把握消息的主要内容。

倒金字塔式结构的优点主要是:有利于记者快速报道新闻,也给读者和编辑带来了方便。

其局限主要是:更适宜于写时效性强、内容单一的突发性新闻,而不太适宜写某些非事件性的、较有人情味或故事性的新闻。另外,它对写作的要求也很高,一定要注意各段之间的衔接与逻辑的递进关系,文字要特别简洁。

(2) 时间顺序式结构

这种结构形式又叫编年体式结构。它不要导语,只是按事件的自然顺序来写。最适宜写那些故事性强、以情节取胜的新闻,尤其适合写现场目击记。这种结构形式叙事条理清晰,现场感强;最大缺憾是消息的精华部分往往淹没在事件铺陈之中,因此开头往往较平淡,缺少吸引力。

(3) 悬念式结构

悬念式结构实际上是把倒金字塔式结构和时间顺序式结构相互结合、取长补短而产生的一种新的结构形式。这种结构形式的消息开头是一个带有悬念的导语,巧妙地点出最精彩或最重要的新闻事实,吊住受众的胃口,然后在以后的段落中就基本上按照事件发生、发展的顺序写作。

采用悬念式结构的消息往往给人以叙事具体、完整,条理清晰,重点突出的感觉,使受众容易理解和接受新闻信息。这种结构形式特别适合表现那些具有戏剧性情节的新闻。

(4) 并列式结构

具有一个概括性导语,随后的几个自然段所涉及的内容基本上是并列关系。

(5) 自由式结构

自由式结构也叫散文式结构。指消息写作中适当吸收散文写法,优点是比较自由和有文采,往往突破消息写作的某些模式、框框,有利于改变千篇一律的面孔,使行文富于变化。

消息的结构形式多种多样,不论采用何种形式,都要注意:结构形式必须紧紧围绕新闻发现,服务于内容,必须根据新闻本身的特点来确定结构形式;谋篇布局必须从大处着眼,要统筹兼顾,上下贯通,不能上气不接下气;必须照顾受众心理,要疏密有致,便于选择;赋形定势要匠心独运。

(三) 消息的表达

1. **内容的表达**

(1) 标题的含义及拟制

消息的标题即消息的题目。受众往往是根据标题来选择接受对象的,标题拟得好就能吸引受众,反之,则可能会使受众忽略重要的或可能会感兴趣的新闻。纸质媒体上消息的标题有单行、双行和多行之分。网络媒体上消息的标题则主要是单行。网络消息标题是否具有吸引力,是否具有新颖性和创造性,是事关写作成功与否的关键。无论是实题还是虚题,都必须言简意赅,惜字如金。

① 单行标题。

例如:火车首次跨越"世界屋脊"[①]。

单行标题的特点是具体明确,一般都点明消息的主要事实。而网络新闻标题导读功能的重要性和表述空间的限制,使它必须在短短的一行句子里把最有"卖点"的新闻事实准确、生动、吸引人地表达出来。因此,对吸引力和诱惑力的追求使标题通常偏重于提炼最重要的、最新的、最反常的或最本质的变动,并且经过精简和包装,使其更加突出和明了,故往往突出一点而不求全面概括新闻的"中心思想",即要素式标题比较多。

② 双行标题。

双行标题又分两种情形,一是由引题加正题构成,请看:

　　　　舍弃5000万元年收益　留下惠及子孙好家园　　　　(引题)
　　　　　　兖州:2亿吨大煤田不挖了[②]　　　　(正题)

引题也叫肩题、眉题,它与正题配合,为正题服务,主要是介绍背景、烘托气氛、引出正题,或揭示新闻事实的意义。正题是消息的主要题目,又称主标题、主标、主题或母题,在两行或多行标题中,它的字号最大、最醒目,占据位置比例最大。主要用于概括和揭示消息中最主要的事实或思想。它也是消息必具的标题。

二是由正题加副题构成,请看:

　　　　　　地学科研愁的是"没人花钱"　　　　(正题)
　　　　"出多进少"导致我国传统地质学人才严重断层[③]　　　　(副题)

副题又称子题、辅题。它主要是对正题起补充、说明、印证、注释的作用。它依附正题而存在,和引题一样,不是消息必具的标题。

③ 多行标题。

请看:

　　　压缩军队规模　优化编成结构　精干领导机关　推进制度改革　　　　(引题)
　　　　　　我军如期完成裁减员额20万任务　　　　(正题)
全军精简干部17万,总员额下降为230万,陆军部队占总员额比例降至历史最低[④]　　(副题)

多行标题还有双正一副、一引双正、一正双副等情形。多行标题有时有四行、五行以至更多行的,即在一行引题、正题和副题之外,根据需要增加一两行副题、引题或正题。这种情况一般是在报道全国性重要会议和重大节日活动时采用。

此外,消息标题还有虚实之分。实题是揭示新闻事实的题目,多用精练的一句话报告事实;

---

① 周岩,吴宇.拉巴次仁.火车首次跨越"世界屋脊"[M]//刘保全.中国新闻奖赏析.北京:新华出版社,2013:20—22.
② 崔永刚.兖州:2亿吨大煤田不挖了[N].大众日报.2006-11-14(01).
③ 赵凯,张秉礼,孙正一.太阳每天都是新的:新世纪中国新闻精品选评[M].宁波:宁波出版社,2008:451—452.
④ 耿建国,苏若舟.我军如期完成裁减员额20万任务[N].解放军报.2006-01-09(1).

虚题是摆观点,或点明主题思想,或表现政策精神的题目。一般说来,单行标题多为实题;两行以上(含两行),可以有虚有实,虚实并举。

消息无论采用哪种标题形式,都要根据内容和表达的需要,力求做到准确、精炼、醒目和生动。

(2) 导语的含义及类型

① 导语的含义。

导语就是消息文本的开首部分。它和一般文体的开首部分有所不同,并不用来介绍事由、缘起,也并不只是起一种导引作用。从形式上看,消息的导语就是全文的第一段(如果整篇只有一段,那么它就可能是第一句话);从内容上看,它必须对所报道的新闻事实(事件)用言简意赅的语言加以概括;从功能上看,它必须对所报道的新闻事实(事件)进行浓缩、提炼,展示其最新鲜、最精彩、最重要的部分,对受众形成一眼就被吸引住的力量。因此,有经验的作者一定会使出浑身解数,将导语写成新信息特别集中、价值含量特别高的部分。

一条制作精彩的导语会让受众眼前一亮,一条制作平庸的导语,可能就会失去很多受众。在倒金字塔式结构中,导语的任务是让受众了解新闻基本事实和关键信息,并吸引住受众。而在非倒金字塔式结构中,导语不一定说出基本事实,但要牢牢抓住受众,引导他们往下读,或为下文展开做好铺垫。网络消息导语的制作必须符合人们在网上阅读的习惯,必须具备简洁、准确、鲜明、生动、用事实说话等特点。

② 导语的类型。

紧随当代传媒技术的发展,受众对导语的要求正在发生着变化。新闻记者们正在突破传统导语写法的局囿,着力于写法的多样化。下面介绍四种常见的导语类型。

A. 归纳性导语。

当报道的事件本身就具有很强的吸引力时,记者一般都倾向于选择归纳性导语,把事件的大概力求简明地告诉读者。例如:

对草浆造纸行业来说,造纸黑液污染是深深勒在喉咙上的一根绞索。现在这个难关已被攻克。省科学院一项自主创新技术,可将造纸产生的黑液全部变成生产磺化木质素的原料,不仅实现造纸黑液"零排放",而且创造出高效益。①

B. 描绘性导语。

这种导语最大的优点是先声夺人——它能够绘声绘色地在读者心中形成一幅图画,对记者所描绘的人物或场景,留下深刻的印象。例如:

初冬时节,记者来到图们市长安镇碧水村,看到山沟里有一座砖瓦到顶的新牛舍,牛舍中20多头皮毛锃亮、体格健壮的母牛在悠闲地吃着草料。若不是村民介绍,很难想到牛舍主人蔡成龙竟是位研究生。②

C. 叙述性导语。

就是以直接叙述的方法把消息中最主要、最新鲜的事实,简要地叙述出来,开门见山,不留底蕴。例如:

中国周六创造了历史:第一对满载乘客的列车沿着连接西藏和中国内地的高原铁路首次跨越了"世界屋脊"。③

---

① 尹江勇. 造纸黑液实现"零排放"[N]. 河南日报,2006-08-17(01).
② 吴振江. 研究生蔡成龙回乡当农民[N]. 延边日报,2006-11-24(01).
③ 周岩,吴宇,拉巴次仁. 火车首次跨越"世界屋脊"[M]//刘保全. 中国新闻奖赏析. 北京:新华出版社,2013:20—22.

从某种角度看,叙述性导语很像在讲故事,在一些比较抽象或是离读者的经验比较远的报道领域中使用叙述性导语,用主人公的遭遇来解释报道主题,可以使报道内容更具有接近性。一些报道非突发性事件的软新闻也往往采用叙述性导语来开头,因为讲的是当事人的经历,因此更具吸引力。

D. 提问式导语。

就是在导语中将受众关注的内容以问题的方式提出,从而一开始就激起受众的兴趣。设问是常用的提问方式。提高提问或设问的质量是关键,其答案既要鲜为人知又要受众有兴趣知道。例如:

今天上午,一个出人意料的消息得到证实:兖州市顺从民意,叫停了境内已完成详勘的小孟煤田,全面封存。此举意味着兖州市损失了一个新的经济增长点——每年减少地方税收5000万元。许多人颇感诧异,兖州人哪根神经搭错了,"到嘴的肥肉"居然不吃?[1]

无论导语属于何种类型,采用了何种方法,都必须最大限度地发挥它的效用,其作者都必须深切、准确地把握受众的心理,将导语制作得为他们所喜闻乐见。

(3) 主体的含义及写作

① 主体的含义。

消息的主体指的是对所报道的新闻事实(事件)加以具体展开的部分、提供相对完整的新闻信息的部分。通常情况下,标题和导语都只是撷取新闻事实(事件)的新鲜之点、精彩之点、重要之点展现给受众,而主体则让受众了解到新闻事实(事件)的来龙去脉,在明了了"发生了什么"的基础上,进而明白"为什么会发生""为什么是这样"。大部分消息之所以在标题和导语之后还要有主体,是因为要就新闻事实作进一步展示,以满足相当一部分受众了解新闻事实详情的愿望。

② 主体的功用与类型。

由于标题和导语对新闻事实的提炼和概括,主体部分不宜再概括,也不宜再重复已报道了的内容,因而主体必须在以下几个方面进行努力。

一是完成对标题和导语所涉及的新闻事实(事件)的具体展开,将"浓得化不开"的标题和导语的内容加以展开,使受众了解新闻事实(事件)的具体过程、相关背景以及他们想要了解的方方面面。从内容着眼,这类主体属于阐释型主体,对于想要进一步了解新闻事实(事件)的受众来说,它是必不可少的,只是必须注意不能写得过于冗长、拖沓。

二是对标题和导语所涉及的新闻事实(事件)加以必要的补充和延伸。这种补充和延伸的事实必须与标题和导语所涉及的新闻事实密切相关,这样做是为了帮助受众更全面、更深入地了解新闻事实,而不是画蛇添足。这类主体属于补充型主体。

三是对标题和导语的内容既有阐释又有补充。这类主体属于阐释、补充合一型主体。

③ 消息主体的写作。

常见的主体展开的形式有以下几种。

一是按内容重要性递减的顺序展开。这是采用倒金字塔式结构,展开主体最典型的形式,即按照新闻事实(事件)内容的重要程度或受众的关心程度,先主后次地安排事实材料。最重要的放最前面,然后按从重到轻的顺序展开。

二是按事件发展的时间顺序展开。这是消息主体展开常用的形式,即根据新闻事件发生的自然顺序来组织安排材料。这种主体展开的形式可以清晰地反映出新闻事件的来龙去脉,使受众对新闻事件发展的过程一目了然。

---

[1] 崔永刚. 2亿吨大煤田不挖了[N]. 大众日报,2006-11-14(01).

三是按事物内在的逻辑顺序展开。主体展开的依据可以是因果关系、递进关系、并列关系，也可以是主从关系、点面关系、对比关系等。这种展开形式有利于反映事物的内在规律，揭示事物的本质特点与意义。

④ 消息主体的写作注意事项。

一要围绕一个主题取材。消息主体部分涉及的内容较多，要紧紧围绕导语所确立的主题，选择和运用材料。对那些看起来很生动、很感人但与所要表达的主题无关或关系不大的材料，一定要舍得割爱。

二要叙事尽量具体真切。能以生动具体的材料进一步阐释和深化导语中所涉及内容，并提供与之有关的新闻背景和其他新闻元素。主体部分要多变换角度提出问题，令受众如临其境；既了解新闻事件的关键所在，又知道它的不同侧面；既知其然，又知其所以然。

三要力避平铺直叙。受众阅读导语之后，要吸引其看下去，主体部分不能写得枯燥乏味。怎样才能使消息有波澜，让受众保持兴趣呢？首先，消息要生动，往往离不开新闻细节。新闻细节大多都是在主体部分展开的，若能提供与新闻事实有关的各种细节，这条消息自然就会生动而富有吸引力。其次，主体的篇幅比导语长，回旋的余地就比较大，写消息有时也讲究转折起伏。对于同一件事情，我们完全可以从不同的角度去报道它，远观近察，写出它的色、香、味、型，这样易给人丰富、充实之感。再次，还可以采用叙述、描写、说明等多种表现手法并举的方法。此外，还要注意顺应受众的接受心理。不要避开受众急切想知道的内容去节外生枝，谈一些无关紧要的问题。不妨问问自己：导语中提到的事都讲清了吗？受众可能还会有疑团和不满吗？能如此，则不仅能避免平铺直叙，也能避免因追求变化而可能导致的散乱。

网络消息的主体要注意层次清楚、点面结合、精选材料，并且与导语呼应，力求生动活泼。写作中有些常用的技巧，如：使用有意义的小标题，并加上黑体字以示突出；一段一个内容，并要注意如果这一段的开始几个词不能吸引住读者的注意力，其余内容就可能被忽略掉；像排行榜一样，将新闻内容的大意清楚地逐条列出，等等。

(4) 背景的含义及写作

① 消息背景的含义。

新闻背景，有广义和狭义之分。狭义的新闻背景是指消息写作过程中为揭示新闻主题选用的与报道的事实（事件）相关联的材料。广义的新闻背景涉及新闻报道的全过程，具有三种意义：一是指对导致新闻事件发生、发展的广阔的时代背景的了解；二是指与新闻人物或新闻事件发生、发展过程直接相关的背景材料；三是指向记者提供消息、介绍情况的人的背景情况。通常所说的"消息背景"主要是指上面所说的第二种情况。

② 消息背景的类型。

A. 烘托性背景。

这种类型的背景主要用来构成与新闻事实（事件）的对比关系，从某一方面烘托新闻事实（事件）。

B. 说明性背景。

这种类型的背景主要是说明新闻事实（事件）的由来，或交代有关人物以往的经历，或对新闻事实（事件）本身从历史、地理、科技等方面进行解说，或对与新闻事实（事件）相关的重要的、难解的概念术语加以解释。

C. 揭示性背景。

用于披露新闻事实（事件）背后的有关情况（所谓新闻背后的新闻），为受众进行理性判断提供依据。这类背景提供的情况，可以是统计数据，也可以是有关人和事的历史的或现实的情况。

网络消息中交代背景的方式有两种：一是将新闻背景与新闻事实融汇在一起，而不成为独立的结构，穿插在导语、主体或结尾中；二是将新闻背景与主要新闻事实区别开来，放在不同的网页上通过链接的方式供读者随时查阅。

③ 消息背景运用的原则。

A. 必要性原则。

背景并非是消息非有不可的部分。一则消息是否使用背景，要视具体情况而定。如果受众对新闻事实（事件）及其意义难以理解，使用背景就是必要的。否则，就不需使用背景。

B. 简明性原则。

在消息中交代背景，必须体现简明扼要的要求：能用一段交代清楚的背景就不用几段话，能用一句话交代清楚的背景就不用几句话，能用一个短语交代清楚的背景就不用一句话。

C. 灵活性原则。

一定要让背景材料出现在该出现的地方，不应过于集中地、呆板地使用背景材料。

D. 趣味性原则。

消息的背景也要富于情趣。消息要有可读性，新闻事实本身鲜活、生动固然重要，背景材料的作用也不可忽视。

E. 通俗性原则。

背景材料一定要能帮助受众排除障碍，理解新闻事实，认识新闻事实（事件）的意义和价值。运用背景材料要努力做到化难懂为易懂。

（5）结尾的含义及写作

① 消息结尾的含义。

消息结尾是其收束部分，它可以是消息的最后一句话，也可以是消息的最后一段或最后一个层次。对于消息来说，结尾并不是必不可少的构成部分。有不少消息在叙述完新闻事实以后戛然而止，给人以干脆利落的感觉。在这种情况下，不加结尾完全是明智的选择。但也有一些消息是有结尾的，而且还发挥了极好的作用。总而言之，消息的结尾所能发挥的作用主要有：对新闻事实（事件）加以概括；对全篇报道进行升华；对事实的新闻价值和蕴含的意义进行点化；就报道的事实加以引申，以启发受众思考；对前文所报道的新闻事实予以补充，等等。

② 结尾的写作方法。

A. 自然结尾法。

大多数消息都采用这种结尾方法，即按照新闻报道的结构安排，顺乎自然地把必要的新闻内容、事件、新闻诸要素交代完毕，全文也具有了"水到渠成"之势，因此戛然而止，不再增添所谓结尾段。

B. 拾遗补阙法。

有一个明确的"结尾段落"，它主要是用于补充消息导语和主体部分未提及的新闻要素，使新闻报道完整、圆满；或者补充有关背景材料，使新闻报道更加充实、可信。

C. 卒章见义法。

主要用来画龙点睛，总括全篇、突出主旨。

D. 别开生面法。

不拘一格，往往"别出一层，补完题蕴"。

③ 消息结尾要注意的问题。

一要紧扣主题。消息的结尾是新闻的组成部分，因此必须紧扣主题，为表现和深化主题服务。凡与主题无关的绝不能写，以免画蛇添足。

二要内容充实。消息的结尾要以叙事为主,切忌空泛。若是实在没什么新鲜内容可写,那就干脆顺乎自然,立即收住。

三要顺势而行。既不草率收尾,也不拖泥带水。

四要干脆利落。消息的结尾要力求简洁、不重复罗嗦,不仅文字不重复,语义也不能有重复。

五要令人留恋。或取豹尾之势,遒劲有力,给人以较为强烈的印象;或取撞钟之意,余音绕梁,能使人掩卷为之长思。

2. 语言的运用

(1) 表达方式

消息在表达方式上多采用叙述,在导语内容的表达上经常采用概括性叙述语言,而对主体的表述则多用具体叙述。但是,述评消息的表达可以议论为主,而特写性消息则可以描写为主。

(2) 表达要求

消息的语言就是媒介为受众传递最新的、真实的信息而进行的"编码"。这种"编码"主要受到新闻事实和受众的制约,从对这种"制约"的分析中,不难得出消息的语言必须"准确""简练""生动""和谐"[①]的结论。

当今,人们提出的对消息语言的要求有"真实""具体""客观"等等,其实从消息语言运用的角度来说就是要"准确"。"真实"是新闻的生命,是新闻最基本、最核心的特点,事实是第一性的,表述事实的语言是第二性的,因此必须做到"准确"。

在"受众为王"的当下,媒体的竞争已达白热化,消息想要牢牢抓住受众,语言运用上要做到"简练""生动""和谐",这完全是情理之中的要求。消息面对千百万的受众,唯有使用"简练""生动""和谐"的语言来传播信息,才能为广大受众正确理解和接受,从而使新闻传播更好地为受众服务。

第二节 通　　讯

一、通讯概述

(一) 通讯界说

通讯这一体裁,是报纸出现之后产生的,特别是第一次世界大战爆发后,人们都迫切想了解战争的状况和反战运动的情况,于是,一批作家、记者走上前线,深入群众之中,写出了描写战争中的真人真事的报告,这就产生了通讯。在国外,与通讯相近似的文体被称为"新闻专稿"。

中国的通讯产生于电讯事业之前,当时的记者、通讯员向报社传递外埠新闻,一般采用书信的方式。因此,这一类报道早期被称为"某地通信"或"某国通信"。有了电讯之后,新闻界很快用电报发稿,但由于电报费昂贵,记者写电讯稿只能字斟句酌,力求言简意赅。在这种情况下,驻外埠的记者在发完电报后,有时还另外著文,细致叙述事件的始末,通过邮政寄往报社,报社一般冠以"通信"之名发表。这类文章报道新闻事实虽不及电讯快捷,但比电讯详细,深受读者欢迎。随着现代社会的发展和人们相互交往与交流的日益频繁,受众不满足消息的简短报道,更希望了解具体、详尽的新闻事实,需要更具体、更详尽地了解新闻事件发生、发展、变化的来龙去脉和事件蕴含的思想内涵。于是通讯渐渐发展成为一种与消息相互补充的新闻样式,被誉为"报纸明珠。"

通讯是一种比较详细深入地报道客观事实或情况的新闻体裁。它以叙述描写为主要表达方

[①] 有关"准确""简练""生动""和谐"的含义,请参见本书第四章第五节的相关内容。

式,兼用议论和抒情,迅速、具体、生动地报道有新闻意义的人物、事件或情况。

(二)消息与通讯的异同

消息与通讯 是两种相辅相成的文体。消息的时效性强,简明扼要;通讯详细深入,时效性没有消息那么严格。同一题材有时先发消息,后发通讯,通讯可以说是消息内容的扩充。

消息和通讯也有相互独立、不可取代的一面。有些材料,只能写成消息,不能写成通讯;有些材料,只能写成通讯,不能写成消息。消息和通讯,对题材有着特定的要求。消息的取材范围比较广泛,比较强调时效性。通讯的取材比较严格,强调重要性。通讯对时效性的要求没消息那么严格。它的时效性主要体现在题材的针对性方面。

归纳一下,消息和通讯的区别在于:

从题材上说,消息取材范围广泛,现实生活中有大量的消息题材出现。通讯的题材要求严格,一般只报道人们普遍关心的具有较强现实意义的典型事件、典型人物等。

从内容上看,消息只作简明扼要的客观报道,一般不作详细的描述。而通讯不但要告诉读者发生了什么,还要把事情的来龙去脉交代清楚,描述详细。

从结构形式上看,消息通常要遵守一定的格式,按照导语、主体、背景、结尾几个部分来写,而通讯往往依据材料的不同特点,采用灵活多样的结构形式。

从时效上看,消息的时效性很强,要争分夺秒,延误了时间就会丧失新闻的价值,通讯对时效性的要求,没有那么严格。对时效的要求,消息体现为"不过夜",通讯体现为"不过月"。

从表达方式上看,消息以叙述为主,较少运用描写、议论、抒情等方法,而通讯则可以综合运用多种表达方式。

从语言看,消息要求凝炼而简洁,而通讯则要生动形象,活泼传神。

(三)通讯的文体特征

1. **深入详细的报道**

这是通讯区别于消息的一个显著特征。一般来说,消息所报道的多是突发性事件或片断的事实,写法上比较概括、简要。而通讯报道的事实比较深入详细。通讯报道新闻人物、新闻事件和情况时,常常要交代事件的来龙去脉,发展过程,对一些重要的细节和情景,要做具体细致地描写。对于新闻事实的意义及其产生的根源,要深入分析,开掘其内在含义;对于与主要新闻事实有关联的内容要作适当的延伸和扩展,力争使内容更丰富、深入。

2. **生动形象的文学性**

消息是简明扼要的,通讯往往是生动、形象的。消息是认识性文体,它的主要功能是传达信息。而通讯在传达信息时,还要吸引读者,感染读者。所以,生动形象的文学性是通讯有别于消息的重要特点。

消息用事实说话,它以具体、明晰、简洁为主要特点,而通讯不仅要用事实说话,还要用形象说话,要有活灵活现的人物活动,有具体的环境、场面描写,有特写画面。在叙述事件的过程中,讲究曲折生动的故事性、趣味性。在表达方法上,可以灵活运用叙述、描写、议论、抒情等多种表达方式,以充分展示丰富而复杂的新闻事实,给读者鲜明生动的现场感和立体感。

3. **叙议结合的评论性**

通讯不仅叙述事实,还可以通过夹叙夹议的手段,揭示客观事物的思想意义,表明作者的感情和倾向。用自己的情感和见解对读者产生影响,这就是通讯的评论性,是通讯与消息相区别的又一特点。

当然,通讯的评论不像议论文那样,运用逻辑推理的方式,而是紧扣事件或人物的特点,画龙点睛地议论,给读者以思想上的启迪。通讯的评论性应寓理于情,理在情趣之中。

(四) 通讯的类型

通讯的类型有多种,可按内容划分,也可按形式划分。按报道的内容划分,通讯有如下几种类型。

1. 人物通讯

人物通讯是以报道人物为主的通讯,反映所报道人物的言行和思想,写出人物的某些特征。人物通讯大多取材于近期社会生活中的重要人物、知名人物、先进人物等,反映他们的思想品貌、精神境界、事迹作为。这类通讯有正面人物的报道,也有一些有争议的人物、转变中的人物的描述,甚至有一些反面典型的曝光。

人物通讯可以写全人全貌,即传记式的,写出人物一生的生活及其精神面貌;也可以写某人在某一阶段、某一方面的表现。这样的人物通讯,人物活动和事件发展的时间跨度大,空间转换比较多;所写的材料比较多,篇幅也比较长。例如,获得第20届中国新闻一等奖的《小岗村的好书记——沈浩》[1]全面地记述了沈浩同志六年扎根小岗村,为村民呕心沥血,艰苦工作,终因操劳过度英年早逝的先进事迹和高尚情怀,令人感动。

还有一种是片断式的。不对人物作全面的报道,而是抓住某个特定的情景,寥寥数笔,把人物的精神、特点写出来,从某个侧面去写人物。这一类通讯,通常又被称为"速写"或"侧记"。

人物通讯有两个显著特点:一是它报道的人物一般是做出显著业绩,具有先进思想、高尚情操的先进人物。二是它有较强的形象性、生动性,有较强的感染力。它比其他通讯体裁更加讲究文采。

2. 事件通讯

事件通讯是以报道事件为主要内容的通讯,往往选择某一典型的新闻事件展开叙述,客观地报道事件的发生、发展、高潮、结局,形象具体地描写事件的情景细节,从而深刻地揭示事件的思想内涵,给读者以教育和启迪。

事件通讯报道的题材十分广泛,就其题材性质和作用来说,通常分为三类。

第一类以歌颂表扬为主,通过典型的新闻事实的报道,体现时代主旋律,表现社会新风尚。

第二类以批评、揭露为目的,通过揭露生活和工作中的问题,以驱邪扶正。

第三类介于表扬、歌颂与批评、揭露之间,通过报道某些内涵丰富的事件,表现生活中存在的矛盾、热点,评说事件的意义。

事件通讯的特点有以下几个方面。

一是它的新闻性和典型性。构成事件通讯的事件,一般是新近发生的,能引导起群众普遍关心或广泛兴趣的重大事件。

二是时间性比较强。它比其他通讯体裁更加迅速及时,特别是一些突发性的事件更讲究时效。

三是叙事详细。一般要求说清楚事件的来龙去脉。

事件通讯主要以记事为主,一般有一个中心事件,其他事件都围绕这一中心事件展开,比较详细、全面、客观地介绍事件的始末,叙述清楚,使读者完整清晰地了解事件的全过程。

事件通讯虽然是写事的,但不能孤立地写事,它要求在记叙事实中充分展示有关人物行动的思想依据,以表现事件的社会意义。

3. 工作通讯

这类通讯是记写某项工作的经验、成就,分析工作中的成败得失,总结经验教训,概括出有规律性的东西,以指导、推动某个领域的工作的报道。

工作通讯往往报道现实社会中各种生动、典型的事实,介绍各个地区、各个单位在某项工作

---

[1] 黄美娟,黄铮.小岗村的好书记——沈浩[J].中国广播,2011(7):16—18.

中的一些先进经验和做法,以推动和指导其他地区、其他单位的工作。可以批评和揭露实际工作中存在的一些带普通性的、需要解决的问题,分析这些问题的严重性及原因所在,思索解决问题的方式方法;还可以对现实社会面临的一些新情况、新问题进行研究和分析,寻找理解这些新情况、新问题的思路。在这类通讯报道中,作者不仅要告诉读者社会上发生了什么事件,还要交流经验,以指导实际工作。

工作通讯往往将指导性和新闻性结合在一起,夹叙夹议,分析研究,具有一定的理论色彩和思想深度。但它不同于一般的工作总结,工作总结内容比较全面,事情的前因后果、经验教训、成绩问题等往往都是总结的内容。工作通讯则要抓特点,抓那些对实际工作最有针对性的内容。工作总结一般立足于本单位,并不考虑普遍的指导意义。工作通讯要立足全局,以点促面。工作总结不必考虑新闻性,工作通讯要以新闻事实作依据,要依托事实发表意见。

4. 概貌通讯

这类通讯又称风貌通讯。它着重描绘社会变化、时代风尚及风土人情,在写法上类似游记散文。它主要着眼于新闻事实,常常通过若干个侧面,或点面结合的方法,通过形象的描述,勾勒出基本面貌,反映对象的某种总体印象。这类通讯的特点是取材广泛,角度灵活,现场感强,具有思想性、知识性和趣味性等特点。

另外,从形式上通讯又有长篇通讯和新闻小故事之分。一些人物通讯和事件通讯的名篇都是长篇通讯,关于长篇通讯不再赘述。这里提一下新闻小故事,它是一种篇幅短小、故事性强、耐人寻味的小型通讯,字数多在一千字以内。它不要求多方面地描述事物的状貌或人物形象,往往只截取生活中的一个场面、一个片段、一个情节,落笔入题,写得非常集中。它能够"从一滴水见太阳",让读者从小故事中看出大道理。它事件单一,以讲故事为主,写得曲折有致,生动感人。

二、通讯的写作

(一)通讯写作的发现

1. 发现有价值、有意义的典型人物或事件

通讯的作者不能够创造典型,而只能够在现实生活中,靠敏锐的眼光去发现典型、选择典型。对一个通讯作者来说,发现并选准一个好的典型人物或有意义的事件,是非常重要的。发现并选准典型,是整个通讯写作活动的起点。例如,2008年9月上旬上海东方早报记者简光洲在发现甘肃、湖北等地有一些患儿得肾病的消息后,意识到这可能是一起非常严重的食品安全事故,于是立即进行采访。经过多方严密求证和认真调查,他发现婴儿患病的罪魁祸首可能是"三鹿奶粉",写出了《甘肃14婴儿同患肾病 疑因喝"三鹿"奶粉所致》[①]。这篇通讯首次披露了导致众多婴儿同患肾结石的原因,在社会上引发了一场前所未有的食品安全问题大讨论,揭开了中国乳品业"三聚氰胺"黑幕,众多高官及企业负责人因此引咎辞职,并被追究刑事责任。三鹿问题奶粉的受害婴儿达29万多名,问题的曝光推动了一系列法律法规的修改完善。发现选择典型,应该从以下几方面考虑。

首先,选择的人物或事件具有代表性,有宣传的价值,有普遍的意义。典型对象选择是否准确在一定程度上决定通讯写作的成败,这是一个十分关键的问题。

其次,就是从选择的人物或事件本身来衡量,有没有具体的情节和生动的细节,有没有感人的典型事例。例如,19届中国新闻二等奖《九峰村里那两排木板房》[②]中报道的事件和人物就很

[①] 简光洲. 甘肃14婴儿同患肾病 疑因喝"三鹿"奶粉所致[N]. 东方早报,2008-09-11(A20).
[②] 夏先清. 九峰村里那两排木板房[N]. 经济日报,2008-06-04(04).

有典型性。2008年5月12日汶川大地震,灾民陷入巨大灾难中,失去亲人的痛苦、没有住房的困境,是依靠政府的救援,还是自力更生,重建家园?《经济日报》记者夏先清在汶川大地震第一时间赶到现场,冒着生命危险,深入四川省彭州市九峰村采访,用大量事实和细节重现了村民自救的过程,展现出灾区基层干部、群众在灾难面前积极向上的生活态度。文章选用了大量的典型事例和生动的细节,把九峰村村民在大地震后不等不靠,自力更生,重建家园的决心和勇气描述出来,把村民建造木板房的生动场景活脱脱地展现在读者面前,非常生动而真实。

2. 深入实际发现人们普遍关心的社会热点、焦点问题

通讯是一种直接反映社会现实,关注人民群众生活,指导实际工作的新闻体裁,是否有现实针对性就成了它成败、优劣的关键。一篇通讯发表后,对现实生活和工作影响的大小,很大程度上取决于这篇通讯的主题是否有普遍意义,取决于作者是否敏锐地发现社会中的热点、焦点问题,取决于作者是否大胆地、有预见性地提出了对全局有影响的新鲜问题。这就要求我们在写通讯时,对社会现实和群众生活有充分的了解。因此,我们要深入实际,找问题,抓问题,发现社会生活中的人们普遍关心的热点问题。要善于发现同人民生活息息相关的题材,要善于抓住那些对实际工作有指导意义的题材。

(二)通讯写作的构思

1. 反复提炼,挖掘通讯的主旨

通过采访收集到了丰富的感性材料,就要提炼主题。通讯的主题是新闻事实所体现的中心思想,是衡量一篇通讯是否具有深刻的思想和普遍指导意义的决定性因素。它是一篇通讯的灵魂和统帅,是选择和组织材料的依据。是否提炼出正确、集中、深刻的主题,是决定一篇通讯成败的关键。例如,19届中国新闻特别奖《永远和人民在一起——献给顽强奋战在抗震救灾最前线的中国共产党人》[①]。文章的中心思想是"共产党人抗震救灾的精神,就是中华民族的伟大精神,就是心系祖国、情牵人民的精神,就是迎难而上、顽强拼搏的精神,就是不怕吃苦、不怕牺牲的精神,就是迎难而上、百折不挠的精神,就是万众一心、众志成城的精神,就是精诚团结、通力合作的精神,就是扶危济困、和衷共济的精神,就是敢打硬仗、无私奉献的精神"。全文分成六个部分,文章"大气磅礴,令人动容。这是用心和情写出的作品"。

一般来说,确立一篇通讯的主题,需要有以下几个方面的依据。

(1) 分析研究材料,揭示最本质的思想内涵

主题来自事实材料,只有从观察、采访所得的大量感性材料中,概括出事物的本质和特点,才能提炼出正确、深刻的主题。但是,对事物本质的认识不是一下子就能看得清楚的,往往需要深入到事物的内部,才能发现它的本质意义。因此,在通讯写作中,不能停留在事实材料的表面现象上就事论事,必须从大量的事实材料中,"去粗取精,去伪存真,由此及彼,由表及里"[②],透过现象挖掘本质,揭示出事实材料中具有深刻意义的思想内涵,这样才能使通讯主题深刻。

在提炼和深化主题时应防止两种毛病:一是随意拔高主题,乱贴思想标签,把人物和事件"理想化";二是为了深化通讯主题,把采访来的事实材料随意改造组装,进行"合理想象"。这些主观随意的做法,造成了新闻报道中存在的虚假现象,在受众心理上引起不良反响。

(2) 从全局着眼,体现时代精神

通讯报道不是好人好事的简单叙述,而是要站在时代的高度,在分析事实材料时,结合社会现实,明确时代的要求,从事实材料中挖掘出人物、事件的亮点,提炼出反映时代精神的主题。如

---

① 李亚杰,董宏君. 永远和人民在一起——献给顽强奋战在抗震救灾最前线的中国共产党人[N]. 人民日报,2008-05-31(01).
② 毛泽东. 实践论[M]//毛泽东选集(第1卷). 北京:人民出版社,1991:15.

果一篇通讯不能反映这一时代人民群众精神面貌,也就失去了通讯的时代意义和应有的教育作用。因此,写作通讯要在提炼反映时代精神的主题上下功夫。

怎样才能提炼出体现时代精神的主题呢?

第一,作者要站在时代的高度,掌握国家的路线方针和政策,清楚时代发展的方向,分析人物、事件的现实意义。

第二,了解回答现实社会中,人民群众所关心的问题,反映人民群众的愿望和要求。这样的通讯主题才具有时代精神和现实意义。

2. 仔细推敲,精选通讯的材料

作者在采访过程中收集了大量的材料,并根据事实材料确立了通讯的主题。因此,构思的时候,就要精选有价值的材料,去说明和体现通讯的主题。一篇通讯,不能面面俱到,事无巨细地把采访来的材料都写进去。必须仔细推敲、精选材料,这样才能准确深刻地揭示主题。

选择材料大体上要选择能突出主题的材料、能揭示事物本质的材料和新鲜的富有特色的材料。

3. 精心组织,安排通讯的结构

通讯是一种结构灵活自由、可以使用各种表达方式的新闻文体。常见的结构形式如下。

(1) 纵式结构

按事物发展的时间顺序或作者对所报道事物认识发展的顺序来组织材料、安排层次,叫纵式结构。它一般用于叙述人物的经历和事物的发展进程,便于读者了解事件发展的全貌,有条不紊,一目了然。

(2) 横式结构

横式结构也叫并列式结构,就是用空间的变换或按事物性质来安排材料。这种结构形式的特点在于概括面广,便于分不同空间位置、不同角度表现主题思想,适合于同时表现几个人物、写几件事的通讯。一般概貌通讯和工作通讯常用这种结构形式。

(3) 纵横结合式结构

即以时间顺序为经,以空间变换为纬,采用纵横交叉的方式来安排层次。通讯涉及的事件比较多,时间跨度比较长,地域比较广时,往往采用这种结构形式。

(三) 通讯写作的表达

1. 内容的表达

(1) 刻画人物,写出人物的个性和精神境界

在通讯体裁中,人物通讯占居重要地位。人物通讯关键是写人,如何把人物写活,是人物通讯的重要任务。它要求用详尽的文字、细致的笔调,描述人物的思想风貌和性格特征。《闪耀在手术刀上的道德光芒——记医德高尚医术高超的好军医北京军区总医院原外一科主任华益慰》中描写华益慰:

得知苏二女病情稳定,没有任何异常。华益慰苍白的脸上,浮现出欣慰的笑容……

从医56年,他始终视患者如亲人,让每一名患者如沐春风。高超的医术能治病,暖心的笑容也治病。

华益慰的微笑是一个"品牌",他的同事们称之为"华式微笑"——眉毛弯弯的,眼睛弯弯的。嘴角弯弯的。[1]

通过人物的神情,把人物的性格特征、思想境界充分展示出来。怎样才能在通讯中成功地表

---

[1] 武天敏,王士彬,刘明学,等. 闪耀在手术刀上的道德光芒——记医德高尚医术高超的好军医、北京军区总医院原外一科主任华益慰[N]. 解放军报,2006-07-13(01).

现人物形象呢？写作时要注意以下几个方面。

① 注重展示人物的精神世界。

在通讯写作中，要注重挖掘人物的思想基础和精神境界。人物通讯不仅要写出人物的事迹，还要写出他的思想境界、精神面貌。因为，人物的行为都是受思想支配的，没有思想，人物的言行就是无源之水、无本之木。所以，通讯中写人物不应就事论事，罗列一些事实，而应该围绕人物思想展开，着重反映其心灵世界，把其内心深处的精华挖掘出来，才能把人物写活、写生动，起到教育人、感染人的作用。

例如，获得第16届中国新闻奖的《走近孟二东教授》①紧紧围绕着"为学之德""为师之德""为人之德""为志之德"，展示出孟二东教授的人生追求和精神境界，彰显了当代知识分子淡泊名利、无私奉献的人生价值。

人物的崇高思想，好比一根红线，把人物的许多先进事迹串联在一起，写出人物的思想境界，就能够使人物"站"起来，把人物写活，使作品富有感染力。

② 通过矛盾冲突表现人物的个性。

生活本身就是一个矛盾体，人生活在社会之中，在具体的环境中，在工作的进程中，必然会遇到种种矛盾。其中包括人与人之间的矛盾、人与自然的矛盾以及人物自身的思想矛盾。当人物处于矛盾的旋涡之中，能正视矛盾，并能积极地解决这些矛盾，从而显示出英雄本色。因此，人物通讯写作应该通过矛盾冲突来展示人物的个性特征。例如获得全国16届好新闻奖《这一刻，我在梦中想你千百回——目击广空航空兵某女飞行大队长刘文力战胜癌症重返蓝天》②的通讯，描写了飞行员刘文力被查出患了乳腺癌后，如何和病魔作斗争，重返蓝天的过程，表现了刘文力这个人物坚强的个性特征。

③ 通过人物的语言和行动表现人物的个性。

先进人物的思想和事迹，总是通过人物的语言和行动来体现的，如果没有人物的语言和行动，人物就不会是活生生的具体人物。写出人物个性的语言，是展现人物思想、性格，把人物写生动传神的一个重要手法。如报道吴兰玉的事迹是通过语言来展示人物思想境界的。《我要做一个诚信的人》③表述吴兰玉给儿子做肾移植手术，欠下了5.5万元债。为了还债，她捡废品、卖钢渣、打零工，把所得的每一分钱都积攒起来还债。别人劝她不要还了，她说"我虽然很穷，但也要明事理、讲良心，我要做一个诚信的人"。

人物通讯应着重写人的行动，通过对人物行动的描写，着力展示支配人物行动的内在精神支柱。通讯《英雄携手飞天——神舟六号航天员费俊龙、聂海胜出征记》④通过两位航天员一系列行动，出色完成航天飞行任务，展示了人物的精神世界。

(2) 紧扣事件，写好情节和高潮

人物通讯、事件通讯都要写事，但写法不同。人物通讯写事是"以人带事""以事现人"，写事是为描写人物服务的。而事件通讯以写事件为主，所写的是典型的新闻事件，记叙事件发生、发展、结果，交代事件的来龙去脉，也可以详尽地描绘事件的几个片断。在写作中，应注意以下几个方面。

① 抓住线索，写好关键性的情节。

对于头绪繁多的事件来说，首先要抓住事件的线索，抓住矛盾发展过程中关键性的情节，把

---

① 集体. 走近孟二东教授[N]. 光明日报, 2005-12-13(01).
② 李幽幽. 这一刻，我在梦中想你千百回[ED/OL]. (2007-01-19)[2017-05-03]. 中国新闻奖, 历届获奖作品, 第十六届获奖篇目(中). http://www.zgjx.cn.
③ 王遐. 我要做一个诚信的人[N]. 兵团日报, 2008-11-13(01).
④ 李选清, 赵波, 刘程. 英雄携手飞天——神舟六号航天员费俊龙、聂海胜出征记[ED/OL]. (2007-01-19)[2017-05-03]. 中国新闻奖, 历届获奖作品, 第十六届获奖篇目(上). http://www.zgjx.cn.

事件的特点写出来,把事件的最精彩部分突出出来。如《医药代表向"老百姓"下跪——老百姓大药房杭城奇遇记》①紧紧围绕医药代表向药店采购部部长下跪的情节展开事件过程,描述介绍了医药代表下跪的原因。全文抓住事件发展的脉络,着重写了几个关键性情节,使文章的线索清晰,场面具体而形象。

② 注意穿插,写好事件的高潮。

因为事件通讯写作如果作者只是一般地介绍事件的发生、发展过程,按事件的时间顺序从头至尾,平铺直叙,这样写就形成不了文章的波澜与气势,不能吸引读者。所以,作者在写作时,要注意穿插,注意写好事件的高潮。事件高潮是矛盾的焦点,是人物思想和行为的闪光之点。写事件,没有高潮,既不能反映事件发展的规律,充分显示事件的意义,也不能使文章生动感人。因此,要调动多种表达方式和虚构之处的表现手法,注意穿插,不惜笔墨地把事件的高潮写精彩。

③ 集中笔力,描述几位关键性人物。

写事件通讯离不开写人,因为事是人干的。事件通讯涉及的人物,往往是三五个,甚至更多,在写作过程中,要集中笔墨写好几个关键性人物,表现出他们的特点。

事件通讯主要是以写事为主。所以,在写人时,只能围绕事件写人,只能在事件发展过程中表现人物,不能中断事件的发展线索,单纯地去表现人物。写人物,只能是简笔勾勒,写出轮廓,不能详细刻画。

2. 表达方式的运用

通讯作为一种新闻文体,它在表达方法上有其独特的特点,写作中要善于综合运用多种表达方式,把通讯写得生动活泼,给读者提供艺术上的审美感受。

(1) 叙述和描写的巧妙结合

叙述和描写是通讯写作中最基本、最主要的表达方式。在写作中,要注意把叙述与描写相结合。叙述要讲究抑扬、详略、张合等,避免平铺直叙。根据报道新闻事实的特点和表达的需要,灵活运用不同的叙述方式。有的可按人物前后经历、事件发生发展的顺序进行叙述,有的可先写事件的结局,造成悬念,然后再按时间顺序叙述事件的发生、发展等。不管怎样叙述,一定要注意运用叙述的不同方法,使文章产生波澜起伏的艺术效果。如《索玛花儿为什么这样红》中这样叙述:

最苦的是心头的孤独。邮路上有时几天都看不到一个人影,特别是到了晚上,大山里静得可怕,伸手不见五指,他能感觉到只有风声、水声和不时的狼嗥声。家中操劳的妻子、年迈的父母、幼小的儿女……此刻就会像走马灯一样在他的脑子里转,泪水落下一行,又落下一行。于是,他便喝酒,让自己的神经因麻木而昏睡过去,因为明天还要赶路。②

这段叙述真实感人,催人泪下。

描写是通讯写作不可缺少的表达方式。为了增强通讯的形象性、生动性,作者对事件、人物、场景进行形象的描绘,把人物的音容笑貌和事件发生的环境其中包括风土人情等描写出来,给读者以如见其人、身临其境的感觉。很多有经验的作者,在通讯写作中,巧妙地运用叙述和描写,使文章富于艺术的感染力。如通讯《英雄赞歌——记独臂英雄丁晓兵》中写道:

1984年,边陲的一场重要军事行动,战况惨烈。一个手雷砸在丁晓兵身上。他想也没有想,抓起手雷就扔了出去。一团火光,他失去了知觉。几秒钟后,丁晓兵睁开眼,突然他发现,右手使不上力气,侧头一看才发现,右胳膊已经被炸断了动脉,鲜红的血液,一股股地往外喷!战友给丁

---

① 秦军. 医药代表向"老百姓"下跪——老百姓大药房杭城奇遇记[ED/OL]. (2007-01-17)[2017-05-03]. 中国新闻奖,历届获奖作品,第十四届获奖篇目(上). http://www.zgjx.cn.
② 张严平,田刚. 索玛花儿为什么这样红[N]. 四川日报,2005-06-03(04).

晓兵简单包扎了伤口,只连着一点点皮的右臂一次次挂在树枝灌木上。他又一次拔出了匕首,把右臂与身体之间仅仅连着的一点皮割断,割下来的右臂,被他插在自己的腰带上……①

这段文字描写生动传神,充分展示了丁晓兵不顾个人安危、勇于牺牲的精神境界。

(2) 议论和抒情的适当运用

通讯写作适当地运用议论和抒情,能使通讯主题深刻、人物鲜明,不仅能以理服人,而且能以情感人,唤起读者思想感情上的共鸣。这种议论,并不是作逻辑上的推理,而是在叙述事实的基础上,紧密结合事实,作画龙点睛式的发挥,是恰当而精辟式的议论。如《上边"极端重要" 下面"鸟枪充炮"——全国安全生产电视电话会议山西分会场小记》中介绍了会议总体情况后,作者直接议论:

山西分会场出现的人员来得少、来得晚、来得"小"的现象,充分暴露出有些部门对安全生产工作的不重视和对群众利益的漠视,这也为安全生产工作为什么"严不起来,落实不下去"做出了注脚。板子不能老打在安监部门和县乡领导身上。如果任由现在这种现象蔓延,横向上势必造成部门间无法密切配合,协同作战;纵向上必然链条断裂或信号失真,导致行政能力逐级减弱。②

这段议论尖锐深刻,起着画龙点睛的作用。

通讯写作中的抒情不同于文学作品中的缘情而发,而是紧密结合事实,自然而真挚地抒发作者的感情。如第20届中国新闻奖通讯特等奖《走向希望的春天——来自地震灾区的报告》紧紧围绕"在最寒冷的季节里,总有最温暖的阳光""在最伤痛的心里,总有最坚强的力量""在最困难的地方,总有最钢硬的脊梁""在最细微的心弦中,总有最深挚的祝福""在浴火重生的大地上,总有更加明媚灿烂的春天",用大量生动的事实记述灾区"如何走向希望""怎样迎来春天"。文章开头这样写道:

油菜花开了,梨花开了,满山的青草,满坡的野花,一棵被巨石砸弯腰身的桃树,即使匍匐在地,也依然开出了一树的嫣红。

早春二月,当我们再一次踏上北川、汶川、青川……一幕幕不可触动的伤痛的记忆,在满目的春光中,作为永久的珍藏。春天,这片土地上的这一个春天,终于在垮塌的房屋下,在迸裂的石头缝里,顶出来了,艰难深重,却是势不可挡。

啊,野火烧不尽,春风吹又生。③

这是作者感情的迸发,这段抒情,浓郁深沉,感人至深。

第三节 报告文学

一、报告文学概说

(一) 报告文学的含义

报告文学,是一种介于通讯和小说之间的文体,是以文学手法及时反映和评论现实生活中真人真事的新闻文体。

报告文学最早形成于欧洲资产阶级兴起的社会基础上,19世纪下半叶出现了较多注重时效

---

① 朱玉,张东波,冯春梅. 英雄赞歌——记独臂英雄丁晓兵[ED/OL]. (2010-05-20)[2017-05-03]. 中国新闻奖,历届获奖作品,第十七届中国新闻奖获奖作品目录(特别奖、一等奖). http://www.zgjx.cn.

② 李仑,朱晓伟. 上边"极端重要" 下面"鸟枪充炮"——全国安全生产电视电话会议山西分会场小记[ED/OL]. (2010-05-20)[2017-05-03]. 中国新闻奖,历届获奖作品,第十七届中国新闻奖获奖作品目录(二等奖). http://www.zgjx.cn.

③ 张严平,李亚杰,金小明,等. 走向希望的春天——来自地震灾区的报告[N]. 人民日报,2009-02-25(01).

性、真实性与艺术性等特点的,反映当时社会情况和斗争的作品。如利沙加勒 1876 年出版的《一八七一年公社史》,马克·吐温 1883 年写的《密西西比河上》,杰克·伦敦 1903 年写的《深渊中的人们》等,都带有较强的"报告性"的特征,是欧美报告文学的滥觞。

我国较早的报告文学作品是梁启超的《戊戌政变记》,初刊于 1898 年(光绪二十四年)至 1899 年《清议报》上,主要记载了戊戌政变的过程。五四运动时期,瞿秋白的《饿乡纪程》《赤都心史》,周恩来的《旅欧通信》等,都具备了报告文学的一些特点。1931 年左联根据当时斗争的形势和无产阶级文学的任务,明确指出,"必须研究并且批判地采用中国本有的大众文学、西欧的报告文学"①,这是我国第一次有组织、有意识地提到报告文学的写作。1932 年,钱杏邨主编了以报告文学命名的集子《上海事变》。1936 年,茅盾依照高尔基主编的《世界的一日》的体例,主编刊印了《中国的一日》,是我国现代文学史上规模最大、范围最广的群众性报告文学创作运动。同一年,出现了夏衍的《包身工》、宋之的的《一九三六年春在太原》等里程碑式的作品,标志着我国报告文学创作达到了成熟的阶段。改革开放以来,徐迟的《哥德巴赫猜想》——关注知识和知识分子,首先在文坛上引起强烈反响。随后,报告文学出现了一批有影响的作品,逐渐成为畅销书里的生力军。在文学普遍边缘化的语境中,报告文学以其文体的独特性和入世的角度,依然大写着现实的中国,参与着时代核心主题的构建,处于影响受众视听、牵引社会关注的某种中心。

(二) 报告文学的特点

1. 强烈的新闻性

报告文学要报道事件或人物,新闻性是其特征之一。但其与消息、通讯的新闻性不同,它的新闻性主要体现在现实性和真实性方面。

(1) 现实性

① 迅速报道有价值的事件。

报告文学是一种现实性要求强烈的文体,它往往通过对现实的介入和参与,迅速及时地把生活中具有典型意义的人物或事件等及时报道出去,实现报告社会生活、影响社会生活等目的。如李春雷的《夜宿棚花村》②,创作于四川汶川发生大地震后不久。作品通过对棚花村那袅袅升起的炊烟,村主任夫人招待客人的细致周到,村主任以水代酒的乐观心态等的描写,让世界知道了中国人承受苦难的力量有多么强大,也让人们看到了四川灾后重建的希望,它在第一时间通过报告让人们了解四川正在从痛苦和灾难中走出来。

② 反映热点、焦点问题。

报告文学时刻关注社会民生、关注社会重大问题,直面社会生活的矛盾冲突,关爱百姓大众。对读者关心的焦点和热点问题均有所涉及,如医疗、教育、生态文明、"三农"问题、赌球、反腐、矿难、黑砖窑事件、青藏铁路、飞天、奥运、建军八十周年、改革开放三十周年……例如,《火车头震荡——宜万铁路始末》③,延续了赵瑜近年来报告文学写作的总体走向,关注的仍然是社会生活中的焦点问题。铁路建设是中国当前基本建设的核心工程,在整个国民经济发展中起着至关重要的作用。宜万铁路建设过程,折射出中国社会一百年的经济、政治轨迹,承载着好几代中国领导人和众多民众的理想与梦想。赵瑜的这部作品,选择宜万铁路建设过程为叙述对象,让人们感受到了中国铁路建设的艰难曲折,而作品中所写到的决策者、技术人员和工人,让人们体会到了人的一种价值追求:信念。

---

① 左联执委会决议.中国无产阶级革命文学的新任务[G]//陈寿立.中国现代文学运动史料摘编(上册).北京:北京出版社,1985:246.
② 李春雷.夜宿棚花村[N].河北日报,2008-06-20(A10).
③ 赵瑜.火车头震荡——宜万铁路始末[M].北京:作家出版社,2010.

③ 展现时代精神。

报告文学被誉为"时代的眼睛"。它往往敏锐地抓住社会现实生活中的新人物、新思想,特别是把还处在萌芽状态却具有强大生命力、代表时代精神的人和事,及时准确地报告给读者。如李延国的《中国农民大趋势》①,礼赞当代农民的创业精神,记录农村改革艰难历程的同时,更以欣喜之笔描述了农村的巨大变化和农民的光明前景,描述了新时期新农民豪迈的创业形象。

(2) 真实性

① 选用材料的真实。

真实是报告文学的生命。报告文学中所报道的人、事、物必须是真正发生、真实存在的。这一点和新闻报道一样,文中涉及的一切材料,包括细节都必须真实可靠,准确无误。只有这样,报告文学才能及时有效地反映和干预生活,赢得读者的信任。任何一点虚假,哪怕是以想象为名义的推测、假设,都威胁着报告文学的生命。

② 报道对象总体上的本质真实。

报告文学要求反映整个社会生活的真实、历史的真实和时代的真实。报告文学的真实不仅是具体材料的真实,而且是作品中凸显出来的对于人性和生活本质规律的展示。这就要求作者能从生活中大量的事件中去伪存真,透过现象探测到事实背后的本质精神。并根据自己的审美理想和时代精神的需要,对大量的生活素材进行删减,选取那些具有代表性、能够反映时代精神的典型人物和事件,进行再造想象的加工和再现,从而显示社会生活的本质。

2. 浓郁的文学性

报告文学是报告,也是文学。因此,"除了虚构与概括的手法不宜引进报告文学,其他一切属于表现形式的文学手法都可以在报告文学中充分调动。调动得越好,就越逼真;越真实,就越富于艺术的感染力"②。

文学性是指运用多种文学手法,将人物与事件生动形象地再现。报告文学往往多种表达方式共用,叙述和描写并重,在不虚构的前提下,对大量材料进行巧妙的提炼和概括,运用精巧的结构,采用白描、工笔、穿插、对比、象征等技法,形象地展现社会上的人物和事件。为了更好地刻画人物形象,报告文学吸取小说的表现手法最为明显,诸如肖像刻画、动作描写、环境渲染、细节铺陈等。

(1) 实构的典型化处理

文学创作要塑造形象,其重要手段是对众多材料的选择、提炼、集中和概括,这手段是对材料的加工改造,这种加工改造是对选用材料的"你中有我,我中有你"的化合,塑造的是生活中可能会有的形象,这种写作被称为虚构性的典型化。报告文学要刻画形象,这种刻画也要对众多材料进行选择、提炼、集中和概括,只不过这种形象的刻画对材料不是加工改造,而是不改变材料的有机组合。这种根据表达写作发现的需要对选用的生活中的真实材料进行精心剪裁的巧妙组合就是实构性的典型化。例如,徐福铎写作《她的中国心》③之前采访了几十个人,所采写事件的文字足有厚厚两大本,所记之事在时间跨度上也有半个世纪。面对浩瀚的材料怎样写作?经过对材料的分析作者发现,乌云"那颗血管里流淌着日本血,却是高尚的、纯净的中国心"④,具有"获取爱和回报爱,蒙受恩泽与自我奉献"⑤的崇高情操。为了表达乌云"我爱生我的日本,更爱养育我

---

① 李延国. 中国农民大趋势[M]. 南京:江苏文艺出版社,1986.
② 理由. 和青年谈谈报告文学[J]. 时代的报告,1983.(4).
③ 徐福铎. 她的中国心[J]. 党的建设.1991(01):29—31.
④ 徐福铎. 我是怎样采写《她的中国心》的? [J]. 新闻战线,1991(10):29.
⑤ 同上.

的社会主义中国"①,作者依此为选材标准,在海量材料中,仅选用她生活、学习和工作的几个片断:日本侵华战争使她成了遗孤,中国养父母对她的哺爱,政府对她的培养,她大学毕业教书得到学生的爱戴和单位领导、同志的关爱,她在学校辛勤耕耘、默默奉献,回日本探亲心系中国,谢绝唯一的亲人——哥哥劝她居家日本的再三挽留,义无反顾地回到内蒙古的贫困地区——库伦沟教书。对这些材料经过精心剪裁和巧妙组装,摄像般的记写出乌云的感人事迹,再现了她高尚的精神风貌,作者采用的就是实构的典型化处理。

(2) 再造想象的合理使用

心理学把想象分为"再造想象"和"创造想象"。"创造想象"是虚构,而"再造想象"则是依据别人的叙述、有关的文字或图表,将自己当时并没见过的事物具体生动、如见如闻地再现出来的心理过程。报告文学的真实性决定了其想象只能是再造想象。在报告文学的写作过程中,直接感知的内容毕竟有限,大量的材料常常是间接得来的,这就必须通过"再造想象"将其生动地复活。比如贾宏图的报告文学《冰点的解冻》②开头便这样写道:

地火冲沸,山崩地裂,惊雷震天,浓烟滚滚。一时间,满天飞沙走石,又如暴雨般坠落。那通红灼热的熔岩从地缝处喷涌而出,如洪火奔流,汹涌澎湃,势不可挡,经过之处一片火海,一切生灵遭灭顶之灾。

这段描写有着很浓的文学味,使读者如临其境地感受到了那山崩地裂、惊天动地的场面,从而深深地吸引了读者。这里所写的是发生在1719年六七月间的一次火山爆发,当代人不可能见过,这就必须依靠再造想象来复现。

(3) 多种手法的综合运用

报告文学用文学的手法描绘真人真事,各种艺术技巧都可为它所用,从而增强其表达效果。如赵瑜、胡世全的《革命百里洲》③,创新之处在于对传统形式在内的民族艺术如小说、诗词、曲赋、散文等的全面吸收与融合。在内容上,作品以孤岛百里洲为视点,形象再现长江农人半个世纪的风云历史,描述了国共两党、土匪乡绅、工商财贸、文人雅士、三教九流等各色人物的传奇故事;在形式上,采用传统的章回小说与评书体式,既重故事情节的完整,又重人物形象的刻画。虽无现代小说之主体故事与中心人物,却似传统小说《聊斋志异》与《儒林外史》之短篇连缀,且各章衔接紧密、结构严谨。同时,作品还注重文化风情、自然地理等典型环境的营造。作品借鉴章回小说与评书写作手法,大量引述和化用了包括唐宋诗词在内的众多中国古典诗词、曲赋、文句,在语言表达方面将口语和书面语结合起来,体现了鲜明的民族特色和深厚的文化底蕴。《革命百里洲》在继承传统和追求现代性方面作出的可贵探索,体现了报告文学艺术手法的多样性。

3. **深刻的评论**

在小说等文学作品中,最忌作者的议论,"倾向应当从场面和情节中自然而然地流露出来,而不应当特别把它指点出来"④。而报告文学不仅刻画形象,更在于揭示一定意义,把作者对所写内容的评价、分析告诉读者。或阐明意义,或指出问题,或赞扬,或抨击,或作结论,或下断语。总之,在报告文学作品中往往闪烁着不少颇有灼见的议论。作家通过"显示现象"来表达自己对社会人生的看法。

报告文学的议论往往采用两种议论方式:一是直接议论,或者三言两语,画龙点睛式,或者以大段议论形式;二是形象化议论,即在形象记叙和描写的基础上、在强烈感情支配下进行议论。

---

① 徐福铎. 她的中国心[J]. 党的建设. 1991(01):29—31.
② 贾宏图. 冰点的解冻[M]. 成都:四川人民出版社,1999.
③ 赵瑜,胡世全. 革命百里洲[M]. 北京:中国青年出版社,2003.
④ 恩格斯. 致敏·考茨基[M]//马克思恩格斯全集(第36卷). 北京:人民出版社,1975:385.

政论性可以说是报告文学的灵魂。它挖掘题材所体现的时代意义,甚至要反映出内容所蕴含的哲理,并在作品中适当表达。如真实展现上海女医生陈晓兰长期与医疗腐败作斗争过程的《天使在作战》[①]:

在20世纪末,几千年来的信赖动摇了,从没有过的疑惑出现了。病人将医生一分为二,一类是救死扶伤的"白衣天使";另一类是劫财害命的"白衣魔鬼"。在"白衣魔鬼"的眼里,疾病就是他的钱口袋和来钱道儿。他们要跟疾病狼狈为奸,密切勾搭。落在他们手里,小病会搞得你倾家荡产,大病让你家破人亡,健全的让你缺少"部件",残缺的让你支离破碎……

老百姓愤愤地说:"十个劫道的,不如一个卖药的。"卖药的并不可怕,只要捏紧钱包死活不撒手,他就干没辙。最可怕的是医生,他说你有病,你没勇气否认;他要你服这药,你不能买那药。有时,你明知那种药药价虚高,医生会得到回扣,还得咬牙买。破财免灾,这是中国人的思维逻辑。可是,"白衣魔鬼"的逻辑却是破财招灾。他们将谋财害命的游戏已玩到了极致。……

Who(谁)?"白衣天使"还是"白衣魔鬼"?当病人在医生的对面坐下,心里难免要打鼓。

有的医生委屈地说,医生倒霉就倒在媒体上了。其实绝大多数医生是好的,败类只是少数。也有医生很客观地说,现有的医疗体制就这样,我们不宰病人,医院就要宰我们,不仅让我们拿不到工资和奖金,甚至要"炒"我们。谁不想当孙思邈、希波克拉底、白求恩,可那样在医院混得下去吗?

天使和魔鬼是势不两立、不共戴天的,就像李逵容不得李鬼。

这是一场残酷的战争,你死我活、惊心动魄的较量。

正义终归要战胜邪恶,世界不可能划归魔鬼,中国的医疗界也不可能让"百年魔怪舞蹁跹"。可是,人们要记住天使在战争中付出的代价!

这里将叙述与议论、抒情相结合,形象而深刻地论述了正义与邪恶之间较量的意义。

(三)报告文学的类别

报告文学是一种内容广泛而又形式多样的文体。它的种类随着时代的发展而变化。从表现手法上分类,有记录性报告、概括(研究)性报告、报告文学小说等。从题材上分类,有工业报告文学、农业报告文学、军事报告文学等。从篇幅上分类,有系列报告文学、长篇报告文学、中篇报告文学、短篇报告文学等。从报告文学的表现内容上,报告文学可分为以下三种类型。

1. 写人物的报告文学

这类报告文学,往往集中笔力写典型人物的重要经历,既可以是一个人物,也可以是多个人物;既可以写正面人物,也可以写反面人物。如蒋巍、徐华的《丛飞震撼》[②],为一位热心扶危济困自己却陷入一贫如洗困境后又身染绝症的歌手丛飞立传,通过讲述他一个个感人的小故事,以大量平凡而非凡的细节和情节带给读者深深的心灵震撼。

2. 写事件的报告文学

这类报告文学,既可以描写需要歌颂的社会新事物,也可以描述对历史进行反思、对现实生活中某些阴暗面进行暴露的事件,还可以是歌颂和暴露兼而有之的事件。如徐剑的长篇报告文学《东方哈达——中国青藏铁路全景实录》[③],不仅是青藏铁路建设的动情报道,还是通过铁路的通道连接西藏过去现在与祖国内地历史、文化、经济、宗教、国防、民族等许多丰富内容的史诗性报告。

3. 写问题的报告文学

这类报告文学往往针对某一社会问题,诸如物价、留学、人口、住房、独生子女、家庭婚姻、吸

---

① 朱晓军.天使在作战[J].北京文学,2006(6).
② 蒋巍,徐华.丛飞震撼[M].北京:作家出版社,2006.
③ 徐剑.东方哈达——中国青藏铁路全景实录[M].南昌:百花洲文艺出版社,2006.

毒等问题,广泛采访,综合研究,以宏观的表现和理论的升华,展现报告文学作家对社会生活深层开掘的勇气。如黄传会的报告文学《我的课桌在哪里?》[①]以北京农民工子女上学难为题,直击当下教育公平的社会问题,并从另一个侧面发出对"三农"问题的进一步思考。

二、报告文学的写作

(一) 报告文学的写作发现

报告文学的文学性实质上是一种审美性,这是报告文学区别于其他新闻文体的一个最重要的特点,这个特点要求报告文学的写作者在调查采访中要运用美学观点发现美好的事物或者丑恶的现象,通过写作褒扬美好鞭挞丑恶,使受众产生情感波澜。

这就要求报告文学作者深入到现实生活中去,从千头万绪、错综复杂、充满矛盾的事件和众多人物中,去"发现"那些具有典型意义的能够反映具有时代特点和生活本质的真人真事或丑恶现象,然后把这真实的材料构思成篇。

1. 发现典型对象

社会生活存在着大量真与假、善与恶、美与丑的现象,报告文学作者必须具备审视生活的批判眼光和一定的理性剖析能力,用敏锐的目光发现具有美学意义的、体现真善美或假丑恶的人物或事件作为写作对象。通过对典型对象的选取,达到其反映现实,推动时代发展的目的。报告文学的题材线索可以来自于作者的生活,也可以来自于报纸、电台、网络的新闻消息。消息表述比较简单,它的背后蕴藏着大量的生动材料,只要顺藤摸瓜,往往能获得典型材料。比如党益民的《用胸膛行走西藏》来自于他的军旅生活,鲁光的《中国姑娘》则来自女排多次夺冠的新闻。

2. 捕捉典型情节

小说可以虚构情节,编造故事,而报告文学不能这样,只能在忠实生活本来面目的基础上选取情节。因为典型情节既是个别,又代表一般,常常具有故事性,富于表现力和感染力。这就要求报告文学作者要靠敏锐的眼光在调查采访中善于发现有价值的情节。比如报告文学《老年悲歌——来自老父老母的生存报告》:

那天晚上,80多岁的夏大爷几乎没什么感觉就晕倒在地上,他想站起来,但就是怎么也挣扎不起来……他心里很明白,或者说他其实很明白自己的处境:如果远在上海的女儿这时碰巧回来,就有救了,否则只有等待死亡。他喊不出来,可他能清晰地听到门外人们匆匆的脚步声,假如有一个脚步声停在他的门口,也许他就得救了……然而,那脚步声总是由近而远,一次又一次……他突然感到很悲哀:他的生命就寄托在奇迹上——奇迹能发生吗?

也许是心灵感应,那天奇迹还真发生了,女儿竟然奇迹般地回来了,于是我们才有幸知道了这个有关奇迹的故事。

夏大爷的老伴在十几年前就去世,惟一的女儿又远在上海。他于是便开始了"出门一把锁,进门一盏灯"的孤寂日子。前几年,身体没什么毛病,白天出去走走,有时也和过去的同事、一些老同学聊聊天什么的,孤独感还没有现在这样强烈。生病后,因为耽误了治疗的最佳时期,一条腿不得不进行截肢。从一个健全的人一下子变成残疾人,他就再也走不出这片被禁锢的小天地了。

自从那次"奇迹"之后,女儿万般无奈找了一个师傅经常来帮忙,每天把老人需要的水、药品和暖瓶等物放在身边伸手可及的椅子上。对师傅千叮万嘱,安顿好之后,女儿又走了,把老人的牵挂和希望也带走了,当然也把更深的恐惧留给了他:女儿告诉他,她找了一个德国人……[②]

---

① 黄传会. 我的课桌在哪里?[M]. 北京:人民文学出版社,2006.
② 曲兰. 老年悲歌——来自老父老母的生存报告[M]//中国作家协会创研部. 2003年报告文学精选. 武汉:长江文艺出版社,2004:16—17.

这个典型的情节表现了老年人悲惨而又无奈的生活。

3. 挖掘典型细节

报告文学不能像新闻报道那样,只有事件梗概,它必须刻画丰满的人物形象,必须有生动的形象化的细节。细节,是叙事性文学作品人物性格的聚焦,主题话语的凸显。在采访调查中被接受调查采访者往往讲授的是事件的"梗概",许多有价值的细节有可能被忽略,因此报告文学作者要通过细致、深入的采访,挖掘最具典型意义的细节去刻画人物、展示情节、描绘环境。如报告文学作家阮梅在对中国农村留守儿童调查时发现:

孩子长期缺少父母亲情照管,一旦被人问起父母,更多的孩子虽内心百感交集,但外表显现出的却是问不出言语的沉默,这种沉默让人极其难受。哪怕是钢浇铁铸的心,看了都会心痛,一辈子忘不掉。有一个八岁男孩子坐在我面前,既不说话,也不回班级,只是时不时抬头看我一眼,十分钟过去了,他仍然不想离开。一副欲言又止的样子,最后不得不离开时,我看见他终于泪流满面。在调查中看多了这种眼神,我常常整晚整晚睡不着觉,直到现在,我仍然还没有从这种眼神中走出来。①

农村留守儿童眼神,是作者捕捉到的典型的、具有震撼力的细节。

(二) 报告文学的构思

报告文学要具有审美性,但是又不同于小说、戏剧和电影文学剧本的构思,是建立在新闻真实性基础上的构思。因此,要充分消化所获得的材料,并将其精心选择,连缀成篇。

1. 选好角度,立意深刻

发现了值得书写的报告文学材料,在构思中还要考虑从哪个角度发掘材料的深刻内涵进而进行表达的问题。认识材料的切入点不同,从材料中提炼的文意也不同。报告文学的构思对发现的材料应在变换角度上下功夫,努力寻找最佳角度,把材料中的内涵和时代精神结合起来考虑提炼新颖深刻的文意。在这方面请看徐福铎采写《她的中国心》的体会:

她的经历颇具传奇色彩,她的人生是曲折的,她的工作是独特的,(她是日本人,用蒙汉两种语言文字给蒙族学生讲课),她教书育人的事迹又相当感人。写她传奇色彩的经历,写中国母亲的伟大母爱与博大胸怀,把她写成与命运抗争的女强人、民族团结的模范,或者先进教师的典型,无论从哪个角度写,都能独立成篇,材料都很丰满。

....

于是,我开始了用心良苦的寻觅,开始向她心灵深处窥视,我终于看到了她那颗金子般的心,那颗血管里流淌着日本血,却是高尚的、纯净的中国心。

"在日本,我无论如何也愉快不起来;在中国,我感到温暖、愉快、充实!"

这就是她的中国心的深刻内涵,这就是她的中国心的魂。

我抓住了魂,找到了她精神世界的至高点,像亮起了一盏灯,照亮了我的写作思路,照亮了所有材料。②

面对采访到的乌云这位典型人物的众多材料,从哪个角度都可以写出一篇不错的报告文学。然而,作者深知角度的重要,对材料的内涵经过数番思考,结合时代的主流精神,发现了能够深化主题的角度——"她的中国心",写出了一篇令人过目不忘的好作品。

2. 揆情度理,大胆想象

没有想象,就没有文学,也就没有报告文学。在报告文学创作中经常需要逼真如画地复现一

---

① 鞠长明,汤红辉.湖南女作家阮梅:以一个母亲的身份关注留守儿童问题[ED/OL].(2008-08-27)[2017-05-04].湖南频道.http://www.rednet.cn.

② 徐福铎.我是怎样采写《她的中国心》的?[J].新闻战线,1991(10):27—28.

些非作者亲眼所见的必要的场景,以此来渲染气氛、烘托主题、增强文学性。请看理由的《痴情》中关于袁运生与张兰英到苏州虎丘山相会的描写:

当他俩走下公共汽车,站在虎丘山脚下,姑娘不安的心情平静了,轻松了。

和苏州城里狭小的园林相比,虎丘是宽阔的、幽静的去处。白居易题虎丘的诗,开头两句便是"香刹看非远,祇园入始深"。沿着石路向园中走去,松柏如云,剑池澄碧,茂林修竹掩映着山坡上的楼台亭榭:花神庙,三笑亭……愈走愈深,愈走愈静,像是走进了甜蜜的梦境。

这是兰英头一次和男同志单独地呆在一起,姑娘的心中荡漾着神秘的波纹。她觉得有很多话要对画家说,又不知从何说起。

…………

这里是山林的怀抱,四周寂静无人。画家盯着姑娘,那目光是坦率的、憨直的;兰英幸福地闭上眼睛,准备接受一次永生难忘的爱情洗礼。金色的阳光穿过树林的枝丫,在姑娘脸上洒下婆娑的斑影,她的两颊像玫瑰一样醉红,双唇像微微绽开的花瓣,比平时更加艳丽动人。多么纯洁的姑娘呵,敞开心灵之窗,没有一丝灰尘和杂质。虽然这是她与画家第二次相会,她信任对方,信任生活,就像信任自己一样。①

上述描写揉进了作者"合乎逻辑的想象",在他们二人约会时作者肯定不在现场,这是根据作者的观察、感受和"面对一张虎丘的风光照片"写成的。人物的心灵对白,则是依据所掌握的"极大多数"的"实际事件"的特点来确定的。用理由自己的话说,这种想象"是对真实情景的揣情度理"②。

报告文学的想象可以通过以下途径来完成:通过对具体情景的生发想象,突出事物内在的重大含义;在实地考察中,借助平时的经验,使形象的东西具体化;通过联想,使形象"嫁接"起来,从而更好地突出人物和事物的本质。比如夏衍在《包身工》中描绘了一个墨鸭捕鱼的画面,就是将封建包工头靠"饲养"小姑娘而营利的剥削方式与船工养墨鸭捕鱼的方式,运用联想巧妙地"嫁接"起来,使二者相互映照,更深刻地揭露了包身工制度的罪恶,从而使作品中所反映的生活显得比现实生活更形象、更突出、更典型。

3. 组织结构,新颖巧妙

安排报告文学的结构,茹志鹃在创作报告文学《离不开你》后说过非常经典的话:"真人真事不能动,但结构可以由我。"③他的话给我们以启迪:报告文学在谋篇布局方面,既要受着真人真事的限制,又不能是生活材料的简单罗列,因此要精心组织结构。要对所掌握的真实材料恰当地取舍、剪裁、统筹组织,在组织结构时进行艺术化处理,根据主题表达的需要,巧妙地把选取的材料错落有致、张弛有度、曲折跌宕地组织在一起,艺术地再现真实的人物、事件、环境和气氛。

报告文学安排结构的方法有很多,可以采用以下几种方法:一是记叙式,即以时间为线索,记叙事情的始末、人物生平事迹的结构方式,它包括顺叙式和倒叙式。二是断接式,把一个人的一生或一个事件的过程切开,突出其最重要的事实,按照主题的需要,突破直线式的铺叙,将主要情节按事情的内在联系,作适当调度、组合,通过主要事实和场面的描绘,展示事件的过程或人物的风貌,在西方这叫"断裂行文"。三是归纳式,在报告文学写作中,为了表达一个主题,往往从几个方面去叙写事实,这每个方面选用的材料在性质上是相同的。按照不同的性质,对事物进行归类的表述。这种结构方式在写人物和写社会问题的报告文学中常用。近年来在形式上有所创

---

① 理由. 痴情[M]//冯牧,柳萌. 命运狂想曲(当代中国报告文学). 长春:时代文艺出版社,1996:14.
② 理由. 愿当小小的媒介——《她有多少孩子》后记[J]. 芳草,1980(7).
③ 茹志鹃. 我创作上的甘苦[J]. 文艺理论研究,1983(03):73.

新的如王宏甲所著的《中国新教育风暴》,该长篇报告文学大胆运用了"仿超文本"的尝试,在每一章节叙事议论之后,又设计了知识性很强的"相关链接"。其内容独立成段,不同于以往传统的报告文学。

(三) 报告文学的表达

1. 它类文体手法的巧妙借鉴

"他山之石,可以攻玉"。报告文学不墨守成规,勇于探索新的艺术表现形式,善于借鉴其他文体的艺术手法,具有复合交叉多元的艺术感知方式:或借鉴小说的艺术手法以曲折跌宕的情节引人入胜,以描述典型、刻画性格为最高的艺术追求等;或具有散文文情并茂的抒写意境之美;或具有随笔、游记体灵活自如的行文风格;或具有诗歌的典雅清新的语言风格;或具有电影蒙太奇的剪辑艺术。这些基因并不是孤立、机械地遗传,而是密切结合,再通过作家个性化的创造,从而形成了独特的文体系统。

(1) 小说化的叙述和描写

报告文学除了不能虚构之外,为了增强文学性,吸引读者,可以采用小说化的叙述和描写方式,运用小说技法的一般手法和辩证手法,把情节叙述得一波三折,摇曳多姿。请看《中国高考报告》①:

李倩原来与我是同事,我们曾在一个编辑部工作。我从部队刚转业见到她的时候,她真可谓"三十岁的女人是金花"。论风韵、论气质、论为人处事的热情与坦诚,足以使她成为具有现代色彩的单位"一枝花"了……

因为工作调动,我同李倩分开也有七八年了。去年有一次我在西单图书大厦买书,那天有位老师写了一本书,宣传广告上说"×××老师教的学生为什么百分之五十以上考进北大清华?"很吸引人,那位老师签名售书的场面,简直叫我们这些从事文学创作的人汗颜,长长的等候签名的队伍直排到图书大厦门口。我从三楼买完书出图书大厦时,突然看到一楼队伍中有一对男女吵了起来,那女的硬要插队,五十来岁的男人就是不让她插,结果越吵越凶。我走过去一看,原来那女的正是李倩。李倩一见我这位老熟人,便有些不好意思再跟那男的把闹剧演下去了,只见她两眼泪汪汪的。

"有几年没见面了?都认不出我了吧?"李倩很沮丧地问我。老熟人了,我直截了当地告诉她:"确实。不过我不明白是什么原因让过去从不发愁的你改变了自己?离婚了?"

李倩两眼无神地说:"跟离婚差不了多少。不过不是我与那个冤家的问题,而是我与儿子之间的问题。"

阅读上述文字可知,小说语言重悬念、故事情节的描述与人物心路历程的解析,这些都增加了情感的力量。

(2) 散文化的语态和笔调

散文化的语态和笔调清新、自然,富有情趣。将散文借景抒情、托物言志、抑扬结合、象征等手法运用到报告文学中,可创造优美的意境,引人联想、深思。请看孟晓云的《胡杨泪》②:

在世界上,胡杨——最古老的杨树品种已罕见。

我在塔克拉玛干大沙漠的边缘,见到了这珍奇的树。只有一棵,孤零零地立在塔里木河滩上。它高大,树干弯曲,像一个弯着背的老人,其貌不扬,却有着很强的生命力,耐干旱,耐盐碱,抗风沙,能在夏季酷热、冬季严寒、年降水量只有十几毫米的恶劣自然条件下生长。维吾尔族农民说,胡杨三千年,长着不死一千年,死后不倒一千年,倒地不烂一千年。

---

① 何建明. 中国高考报告[M]. 北京:新世界出版社,2009.
② 孟晓云. 胡杨泪[J]. 文汇月刊,1984(4).

当地人称胡杨是"会流泪的树"。这是因为,生活的环境越干旱,它体内贮存的水分也越多。如果用锯子将树干锯断,就会从伐根处喷射出一米多高的黄水。如果有什么东西划破了树皮,体内的水分会从"伤口"渗出,看上去就像伤心地流泪一样。千百年来,这自生自灭的天然胡杨,总是默默地为人们提供各种财富。它的木质质地坚硬,是优良的建筑材料;它的嫩枝、树叶,营养丰富,含有大量的钙和钠盐,是牛羊爱食的饲料;就是它流出的"泪",很快变成一种结晶体,叫胡杨碱,也可以食用、洗衣、制肥皂……哦,这会流泪的树!我抚摸着胡杨粗糙的树干,被它可贵的品格深深感动了。

蓦地,我想到了一位在塔里木结识的农垦大学教师钱宗仁。任何一个陌生人,握住他那粗糙的手,看到他黝黑多皱的脸,绝不会认为他只有三十九岁,也绝不会想到他是一个知识分子。

整整四个下午、四个夜晚,钱宗仁向我讲述了二十年自学的坎坷经历。他并非一个成功者,甚至可以说是一个失败者。我不停歇地记啊,记啊,他的一句句话,仿佛是胡杨树上流出的一滴滴泪珠。

这里以物寓人,散文化的语言生动而传神,富有感染力。

(3) 诗歌式的情思和韵致

诗歌是抒情的艺术。把诗歌的情感和意韵运用到报告文学作品中,可以更好地抒发时代的激情,把时代的爱憎情感倾注给读者。巧妙地运用诗歌比兴手法和合理的想象,可以描绘含义丰富的意象,增加报告文学的诗意美。将富于节奏感和韵律美的语言运用到报告文学作品中,可以增添报告文学的情韵。请看李青松在《一种精神》[①]中的描写:

种树。种树种树种树。新的一天开始了。青山垣早晨的太阳就像一个涨血的大圆球,一下一下拱出地面后,打了哈欠,带着夜的慵倦,再一用力,就升腾了起来。鸟雀照例是比太阳殷勤了许多,唧唧喳喳的叫声,此时早在林子里响成一片了。而林子呢,则用粗壮而有节奏的匀称的呼吸向青山垣提醒着自己的存在。绿色既需要空间的分布,更需要时间的积累。这都是早年种下的树,有胳膊那么粗了,树势很旺。乔灌草立体结构,初步形成了生态系统。一个春秋就是一个年轮,这个被称作"二杆子"的人,终于有了盼头。青山垣上到处是意外和惊喜,到处都是绿葱葱的松和柏。远看去,一棵树就是一个树的波浪,欢呼着卷上去,把尘嚣和功利也卷走了。从山顶看呢,远一处,近一处,深一块,浅一块,像一潭一潭碧绿的湖水,无风时,湖面纹丝不动,逢风起,满山满岭就温柔地拂动起来。

这里作者以诗化的语言行文铺排,文字不张扬却很有质感,极富表现力。诗一般的语言将种树后的青山垣的生态美表现得如仙境一般。

(4) 影视艺术的蒙太奇手法

报告文学还可以借鉴影视艺术的表现技巧,这主要体现在以下三个方面:一是采用电影文学剧本的写法,尽量使语言能构成一幅幅的画面,就像电影镜头一样,用画面展示情节,用动作展现人物的内心世界,造成视觉形象,形成动感场面。二是运用"蒙太奇"手法,即在不违背真实的原则下,大胆地"剪碎生活",摒弃枝节性的情节,跳跃着展示事件的发生和发展。三是在结构上打乱原有的秩序,按照表现主题和刻画人物的需要,将不同时期的场面、情节巧妙地组接起来,造成电影分镜头推移的动态效果。在报告文学中合理地借鉴"蒙太奇"的手法,把新闻事件中的多个场景进行分镜头组合,可以有力地增强现场感、真实性和条理性,从而起到身临其境的独特效果。请看《中国新教育风暴》[②]:

[①] 李青松. 一种精神[J]. 报告文学. 2009(6).
[②] 王宏甲. 中国新教育风暴[M]. 北京:北京出版社,2004.

北京,某校。上课铃声在校园里响出共鸣。

铃声止息,所有的走廊都静悄悄。这是一所很好的学校。

这是学校里一个很好的班,学生们已坐得整整齐齐。

今天,英美教育专家要来这个班听课。

他们已经来了,他们听到自己的皮鞋在教学楼宽敞的长廊里发出清晰的回响……陪同前来的还有中方教育部门的领导。

大家坐定,教课的老师走进来了。

……

老师语言精练……,没有废话。老师教态从容,板书时大家听到粉笔在黑板上行走的声音。板书非常漂亮,极有条理。老师提问,学生回答踊跃,而且答得相当有水平。

老师间或又在黑板上写出若干字。黑板上的字渐渐丰满起来,那字大小不一。有些字,老师大笔一挥画上一个圈,或一个框,或一个大三角,看起来错落有致,鳞次栉比,像一个框架图。

整堂课,老师没有擦一下黑板,也不必学生上去擦黑板。板书上没有多余的字,写上去的就是重点,就是学生该抄到笔记本上去的。老师继续提问,学生解答仍然踊跃,仍然不乏精彩。

整个教学过程非常流畅。……

铃声响了。下课。整堂课无懈可击。

这是一位特级教师,他露出了笑容。

几个富有动感的镜头组合,将一堂学生配合教师供中国教育部门的领导和英美教育专家观摩后研讨的所谓"经典"的课堂教学如摄像机般地"录"了下来,给人以身临其境之感。

2. 现实生活的逼真再现

报告文学要自然、真实、生动地将事件的本来面目呈现在观众面前,展示出一个生动逼真的生活场面,给人以现场实感。通过真实场面的再现,使它区别于其他的文学作品。

(1)富有现场感的场面描写

在报告文学中生动传神地再现现场情景,可以给人强烈的感染力,使读者仿佛身临其境、亲历其事、亲见其人,直接感受到现场特有的气氛,从而增强作品的真实感。请看:

中堡村五组女村民谢南香正在给堤上防洪的丈夫和两个嗷嗷待哺的孩子做晚饭,突然老屋门前的村路上,响起了几个男人急促杂乱的脚步声。一个男人一边神色惶恐地跑着,一边嘴唇颤抖地喊着:"我还有家,还有老婆孩子呀……"

谢南香预感到大事不妙,她三步并两步地跑进屋去,一只手攫住一个孩子就直往江堤上跑。当她拉着两个孩子奔出家门时,洪水已经进来了。

可是,当谢南香拉着孩子跑到村口上,简易公路上已经乱成一团。洪水的咆哮声,群众的哭喊声、呼救声连成一片。刚逃到离魏家码头只有200米的堤坝前时,迎面拥来的成群结队拖儿带女、扶老携幼、赶着牛、推着自行车、扛着大小包袱往大堤上撤退的队伍,早已经将前来支援溃口抢险的湖北省军区舟桥旅五营的197名官兵乘坐的东风牌军用卡车堵个水泄不通。

夜幕中,一片战车辚辚,铁马啸啸,喊声震天的景象。[①]

1998年长江大洪水冲进簰洲湾中堡村,惊恐求生的呼喊声、极度慌乱的脚步声、支援溃口抢险的军车轰鸣声合成一曲逃难抢险的旋律萦绕读者耳边,这生动的描绘给人一种如闻其声的感觉。

(2) 突出个性的人物刻画

报告文学要写人物,但不是塑造人物,因为它写的人是真实存在的,是生活中的一个实体。

---

① 徐剑·陈昌本. 当惊世界殊[J]. 解放军文艺,1998(12).

而且,写小说的典型化的方法也不适用于报告文学写作。报告文学中的人物是生活中实有的,报告文学作者要以真实的材料描述"活生生"的人物形象。这就需要对采访得到的材料进行分析,选择最能表现人物性格的言语、行为进行表述。要抓住人物性格的鲜明特征。要再现人物语言,使人物语言生活化、个性化。要写好人物生存的活的社会环境,把人物放在广阔的社会背景中去反映,发掘人物形象普遍的社会意义。

报告文学的人物语言要突出其个性,即作品的人物语言必须体现一定的身份特征和人物形象的性格特征,这不同于作家叙述的语言风格。要写好报告文学的人物形象,就必须善于从众多的材料中提炼出有血有肉,符合人物性格特征的语言即个性化的语言。这样写出来的人物才能生动传神,使读者如闻其声,如见其人。如何建明的《落泪是金》[①]中的一句话:"我是中国人,死也不在洋老板面前跪下。"这句话表现了孙天帅的人格尊严和爱国心。

3. 特色鲜明的语言表达

报告文学的语言要有个性。"文如其人"。优秀的报告文学作家总是在努力创造与众不同的语言特色。有的清新优美,有的朴素含蓄,有的警辟深沉,有的雄辩激昂,有的飘逸潇洒,有的瑰丽多姿,有的庄重凝炼,有的真实细腻,委婉动人……

报告文学作家的语言风格不同于人物语言的个性化。作家的语言,要结合自己的人生经验、感想,紧密地联系社会生活、时代风貌、人情哲理等,在描写人物、叙述事件、阐明道理时,显现出作家的风格。它往往根据描述写作对象的特点,选用与其相适用的语言。如山西作家赵瑜善于根据描述对象的不同设置"语境"。在以山西本土为对象的《太行山断裂》《但悲不见九州同》[②]等文中,作者的叙述多为口语化的,有时还带有反讽意味,他试图以此来切合所述对象的个性。而在《中国体育三部曲》[③]中,作家设置的"语境"又是以庄重、沉稳而又富于哲理思辨火花的政论式叙述为主,以此来传达出客体的危机情形及创作主体的忧患倾向。

思考与练习五

一、思考题

(一)请扫描二维码,阅读郑晔采写的消息《跑三条街买不到一个顶针》,思考它对发现新闻事件价值的意义。

跑三条街买不到一个顶针

牧民开始用卫星放牧

(二)请扫描二维码,阅读哈丹宝力格、海粼采写的《牧民开始用卫星放牧》,指出这篇消息"新"在何处。

(三)消息的导语有哪些主要作用?

(四)消息的五个"W"任何情况下都一个不能少吗?为什么?

(五)记者在下面的消息中表达了什么?他是如何表达的?

被俘日本军官、护士结婚[④]

【本报冲绳1945年4月30日电】 三天之前在冲绳南端一个山洞中向美军投降的一名日本军官和一名女护士今天接受了美军随军牧师的祝福,结成美满姻缘。

结婚证言是由摩门教徒鲁本·克蒂斯中校宣读的,他是美军陆军第七师助理随军牧师。一

---

① 何建明. 落泪是金[M]. 成都:四川人民出版社,2002.
② 赵瑜. 赵瑜自选集[M]. 太原:山西教育出版社,2000.
③ 赵瑜. 中国体育三部曲[M]. 杭州:浙江文艺出版社,2008.
④ 黎信. 外国新闻通讯选评(上册,新闻)[M]. 北京:长征出版社,1984:332.

位译员同这对新人一道站在用野花草编成的拱门下,为他们翻译。

新娘身穿墨绿色和服,腰系黄绿色的婚礼彩带。新郎身穿日本军官制服,但足登美军步兵战地皮靴。

军事长克利福特·朗斯塔夫用手风琴演奏了圆舞曲《维也纳森林中的故事》和门德尔松的《婚礼进行曲》,大约有二百多人参加了这次婚礼,其中有不少是美军军官。

牧师朗声宣读祝福词,这时,新郎、新娘走到前来观礼的军官们跟前,两次深深鞠躬,表示感谢之意。

美军将为新婚夫妇单独提供一座帐篷。三天前,当美军发现他们时,他们正躲在一个山洞里,双方藏在一堆被子下面。

(六)请扫描二维码,阅读唐爱平采写的《三一集团关联公司在美起诉奥巴马获胜》,指出这则消息在结构上的特点。

(七)请指出下面消息中的背景,并说明其作用。

三一集团关联公司在美起诉奥巴马获胜

淮南八公山豆腐又上市了①

【据新华社合肥电】 具有悠久历史的安徽淮南八公山豆腐,随着集市贸易的复苏又上市了。清晨,淮南八公山下的八公人民公社大泉大队的社员,挑着一副副豆腐担子穿过村头,到淮南煤矿和寿县城镇出售八公山豆腐,顾客非常欢迎。

据李时珍的《本草纲目》记载:"豆腐之法,始于汉淮南王刘安。"淮南,即今安徽淮南一带。这里制作豆腐,原料挑选严格,磨得均匀,豆渣淘得净,且多用泉水,制成的豆腐洁白、细嫩、味美。别的地方一斤黄豆出三斤豆腐,这里可以出到四至五斤。别的地方豆腐作汤,豆腐沉于水中;这里豆腐作汤,豆腐漂浮于水上。淮南八公山一带的农民,制作豆腐的技艺世代相传,很多人掌握了一套好手艺,八公山豆腐向来远近闻名。

(八)请扫描二维码,阅读大众日报集体采写的《山东作家莫言获诺贝尔文学奖》,分析这则消息在表达方面的特点。

(九)通讯与消息的区别有哪些?

(十)通讯的文体特征包括几个方面?

(十一)通讯有哪几种常见的类型?写作时应注意哪些问题?

(十二)通讯写作应该如何采访?注意哪些问题?

(十三)如何写人物通讯?

(十四)阅读下面的小通讯,思考记者采访"分油"发现的新闻价值。

会计伢嫌我的油壶小②

六月开了门,乡里喜盈门。我们超卖③了菜籽油,平均每人还分九斤二两油。分油那天,我兴冲冲提着壶赶去。只听会计伢蔡后建在那里左右开弓,嫌李二婶壶小,怪张大妈不抱个大坛来,还说我的油壶是拿来"做得玩"的。我心想,你这伢是"洋人的房子——光是门",就说:"你这伢,去年拿这个壶来,是哪个笑话我'心大壶也大'的?"会计伢忙陪笑说:"二婆,您老人家把老花镜戴上看看吵!去年吃的是'大锅饭',收的那点油还不够锅吃;今年'分社吃饭',干活劲大了,收的油多了,壶就变小了呗!"我这才想转来:是哩!今年分组作业、联产计酬的方法就是好,以后再不吃"大锅饭"的苦头了。

---

① 淮南八公山豆腐又上市了[N].人民日报,1979-03-18(02).
② 吴学标.会计伢嫌我的油壶小[M]//王益民,汪苏华.中国当代精彩新闻评说.武汉:武汉大学出版社,1987:145.
③ 我国实行农业税时向耕田种地的农民征收粮油。"超卖"是指上缴规定之外而多卖给国家的意思。

湖北省云梦县义堂公社建合三队王二婆讲 吴学标记

（十五）请扫描二维码，阅读穆青、周原采写的《抢财神——河南农村见闻》和董碧娟采写的《"李保国又来了！"——记一位扎根太行山的科技工作者》，比较两篇通讯的写作发现和角度，思考作者这样处理对我们写作通讯有何启发？

抢财神——河南农村见闻

（十六）请扫描二维码，阅读陈毓钊采写的《车轮上的幸福——福泉市陆坪镇福兴村吴成德家换车记》，思考这篇通讯的写作特色。

（十七）如何理解报告文学的新闻性？

（十八）报告文学的评论性具有哪些特征？

"李保国又来了！"——记一位扎根太行山的科技工作者

二、小练习

（一）全班分成若干采访小组，分别采访校园热点新闻，然后在班上交流讨论。

1. 为什么认为自己小组采访的新闻是热点？

2. 本小组认为自己采访的新闻其价值何在？（这是进行发现新闻价值能力的训练）

车轮上的幸福——福泉市陆坪镇福兴村吴成德家换车记

（二）以小组为单位，各小组分别精选一篇新闻作品，故意将其拆开，打乱其原来结构，交另一小组进行重写。然后两组讨论重写作品结构与原作的优劣。（这是进行新闻结构能力的训练）

（三）请扫描二维码，阅读杨甜子、张琳采写的《宿管阿姨800字致辞被掌声打断11次讲哭毕业生》，请把它改写成一篇人物消息。

宿管阿姨800字致辞被掌声打断11次讲哭毕业生

三、文章评析

（一）请扫描二维码，阅读赵剑平、肖一沙采写的《生死三代情 维汉一家亲》，然后完成以下三个任务。

1. 分析这则消息标题的特色。

2. 指出这则消息导语、主体的写作特色。

3. 谈谈消息的作者是怎样表达自己的思想、感情的？为什么要这样表达？

生死三代情 维汉一家亲

（二）请扫描二维码，阅读李春、王进昌采写的《核弹元勋的"三子"》，分析这篇通讯的写作特点。

（三）请扫描二维码，阅读李青松撰写的《一种精神》，分析这篇报告文学的思想性与艺术性。

核弹元勋的"三子"

四、作文（选作）

（一）写一篇简明新闻。

（二）就身边最近发生的具有传播意义、充满故事性的人物或事件写一篇新闻小故事。

（三）采访一个教书育人先进人物，写一篇人物通讯。

一种精神

第六章 文学文体

生活中有一些令我们感动的人和事,对其中的发现进行加工改造,运用意象思维创作,根据内容,可以创作散文、虚构小说、抒写诗歌……本章介绍的就是常见的文学文体的写作。

第一节 散 文

中国古来的文章,向以散文为主要文体,散文是受众最喜爱阅读的文学样式之一,是作者对现实生活审美体验和独特感受的一种真情物化形态。学会写散文很重要,对此陆文夫说:

> 到底是从长篇还是从短篇开始好呢?我觉得如果是作为一种开始的话,那既不是长篇,也不是短篇,是散文。一般地讲,小说是用散文写成的故事,故事长了就是长篇,短了就是短篇,不长不短的就是中篇,是量的不同,没有多少质的区别。如果散文写不好的话,那不管是什么篇,写出来总是缺少点文采,缺少点韵味,此种文病十分难医。[①]

作家在这里所说的是写小说要首先写好散文。事实上,写好散文是创作描述性文章的通行证,初学写作者应该掌握它。

一、散文概述

要学会散文写作,首先要了解散文是什么以及它的文体特征等。

(一) 散文的含义

散文是一个不断发展着的概念,它有广义和狭义两种解释。就广义解释而言,它是指与韵文及骈文相对的不押韵不十分讲究骈偶的文体。这一含义主要是对古代散文的称谓。

其狭义的解释,主要是指与诗歌、小说、戏剧相提并论的一种文学文体。它包括特写、报告文学、回忆录、杂文、随感、文艺随笔等。

而到了当代散文家杨朔这里,又从狭义散文中分离出艺术性散文来。20世纪60年代前后,杨朔发表了《荔枝蜜》等散文。这些散文以物喻人,热情歌颂劳动人民,那简约诗一样的文字和意境,至今余音袅袅。杨朔宣称要"把每一篇文章当成诗写"[②],艺术性散文逐步成为一种独特的文学样式。然而它又限制了散文的发展,它不能越俎代庖而把每一篇散文都"当作诗写",他的散文有些虚浮感,就因为此。

因而,如今对于散文是什么,又有了一定新的界定,它既不包括特写、报告文学等体式,又不是严格意义上的文艺性散文。它是指在现实生活的基础上,通过一定的艺术加工,其题材广泛、写法自由、文情并茂、篇幅可长可短的一种文学样式。如张炜的《融入野地》、史铁生的《我与地坛》等。

我们所讲的散文,主要是后一种解释。

(二) 散文的分类

文体的类别不同,其写作规律也不尽相同。散文分类的目的就在于深入了解散文各种类的

[①] 陆文夫.漫话小说创作[G]//陆文夫.艺海入潜记.上海:上海文艺出版社,1987:162—163.
[②] 杨朔.东风第一枝·小跋[M].北京:作家出版社,1961:151.

文体规律。

1. 从思维方式的角度划分

（1）虚构性散文

它是以艺术真实论为创作的思维原则，以回忆引起联想，创造想象参与其中，进行表象和表象的叠加交融，创造形象的散文。何为的《第二次考试》、余秋雨的《道士塔》就是这类散文的典型代表。

（2）实构性散文

它是以纪实的真实性为思维原则，思维过程以回忆—联想—再造想象为主而写作的散文。周玉明的《不会哭的女人是可怕的》就是深切纪念作家陆星儿的实构性散文。

2. 从表达方式的角度划分

（1）记叙性散文

它是以记叙事件，描写人物为主要内容的散文。它又分两类：一是记事性散文，它偏重于记事。比如2009年贾平凹获奖散文《从棣花到西安》[①]。二是记人的散文，它偏重于记人。比如鲁迅的《忆刘半农君》、孙犁的《亡人逸事》等。

（2）抒情性散文

它是写景状物以抒情的散文。丛维熙的《漓江情韵》，作者通过写景状物，运用比拟、象征等艺术手法，借景抒情，托物言志，以表达对现实生活的情感体验和审美认知。

（3）议论性散文

它是通过对具体事物的形象叙述及描写来展开议论、进行说理的散文。它与一般的议论文不同，主要不是运用概念、判断、推理来说理，而是借助于具体形象展开议论，说明道理。史铁生的获奖散文《诚实与善思》[②]，"正像题目一样，作家写的亦是'诚实与善思的文字'，更是以生命来思考的文字"[③]。

还有从文学成就角度来划分的，如俗散文，即报纸上发表的大量业余作者的散文；雅散文，即专业作家及专家、教授写作的智慧性散文等。

另外，散文还有随感体散文等分类。

（三）散文的特点

散文创作源远流长，在这既层见叠出又不断发展变化的写作中逐渐形成了它的审美规范，其突出特点有以下几个方面。

1. 情真意随，主体性强

这里的情真有两层含义，一是情感真挚真实；二是敢于抒真情、写真意。这里的意随是指作者的思绪自由自在，无所拘束。恰如苏轼在他的《自评文》中所说的："常行于所当行，常止于不可不止。"然而无论情真，还是意随，都是作者强烈的意识及其独特感受，是抒自己之情，写自己之意，并把这种情和意引向典型和普遍。

2. 取材广泛，长短自由

再也没有比散文取材更广泛的了，可以说，任何题材都可以作为散文的写作对象，无论天文地理、草木虫鱼，还是上下五千年，纵横八万里，大至浩浩宇宙，小至一花一叶，都可以成为散文的写作题材。

---

① 郑彦英.2009年度华文最佳散文选[M].郑州：河南人民出版社，2010：16—18.
② 同上书，111—119。
③ 同上。

同时散文写作可长可短,短则百儿八十字,长则五六千字乃至几万字。篇长的如胡廷武的《听鼾》,写得以情感人;篇短的如周敦颐的《爱莲说》写得脍炙人口,发人深思。

再说散文写作自由,也是其他文学文体难以相比的。它有三个方面的理解:一是体裁的自由,如速写、游记、序跋、随笔、杂谈等均可;二是表达的自由,可叙可议,可描可说,更可以抒情;三是抒情的自由,呐喊、抨击、赞颂等无所不可。

3. 大巧若拙,崇尚自然

大巧若拙,崇尚自然是指散文的风格特点,也是散文创作的至高境界。好的散文应该是"见山只是山,见水只是水"的。正如汪曾祺认为的:"挺大的人,说些小姑娘似的话。我是希望把散文写得平淡一点,自然一点,'家常'一点"①。人们比较推崇孙犁、贾平凹的散文,就在于他们的散文大巧若拙,清水芙蓉,天然自馨。

大巧若拙,崇尚自然,还有别一种审美模式,那就是雄浑、绮丽、华美等,张立勤《痛苦的飘落》②就是这样。作者罹患绝症,通过治疗,居然痊愈,美丽秀发长出。这生死的巨大冲击及深刻体验,使作家感情激越。整篇散文运用比喻、拟人、夸张、排比等修辞手法和象征的写作技巧,层层渲染、节节铺垫,语言纵横捭阖、汪洋恣肆,就把作者大喜大悲之心情生动地刻画出来,表达上显示出绮丽、华美的文采。所以,从风格的多样性来讲,这样的散文写作也是一道亮丽的风景线!是另类情真意随、大巧若拙和崇尚自然的散文。

二、散文的写作

散文写作要经过三个阶段:美的发现、艺术构思和作家着手构筑自己的散文世界,物化为具体可感的散文作品。这三个阶段没有明显的分界,它们互相渗透,交错发展。

(一)散文写作美的发现

散文写作如口说出,无拘无束,似乎很容易,然而要创作出令人击节的散文就不容易了。对此高尔基说:

在我看来散文要比诗还难,它需要特别敏锐的眼力,需要有洞察力,要能看到和发现别人所没有看到的东西,还需要有某种文字上的异常严密而有力的词句。③

对高尔基所说散文创作在写作发现和语言表达上的"两难"进行比较,我们认为更难更重要的是散文创作的写作发现。

散文写作首先始于美的发现。所谓散文写作美的发现是指作家在情感、理智作用下,对包含着某种散文审美意义的生活现象的发现和敏锐把握。

1. 散文写作美的发现方式

(1) 是作家情感特征、生活特征和散文文体特征的猝然遇合

作家写作散文,其美的发现需要三个前提条件:一是作家的情感特征;二是生活特征,它包含某种艺术美意义以及作家对这两个特征猝然遇合的智能,即敏感的艺术把握;三是与之桴鼓相应的散文体式。瑞士著名心理学家皮亚杰说:"一个刺激要引起某一特定的反应,主体及其机体就必须有反应刺激的能力。"④这就需要散文作者不仅要执着于散文的写作,同时还要不断地提高散文写作之外的认知力和操作能力,在不断地"顺应""同化"中,去容纳生活特征和文体特征而写出优秀的散文来。张立勤为什么能写出激情澎湃的经典散文《痛苦的飘落》?她说:"我曾患恶性

---

① 汪曾祺.《蒲桥集》序[M]//范培松,徐卓人.汪曾祺散文选集.天津:百花文艺出版社,1996:50.
② 林非,李晓红,王兆胜.百年中国经典散文 青春卷(上)[M].海拉尔:内蒙古文化出版社,2009:384—388.
③ 高尔基.谈谈我怎样学习写作[G]//戈宝权,译.宇清,信德.外国名作家谈写作.北京:北京出版社,1980:283.
④ 皮亚杰.发生认识论原理[M].北京:商务印书馆,1981:60.

肿瘤,手术化疗中长发全部脱落,于是,我写了这篇散文。它记录了我与命运的搏斗。"①身患绝症,生死体验和我与命运"搏斗",激励张立勤写作《痛苦的飘落》。这是她情感特征、生活特征及文体特征猝然遇合的结果。

(2) 对生活的独特感受和深切体验

因为散文是主情的文学文体,而且是作者自身的思维认知和情感体验。这就需要散文写作美的发现一定要有对生活的独特感受和深切体验。韩小蕙的《内心的自美》②感受和体验就很独特。这是一篇虚构性美文,作者阅读哲学著作有所感悟,联系到近年"香火大盛""修庙拜佛"的现实生活而借题发挥,来探讨"美"的问题。作者生动形象地描画了一群"心质清纯,冰雪洁白"的"好姑娘",她们上山求神拜佛,"把最青春最岁月的珍珠,瀑布一样,抛洒在幽静的山谷",希望"净水观音"赐予美和幸福,但她们水晶般心灵也蒙蔽了种种世俗的尘灰,什么"冷美人"、嫁个"富豪"、欠了"品格"等意识。作者通过联想、想象,进行表象和表象的叠加交融,创造新形象,并借哲人般"老妇人"之口,告诉姑娘以及世人:"美,是自己从灵魂深处开掘创造出来的","是高尚道德之花的盛开"……也即"内心的自美"。散文无论局部的描写,还是全文意境的创设,都具有很强的独特性和切身体验性。尤其是散文开头与结尾,前呼后应的议论和抒情具有极强的普世价值和哲思意蕴。

散文写作美的发现,没有切身体验和独特感受,料定写不好散文。

2. 散文写作美的发现途径

清代魏禧说:

人生平耳目之所见闻,身所经历,莫不有其所以然之理,虽市侩优倡大猾逆贼之情状,灶婢丐夫米盐凌杂鄙亵之故,必皆深思而谨识之,酝酿蓄积,沉浸而不轻发。及其有故临文,则大小浅深,各以类触,沛乎若决坡池之不可御。③

这不仅告诉我们怎样积累素材,同时也从侧面告诉我们,散文写作发现的一些途径。第一,耳闻,就是听说过的人与事。曹植在《与杨祖德书》中说:"街谈巷说,必有可采;击辕之歌,有应风雅。匹夫之思,未易弃也。"第二,目睹。陈丹燕的优秀散文《春日探寻聚源中学》就是作者亲历目睹而写出的。第三,阅读,这是散文写作美的发现的重要途径。韩小蕙的优秀散文《内心的自美》就是读美学著作有所感悟而创作的。她说:"某日读美学著作,突然顿悟,谨记如下。"④第四,身历。孙犁的《猫鼠的故事》、尧山壁的《百姓旧事》等,都是他们亲历的人与事,"酝酿蓄积",予以提炼、升华而写成的散文。

这些说起来容易,做起来却难,就是富有经验的作家稍不留意,恐怕再好的信息也会稍纵即失。因此,我们应时时在意,处处留心,做一个散文写作的有心人。

(二) 散文写作的美学构思

散文写作有了美的发现,接着在联想、想象以及幻想的基础上,就要进行散文的美学构思。把那些零散的、片段的生活素材,按照一定的审美规律,通过加工,使之成为一个散文美的信息系统,这就是散文的美学构思。它包括以下三点。

1. 立意的提炼

立意是散文写作的生命线和立足点。它的提炼是多方面的,我们主要从以下两个方面着手。

---

① 张立勤. 痛苦的飘落[J]. 青年文摘, 1989(10):36.
② 王剑冰. 美文·2005年中国精短美文100篇[M]. 武汉:长江文艺出版社,2006:57.
③ 周书文,伍中,万陆. 魏禧文论选注[M]. 南昌:江西人民出版社,1984:32.
④ 王剑冰. 美文·2005年中国精短美文100篇[M]. 武汉:长江文艺出版社,2006:57.

(1) 从感受最深的东西着眼,揭示出它内在的含义

散文立意的提炼,首先要从感受最深的东西着眼,揭示出它内在的含义。所谓感受是指作者对客体的刺激产生相应的感觉、知觉所呈现的富有情感和个性的心理活动。这里的深刻及揭示内在的含义是指感受的形象性、情感性、体验性,并在感受独特性的表层下,揭示出情感与理性的本质。

台湾作家张晓风《河飞记》①的立意很深刻,揭示了事物本质的内在联系。其立意是"原来只要人好,情好,自有好话出口:'水尽鹅飞'固然传神,'水净河飞'也另有风采",热情歌颂了中国地大物博和语言的丰富多彩。文中她言到香港讲学,广东话里有"水净河飞"之语,在大量读书中才知道是"水尽鹅飞"的误传。在层层渲染铺垫下,散文的结尾融议论、抒情为一体。她说:

中国太大,但大而同舌也就够好了,尽管传舌有误,却有白纸黑字的文字可以为凭。和百舌各说各话最后竟不免要拿英文来沟通的印度相比,真是幸运。这样想想居然忽地兴高采烈起来了——虽然平时一提到中国这大题目,总几乎要眼湿的。

散文读到这里,作家对祖国的眷眷之情和报国之志无不感动着每一位读者,能深切地把读者带入到《河飞记》的情境中,让读者领悟到作家内心深处"情""理""人""事"的涌动和对祖国地大物博、语言丰富的真情歌赞和感到自豪。假如我们再读张晓风其他散文,无不为她散文深邃、强力的内在质性和优美的意境创设而悄然动容。这也是我们散文写作必须做到的,它是散文的生命线。

(2) 从众多事物的感受中寻找它们的共同点

在散文立意的提炼中,还应在众多的事物中,同中求异,这是作者对客观事物的独特感受和个性体验,谓之:典型性;同时还要异中求同,在众多写作的不同素材中寻觅出那种把这些事物联系在一起的共同点——规律,谓之:普遍性;进而使散文的立意及写作就具有了内在的典型性和普遍性的统一性。这样的立意提炼是必须的,也是立意深刻性的具体表现。徐迟的《枯叶蝴蝶》②短小精悍,托物言志,韵味浓郁,就在于散文同中求异和异中求同的立意提炼。蝴蝶都是美丽的,这是同;枯叶蝴蝶则比最美丽的"还要美丽些"和它的"枯叶"及"伪装",这是不同,进而做到了同中求异。枯叶蝴蝶"以为"这样做可以保护自己,殊不知这样做却更教人去搜捕它,作家由此及彼,由物及人,寄寓了不虚伪,不伪装,要坦诚,要真实,"我愿这自然界的一切都显出它们的真相"的审美意绪和情趣,这是异中求同,揭示出事物的本质与规律,进而达到了"有我之境"和"无我之境"的统一,很好地确立和提炼了主题,才使散文如此优美而深邃。一切散文都应如此提炼和确立主题。

2. 材料的选用

有了好的立意,就要考虑选材用料的问题。鲁迅说:"选材要严,开掘要深……"③它有两层意思,一是提出选材"严"的要求;二是只有选材"严",才能开掘"深",立意才能深刻。因而我们说选材好坏是散文写作成败的重要因素。而这一切可以用四句话概括:扣题,真实,典型,新颖。

所谓扣题,说的就是紧紧扣住散文的主题,选择和使用材料。选择材料的目的就在于深刻、突出地表现主题,因而必须根据主题的需要来确定材料的取舍、主次、详略等。凡能充分表现和烘托主题的就要选择,否则就要舍得割爱,毫不犹豫舍弃那些可能很生动但不能扣题的材料。

---

① 张晓风. 河飞记[G]//徐学. 张晓风的国学讲坛. 广州:花城出版社,2008.
② 孔范今. 中国现代新人文散文[M]. 济南:山东文艺出版社,2005:30.
③ 鲁迅. 关于小说题材的通信[M]//二心集. 北京:人民文学出版社,1980:176.

所谓真实,有两层意思。假如是实构型散文,就要求实有其事,讲究客观的真实,时间、地点、人物、事件都要可靠,不能虚构。假如是虚构型散文,比如张晓风的《母亲的羽衣》《细细的潮音》等,它们的真实可以虚构,是艺术的真实。但不管是哪一种真实,其情理则必须令人信服。由此,它们的选材也不会相同,实构型散文选材讲究客观的真实;虚构型散文讲究想象的真实。

所谓典型,是指选材具有广泛代表性、能够充分说明主题和揭示事物的本质与规律。明代崔铣的记人散文《记王忠肃公翱事》[①]的选材典型性很值得学习。它紧紧扣住王翱"耿直"的性格特征,选择了很有代表性、能够充分揭示王翱"忠肃"精神实质的三件事:一是"裂卷火之";二是其婿不迁;三是受珠还珠。从而充分表现了王翱耿直、倔强的性格和为人以诚、为政以廉、为臣以忠、为事以公的精神品质。可以说没有一篇优秀散文选材不典型的。

所谓新颖,就是写他人未写的事,并选择那些新鲜、活泼、生动、有趣,具有时代特点的材料。佚名《钓蝴蝶的小姑娘》[②]的选材不仅扣题、真实、典型,而且非常新颖。不到500字的散文,到处都充满了一个"新"字。其选材新,小姑娘可爱、活泼、善良、稚趣,她居然用玫瑰花"钓蝴蝶"。其画面新,它由小姑娘、玫瑰花、蝴蝶、阳光西斜以及小蜜蜂等,构成了一幅优美风景画卷,新颖独到,美不胜收。其意境新,作者把人生、社会、生活、现实的美好追求寄托于这样美好事物的描摹和故事的叙述中,画中有人,人在画中,情景交融,人情物理,自然成趣,意境非常独特。并在描述中烘托出作者新颖的立意——"保持着那份纯真,选择这条云淡风轻、充满阳光的欢乐之路"。

散文选材、用材是一个系统工程,扣题、真实、典型和新颖既是选材、用材的原则,也是选材、用材的方法。非如此不能选好材料!

3. 结构的安排

皮亚杰说:"一切社会的研究,都必然导向结构主义。因为社会只能作为整体来研究……结构迟早要表现为强制个人接受的规范和准则。"[③]是的,散文写作也是这样,在确定了立意、选择了恰当材料之后,接着就应该考虑和实施散文的结构安排。除了传统的记叙文结构模式外,它有三种特殊结构模式。

(1)"随物赋形"式

散文是从心中流出来的不受限制的自然之文,有话则长,无话则短,一切从内容出发,写法极其灵活而又不受限制。它的表达同水的流动特征很相似,苏轼发现了这一点,他说:

吾文如万斛泉源,不择地皆可出,在平地滔滔汩汩,虽一日千里无难。及其与山石曲折,随物赋形,而不可知也。所可知者,常行于所当行,常止于不可不止,如是而已矣。[④]

散文大家以水的流动比喻散文行文,"水"喻之为内容,所行之迹为结构。这种散文结构既不受任何文体格式的限制,也不刻意为之,是随内容的表达自然生成的,具有风行水上的特点。对此,鲁迅说:"我想,散文的体裁,其实是大可以随便的,有破绽也不妨。"[⑤]"大可以随便""有破绽也无妨"可以理解为散文写作对结构要求不是太严格,只要能够表达所写内容就好。许多散文名篇,内容表达如行云流水,结构方式看不出有特别之处,其内容和形式如水乳交融,浑然天成,仔细分析就会发现,这些散文名篇作者对所写内容了如指掌,对描写对象的特点和规律把握非常到位。按照把握描写对象的特点和规律进行行止自如的表达呈现出来必然和自由高度统一的组织构造

---

① 崔铣.记王忠肃公翱事[M]//郭焕芳.古文经典99.济南:山东人民出版社,1999:166—167.
② 周彦文.当代散文精品[M].广州:广州出版社,2003:3.
③ 皮亚杰.结构主义[M].北京:商务印书馆,1984:7.
④ 苏轼.自评文[M]//张志烈,张晓蕾选注.苏轼选集.北京:人民文学出版社,2002:359—360.
⑤ 鲁迅.怎么写[M]//鲁迅全集(第4卷).北京:人民文学出版社,1957:22.

就是"随物赋形"式散文结构。风行水上,自然成文,是古人认为天下最好的文章。

(2)"形散神聚"式

传统的散文写作理论青睐"形散神不散"的结构形式。所谓"形散"是指选材的自由,结构的不拘一格,行文的自由疏放;而"神不散"是指散文主题的集中。散文写作可以海阔天空,不拘章法,但必须放得开收得拢,体现"形散神不散"的特点。虽然有不少人认为散文"形散而神不散"的理论有很大的"局限性",其实也不尽然。它仍然是散文写作的重要规律和突出特点,也正是在形散神聚的规律中,散文的内容才能集中统一。多中心即无中心,就不能算作文章了。贾平凹的散文《从棣花到西安》,所写时间跨度大,涉及事情多,可谓"形散";但是它有一条文脉,热情歌颂改革开放和社会发展的大好形势,由它紧紧把这些"散乱"的材料串联起来,形成一个整体,达到"神聚"的审美要求。

从某个角度讲,散文能使之形散神聚,才更容易学好散文写作和写出优美的散文来。

(3)"曲折有致"式

散文又一种结构模式是曲折有致,讲究章法。关于这种结构,清人刘熙载曾经说道:

大起大落,大开大合,用之长篇,此如黄河之百里一曲,千里一曲一直也。然即短至绝句,亦未尝无尺水兴波之法。①

刘熙载在这里说的尺水兴波之法在散文写作上表现出来的就是结构安排上的"曲折有致"式。绘景、状物、记事、写人的散文不依情节取胜,要写得引人入胜,要讲究结构的曲折多变。在这方面,刘白羽的散文《日出》在结构上的安排堪称典范。《日出》是要突出自己的一次独特发现——描述在飞机上看到的非同一般的日出景象。作品起笔点出看日出之题,接下来按照通常的行文线索应该直接表述自己观看日出的情形,然而,散文家表达的却是对古代诗人描绘日落名句的评说,不写日出写日落,这是行文上的一"曲"。在这一"曲"之后,作家又先后转述海涅在布罗肯高峰和屠格涅夫在俄罗斯原野观察日出的描绘文字,这为自己同两位描写日出的圣手下敌手棋在自己的行文路上"搬"来了两座耸入云霄的文山,可谓是在表述自己有别古今中外的日出描写的走笔之路上的登山。接着,作家回忆先后在印度的科摩林海角和在黄山满怀希望地等待日出,都因天气突然变化没能如愿的往事,这一连两个"曲折"使行文线路直下"谷"底。在走笔的"大落"之后,最后是行文的"大起",作家浓墨重彩地描写在万仞高空看到日出的壮丽景象。这行文的跌宕是作家的匠心独运,这种写法讲究章法,运用技巧,组织材料体现一个"巧"字。它在行文上一波三折,表达最精彩的独特发现有一种"千呼万唤始出来"之感,这就是"曲折有致"式。

(三)散文的审美表达

散文写作到了审美表达这一步,就进入散文的物化阶段。这除了散文的叙述、描写、抒情、议论等表达方式综合运用之外,还应进一步强化描写的形象性、议论的深刻性、表述的自然性和语言的蕴蓄性等几个问题。

1. 描述的形象性

散文描述的形象性主要依靠精当的场面及细节描写来实现。场面及细节描写是散文构筑的最基本单位,只有精心处理好场面及细节描写,散文才会生动形象。

所谓场面描写是指在某一特定时间和特定地点范围内,以人物活动为中心的生活画面的描写。它是环境、人物、景物等方面的综合表达,尤其要包含着细节描写。所谓细节描写是指对人物、环境及景物细小方面所做的描写。它是叙述事件、刻画人物的必要手段,最具形象性,最能揭

---

① 刘熙载. 文集·艺概·诗概[M]. 南京:江苏古籍出版社,2001:115.

示事物的本质。柳明的优秀散文《二舅不种罂粟》写的是1944年二舅抵死不给狗腿子种罂粟的故事。前半部分有这样一段：

"三,三妹,咱,妈想,想玉,玉子,想得掉泪儿呢。"玉子是我的小名。二舅结巴,一动感情更结巴,"你,你放心,我,我这人,你,你还不知道,能,能让她,她受委屈?"二舅手里的烟锅不停地在烟袋里挖,说,"再,再说了,老家还,还是比这儿安静。"这样,我到京东离运河不远的姥姥家过我平生的第一个暑假。①

这段话感人至深。它以二舅的活动为中心,熔铸着对话、行动等各种描写方法而构成一个完整的场面描写,其中也包蕴着一系列生动形象的细节刻画。二舅说的"你,你放心,我,我这人,你,你还不知道,能,能让她,她受委屈?"和烟锅不停地在烟袋里"挖"的对话及行动的细节描写,不仅给我们生动地刻画了二舅朴实、真挚和结巴的性格特征,而且也为下文二舅至死不给狗腿子们种植罂粟的倔强、耿直做了伏笔的交代。充分表现了一个农民朴素而又宝贵的爱国主义精神。正如后半部分二舅铿锵有力地痛斥:"你,你们还有,还有中国人味儿吗？老,老,老祖宗在,在地下,也,也咒你们!"一个凛然不惧、宁死不屈的立体的大写的农民形象就生动地矗立起来。我们的散文写作应该追求和达到如此描述的生动性、形象性,并且由此而创作出优秀散文来。

2. 议论的深刻性

散文的议论当然不同于议论文的议论,第一,精短简要;第二,画龙点睛;第三,融描写、抒情于一体。并且由此揭示事物的本质,这就是散文议论的深刻性。

不错,半农确是浅。但他的浅,却如一条清溪,澄澈见底,纵有多少沉渣和腐草,也不掩其大体的清。倘使装的是烂泥,一时就看不出它的深浅来了;如果是烂泥的深渊呢,那就更不如浅一点的好。

这是鲁迅记人的散文《忆刘半农君》中一段话,这段议论,贴切简短、画龙点睛,在评价中,充满对刘半农"浅"的称道、挚情,同时也有批评。并且还运用了一系列"清溪""沉渣和腐草""烂泥""深渊"等比喻,既是抒情,又是描写,更是议论。客观、真实而又深刻地揭示出刘半农"浅"的性格特征和精神世界。这段话是记叙性、抒情性散文非常典型的深刻议论。

另外还有一种议论性散文的议论,更要讲究深刻性。这类散文往往是边述边议,边议边述,叙议结合,以议为主,其叙述是为了议论,而议论又是对叙述的递进与升华,以揭示事物本质。鲁迅《灯下漫笔》、徐坤《灵魂在沉思默想中寻找光明》等,都是这样的佳作。

3. 表述的自然性

优秀散文的表述都是自然天成,大巧若拙,崇尚自然的。这其中除了散文语言的朴实、真挚、厚诚之外,还应该注意散文叙述视角的寻觅和选择。视角的寻觅与选择是散文写作的突破口。

那么,怎样寻觅和选择散文写作的视角？

一是人称。一般来讲,散文多用第一人称"我"。而这个"我"往往就是作者自身,也有不少第二人称和第三人称的。人称不同,看问题的角度也不会一样。

二是身份。这其中包括职业、职务,甚至民族等,确定了这些,实际上就确定了人与人之间的关系,这恰恰点出了环境的视角问题。

三是性别。男女性别不同,甚至还有年龄、体性不同,即使面对同一事物,态度也一样,其言语行为也会有别,它影响着视角及表达。

---

① 中国作家协会创研部.2004年中国散文精选[M].武汉:长江文艺出版社,2005:279.

四是态度。态度就是情感,这是视角的核心和关键,它是作者对所要表现的人物、事件及风景之思想情感的倾向性。

在这些内在、外在的条件下,面对写作的题材,综合思考视角的寻觅和选择,应该会有一个好的结果,也容易产生独特的感觉与体验。写起来才能随物赋形,大智若愚。张爱玲的《弟弟》是一篇记人的散文,那么它的视角是什么呢?一是身份:姐姐;二是性别:女性;三是人称:我;四是情感:姐姐对弟弟爱之深,恨之切的态度。这样综合起来确立写作视角,就是今天读到的张爱玲的名篇散文《弟弟》。

另外在寻觅和选择视角的时候,还要注意:选择视角要做到落笔要小,着眼要大;旧题材,要有新感觉以及寻求艺术表现的新"焦点"等。

4. 语言的蕴蓄性

散文的写作不能像小说那样大肆渲染、铺垫等,因此它更讲究语言的文采和手法的巧妙。这里说的文采并非仅指辞藻的华丽,也指散文中表现出来的各种风格特征。司空图在《诗品》中,给我们归纳了诗歌的 24 种风格,比如"雄浑,冲淡……"散文何尝不是如此?同时这些风格的实现还要依靠巧妙的手法,比如修辞手法和相关写作技法的运用等。并且在运用中要使之达到"无技巧境界",积极追求语言的蕴蓄性。

姜夔在《白石道人诗说》中,引述苏轼的话说:"言有尽而意无穷者,天下之至言也。"司空图也在《诗品·含蓄》中说:"不著一字,而尽得风流。"由此可见,散文语言的含蓄性是我们必须追求的。孙犁的散文写得好,就在于蕴藉。他的《谈赠书》,写他的一本书出版了,收到了出版社的赠书和代购了一些书,赠送给同事。结果怎样呢?文章是这样写的:

想到机关同组的同志,共事多年,应该每人送一本。书送出去以后,竟竟相传言:某某在发书,你快去领吧。

像那些年发材料一样热闹,使我非常败兴,就再也不愿做这种傻事了。①

这段话写得既明了又含蓄。其语言简洁凝练,像与你知心交谈一样"心平气和"地述说"赠书"事件,没有华丽的辞藻渲染和愤愤不平的感情流露,更没有强化了的外部动作、表情来突出事件,力求平静而又平静,但事在文中,意在言外,在藏、露、隐、显表达中,展示着作家的情感认知:人心惟危,难以理喻。这是作家的"未尽之意"和不写之写。这才是一位散文大家文贵真、情贵隐、意贵远的风范。

这一切是我们散文写作者要时刻注意的问题。

第二节 小　　说

一、小说概说

（一）小说的含义

"小说"一词,在我国出现得很早。两千多年前的《庄子·外物》篇中就有记载:"饰小说以干县令,其于大达亦远矣。"这里的"小说"不是作为文体提出的,而是指"琐屑之言,非道术所在"②,即远离道家自认为的所谓"大道"或"大知"的浅识、小道。它与后来的小说概念相去甚远。

汉代的桓谭在《新论》里说:"若其小说家,合丛残小语,进取譬论,以作短书,治身理家,有可

---

① 孙犁. 谈赠书[M]//杨栋插图. 孙犁散文经典(下). 沈阳:春风文艺出版社,2013:413.
② 鲁迅. 中国小说史略[M]. 北京:人民文学出版社,1958:1.

观之辞。"这里的"小说"一词,比《庄子·外物》里有所发展,与后来的小说概念也有些相近,"小说"已被称作一家。东汉时,班固在《汉书·艺文志》中介绍各种学术文化流派时,列入小说一家。他说:"小说家者流,盖出于'稗官'。街谈巷语、道听途说者之所造也。"[①]不过,按照《汉书·艺文志》所开列的一些书目看来,古人心目中的小说实在没有一定的范围,它的含义和今天公认的小说完全不同,大有无类可归的杂书就归并到小说一类的趋势,大概是属于来自民间的野史轶闻和传说故事等,还不完全同于后来作为文学创作部类的小说。

小说的观念是历史的,又是现实的,是发展的,又有其相对稳定性。为古今中外的被称作小说的东西下个无所不包的定义是很困难的,也没有必要,但对今人共识的小说观念做出表达,则是必要的和可能的。

当代,有不少理论家、学者和教授对小说一词下的定义基本属于传统的"人物、情节、环境"三要素定义法。很难涵盖非情节小说、心理小说和当今兴盛的网络小说等。

什么是小说?"对于今人共识的小说,似乎可以作这样的表述:以散体文摹写虚拟人生的自足的文字语言艺术。"[②]这个界定,包含了小说的从内容到形式的基本要素构成的四种规定性:叙事性、虚拟性、散文性、文字语言自足性。"以上四种规定性均非小说独有,别种文学样式或具其二,或具其三,而小说独能四性兼备,这就是小说定义的实质性含义。"[③]

(二)小说的特点

1. 内容上的虚拟性

小说是用文字语言创造的虚拟世界。"虚拟世界"可以是接近现实的"第二自然",如《三国演义》《红楼梦》等;也可以是完全虚构的"魔幻世界",如《西游记》《聊斋志异》,特别是近年来出现的玄幻、奇幻网络小说;也可以是"摹写出任何形态的人生幻想",如谌容的《减去十岁》等。

2. 选材上的广泛性

小说的写作,在材料的选择上可以说无所不包,无所不能。人、事、物、景;情、欲、识、理。上下数亿年,纵横数万里,古今中外文史哲……

可以这么说,世界上一切有形的和无形的,具体的和抽象的客观存在,虚无飘渺的,只要作家感受得到、想象得出,小说都能加以描绘,给以表现。正如美国著名小说家亨利·詹姆斯所说:"对于任何人生的印象,对于任何观看和感觉的人生方式,小说家的设计都可以提供一个地位。"[④]

3. 表现上的综合性

作家王蒙曾经说过:"小说首先是小说,但它可以吸收、包含诗、戏剧、散文、杂文、相声、政治的因素。"[⑤]小说是综合运用文学手段的艺术。即小说在表现形式上具有十分的广泛性和自由性,它可以综合运用包罗诗文体式和各种表现手段。在写作中,作家要熟悉各种文学手段和诗文体式,甚至包括应用文体和新闻文体等。如拉美结构现实主义代表作家巴尔加斯·略萨,他的名著《潘达雷昂上尉与劳军女郎》,不少章节是由公文、信件、剪报、播音记录,演说稿本之类的文字连缀而成的。

在表达方式上,小说家在写作中,要综合运用诸如叙述、描写、议论、抒情、说明等各种表现手段。既要长于叙述——多种多样的叙述,又要长于描写——方方面面的描写;既要善于用第一人

---

① 班固撰.颜师古注.汉书·艺文志[M].上海:商务印书馆,1955:39.
② 马振方.小说艺术论稿[M].北京:北京大学出版社,1991:6.
③ 同上书,10页.
④ 伍蠡甫.西方文论选(下卷)[M].上海:上海译文出版社,1979:516.
⑤ 王蒙.倾听着生活的声息[J].文艺研究.1982(1):44.

称人物语言叙述,又要善于用第三人称叙述人语言表述。

4. 语言上的自足性

所谓"自足性"就是语言文字可以满足任何一位作家"创造虚拟世界""诉说生命体验"的需要,而不需要借助其他任何物质手段。

在小说勃兴之前,叙事诗和剧本就用语言创造人生的幻象。叙事诗名为"叙事",实则为歌,摹写粗略,意象隐约,"空白"和"未定点太太太多";而剧本主要由对话构成,对话以外的事物很少涉笔。从小说和叙事诗、剧本比照中,可以得出结论:在语言艺术中只有小说创造了人事纷呈、情境逼真、充分具象的人生世界,堪称创造世界的文学。即使小说与诗和戏剧影视相比,它创造的人生世界也更本色、更像、更近于客观现实。诗的内容是生活的诗化。诗意,诗情"使万象化成美丽""使它所触及的一切都变形。"①如果把生活比作水,诗歌是由水幻化而成的虹,那么小说就是蒸馏水。蒸馏水是纯净水,但还是水。这正如哈密顿先生所言,小说"乃蒸馏之人生也"。②

与诗歌把生活诗化相似,戏剧影视文学总是把生活戏剧化、舞台化。"三五步走遍天下,七八人百万雄兵。"这是戏剧舞台的局限。小说全然不是这样,由于自由地使用语言文字不需要改变生活样态以适应自己的艺术形式,而是尽力按照生活本身的样子描写生活,特别是拟实小说,更把描写本色、逼肖作为重要的美学原则和艺术目标,任何做作都被视为弊端和败笔,失真的表现都会降低作品的价值和质量。

另外,小说和电影、电视剧相比,显然,作为综合艺术的影视,可以通过演出和拍摄,以自然符号——物质手段取得形象的直观性和实在性。这种直观性和实在性使其创造的人生世界五光十色,可见可闻,是语言构筑的小说世界无可比拟的。但小说同那个凭借演员、实物或其影像、音响造成的形声具备的世界相比,小说世界更广阔、更自由,它可以突破影视人物、道具、背景、音响等方面的局限,创造出让读者如临其境、如闻其声、如观其形、如体其情的大千世界,天上、人间、地狱,无所不包、无所不能。小说乃是语言的艺术。在创作实践中,总是将小说改编为戏剧或影视剧,而不是相反。

(三)小说的分类

小说的分类非常复杂,根据不同的分类标准有很多分类法。"以题材的时代论,可分为历史小说和现代小说;以文字论,可以分为白话小说和文言小说;以体裁论,可以分为日记体小说、书信体小说、诗体小说、章回小说。"③以内容论,可以分为人情小说、志怪小说、讽刺小说、侠义小说、侠邪小说、公案小说、谴责小说;以主义流派论,可以分为古典主义、现代主义、现实主义、表现主义、浪漫主义、自然主义、形式主义、存在主义、意识流小说等。另外,如果从载体来分,还可以分为纸质小说(平面小说)和电子小说(网络小说)等。本书将以小说的载体和篇幅的长短对小说进行分类。

1. 从小说载体角度划分

(1) 纸质小说(平面小说)

以纸质作载体,通过出版社、杂志社等传播的小说,这类小说有多种多样的形式,一般来说,在表述上同网络小说相比,更具经典性。

(2) 网络小说

网络小说有广义和狭义之分:广义上可以包含所有在网络上发布和流传的小说,从网络小说

---

① 雪莱.为诗辩护[G]//缪灵珠,译.古典文艺理论译丛编辑委员会.古典文艺理论译丛(一).北京:人民文学出版社,1961:106.
② 哈米顿.小说法程[M].华林一,译.吴宓,校.上海:商务印书馆,1924:6.
③ 哈九增.艺术教程[M].上海:复旦大学出版社,2000:284.

起源的狭义层次上看,主要是指由网络写手创作并首次在网上发布,流传的小说。网络小说与一般的小说形式有些不同,比较宽松,它的内容包含很广泛,如果要用一句话来概括的话,就是正规小说形式包容不了的小说一般都可以算作网络小说。它具有题材的通俗化、故事的程式化、情节的曲折化和内容的快餐化的特点。

网络小说从接受美学的观点来分类,可以分为两类,即男生爱看的小说,大多追求强壮的身体、无限的权力;女生爱看的小说,大多从爱情角度出发。

网络小说,从题材分类,可以分为若干类,如玄幻、奇幻、武侠、仙侠、都市、言情等。

2. 从篇幅长短角度划分

按照传统的,最常见的分类方法,是根据小说篇幅的长短,容量的大小,将其分为长篇小说、中篇小说、短篇小说和小小说(又称微型小说)。

一般来说,出版社和杂志社对这四类小说在文字上有一个大致的限数:长篇小说十万字以上;中篇小说三万字以上,十万字以下;短篇小说三千字以上,三万字以下;小小说三千字以下。

(1) 长篇小说

长篇小说是一种最广泛的巨型叙事的文学作品。它的篇幅长、容量大,不仅能反映广阔、复杂、丰富多彩的社会生活,也能描写一个相当长历史时期的风云变幻。如《三国演义》《红楼梦》等。

由于长篇小说篇幅长,故可以对作品中出现的人物作细致入微的描绘。它不仅可以塑造各式各样的艺术典型,而且可以描写主要人物性格的成长和发展过程,还可以把不同程度的次要人物的性格刻画出来。

为了适应描绘广阔的生活场面和众多的人物形象,长篇小说形成了它的多线索、多事件的情节和复杂结构。我国的四大名著在结构上各具特色。如《红楼梦》的罗网式结构,《水浒传》的环环相扣的链环式结构,《三国演义》的相互交织的绳辫式结构和《西游记》的一条主线贯穿许多事件的串珠式结构,它们都是长篇小说精彩巧妙的结构典范。

(2) 中篇小说

有较大的取材范围,能反映较为广阔的生活面,但一般不宜多条线索发展。如《人到中年》以陆文婷突然生病,住院抢救这一基本情节为主干,通过回忆联想,采用倒叙、插叙等手法,生发出陆文婷的求学、恋爱、结婚、工作与同学、同事和领导等关系上的一些纠葛和矛盾冲突,构成整部作品。

人物不多,大多集中描写一两个人物的性格发展,对次要人物虽然也注意刻画性格特点,但所写性格多半无需发展,如《人到中年》的次要人物秦波对陆文婷医生的看法前后是有变化的,但她的性格却始终没有变。

情节的曲折复杂与场景的拓广铺陈只能两者取一。比起短篇小说来,中篇小说容量较大,情节结构可以有较多的变化,对主要人物的性格发展也可以有较充裕的描述。但比起几十万言乃至数百万言的长篇小说来,中篇小说假如在情节上展开,就很难在场景上展开,反之亦然。两者只能取一。

(3) 短篇小说

人物集中,情节单纯。它往往截取生活中富有意义的一个片段,或一个侧面,经过艺术概括,集中地写一件事,刻画几个甚至一个人物,使读者借一斑而窥全豹。正如鲁迅所说:"但至今,在巍峨灿烂的巨大的纪念碑底的文学之旁,短篇小说也依然有着存在的充足的权利。不但巨细高低相依为命,也譬如身入大伽蓝中,但见全体非常宏丽,眩人眼睛,令观者心神飞越,而细看一雕栏一画础,虽然细小,所得却更为分明,再以此推及全体,感受遂愈加切实"①。如鲁迅笔下的《孔乙己》《祝福》《故乡》等作品中的人物形象都是那样鲜明、可感、栩栩如生。

反映迅速,时代性强。一般来说,短篇小说在写作周期上比中篇小说相对短些。这就使短篇小说能及时地适应时代的需要,反映日新月异的生活,描写各个时代各个时期的新人、新事、新气象,揭露新矛盾、新问题,代民众立言,为潮流呐喊,抨击时弊、干预生活。可以说短篇小说是时代的"晴雨表""大事记"。

(4) 小小说

小小说又叫微型小说,是20世纪80年代兴盛的小说品种,已经成为小说的四大家族成员之一。这种小说具有以小见大凝练含蓄的特点。

汪曾祺在《关于小小说》一文中说:"小小说是短篇小说和诗杂交出来的一个新品种。它不能有叙述诗那样的恢弘,也不如抒情诗有那样强的音乐性。它可以说是用散文写的比叙事诗更为空灵,较抒情诗更具情节性的那么一种东西。它又不是散文诗,因为它毕竟还是小说。"②

小小说的别名雅号还有很多,如微篇小说、袖珍小说、精短小说、镜头小说、瞬间小说、微信息小说、一袋烟小说、口袋小说、千字小说、电报小说、焦点小说、拇指小说、花边小说、迷你小说等。

本书之所以使用"小小说"称谓,主要是因为和高中语文教材及高考满分作文使用的称谓相一致。

日本一分钟小说大师星新一给小小说下的定义是:"超短篇小说必须具有立意新颖、情节严谨、结构新奇三要素。即在1500字以内要概括出普通小说应具有的一切。"③

在小小说的字数上,绝大多数作家、评论家认为1000字左右最好。

二、小说写作

阿·托尔斯泰早就说过"小小说,这是训练作家最好的学校"④。从有利于大学生练习小说写作的角度,本节讲小说写作,主要讲小小说写作。

(一) 小小说创作的写作发现

从某种意义上讲,创作的本领就是发现的本领。小小说以短取胜,创作更要写作发现。

小小说作家邢可认为"小小说是立意的艺术"⑤,"意的发现"对于创作纸短意长的小小说创作来说是非常重要的。在小小说创作中,常见的"意"的发现的技法有以下几种。

1. "主题先行"法

小小说创作不能像中长篇小说那样,作者为写一部作品长期深入生活,面对浩瀚的生活素材去思考立意,开拓主题,从而多层次多侧面多格调地展示人物性格。小小说,短小精悍,篇幅所限只能选取生活中的一个小片断一个细节,甚至是一眉一眼,以突出人物性格的"闪光点""凝聚点"或"核心点"。小小说这种选材的局限性却给"主题先行"拓展出无限广阔的创作自由。作者平常对社会对人生思考的观点、意图、倾向等一旦照射在某种事物上引爆出火花,就赋予某个事物以生命,这个事物在作者心中就会活起来,一篇小小说就孕育而生。正如著名作家蒋子龙指出的"小小说极为重视主观性,观念胜于描写"。因此说,"主题先行法"是小小说作者最常用的创作

---

① 鲁迅.《近代世界短篇小说集》小引[M]//三闲集.北京:人民文学出版社,1973:106.
② 汪曾祺.关于小小说[G]//王保民.小小说百家创作谈.郑州:河南文艺出版社,1997:2.
③ 马兴国.星新一访问记[M]//刘海涛.现代人的小说世界.上海:上海文艺出版社,1994:6.
④ 阿·托尔斯泰.什么是小小说[G]//程代熙,译.论文学.北京:人民文学出版社,1980:160.
⑤ 邢可.怎样写小小说[M].北京:中国华侨出版社,1996:7.

技法。

2. 生活聚焦法

小小说作家生晓清指出，题材要新，开口要小，找那些看似"微不足道"的东西来放大、挖掘，你就会很快发现其中的奥妙和与众不同，它们蕴含生活的真谛，披着哲理的阳光，隐显历史风云，折射时代精神。小小说不在于写什么，或怎么写，重在发现。"生活聚焦法"是作者发现"意"的第二种手法。

小小说作者面对大千世界里无穷无尽浩渺纷繁的大大小小的事情，复杂多变的形形色色的人物，瞬息万变五光十色的大自然，小小说在取材上由于它本身审美特征所限，就不允许贪婪，只能"大中取小"，经过作者的慧眼去发现那些"微而'足'道"的生活的闪光点，如一个人物，一处风景，或人物的一个动作、一声呐喊、一种情绪、一丝回忆、一缕遐想，甚至是人物内心的一颤动……这种"闪光点"就是作者对生活的聚焦后所发现并捕捉到的。

"聚焦"是物理术语，借用到小小说创作中，旨在起到形象说明作家运思过程的作用。"聚焦点"是作家长期对生活思考的结果。往往通过同类事物的横向或纵向比较，异类事物的正反对照，得出的结论。它不是作者的偶有感触。因此它深刻地反映了事物的本质，具有振聋发聩的震撼力。例如，荣获诺贝尔文学奖的法国作家莫里亚克创作的微型小说《萨布兰谋杀案》①，描述的内容是：卡特琳·萨布兰小姐为了继承遗产，同旧情人重聚，用含有砒霜的"弗勒"药水长期给丈夫埃米尔·卡拉比服用，使他慢性中毒导致贫血虚弱。当家庭医生怀疑埃米尔·卡拉比患病是卡特琳·萨布兰小姐所为后，将她告上法庭。法庭经过调查，签发了逮捕卡特琳·萨布兰小姐之令。然而，当丈夫和婆婆知道卡特琳·萨布兰小姐投毒的用心后，出庭慷慨陈词她的无辜，致使法庭仅以伪证罪判她一个轻刑，最后埃米尔·卡拉比在死于中毒前的遗言中剥夺了卡特琳·萨布兰小姐的继承权。小说通过卡特琳·萨布兰小姐伪装的"贤妻良母"和包藏祸心，埃米尔·卡拉比和母亲知道实情反而为卡特琳·萨布兰小姐作伪证的描写，批判了为了保全宗族荣誉，不能家丑外扬的传统价值观念，小说把应该否定的传统价值观念同现代文明之争的社会大问题聚焦到一个小人物身上，"以小见大"，揭开了社会的真实一面，发人深思。

3. 触景生情法

小小说的"意"的内涵是十分宽泛的，它可能是作者寻找深化对事物的看法；可能是作者的某种愿望、意图和意念；也可能是某种情致或理趣以及一时说不清又似乎有所悟的感受。在生活中，身外景物五光十色、千姿百态，面对感动的景物，会产生一定的情趣，在此基础上展开意的发想就是"触景生情法"。

春雨能给人们美的享受和遐想，古今中外以"春雨"为题材写出美文佳作的作家很多，如杜甫的《春夜喜雨》、朱自清的《春》等。面对春雨这一自然现象，小小说作者又是怎样表现的呢？请看文洪的《绿蒙蒙的春雨》②作品的情节很简单：作者"我"在一个春雨绵绵的天气中，得到了一位素不相识的美丽少女共伞的帮助。作者没有把这件事仅仅看作是平常的"好人好事"，而是提升到伦理观念改革的高度来看待，看出了时代美。作品中的普普通通的春雨，少女为小伙撑伞的小事，已被作者升华到精神文明的高度，表达了作者的审美情趣和理想。这也就是小小说作家对主题发想的独到之处。从司空见惯的事物中开掘出大主题。

这里所要说明的是：触景生情和借景抒情尽管有相同之处，即有景有情、情景相配，但它们在具体运用到作品创作中则有很大的不同。借景抒情展现在读者眼前的是景，而其情是熔铸在描

---

① 郑允钦. 外国微型小说三百篇(下卷)[M]. 2版. 南昌：百花洲文艺出版社，2009：41.
② 杨昌江，甘德成. 微型小说技法与鉴赏[M]. 北京：学苑出版社，1990：158.

摹景色的字里行间的,要读者去体验、领悟;而触景生情则是作者通过所绘之景与所抒之情,将有景而生的情绪、思想等直接告诉读者,让读者产生强烈共鸣。一般来说,借景抒情多用于散文创作。而触景生情是小小说作者发想文意的方法,作者运用它将自己由景生发的主题、情趣、理趣等,用于统帅写作素材进行艺术构思,从而更好地表达作者的思想、情趣等审美理想,艺术地再现生活的本质和主流。

4. 典型细节法

细节是情节的基本构成单位,被喻为文学作品的"钻石",没有具体细节,就没有艺术形象。在文学作品的创作中,所谓细节描写,就是抓住那些细小、具体而又有典型意义的细小动作、神情以及物件、景色加以细致生动的描绘。好的细节描写能够使客观事物的特征形象地再现出来,使读者有如临其境、如闻其声、如观其形、如体其情之感。

在中长篇小说创作中,细节只是构成整部作品的单元要素。如果把整部作品比作一座大楼,那么,人物、故事情节就好比梁、柱、墙壁,而细节就好比砖瓦水泥。在小小说创作中,一两个典型细节就是一篇作品的全部。

典型细节法,是小小说作者在选材中"大中取小",在立意上"以小见大"开掘主题常用的方法。典型细节法就是作者抓住刻画人物性格、抒写理想、反映时代观念、揭示生活本质的细小、具体而又有典型意义的细节,进行深入开掘,艺术地展现世界的"真善美"和揭露生活中的"假丑恶",收到"洞察时代风云""尽显人生百态"的艺术效果的手法。这方面的佳作很多。如美国作家奥莱尔的《在柏林》,通过一列火车车厢里,一位老妇人不停地数着"一,二,三"的细节,把战争的残酷及带给人们的灾难淋漓尽致地表现出来。原来是,在战争中她失去了三个儿子。

使用"典型细节法",关键在于作者要有一双独到的慧眼,善于在别人看来是司空见惯的"细微之处",发现出不同寻常的内涵。

5. 夸张变形法

夸张变形法是一种强调手法,它把现实生活中实际存在的事物作放大变形处理,使之更典型突出、更鲜明动人。如果说严格的现实主义强调的是客观生活的真实性,那么,夸张变形法则主要就是强调作者认识的典型性,前者重在再现生活,后者重在揭示哲理,但二者在艺术的真实性上却完全一致。"夸张"好比高倍显微镜,可以把人物性格的特征放大反映出来,使人物性格的本质特征更加分明、更加清楚,达到极致;"变形"好比哈哈镜,使人物性格中的长处变得更长,短处变得更短。因此,形象反映出来的哲学道理就彰明较著,十分醒目。

作家王蒙是使用夸张变形法创作小小说的高手,他创作了几十篇这样的作品。请看《不如酸辣汤》[①]:

烹调学教授O博士在品尝了冰激凌后指出:"缺乏酸辣汤的香味儿!"在吃了鱼香肉丝以后批评说。"一点也不清爽!"在吃了拔丝苹果以后指出:"缺乏动物性蛋白质!"在吃了红烧海参以后摇摇头:"比老豆腐贵得太多!"喝完豆汁以后叹息说:"哪里比得上茅台酒!"吃完涮羊肉以后他大发雷霆地质问道:"为什么不把它做成冷食呢?"

显而易见,O博士说的都是真话,但也永远都是真理的废话。没有创新的博士还能是博士吗?作品用夸张的手法讽刺了学术界缺乏创新精神的人。

使用夸张变形法开拓主题,作者必须遵守典型化的原则,在扎实的生活基础上,对客观世界和主观意向进行科学的分析、提炼和概括,进而加以合理的虚构,强调事物的本质方面,突出主观愿望。孔子说过"过犹不及",在把握夸张变形的分寸时,应注意两点。一方面要"夸到顶"不能

---

① 孟伟哉,王振民,徐明寿. 微型小说一百篇[M]. 贵阳:贵州人民出版社,1985:29.

"不及";另一方面又不能太"过"。"不及"则易与实际生活混同,使人发生误解;夸张变形太"过",则会悖离生活的真实,让人感到虚假,不可信。

(二) 小小说的构思技巧

1. 一般构思法

(1) 巧设悬念法

悬念是读者在阅读文学作品时因关心作品中各种悬而未决的问题(如事情的结局、人物的命运等等)而产生的一种紧张、急迫的心理状态。

巧设悬念可分下面两类。

一是作品中某些人物心里有"数",而读者却完全"蒙在鼓里",让读者自己判断猜测情节的进展。王任叔《河豚子》①一开始就说它的主人公决计在无法挨过灾荒的情况下,让全家人吃下河豚子集体自杀,那么他全家到底死了没有呢?这个悬念从开头一直贯穿到结尾。小说开头说主人公从别人口中得来一种常识,便决心走这一步棋。什么常识?打算干什么?先不说出来,卖一个"关子",接下来写一篮河豚子的讨来,给全家人带来的"喜悦"。小说通过三次设悬和释悬,把穷人求生不能,求死不得的悲剧命运和悲剧心理表现得十分哀切。

二是读者对情节的大部分已了解,而作品中的某些人物却"蒙在鼓里",让读者睁大眼睛看这些人物将如何动作。白小易的《正常》在第一细节单元就亮出悬念:丈夫从妻子脸上"不正常"的神态中看出了她同办公室的小林关系暧昧。实际上她与小林什么事也没发生过,这一点读者也非常清楚。下面读者所关心的是她如何能化解丈夫的怀疑。终于有一天,她无法忍受丈夫要她"交待清楚"的家常便饭,她真的和小林在一起了。出乎意料的是丈夫不再盘问她了,因为丈夫看见她的脸色从来没有这么"正常"过。

运用巧设悬念的技法,一要注意其真实性,既要"悬",又不能"玄",即不能故弄玄虚,破坏作品的艺术真实;二要注意紧紧围绕主旨来设置悬念,如果在枝节上"设置紧张",那只能削弱作品的艺术感染力。

(2) 巧合误会法

小小说是一种小、巧、玲珑的艺术珍品,更需要以"巧"为文。"巧合""误会"乃是小小说创作安排情节的惯用手法,下面简略介绍几种。

① 巧合。

A. 人物巧合。

常常是指亲人熟人或者仇人在另一个特定情境下的不期巧遇。葡萄牙作家儒利奥·丹塔斯的《那双手》就是这种巧合的佳作。玛利亚·朱丽叶为生活所逼靠出卖肉体为生,这晚她发现身边男人有一双粗壮有力的大手。她早年逃亡巴西的父亲就有这样一双大手,父女在这种事情上相会确属残酷的巧合,正是这种巧合揭露了畸型的资本主义社会的腐朽和贫困百姓的悲惨命运。

B. 事件巧合。

是由偶发事件派生出另一两个偶然事件。如美国作家欧·亨利的《爱的磨难》②,就是由几件事巧合所编织的佳作。作品中的男主人公乔从中西部来到纽约,梦想绘画,女主人公迪莉娅从南部来到纽约,志在音乐。后来机缘巧合使他们相爱结婚。两人都热爱艺术,没有机会深造。两人都体贴对方,愿为对方做出牺牲——迪莉娅做家庭音乐教师,乔卖画作。然而事实上,他们双

---

① 孟伟哉,王振民,徐明寿. 微型小说一百篇[M]. 贵阳:贵州人民出版社,1985:13—14.
② 杨昌江,甘德成. 微型小说技法与鉴赏[M]. 北京:学苑出版社,1990:63—65.

方都"欺骗"了对方。原来,二人都没有从事与艺术有关的工作,而是"不谋而合"地在相互都不知道的同一个洗衣房里做工,为对方能进行艺术深造拼命挣钱。使真相大白的是一个偶然事件,迪莉娅被烫伤了手,手上的绷带是一个小女孩从动力机房乔那里找来的。这一连串的巧合构成了一个小小的爱情悲剧,让读者看到了处于社会底层的小人物的善良品格和不幸的遭遇。

C. 道具巧合。

道具在小说中常起线索作用,一件小道具可以巧妙连起一串小事件。如沈乔生的《蛋糕的奇遇》。甲送蛋糕给乙,乙又给丙,丙又给丁,丁又给甲。

② 误会。

与巧合密切相关的误会,是借用矛盾双方暂时的误解和错觉,来造成尖锐冲突的一种艺术技巧。如《丰碑》写红军长征路上有人冻死了,带队的将军发怒了:"叫军需处长来!老子要……"然而军需处长终没有上来,因为冻死的人就是军需处长。

(3) 尺水兴波法

俗话说:文似看山不喜平。小小说的情节往往是单线的,更应该讲究曲折跌宕。尺水兴波是小小说结构的一个诀窍。

常见的小小说结构法是单线单曲法,即写一人一事,在情节的发展过程中有一次转折,或由顺境转入逆境,或由逆境转为顺境。

例如,《第三者》就是由顺境转为逆境的范例。小说创作业余作者林霞历经千辛万苦终于发表了处女作——《第三者》,高兴异常,下班后特意买了丈夫最爱喝的"竹叶青"和爱吃的熟食,准备和爱人分享幸福,没料丈夫已看过小说,醋意大发,粗暴地质问她:"没有原型,哪来的虚构,你还是告诉我吧,到底第三者是谁?"这里的转折是从顺境转入逆境,发人深思。

老作家冯骥才的《献给你一束花》则是典型的由逆境转入顺境的佳作。作品写一个曾获得过世界性比赛冠军的女体操运动员,因在平衡木上偶尔失误而失败。她回到祖国走进机场大厅里,先前热烈的迎接,几十束朝她塞来的鲜花不见了,她感到冷落、愧疚和茫然。这时突然有一位机场服务员送上一束鲜花,鼓励她说:"失败和胜利对于你同样重要,让失败属于过去,胜利属于未来。"在惊愕之余,女体操运动员感动得热泪满面。

应该指出的是,小小说,毕竟是"尺水",尽管可以兴波,在单纯中求变化,却又要万变不离其宗,要合乎生活的逻辑,合乎一定的法度,不可胡乱为之。

(4) 信息反馈法

日本的星新一是著名的"一分钟小说"大师,他已发表小小说千余篇。有人研究了他的小说,发现有近四分之一的小说在艺术结构上有个突出的特点——反馈,即小说的高潮或结尾处突然把矛头转回到原先发出动作制造矛盾的主人公身上,造成了独特的反馈效果。用句通俗的话说叫自作自受。《波可小姐》就是突出的例子。小说描写一酒吧老板制造了一个姿容绝代可以乱真的机器人。这位"摩登小姐"波可与人言,善解人意且有酒的海量,招睐不少顾客纠缠,乐于与之对饮,老板却又在背后从波可小姐的脚下放出酒来再卖给顾客。有一青年百般倾慕波可,无奈波可小姐终究不通人性,这青年求之不得,反爱成仇以毒酒鸩杀波可小姐一走了之。待老板又放出酒来且得意自斟自饮时,那酒吧间便成了太平间,一片死寂。

信息反馈法是借用信息学上的一个术语,并不等同于平常说的信息反馈。作为小说情节结构的反馈很像宗教上的因果报应说,即善恶有报,但又不是简单的直线的因果报应。反馈法是小小说创作中无数种构思方法之一,不能代替其他手法,它本身也在变化发展中,为避免产生公式化、概念化的弊端,在运用反馈法时应注意在构思上采用变化、深化的措施,还可以和尺水兴波法、巧合法等结合使用。

(5) 欧·亨利法

所谓"欧·亨利法"是根据美国著名短篇小说大师欧·亨利的创作风格而提出的。他明确规定了小小说的三要素：立意清新、结构严密、结尾惊奇。

欧·亨利的小说立意清新，构思奇巧，特别是作品的结尾，常常出人意料又在情理之中。其代表作有《麦琪的礼物》《忙碌经纪人的浪漫史》《警察与赞美诗》《最后一片叶子》《两块面包》等。其中，《麦琪的礼物》的主要内容是：主人公德拉和杰姆用各自珍爱的东西换钱为对方买圣诞礼物的故事。妻子忍疼割爱（为了最爱）卖掉了秀发为丈夫买了金表链，却发现丈夫的金表不在了，丈夫为给妻子买发梳卖掉了自己珍爱的金表，却发现妻子的秀发没有了。这种意料之外又在情理之中的结局，形成了欧·亨利创作风格。

莱辛说艺术家的创作，"不是让人一看就了事，还要人玩索"[①]。而小小说，因为篇幅短小，极易一览无余，难以使人"玩索"。因此，一个异峰突起，出乎意外的结局就显得特别重要，只有这样，才能使千把字的小说起伏跌宕，引起读者的无限遐想和沉思。

使用"欧·亨利法"贵在合情合理，自然、清新，不能违背和生活逻辑，更不能有人为的雕琢痕迹，或胡编乱造，否则会大大削弱作品的感染力。

2. 辩证构思法

写作的辩证手法就是根据"对立统一"的矛盾法则，巧妙地将写作中的矛盾现象组织于同一作品，并通过它们的相辅相成、相反相成、和谐统一来显示对象本质特征的写作手法，它是写作技法的重要组成部分。写作的辩证手法很多，而且千变万化，诸如虚实、抑扬、动静、因果、张弛、开合、详略、庄谐，等等，这些手法在各种文学艺术的创作中被广泛运用，其中有近十种备受小小说创作者的青睐，并在长期的创作实践上不断发展、变化、完善、创新，逐步形成为小小说创作独特的写作技法。

（1）抑扬互易法

情节为小说所共有。小小说的情节和长、中、短篇小说的情节相比，并不存在质的差别，只是由于小小说篇幅的"微小"，而规定了小小说的情节只能单一而不能复杂。小小说结构的总体原则应该是"小巧而精美"，要体现这个原则，就必然使单一的情节富于变化，追求多姿多彩。在小小说的创作中能实现"小巧精美"的艺术构思的技法很多，其中的"抑扬互易法"乃是最常用的方法之一。

① 欲抑先扬法。

这种写作技法又叫"抬高跌重法"，也就是人们常说的"抬得愈高，跌得愈响"。如司玉笙的《书法家》借一个领导干部的"书法艺术"来表现他的官僚主义，婉而多讽。在一次书法比赛会上，人们请前来观看的高局长留字。在这一百多字的篇幅里作者对高局长连"扬"四次，当人们期待着再次欣赏高局长的"书法艺术"表演时，作者笔锋一转，却写高局长"面露难色地说'不写了吧！'——能写好的就数这两个字……"作品"抑"的文字不多，却"抑"到极致，至此，一个成天只知道坐在办公室批文件写"同意"的官僚主义、文牍主义形象就栩栩如生地呈现在读者面前。

尽管欲抑先扬法的"扬"是假，"抑"是真，但在具体运用中要"假戏真做"，"扬"要写得真，给读者一种错觉，即用假像掩盖真相，使读者逐步上当受骗，信以为真，那么一旦把面纱揭去，真相显出，读者才会有"上当感"的审美愉悦，才会更加否定那些消极的东西，作品才能产生振聋发聩的艺术效果。

② 欲扬先抑法。

这种写法是"抑"在先，"扬"在后。抑的目的是为了更好地"扬"。小小说的情节安排尽管

---

① 莱辛.拉奥孔[M].朱光潜,译.北京:人民文学出版社,1979:21.

"扬",是作品情节的主体,是目的,但是在具体写作时,却先在"抑"的方面着笔,给读者造成一种假象,然后,突然笔峰一转,终归于"扬"。这种构思技巧一方面可以加强情节发展的意外性,即出乎读者意料之外,同时也强化了情节对立面相反相成的艺术效果。程枫的《站》是这方面的代表作。它描写一位女售票员长相好、嘴巴甜,但就是坐在那里一动不动,卖票不挪地方,找钱要人传递……这一系列的描写都是对勉强应付工作的这位"时髦女郎"的贬低和否定,都是抑。"抑"过之后,作者恰切地进行了"扬":驾驶员告诉乘客,这位售票员三年前因从车轮下抢救母子二人的生命,失去了双腿,今天她带着假肢主动来替别人顶班,坐着工作完全是不得已。这种"扬"的表述由于前面"抑"的比照,售票员的形象就高大了起来。

小小说中的"欲扬先抑法",运用得好,能使读者出乎意料,获得极大的愉悦。在具体运用中,必须处理好现象与本质的关系问题,既从"抑"的现象上着手,又向"扬"的本质处开掘。对"抑"的描写要掌握分寸,"抑"得恰到好处,不能为了后面的"扬",在"抑"时有意丑化人物的言行。

(2)虚实相生法

所谓虚实相生法,"是根据艺术表现和艺术欣赏的(直接性)和想象性(间接性)的辩证统一的原则,在写作中将'实写'与'虚写'有机结合起来加以运用的写作辩证手法。"[①]小小说由于篇幅极短,它在人物、情节、环境的取舍上,无法和短、中、长篇小说争高低,只能选取"一粒沙、一滴水、一枚叶",以实写虚,或者以虚写实,留有大量的"艺术空间"让读者再创造。

虚实相生法在具体运用中可以归纳为以下两种情况。

① 物与人的"虚实相济"。

运用这种方法,"对某物品作实情描述,从而催发读者对这个物品细节相连的人物展开艺术想象,让这个物品细节'实'的形象背后催生出一个充满了艺术活力的'虚'的人物形象。"如邓开善的《月照南窗》。这篇小说只是一个空镜头,主人公根本没有出场。作者给我们细致描写了倚窗书桌上的物品:喷着幽幽墨香的小楷狼毫笔;四只半深赭色的荸荠(其中的一只主人咬了一半);一叠写着修改意见的稿纸和压在稿纸下一封请求复婚的家信。读者完全可以从对物的描写中,联想出一位废寝忘食献身文化事业的老编辑的高大形象,甚至还能想象出十年动乱给他的家庭、给他本人带来的灾难。

② 人与人的"虚实相生"。

这指的是一种迂回描写的曲笔,本意写彼人,落笔却写此人,彼人放在幕后称为虚,此人放在幕前称为实。是通过幕前此人的言行与情感变化来映衬幕后彼人的性格特征,在一般的写作理论中称之为间接描写或侧面描写。在中长篇小说中大多用于局部。在小小说中是一种构思全篇的艺术技巧。王伟的《鞋》是这方面的成功之作。小说本意要歌颂大个子军人的卫国戍边的献身精神,但作者却集中笔墨写了瘦瘦的军人来取鞋的言行以及小鞋匠的情感变化。当读者从瘦瘦的军人言谈中知道大个子军人在对越自卫反击战中失去了双腿,还念念不忘付给小鞋匠的修鞋钱时,未出场的大个子军人因作品对这二人的言谈举止的描述而形象鲜明地矗立在读者面前。

使用虚实相生法,有一点应该注意,这就是虚写要以实写为基础,失去了实写这个基础,虚写就会显得空洞失据,魂不附体,不可能产生"弦外之音""象外之象"的艺术效果。

(3)因果藏显法

作为纸短意长的小小说,一是由于字数所限,不允许面面俱到、娓娓道来;二是由于审美属性的规定性,要留有"艺术空白"。若给读者留出再创作的空间,在情节上取其一端,或"有头无尾"、或"有尾无头"、或仅取中间的一段。最常见的构思方式是显果藏因法和显因藏果法。

---

① 周姬昌. 写作学高级教程[M]. 4版. 武汉:武汉大学出版社,2010:159.

① 显果藏因法。

运用显果藏因法,就是只写事情的结果,不写发生事情的原因。任何一种事情的存在都有它赖以生存的条件(原因),把结果写出来,让读者通过结果去推测原因,从而产生思而得之的艺术效果。

只写结果不写原因的情况有三:一是原因很简单或很清楚,不写读者也容易想到;二是作者故意不写产生它的原因,让读者思而得之;三是事情的原因很复杂,作者摆出现象让读者对原因产生更多的联想。小小说创作属于第二种情况的居多。如陈国凯的《雾》、皎剑的《失效的真诚》、许世杰的《关于申请添购一把铁壶的报告》等。

② 显因藏果法。

这和显果藏因法恰恰相反。作者只写故事的起因,不写事情的结局,结局让读者自己去猜测、想象,有人称这种构思方法为"有头无尾"法。一般来说,读者从作者所提供的原因中,至少可以猜测想象出较合理的两种以上结果,才能是成功之作,如果只有一种答案就没有藏果的必要。

张新民的《落棋有声》是这方面的成功之作。小说讲述了一个选谁当车间主任的故事,厂长别出心裁地要和两位象棋高手下棋。小说最后并未把任用谁做车间主任的问题解决,而是写厂长下棋后,"径自朝汪科长家走去……"把结局留给了读者。

(4) 正反错位法

正反错位法不是写单纯的一件事,而是写相反的两件事,或一件事的正反两个方面。按照正常的事物发展的规律,好事应当有好结果,坏事应当有坏结果,即所谓善有善报,恶有恶报。但世界上事物是复杂的,千变万化的。人们的动机和效果,有时会出现不一致的情况。好的动机有时会引来坏的结果,就是人们说的"好心办坏事",坏的动机也可能引来好的结果,有人称之为"歪打正着"。这种正反错位的现象,反映到作品中,就会引起读者思索,找出形成这种不正常现象的诸多原因,引起"疗救的注意",也会增加作品的趣味性和含蓄性。

林如求的《错位》是其中的代表作。小说写了一个好心办坏事的故事:男主人公二十年来从未接过他上晚班的妻子回家,而有一次在朋友接下夜班妻子的启发下,忽然心血来潮,郑重其事地去接下夜班的妻子回家,他的妻子不但不领情,还误认为是丈夫在外面听了关于她的什么闲话,怀疑她品行不端才这样做,于是二人大吵大闹上演一幕家庭闹剧。接下夜班的妻子回家本来是正常的,不接才是不正常的,结果恰恰颠倒了过来。

(5) 寓庄于谐法

寓庄于谐,"即通过幽默诙谐的艺术方式,风趣而含蓄地表达出庄重严肃的生活内容的写作辩证法。庄谐法能使艺术作品在表达极其严肃的思想内容之时,也不缺乏轻松愉快的气氛,既具有感染力又具有娱乐性"①。

小小说使用寓庄于谐法构思作品,常常是通过比喻、夸张、借代、双关、反语等修辞手法来实现的,下面介绍几种。

① 巧比妙喻法。

小小说在运用比喻手法时,往往从整篇作品的构思立意着眼,通过对甲事物的描写去比附形容乙事物,从而起到触发联想、深化意蕴、增强艺术表现力的作用。如台湾作家林清玄的《金急雨》②,小说主要是通过物性来表现人事的。作品写了一对恋人的相识、热恋、分手,但没有展开

---

① 周姬昌. 写作学高级教程[M]. 4版. 武汉:武汉大学出版社,2010:166.
② 诸孝正. 怎样写微型小说[M]. 西安:陕西人民教育出版社,1991:110.

具体的情节,而是穿插着写了金急雨花"盛开—萎落—再开"的生长规律。作者借此比喻,人类的爱情往往也有盛开和萎落,但萎落不等于死亡,一旦有适宜的条件,它会重新开放。

以物喻人的好处是写起来比较方便,且能给读者留下较多的思索余地。因为物性总是比人事简单得多,把物性写出来,引导读者借物性思考人事,作品就耐人寻味了。以物喻人要力求贴切、自然,找到物性和人事的相似点或恰似点,不贴切的比喻很难使读者接受。

② 象征暗示法。

艺术创作的象征暗示可以是单个的象征,也可以是系列象征,还可以是整体象征。小小说由于字数所限,在写一人一事或一景一物时,其象征暗示往往是全篇的艺术构思。如奥地利作家费朗兹·卡夫卡的《法律门前》,这篇小说具有多重的象征意蕴,它深刻地揭露了资本主义社会法律的虚伪性,具有强烈的讽刺效果。

③ 双关寓意法。

小小说运用的双关,不同于一般诗歌创作中个别词语的修辞双关。而是利用事物的音、形、义的有关条件构成的双重意义来进行整体的艺术构思。其中,语义双关是经常使用的构思方法。当然,一般来说,这种寓意的双关不是从字面上可以看出的,它必须和作品中所描写的人或事联系起来才可以理解。例如,徐光兴的《枪口》,这篇作品所写的"枪口",表面的意思是指打野鸭用的猎枪的枪口,深层意思则是指杨局长已被关系网的枪口"死死地瞄准了"[①]。

3. 仿拟创新法

仿拟是一种模仿现成的词语句篇仿造出一个新的词语句篇的修辞方式。仿拟具有概括力强、语言明快犀利、幽默诙谐的特点,它表面上是模仿,实际上却是一种继承中的创新。过去在探讨仿拟手法在写作中的运用时,大多是关注语音、用词和造句上的仿拟,而对篇章仿拟的探讨则不多。其实,篇章仿拟具有汉语修辞的民族文化传统,我国历代的许多和诗、和词、和曲、步韵的作品中就有不少仿拟创新的佳作。小小说创作,不少作者,自觉不自觉地运用它写出了一些有新意的作品。近几年高考满分作文中也出现了不少运用仿拟手法写作出来的小小说佳作。

一般来说,一篇文章如果能在"立意""题材""表现手法"这三个方面其中一个方面出新,就是好文章。具体来说,有以下四种情况。

(1) 立意相同,题材出新

在现实生活中,许多人的世界观、人生观、价值观等较接近,甚至相同,人们对客观事物和社会生活的看法、感受、情趣、爱好持一致态度。这就是人们所说的"英雄所见略同"。在小小说创作中,你可以用这个题材表现这种"感受",我可以用那个题材表现同样的"感受",这就是"立意相同题材出新"的仿拟法。

《寒心的失信》[②]和《失效的真诚》[③]就是两篇立意相同,题材不同的作品。前者写刚调到食品公司来的第五副经理,在春节前把公司照顾他的十个猪头让给老百姓的事。后者写"我"在给一位老职工写批条买啤酒的事。两相对照,立意都是表现"信任危机"的,但题材却大不相同。

在历年高考满分作文中,采用此种仿拟法写出成功作品的并不少见。如 2001 年高考满分作文《一双手套》[④]就是仿拟王伟的《鞋》[⑤],两篇作品的立意都是表现"诚信"的,但题材却不尽相同。

[①] 《小说界》编辑部.1981—1983 小说界获奖作品集[M].上海:上海文艺出版社,1985:2.
[②] 小小说选刊编辑部.微型小说集[M].北京:中国文联出版公司,1986:51.
[③] 本书编写组.微型小说选[M].上海:上海文艺出版社,1982:138.
[④] 王瑞成.全国五年高考满分作文[M].济南:山东友谊出版社,2003:11.
[⑤] 卜方明.全国微型小说精选评讲集:续集[M].上海:学林出版社,1987:181.

(2) 题材相同,立意出新

事物是复杂的,同一种客观事物往往蕴含多种含义。在小小说创作中,作者在处理别人写过的同一种客观事物或社会生活时,可以在立意上出新。这就是"题材相同,立意出新"的仿拟法。

中国作家欧湘林写过《裸泳》[1],意大利作家卡尔维诺也写过《裸泳》[2]。前者是批判某些中国人的劣根性,喜欢宣扬、暴露别人的隐私,毁灭美;后者是赞颂人们的善良本性,掩盖、保护别人的隐私,呵护美。两篇立意虽不同,却都是成功之作。

"横看成岭侧成峰,远近高低各不同",这是古人最朴素的"发散思维""多角度思维""求异思维"的形象表述。在小小说创作中,如果想立意出新,就必须经常训练和提高自己的逆向思维、多向思维和立体思维的能力。这样,才有可能在别人写过的题材甚至司空见惯的素材中开掘出有新意的主题。

(3) 立意相同,手法出新

小小说创作,可以用不同的手法去表现同一主题,这就是立意相同手法出新。

司玉笙的《书法家》和陈树勤的《爸爸的回信》同是批评官僚主义和文牍主义倾向的小小说,但手法不同。一篇是用扬抑法,一篇是用悬念误会法。

(4) 手法相同,立意出新

小小说的写作方法和技巧可以为各位作者所共有,也就是说任何一位作者都可以借鉴或仿拟别人成功作品的技法进行小小说创作。仿拟他人技法处理自己所摄取的素材,只要能在立意上出新,同样能写出好作品。

王蒙的小小说《雄辩症》塑造了一个善于诡辩,蛮横不讲理近乎神经质的人物形象。黄桂华成功地仿拟了王蒙的创作技法写出了在题材和立意均有新意的《谈判专家》[3]。需要强调的是,仿拟是为了创新,它同抄袭和剽窃有着明显的界限。作者使用这种手法,一定要灵活运用、推陈出新,决不可刻意模仿,钻进死胡同,窒息了创作生命。

(三) 小小说的叙述体式

在小小说的创作中,有些作者运用迁移法按照某一文体创作,写出的小小说在语言、结构上带有某种文体的特点,于是这种"嫁接"孕生出小小说表述的许多体式,下面介绍几种。

1. 新闻体式

小小说具有新闻性,它是时代的晴雨表。每个时代的发展变化、世态万象都能在小小说中找到它的影子。有些小小说不仅在形式上如新闻报道(狭义的新闻,这里专指消息)篇幅短小、简明扼要,而且在内容上也吸取了新闻报道的长处,与社会日常生活的脉搏一起跳动,及时反映生活中新近发生的现象,于是人们就把这种小小说称之为"新闻小说"或"信息小说"。请看下面的例子。

关于因吻而误食化妆品致死案的连续报道[4]

路透社消息 一张姓男青年因长期亲吻女友,吸食大量化装品中有毒物质,昨天凌晨抢救无效病逝,终年26岁。

张某生前女友王小姐对其不幸逝世痛不欲生。她表示一定要向责任单位"美死你"化妆品公司讨个说法,以慰先行者的在天之灵。不排除诉诸法律的可能。

张某的主治医师刘大夫指出,化妆品中含有致命毒素,应该立即引起有关部门足够重视,否

---

[1] 欧湘林. 裸泳[J]. 微型小说选刊,2004(17):17.
[2] 卡尔维诺. 裸泳[J]. 微型小说选刊,2005(3):50.
[3] 刘白羽. 2003中国年度最佳小小说[M]. 长春:时代文艺出版社,2004:13.
[4] 洪帆. 关于因吻而误食化妆品致死案的连续报道[J]. 微型小说选刊,1996(03):23-24.

则很难保证类似情况不再发生。同时也提醒广大市民加强自身卫生保健意识,防患未然。

路透社消息 上星期本社独家报道的男青年因亲吻女友误食化妆品中毒身亡事件,有了进一步发展。

死者生前女友王小姐与"美死你"化妆品公司调解不成,已就此事向地方法院提起诉讼,此案于昨日开庭审判。

判决大出公众意料之外,"美死你"化妆品公司被叛无任何刑事责任,理由是该公司在化妆品使用说明中都清楚表明"只可外敷,严禁口服"字样。

宣判结束后,"美死你"化妆品公司董事长周先生表示,虽然公司在法律上并不亏欠,但为表示对死者的哀悼,特捐赠人民币 200 元(折合成"美死你"系列化妆品一套)……

路透社消息 新锐导演傲斯卡近日向记者透露,他的又一部旷世奇作正在紧锣密鼓地筹划之中,该片将取材于前些日子轰动一时的"化妆品中毒"事件,力求在一种真实人的艺术氛围中凸现出爱情的悲剧特质。

傲导演兴奋地告诉记者,"美死你"化妆品公司已欣然允诺独家赞助;而"化妆品中毒"事件死者的胞弟张先生和生前女友王小姐得知被邀请出演男女主角时,更是欣喜若狂。

圈内人士也普遍对该片看好……据透露,该片已暂定名《新罗米欧与朱丽叶》

本报记者 洪帆 报道

这是采用消息文体和新闻语言创作的微型小说,除了真实性,形式与消息相同。这篇新闻体式小说写得有趣,读之捧腹。值得注意的是,采用"新闻体式"写作的小小说与新闻报道有较大的区别:新闻报道的事情必须完全真实,不允许臆造,而采用这种体式写作的小小说却不一定真有其事,它往往是根据新近发生的社会现象虚构出来的,而且显然比新闻报道更具有文学性。如滕刚的"陪聊系列"小说。

另外,小小说和新闻的差异还在于:新闻常常把重要的内容放在"导语"里,而小小说则习惯于把谜底藏在"结语"里。

2. 散文体式

所谓"散文体式",就是在小小说创作中,采用淡化情节、强化精神活动的谋篇布局手法。在具体的表述中,加强小说的抒情成分,创造有诗情画意的意境;增加"非情节因素",写人的意识和下意识、内心感受与理性分析等;尽量用第一人称表述,如叙家常,亲切随便;采用开放性的时空结构,即突破一定时空的限制,以思想情感发展的线索来贯穿不同时空。

应该说,散文和散文体小说的根本区别在于,前者以写真人真事为主,后者允许虚构。获得首届中国小小说金麻雀奖的刘国芳就擅长使用散文体的表述方式。如他的《枯萎》写梅在追一个很年轻、很潇洒的男人,这里本无故事可言,但作者却把时序拉长,写梅在追逐过程中,由姑娘变成了一名老妇。那朵花由鲜嫩变成枯萎,便赋予了象征意蕴。

3. 杂文体式

杂文短小精悍、尖锐泼辣、针对性强,被称为"文艺轻骑兵",它以幽默、诙谐、风趣、讽刺性强的特点而立于文学之林。所谓杂文体式小小说,就是借用杂文的表现手法创作具有杂文性的小小说。常见的写法有好多种,这里只介绍两种。

(1) 谐笑讽刺法

谐笑讽刺法是把生活中可笑的事情加以集中和夸张,使事情显得更加可笑,让读者在笑声中否定生活中消极的东西,这种把生活喜剧化的手法就是谐笑讽刺法。使用这种手法,对否定的人、事不用严肃的批评、指责,而用笑来进行讽刺,如孙少山的《晚了》就把嗜酒如命的余结巴刻画得惟妙惟肖、形神毕露、令人忍俊不住。

（2）暗藏讽谕法

对生活中的某些现象，作者觉得需要批评或劝谕，但不采用正面指出的办法，而是"反话正说"，用肯定甚至赞扬的口吻写，实际上言外却包含相反的意思，这意思需要读者去品味才能体会出来，这就是暗藏讽喻的手法。例如，王蒙的《互助》[1]描述一位"跻身文坛"而又"总是红不起来"的作家，请某位评论家帮忙写批评文章。"我深知凡被你批了的，都可以风行全国，名震环球！而你也可以获得另一方面的美誉和利益，那才叫相反相成，相得益彰。"寥寥数语，就把一种卑劣的灵魂写活了。

讽刺本是杂文常用的手法，但杂文依据的是生活中的真人真事，且大多伴有理论分析的元素。小小说对写作发现之"意"表达的是艺术虚构，因而对所写的人和事更加自由，可以把对象刻画得比生活中的现象更加可笑，以收到强烈的艺术效果。同时，小小说的作者一般不发议论，只要把可笑的现象描绘出来就可以了。

4. 寓言体式

寓言通过虚构的短小故事，将作者之"言"（思想）寄寓到该故事里，从而让人们从中体会到一定的道理，获得一些启迪或教益。寓言体式小说，是在寓言的基础上发展起来的一种新型文体。它吸取了寓言虚构怪诞故事，折射生活道理的特长，并在怪诞故事的表述中注入小说因素。诸如文学形象的塑造，叙事情节的丰满性，主旨的多义性和含蕴性等而写出的小小说。此类作品很多，如汪曾祺的《尾巴》、贾平凹的《老人和鸟儿》、中杰英的《鸟的喜剧》、魏金树的《人与猴》等。

寓言和寓言体式的小说的区别如下。

第一，寓言十分注重故事的"寓意性"，而寓言体的小说则可以写得既有道德教训，又有具体的故事情节甚至生动的细节。

第二，寓言的道德教训往往直接点明，而寓言体小说通篇只有一个意味深长的故事，寓意是从故事的叙述和描写中自然而然地流露出来的。

第三，从一则寓言中引出的道德教训只能有一个，寓言体小说的道德教训大都可以作多方面多层次的理解。它的讽刺性、象征性、影射性要比寓言丰富得多。

5. 诗歌体式

海明威曾说："冰山在海里移动很是威严壮观，这是因为它露出水面的只有八分之一。"[2]小小说由于纸短意长，要把"冰山原则"作为自身的艺术原则来追求。把诗歌创作中的"凝练含蓄"的表现手法，直接"拿来"为小小说创作所运用，就产生了"诗歌体式"的小小说。凝练含蓄，将成为小小说创作的艺术走向之一。

鲍昌的《桃花三月天》[3]题目就有诗情画意。修祥明的《小站歌声》[4]，柯灵称赞它"情景如画，包蕴长深"[5]；汪曾祺则更明确指出"这是一首小说形式写成的抒情诗，或者可以说是一篇抒情诗体的小说。"[6]

诗歌体式的小小说，常常采用比喻、拟人、双关等修辞手法和象征等写作技法来表述。在具体创作中，修辞手法的运用不单单体现在语言的运用上，更主要体现在整篇作品的构思上。

6. 镜头体式

小小说因其篇幅短小，在选材上，常常只能摄取大千世界中一个小片段、一个小场面、一个细

---

[1] 本书编选组. 微型小说选[M]. 上海：上海文艺出版社，1982：91.
[2] 海明威. 午后之死[G]//宇清，信德. 外国名作家谈写作. 北京：北京出版社，1980：417.
[3] 中外微型小说鉴赏[M]. 北京：社会科学文献出版社，1998：79.
[4] 百花园杂志社. 首届中国小小说金麻雀奖获奖作品集[M]. 桂林：漓江出版社，2004：178.
[5] 顾建新. 微型小说学[M]. 北京：中国文联出版社，2000：109.
[6] 同上.

节;一种情绪、一点感受、一声呐喊……它好似电影中的"特写"镜头,集中突出一点,反映生活的全貌。因此,有人称小小说为"镜头小说"。

具体来说,镜头体式的小小说可分三种类型。

第一种,生活中现成的典型镜头。一篇作品只写一个生活镜头,当然是"特写镜头"。这个镜头比较集中、单一,表面看好像是很随意一句话,一个普通的动作,实则典型、深刻、有意蕴。如司玉笙的《书法家》。

第二种,把生活打碎,重新排列组合后的典型镜头。它以一个生活场景为中心,连贯地出现两三个小镜头,好比电影中的蒙太奇组合,共同表达一个深意。如《诗人论诗》[①]围绕诗人坐车,出现了几个非常简练明快的镜头:"诗人"候车谈诗;"诗人"登车踩人;"诗人"抢座谈美;"诗人"不让座位,乘客嘲笑"诗人"。几个连贯镜头的闪现,展现了"诗人"言行的矛盾,透视了"诗人"虚伪的灵魂。这一组表现力极强的镜头,是作者提炼生活,重新剪辑的结果。

第三种,用眼前的镜头带出以前的生活,似电影中"闪回"镜头,几个"闪回",使读者清楚事情的来龙去脉。如刘忠平的《淑芬婶的新发现》[②]作品从眼前写起:淑芬婶"望着急急而去卖余粮的孩子他爹的背影,发了一阵呆,出门前,他简直让人……她不由得摸着红红的腮帮,突然有一个了不起的新发现。"作品以淑芬婶丈夫手的三次变化,即镜头的三次"闪回",折射出时代的变迁,从一个侧面反映我国政治体制改革和经济发展的变化。

7. 漫画体式

一般来说,漫画是一种略带夸张的笔法,它把生活中一些可笑的人或现象简笔勾勒出来,线条简洁,重在传神,往往具有幽默感和讽刺意味,使人解颐。小小说创作也有借鉴这种手法的。作者在生活中提取一些好笑的素材进行加工,寥寥几笔,把画面勾勒出来,或赞扬、或揶揄、或讽刺、或鄙弃,往往能引发读者的笑声,并使读者在笑声中得到启示。

请看《鹦鹉》:

某君口吃,爱鸟如命。尤喜鹦鹉、八哥之类。

一日闲游于市,见人出售鹦鹉一只,善学人语,君即购之。

一周之后,君至鸟市,出售此鸟。有人惊问其故。君答道:"此鸟……口……口……吃……吃,不……不……不可……可教……也。"

篇幅虽短,但它不是小幽默、小笑话,而是一篇成功的小小说。它有故事,有情节,还有鲜明的人物形象。在现实生活中,这一类人并不少见。自己做错了事,犯了错误,不从主观上找原因,反而拉客观、找借口、推脱责任。作品的讽刺力量不言而喻。

漫画勾勒的作品应引人发笑,不好笑就失去了漫画的特点。为此,它常用夸张、变形等手法,从表象上看,似乎失真;从内涵上看,更加传神。像《鹦鹉》中的人物,虽然略带夸张,但却使人感到很真实,似乎在哪里见过这类人。

当然,使用这种方法,要掌握分寸。适当的夸张或变形有助于说明问题,过分的夸张和扭曲就失去了真实性,反而会削弱作品的感染力。

8. 故事新编

所谓故事新编就是作家站在历史和文化发展的高度,以当代人全新的视角重新审视历史事实、历史人物、历史故事、成语典故、轶闻趣事、神话传说以及文学作品中的人物,赋予"旧事"以"新意",也叫"朝花夕拾"或"旧事重提"。如《武大郎发迹》《宋江过年》《悟空下岗》《东施西施网上

[①] 无名氏. 诗人论诗[J]. 三月,1984(1):19.
[②] 许世杰. 微型小说艺术初探[M]. 郑州:河南人民出版社,1987:291.

"单挑"《白娘子工程》《香菱跑官》等。

具体来分,"故事新编"有以下四种类型:第一种是遵照人物性格逻辑续写故事,如《阿Q成了大款》;第二种是违反人物性格逻辑唱反调,如《孔融让梨之后》;第三种是赋予历史事实或故事以新的内涵,如《唐僧师徒征婚》;第四种是对有定论的成语典故"反弹琵琶",如《龟兔第二次赛跑》。

第三节 诗 歌

一、诗歌概说

(一) 诗歌的含义

诗歌,向来有"文学之母""文学最高峰"的美誉。它是展示宇宙奥秘的窗口,沟通人类情感的纽带,传承民族灵魂的载体。在众多文学门类中,诗歌被公认为是最精致、纯粹、优美、抒情的文体。诗人艾青说:"诗是艺术的语言——最高的语言,最纯粹的语言。"[①]

中国自古以来就是一个诗歌的泱泱大国,从诗经、楚辞,到唐诗、宋词、元曲、明清对联,再到现代新诗,包括民间歌谣与流行歌词,中国诗歌的数量可谓浩如烟海,中国诗歌的历史可谓源远流长。从某种意义上甚至可以说,整个中国文学史就是一部波澜壮阔、气象万千的诗歌史。

诗歌的含义并非一成不变的,而是随着时代的发展变化而不断地发展变化。中国古代称不合乐的韵文为"诗",合乐可唱的为"歌"。后来,随着社会生活的演进,以及诗、歌自身的发展迁延,诗与歌逐渐合流,统称"诗歌"或"诗"。中国古人论诗,尤其推重"言志"功能,因此《毛诗序》如是定义诗歌:"诗者,志之所之也。在心为志,发言为诗。"中华人民共和国成立后,诗人何其芳为诗歌下了一个相对而言更为详细、精当的定义:"诗是一种最集中地反映社会生活的文学样式,它饱和着丰富的想象和感情,常常以直接抒情的方式来表现,而且在精炼与和谐的程度上,特别是在节奏的鲜明上,它的语言有别于散文的语言。"[②]

我们认为:诗歌是一种运用丰沛新奇的想象,富于节奏及韵律感的语言,高度凝练集中地抒发情感、反映生活、探索世界与自我的语言艺术。诗歌的本质特征是抒情性。

(二) 诗歌的分类

诗歌的种类繁多,根据不同的划分标准,大致可分为以下几类。

1. 按表现内容和表达方式分

按表现内容和表达方式分,诗歌可分为抒情诗、叙事诗、哲理诗等。

(1) 抒情诗

这是最能体现诗歌本质特征的一类诗歌,以抒情为其主要表达方式,一般不详述某一故事全过程,也不塑造完整人物形象,而是侧重于诗人主观情志、内心体验的抒发。抒情诗包括:爱情诗、山水诗、田园诗、咏物诗、咏史诗、政治诗等。请看:

说是寂寞的秋的清愁,/说是辽远的海的相思。/假如有人问我的烦忧,/我不敢说出你的名字。//我不敢说出你的名字,/假如有人问我的烦忧:/说是辽远的海的相思,/说是寂寞的秋的清愁。[③]

[①] 艾青. 诗论[M]. 北京:人民文学出版社,1982:201.
[②] 何其芳. 关于写诗和读诗[M]//何其芳文集(第4卷). 北京:人民文学出版社,1983:450.
[③] 施蛰存,应国靖. 中国现代作家选集·戴望舒[M]. 北京:人民文学出版社,1993:15.

这是戴望舒的名作《烦忧》。显然这是一首情诗,它以一种回环往复的形式,将诗人的一腔羞怯相思意写得极为清新、悠远、缠绵。抒情诗又有直接抒情和间接抒情之别,前者直抒胸臆,后者或寓情于景,或寓情于事,或寓情于理,或托物言志等。

(2) 叙事诗

叙事诗同样以抒情为核心,但在表达方式上以叙述为主,它通过唱叙故事情节、塑造人物形象来反映社会生活,传达作者对世事人生的认知和情感。叙事诗包括:长篇叙事诗、小叙事诗、史诗、剧诗、童话诗、寓言诗、诗体小说等。这里选录瑞典诗人阿斯本斯特罗姆的一首微型叙事诗《乡村的丁香》:

夏日的第一天,紫丁香。/村民们羞涩地避开——/还没有习惯美。/夜来时悄悄走出,/笨拙地折了几枝。①

(3) 哲理诗

顾名思义,哲理诗是意在传达作者对于宇宙、社会、人生深层思考的诗歌,常具哲学意味。哲理诗跟哲学、跟一般论说文字之不同在于,它多以形象的诗句,饱含深广的意蕴,而罕见以直接议论入诗。例如,英国象征派诗人威廉·布莱克的著名哲理短诗《天真的预言》:

一粒沙中看世界,/一朵花里见天堂,/无限握于你掌中,/永恒刹那间珍藏。②

2. 按表现形式分

诗歌可分为格律诗、自由诗、散文诗、民间歌谣、流行歌词等。

(1) 格律诗

格律诗一般须按一定的格律写成,格律谨严,体式整饬,尤其是我国古代的格律诗,如律诗、绝句、词、曲等,每句的字数、平仄、对仗、韵脚等均有较为严格的规定,可谓诗有定行,行有定字,字有定韵。正因如此,格律诗写作被形象比喻为"戴着镣铐跳舞"。

(2) 自由诗

相对于限制多多的格律诗,自由诗明显"自由"了许多,其句式、章法、押韵等均较为随意,诗作者可以根据表达的需要自由地组织、排列字句。但是,自由诗也并非"绝对地自由",它一样要求有起伏跌宕的韵律感,只是更为内在而已。如阿垅的《无题》:

不要踏着露水——/因为有过人夜哭……//哦,我底人啊,我记得极清楚,/在白鱼烛光里为你读过《雅歌》。//但是不要这样为我祷告,不要!/我无罪,我会赤裸着我这身体去见上帝……//但是不要计算星和星间的空间吧,/不要用光年;用万有引力,用相照的光。//要开作一枝白色花——/因为我要这样宣告,我们无罪,然后我们凋谢。③

读这样的诗句,有如"大珠小珠落玉盘",错落有致,有一种内在的韵律感,一种纯净幽雅的美。

(3) 散文诗

散文诗是散文与诗的美妙融合,是比自由诗更"自由"的一种诗体。它采用散文自由灵活的句式,来传达精微悠远的诗意内涵,虽没有我们习见的诗歌外壳(分行排列、押韵等),诗意的跳跃一般也不似分行新诗那样强烈,但在字里行间,却仍流淌着悦耳的诗的调子,洋溢着饱满的诗的情绪及幻想。在艺术手法上,散文诗多采用暗喻和象征的手法,往往篇幅简短,寥寥二三百字,甚至更少,却能将诗情、画意、乐韵、哲理融为一体。在中外散文诗史上,优秀的散文诗集有屠格涅夫的《爱之路》,泰戈尔的《吉檀迦利》《飞鸟集》《新月集》,希梅内斯的《小银和我》,鲁迅的《野草》,

---

① 黎华. 外国朦胧诗精选[M]. 天津:百花文艺出版社,1994:374.
② 刘雨婷. 诗歌精萃[M]. 吉林:东北师范大学出版社,1996:210.
③ 王宝大,罗振亚. 中国现代名家分类诗歌·情爱卷 燃烧的圣火[M]. 北京:中国青年出版社,1996:177—178.

郭风的《叶笛》等。

(4) 民间歌谣

民间歌谣是民歌、民谣的统称。按《韩诗章句》的解释是："有章曲曰歌,徒歌曰谣。"意即:可以咏唱的叫民歌,不歌而诵的为民谣。这一解释简明扼要,阐述了二者的主要区别。

① 民歌。

民歌是劳动人民在生活中,为了表达思想、情感而即兴创作并口口相传的歌曲。明代文学家冯梦龙说:"但有假诗文,无假山歌。"的确,民歌最大的一个特色,就是情感真挚朴素,富有浓郁的生活气息。从形式上看,民歌格调清新,体式灵活,常用比兴和夸张手法来营造诗歌意象。仅以流传在我国陕北地区的一种民歌形式信天游为例,先不论其旋律,单是品一品那歌词,就不由你不为之心折:"三天不见哥哥的面,崖洼上画下你人眉眼。""你说妹妹不想你天知道,泪蛋蛋和泥盖起一座庙。""三升软米蒸成糕,谁昧良心天火烧。"……这就是陕北民歌:野、真、辣、朴。据说,1924 年,印度大诗人泰戈尔访华,曾对陪同他的中国诗人徐志摩说,中国没有好民歌,当时,徐并未正面反驳他,而是随口吟出两句陕北信天游作答,"高山上盖庙还嫌低,面对面坐着还想你。"就这么两句"土得掉渣"的中国民歌,却使得泰戈尔这位诗歌大师的态度发生了一百八十度大转弯,连声赞叹:妙、妙、妙!

② 民谣。

民谣古已有之,据《古谣谚·凡例》记载,早在文字产生前,已有了民谣。近些年来,老百姓口头流传的民谣更其丰富多彩,五花八门,大事小情,无所不包,尤以针砭时弊者居多。无论是领导干部还是普通群众,大多都能随口来几句。老百姓俗称为"顺口溜"或"段子"。其特点是通俗、生动、简练、辛辣,易引起共鸣,加之顺口悦耳,便于流传,因而具有极强的生命力。例如,流传于安徽省阜南县的一首民谣,因生动形象地描述了 20 世纪 80 年代该县农村基础教育状况,在当地妇孺皆知,且有三种精彩的变本,其一:"泥凳子,泥台子,上面趴个泥孩子。"其二:"泥巴凳,泥巴台,上面趴个泥巴孩。"其三:"土凳子,泥台子,上面趴个灰孩子。"

(5) 流行歌词

古往今来,诗与歌本是一家,包括《诗经》在内的许多古诗不仅能诵,且入乐可歌。事实上,新诗被谱成歌曲的亦不在少数,如胡适的《梦与诗》《兰花草》,刘半农的《教我如何不想她》,卢冀野的《本事》等。同样的,那些优秀的流行歌词也完全有资格被视为好诗。北京大学教授、诗评家谢冕先生就曾把摇滚歌手崔健的歌词《一无所有》作为当代中国诗歌经典,收入其主编的新诗选。高等教育出版社 2005 年版《大学语文》"诗歌篇"中,编者亦大胆收入台湾词曲作家罗大佑的歌词《现象七十二变》,这是国家级规划教材首次选取流行歌词作为课文。在"诗歌篇"导言文字中,编者如是立论:"今天的流行歌曲,或许就是明天的诗。以此审视流行歌曲,自有超越通俗文化的意义与价值。罗大佑歌曲的价值,在于他唱出了 20 世纪八九十年代,海峡两岸中国青年面临社会转型时所特有的迷惘、困惑、痛苦和思考。"可以说,这一立论颇具远见卓识。美国著名民谣诗人鲍勃·迪伦因对美国传统歌曲创造了新的诗歌表达,被评为 2016 年诺贝尔文学奖就是一个典型例证。

3. 按题材分

按题材分,诗歌可分为乡土诗、城市诗、军旅诗、工业诗、科学诗等。

4. 按艺术表现手法分

按艺术表现手法分,诗歌还可分为朦胧诗、讽刺诗、朗诵诗、街头诗等。

（三）诗歌的特点

1. 思想内容的集中性

诗歌是对社会生活最为集中、凝练的反映。清初诗评家吴乔在《答万季野诗问》一文中，有一个精妙比喻："意喻之米，文喻之炊而为饭，诗喻之酿而为酒。"①大意是说：主旨（大约相当于我们通常所谓的"主题思想"）就像稻米，在一般文章那里，好比是被煮熟成了米饭；但在诗人所精心酿造的诗歌中，却如酒般甘醇。不妨来品味一首精酿如醇酒的短诗《赠诗神》：

黄河，长江／我两行混浊的眼泪……②

这首短诗为诗人塞风（李根红）所作，发表于1980年，曾得到艾青、公刘、贺敬之、苏金伞等众多当代诗歌大家的激赏。全诗仅两句十二个字，短得简直不能再短，却具有极强的艺术概括力。我们常说，诗人之所以为诗人，就在于他歌哭，绝非仅为一己之私而歌哭。就如塞风这首短诗，诗人为之悲恸的，诚然有他自己的不幸（"反右派斗争"中被划为右派），但又何尝不是无数个同命运者的不幸，又何尝不是我们整个国家、整个民族的大不幸？而这样的不幸，除了黄河、长江——我们中华民族最亲爱的两条母亲河——一般的混浊的两行长泪，又如何才能够给以最贴切的表达？诗中的我，既是小我，又是大我；诗中的真，似幻而更真；诗中的情，百味横陈；诗中呈现的好像仅是一个阔大的意象，却又分明是在叙事，在述史，几十年，乃至千百年来，我们这个伟大民族充满了苦难、泥沙俱下的历史，均在这短短两行诗中翻腾着……这一切浑然交织，统统归于一恸，又怎能不黄河长江般地撞击着、摇撼着我们的心旌，令人痛彻肺腑！短短两行诗，却浓缩了如此深厚的思想和感情，真正做到了"以少少许胜多多许"（郑板桥语）。

2. 表达方法的抒情性

自古以来，诗贵有情。唐代大诗人白居易有言："诗者：根情，苗言，华声，实义。"的确，就一首好诗而言，情如根，言如苗，声如花，意义如果实，四者缺一不可；但重中之重，还是只有树根堪比的"情"——惟其多情，才能让读者动情；惟其根深蒂固，才有望苗壮、花繁、叶密、果丰。享誉世界的散文诗集《爱之路》的作者、俄国大文豪屠格涅夫，在其暮年说过这么一番真诚得令人震撼的话语，从反面给了我们一种有力的佐证："我现在已经是什么不能写了。以前每当我构思写作的时候，总是由于爱的狂热而激动得发抖，现在这样的情形已经没有了，我已经衰老，既不能爱，也不能写作了。"③可见对于诗人，一旦胸中没了爱，没了深情，哪怕他声望再高、技巧再圆熟，也写不出动人心弦的诗。

3. 表现形式的兼美性

（1）形体美

和别的文体相比，诗歌在形体上更活泼，多变多姿，尤其体现于行列上。一般而言，诗歌最显著的形态标志即是分行分节。这种长短错落、不拘一格的句式排列，在视觉上就能予人富于创意、自由舒展的美感。苏联诗人马雅可夫斯基甚至独创过一种诗体——"楼梯诗"。他的那些排列如楼梯状的诗行，以其奇崛醒目的形式，错落铿锵的音节，饱满昂扬的激情而风靡一时。在中国，田间、郭小川、贺敬之等不少当代诗家都曾效仿过他，创作了一批"楼梯诗"。

（2）画面美

诗歌讲究意象，讲求意境，尤其注重意象思维方法的运用。通俗地说就是，诗歌要有画面感。一首好诗，总能为读者描绘出或浓或淡，或丰润或清疏的画面，且让人领悟到画外之韵、

---

① 吴乔. 答万季野诗问[G]//王夫之，等辑. 清诗话（上册）. 上海：上海古籍出版社，1982：27.
② 刘有权. 当代微型诗500首点评[M]. 北京：华夏出版社，2011：158.
③ 薛菲. 外国名家谈诗[M]. 杭州：浙江人民出版社，1986：101.

言外之旨。清人李渔说:"和盘托出,不若使人想象于无穷。"① 毛泽东在1965年致陈毅的一封信中也说:"要作今诗,则要用形象思维方法。"诗人艾青则以自己的诗作《珠贝》为例,来说明"写诗的人常常为表达一个观念而寻找形象",他还断言,"诗只有借助形象思维的方法才能产生持久的魅力"②。这些话都是深谙诗艺之语,值得习诗者揣摩。

(3) 音乐美

众所周知,诗是一种富于音乐美的语言艺术。谐和的音韵、鲜明的节奏,正是诗区别于其他文学样式的基本特点所在。因此,马克思才会在《致斐·拉萨尔》的信中这样说:"既然你用韵文写,你就应该把你的韵律安排得更艺术一些。"③ 20世纪30年代,对尚处于学步期的中国新诗,鲁迅也曾给过如下建议:"我以为内容且不说,新诗先要有节调,押大致相近的韵,给大家容易记,又顺口,唱得出来。"④ 这里需要特别指出的是,韵律也好,节奏也罢,皆与诗人的内心情感息息相关。一流的诗歌节奏、韵律,定然首先是与诗人的情感起伏保持高度的和谐一致;一流的诗人,定然会致力于寻找吻合于他心灵的韵律与节奏,寻找最适宜于表达他内在情感的那些精灵般的音符。

二、诗歌写作

(一) 发现

1. 做一个大千世界的敏悟者

常有爱诗者问:我也爱诗,也很想写出好诗,更想过一种"诗意地栖居于大地"(德国诗人荷尔德林语)的生活,可诗意的生活、生活的诗意究竟又在哪里呢? 事实上,诗意无处不在,套用雕塑大师罗丹的一句名言,生活中从不缺少诗意,缺少的只是发现诗意的眼睛。哪怕只是一朵野花、一掌红叶、一根夹在书里的羽毛、一纸泛黄的旧信、一句天真的童言、一个寂寞又热烈的眼神……这些看似平凡简单的事物,在敏感多思者的心中却都能激起美的涟漪,都蕴含诗意。正如诗人何其芳在《生活是多么广阔》一诗中所说:"生活是多么广阔,/生活是海洋。/凡是有生活的地方就有快乐和宝藏。"

比方说,某天清早,你去井边打水,却发现井口被牵牛花青嫩的藤蔓攀满,就连水罐也给缠住了,这时你会怎么办? 在日本女诗人加贺千代眼中,这并非别的,这是一首她不忍惊动的诗。她不仅不忍心将牵牛花从井沿、柳罐扯落,并且轻移莲步,转至邻家井中汲水。之后,女诗人仍难以忘怀此事,乘兴写了一首小诗,这就是流芳至今的著名俳句《朝颜》(牵牛花日文名):

井边柳罐挂,/朝颜蔓儿爬满了,/汲水到邻家。

平平常常的事,得力于诗人的发现,使生活充满诗意,抒写出优美的诗句。"平庸"的生活,只要肯用心体悟,同样不乏诗意。这正如幽兰在《微型诗》中吟唱的"行走在日子的田垄/采摘,最不起眼的话题/栽两三行,味道悠长的诗意"⑤。不言长篇诗歌,就是随便翻阅微型诗集,也不难发现,诗人们吟唱的多为日常生活中令人称道的写作发现。

2. 及时捕捉稍纵即逝的灵感

说到诗,不可避免地要涉及一个词:灵感。甚至可以说,每一首好诗的诞生,其构思之初几乎都和灵感有关。但"灵感"究竟又是什么? 俄罗斯作家帕乌斯托夫斯基说过一句话:"构思之得以产生同闪电之得以产生一样,往往只需要一个极为轻微的推动力。"⑥ 这个"轻微的推动力",其实

---

① 中国戏剧研究院. 中国古典戏曲论著集成(卷7)[M]. 北京:中国戏剧出版社,1982:35.
② 艾青. 诗论[G]. 北京:人民文学出版社,1982:7.
③ 中共中央马克思恩格斯列宁斯大林著作编译局. 马克思恩格斯全集(第29卷)[M]. 北京:人民出版社,1972:572.
④ 鲁迅. 鲁迅全集(第10卷)[M]. 北京:人民文学出版社,1981:250.
⑤ 刘有权. 当代微型诗500首点评[M]. 北京:华夏出版社,2011:223.
⑥ 康·帕乌斯托夫斯基. 金玫瑰[M]. 戴聪,译. 天津:百花文艺出版社,1987:54.

就是人们通常所说的"灵感"。对灵感,中国古代文论有着种种近乎神秘主义的解释:"文章本天成,妙手偶得之"①,"神理凑合"②,"兴会神到"③,诸如此类,不一而足。现代以来,散文家朱自清先生率先把灵感请下了神坛,他浅显地将其表述为"心头一动"。诗人艾青在诗论《诗人必须说真话》中,则将灵感比作"最愉快的邂逅",他说:"所谓'灵感',无非是诗人对事物发生新的激动,突然感到的兴奋,瞬即消逝的心灵的闪耀。所谓'灵感',是诗人的主观世界与客观世界最愉快的邂逅。"④

日常生活中,其实太多人有过这样的"心头一动",有过此类"愉快的邂逅",但往往因疏于或懒于"捕捉",而和灵感失之交臂。诗人却不如此,他们总是乐于且勤于"捕捉"灵感。如本书"表达"章中所述,普希金在抒情诗《秋》中,就曾以传神的笔触述及他被灵感"附体"时的感受。与他有过类似体验的还大有人在,比如郭沫若,在《我的作诗的经过》一文中,郭沫若回忆他在创作长诗《凤凰涅槃》时,突遇灵感来袭,他这样描述道:"在晚上行将就寝的时候,诗的后半的意趣又袭来了,伏在枕上用着铅笔只是火速地写,全身都有点作寒作冷,连牙关都在打战。就那样把那首奇怪的诗也写出来了。"⑤以上二例充分印证了一个道理:灵感来袭时,切勿轻易放过,而应火速"捕捉"。恰如东坡诗云:"作诗火急追亡逋,清景一失后难摹。"⑥

(二) 构思

诗歌的构思,是诗人把自己对外在世界的感受与头脑中原有的潜意识结合起来,进行理性的加工而产生诗歌材料、主题、结构、语言的过程。其特点是建立在感性的基础上,并随时有感性参与的一种理性运作。构思对诗歌写作之所以重要,乃在于构思之脱俗与否,直接关系到一首诗的成败。道理说来也很简单,一首诗要想令人眼前一亮,首先须在构思上力避落入俗套。诗的构思可从以下两个方面入手。

1. 选好角度,选准载体

"横看成岭侧成峰,远近高低各不同。"这是一个常识:人们因其选择的观察角度不同,所见大抵也不相同。基于此,构思第一步,就是要选择一个新颖、巧妙、易为常人所忽视的切入点,力争做到"人人心中所有,人人笔下所无",这样的诗才谈得上是"戛戛独造"。据《苕溪渔隐丛话》记载,苏东坡与人论诗时说过这么一句话,"诗以奇趣为宗,反常合道为趣。"所谓"反常",就是出人意料之外;所谓"合道",就是在人意料之中。这是大诗人的经验之谈,对于我们构思诗歌时如何选择角度颇具启发。

再看松尾芭蕉的例子。松尾芭蕉(1644—1694),日本江户时代的俳谐大师,俳句黄金时代的开创者。日本近代作家芥川龙之介盛赞他是《万叶集》以后的"最大诗人"。至今,松尾芭蕉依然被日本人民尊奉为"俳圣"。我们先来欣赏芭蕉的著名俳句《牵牛花》:"拙匠画牵花,牵牛花亦美。"可以看他写牵牛花,偏不从正面入手,写它如何秀美,在大画家笔下又是怎样满纸生辉,而居然是从"拙匠"处落墨,这构思何等别致、巧妙!他的《雪朝之鸟》:"寻常鸟可憎,喜见雪朝来。"也因为切入点的巧妙选择而予人满目青鲜之感。试想:若单单写几只小鸟儿给一个雪晨带来了生气,而不以诗人曾因其聒噪而憎厌来作反衬,那么这喜悦的程度,势必削弱很多,整首诗也将因此而失掉几许曲折掩映的意趣。类似的构思还有他的《春霞》:"掩映春霞里,

---

① 陆游. 文章[M]//钱仲联,马亚中. 陆游全集校注. 杭州:浙江教育出版社,2011:228.
② 王夫之. 姜斋诗话[M]. 舒芜,校点. 北京:人民文学出版社,1961:149.
③ 王士祯. 池北偶谈(下)[M]. 勒斯仁,点校. 北京:中华书局,1987:436.
④ 艾青. 诗论[M]. 北京:人民文学出版社,1982:4.
⑤ 郭沫若. 郭沫若论创作[M]. 上海:上海文艺出版社,1982:205.
⑥ 苏轼. 腊日游孤山访惠勤、惠思二僧[M]//张志烈,张晓蕾选注. 苏轼选集. 北京:人民文学出版社,2002:18.

无名山也奇。"写春霞山岚之美,却丝毫不去沾富士山这类名山的光,甚至绝口不提名山,而独独着意于春霞掩映下的"无名山",读罢令人顿感神清气爽,或许你还会忍不住想到,平凡如"无名山",却也有如此奇美欢快时刻,我们这些普通人,岂非也该好好活着,无须乎自轻自贱啊。

此外,为诗情选准载体也很重要。譬如说,鲁迅那一腔沉郁瑰奇的思绪,除去《野草》那种散文诗体外,还有什么更恰如其分的载体来传达呢?

2. **兼收并蓄,精挑细选**

相传唐代天才诗人李贺喜骑驴外出,且每于背上背一破锦囊。一俟灵感涌现,即写在一张纸上,随手抛入囊中。每次归家,其母总免不了点检一番锦囊,见写得多,便忍不住要慈爱地唠叨两句:"是儿要当呕出心乃已尔!"这个故事既说明了及时、随时"捕捉"灵感的重要性,也启示我们:构思之初,务须敞开胸怀,兼容并蓄,信手拈来,不避芜杂,所谓"精骛八极、心游万仞",所谓"思接千载,视通万里",总之,尽可以天马行空般展开你想象的翅翼。又或者,像"滚雪球"那样,由一点点雪粉不断滚动壮大,直至成为一个大雪球。在这里,尤须留心那"第一粒雪粉",它可能是一件微不足道的小事,可能仅是个小细节,有时甚至可能只是一个词,但在有心者那里,却是一首好诗闪闪发光的诱因。

在兼收并蓄后,千万别忘了还有个精挑细选、去芜存菁的过程。刘禹锡有句诗说得好:"千淘万漉虽辛苦,吹尽狂沙始到金。"马雅可夫斯基也有句名言:"你想把一个字安排得停当,就需要几千吨语言的矿藏。"诗歌构思的后半程工作,正是如此。

(三) 表达

1. **让诗题闪闪发亮**

常言道:题好文一半。诗歌写作亦不例外。好的诗题,恰如顾盼生辉的明眸美目,能让人在一瞥间顿生好感。"文化大革命"期间诗人食指(郭路生)捧出了他的心血之作《相信未来》。单单这个诗题,就传递出一股振奋人心的力量,有着灯塔般的明亮、温暖、坚韧、蓬勃。新时期诗歌中,类似闪闪发光的好诗题还有许多,如北岛的《我不相信》、舒婷的《致橡树》、顾城的《一代人》、梁小斌的《中国,我的钥匙丢了》等。

要想拟出好诗题,有个行之有效的训练方法,就是你不妨找来一本经典诗歌选,将其中那些诗歌的题目先盖上,待品读完毕后,先一一自行拟题,然后再拿自己拟的题目与原题两相比照,细细揣摩作者为何要那般拟题?苦心、妙处何在?长此以往,你的拟题功夫必能精进。

2. **巧化情思为意象**

巧化"无形"为"有形"是诗艺的重要一环。在此环节中,诗作者将无形的观念、思想、事物的本质规律或理性认知,转化为生动、直观、具体、个别的感性形象,力臻情景交融、形神契合之境。这种感性形象,中国古代文论称为"意象"。"意",指的是诗人的情意,"象",指的是诗人感受到的客观物象,"意象"即意中之象,也就是被赋予了作者情感的能够引发联想的具体的物象。用德国大哲康德的话说,就是"灌注了生气的形象"。例如卞之琳的《断章》:

你站在桥上看风景,/看风景人在楼上看你。//明月装饰了你的窗子,/你装饰了别人的梦。

剖析这首短诗,我们不难发现它实际上包含了四个意象:"桥上""楼上""明月""窗子"。按照诗人自己的说法,他意在通过此诗探讨一种"相对"的关系。"相对",是一个抽象的概念,但因为诗人巧妙运用了意象组合,不仅让我们对大千世界的相对性有了一番生动优美、新鲜深刻的体悟,而且打开了别样解读的辽阔空间。而这,正是意象的独特魅力之所在。

3. **大胆组合脱常俗**

诗是蝶之翅,是花之蕊,是语言中的语言。诗歌语言是公认的最为灵动、最富于创造力的艺术语言。这种创造力尤为夺目地体现在诗人对于字、词、句的大胆组合、打破常规上。这方面的例证古今不胜枚举。不妨随便择取几例,如南北朝时期陆凯的《赠范晔》:"折花逢驿使,寄与陇头人。江南无所有,聊赠一枝春。"谁想得到,春天竟能以"一枝"来计量,并且可折可赠,清芬可掬?这是何等富有灵性的嫁接组合!再如李贺《杨生青花紫石砚歌》:"端州石工巧如神,踏天磨刀割紫云。"在"诗鬼"的笔下,云不仅有青紫之别,抑且可以切割,在端州石工的妙手下,做得成精美绝伦的紫石砚台,当真是想落天外,匪夷所思。

新诗中大胆组合的例子也并不鲜见。例如艾青《大堰河,我的保姆》:"大堰河,今天你的乳儿是在狱里,/写着一首呈给你的赞美诗,/呈给你黄土下紫色的灵魂。""紫色的灵魂",乍看很"无理",细细品味却又觉得无比贴切,宛若这紫色的灵魂可以双手捧触一般,颇契合于那虔敬、沉哀、广大的爱之礼赞,再无别种颜色可替代。又如台湾诗人郑愁予的《错误》:"我达达的马蹄是美丽的错误,/我不是归人,是个过客。""错误"竟也有"美丽的"么?当真是旷古奇闻!但恰就是这五个字,准确地传递出那种欲爱而不能的复杂微妙意绪,舍它而其谁?

4. 分行排列细斟酌

分行排列既是诗歌外在形态最显著的标志,也是一种饶有意趣的形式表达。一首诗该如何断行,如何排列,大有讲究。例如戴望舒名篇《雨巷》的开头一节:"撑着油纸伞,独自/彷徨在悠长、悠长/又寂寥的雨巷,/我希望逢着/一个丁香一样地/结着愁怨的姑娘。"诗人在"独自"之后断行,而将"彷徨"置于第二行行首,就既突出了"独自"又突出了"彷徨",将诗人的满腔孤寂表达得淋漓尽致。若是按一般语法习惯,将"独自"置于第二行行首——"撑着油纸伞,/独自彷徨在悠长、悠长",那么显然,"独自"和"彷徨"两个词所能引起的"关注度"都将大打折扣。请看台湾诗人梅新的《白杨》:

不能飞/长高也是逃离尘世的方法之一/于是/你就拼命地长/长得比谁都高/你从别人/肩膀/头顶/望出去的视野/广阔兼及别的星球

这首诗,建议习诗者不妨先全部取消其分行,另纸重抄一遍,自行分行断句后,再对照原诗,用心体悟诗人分行的苦衷与妙处。

最后,再来看这么一段话:"我吃了放在冰箱里的梅子,它们大概是你留着早餐吃的,请原谅,它们太可口了,那么甜又那么凉。"这是什么?一纸普通的留言条而已。但在美国诗人威廉斯笔下的《便条》,它却变成了这样:

我吃了/放在/冰箱里的/梅子/它们/大概是你/留着/早餐吃的/请原谅/它们太可口了/那么甜/又那么凉

完全相同的内容,一字未易,而仅仅是经过了一番精心的分行排列,竟神奇地变为一首诗,一首飘溢着淡淡的家的清馨的好诗,质朴又温情。诗歌分行排列的魔力,于此可窥一斑。

5. 加法减法总相宜

诗艺中有一门功夫叫"加法",还有一门功夫叫"减法"。

所谓"加法",就是指在须浓墨重彩处,不惜泼墨如水。例如像艾青《大堰河,我的保姆》那种长江大河般的拳拳赤子情,诗行若是单薄俭啬,定然难以表达到位,此时宜用"加法"。

所谓"减法",即在须简约处,则惜墨如金,舍得"减肥"。例如尼采的诗《最亲的人》:"我不喜爱让最亲的人在我附近,/让他离开我高飞远行!/否则他怎能成为我的明星?——"神完气足,三句足矣。再如顾城《一代人》:"黑夜给了我黑色的眼睛/我却用它寻找光明。"这首两行小诗,在1980年《星星》第3期发表后震动整个中国诗坛,它高度概括了时代长夜中一代人寻找光明的坚定信念,两句足够。又如惠特曼的《给老年》:"从你,我看到了那在入海处逐渐宏伟地扩大并展开的河口。"仅此一句,却气象万千,简直可谓"少少"益善了。

另有一经典个案,是美国"意象派"代表诗人庞德的《地铁车站》:

人群中这些面孔幽灵一般显现;/湿漉漉的黑色枝条上许多花瓣。

这是意象派最为著名的一首诗。据庞德自述,1911年某一天,他在巴黎协和广场走出地铁,突然在人丛中看到一些姣美的脸庞。当天晚上,他写了一首30行的诗;六个月后,他改成15行,仍未能满意;一年之后,他写成了以上形式:只有2行。① 这不是别的,这是诗歌"减法"的胜利。

6. 锤炼警句与诗眼

诗歌中常见一些高度凝情聚思的关键句子或词语,我们称之为"警句""诗眼"。这样的文字通常都是自锤炼得来。古诗中锤炼警句、诗眼的例子,我们耳熟能详的很多,如"推敲"一词的由来,如"春风又绿江南岸"中"绿"字的敲定,等等。那么新诗有没有"警句"和"诗眼"?需不需要锤炼?一样有,一样需要锤炼。这方面的例子也不少。如徐志摩《再别康桥》:"我轻轻地走,/正如我轻轻地来。"这句诗之豁达洒脱,甚至让当代作家史铁生乐意拿来作自己的墓志铭,史铁生说:"在徐志摩先生,那未必是指生死,但在我看来,那真是最好的对生死的态度,最恰当不过,用作墓志铭再好也没有。"② 还有艾青的《我爱这土地》:"为什么我的眼里常含泪水?/因为我对这土地爱得深沉……"臧克家《有的人》:"有的人活着,/他已经死了;/有的人死了,/他还活着。"北岛《回答》:"卑鄙是卑鄙者的通行证,/高尚是高尚者的墓志铭。"舒婷《神女峰》:"与其在悬崖上展览千年/不如在爱人肩头痛哭一晚。"沙穗《深闺》:"发乱了有梳子/心乱了呢?"等等。可以说,以上这些诗其所以能成名篇,和上述这些警句、诗眼也是大有关联的;而它们的得来,却是诗人们苦心孤诣的甘果。

7. 竖耳谛听辨杂音

一个优秀的诗人,要像歌唱家练耳那样,格外注重训练自己灵敏的语感,尤要养成竖耳谛听辨杂音的好习惯。比如下面这首短诗《麻雀》③:

不要捉住了看——/惊恐的黑眼睛/扑扑狂跳的小心脏//远一些/是群神气的野孩子/会歪着脑袋瞅着你//再远些/那是乡村生活的/浅灰色顿号

如果我们将此诗最后一句添一"的"字,改为"浅灰色的顿号"如何呢?表面看意思未变,但用心辨听这六个字,就会感觉到它们传递的感觉更像是逗号,而非顿号,就不能恰如其分地传达麻雀所带给乡村生活的那种平淡中的活泼生趣,一个"的"字也因此而成为整首诗的一个多余的杂音。

第四节 戏剧文学

一、戏剧文学概述

(一)戏剧文学的含义

戏剧有广狭二义:一是话剧、歌剧、舞剧、戏曲的总称;一是专指话剧。

中外对于戏剧的定义有很多版本,上海辞书出版社的《辞海》指出戏剧是"由演员扮演角色,当众表演情节、显示情境的一种艺术"④。中国社会科学院语言研究所词典编辑室编写的《现代汉语词典》关于"戏剧"条目的解释与《辞海》大致相同:戏剧是"通过演员表演故事来反映社会生活中各种冲突的艺术,是以表演艺术为中心的文学、音乐、舞台等艺术的综合"⑤。《牛津辞典》对

---

① 赵毅衡,编译. 美国现代诗选(上)[M]. 北京:外国文学出版社,1985:47.
② 史铁生. 病隙碎笔[M]. 西安:陕西师范大学出版社,2006:4.
③ 涂明求. 麻雀[N]. 合肥晚报.1998-6-29(副刊).
④ 夏征农. 辞海[M]. 上海:上海辞书出版社,1999:1421.
⑤ 中国社会科学院语言研究所词典编辑室. 现代汉语词典[M].5版. 北京:商务印书馆,2006:1462.

戏剧的条款则解释为"适合于舞台演出的散文作品或诗作,故事情节通过对话和动作来表达,辅之以姿态、服装和布景,表演出来宛如真实生活,此即为一出戏"①。而日本戏剧理论家河竹登志夫给戏剧所下的定义是"戏剧是一种凭借人的形体,即在'演员·剧本·观众·剧场'这'四次元'的世界实现戏剧性,通过视觉和听觉来感染人的能动艺术"②。从以上有关戏剧的定义可以看出,戏剧是由演员将某个故事或情境,以对话、歌唱或动作等方式表演出来的艺术。这里包含着四个元素"故事"(情境)、"舞台"(表演场地)、"演员"和"观众",而这其中"演员"是四者当中最重要的元素,他是角色的代言人。创作剧本最重要的是为了演出,只有依靠演员的表演,剧作者的意愿才能得以更好的实现。与传统戏剧大相径庭的现代派戏剧、后现代派戏剧,可以没有情节、没有人物之间的心理冲突、没有高潮,"反戏剧"而行之,却仍脱离不了扮演。创作剧本首先是供演出的,这是戏剧与其他艺术门类最大的不同之处。戏剧文学,通常指戏剧剧本。狭义的戏剧文学也专指话剧剧本,广义的戏剧文学则应包括歌剧剧本、舞剧剧本、戏曲剧本在内。一般多取其广义的概念。

(二) 戏剧文学的分类

戏剧文学种类繁多,按情节构成与题材选择的区别所造成的内部结构性差异,表现为一系列外部形式、手段的不同,戏剧文学可划分为以下几类。

1. 根据戏剧冲突的性质和审美特征来划分

从剧中矛盾冲突的性质与人物命运的结局所表现出来的价值取向与审美范畴的不同,对戏剧进行分类,可以分为悲剧、喜剧、正剧,其中,悲剧与喜剧也是人类在理论上对戏剧分类的最早模式。

悲剧主要是以剧中主人公与现实之间不可调和的冲突及其悲剧的结局,构成基本内容的作品。它的主人公大都是人们理想、愿望的代表者。悲剧以悲惨的结局,来揭示生活中的罪恶,从而激起观众的悲愤及崇敬,达到提高思想情操的目的。如索福克勒斯的《俄狄浦斯王》、莎士比亚的《哈姆雷特》、曹禺的《雷雨》等。

喜剧主要以夸张的手法、巧妙的结构、诙谐的台词及对喜剧性格的刻画,从而引起人们对丑的、滑稽的嘲笑,对正常的人生和美好的理想予以肯定。代表作有莫里哀的《伪君子》、果戈里的《钦差大臣》、迪仑马特的《贵妇还乡》等。

正剧是出现较晚的戏剧类型,一般不拘泥悲剧和喜剧的划分,灵活利用了两者的有利因素,加强了表现生活的能力,适应了戏剧发展的要求,扩大了戏剧反映生活的广泛性和深刻性。莎士比亚的《冬天的故事》《暴风雨》、狄德罗的《私生子》《一家之主》等作品都是正剧。

2. 根据戏剧作品容量大小和结构长短来划分

可分为独幕剧、多幕剧等。幕是一定情节阶段的单位,它可以由若干场、若干事件组成。幕,往往以幕启幕落一次为标志,一幕中发生的戏剧情节,一般总是限定在同一的时间和地点中。中国戏曲则有长至50多出的长篇传奇剧与短至一出的折子戏。

独幕剧是戏剧作品的一种形式,全剧情节在一幕内完成。篇幅较短、情节单纯、结构紧凑,要求戏剧冲突迅速展开,形成高潮,戛然而止。多数独幕剧不分场并且不换布景。我国早期话剧有很多独幕剧作品,如田汉的《名优之死》、丁西林的《压迫》、洪深的《五奎桥》等。

多幕剧是与独幕剧相对应的一种戏剧文学形式,剧情发展到一个段落,舞台口的大幕启闭一次为一幕,在全剧演出过程中,大幕启闭两次以上者,即称多幕剧。多幕剧一般篇幅长、容量大、人物多、剧情复杂,宜于反映广阔的社会生活。莎士比亚的《哈姆雷特》、曹禺的《雷雨》、郭沫若的

---

① 马丁·艾思琳.戏剧剖析[M].罗婉华,译.北京:中国戏剧出版社,1981:1.
② 河登竹志夫.戏剧概论[M].陈国峰,杨秋华,译.北京:中国戏剧出版社,1983:7.

《屈原》等都是多幕剧。

20世纪80年代,归功于电视这一崭新的载体,戏剧小品异军突起,成为一个显著的文化现象。戏剧小品形式上短小,情节不复杂,具有戏剧性或喜剧性。值得注意的是,小品虽然受时空限制,篇幅有限,但具有起承转合的故事情节。1983年以来,戏剧小品通过中央电视台春节联欢晚会的推广,已经成为观众喜闻乐见的一种戏剧样式。

3. 根据戏剧文学表现形式和手段来划分

话剧的表演虽然也离不开音乐、舞蹈、美术等艺术的烘托和陪衬,但它的主体结构是由人体表演与语言的艺术——文学这两大艺术要素组成的。从世界范围来看,这是戏剧艺术的一个最主要的门类。话剧同时也是各种戏剧样式中文学性最强的一种,它的剧本,除了供演出之外,还可作为文学作品出版,供读者阅读。

戏曲,是一种历史悠久的综合舞台艺术样式,它由文学、音乐、舞蹈、美术、武术、杂技以及表演艺术综合而成。它与戏曲音乐结构相联系、相适应,使它在艺术结构方法上明显区别于话剧。戏曲文学需要有唱词,而唱词就是一种与音乐相联系的文学形式。即使是戏曲的念白,也不同于话剧的台词,因为戏曲念白除需具备性格化、动作性等条件外,还要求它具有音乐性,读起来好听,并且能与音乐相配合。中国戏曲与古希腊戏剧、印度梵剧并称为世界三大古老的戏剧文化。

歌剧主要是或完全以歌唱和音乐来交代和表达剧情的戏剧(是唱出来而不是说出来的戏剧)。歌剧在1597年左右诞生,在兴盛的过程中,形成了许多不同的体裁和样式,大歌剧、小歌剧、悲歌剧、喜歌剧、趣歌剧,以及现在盛行于欧美的音乐剧。代表作品如《茶花女》《蝴蝶夫人》《莎乐美》等。

舞剧,顾名思义,它是一种以舞蹈为主要表现手段的戏剧。在这里,演员是不用语言,也不用歌唱来"说话",而是用各种舞姿即舞蹈动作来"说话"。虽然舞剧也离不开文学的成分、音乐的配合和美术的布景等,但它的主导成分是演员的舞蹈。《睡美人》《天鹅湖》《胡桃夹子》《红色娘子军》均是大家所熟知的舞剧作品。

木偶剧是一种由演员在幕后操纵木偶演出的戏剧,不以真人演员而以替代物与观众见面,这一特点使木偶剧带有很突出的玩具游戏性和象征性。而哑剧的演员则既不说话,也不唱歌,而是以自己的身姿、手势与面部表情,来传达剧情,表现人物或突出主题的。相比较而言,这两种戏剧样式的戏剧文学性较弱。

除此以外,戏剧文学以剧情构成方式的不同,可以划分为传奇剧、社会问题剧、心理剧等;以选择题材的不同,可以划分为历史剧、纪实剧、民间传说剧、神话剧、科幻剧、侦探剧、惊险剧等;从不同的戏剧观念、不同的创作方法、不同的风格流派来进行分类,又可划分为古典主义戏剧、浪漫主义戏剧、现实主义戏剧、现代主义戏剧、后现代主义戏剧等。

(三)戏剧文学的特征

作为戏剧文学体现形式的剧本具有双重性——戏剧性与文学性。剧本的特殊性要求它应该包含可读的文学性和可演的戏剧性。在繁复的戏剧活动中,戏剧活动在剧本的创作中实际上就已经开始。为了上演,剧本创作必须在舞台演出的时间、空间限制内来编织情节紧凑、矛盾集中、发展迅速、性格突出的"一定长度的、完整的行动"以吸引观众,剧本提供的一切因素,应该能够外化为视听形象,适宜于搬上舞台。剧本的双重性,使得剧作家在创作戏剧文学时,必须在戏剧创演的规定限制下,即符合舞台性的基础上进行,又不能纵横捭阖,随心所欲。焦菊隐先生曾对这个问题发表过看法:

写小说,可以在同一个时间内写两个地点、两个事件,也可以同时并叙客观世界和人物的主观世界,还可以作编年史式地描写,由读者陆续阅读。剧本却必须在一个几十立方米的舞台空间里、在短短的两个半小时以内演完,把有限的舞台空间和时间处理为无限,要看导演的才能。而在空间和时间的制约下写出完整的人物,写出生活的意义,却是作家的才能。①挖掘生活的意义,品茗人生的况味,营造诗意的境界,雕琢性格的魅力,编织跌宕起伏的情节等,是文学性的要求,而将这一切有效地在时间、空间限制中通过行动化为视听形象展现出来,这又是戏剧性的需求。剧本的文学性,则是考虑了这一切因素变为行动、化为视听形象的可能性的文学性;剧本的戏剧性,则是从文学构形中体现出来的便于上演、便于舞台艺术家进行"二度创作"的潜在可能性。戏剧文学的双重性质,使它具有不同于其他文学样式的独特性。

1. 浓缩地反映生活

把现实生活素材搬上舞台,便要受舞台的严格限制。表演的时间不能过长,一般限制在三个小时之内。舞台场景是有限的,不能随意变动。整个戏剧必须在舞台周围的三堵墙和面向观众的那面透明的"第四堵墙"内完成。这样要使"舞台小天地"变成反映和描写生活的"人间大舞台",作者就必须对生活素材进行选择、提炼和加工,用戏剧的形式克服内容,将生活浓缩地反映在舞台上。戏剧家李渔在《闲情偶记》中提出了著名的戏剧原则——"立主脑""减头绪",戏为一人一事而设。也就是要求情节要单纯、集中,不能线索复杂、人物众多、情节拖沓。曹禺的《雷雨》,如果按照时间顺序写,就必先写三十年前的事(周朴园赶走鲁侍萍的原因和经过),次写三年前的事(周萍与繁漪"闹鬼"的事),后写三十年后今天的事(鲁侍萍回到周公馆这一天里引起的风波),但剧作家却把前两件事和眼前的事容纳在一天里,并把三十年来两代人的悲欢离合,集中在周家客厅和鲁家两处来完成,做到了时间和地点上的集中。在有限的空间中表现了丰富的内容,充分地发挥了戏剧的表现功能。再如郭沫若的五幕历史剧《屈原》,剧情在一天的时间里概括反映了屈原一生的生活和命运。

2. 尖锐的矛盾冲突

戏剧的舞台性,决定了它必须靠尖锐的矛盾冲突来吸引观众。由小危机孕育着更大的危机,由小高潮推向一个更大的高潮,要使整个剧情都在这种激变的危机和高潮中运行,才能引起观众的兴趣,关注剧情的发展。"戏剧还要求有造成愿望或意图的冲突的巨大本领,要求有用不可反驳的逻辑迅速解决这些冲突的本领。"②从整个意义上讲,没有冲突就没有戏剧。例如,清代传奇代表作孔尚任的《桃花扇》,全剧四十四出,除《余韵》之外,大体可分为四个部分:第一部分从第一出《听稗》到第十二出《辞院》,主要写侯、李的结合及由合而离,同时联系复社文人对阮大铖的斗争,左良玉欲东下就粮,为马、阮迫害侯方域埋下伏线。第二部分从第十三出《哭主》到第二十出《移防》,主要写侯方域的活动,同时联系拥立福王,马、阮当权,史可法被排挤,四镇内哄,朝政黑暗,展示了统治阶级内部派系斗争的日益尖锐,为南明覆亡埋下了伏笔。第十七出《拒媒》插入李香君的拒嫁田仰,使情节有变化,同时为后面戏剧矛盾激发张本。第三部分,从第二十一出《媚座》到第二十五出《选优》,主要写李香君的活动,通过马、阮对李的残酷迫害,揭示了南明统治集团腐朽的本质,以及李对爱情的坚贞,在政治斗争中的鲜明态度和疾恶如仇的优秀品质。第四部分,从第二十六出《赚将》到第四十出《入道》,通过马、阮倒行逆施,大捕复社文人,以及左兵东下声讨马、阮,史可法困守扬州,对统治集团的分崩离析作了集中的反映,展示了明末广阔的社会图景。南明亡后,使入狱入宫的侯、李得以重合,最后他们割断儿女私情,双双入道修真。纵观全剧结构,一根主线贯穿前后,戏剧冲突十分尖锐,又细针密线,出与出之间有机地串连在一起,浑然一体,使剧情得到了合乎规律的发展,从而加强了舞台的艺术效果。

---

① 焦菊隐.导演·作家·作品[G]//阳翰笙.焦菊隐文集(第四卷).北京:文化艺术出版社,1988:130.
② 高尔基.文学书简(下卷)[M].曹葆华,渠建明,译.北京:人民文学出版社,1965.12—13.

3. 通过台词塑造人物、推进剧情

在剧本中,台词是塑造人物、推动情节、开展矛盾冲突的基本手段。"剧本是最难运用的一种文学形式,其所以难,是因为剧本要求每个剧中人物用自己的语言和行动来表现自己的特征,而不用作者提示。""剧中人物之被创造出来,仅仅是依靠他们自己的台词"[①]。这样戏剧对语言提出了非常严格的要求。

首先,戏剧语言必须具有动作性。鲁迅评《儒林外史》时曾经专门说到文学语言的动作性:"敬梓多所见闻,又工于表现,故凡所有叙述,皆能在纸上见其声态;而写儒者之奇形怪状,为独多而独详。"[②]戏剧同样如此。台词的动作化,就是要求剧中人物的语言必须结合舞台表情和心理特征,富有明确的行动目的。易卜生《群鬼》的男主人公欧士华热爱生活,热爱文学创作。可因其父不检点,使其患有先天梅毒。他挚爱母亲,不想麻烦母亲为自己操劳,便藏着吗啡,想待发作之际,让使女吕嘉纳帮他吃下。无奈她走了,欧士华只好呼唤母亲:

欧士华	现在到了要你救我的时候了。
阿尔文太太	(高声喊叫)我!
欧士华	不是你是谁!
阿尔文太太	我!我是你母亲!
欧士华	正因为你是我母亲。
阿尔文太太	你的命是我给你的!
欧士华	我没叫你给我这条命。再说,你给我的是一条什么命?我不稀罕这条命!你把它拿回去![③]

在这一段对话里,我们甚至可以想见到母子双方的动作和表情。

其次,剧中人物的性格、心理,也只有靠台词来表达,来塑造。因此,台词总是十分个人化的。

最后,台词一方面通俗易懂,明朗动听;另一方面又要精练、含蓄,富有潜台词。前者是为了上口、动听、入耳;后者是因为戏剧的高度集中性要求,戏剧语言必须精练,言简意丰,有一种意动性和暗示性,目的是为了下面的情节开展埋下伏笔,增设悬念,吸引观众。

戏剧语言,总是极富表现力的语言。"能把个人的性格、思想和目的最清楚地表现出来的是动作,人的最深刻方面只有通过动作才见诸现实,而动作,由于起源于心灵,也只有在心灵性的表现即语言中,才获得最大限度的清晰和明确。"[④]台词,在戏剧中的作用和戏剧语言的特征,正好体现了这一规律。

二、戏剧剧本的写作

(一)戏剧的发现

剧本写作是通过发现素材对其加工成为题材的过程,素材的发现是创作出戏剧题材的重要基础。为了避免无用功,剧本写作对素材的发现除了符合一般文章的写作要求外,还要适合剧本写作的特殊要求,就是必须适合舞台演出。那么哪些是剧本写作可选取的特定素材呢?

1. 在生活中发现戏剧要素

在戏剧文学创作中,首先剧作家要选择自己生活中最熟悉、感受最深刻的,具有现实观照性、引起观众兴趣,并与之形成情感共鸣的素材。但并不是任何生活材料都适合于戏剧,面对丰富多

---

① 高尔基.论剧本[G]//孟昌,罗世鹗,等译.罗晓风,选编.编剧艺术.北京:文化艺术出版社,1986.167-168.
② 鲁迅.鲁迅全集(第9卷)[M].北京:人民文学出版社,1981.282.
③ 易卜生.易卜生戏剧集(第2卷)[M].潘家洵,译.人民文学出版社,2006:167.
④ 黑格尔.美学(第1卷)[M].北京:商务印书馆,1979:270.

彩的现实生活和纷繁浩瀚的历史资料,要善于选择符合戏剧规律的素材。

(1) 充满魅力的情节

戏剧情节是戏剧作品的构成因素之一,一般指作品中人物与人物、人物与环境的各种关系所组成的生活事件、矛盾冲突的发展过程。关于情节的重要性古希腊哲学家亚里士多德认为"情节乃悲剧的基础,有似悲剧的灵魂,性格占第二位"①。中国戏曲也十分讲究情节,讲究传奇,李渔说:"古人呼剧本为传奇者,因其事甚奇特,未经人见而传之,是以得名。可见非奇不传。"②不论是古希腊的悲剧还是中国的传奇,在选材时都会考虑从生活出发,兼顾以情动人,力争与观众产生情感共鸣。

在中国传统戏曲中,《拾玉镯》《夫妻观灯》《拾棉花》等剧无不从生活中选取情节,丢一只鸡、借一双靴、赶一次集、观一次灯、走一段路等生活小情节都可以敷演一段故事,引人入胜。就连表现宫廷斗争的《打金枝》的情节,也富有生活的气息:驸马因为公主目无长辈,而打了公主。公主大怒,便向父王哭诉。人伦、纲常;皇家威严、人情人心,何取何舍?不料皇帝了解事因后,却责备了公主,但公主一味不肯认错,皇帝又假意以驸马违背了君臣大礼,殴打金枝玉叶,犯了死罪,要斩之为公主出气,公主反被吓得没了主意……这里皇帝没有用皇家威严、没有用生硬说教,只是用寻常百姓过日子的家常道理,劝说小夫妻和好,同时宣扬了家庭和睦的道理。通过劝架这个生活中的小事件,构筑情节,从而解决矛盾,深化主题,让观众在观赏过程中找到情感共鸣。

(2) 赋有个性的人物

戏剧发现是一种心灵上的蓦然领悟。这种发现作为一种特殊的心理现象,它实质上是剧作家主体意识的自我领悟,或者说是剧作家终于发现自己所真正要表达的东西。在戏剧发现里,剧作家首先发现了他梦寐以求的那个形象,那个合乎理想的赋有个性的人物。美国著名剧作家、诺贝尔文学奖获得者尤金·奥尼尔塑造的《天边外》的主人公罗伯特·梅约的形象就是如此。《天边外》是奥尼尔的成名之作,也是美国戏剧史上的一个里程碑。奥尼尔在一封信中谈到了它的写作:

我在英国货船上当水手,往来于纽约和布宜诺斯艾利斯之间。船上有一位挪威水手跟我非常要好。他常常发牢骚说,他一生中最大的悲哀和错误,就是小时候离开他爸爸的小农庄逃到海上来。他在海上呆了二十年,没回过一次家。他咒骂大海和海上的生活,但又夹杂着对海洋的温情厚意。……生下来就喜欢大海的惊涛骇浪,只不过那种对海洋的向往在他心里却变成了模糊的、难以捉摸的漫游癖。他的意志力又不大坚强,为了一点带有诗意的渴望,比如说爱情吧,他就会抛却他的美梦,接受农庄的苦役。③

奥尼尔发现身边的这位好友,愿望模糊且无具体内容,不懂得现实,认为理想和现实没有什么距离,这是一个很特别的人物。在此基础上,剧作家深入发掘,揭示出人生中对理想的追求和这种追求的转化过程:梦想—现实—追求—挫折—牺牲—超越具有普遍性意蕴的命题,创作出奠定了他在美国剧坛首屈一指地位并获得普利策奖的作品。

2. 在经典作品中发现改编之点

立足现实观照,重新解读经典、改编经典,创作出符合当下审美需求的新剧本,不失为戏剧创作的一种类型。这里所说的改编作品是指在原有作品的基础上,通过改变作品的表现形式或者用途,创作出具有独创性的新剧本。世界各国对莎士比亚作品的重新解读、改编、创作、演出,即

---

① 亚里士多德.诗学[M].罗念生,译.北京:人民文学出版社,1982:23.
② 李渔.李笠翁曲话[M].北京:中国戏剧出版社,1962:6.
③ 尤金·奥尼尔.奥尼尔剧作选[M].荒芜,译.上海:上海文艺出版社,1982.6.

遵循此路。另外,借鉴其他艺术形式的成功作品进行创作也是戏曲改编的常见方式,如改编自小说的《红楼梦》《祥林嫂》《骆驼祥子》《典妻》《死水微澜》等。值得注意的是,虽然经典作品为改编提供了故事情节、人物性格等,但是要注意各种艺术形式在文本特征、技巧运用、艺术风格等方面存在着明显的差异,在进行艺术形式的转化时,在忠实于原著的精神实质的同时,还要根据不同艺术样式对表现内容的特殊要求,对原著进行增删剪裁。例如,小说、电影不管是容量还是叙述的自由度都比戏剧大得多,因此将其改编成戏剧经常出现人物众多、情节涣散、缺乏冲突等弊端,如经典小说《红楼梦》,在戏剧改编中首先要有相对固定的时空,给演员留下表演的空间,原著里事多人杂、呈多线索分布,因此在戏剧选材的时候,要兼顾戏剧的规范,选中一个"点",可能是某一段落故事,或者某一人、某几人的故事,太多的人物,漫长的行动过程,过于隐晦曲折的心理活动,频繁变换场景,都无法在舞台上演出。

选择素材,对于编写剧本是非常重要的。如果选材不当,常常会徒劳无益。所以,在生活中善于选择和挖掘富有戏剧性的因素,是戏剧写作的基本技能。

(二)戏剧构思

所谓戏剧构思,是指剧作者在戏剧发现的基础上,以戏剧概括的方式,为塑造人物形象,设计矛盾冲突和情节,安排结构,按照创作意图,设想出整个戏剧世界的思维过程。

1. 戏剧构思的方法

(1)从人物出发

英国近代戏剧理论家威廉·阿契尔在《剧作法》里阐述了对这个问题的看法:"不论一个剧本的萌芽是什么———一件轶事,一种情势,或者其他等——如果人物不在很早的时刻就进入戏,而且决定戏的发展的话,那么,作为一件艺术品来说,这个剧本是没有什么价值的。"[①]这里强调了戏剧创作中人物的重要性,从人物出发,这个人物,可能不一定是剧中最主要的人物,但这个人物一定是处在人物关系的枢纽之上,关联牵制着全剧的人物关系。例如曹禺《北京人》中的曾四姨,虽然不是剧中的主要人物,但是全剧人物关系均以曾四姨的关系为结构,用她作为枢纽去组织故事和人物关系。

(2)从事件出发

戏剧创作的构思也可以从有感于某个事件出发,构思人物关系、戏剧冲突、升华主题等。这里的戏剧事件大体又分先行事件、舞台事件、暗场事件等。发生在大幕打开之前的事件,是先行事件,如《贵妇还乡》中贵妇衣锦还乡,报仇的理由等;发生在大幕打开之后、舞台上所发生的事件,是舞台事件,如《俄狄浦斯王》,弑父娶母预言的应验,人与命运抗争的悲剧;契诃夫的《樱桃园》,四幕戏都表现人的生存状态,他把主要的事件作为基础放在暗场,而关注在事件表现出来的人的生存状态。在构思中要注意明场、暗场的处理,先行事件和舞台事件的着墨。

(3)从场景出发

剧作者还可以通过感觉和联想,制造非常强烈的场景,即规定情境,由此生发,设置情节、人物关系,从而对剧本进行构思。因为场景有严格的时空限制,因此人物在此场景下的言行轨迹,同样具有时间和空间的限制性。如老舍的话剧《茶馆》,此剧虽然人物众多,事件众多,但是没有贯穿性事件。到茶馆中的人,不过是跟茶馆有关系的横切面。这里场景严格地制约着人物的言行、人和人物性格的发展,是社会形态的的一种反映。

除此以外,理念、文学作品要素,甚至一个数字、一句话、一幅画、一种自然现象等都有可能构成戏剧文学创作构思的来源。

---

① 威廉·阿契尔.剧作法[M].吴钧燮,聂文杞,译.北京:中国戏剧出版社,1964:19.

2. 戏剧构思的原则

(1) 以刻画人物为核心

戏剧史上一些成功的戏剧作品清晰地保留在观众的心里,正是与一批如俄狄浦斯、哈姆雷特、娜拉、崔莺莺、七仙女与董永等一批鲜活的戏剧人物形象深深地印在了观众的脑海里有关。因此,在戏剧构思中,不管题材是来自史料、小说还是民间传说,都有一个构思设定刻画人物的任务。戏剧是行动的艺术,因此人物形象的塑造要设定在规定情境中,靠独特的行动完成,切忌脸谱化、简单化。如早期话剧《妇女代表》中的张桂蓉,在全剧有九个动作,挑水劳动、买牛大婶的药、卖稻草、让牛大婶学医、上夜校等,这一系列的动作,构成有力的行动,使张桂蓉从当时的时代背景里脱颖而出,鲜活别致。值得注意的是,当代戏剧创作经常出现主题先行的现象,尤其是小戏、小品创作,不以刻画人物为核心,缺乏对生活的真知灼见,以公式化、概念化的思路拼凑作品。比如生活中出现的表现"心灵美"题材、"虐待老人"题材、"下岗工人自强不息题材"等作品,剧作者往往从观念出发,故事大同小异,人物千篇一律,作品流于形式,这些作品基本上成为过眼云烟,很难留存下去。

(2) 以设计"有戏"为抓点

戏剧是舞台艺术,最终呈现方式是舞台演出,"有戏"和"无戏"是观众评价一部戏剧作品的标准之一。在戏剧作品构思时,要认清不是所有能激发作者创作冲动的题材都可以入戏的,必须遵循戏剧本体特征,在戏剧作品构思中要围绕"有戏"确立重要的矛盾核心,关键所在,这个核心即为戏核,没有它,就构不成戏,戏核是情节的起因,同时也是支撑一个剧本最重要的情节核。戏曲《秋江》中尼姑陈妙常与观主的侄子潘必正私订终身,观主得知后令潘必正赶考。陈妙常心急如焚地追到了江边,欲雇船追赶。巧遇一风趣的老艄翁,看出她的心事,一路打趣。这个戏的事件、情节、戏核高度集中,统一于"追"上,紧紧围绕"追"把人物扭结在一起,从而产生戏剧性。此剧虽然故事情节很简单,但因为"有戏",妙趣横生,令人回味,深得观众的喜爱而成为保留剧目传唱至今。

(3) 以运用意象思维为手段

剧本创作无论是哪一类都要有一个主题或主导情感,要把其表述出来,不是靠逻辑推理的说教,而是靠意象思维形象地加以展现。关于这一点,曹禺先生说:"剧本的'理'只有一个,是统一的。这个统一的'理'应该渗透在人物的塑造里,情节的安排里,以及丰富多样的语言里。'理'是整个剧本的'灵魂'。"①这里曹禺所说的"理"即为作品的主题,这个"理"通过意象思维在人物塑造、情节安排中进行生动的展示,也就是说主题是通过剧中人物动作显示出来的,而不是作者把自己想表达的意愿或某种思想借剧中人物之口说出来。

在实际创作中,特别对于初学者而言,发现一个好的素材,往往没有经过很好地构思,很好地提炼,没有对人物形象、人物关系进行设定,就匆匆上马,因此写出来的故事往往不感人、形象不生动、主题不明确,甚至成为图解宣传的口号,这和作者没有很好地运用意象思维有一定关系。

(三) 戏剧的表达

戏剧的表达是戏剧创造的物化阶段,指剧作家把在艺术构思中已基本酝酿成熟的主题意蕴和情节结构转换为适宜舞台演出的文字的过程,它标志着戏剧文学创造过程进入最后阶段。

1. 表达要求

(1) 鲜明的本体特色

鲜明的本体特色是指创作的剧本具有戏剧剧本的特点。

---

① 曹禺.论戏剧[M].成都:四川文艺出版社,1985:20.

剧本创作依靠语言,戏剧语言包括人物语言和舞台说明。要把剧本写得富有本体特征,在表达的内容方面,要运用简练、扼要、明确的舞台说明通过布景、服装、道具的提示语,剧情发生的时间、地点和人物的表情、动作、上下场等的交代以及人物个性化的台词展现鲜明的时代特点和地方特色。在书写戏文方面,要有舞台演出意识,以塑造人物为中心,要有运用场面调度和灯光等手段辅助演员将剧本传达的信息很好地呈现给观众的观念,运用个性化台词,展开情节、刻画人物,要把剧本写得既符合戏剧规范又具有鲜明的剧种特点。总之让导演和演员看之"有戏",有种发挥才能的冲动才是有着本体特征的剧本。

(2) 丰美的语言张力

① 务含蓄。

语言的含蓄是艺术地展开情节、刻画形象的重要手段。能够以少胜多,"言有尽而意无穷,余意尽在不言中"就是含蓄的语言。戏剧语言尤其重视含蓄,经典剧作的剧作家都借助了戏剧的载体,言志抒情,以耐人寻味的语言推动戏剧情节、塑造人物形象。咀嚼戏文余香满口。例如,《西厢记》:"碧云天,黄花地,西风紧,北雁南飞,晓来谁染霜林醉? 总是离人泪。"把秋景的组合意象融入了戏曲空间,抒写张生与崔莺莺的离愁别绪,在欣赏优美的唱词同时,如同陪同剧中人在如画的风景中行进,进入了一种情景交融的境界,戏文极富诗意和韵味。

② 易浅显。

李渔在《贵浅显》一章里写道:"曲文之词采,与诗文之词采非但不同,且要判然相反。何也? 诗文之词采贵典雅而贱粗俗,宜蕴藉而忌分明;词曲不然,话则本之街谈巷议,事则取其直说明者。凡读传奇而有令人费解,或初阅不见其佳,深思而后得其意之所在者,便非绝妙好词。"① 这里强调曲词的通俗性。比较而言,戏剧语言表达的通俗性、质朴性比典雅性更为重要。同时也要认识到,这里所说的浅显通俗,并不等于直白粗俗,而是语浅而意深,准确而又生动,适宜演出的要求。请看京剧《沙家浜》中的一段唱词:

郭建光　（接唱）那一天同志们把话拉,
　　　　　　　　在一起议论你沙妈妈。

沙奶奶　（认真地）说什么来着?

郭建光　（接唱）七嘴八舌不停口……

沙奶奶　哦,意见还不少哪!

郭建光　（接唱）一个个伸出拇指把你夸!（众人同笑）

沙奶奶　我可没做什么事呀!

郭建光　沙奶奶。

　　　　（接唱）你待同志亲如一家,精心调理真不差。缝补浆洗不停手,一日三餐有鱼虾。
　　　　同志们说:似这样长期来住下,只怕是,心也宽,体也胖,路也走不动,山也不能爬,
　　　　怎能上战场把敌杀!②

郭建光的唱词可谓浅显易懂、雅俗共赏、老少咸宜,因此,深受观众喜爱,广为流传。

③ 重机趣。

在戏剧创作中,一句精妙、美妙、奇妙、神妙的语言,可能会把一种意思表示得别出心裁,情趣无比。请看崔凯、何庆魁的小品《红高粱模特队》中赵队长和范指导在认知上的差异闪烁着妙语光芒的一段对话:

---

① 李渔.李笠翁曲谱[M].北京:中国戏剧出版社,1962:14.
② 汪曾祺,杨毓珉.沙家浜[M].北京:中国戏剧出版社,1965:10.

范指导　等,等,等一下,先不着急换服装,在训练之前呢,我想看看大家的基功。
赵队长　(向众模特)基功,带来了吗?
范指导　啊,基功不是带的,基功就是基本功。说白了,就是模特行走的基本步伐,从仿生学的角度讲呢,就是猫步。
赵队长　家猫?
范指导　猫步。
赵队长　猫在散步。
范指导　哎,不是猫在散步,是猫在走直线。
赵队长　猫走直线?
范指导　对!
赵队长　范师父,我觉得猫走不走直线,完全取决于耗子。你看,如果耗子拐弯了,猫还走直线,那是不是瞎猫走直线?①

这里用猫抓耗子走直线偷换模特走猫步的概念,改变了话语的原意,将对方引入错误,这种巧妙的表述富有机趣,极富感染力。

④ 易上口。

戏曲、话剧或是以散文化的日常用语为主的小品,在演出时讲究易上口,易于被观众接受。有时,为某种需要,如突出内容,强调意义或者是营造气氛,运用句子最后一个字押韵的语言形式,说起来顺口,听起来顺耳,能起到特殊的效果。如何庆魁、宫凯波、张弘的小品《钟点工》中老太太因为老头的笑话伤了自尊心,想离去的时候,收工钱找不出十元零钱,不得不再陪老头唠十元钱的嗑,请看:

老　头　抽烟不?
老太太　不会!
老　头　喝水不?
老太太　自备!
老　头　吃水果不?
老太太　反胃!
老　头　干啥呢?
老太太　干啥,你说呢?
老　头　唠嗑吧!
老太太　唠呗!反正十块钱,都是你消费!②

一个热情招待,小心赔罪,一个爱理不理,冷淡应对,韵脚的一再重复,使对话有了律动,听起来朗朗上口,又表明了两人对立的心态,刻画了人物。

2. 表达手段

(1) 巧妙地运用修辞手法

戏文写作离不开修辞手法,恰切地使用修辞手法不仅使戏剧语言生动、形象,而且使戏文余香满口,发人深思。凡是剧家创作时都十分重视修辞手法的运用。例如,莎士比亚是一个善于使用修辞手法的高手,几乎所有的修辞手法都在他的作品中熟练地使用过,这些修辞手法的使用增添了他作品的内涵和艺术性,显示了他卓绝的语言智慧。戏剧创作,修辞手法是内容表达的有效

---

① 倪学礼,李杰.中国广播电视文艺大系(1977—2000)电视小品卷[M].北京:中国广播电视出版社,2008:362.
② 同上书,488—489.

手段,且不说对偶、互文、双关等手法的运用能够创造场面意境,也不说拟人、比喻等手法的运用能够增添戏文内涵的丰富性,单就夸张使用而言,由此产生的虚拟性也已经成为戏曲重要的美学特征,成为戏曲反映生活的基本手法。正是运用夸张产生的虚拟性,使得舞台在有限的时空里,"三五步行遍天下,六七人百万雄兵""顷刻间千秋事业,方丈地万里江山""眨眼间数年光阴,寸柱香千秋万代"成为可能,被观众约定俗成地接受。

(2) 恰当地运用写作技法

仅仅是明白无误地传递发话人想说的内容,对戏剧语言来说,是远远不够的,一句话要说得引人入胜,表述的方式必须具有内在张力,这种张力可以来自虚实、张弛、详略、正反等。例如,小品《昨天 今天 明天》就运用了正反辩证否定结构:

白　云　都说你那节目主持得可好了。
主持人　这么说的?
白　云　就是人长得可磕点。
黑　土　你咋这样呢?
白　云　说实话呗。
黑　土　瞎说啥实话。(朝主持人)她不是那意思,我老伴那意思是说大伙都喜欢你主持节目。哎呀,全村最爱看啦,说你主持有特点,说一笑像哭似的,不,一哭像笑似的。[①]

演出时,观众对这段戏的反响异常强烈,这里的台词就用了"正—反—正"的辩证手法,使小品具有了张力,取得了很好的演出效果。

初学剧作者写作戏剧剧本一般都没有运用写作技法的意识,戏剧剧本写作实践告诉我们,运用写作技法创作剧本能够更好地塑造人物形象,实现作者的写作意图,使作品更具艺术性,这应为我们所记取。

第五节　影视文学

一、影视文学概述

(一) 影视文学概念和类别

在众多的艺术门类中,电影和电视是年轻的艺术形式,它们是现代科学技术发展的产物。1895年12月28日,法国卢米尔兄弟在巴黎一家咖啡馆放映了他们自拍的电影短片,这一天被公认为是电影的诞生日。在此40年后,英国青年贝尔德运用电子技术,将一个人的图像十分逼真、清晰地映像到屏幕上,真正意义上的电视便从此诞生。电影和电视的出现,是人类视听传播媒介的大革命。虽然出现、发展的历史很短,但它们以独特的艺术表现力,深入到现代的日常生活,极大地改变了人类的生活方式和审美方式。对整个人类生活影响巨大、广泛和深刻,是其他任何艺术形式都难以企及的。

1. 影视文学概念

电影和电视作为两种最年轻的现代艺术,是建立在现代科学技术基础上的,通过展现在银幕或荧幕上的画面与画面相配合的声音,在多维的时空中塑造出直观的视听形象。影视艺术是一门综合性的艺术,它综合了文学、戏剧、音乐、舞蹈、绘画、建筑、雕塑等艺术因素,其中,文学因素是最基本的。因此,在文学艺术的花圃中,便出现了"电影文学"和"电视文学"。由于它们具有相

---

① 倪学礼,李杰. 中国广播电视文艺大系(1977—2000)电视小品卷[M]. 北京:中国广播电视出版社,2008:450.

似的美学特征和文本特征,并且在电影、电视艺术系统中发挥着相似的功能,所以,我们把它们合称为"影视文学"。

影视文学是继诗歌、散文、小说、戏剧等传统文学类型之后出现的,兼有影视艺术和文学艺术双重属性,是在两者的交互融合渗透中,把文学的叙事抒情因素与影视的造型视听因素有机融为一体的文学样式。

影视文学作者对素材进行选择、剪裁、加工,组接成一个个生动精彩的段落,用简洁流畅的文字做出叙述、描写和说明的文本,不仅给导演、演员、美工和剪接、服装、化妆、道具、照明等工作人员蓝本,又能供广大文学爱好者阅读,影视文学是一种独具特色的文学体裁。

2. 影视文学的类型

影视艺术在发展过程中形成了丰富多彩的类别。根据不同的分类标准,可把影视文学分为不同的类型。如果从所写内容入手来区分作品,则有:功夫题材片、灾难题材片、间谍题材片、战争题材片、侦探题材片、科幻题材片、爱情题材片……如果以篇幅长短为标准考察电视剧,则有电视短剧(亦称电视小品)、电视单本剧、多集电视连续剧(2~10集)、长篇电视连续剧(10集以上)等。影视文学的分类是多种多样的,不同类别的影视作品,有着不同的艺术特点和不同的写作方式方法。

(二) 影视文学的审美特征

影视文学是为影视拍摄而创作的文体,必须要用连续活动的带声画面在银幕、屏幕上呈现出来,这就决定影视文学具有一些区别于其他文学文体的特征。

1. 视觉形象的造型性

影视作品是主要诉诸人视觉的艺术样式,具有视觉的形象性和直观感。要用连续的活动画面来塑造形象,以视觉形象的艺术力量直接作用于观众的视觉。因此,注重视觉造型性的画面,突出视觉效果是影视文学区别于其他文学样式的重要特点。苏联电影大师普多夫金说:

小说家用文字描写来表现他的作品的基点,戏剧家所用的则是一些尚未加工的对话,而电影编剧在进行这一工作时,则要用造型的(能从外形来表现的)形象思维。[①]

编剧必须经常记住这一事实,即他所写的每一句话将来都要以某种视觉的、造型的形式出现在银幕上。因此,他们所写的字句并不重要,重要的是他的这些描写必须能在外形上表现出来,成为造型的形象。[②]

这就说明,写作影视剧本,必须要考虑到形象的视觉造型性,剧作者所写的东西必须是能看得见的,是能够被表现在银幕、屏幕上的。另外,影视剧本只能用人物的行动和语言来表现人物的性格,一般排斥说明性和叙述性文字,即不能像小说那样借用叙述者客观叙述之便,通过说明交代、夹叙夹议的方法对人物的身世、经历、性格、心理等进行介绍剖析,也不能像戏剧那样通过对话进行叙述交代。影视文学无论是对剧情的交代,还是对人物的描写,人物心理的刻画,都必须用具体可感的视觉造型形象来进行。剧作者必须努力将所体会到的情感和思想化作可见的视觉形象来表现,使观众在具体可感的视觉形象中,体味影视的艺术魅力。在《钢琴课》中女主人公艾达常将下颌抬起,微微向前扬起,表达一种不屈服、不妥协的意志和力量,时而有意低头沉吟,不让人看到她的眼神和表情,她时而扭过头去,让别人感到她的关注和警觉,又时常将头歪向一边,眨着一双天真的大眼睛,让别人的心理防线不攻自破。即使她背向镜头时,我们也能从她那挺直的背影中觉察到一种凛然的不可侵犯的尊严和坚强。

[①] 普多夫金. 论电影的编剧导演和演员[M]. 何力,译. 北京:中国电影出版社,1980:22.
[②] 同上书,32页。

2. 影视形象的运动性

影视作品是直接给观众"看"的艺术,它以视觉形象的艺术力量直接作用于观众的视觉,而这种视觉形象又不是一成不变的,它是不停地变化着的,即注重形象运动性就成了重要因素。因此,影视形象连续不断的运动,造成动态感是影视艺术的重要特征。

在影视作品的表现对象中,以表现动态的生活为第一内容,而且所要表现的内容是不受时间、空间的限制,以随心所欲的运动方式呈现。场景在不断地变换,人物在不断地活动,事件在不断地发展,一切都在运动中,从而带给人真实、直观的感觉和艺术的享受。如影片《四百下》里,小男孩安托万总是在不断地奔跑。从上学、逃学,直至从少年管教所逃跑。奔跑这一动作,即符合一个调皮男孩子的性格,又是他想要摆脱学校、家庭内心冲突的写照。影片结尾对安托万漫长的不停奔跑的跟拍镜头,也是他孤独迷茫成长之旅的象征。

影视作品中的视觉形象的运动感体现在以下两个方面。

一方面是画面的外在运动。画面的运动分为:画面内部的运动、画面与画面之间的运动。画面内部的运动,是指在固定镜头的画面内,人或物的变动。画面与画面之间的运动,是指镜头之间画面的变换。影视作品要通过运用画面内运动、画面与画面运动,以动态的画面来展示内容,叙述故事情节,塑造人物形象。

另一方面是影视形象的内在运动。影视形象包括人物形象和镜头内的物像。影片中运动或静止的物像是作为人物活动的背景出现的,但有时候物像本身也参与情节,或渲染气氛,画面内人物情绪的波动与镜头的或动或静,能构成一种艺术张力。如《花样年华》中,女主人公打破重重顾虑,来到男主人公的住地,淡淡的爱意其实早在两人心中产生,但都在等待对方表白;眼神的试探,言语的慌乱、躲闪,营造出迷离的气氛。最后,突然响起的电话铃声,打破了这种欲说还休的局面,使故事情节推进下一个阶段。

创造影视形象运动性的一个重要方式就是镜头运动。

摄影机既不受时间的限制,也不受空间的限制,上天入地,潜海登月,无所不能,当摄影机的运动与被拍摄对象都处于运动之中时,画面构图也就随之运动起来,被拍摄的物体在画面内的位置与前后景物的透视关系也就发生了连续的或间隙性的变化,"动态构图"也就不断地出现,可以说以镜头运动为基础的动态构图大大丰富了影视作品的表现手段,通过推、拉、摇、移、跟、升、降等镜头的运动方式,不仅可以使运动的主体更富运动感,而且可以使处于静止状态的主体具有运动感。

创造影视形象的连续运动另一个重要方式是剪辑。通过对镜头画面的重新组接,可以创造出运动和节奏。把一些静止的短画面剪辑在一起,就能创造活动的画面。希区柯克的影片《精神病患者》中的凶杀过程,没有一个完整的动作,都是一些动作瞬间的短镜头:高举尖刀的女人,恐怖的表情,挥下的刀,女人遮挡的双手,溅血的身体等,一直到最后女人放大瞳孔的双眼,这些短镜头快速地组接起来,就呈现了一个激烈、恐怖、血腥的凶杀过程。

既然影视是流动的艺术,那么影视剧的创作也就必须在运动中来塑造人物形象,在流动画面中表现社会生活过程。如在《魂断蓝桥》的剧本中,对主人公玛拉最后在滑铁卢桥上自杀的情景是这样描写的:

桥上,一车队军用汽车亮着车灯,轰轰隆隆地向桥头驶来。

玛拉转过头去,望着驶来的军用卡车。

车队从远处驶近。

玛拉迎着车队走去。

车队在行驶,黄色车灯在浓雾中闪烁。

玛拉继续迎着车队走。

车队飞速行进。

玛拉迎面走去。

车队轰鸣,越来越近。

玛拉迎着车队走,越来越近。

玛拉宁静地向前移动,汽车灯光在她脸上照耀。

玛拉的脸,平静无表情的眼神。

巨大的刹车闸轮声,金属相磨的尖厉声。[1]

这段描写文字富有运动性,在车队和玛拉的连续动作中,表现出了玛拉绝望的心情。

3. 多种艺术的综合性

高度的综合性是影视艺术区别于其他艺术形式的重要特征,也是其独特性之所在。

在一部影视作品中,既有小说与戏剧的故事情节,人物形象塑造,又有音乐的音响节奏、韵律,还有绘画的构图,雕塑的造型,等等,因此,影视作品是综合艺术。它把"静"的艺术和"动"的艺术,"时间"艺术和"空间"艺术,"造型"艺术和"节奏"艺术等有机地融汇在一起,创造出一种动态的、具有立体感和逼真性的视听结合的艺术样式。

影视作品的综合性主要体现在以下方面。

(1) 时空结合,转换灵活

一般来说,小说、戏剧和影视都属于时空艺术,都重视时间、空间的变化。但小说的时空只能作用于读者头脑中间接的想象,戏剧受舞台的限制,场景不能太多,变化不能太快,有些大的场面不容易表现。影视主要是视觉艺术,有丰富的表现功能,既像时间艺术那样,在延续时间中展开故事,塑造人物形象,又像空间艺术那样,在画面空间上展开形象,它把时间艺术和空间艺术的优势结合起来,构成新型的时空艺术复合体,有丰富的表现功能。而且时空变化很灵活,可以不受任何时空的限制。从时间上讲,上下两个镜头可以表示相隔一秒钟,也可以表示相隔几十年。从空间上讲,小可以展现骐骥一毛,大可以表现万水千山。

(2) 视听综合,声画兼备

影视从绘画和雕塑中借鉴了造型艺术的特点,学习了造型艺术的造型手段。绘画对光、影、色彩、线条、形体的独特处理,为影视的画面造型、色彩造型提供了丰富的艺术养料。影视画面的构图、层次的安排、色彩和光影的运用都与绘画有着相似之处,我们在欣赏一些优秀影片的时候,常常会感受到影片中的一些画面就像一幅幅精美的图画。

影视从音乐中吸取了抒情和节奏感的特点。节奏是影视艺术一个重要艺术元素,没有节奏,也就没有影视艺术的生命。节奏是影视作品抒发感情、渲染气氛、表现主题思想的重要艺术手段。影视作品中的音乐和歌曲是对音乐艺术的直接综合,使之成为影视艺术整体部分。影视艺术是视听兼备的艺术,它以视觉造型为主,兼顾听觉效果,在满足观众视觉需要的同时,还带给观众听觉的美的享受。

(3) 动静结合,营造氛围

从艺术存在形态上来看,艺术可以分为动态艺术和静态艺术。建筑、雕塑等是静态艺术,音乐、舞蹈、戏剧等是动态的艺术,而影视则属于运动中的造型艺术。在影视的画面中,静态的场景以及画面造型、构图是伴随着情节发展以及节奏、旋律等,以动态形式表现出来的。如影片《大河

---

[1] 汉斯,雷缪. 魂断蓝桥[M]//袁地,编译. 本丛书编委会. 世界著名电影剧本选(第二分册·美国分册). 福州:海峡文艺出版社,1985:182.

恋》中,远处重山在阳光的笼罩下显得朦胧、飘渺,缕缕阳光倾泻在树叶上,使森林增添了静谧,光线投射在河面上,透入河底,突显出河水的清澈,周围环境的无声,衬托出潺潺河水的流动声,动静结合营造出一种艺术的氛围。

影视艺术体现了对多种艺术的各种表现手段,各种艺术构成元素的综合。正因为广泛吸收了各类艺术的优点,丰富并充实自己的艺术表现力,于是也就有了关于电影的种种美妙的比喻,如"视觉的诗""铁盒子里的戏剧""光的音乐""动的绘画""形象的文学"等。

但是,影视艺术综合性并不是各类艺术的简单相加,而是有机的融合。在融合的过程中,各类艺术因镜头的组合而发生了变化,既保持了原有的功能,又突破了原有的规律。

(三)电影和电视两种艺术的区别

电影和电视是两种关系最密切的艺术,都是以科技手段和特定的机械设备为基本材料,通过拍摄、剪辑等工序,最后创造出逼真、直感形象的艺术。因此,它们有很多相似之处,都是以镜头和画面作为基本元素,运用独特的语言叙述故事,处理时空有很大的自由。艺术上都具有画面性的特征。但是,这并不说明两种艺术是完全相同的。科学地说,两种艺术还是有不同之处的。

1. 篇幅长度不同

由于电影和电视的传播工具、传播媒体、传播场合不同,从而造成了观众审美心理不同。一部电影的最佳长度是两个小时左右,而电视剧则很灵活,可以是单本剧,也可以拍成系列剧。

2. 人物设计、场景安排不同

电视剧中的人物不宜太多,线索不宜太繁,场面不宜太大。而电影较少受这个限制。

3. 表现手段不同

电视剧因为屏幕小的特点,常选择具有典型意义的细节,把场面和人物动作进行细微分切之后通过镜头组合,表现整个场面。电影由于清晰度高,可以表现大场面,不必采用细微分切组合的方法。电视比较多地运用特写和中景、近景,很少用全景和远景。而电影可以自由运用具有不同功能的景别镜头。

总而言之,影视文学剧本并不等同于一般的文学体裁,剧作者所创作的形象必须是能够在银幕、屏幕上展现的,可见可闻的具体形象,是直接付诸视听的形象,这就要求影视剧作者在创作过程中,先在大脑中浮现具体的视觉和听觉形象,用画面、声音进行思维,同时还必须考虑各种艺术的综合运用,来设计银幕、荧屏形象。

二、影视文学写作

影视文学是一种独特的文学样式,它既具有很强的工具性和实用性,可以成为导演工作的蓝本,又具有较强的文学性和可读性,可以成为独立的能阅读的文本。这就对影视文学作者提出了特殊的要求,除了有丰富的材料积累,较高的文学素养和语言表达能力,还必须熟悉影视艺术的独特性,掌握影视文学写作的特殊规律。所以,写作时既要注重影视剧本的文学性,更要注重它的影视性,始终以创造逼真的银幕、荧屏形象为中心。

(一)影视文学写作的发现

1. 优秀作品可改编点

影视艺术从诞生开始起,就从小说、戏剧等艺术中吸取了大量的艺术手法,正因为如此,影视剧具有对文学作品实施声像"转译"的巨大可能性,也是影视剧幻化人类情感与艺术意味的一条"捷径"。因此,有很多影视剧都是从小说、戏剧、叙事诗改编过来的,许多世界名片都是从优秀的文学名著改编而来的,如《静静的顿河》《哈姆雷特》《呼啸山庄》《乱世佳人》《祝福》《大红灯笼高高挂》等。因为,影视有着比其他文体更丰富的表现功能。

影视改编是一种艺术再创造行为,有着内在的规律与规范。改编者应当遵守一定原则,必须深入研究原著,掌握原著的精神,然后再运用影视艺术的手法在银幕或荧幕上再现。

影视剧改编应该注意以下几个方面。

(1) 要认真选准改编对象

把小说、叙事诗或戏剧改编成影视剧本,必须注意以下三点。第一,原著一定要有好的精神价值和艺术价值,要有深刻的的思想内容。如根据托尔斯泰的作品改编的电影《战争与和平》《复活》。第二,要有完整曲折、引人入胜的故事情节。如根据莎士比亚的名剧改编的电影《哈姆雷特》《麦克白》。第三,要有鲜明个性特征的人物形象。如《红与黑》中的于连这个形象。简·奥斯汀是英国18世纪著名的女作家,她的作品《傲慢与偏见》《理智与情感》被改编成影视作品后,在英国形成了简·奥斯汀热。因为,她的作品善于在傲慢与偏见、理智与感情这类具有对称美的情节中建立自己的道德世界,作家对婚姻爱情主题深刻的认识,对纯真爱情的向往,使人们的心灵世界得到慰藉。所以,她的小说改编成影视作品产生了深刻的社会影响。

(2) 充分发挥艺术独创性,对原著进行取舍和加工

影视剧改编也是一种艺术创造,必须把创造性放在第一位。改编要忠实于原著,主要是忠实于原著的精神实质和总体构思,并不是机械地照搬原著。在改编中,原著的精髓不变、风格不变,但可以对作品的人物、情节和结构作一定的取舍和加工。如约翰·福尔斯的小说《法国中尉的女人》是一部结构新颖,思想内涵十分丰富的作品,电影编剧哈罗德·品特在改编过程中,把握原著精神实质,在原著的那个维多利亚时代的爱情故事的情节之外,又增加了一条20世纪80年代一对年轻演员之间的爱情纠葛的情节线索,"添了几个人物,改编了小说的结构。"编剧纯熟运用了电影视听语言,使影片焕发出了电影艺术的绚丽光芒。

(3) 改编的方式方法

影视的改编方法是多种多样的,从无数成功的改编实践来看,主要采取以下几种方式、方法。

① 截取法。

从一部作品中选出相对完整的一段予以改编。节选的部分往往是人物、事件、场景较为集中的篇章。这种方法比较适用于篇幅宏大、人物众多、故事情节相对独立的长篇巨著。如《三国演义》《水浒传》等。

② 浓缩法。

美国电影理论家布鲁斯东说过:

当一个电影艺术家着手改编一部小说时,虽然变动是不可避免的,但实际的情况却是他根本不是在将那本小说进行改编。他所改编的只是小说的一个故事梗概——小说只是被看作一堆素材。他并不把小说看成一个其中语言与主题不能分割的有机体;他所着眼的只是人物和情节,而这些东西却仿佛能脱离语言而存在。①

这实际上就是对被改编对象的浓缩处理。对内容容量大、线索繁多的作品,就需要对原作做浓缩处理。这种方法往往是抓住与主题有关的人物事件,以主人公思想、感情脉络为贯穿的线索,对原著故事和情节进行删繁就简的取舍。如电影《乱世佳人》是根据美国女作家玛格丽特·密歇尔德的作品《飘》改编的。改编者把原著作以精简,对白瑞德、郝思嘉、卫希礼三个主要人物进行浓墨重彩的描绘,以这三个人物为"三角"关系来展开故事情节,用电影手法讲述一个面对新的文明

---

① 乔治·布鲁斯东. 从小说到电影[M]. 高骏千,译. 北京:中国电影出版社,1981:67—68.

既充满悲剧性,又在抗争中蕴含希望的力量的故事。

③ 复合法。

就是把两部以上的作品合二为一,用这些素材来表达改编者的思想。如日本电影《生死恋》,就是根据短篇小说《爱与死》和《友情》合并改编而成的。

2. 现实生活的可写作点

美国著名的文艺理论家、电影与戏剧剧作家约翰-霍华德·劳逊在《戏剧与电影的剧作理论与技巧》中引用其老师乔治-皮尔斯·贝克的话说：

一出戏可能以任何一件事情作出发点：心中一闪而过的胡思乱想；自己身信的、或准备研究的某种关于行为或艺术的理论；偶然听到或想到的几句对话；一片真实的或想象的、能在看到它的人的心中激起情绪的背景；一场完全不知道来龙去脉的戏；偶然在人丛中看到某一个由于某种缘故而特别引起剧作家注意的人,或者一个经过周密研究的形象；两个人或两种生活条件之间的对照或类比；报上或书上的、在闲谈中听到的或观察到的一件小事；或者一个讲得很简单或很细致的故事。①

从根源上说,生活是影视剧创作的唯一源泉,积累素材是创作的必要条件,而发现则是启动创作的火花。所以,剧作者应该深入生活,体验生活,把握时代的脉搏,对社会深入了解,对生活的真谛有所认知,有所发现。积累素材是发现的前提,如果没有充分的素材积累,就不可能对社会生活有精彩、深刻的见解。但生活是散乱的、纷繁复杂的,要想从平淡或平庸的日常生活中发现有意义、有价值的创意,剧作者必须高屋建瓴,洞察风云,对生活具有高度的艺术敏感性。作为一个优秀的剧作者,对生活都具有独特的感受力和深刻的思考力,往往日常生活中的一件小事,报纸上的一条社会新闻,闲谈中的一句笑话或者随意议论的一个话题,都可能触动他们灵敏的创作神经,引发他们丰富的创作联想,引起他们深入思考社会和人生的大问题,从而启动他们创作构思,获得独到的创意。创意与发现之间存在着千丝万缕的联系,发现可以启动创意；发现可以成就创意。电影《邦尼与克莱德》的创意是从新闻报道中发现的,因此,创意的产生源于对生活的发现。所以,我们要注意发现生活中有个性的人物、生动的故事、新奇的事物。

(二) 影视文学的构思

1. 构思方式

影视文学写作构思方式同小说散文写作构思方式不同,影视剧本写作运用的是蒙太奇思维。

蒙太奇原本是建筑学上的一个术语,意为装配、安装、构成,好比工人把一部机器的各个零件装配到一起以后,使那些互无关联的零件构成一部可以产生动力和进行操作的机器。蒙太奇的术语最先是由路易·德吕克借用到电影中来,引申用在电影艺术里就是剪辑与组合。在影视制作过程中,需要把全片所表现的内容,分解成许许多多不同的镜头,分别拍摄完成后,再按原定的创作构思,把这许多分散的、不同的镜头,按照故事情节的发展线索,艺术地加以剪辑、组合。镜头与镜头之间产生呼应、悬念、对比、烘托,以及节奏的快慢,从而构成一部有机的、自然流畅的、能表达一定思想内容的影视片。当声音和色彩作为影视的构成元素进入影视艺术后,又增加了画面与声音、画面与色彩、以及声音与声音等各种各样的组合方式和组织技巧。这就是影视制作中的蒙太奇方式。

蒙太奇有广义和狭义两个方面的含义。广义的蒙太奇不仅指画面、声音及色彩间的组合方式,也指从剧作构思到作品完成过程中,艺术家的一种独特的艺术思维方式。狭义的蒙太奇,是作为一种影视语言符号系统而出现的专指镜头画面、声音、色彩诸元素编排组合的手段。

---

① 约翰-霍德华·劳逊. 戏剧与电影的剧作理论与技巧[M]. 邵牧君,齐宙,译. 北京:中国电影出版社,1979:229—230.

总之,蒙太奇是影视编剧所必须掌握的编织影视艺术形象的重要方法之一。作为编剧,对蒙太奇的运用不仅在于处理片断的生活画面,而且更在于处理一个"场面"、一个"段落"以至整体影视内容的结构。也就是说,影视编剧不能仅仅把蒙太奇作为一种镜头间的剪辑手法,而应掌握蒙太奇的"艺术思维"。

2. 构思内容

(1) 人物类型的设置和形象塑造

影视文学的核心任务就是人物形象的塑造。往往一个动人的银幕形象,能够感染影响亿万观众。因此,在影视作品中,成功地塑造好人物形象,是剧作者的头等大事。

① 人物类型的设置。

根据推动故事情节和表现作品思想内涵的作用,影视剧中的人物可以分为三种类型。

A. 主要人物。

主要人物又称焦点人物、主角。事件的发端,行动的决策,推动剧情发展的人,是各种矛盾冲突的焦点,也是作者要着力刻画的,最能影响剧情发展方向的人物。一部影视作品主要人物人数不宜多。一般为一二人,但必须有鲜明丰富的个性。如影片《钢琴课》中,主人公艾达是个爱琴如命的哑女,她先后与三个男人产生情感纠葛。当她的丈夫不幸死于意外的雷击,她不得不带着九岁的女儿,遵照父命远嫁给新西兰海岸的一个素未谋面的男子斯图尔特,这个男人不懂音乐,他把艾达最钟爱的钢琴丢在海滩上。目不识丁的护林人贝恩斯愿意以自己的土地换取那架钢琴,附加条件是要艾达教他弹奏钢琴。在教授钢琴的日子里,两人之间渐渐产生了恋情,执着的追求,使她宁愿放弃自己的生命,影片中主人公形象鲜明、生动,有着强烈的艺术感染力。正因为有艾达这个主要人物,才把剧中人与人之间复杂的矛盾交织在一起,从而推动整个故事情节的发展。主要人物不但是剧情发展的焦点,也是表达影片思想内涵的重要载体,主要人物塑造得成功与否,直接影响着影视剧作思想的深浅。

B. 次要人物。

次要人物在影视作品中的地位仅次于主要人物,在突出主人公性格方面起着重要的作用,虽然着墨不应太多,但要求性格具有相对的完整性。在推动剧情发展和表现影片的思想方面,其作用仅次于主要人物,但不是主要人物的陪衬和点缀,而是有着自身独立的审美价值。如影片《蝴蝶》中的朱利安,他不仅有着鲜明的个性特征,而且以其独特的个性化行动和语言影响着情节的推进,他是这部影片不可缺少的人物。

C. 辅助性人物。

辅助性人物在影片中所占篇幅最少,所处位置最不起眼,招之即来,挥之即去。如中国很多影视作品中出现的仆人、丫环、媒婆等;西方影视作品中的醉汉、流浪汉、赌徒等。辅助性人物的作用主要是烘托气氛或者交代环境。如影片《黄土地》中有两个象征性场景,一个场景是腰鼓队。蓝蓝的天空下,无数腰鼓手龙腾虎跃,上下舞动,搅起滚滚红尘。另一个场景是"求雨仪式"。炎炎的烈日下,无数光脊背的庄稼汉虔诚地朝着神牌与圣水瓶不停地叩头,祈求老天下雨。两个场景形成强烈对比,前一个场景表现出农民掌握自己命运后生气勃勃的潜在力量;后一个场景表现出了农民听天由命的盲目和愚昧。

编剧在人物设置上需精心设计,要使每个人物都有既定的任务、意向和行动,使每个人物都在各自不同的角度、位置和层面上为整个影视剧出力,也就是说,每个出场的人物及各人物之间的关系都要有用场。

② 人物性格形象的艺术展示。

在影视作品中,人物性格形象的展示,尽管有多种多样的手法,但大体上可归纳为三种方式。

A. 定型方式。

在影视作品中,人物的性格形象是既定的。人物一出场,就已经具备了定型的性格特征。随着故事情节的推进,人物形象在不同环境中,不同事件冲突中,一次又一次地得到展示。如电视连续剧《西游记》中孙悟空的性格形象,《卡萨布兰卡》中里克的性格形象。

B. 发展成长方式。

在这种人物形象中,人物的性格不是一出场就已经定型,而是有一个从小到大,从弱到强,从不成熟到成熟,从简单到丰富的发展成长过程。如《末路狂花》中的两个女主人公,开始时,她们胆小怕事,依附于男人。但随着一系列事件的发生,矛盾冲突的逐步展开,她们原有的性格不断发生变化,人物不断成长起来,为了自己的自由和尊严,最后她们一起驾车,勇敢无畏地跳进万丈深渊。

C. "异向转变"方式。

这种影视剧中的人物性格形象,是随着剧情的发展变化而发展变化的。但与第二种方式不同的是,它的变化不是顺变而是逆变。也就是说,人物性格形象总是朝着相反的方向或从一种性质向另一种性质发生变化。有可能是:是变非,或非变是;善变恶,或恶变善;强变弱,或弱变强等。如《克莱默夫妇》中男主人公,从一个只知工作而忽略其他的被否定的人物,渐渐转变成为了父子亲情宁可放弃优厚待遇职位的全新形象。

(2) 情节设计

法国著名的小说家、编剧阿仑-罗勃·格里叶说:

构思一个电影故事,在我来看,实际上就是构思这个故事的各种形象,包括与形象有关的各种细节,其中不仅包括人物的动作和环境,同时还包括摄影机的位置和运动,以及场景的剪辑。①

① 情节在影视文学创作中的作用。

影视文学创作中,情节的设置十分重要。首先,影视作品要直观地反映社会、人生,总是要通过形形色色的人物经历或事件过程来具体体现。这些过程,这些经历,在某种意义上,就是情节。其次,影视作品不同于其他文学作品,它是让观众通过"一次性"观看来展示其内容的,它必须紧紧抓住观众的注意力,使观众从头到尾看下去,这就必须要有生动曲折、引人入胜的情节。

高尔基在《论文学》中说:"情节,即人物之间的联系,矛盾、同情、反感和一般的相互关系,——某种性格、典型的成长和构成的历史"②。高尔基认为情节是人物在人与人的发展关系中的必然结果,性格决定情节发展趋向,情节是人物性格的发展史。人物性格的发展,是影视文学情节的核心。在现实社会生活中,人总是生活在一定的社会关系之中,而各种各样的不同性格的人,又总是根据自己的立场、观点和方法来行动,并不断地处于变化之中。因此,影视剧本中的人物行为是沿着一定的故事和情节线索发展的,有个行动的过程。影视文学作者就是要善于构思描写这个故事和情节的过程,善于准确、深入地揭示人物性格内部矛盾对立的因素,揭示现实生活的错综复杂的关系,最后完成对人物性格的塑造。正如苏联弗雷里赫在《银幕的剧作》中所说的:

艺术家运用情节不是要来装扮故事的事实,不是要使他们变得引人入胜,而是要用性格来说明这些事实和事件的缘由。③

情节不仅是把各种事件和人物从形式上连接在一起的手法,而且是分析这些事件和人物性

---

① 阿仑-罗勃·格里叶. 去年在马里安巴德[M]//伍菡卿, 译. 李·R. 波布克. 电影的元素. 北京:中国电影出版社, 1986:6.
② 高尔基. 论文学[M]. 孟昌, 曹葆华, 戈宝权, 译. 北京:人民出版社, 1978:335.
③ 弗雷里赫. 银幕的剧作[M]. 富澜, 译. 北京:中国电影出版社, 1979:63.

格的手段。[1]

例如,影片《骆驼祥子》始终围绕着祥子几经磨难的悲惨一生,描写了一系列的生活事件和细节,从祥子幻想通过自己的辛勤劳作过上自食其力的生活开始,期间两次买车与丢车,被迫与虎妞结合,后来虎妞的死,小福子的自杀,刘四的欺压,孙侦探的迫害,使他心中最后一点希望也破灭了。祥子所经历的一系列事件,构成了影片的基本情节,祥子的性格发展也在这些情节中实现。

② 情节模式。

影视剧情节的形成是对原始素材的再创造。它是经过有意识、有目的地筛选、择取、组织、加工,形成了一种因果相连并带有鲜明思想观点和情感的叙事过程。由于影视作品风格手法不同,对情节的处理编排设计也不相同。一般来说大约有以下两种模式。

A. 戏剧冲突式情节。

它和戏剧艺术一样,是以矛盾冲突来安排情节的。在这种情节中,既要展示事件的过程,又要展示人物性格的变化过程,能够使观众获得清晰的时空感受。同时要注意将必然性放在偶然性之中来显示,使观众产生合乎情理之中又出乎意料之外的艺术吸引力。这种情节一般具有较强烈的矛盾冲突、起伏跌宕的事件过程,讲究叙事的节奏、悬念的设计等。在《七宗罪》中,影片一开始就将观众带入了一桩扑朔迷离、错综复杂的凶杀案之中:城市里连续发生了连环凶杀案。一个肥胖的男人被谋杀,他的嘴里被塞满食物,旁边的墙上写着"荒宴"的字样。紧接着又有人被谋杀,他的身边写着"贪婪"。紧接着又有人因为"懒惰"被谋杀,又有人因为"欲望"而遭谋杀,第五个被谋杀者的死因是"骄傲"。警官米尔斯、萨默塞特意识到凶手是一个变态的《圣经》狂热信徒。《圣经》中记载,有七宗罪行会令信徒失去信心,它们是:荒宴、贪婪、懒惰、欲望、骄傲、嫉妒和愤怒。按照凶手的行为动机,应该还有两桩杀人案(即因愤怒、嫉妒两罪名)尚未完成,那这两个被害人将会是谁呢?突然,凶手得意洋洋地来到追捕他多日的探员们面前,告诉他们自己已经完成了使命。凶手说他因为嫉妒米尔斯而杀死了他的爱妻翠西,愤怒的米尔斯无法压抑住满腔的怒火,立刻拔出手枪,对着凶手扣动了板机。矛盾越来越复杂,冲突越来越激烈,直到影片结尾,强烈的冲突悬念才解决。影片的矛盾冲突,一波未平,一波又起,起伏跌宕,悬念环生,构成了险象不断、引人入胜的情节过程。

B. 生活流式情节。

就是随着日常生活的流程,通过对人物的言行举止、经历体验、感觉心态的依次记录,似乎是无人为痕迹地完成反映生活、表现人物的叙事。它保持其原有的生活风貌,追求一种"纪实"的风格。这仍然有情节存在,也是经过艺术手段处理后的事件组合。即使再强调客观生活再现,其来自于生活的景象也是经过了叙述者的选择、剪裁、重排,并非是原始事件本身的完全"复制"。只不过这种情节不带有虚构的编排性,是一种具有生活真实的"非故事"的情节。

生活流式情节追求质朴、自然、真实、随意,使人看不出作者编织的痕迹,犹如进入生活实境中,没有"看戏"的感觉。生活流式情节所表述的内容,是那种"非英雄化"的小人物及日常生活"近乎琐碎"的场景、事件,既无重大场面,也无奇特事件,力求"贴近生活本原"。法国影片《蝴蝶》就是以几乎纪实的手法,描述老人朱利安与八岁的小女孩丽莎偶然相遇,然后一起去寻找稀有蝴蝶伊莎贝拉的过程,在笑语不断的背后,却有着感人至深的人间温情。

③ 情节设计技巧。

情节是所有叙述性文艺作品所共同具备的。因此,影视文学创作的故事情节设计,也应该借鉴吸取其他艺术样式对情节展示的方法技巧。

---

① 弗雷里赫. 银幕的剧作[M]. 富澜,译. 北京:中国电影出版社,1979:66.

设置各种各样的矛盾冲突,"制造麻烦",是影视文学情节构成的基础。

矛盾冲突是情节发展的线索,没有矛盾冲突便没有情节。影视文学情节的生动性和丰富性是社会生活矛盾冲突的生动性和丰富性的艺术体现。影视创作要善于选取那些最能反映矛盾冲突的事件,经过加工提炼,构成情节,才能最大限度地让观众在矛盾冲突中欣赏影视艺术。

大体上来看,影视作品中矛盾冲突设置有人与社会的矛盾冲突,人与人之间的矛盾冲突,人与周围环境的矛盾冲突,人自身内心世界的矛盾冲突,人与自然的矛盾冲突等。把种种矛盾冲突交织在一起,有意"制造麻烦",尽一切可能为人物设置难以逾越的困难,强化困境,以激化矛盾冲突,使"制造麻烦"达到无以复加的地步,从而使情节跌宕起伏,曲折生动。如美国电影《卡萨布兰卡》中多重矛盾相互交叉,几条线索彼此纠缠,构成错综复杂的矛盾冲突,千回百转,变化无穷,从而产生强烈的艺术效果。影视剧的情节设计如果平铺直叙,一览无余,就吸引不了人的观赏。中外许多经典影视剧的创作在"制造麻烦"方面为我们提供了宝贵的经验。

巧妙利用悬念、巧合等技巧,增加情节设置的多变性。

悬念是设计情节的一个重要手段。它使剧情能够引起观众的紧张、好奇、兴趣和焦虑等。悬念的设计有助于制造曲折多变、扑朔迷离的情节。著名的悬念大师希区柯克是运用悬念的高手,如《后窗》中,主人公杰弗断了一条腿,不能四处走动,只好百无聊赖地从窗口偷窥对面楼房住户的日常生活。本来没有吸引人的地方,但导演却先让观众看到对面楼里一对夫妻不知为什么大吵大闹,经常半夜惨叫,丈夫更是行动诡秘,妻子又好像失踪等令人不解的事情,形成悬念,使观众产生强烈的关注心理,最后虽然几经周折设法弄清了真相,查到了凶手,但又让主人公杰弗处于危险之中,使观众刚刚放下的心又悬了起来,导演通过一个个悬念设置,使观众始终关注着情节,最大限度地引起观众的参与和窥探心理。

巧合的运用也有助于将情节设置得生动新奇,使观众在感官上乃至精神上都会受到一定的冲击。但巧合应包含在必然性之中,并以必然性为客观依据,符合事物发展的内在规律。如影片《沉默的羔羊》通过一系列杀人案件展现了一个令人恐怖的世界,充满了变态、暴力、杀人和色情。参议员的女儿被野牛比尔绑架,女侦探斯塔琳凭着聪明才智,孤身一人渐渐接近疑犯,而剧作者为了营造紧张气氛,刻意安排了一个巧合,另一组联邦特工也以为找到了疑犯,大队人马包围了另一个城市的一所住宅,但比尔的住所和特工包围的住宅根本不是同一地方,观众的希望变成了失望,激动的情绪松弛下来,然而,斯塔琳找到了比尔,观众刚放下的心又提起来,开始为斯塔琳的安全担心。剧作家巧妙地运用巧合之法,使剧情一波未平,一波又起,极富视觉冲击力和情绪感染力。影片通过一系列偶然因素来推动剧情的,但观众并不觉得不可信。这主要是因为很多偶然的因素并非奇遇巧合,而是寓偶然于客观必然之中,让情节的设计超前于观众的意料,使观众不断产生惊奇感和诧异感。

(3) 影视文学的结构安排

结构是任何文体写作必须重视的问题。为了塑造鲜明生动的艺术形象,准确、深刻地表达思想内涵,影视文学剧作者只有对要使用的创作材料进行精心组织,才有可能使影视剧本成为和谐完美的艺术整体。与其他文学样式相比,影视文学剧本在结构上有着自己的特点,能够借助蒙太奇手段,按照一定的时空顺序,将画面和音响等艺术元素进行有机地组合,达到天衣无缝的艺术效果。

① 结构布局的作用及方式。

美国电影理论家罗伯特·麦基在《故事——材质、结构、风格和银幕剧作的原理》中说:

结构是对人物生活故事中一系列事件的选择,在这种选择中将事件组合成为一个具有战略意义的序列,以激发特定而具体的情感,并表达一种特定而具体的人生观。①

这说明精巧的结构布局,不仅可以使剧作内容富有表现力,而且可以更好地体现剧本的思想内涵,更好地渲染气氛,唤起观众的审美情趣,同时也更能体现影视剧作的风格和特色。

影视文学的独特性,决定了它和其他文学样式在结构方式上的不同。在影视剧作中,结构通常指的是对情节、画面、音响等的组成和编排。画面与画面之间的衔接和编排,即通常所说的剪辑,是影视剧作最基本的结构方式,在影视剧创作中,剧作者必须按照影视画面的内在逻辑组接有关的"句子",从而形成剧作的内容,推进情节的发展。而情节和段落的编排,则是对整部剧作的谋篇布局,构成剧作的整体框架。一部影视剧本,结构不仅是故事本身的构成方式,而且也影响着观众对情节、人物等的感受和理解。

蒙太奇是影视文学写作常用的结构方法,既是一种叙述手段,又是总体结构方式。一部影视文学剧本由许多段落构成;而每个段落又由许多场面构成;每个场面则由许多不同角度、不同景别、不同运动方式拍摄的镜头组成。镜头是构成影视剧本的最小单位,而场面是构成影视文学的最基本单位。一部影视剧本的写作,要运用蒙太奇手段来结构。影视剧创作就是将若干镜头构成场面,又把若干场面构成段落,最终将若干段落构成一部影视片,这就要依赖于蒙太奇结构方式。蒙太奇是结构剧本情节和形成艺术效果的重要方法。

② 影视文学结构布局形态。

影视剧作的结构布局千姿百态,按照其特点,可以归纳出一些基本的结构布局的类型或形态。

A. 戏剧式结构。

戏剧式结构是一种传统的、影响力最大的结构方式,也是最为基本、最为常用的结构方式,是影视艺术从戏剧继承和借鉴过来,按照戏剧冲突的规律来进行结构布局的。

这种结构的特点是把戏剧冲突作为影视剧结构布局的基础,注重的是故事内部的戏剧冲突、因果关系等情节因素。它的叙事集中在对事件的外部运动形态的发展和变化上,讲清楚一个或一系列事件的前因后果,明确地交待故事的起因,接着是矛盾纠葛的进一步延展,然后逐渐推向故事的高潮或转折点,最后导致结局的到来,故事结束。这种结构布局形式有利于组织情节,表现生动曲折的故事,能将所有人物围绕在一个中心冲突周围,并使冲突波澜起伏,情节层层推进、环环相扣,也符合广大观众的审美习惯。影片《桂河大桥》就是一部极为严谨的以戏剧冲突来结构宏伟繁复事件的影片,有事件开端、发展、高潮、结局几个阶段,有多条线索而有条不紊展开的人与人之间、文化和文化之间的矛盾冲突,也有在炸桥之时的矛盾的集中汇集和迸发。

B. 散文式结构。

散文式结构是借用散文的结构布局方法来安排影视剧的结构方式。这种结构布局注重细节的运用而不注重情节的完整。揭示矛盾,刻画人物注重场景的展示和感情的渲染,注重对生活内涵的挖掘和对独特感受的表达。剧中的段落与段落之间不存在必然的依存关系,对于不同的生活片断和众多的人物、细节,往往用一定的思想内涵或情绪将其串连统一起来,成为完整的统一体。最具代表性的影片就是《城南旧事》,全片以林英子的回忆而展开,叙述的三件事都是英子童年的亲身经历,深刻印象中的人:痴情的秀贞、忠厚的小偷、善良而又悲惨的宋妈。通过这些小人物,展现了老北京的人情世故。深刻印象中的物:带铃的洋车、吱呀呀送水的独轮车、嘎啦啦作响的水辘轳,表现着老北京的物事风土,影片用一个个生活片断,展示出20世纪20年代旧北京的风俗人情和人们的生存状态,洋溢着一种说不清道不明的人世沧桑的意蕴,这一切又都笼罩在

---

① 罗伯特·麦基. 故事——材质、结构、风格和银幕剧作的原理[M]. 周铁东,译. 北京:中国电影出版社,2001:39.

"淡淡的哀愁、沉沉的相思"氛围中。

C. 时空交错式结构。

时空交错式结构布局方式充分利用时空自由转换,不按时间顺序组织安排情节,而是以过去、现在、未来等不同的时间和空间相互交错,彼此穿插来安排结构。它有几条几乎同等的时空线,通过人物回忆、联想、想象等手法,把过去、现在、未来的故事情景交错出现,使发生在不同时间、不同空间的情节交错出现,紧密结合,融为艺术的整体。这种结构自由灵活,富于变化。英国影片《法国中尉的女人》就是典型的时空交错式结构布局。影片在两个时空中展开:过去时空的故事讲述的是,19世纪中叶,富家子弟查尔斯与家庭女教师——人称"法国中尉的女人"萨拉之间的浪漫爱情故事。现实时空讲述的是扮演男女主人公的演员迈克和曼娜的爱欲的纠葛。两个故事发生在互不关联的两个时空之中,借助拍戏这个情节点发生联系,镜头画面在现在和过去之间互相交替切换,从不同层面表现影片的思想内涵。对传统的忠贞爱情的肯定和赞赏,对现代性爱观造成人的心灵困惑进行反思。两个时空的故事情节平行展开,没有主次,互相交织,共同揭示作品的思想意蕴。

D. 梦幻心理式结构。

梦幻心理式结构布局以主要人物的心理活动(包括潜意识与意识)的变化为结构的线索,它往往根据人物心境的变化,用回忆和闪回的方式,把过去、现在甚至未来自由地交织在一起,重在表现人物的内心世界,不注重讲述情节性强、紧张刺激的故事,也不着意于开掘宏大主旨和深层寓意。它的意图在于关注与探寻人的深层心理,通过对梦幻、深层无意识的观照与呈现,达到对人性精神、人生价值思想轨迹的揭示与思考。伯格曼的《野草莓》,就是以梦幻心理来结构作品的创新和独到而著称。故事发生在现在时态的大约24小时内,表现一个78岁的医学教授波尔格在他的儿媳玛丽安的陪伴下,驱车前往一所大学接受荣誉学位。一路上他们重访了故地,遇到了各种各样的人,使老教授进入对家庭往事和过去情人沙拉的回忆中。对往事的回忆和在噩梦的刺激下,老教授开始对自己的一生进行反思。导演不仅运用了大量梦幻情境和直接的心理刻画,来表现人物对过去的反思,还通过现实情境中的人物和事件,使过去与现在紧密呼应,以强化人物的主观感受,这些现实中的形象既为人物心理活动提供了依据,也使过去与现在,梦幻与现实构成了一个互相呼应的整体。影片就是这样在一个没有强烈的戏剧性的外表下完成了故事的讲述,把一位老人面对年华老去的心态表现得淋漓尽致。

(三)写作表达

影视文学创作采用的是镜头思维,用镜头语言把现实景象构成银幕或屏幕形象,把静态对象转化为银幕或屏幕动态形象,也就是在电影、电视里,对于客观外在的现实世界的展现是通过镜头的画面语言和音响的声音语言来呈现的,因此,这种视听语言依仗于这种具体的视觉形象和听觉形象,从具象开始,到具象结束,十分重视视觉造型性和形象的直观性。作为影视剧本的写作,要把表现的重心放在视听造型活动上,在表达时,思想观念必须转化成视听信息,每一个基本要素都必须通过明确的造型材料表现出来,注重画面的呈现。如塑造人物形象,剧作者语言更侧重对直观的造型动作,包括人物的脸部表情和形体动作的描写,影视中人物一个微妙手势所取得的效果,文学语言可能需要成千上万的文字描述才能取得。

镜头思维是影视艺术独有的思维特质,也是影视剧作者必须具备的思维能力,贯穿着影视艺术创作的始终。

1. 内容表达

(1)通过动作表现人物形象

影视文学具有视觉的造型性和运动性的特征,体现在人物形象的塑造上,就是通过动作来刻画人物性格。

通过动作来塑造人物形象,并非影视文学的专利,其他文学创作也要靠动作塑造人物,但影视剧作与小说、戏剧中的动作有所不同。小说写人物的动作,靠的是运用语言的描写和叙述,再由读者根据经验去体察和想象,不像影视剧作是一种直观的再现,戏剧中人物的动作虽然也可以是直观再现,但必须是集中在演员身上,由演员来完成。许多在舞台上只能由人说出来的东西,到了影视剧中便可以通过画面来直接呈现。人物的一言一行、一颦一笑不仅富有真实感,而且通过人物的外部动作表现出人物的内心世界,展示人物微妙复杂的感情变化,使人物形象更丰满、更逼真。在日本影片《人证》中,女主人公八杉恭子为了维护自己"高贵"的社会形象,竟然趁从万里之遥的美国寻她而来的儿子没有防备时,残忍地把刀刺进儿子的腹部,这个动作充分地揭示了她冷酷无情的性格特征。而被亲生母亲置于死地的儿子,并没有因母亲要杀死自己而愤怒、反抗,却悲伤绝望地成全了母亲的意愿:用自己的双手把刺入腹中的尖刀更深地插了进去。就这样一个动作,把儿子悲愤而绝望的心情表现到极点。正是通过这一系列相关的动作,把两个人物的性格加以充分地展示。

影视剧本中往往在矛盾冲突处于紧张尖锐,尤其是事件发展到高潮时刻,剧中人物关键性的举止动作具有极强烈鲜明的个性特征。

写好人物的动作是写好影视作品的关键。编剧必须发现和选择那些能清楚、鲜活、生动地表现人物的细微动作,来完成人物形象塑造乃至剧情的表现,给观众以视觉上的冲击。意大利影片《温别尔托·D》中,主人公是一个靠领取养老金生活的老人,穷困潦倒,只有变卖旧东西维持生活。但老人又具有强烈的自尊心,极力要在世人面前保持体面。到了借贷无门的绝境时,偶然碰到一个乞丐向他伸手乞讨,这突然触发了他也想向路人乞讨的想法。于是,他走到一个僻静处站住,伸出手来,练习讨钱的动作。恰好此时有人路过,本该是讨要的机会,可老人把手伸出的时候,竟又仰面朝天,这个动作就体现了老人低不下头的复杂心态。过路人开始时并没有意识到路边老人在向他乞讨,当走过去之后才有所觉察,马上回来掏出钱,正要把钱放到老人手掌上的时候,老人的手掌却突然翻转过来,手心朝下,手背朝上,给人的感觉是在看天是否下雨,这使得过路人十分尴尬。这些细节动作十分精彩,充分表现出主人公复杂微妙的内心世界。

(2) 通过对话和内心独白刻画人物

影视艺术是一门视听综合艺术,语言对于人物展现也是十分重要的。影视剧作者应该选择最具个性化的语言来表现人物。

影视剧作中的人物语言就是分镜头剧本的台词,被称为"电影的灵魂",这种语言分为对白和独白。

① 对白。

影视剧本创作要求人物对白朴实自然,日常口语化,还能最大限度地符合人物性格。如美国影片《红字》的女主人公瑞德因追求爱情被主教等人惩处,派一个小孩时时跟随着她。当小孩一边敲鼓一边向众人宣布她是"婊子、淫妇"时,瑞德高傲又轻蔑地说:"这样,我上市场就不会与人相撞了。"在判绞刑之前与总督的对话更显出她的个性,当总督以宗教裁判者的身份逼问她"是否承认自己在上帝面前有罪",在众人的唾骂声中,瑞德坚定地说:"我只在你们眼中是有罪的"。这样的对话,很能表现瑞德坚强叛逆的性格特征。

② 独白。

独白即人物内心活动的直接表白。这种独白能准确呈现观众看不到的人物内心世界,让观众知道人物最隐秘、最细微的内心活动。电影《安娜·卡列妮娜》中,安娜在社会的重压之下,走

投无路,决心自杀,有一段内心独白:

是的,我苦恼万分,赋予我理智就是为了使我能够摆脱,因此,我一定能摆脱。如果再也没什么可看的,而且一切看起来让人生厌的话,那么为什么不把蜡烛熄灭了呢?但是怎么办呢?为什么下面那辆车厢里的那些年轻人在大声喊叫?为什么他们又说又笑呢?这全是虚伪,全是谎言,全是欺骗,全是罪恶……

这一段内心独白使观众清楚地体会到了安娜绝望、痛苦的心理状态。

(3) 运用视象展现人物心理活动

小说在表现人物隐秘而微妙的心理上有独特的优势,虽然影视剧作在这一方面无法与小说相比,但是影视剧创作可以通过人物特定的举止,采用闪回或叠化等体现人物内心活动的画面,如幻觉、梦境等心理活动画面,以及蒙太奇抒情镜语,也能形象地展示人物心理活动。

有不少影视片直接将看不见的人物的梦境、幻想、回忆等心理活动内容,用生动的画面形式展现出来。这一点在西方现代主义电影中表现得特别明显。如意大利影片《八部半》中,电影导演吉多为了摆脱各种烦恼,躲进了一家疗养院构思新作,但各种因素仍然搅得他不得安宁,于是产生了各种心理反应。比如在幻觉中,他看见一位天使般纯洁而充满青春活力的少女,身穿洁白的纱裙,张开双臂,从洒满阳光的森林中向他走来。在梦境中,他看见父亲的幽灵从墓穴里探出身子,向他抱怨墓穴太低。影片通过梦境、幻觉等心理活动画面,塑造了吉多的人物形象。

(4) 创造逼真环境描述人物形象

影视作品的特点就是要逼真地再现生活,人总是生活在各种环境中,逼真的环境创造是人物形象塑造的基础。因此,影视剧塑造人物形象必然离不开环境的创造。在影视剧作中,选择和表现各种各样人物生活的环境,是影视艺术区别其他艺术的一个突出的特点,既不同于小说只凭借文学形象化的描写,以唤起读者的想象,也不同于戏剧舞台上的假定性。影视艺术中对环境的创造,必须逼真而又富有表现力。

影视剧中的环境包括自然环境和社会环境两个方面。自然环境描写是为了给人物的活动提供相应的空间。社会环境营造则影响着人的性格的形成和发展。影视剧中应给人物创造独特的环境,应使环境和人物之间发生内在联系,成为人物行动的依据,成为渲染人物思想、感情的重要手段。如影片《红高粱》中那一望无际的红高粱地,在劲风吹拂下,营造出强烈的视觉效果,传神地表达了一种野性勃勃的生命气息,富于象征意义,对人物塑造起着烘托作用。

2. 表达形式

(1) 蒙太奇手法

蒙太奇是影视作品的结构手段,又是影视语言最有特色的基本组织方法。它使影视艺术能够成为一种完善而独立的艺术样式的基本手段。所以,苏联著名的电影艺术家普多夫金在《论电影的编剧、导演和演员》中说:

蒙太奇是电影艺术家所掌握的最重要的造成效果的方法之一,因而也是编剧所掌握的最重要的造成效果的方法之一"[①]。"整个镜头剧本要分成若干段落,每个段落又分成若干场面,而最后,场面本身则是由许多从不同角度拍摄的片段构成的……将若干片段构成场面,将若干场面构成段落,将若干段落构成一部片子的方法,就叫作蒙太奇[②]。

从蒙太奇的表现形式和作用上看,可以把蒙太奇分为叙事性蒙太奇和表现性蒙太奇。

---

① 普多夫金.论电影的编剧、导演和演员[M].何力,译.北京:中国电影出版社,1980:41.
② 同上书,40—41页。

① 叙事性蒙太奇。

法国电影理论家马赛尔·马尔丹在《电影语言》中说：

所谓叙事蒙太奇，那是蒙太奇最简单、最直接的表现，是意味着将许多镜头按照逻辑或时间顺序分段纂集在一起，这些镜头中的每一个镜头自身都含有一种事态性内容，其作用是从戏剧角度（即戏剧元素在一种因果关系下展示）和心理角度（观众对剧情的理解）去推动剧情发展。①

叙事性蒙太奇主要以交待情节、展示事件为主，按照故事情节发展的时间流程、因果关系来组合镜头、场面和段落，使影视片凝聚成一个有机的艺术整体。这种蒙太奇组合逻辑连贯，易懂。

叙事性蒙太奇可分为以下几种类型。

A. 连续式蒙太奇。

这是影视剧作中运用得最多的一种蒙太奇手法，其特点是沿着单一的情节线索，按事件的逻辑顺序有节奏地进行叙述并展开情节，给人以连贯性的感觉。这种叙事自然流畅、朴实平顺，主要用来表现故事情节线索的依次展开。

B. 平行式蒙太奇。

把同一时间内不同场合的人、事平行地叙述出来，这些同时发生的事件往往相互关联、互相衬托，补充与交叉，使矛盾更加紧张激烈。它可以是镜头与镜头的并列，也可以是场面与场面、段落与段落的并列。对于情节内容比较丰富、结构复杂的影视剧创作，可以运用平行蒙太奇的手法。

C. 插叙式蒙太奇。

这种方法相当于记叙方法中的插叙。它是暂时中断叙述的主要线索，插入一段有关联想之后，再回到主要的叙述线索上来的蒙太奇手法。这种手法在讲述人物经历、回忆往事时大量运用。

D. 积累式蒙太奇。

把一连串性质相近、说明同一内容的镜头组合在一起，造成视觉形象的积累效果。如描写战争的影片中将舰队出海、群机起飞、人吼马嘶、万炮齐鸣等画面组合在一起，形成大战爆发的气势。

E. 复现式蒙太奇。

复现式蒙太奇也叫"重复蒙太奇"。为了思想表达或人物刻画的需要，影片前面已经出现过的画面，包括人物的动作、对话、场面、音乐等，又在影片后面反复出现，产生前呼后应的艺术效果。由于影视剧创作具有时空穿插的自由，因此，为了能充分地表现剧作意蕴，可以自如地运用复现式蒙太奇。

② 表现性蒙太奇。

马赛尔·马尔丹认为：

表现蒙太奇，它是以镜头的并列为基础的，目的在于通过两个画面的冲击来产生一种直接而明确的效果，在这种情况下，蒙太奇致力于让自身表达一种思想或感情，因此，它此时已非手段而是目的了……它是致力于在观众思想中不断产生割裂效果，使观众在理性上失去平衡，以使导演通过镜头的对称予以表达的思想在观众身上产生更活跃的影响。②

---

① 马赛尔·马尔丹. 电影语言[M]. 何振淦，译. 北京：中国电影出版社，1980：108.
② 同上。

这种蒙太奇主要用来加强作品的感染力,往往以镜头和镜头对列为基础,利用画面与画面之间的对比、类比、象征等关系,来获得独特的艺术效果。其美学作用,主要在于激起观众的想象。

表现性蒙太奇可分为以下几种类型。

A. 对比式蒙太奇。

把不同内涵、不同画面形象的镜头组合起来,造成强烈的对比的关系,产生相互强调、相互冲突的作用,强化剧作表现的情绪、思想等。如将贫与富、美与丑组接起来,就会造成不同对象在本质上形成强烈的冲击与反差,以表达某种寓意或强化所要表现的某种内容。

B. 类比式蒙太奇。

将类别相似的、性质相近的镜头组合在一起,传达某种情感或表现创作者的立场或意图的镜头技法就是类比式蒙太奇。

C. 象征式蒙太奇。

用某一具体事物和另一事物并列,用以表现出这一事物的某种意义。如影片《紫色》结尾处,姐妹俩重新唱起儿时的歌谣,她们同身后的红日正好组成了一个向日葵的图案。爱的回归,心灵的复活,所有的不幸与苦难,都随着艾伯特牵马的身影一起走远,消融在暖暖的红日之中。

(2) 插曲

在影视剧中,为了增强感染力,在画外配置歌曲是很重要的表达形式。从艺术功能上来看,影视插曲可以用来烘托、渲染场景气氛;可以用来衬托或表现人物的情感;也可以用来表达影视剧的主题思想。如电影《魂断蓝桥》中的主题歌《友谊地久天长》充分地表达了作品的思想内涵,且经久不衰。

有的插曲除了抒发感情以外,还直接参与叙述,推动情节的发展,如电影《冰山上的来客》的插曲,《花儿为什么这么红》是对纯洁爱情的歌唱,《怀念战友》是缅怀战友的歌唱,《冰山上的雪莲》是对真挚友情的歌唱,三首插曲分别对影片所要表达的三种情感进行了很好的抒发,并且推动了影片的故事情节发展。

(3) 画外音

创作影视剧本,画外音也是艺术表现形式之一,它主要承担着解说画面或故事的任务。可以叙事,也可以抒情,还可以议论和说明。叙事性的画外音常常出现在影视的片头,对故事的背景或缘起进行必要的介绍,有时也用于结尾,对故事进一步发展的结局或人物未来前途、命运进行扼要的表述。

抒情性的画外音比较多地出现在影视剧作的中间。以角色自己跟自己说话或自己给自己评价分析的形式向观众吐露内心,可以较好地表现剧中人物此时此刻的思想活动及其心理活动。

在影视剧作中,画外音可以配合画面揭示镜头所包含的意义或影片主题思想,解说故事梗概等,例如影片《少林寺》的开头就用了画外音对各种少林武术的表演加以解说,并对影片故事的缘起进行了说明。

思考与练习六

一、思考题

(一)结合自己散文写作的理论学习与实践,试论散文写作的艺术构思。

（二）简述散文写作的美学表达。

（三）请阅读几位作家的散文，如孙犁、汪曾祺、余秋雨、贾平凹、史铁生等人的散文，分析其中一位在某一方面的写作特色。

（四）试以名篇佳作简析小小说"以小见大"的本质特征。

（五）例谈两篇"手法相同题材不同"的小小说。

（六）"至于诗歌，它的唯一的一条规则是韵律作诗法，这是任什么也破坏不了的，尽管经常有人企图推翻它。"[1]从互联网上下载纪宇的《风流歌》的配乐诗朗诵，体味诗歌语言的节奏感和韵律美。

（七）比较下面的两首诗，思考第二首诗写得好在何处？

一个士兵妻子给丈夫的信[2]

孩子他爹××同志：/门前柳树绿了梢，/冬尽暖来春天到，/祝你在前方身体好。//……再说咱家更美气，/又分到二亩好水地，/村里代耕特别好，/地堰修垒得整整齐。

信[3]
〔土耳其〕纳齐姆·希克梅特

秋夜，灰暗无星。/我脑子里充满了你的话，/话是无穷无尽的，像时间，像物质，/话是明亮的，/像星星闪烁在我们的头上，/话是有力的，正像你的手臂！//……

（八）请概括出下面诗歌的想象特点。

子瞻诗句妙一世乃云效庭坚体盖退之戏效孟郊樊宗师之比以文滑稽耳恐后生不解故次韵道之[4]

黄庭坚

我诗如曹郐，浅陋不成邦。公如大国楚，吞五湖三江。赤壁风月笛，玉堂云雾窗。句法提一律，坚城受我降。枯松倒涧壑，波涛所春撞。万牛挽不前，公乃独力扛。诸人方嗟点，渠非晁张双。但怀相识察，床下拜老庞。小儿未可知，客或许敦庬。诚堪嫠阿巽，买红缠酒缸。

（九）请扫描二维码，阅读宋青松的歌词《长大后我就成了你》，同下面的诗歌进行比较，思考歌词作者的构思的巧妙之处。

长大后我就成了你

您是……
——献给亲爱的老师

您是小船/载着我们驶进知识的海洋/您是甘露/滋润着我们茁壮成长/您是蜡烛/把我们的心灵照亮/小船、甘露、蜡烛/是那样平凡而易被人忽视/然而/在我们的心目中/您却是无比的伟大和高尚/如果说您是我们的太阳/这绝不是夸张

（十）为什么说尖锐的矛盾冲突是戏剧的最重要特征？

（十一）浅谈戏剧创作中生活、题材与主题的关系。

（十二）请举例说明戏剧语言的特点。

（十三）以《秋江》为例，简述戏曲艺术的虚拟性。

（十四）简述影视文学的基本特点。

（十五）比较影视文学与小说、戏剧的异同。

（十六）什么是蒙太奇？它有哪些基本形式？结合具体作品进行分析。

---

[1] 吉约姆·阿波利奈尔. 新思想和诗人们[G]//王忠琪，等译. 法国作家论文学. 北京：生活·读书·新知三联书店. 1984:45.
[2] 谢冕. 诗人的创造[M]. 北京：生活·读书·新知三联书店. 1989:206.
[3] 纳齐姆·希克梅特. 信[M]//陈微明，等译. 希克梅特诗集. 北京：人民文学出版社，1952:96.
[4] 北京大学古文献研究所. 全宋诗（第十七册）[M]. 北京：北京大学出版社，1995:11353.

（十七）观看电影《小鞋子》《天堂电影院》《蝴蝶》，分析剧中人物形象塑造及情节设计。

（十八）请扫描二维码，阅读欧·汤姆森创作的电影文学剧本《金色池塘》①开端的前四个画面镜头，思考环境造型、人物造型、造型动作、对白、独白、音乐等问题。

金色池塘

二、小练习（选作）

（一）下面的文字是陆文夫依据生活发现所写的散文片断，请就你生活中的发现撰写一个生活片断，不多于400字。

不管是刮风下雨，严冬飞雪，夜深人静时那卖小馄饨的竹梆子就响了起来，笃笃笃，由远而近。慢慢地就看见火光，看不见人，人在两座驼峰之间有节奏地行走，那熊熊的火光也在小巷两边的白墙上欢跃地跳动。临街的窗户里一声叫喊，一扇门吱呀地打开，买卖双方就开始了亲切的对话。这种对话不仅是谈生意，还谈生活，谈天气，问这问那。就在这对话之间，那卖馄饨的手脚飞快，吹火，投馄饨，向碗里下作料，问你要不要辣，要多少，要不要加点面，谓之馄饨面，要不要加个鸡蛋，等等。那种小馄饨算是肉馅，其实并没有多少肉，只是用竹板刮一点肉末在馄饨皮子里，因为那馄饨皮薄得透明，在外面还看得见有红殷殷的一点。那小馄饨的味道特别鲜美，不是靠味精，而是靠一锅肉骨头汤，那汤镬子就按在骆驼担上，被同一个柴灶烧得热气腾腾的。晚上吃小馄饨，特别是在冬夜里吃小馄饨，那滋味确实是终生难忘的。②

（二）对生活中"微而足道"的小事进行小小说"意"的发想。

（三）用误会法或巧合法结构一篇小小说。

（四）用"镜头体式"表述一个有典型意义的小小说场面。

（五）发现诗意的训练。谈谈自己生活中一个富于诗意的小例子。

（六）欣赏一部获奖的电视连续剧或电影，分析它是如何围绕矛盾冲突设计人物关系和情节的。

三、文章评析

（一）请扫描二维码，阅读陈运松的《妈妈喜欢吃鱼头》，分析这篇散文在立意、选材和结构上的特点。

妈妈喜欢吃鱼头

（二）请扫描二维码，阅读奥克斯特·斯特林堡创作的《半张纸》，分析这篇小小说在构思方面的特点。

（三）请扫描二维码，阅读林双不的《枪》，分析它的构思技巧。

（四）分析下面木心所写诗歌的情思和意象。

半张纸

从前慢③

木心

记得早先少年时/大家诚诚恳恳/说一句，是一句//清早上火车站/长街黑暗无行人/卖豆浆的小店冒着热气//从前的日色变得慢/车，马，邮件都慢/一生只够爱一个人//从前的锁也好看/钥匙精美有样子/你锁了，人家就懂

枪

（五）从互联网上查阅郭大宇、志淦的《徐九经升官记》，分析唱词《当官难》（请扫描二维码）对人物形象的刻画。

当官难

---

① 欧·汤姆森.金色池塘[J].施原,译.世界电影,1982(5):3—6.
② 陆文夫.老苏州·水巷寻梦·小巷深深深几许[M].南京:江苏美术出版社,2000:161—162.
③ 木心.云雀叫了一整天[M].桂林:广西师范大学出版社,2009:58.

（六）请扫描二维码，阅读莎士比亚的《麦克白》第二幕第二场，分析明场和暗场的处理艺术。

麦克白

四、作文（选作）

（一）接到大学录取通知书，你即将告别故乡、离别亲人，那时，你一定有很多感想。请调动生活和知识积累，展开丰富的联想与想象，构思一篇抒情散文，表达内心的真实感受。

（二）往日的悲欢离合积淀于心中，一个人、一件事、一处景都让你久久难以忘怀。选择你记忆深处最感动的一幕，完成记叙散文一篇。

（三）围绕写作发现，采用"形散神聚"的结构模式创作一篇散文。

（四）发生在身边的事情往往让你有所思考，或感动、或鄙视、或赞扬、或斥责。请以形象的事物阐明事理，表达见解，写一篇议论散文。

（五）用"故事新编"的手法创作一篇小小说。

（六）创作诗歌既要出人意外，又要入人意中。品读下面的两首诗，学习诗人运用超常的联想和奇特的想象，创作一首小诗。

登控鲤亭望孤山①

释德洪（惠洪）

大江自吞空，中流涌孤山。欲取藏袖中，归置几案间。

重量②

韩瀚

她把带血的头颅，/放在真理的天平上，/使所有的苟活者／都失去了／重量！

（七）诗歌创作先是有了感受之后重在选角度和立意，继而围绕角度和立意进行意象思维。品读下面的两首诗歌，然后作文。

尝北梨③

葛天民

每到边头感物华，新梨尝到野人家。甘酸尚带中原味，肠断春前不见花。

夜宿东渚放歌三首之三④

杨万里

天公要饱诗人眼，生愁秋山太枯淡。旋裁蜀锦展吴霞，低低抹在秋山半。须臾红锦作翠纱，机头织出暮归鸦。暮鸦翠纱忽不见，只见澄江净如练。

（八）请根据杜甫的《石壕吏》提供的人物和事件，找到改编之点，编写一个小戏剧。

（九）以大学生活为题材，创作一部微电影文学剧本。

---

① 北京大学古文献研究所．全宋诗（第二十三册）[M]．北京：北京大学出版社，1995：15273．
② 韩瀚．重量[J]．清明，1979(2)．
③ 北京大学古文献研究所．全宋诗（第五十一册）[M]．北京：北京大学出版社，1998：32077．
④ 北京大学古文献研究所．全宋诗（第四十二册）[M]．北京：北京大学出版社，1998：26430．

第七章 应用文体

"应用文是人们在日常工作、学习和生活中处理公私事务时使用的具有实用价值和法定或惯用格式的文体"①。应用文的范围最为广泛,一般把它分为通用应用文与专用应用文两大类。通用应用文是指各行各业普遍使用的应用文,包括公文、事务应用文和一般应用文等三个具体类别。专用应用文是各行业、各系统内部使用的文体,如经济应用文、文教应用文、司法应用文等。

应用文与我们的工作和生活关系最为密切,人类所从事的写作活动大量的都是应用写作。《周易·系辞下》云:"上古结绳而治,后世圣人易之以书契,百官以治,万民以察,盖取诸夬。"这说明,从上古社会的"结绳"到"圣人"创立文字"易之以书契"都是为了"治"和"察",也就是说,文章产生的最根本的目的、最原始的动机就是为了应用。人类最早的文章是应用文。千百年来,应用文为人类社会的进步和发展作出了不可磨灭的贡献,特别是在科学文化高度发达、社会竞争日趋激烈的今天,应用文更是我们进行社会管理、推动社会文明进程的有效手段,更是个人进行工作、学习和生活必不可少的工具。叶圣陶说过:"大学毕业生不一定要能写小说诗歌,但是一定要能写工作和生活中实用的文章,而且非写得既通顺又扎实不可。"②语言学家张志公更是强调:"会写应用性文体的文章,是任何人都需要的,几乎可以说无一例外。"③作为一名当代大学生,非常需要掌握应用文体这个最实用的工具。

第一节 公　　文

一、公文概述

（一）公文的含义

如果说最早的文章是应用文,那么最早的应用文又以公文为主,如《尚书》中的文章绝大部分都属于公文。由于公文使用的时间较长,不仅文体和行文制度变化较大,其名称也较复杂。先秦一般称公文为"官书"或"典籍",如《周礼·宰夫》云:"史,掌官书以赞治"。《周礼·天官·大宰》又云:"大宰之职,掌建邦之六典"。汉代称为"文书"或"文案",如《汉书·刑法制》中说过"文书盈于几阁,典者不能遍睹",《北堂书钞》卷六八引《汉杂事》:"先是公府掾多不视事,但以文案为务。"东汉末年,出现了"公文"一词,如汉荀悦《汉纪·武帝纪一》:"苟苴盈于门庭,聘问交于道路,书记繁于公文,私务众于官事。"三国、两晋一直沿用这三种称谓,到了隋唐便改称为"典章"或"文卷",宋明两代又沿用了汉代的"文书"之称,如宋昭乐《周礼详解》:"要之八成皆文书也。"清代末年已经出现了"文件"一词,民国时期又称公文为"文书",中华人民共和国成立后一般称为"公文",但同时也继续频繁使用"文件"或"文书"这两个概念。

关于"公文""文件""文书"这三个概念,目前公文学界还没有明确的界定。一般认为,"公文"有广义和狭义之分。广义的"公文"泛指一切与公务活动有关的各种文体或文字材料;狭义的"公

---

① 王光祖,杨浒. 写作[M]. 2版. 上海:华东师范大学出版社,1999:337.
② 叶圣陶. 作文要道[J]. 中学语文,1981(6):31.
③ 张志公. 两种目的两种文章[J]. 青年文摘,1983(3).

文"专指中共中央办公厅与国务院办公厅历次颁布的党政机关公文所规定的若干文种。现行的党政机关公文是指中共中央办公厅、国务院办公厅于 2012 年 4 月 16 日印发的《党政机关公文处理工作条例》所规定的 15 个文种。该条例规定:"党政机关公文是党政机关实施领导、履行职能、处理公务的具有特定效力和规范体式的文书,是传达贯彻党和国家的方针政策,公布法规和规章,指导、布置和商洽工作,请示和答复问题,报告、通报和交流情况等的重要工具。"这是对狭义公文最新近、最权威的解释。

无论是广义的"公文"还是狭义的"公文",都包括公务应用文的各种文体以及具体的公文文本。

"文件"的范畴要小于"公文",主要指已经签发生效的具有规范格式的具体的狭义的公文文本,并不包含尚未形成公文文本的各种公文文体。因为"文件"的格式规定文头部分的发文机关标志必须使用红色进行套印,所以通常又称"红头文件"。

"文书"的范畴最为广泛,包括各类应用文的文体,从使用的对象性质来说,既包括公务应用文,又包括私务应用文;从应用范围来说,既包括通用应用文,又包括专用应用文。同时"文书"也指文秘人员的写作工作,即通常所说的"文书工作",有时也代指文秘人员。

(二) 公文的分类

根据不同的标准,可以把公文划分成不同的类别。

1. 按照是否为文件规定的标准划分

(1) 文件规定公文

这是狭义的公文,专指中共中央办公厅、国务院办公厅于 2012 年 4 月 16 日印发的《党政机关公文处理工作条例》所规定的决议、决定、命令、公报、公告、通告、意见、通知、通报、报告、请示、批复、议案、函、纪要这 15 种党政机关公文。

(2) 非文件规定公文

这是广义的公文,泛指一切与公务活动有关的各种文体或文字材料。

2. 按照公文的行文方向划分

(1) 上行文

上行文是下级机关向所属上级领导(或指导)机关发送的公文,主要有报告、请示以及上行的意见等。

(2) 下行文

下行文是上级领导(或指导)机关对下级机关的发文,如命令(令)、决定、通知、通报、批复等。

(3) 平行文

平行文是不相隶属的机关之间相互往来的公文,如函就属此类。

3. 按照公文的保密情况划分

(1) 涉密公文

即有保密要求,严格限定阅读范围的公文。按照保密的性质不同分为绝密、机密、秘密三个等级。

(2) 非密公文

即没有保密要求的公文。这类公文又分为内部公文和公开性公文,内部公文是只在一定范围内(如某一机关或某一系统内)运转和使用而不向局外人公开的公文,公开性公文是向国内外公开发布的公文。

4. 按照公文的时限划分

(1) 紧急公文

即有明显的办理时限的公文。紧急公文按其紧急程度又分为特急和加急两种。如果是电报又有特提、特急、加急、平急之分。

(2) 普通公文

即按照正常的公文处理速度办理的公文。

5. 按照公文的作者划分

(1) 机关公文

机关公文指党政机关、人大政协、军队机关、公检法机关等权威机构所制发的公文。

(2) 单位公文

单位公文指企事业单位、社会团体所制发的公文。

6. 从公文的适用范围方面划分

(1) 通用公文

通用公文是指各机关单位、各行各业普遍使用的公文,包括党政机关公文、事务性文书、日常性文书。

(2) 专用公文

专用公文是指行业部门内部使用的公文,如经济文书、法律文书、外交文书等。

(三) 公文的特点

作为应用文体的公文,除了具有应用文体的实用性、真实性、时效性等基本特点之外,还有自身最突出的几个特点。

1. 鲜明的政治性

自古以来,公文都是统治阶级意志的体现。社会主义制度下的公文是党和国家各项路线、方针、政策的载体,是宣传、贯彻和执行党和国家的路线、方针、政策的工具,因此,制发公文,必须了解政治,熟悉党和国家的路线、方针、政策,具有较高的思想理论修养和政策水平,坚持正确的政治方向,以四项基本原则统领公文写作。

2. 作者的法定性

公文虽然由文秘人员或有关领导来撰写,但他们是代表所在机关来进行写作的,是机关集体意志的体现。公文的作者必须是依法成立并能以自己的名义行使职权和承担义务的机关、单位或社会组织,任何人都不得以个人的名义制发公文,任何机关或组织都不得超越法律、法规所赋予的权力擅自制发公文。擅自制发的公文不仅无效,而且违法,将会受到法律的惩处。

3. 读者的特定性

文学作品和一般文章是没有阅读限定的,而公文不仅作者是法定的,其阅读对象也是特定的。公文都有确定的阅读范围,这种确定性一般用"主送机关"和"抄送机关"来注明,尤其是带有保密性质的公文,对阅读范围的限定更为严格,泄露或偷阅该公文,将会受到党纪、政纪或法律的惩处。

4. 法定的权威性

公文是机关集体意志的体现,是机关行使职权的凭据,公文一经制发,便依法生效,必须严格按规定办理和落实,任何违反公文意志,对公文进行曲解、抵制、拖延或敷衍的机关或组织都要承担相应的责任,甚至受到法律的追究。所以公文具有强大的执行力,具有不可抗拒性。

5. 处理的程序性

公文的处理有严格的程序规定,涉及拟制、办理、管理等三个方面的工作。其中,公文的拟制要经过起草、审核、签发等程序,公文办理要经过收文办理、发文办理和整理归档等三个程序,而公文的管理程序更为复杂。这些程序都是依次展开的,任何机关单位都必须严格遵守这些程序,不得随意更改或颠倒,否则就会影响公文的严肃性、权威性和处理的有序性。

6. 格式的规范性

所有的应用文都有约定俗成的格式,但公文的格式更为严格和规范。从版面样式来看,公文共有版头、主体和版记三部分,每部分又有相应的一些要素,并且每一要素的位置、字体、字号等都有严格的规定;从每一种文体来说,它们都有自己相应的结构内容。正是这种严格的规范性,才保证了公文的严肃性、权威性、时效性和统一性。

7. 语言的直述性

文学作品用具体生动的形象反映生活,揭示事物的本质,语言运用追求准确、生动、简洁、耐人寻味,其基本特征表现为"绕"。而公文是用来处理事务、解决问题的,为了提高办事效率,公文必须快速地抓住事物的本质,准确地概括出事物的特征,以便快刀斩乱麻,及时有效地解决纷繁复杂的各项事务,其语言的基本特征表现为"直",开门见山,有话直说。公文语言的这个本质特征又具体表现为准确性、简要性、庄重性、平实性和模式性等五个方面。

(四)公文的作用

1. 法规作用

党政机关公文是"公布法规和规章"的重要工具,国家的各种法规和规章都是通过公文来公布的,如"公布行政法规和规章"用命令(令),"在一定范围内公布应当遵守或者周知的事项"用通告。这些规范性的公文一经公布,就成为全社会的行文准则和规范,任何单位组织或个人都必须遵照执行,如有违反,必将受到行政的或法律的制裁。

2. 指导作用

党和国家的各级机关通过公文来布置任务、安排工作、传达指示、表明意图、宣示决策、实施领导。如决定用来"对重要事项作出决策和部署",意见"适用于对重要问题提出见解和处理办法",通知"适用于发布、传达要求下级机关执行和有关单位周知或者执行的事项",批复"适用于答复下级机关请示事项",上级机关就是通过这些下行文来指导或指挥下级机关的工作。

3. 宣传作用

公文,无论是用来公布法规以规范人们的行为,还是用来指导、指挥下级机关开展工作,都必须讲清楚这样做的原因、目的、动机、意图、过程、措施和要求,通过这样清楚的解释说明,来提高和统一人们的思想认识,化解情绪,减少阻力,更好地发挥公文的法规和指导作用。特别是像公文中的命令、决定、通报这些文种,用来褒奖先进、批评错误,直接告诉人们什么是应该做的,值得提倡的,什么是不应该做的,需要杜绝的,通过正面引导,反面警示,起到积极的宣传教育作用。

4. 联系作用

在高度发达的现代社会里,社会分工越来越精细,各行各业之间的协调越来越紧密,机关单位之间的联系越来越频繁,公文在这种联系中发挥了重要的作用。如下级与上级进行联系需用报告与请示,上级与下级进行联系要用命令、决议、决定、通报、通知、批复等,平行机关、不相隶属机关之间相互联系可用函,公文在机关、单位之间的沟通、协调中发挥着重要的桥梁和纽带作用。

5. 凭证作用

公文一经签批核发,就产生了行政法规效应,发文机关的意图和倾向被物化为文字依据,收文机关据此开展工作,解决问题。事毕归档保存,既可作为履职问责考评的凭据,也可以备查找和续用。所以,有了公文,处理事务就有章可循、有据可依、有文可查、有凭可证。公文的凭据作用不可小觑。

（五）公文的格式①

1. 公文的一般格式

公文的格式是指公文的构成要素及其排布的位置和样式。公文的格式具有严格的规定性，这是公文的权威性在形式上的体现，也是公文区别于一般文章的重要标志。根据《党政机关公文处理工作条例》规定："公文一般由份号、密级和保密期限、紧急程度、发文机关标志、发文字号、签发人、标题、主送机关、正文、附件说明、发文机关署名、成文日期、印章、附注、附件、抄送机关、印发机关和印发日期、页码等组成"，国家质检总局和国家标准委发布的 GB/T9704—2012《党政机关公文格式》的国家标准又将这些要素划分为版头、主体、版记三部分。公文首页红色分隔线以上的部分称为版头；公文首页红色分隔线（不含）以下、公文末页首条分隔线（不含）以上的部分称为主体；公文末页首条分隔线以下、末条分隔线以上的部分称为版记。

（1）版头

① 份号。

即公文印制份数的顺序号。涉密公文应当标注份号。份号一般用 6 位 3 号阿拉伯数字，顶格编排在版心左上角第一行。

② 密级和保密期限。

即公文的秘密等级和保密的期限。涉密公文应当根据涉密程度分别标注"绝密""机密""秘密"和保密期限。密级和保密期限，一般用 3 号黑体字，顶格编排在版心左上角第二行；保密期限中的数字用阿拉伯数字标注。

③ 紧急程度。

即公文送达和办理的时限要求。根据紧急程度，紧急公文应当分别标注"特急""加急"，电报应当分别标注"特提""特急""加急""平急"。紧急程度一般用 3 号黑体字，顶格编排在版心左上角；如需同时标注份号、密级和保密期限、紧急程度，按照份号、密级和保密期限、紧急程度的顺序自上而下分行排列。

④ 发文机关标志。

由发文机关全称或者规范化简称加"文件"二字组成，也可以使用发文机关全称或者规范化简称。发文机关标志居中排布，上边缘至版心上边缘为 35mm，推荐使用小标宋体字，颜色为红色，以醒目、美观、庄重为原则。联合行文时，发文机关标志可以并用联合发文机关名称，也可以单独用主办机关名称，如需同时标注联署发文机关名称，一般应当将主办机关名称排列在前；如有"文件"二字，应当置于发文机关名称右侧，以联署发文机关名称为准上下居中排布。

⑤ 发文字号。

发文字号由发文机关代字、年份、发文顺序号组成。联合行文时，使用主办机关的发文字号。编排在发文机关标志下空二行位置，居中排布。年份、发文顺序号用阿拉伯数字标注；年份应标全称，用六角括号"〔 〕"括入；发文顺序号不加"第"字，不编虚位（即 1 不编为 01），在阿拉伯数字后加"号"字。上行文的发文字号居左空一字编排，与最后一个签发人姓名处在同一行。

⑥ 签发人。

上行文应当标注签发人姓名。其标注方式是由"签发人"三字加全角冒号和签发人姓名组成，居右空一字，编排在发文机关标志下空二行位置。"签发人"三字用 3 号仿宋体字，签发人姓名用 3 号楷体字。如有多个签发人，签发人姓名按照发文机关的排列顺序从左到右、自上而下依

---

① 编写参考了中共中央办公厅、国务院办公厅 2012 年 4 月 16 日发布的《党政机关公文处理工作条例》、国家质检总局和国家标准委 2012 年 6 月 29 日发布的 GB/T9704-2012《党政机关公文格式》。

次均匀编排,一般每行排两个姓名,回行时与上一行第一个签发人姓名对齐。

⑦ 分隔线。

发文字号之下 4mm 处居中印一条与版心等宽的红色分隔线。

(2) 主体

① 标题。

一般由发文机关名称、事由和文种三部分组成。有时候发文机关可以省略,还有少数文种如"公告""通告""命令""公报""纪要"等也可省略事由,但文种不可省略。标题一般用 2 号小标宋体字,编排于红色分隔线下空二行位置,分一行或多行居中排布;回行时,要做到词意完整,排列对称,长短适宜,间距恰当,标题排列应当使用梯形或菱形。

② 主送机关。

即公文的主要受理机关,应当使用机关全称、规范化简称或者同类型机关统称。编排于标题下空一行位置,居左顶格,回行时仍顶格,最后一个机关名称后标全角冒号。如主送机关名称过多导致公文首页不能显示正文时,应当将主送机关名称移至版记,标注方法见下文"抄送机关"的说明。如果是公开行文,可以不写主送机关。

③ 正文。

公文的主体,用来表述公文的内容。公文首页必须显示正文。一般用 3 号仿宋体字,编排于主送机关名称下一行,每个自然段左空二字,回行顶格。文中结构层次序数依次可以用"一""(一)""1.""(1)"标注;一般第一层用黑体字、第二层用楷体字、第三层和第四层用仿宋体字标注。

④ 附件说明。

附件说明是表述附件的顺序号与名称的。公文如有附件,在正文下空一行左空二字编排"附件"二字,后标全角冒号和附件名称。如有多个附件,使用阿拉伯数字标注附件顺序号(如"附件:1.××××××");附件名称后不加标点符号。附件名称较长需回行时,应当与上一行附件名称的首字对齐。

需要注意的是,转发、批转、印发、报送类公文,在其生效标志后所附的需要转发、批转、印发、报送的公文内容不是公文的附件,因此不能在附件说明中进行标注说明。

⑤ 发文机关署名[①]。

署发文机关全称或者规范化简称。

⑥ 成文日期。

署会议通过或者发文机关负责人签发的日期。联合行文时,署最后签发机关负责人签发的日期。成文日期一般右空四字编排,对于不加盖印章的公文来说,首字比发文机关署名首字右移二字,如成文日期长于发文机关署名,应当使成文日期右空二字编排。成文日期用阿拉伯数字将年、月、日标全,年份应标全称,月、日不编虚位(即 1 不编为 01)。

⑦ 印章。

公文中有发文机关署名的,应当加盖发文机关印章,并与署名机关相符。有特定发文机关标志的普发性公文和电报可以不加盖印章。印章用红色,不得出现空白印章。单一机关行文时,一般在成文日期之上,以成文日期为准居中编排发文机关署名,印章端正、居中下压发文机关署名和成文日期,使发文机关署名和成文日期居印章中心偏下位置,印章顶端应当上距正文(或附件说明)一行之内。联合行文时,一般将各发文机关署名按照发文机关顺序整齐排列在相应位置,并将印章一一对应、端正、居中下压发文机关署名,最后一个印章端正、居中下压发文机关署名和

[①] "发文机关署名""成文日期"和"印章"是制发公文的重要组成部分。为了行文的方便,本书将它们合并称为"生效标识"。

成文日期,印章之间排列整齐、互不相交或相切,每排印章两端不得超出版心,首排印章顶端应当上距正文(或附件说明)一行之内。

对于加盖签发人签名章的公文来说,单一机关制发的公文加盖签发人签名章时,在正文(或附件说明)下空二行右空四字加盖签发人签名章,签名章左空二字标注签发人职务,以签名章为准上下居中排布。在签发人签名章下空一行右空四字编排成文日期。联合行文时,应当先编排主办机关签发人职务、签名章,其余机关签发人职务、签名章依次向下编排,与主办机关签发人职务、签名章上下对齐;每行只编排一个机关的签发人职务、签名章;签发人职务应当标注全称。签名章一般用红色。

⑧ 附注。

即公文印发传达范围等需要说明的事项。如有附注,居左空二字加圆括号编排在成文日期下一行。

⑨ 附件。

即公文正文的说明、补充或者参考资料。附件应当另面编排,并在版记之前,与公文正文一起装订。"附件"二字及附件顺序号用3号黑体字顶格编排在版心左上角第一行。附件标题居中编排在版心第三行。附件顺序号和附件标题应当与附件说明的表述一致。附件格式要求同正文。

如附件与正文不能一起装订,应当在附件左上角第一行顶格编排公文的发文字号并在其后标注"附件"二字及附件顺序号。

需要指出的是,被批转、转发、印发的公文不能按附件处理,在公文正文中不加"附件说明",而直接另面编排,编排时首页也不标注"附件"二字。

(3) 版记。

① 版记中的分隔线。

版记中的分隔线与版心等宽,首条分隔线和末条分隔线用粗线(推荐高度为 0.35mm),中间的分隔线用细线(推荐高度为 0.25mm)。首条分隔线位于版记中第一个要素之上,末条分隔线与公文最后一面的版心下边缘重合。

② 抄送机关。

除主送机关,需要执行或者知晓公文内容的其他机关,应当使用机关全称、规范化简称或者同类型机关统称。抄送机关,一般用4号仿宋体字,在印发机关和印发日期之上一行,左右各空一字编排。"抄送"二字后加全角冒号和抄送机关名称,回行时与冒号后的首字对齐,最后一个抄送机关名称后标句号。

如需把主送机关移至版记,除将"抄送"二字改为"主送"外,编排方法同抄送机关。既有主送机关又有抄送机关时,应当将主送机关置于抄送机关之上一行,之间不加分隔线。

③ 印发机关和印发日期。

公文的送印机关和送印日期一般用4号仿宋体字,编排在末条分隔线之上,印发机关左空一字,印发日期右空一字,用阿拉伯数字将年、月、日标全,年份应标全称,月、日不编虚位(即1不编为01),后加"印发"二字。版记中如有其他要素,应当将其与印发机关和印发日期用一条细分隔线隔开。

④ 页码。

公文页数顺序号一般用4号半角宋体阿拉伯数字,编排在公文版心下边缘之下,数字左右各放一条一字线;一字线上距版心下边缘7mm。单页码居右空一字,双页码居左空一字。公文的版记页前有空白页的,空白页和版记页均不编排页码。公文的附件与正文一起装订时,页码应当连续编排。

2. 公文的特定格式

(1) 信函格式

发文机关标志使用发文机关全称或者规范化简称,居中排布,上边缘至上页边为30mm,推荐使用红色小标宋体字。联合行文时,使用主办机关标志。

发文机关标志下4mm处印一条红色双线(上粗下细),距下页边20mm处印一条红色双线(上细下粗),线长均为170mm,居中排布。

如需标注份号、密级和保密期限、紧急程度,应当顶格居版心左边缘编排在第一条红色双线下,按照份号、密级和保密期限、紧急程度的顺序自上而下分行排列,第一个要素与该线的距离为3号汉字高度的7/8。

发文字号顶格居版心右边缘编排在第一条红色双线下,与该线的距离为3号汉字高度的7/8。

标题居中编排,与其上最后一个要素相距二行。

第二条红色双线上一行如有文字,与该线的距离为3号汉字高度的7/8。

首页不显示页码。

版记不加印发机关和印发日期、分隔线,位于公文最后一面版心内最下方。

(2) 命令(令)格式

发文机关标志由发文机关全称加"命令"或"令"字组成,居中排布,上边缘至版心上边缘为20mm,推荐使用红色小标宋体字。

发文机关标志下空二行居中编排令号,令号下空二行编排正文。

签发人职务、签名章和成文日期的编排不作特殊规定,同前面的"主体"部分"⑦印章"关于加盖签发人签名的公文相同。

(3) 纪要格式

纪要标志由"××××纪要"组成,居中排布,上边缘至版心上边缘为35mm,推荐使用红色小标宋体字。

标注出席人员名单,一般用3号黑体字,在正文或附件说明下空一行左空二字编排"出席"二字,后标全角冒号,冒号后用3号仿宋体字标注出席人单位、姓名,回行时与冒号后的首字对齐。

标注请假和列席人员名单,除依次另起一行并将"出席"二字改为"请假"或"列席"外,编排方法同出席人员名单。

纪要格式可以根据实际制定。

二、公文写作

(一) 公文写作概述

1. 公文写作的概念

公文写作是指公文的起草与修改,是撰写者代机关立言,体现机关领导意图和愿望的规范性写作活动,具体包括公文的起草初稿、讨论修改、形成送审等三个程序。

2. 公文写作的特点

(1) 被动写作,遵命性强

文学作品及一般性文章的写作,一般都是因客观事物的触发而激起思想、情感的涟漪,进而产生写作冲动,从而引起写作行为的发生。这是主动写作,写作的整个过程都体现着鲜明的个人意识。而公文写作则是撰写人代单位立言,公务活动的需要,单位领导的吩咐,文秘角色的定位,是写作的缘起,领导的意图是取材立意、构思表达的依据,撰写者的个人意愿在这个写作活动中很少得到体现。

(2) 对象明确,针对性强

文学创作是有感而发,公文写作则是因事而作,其写作目的就是为了处理具体的公务事项,解决各种实际问题,其写作对象十分明确,针对性很强。如表彰性通报就是要针对先进单位或个人的先进事迹进行表彰,概括先进事迹的基本情况,阐述先进事迹的积极意义,说明表彰的具体方式,指出学习先进的具体内容;写一份请示,就要讲清楚在工作中遇到什么样的问题,它们是如何产生的,为什么要解决,怎样解决。没有针对性的公文,等同于没有使用价值的废纸。

(3) 集思广益,群体性强

一般文章的写作都是由个人完成的,是个人心血和智慧的结晶。而公文写作则是经集体讨论完成撰写的。当前的工作任务,领导的授意决定了写作的内容,然后经过文秘人员的精心构思与表达,形成公文的初稿。最后还要送给领导审核,按照领导的要求进行修改。特别是一些事件重大、内容重要、涉及面广的公文写作,不仅要贯彻领导意图,还要广泛征求意见,集思广益,多人参与,分工合作来完成,整个写作活动呈现出强烈的群体性特征。

(4) 决策之作,政策性强

公文是处理公务的应用文,各级机关单位通过公文来行使职权,解决问题,处理事务,安排活动,提出意见,采取措施,制订方案等,都要通过公文来作出决策,实现目标。文学作品属于审美之作,一般文章属于认知之作,一般应用文属于实用之作,公文则属于决策之作。同时,公文又是党和国家路线、方针、政策的重要载体,公文所反映的各种决策都必须体现政策精神,符合政策规定,只有符合政策的决策才是有效的,才具有执行力。决策是政策的具体化,政策是公文的灵魂。

(5) 紧迫之作,时限性强

所有的应用文都有一定的时限性,公文的时限性更强,它所提出的公务事项都是当前所要解决的,有的甚至是刻不容缓的,十万火急的,贻误时机,必将给工作带来一定的、重大的甚至是不可估量的损失。所以,写作人员接到写作任务之后,必须全身投入,全力以赴,紧张准备,奋笔疾书,急就成章,一气呵成,不能怠慢。否则,不能按时交稿,就是文秘人员的严重失职,就会受到相应的批评乃至处分。

3. 公文写作的基本要求

(1) 确保与上级文件精神的一致性

公文是传达贯彻党和国家的路线、方针、政策的重要工具,其内容必须要与党和国家的方针政策保持高度一致。要与上级文件精神保持一致,要能够吃透"上情"。不了解"上情"的公文,势必无法把握全局,只会照抄照搬,不能准确传递上级的意图,使公文失去了应有的指导和指挥意义。这是公文写作遵循的"善",任何公文写作都必须牢牢坚守这道红线。坚守它就要求写作者熟悉党和国家的各项方针政策,具有较高的思想理论水平和政治素养,具有较强的政策意识、法规意识和社会主义的国家意识,要有鲜明正确的政治倾向,否则,纵有生花之笔,也难写出合格的公文来。

(2) 保证公文内容的合法性

任何公文的内容都不能与党和国家的政策法规相抵触,不能违反党和国家的政策法规,这是公文写作又一道不可逾越的红线。公文内容的合法性主要包括生成文件的主体合法、程序合法、具体行为合法、行文格式合法等方面。写作时,要仔细检查是否有出台规范性文件的依据和现实需要,是否属于政府职能范围、是否有越权的行为,行政审批、行政许可、行政处罚、行政强制等行政行为是否符合法律法规的规定,是否经过法制办审查、常务会审议等规范程序,是否损害国家利益、公共利益或行政管理相对人合法权益,是否做到涉法表述准确。

(3) 解决问题的针对性

公文是公务活动的依据,行动的指南,如果公文内容不针对要解决的实际问题,那就是无的放矢,其结果必然于事无补,甚至造成严重的损失。所以,解决问题的针对性也是公文写作的最基本要求。这就要求作者具有较高的业务素质,熟悉单位的工作性质和内容,成为单位的行家里手,单凭政治素质和文字功夫是远远不够的。公文写作要明确公文的发文目的,搞清楚要解决的问题,然后对症下药,这样才能文到事成,顺利实现发文意图。

(4) 符合主客观条件的可行性

可行性是公文实效性的前提。公文写作不能从理想主义出发,而是要以能够解决问题、达到发文目的为目标。所以,公文写作务必考虑主客观条件的限制,要具有可行性,切忌说过头话。这是公文写作要遵循的"真"。具体来说,从事公文写作,要充分考虑政策方案获得合法地位和被政策执行机构接受的可能性,获取一般性资源(人力、财力和物力)和特殊性资源(信息资源等)的可能性,政府行政部门在执行能力和工作效率方面的支持程度,在现有技术条件下实现政策目标的可能性,社会对政策方案的认同和支持的可能性等各种因素。

(5) 付诸实施的可操作性

公文写作不仅要有可行性,而且还要具备可操作性。公文的政策方案再完美,文字再漂亮,如果缺乏可操作性,也只是一纸空文。一般而言,公文发文要有明确的目标和任务,并且有明确的分工,要责任到人;要有具体的措施和方法,要确保措施和方法的有效性;要有清晰的步骤和程序,能够"按图施工",有序开展,稳步推进;政策方案的各项要素都要细化,避免笼统含糊。

(6) 保证表达的规范性

这是对公文写作形式的要求,也是对公文写作"美"的要求。公文在表达上的规范性主要包括三个方面:一是格式上的规范性,要求公文格式的各种要素要完备,并且要符合《党政机关公文处理工作条例》的规定要求;二是结构上要求条理化,层次清楚,井然有序;三是用语要求准确简洁,得体合式。

(二) 公文写作的过程

1. 公文写作的发现

与其他文章的写作一样,发现是写作的基础和前提,没有发现,就没有写作。与其他文章写作不同的是,公文的写作发现不是来自作者自身的观察和思考,而是来自领导的意图。也就是说,公文的写作发现主要是对领导意图的发现。因为公文是遵命写作,领导的意图是公文写作的缘起、根据和指针,它决定和影响公文的立意、取材、谋篇布局和语言表达,没有领导意图,就不会有公文写作活动的产生,能否把握住领导意图是公文写作成败的关键。文秘人员的写作任务就是要精准地掌握领导意图并将其充分地表达出来,以便更好地得到贯彻执行。切不可自以为是,自作聪明,用自己的想法代替领导意图,越俎代庖。因此,文秘人员要多问、多听、多请示、多思考,充分了解领导的想法,透彻地领会领导的意图,把准领导的指示精神。具体来说,对领导意图的发现和掌握主要通过以下三个途径。

(1) 聚精会神,听清领导意图

领导在布置公文写作任务时,一般都要向文秘人员明确交代发文的原因、目的、根据、指导思想、措施,写作的重点、要点和要求等,甚至还向文秘人员提供写作材料、写作思路和写作方法,这是掌握领导意图的最佳良机和最基本的途径,文秘人员要珍惜机会,高度重视,集中注意力,认真倾听并及时记录整理,从领导的明确交代中把握领导的意图。千万不能因为自己的走神而有所忽略或遗漏,致使影响对领导意图的整体理解和掌握。文秘人员不仅要认真听和记,还要善于和领导交流,对于没有听清或没有听懂的问题要及时提出,千万不能不懂装懂,失去当面请教的大好机会。同时，文秘人员也不能把自己当作领导的应声虫，如有与领导不同的见解，或有需要补充的有价值的意见或建议，也要敢于向领导提出，与领导进行讨论和交流，以便更深刻更全面地把握领导意图。

(2) 仔细琢磨，悟出领导意图

如上所述，如果领导对问题有成熟的构想和见解并将其明确地告诉文秘人员，自然比较容易掌握，文秘人员只需认真听取、全部记录、完整地表达出来即可。而在很多情况下，由于各种原因，领导并没有十分清晰明确地告知写作意图，只是简单地交代几句；或者由于情况特殊，领导不便直说，往往通过弦外之音、言外之意或通过潜台词等进行暗示，这就给公文撰写者领会领导意图带来一定的难度。在这种情况下，撰写人员一方面要注意领导谈话时的神情、语气、动作、态度、语境、关键词等来理解领导话语的字面意思和字外意思，悟出领导的真正意图。另一方面结合领导的背景来思考，如领导平时审核或签发公文时所作的修改、批示、标记，领导平时的言行所流露出来的思想、情感、观点、立场、脾气、性格，平时读书学习的篇目和内容，平时处理与目前相同、相似或相关的工作时所提出的要求等。文秘人员由于工作的关系，平时接触领导的机会较多，对领导的背景和思想都比较了解，可以据此领悟出领导意图，一般不会出现较大的偏差。当然，文秘人员要将这种领悟与领导进行沟通和交流，在得到领导确认之后方可行文。

(3) 换位思考，感知领导意图

公文是单位领导意识的体现，文秘人员撰写公文是代领导立言，所以在撰写公文时必须站在领导的角度去认识问题、分析问题和解决问题，千万不能将个人的认识和思考塞到公文里，更不能将个人的观点强加给领导。这就要求文秘人员要有领导意识，学会换位思考，用领导的头脑去想问题，用领导的口吻去讲问题，用领导的手段去处理问题。通过换位思考来感知领导意图的途径主要有三个方面。

一是吃透党和国家的路线、方针、政策和上级机关的指示精神。党和国家的路线、方针、政策以及上级机关的指示精神是制发公文的政治依据，任何领导在布置和审核公文写作时都把这个政治依据作为首要的考量对象，不然就会犯政治错误。因此，文秘人员在写作时只要能紧紧围绕这个政治依据，就必然与领导的政治观点保持一致，符合领导的政治意图。

二是把准实际工作的命脉。公文是开展工作、处理事务的依据，公文所提出的意见或建议、措施和方案是否符合实际情形是检验公文价值的试金石，一份高质量的公文除了确保政治上的正确性以外，还必须能解决问题，要有的放矢，对症下药，药到病除，文到事妥。一份公文只要政治上不出问题，又能很好地解决实际问题，实用性强，就是一份好公文，这样的公文自然符合领导心愿，得到领导认可。

三是顺应领导特点。每个人都有自己的特点，领导也不例外，甚至更为突出。政治上的正确性、工作业务的规律性是公文制作的客观依据，这是不以单位领导的个人意志为转移的。但是由于领导的特点不同，对同一事物的认识自然也就有所不同，反映在公文的写作和审核上也必然存在一定的主观差异性，文秘人员在起草公文时要考虑到领导的特点。

2. 公文写作的构思

文秘人员通过各种方式掌握了领导意图之后，接下来就要考虑如何将领导意图具体、完善地表达出来，这就是公文写作的构思。概括地说，公文的写作构思就是将领导意图具体化的思考过程。公文的构思主要包括两个方面的内容。

(1) 领导意图的提炼与深化

下笔之前，文秘人员虽然通过各种努力把准了领导意图，但这只是一个基本的大体的旨意，要将这旨意变成完整、具体的领导意图，文秘人员还须进行一番加工与提炼。对领导意图进行加工提炼的目标主要有以下三个。

① 丰富性。

如前所述,领导在交代写作任务时,由于工作繁忙、立足点的局限或对文秘人员的依赖等各种原因,其意图的表达往往不是那么具体、全面。从文字表达来说,或者只列几个要点;或者只有几句话;或者只给一个标题。从内容来说,或者只是立足自身的工作,没有放眼全局;或者只考虑到工作的阶段性,没有注意到工作环节的衔接性;或者只强调重点而忽略了其他因素。所以在通常情况下,文秘人员在接到写作任务后,还需要通过由此及彼、由表及里、由点到面、由局部到整体的广泛联系对领导意图进行进一步的补充、丰富和拓展,使之具体化、清晰化和完整化。

② 深刻性。

这是对领导意图的纵向延伸。如上所述,领导在交代意图时一般只是点到为止,不可能对此进行深入阐述,这就给文秘人员留下了很大的写作空间。文秘人员可以将领导的交代作为立足点,对领导意图进行深入的延展,不仅要揭示领导意图的正确性,还要实现领导意图的深刻性。实现领导意图的深刻性,可以通过纵向联系的方法,如由现象到本质、由原因到结果、由此及彼、由表及里、由近及远,等等。通过这些纵向联系,我们可以从写作的缘由想到写作的事项,由办理的必要性想到办理的可行性,由政策层面想到现实层面,由理论层面想到实践层面。通过这些纵向联系,深度思考,可使领导意图得以很好的深化。

丰富性和深刻性是一个问题的两个方面,只是提炼和思考的方向不同,结果是异曲同工,丰富性升华深刻性,深刻性生发丰富性。

③ 系统性。

系统性是指将领导意图加工成丰富深刻的有机的旨意整体,并使这个旨意整体具有结构性、立体性、动态性、综合性的特征。系统性是在丰富性和深刻性的基础上展现领导意图所作的完善化、高层次的要求,领导意图只有既具有丰富性和深刻性,同时又具有系统性,才能达到最高境界。

(2) 结构的安排

领导意图的内容确定之后,接下来就要考虑用什么样的顺序将其表达出来,这是对公文结构的谋划,实质是将领导意图条理化。根据领导意图的内容以及文种的不同,可将公文的结构形式归纳为以下三种。

① 纵式结构。

这种结构又称竖式结构、递进式结构、纵贯式结构、演进式结构或垂直结构,是指按照纵向的顺序进行延伸的一种结构。常见的主要有两种类型。

一是以时间先后为序。即按照时间的推移来安排结构层次。如情况报告、情况通报在介绍事实时一般都采用这种形式,即按照情况发生的过程进行陈述。又如,发言摘要式纪要也是按照发言的先后次序来安排结构的。

二是以递进关系为序。这种结构表现为层次之间环环相扣,步步推进,层层深入,前后衔接紧密。这种类型又分为两种情况,一种是按照认识的过程为序,如颁转性通知,其结构是先说明被颁转的公文名称、发文字号,然后标明态度,阐述性质和意义,最后提出执行的要求。又如批复、审批性函的结构也与之相似;另一种是按照由因到果、由现象到本质的逻辑关系逐层深入地展开,如请示的结构,一般都是按照缘由—事项—请求的顺序来安排的,三部分先后有序,不能随意颠倒;再如批评性通报,其结构一般分为四个部分:基本事实—原因教训—处理决定—提出要求,四部分依次展开,逻辑严密,缺一不可。

② 横式结构。

也称并列式结构,这种结构是按照事物的不同性质、不同情况、不同方面进行平行、并列排布,横向展开。横式结构又可细分为以下两种类型。

一是按照空间的分布或场面的转换来安排层次。如综合性的通报和情况报告,总是把不同地区、不同部门和单位的情况放在一起介绍,使受文单位对各地、各单位部门发生的情况有一个总体的了解。按空间的分布或场面的转换来安排层次的方法在党政公文的15个文种中运用得较少,即使出现也只是局部运用。

二是按照材料的性质来安排层次。这种结构是将围绕同一旨意的不同材料分成几个部分,每一部分加一个小标题,或者分条列项,每一部分或每一条款之间是并列关系,从不同方面说明同一主旨。按照材料的性质来安排层次的方式在公文写作中运用得十分普遍,在党政机关公文的15个文种中几乎都能适用。

③ 纵横结合式结构。

这是一种时空交错的结构方式。在公文的写作中,单纯的纵式或横式结构并不多见,内容较为丰富复杂的公文自不必说,即使是内容单一、篇幅较短的公文也往往采用纵横交叉的结构方式。例如,请求批准的请示,内容十分单一,篇幅也不长,从全文来看应该属于递进关系的纵式结构,但其缘由部分常常是几条理由并陈,纵中有横。纵横结合式结构有以下两种情况。

一是纵中有横。即总体上是纵式结构,其中某一部分或若干部分内部是横式结构。这种情况除了上面所举的综合性的通报和情况报告、请求批准的请示,还有指示性通知。总体来看,由缘由到事项再到执行的要求,属于纵式结构,而事项部分往往有多项措施横向排列,属于典型的纵中有横的结构。

二是横中有纵。即总体上是横式结构,其中某一部分或若干部分又包含纵式结构。数千字的报告常采用这种结构。

在实际写作中,究竟选择哪一种方式,要根据领导的意图、公务的性质、文种的特点来确定,这是结构安排的三个基本原则。领导意图是全文的统帅,就结构来说,材料的先后次序、篇章的设计,层次段落的安排等都要以鲜明、突出地表现领导意图为指针。公务的性质也制约着结构的安排,如告知情况的,要将情况的来龙去脉讲清楚,应按时间顺序来安排层次;用来提出意见、建议,提供方法,提醒应注意的问题,作出规定和要求的,要将这些内容进行并列安排。总之,安排结构要反映客观事物的内在联系和公务的性质。

3. 公文写作的表达

公文的表达是公文构思的外显,是公文写作的最后一个环节。

(1) 表达理念

公文写作的表达理念就是完美展现领导意图。通过前面的写作发现和写作构思,我们已经对领导意图有了全面、深刻、系统、精准的掌握,接下来就要运用具体的表达方式将胸中的领导意图外化成纸质的公文,这个外化的过程就是完美展现领导意图的过程。

要完美展现领导意图,首先,必须保证领导意图的丰富性、深刻性、系统性、鲜明性,这个工作在构思过程中已经完成,在表达阶段只要将其和盘托出即可。其次,要做到材料充实,理由充分,说服力强。再次,要确保领导意图的清晰化、条理化,反映在结构上,要求段落单一、完整、匀称,层次清楚、连贯,能正确反映事物之间的内在联系和人们认识事物的过程,开篇精彩,过渡自然,结尾有力,全文结构完整,布局合理,格式规范。最后,还要求合理地使用表达方式,用语要简洁、准确、得体。

(2) 表达要求

① 结构内容。

公文的结构内容主要包括标题、主送机关、正文、署名与日期四个部分。署名、日期(成文日期)和加盖公章是公文制作的生效标识。关于标题、主送机关和生效标识的表述请参阅本章"公文的格式"的相关内容。这里只谈正文的结构。

A. 开头。

正文的开头,是对公务事项的总体说明或发文必要性的解释。常见的写作方式有以下几种。

a. 概述式。即概括介绍基本情况、主要内容,包括背景、范围、过程、主要成绩、问题、影响等。这是一种综合式的介绍,目的是给人以总的印象,使人对公文内容有大致的了解。这种开头方法适用于工作报告、情况报告、决议、公报、通报、嘉奖令、奖惩性决定、纪要等。

b. 缘由式。主要交代发文的原因、目的、意义和根据,是对发文理由和必要性的阐释。这种开头方法适用于安排性和变更性决定、发布令和行政令、公告、通告、通知、意见、议案、请示、函等。

c. 结论式。即先在开头就揭示主旨,说明对事情或问题的看法、认识、评价,指出问题的根源、实质以及应对的措施。总而言之,就是先下结论,后作说明。结论式的开头方法适用于工作报告、奖惩性决定、表扬性和批评性通报等。

d. 表态式。即在开头就表明对对方来文或本机关需要下发的公文的立场、态度或意见。这种开头方法适用于颁转性通知、批复以及复函和审批函等。

需要指出的是,以上介绍的几种开头方法往往不是孤立使用的,如概述式常常结合缘由式或结论式,缘由式又往往结合表态式来使用。不论是哪种开头,都要简明扼要,开门见山,避免套话、废话。开头对全文具有导引、提挈作用,制约着全文的思路、基调和思想内容,是进入公文主体的重要前导,与主体部分具有同等重要的地位,撰写人员务必要下功夫写好这一部分。

B. 主体。

正文的主体是对开头的延伸和展开,对领导意图的具体阐述,是公文的主要内容之所在。由于主体部分的内容较丰富,写作时要求做到条理清晰,层次分明,井然有序。具体的结构方式常见的有以下几种。

a. 连陈式。即紧接开头进行陈述,主体与开头合为一段。这种方式适用于内容十分单一、无须展开说明的公文,如发布令、内容单一的决议、决定、公告、通告、通知、议案、批复、函、报送报告等。

b. 单段式。即主体部分只有一个段落。这种方式适用于主体内容单一而又集中、只需略加说明的公文,这种情况在公文写作中较为少见。

c. 分段式。就是将主体部分分成若干段落,每个段落或为一个层次,或者几个段落组成一个层次,层次之间或为并列关系,或为递进关系。这种方式适用于内容较为丰富、篇幅较长的公文。分段式写法能较清晰地反映公文写作者的写作思路和认识事物的过程以及事物之间的内在联系。

d. 条项式。即把主体部分分成若干条来写,有的条项下面还有子项。这种写法适用于公务事项较多的公文,如决议、决定、通告、通知、意见、函、纪要等。条项式写法将复杂内容条理化,眉目清楚,便于理解、掌握和记忆。

e. 条段结合式。即段落层次中含有条项,或条项中含有若干段落。这种写法适用于内容十分丰富复杂、篇幅更长的公文。条段结合式写法使公文内容多而不乱,能锻炼和体现公文写作者驾驭材料、谋划篇章的能力。

C. 结尾。

正文的结尾是对公文的收束。结尾也是公文结构的有机组成部分,对领导意图的完善表达也会产生一定的影响。公文的结尾要干净有力,顺其自然,不要隐晦曲折,令人费解,或狗尾续貌,造成硬伤;如果正文部分已经将领导意图表达充分,事情已经讲清,就无须为结构完整而强加结尾,造成画蛇添足、拖泥带水。由于公文的文体特点、行文关系以及内容的不同,结尾的方式也各不相同,常见的有以下几种。

a. 补充式。即对全文主旨的意义、某一方面的问题或未尽事项作补充说明或进一步强调,以引起人们的重视和注意,也使内容更加完整。这种结尾适用于决定、通知等文种。

b. 总结式。即用简明扼要的语言对全文内容进行概括,以画龙点睛,指明主旨。上行文中的报告有时采用这种结尾方式。

c. 要求式。上级机关在对下级机关布置任务、指导工作、提出意见、表彰先进或批评错误时,常常在结尾处提出希望和要求,以进行鞭策和激励。这种结尾适用于决定、命令、通告、通知、通报、批复等文种。

d. 号召式。动员和号召人们行动起来,为落实任务、夺取胜利而努力奋斗。这种结尾常常与要求式相结合,适用于决议、决定、嘉奖令、通报、纪要等文种。

e. 请求式。即在结尾向上级或有关主管部门提出给予批准、批复或答复的请求。这种结尾方式适用于请示、意见、请批函等文种。

② 语言。

公文语言是一种"官方"话语,它以实用为目的,以传递信息、沟通情况、处理事务、宣传和贯彻党和国家的各项方针政策为内容,以准确、简要、庄重、平实、模式性为特点。从事公文写作,必须了解和掌握公文用语的特点和要求,在实践中不断提高运用公文语言进行表达的能力,这是写好公文的前提和基础。

A. 准确性。

公文语言表达的是领导意图,告知的是公务事项,追求的是实用效果。为实现这一语用目的,必然要求语言的表达与领导意图及客观事物完全一致,能让公文的阅读对象对公文有清楚的、充分的理解。所以公文语言的准确性是表意严密,词与物、句与事的完全一致,表达与理解的高度统一。具体来说,公文语言的准确性主要体现在以下几个方面。

a. 用词确保词义的确定性。

第一,词义要确切地表达概念。词义与概念互相联系又互相区别,概念是词义的内容,词义是概念的解释,两者有时是一致的,有时又是错位的,如果词义与概念保持一致,那就是用词准确。例如,《中共中央关于加强党建若干重大问题的决定》的结尾处写道:"确保党始终是中国工人阶级的先锋队、同时是中国人民和中华民族的先锋队"。过去《中国共产党党章》只提中国共产党是"中国工人阶级的先锋队",而在这个决定中加上了"中国人民和中华民族的先锋队",扩大了中国共产党的"先锋队"的外延,更符合今天的国情、社情和党情,体现了中国共产党与时俱进的精神。从语言学和逻辑学的角度来看,词义准确地表达了概念。

反之,如果词义与概念不能保持一致,那就是用词不当了。如"从目前的情况来看,保持今年国民经济8%的增长率的预期目标可能绝对无法实现了。""可能"与"绝对"的概念是不一样的,把它们连用,那就变成了可能性与绝对性相互包含,模糊了二者之间的界限,造成词义与概念的错位,只有删去一个才能准确。

第二,选词要确保词义单一,不能引起歧义。公文语言不是文学语言,不能留给读者以多种解读的空间,它的词义只允许有一种理解,否则,就会因理解错误而造成工作失误。例如:"今年还要对区内部分道路进行维修,公路部门要及早做好安排。""还要"既可理解为"需要继续进行的项目",也可理解为"另外增补的项目",因词语的多义造成歧义。

那么,怎样实现以上两点要求呢?

要注意区分词义的差别。汉语的近义词、同义词很多,乍看起来词义差不多,但仔细琢磨,还是能发现它们的细微区别的,这种区别在情感上有褒贬之分,在程度上有轻重之殊,在风格上有庄、谐、雅、俗、直、曲之异,在范围上有大小之不等,在语法上有功能之区别,在适用对象上也有所不同,等等,都需要作者精心辨析,才能发现它们的细微区别,从而挑选出最恰当的词语、唯一的那个词语。

要尽量运用专业术语。各行各业都有自己的专业术语,这些专业术语经过行业内部的反复提炼和使用,已经变得十分科学和准确了,在公文写作中,广泛运用这些专业术语,既能做到讲内行话,又能使公文用语做到准确、简洁。

第三,恰当运用模糊词语。在公文写作中,确定性词语与模糊性词语可以并行不悖。因为客观事物本身的界限、公文的事项、人们的认识往往都存在模糊性,适当运用一些模糊性词语来表达这种模糊现象,本身就是一种精确,如果用确定性词语去表达这种不确定的现象,反倒是不准确了。

b. 造句恰当使用长句或插入语。从修辞学来说,长句能使表意周密、严谨、细致、精确,很适合公文语体。例如:

为贯彻党的十七届六中全会精神,落实《国务院关于鼓励和引导民间投资健康发展的若干意见》(国发〔2010〕13号)和《国务院办公厅关于鼓励和引导民间投资健康发展重点工作分工的通知》(国办函〔2010〕120号)精神,鼓励和引导民间资本进入文化领域,文化部结合当前文化改革发展实际,制定本实施意见。(《文化部关于鼓励和引导民间资本进入文化领域的实施意见》,文产发〔2012〕17号)

此句中的远状语有3个分句,交代了发文的目的,近状语交代了发文的根据,准确而严密地说明了发文的缘由,显示了发文的严肃性、权威性和可行性。

插入语是独立语的一种,是指在句子中间插入一个词、一个短语或一个句子,它在句中通常是对一句话的说明或解释,是为了补足句意,使句子更加严密、完整,无懈可击。

c. 造句合乎语法和逻辑。

第一,句子结构要完整。除文学作品和广告语之外,一个短句至少应有主语和谓语两个成分,其他成分在不影响句意完整的前提下可以省略,否则就会造成句子结构残缺,语句不通。例如:"严禁向企业收取费用。"该句宾语"费用"前面缺少限制,造成严禁收费的范围过宽。减轻企业负担,不得无故向企业收取各种不合理的费用,但正当合法的费用还是应该收的。所以,应在"费用"前面加上定语"不合理",这样就准确了。

第二,词语搭配要妥当。句子是词与词之间根据一定关系建立的有机组合系统,在这个系统中,"辞忌失朋"[①],就是说词语之间的搭配要讲究关系,要符合语法,不能随心所欲,任意搭配,否则就会造成搭配欠当。公文写作在这方面的问题主要是作修饰语用的定语、状语选择不当和"动宾不当"。这在公文写作中要引起我们的重视。

第三,造句要合乎逻辑和事理。造句不仅要合乎语法,还要合情、合理、合逻辑,做到概念明确,判断准确,推理正确,否则也会造成句子不通,影响语言的准确性。例如:"把所有工程招投标工作都基本上纳入了法制化、规范化轨道。"这句话的"所有"含有全部的意思,"基本"含有大致的意思,这两个词放在一起使用就出现了矛盾。把这个句子改为"把所有工程招投标工作都纳入了法制化、规范化轨道"更合逻辑。

B. 简要性。

简要,就是简洁、扼要,"文约而事丰"。公文是用来处理公务、解决问题的,冗长的公文不仅

[①] 刘勰. 章句[M]//祖保泉. 文心雕龙解说. 合肥:安徽教育出版社,1993:668.

写起来耗时费力,难以清楚明晰地表达领导意图,而且更给阅读者的理解和办理带来困扰和不便,严重影响公文的时效性和实用性。所以,重复啰唆、冗长繁杂、拖泥带水是公文写作的大忌。为使公文简洁扼要,可以从以下几个方面着手。

a. 词语精练。词是构成短语和句子的基本单位,词语精练是语句简洁的基础。因此,语言简洁必须从熔炼词语开始。熔炼词语的方法通常有以下四点。

第一,减字缩词。就是在遣字造词时尽量减少字数,让词语瘦身,显得精干。例如"来函收到,内容详知"可以精简成"函悉","经过调查"可压缩为"经查"。经过精简,字数减少了,意思却丝毫没变。

第二,采用专业术语。如前所述,使用专业术语,不仅使语言准确,而且还能使语言简洁。例如皮革术语中的"移膜革",是指将预制成的涂饰膜粘附于革面的皮革。如果不用专业术语表述,那将多么地冗长和费力。

第三,使用熟语。熟语是对成语、谚语、歇后语、惯用语、格言、警句等各种固定词组和语句的统称。在公文写作中,成语、惯用语最常见,歇后语一般不用。

第四,恰当运用文言词语。公文写作恰当使用一些文言词语,可以大大增强公文的简要性。请看周恩来修改的《禁止珍贵文物图书出口的暂行办法》:

查我[们祖]国具有[极其珍贵]历史文化价值[的](改为:之)文物图书,[在]过去[国民党匪帮]反动统治时[期](代),往往官[僚]商[人]互相勾结,[偷]盗[贩]运出口,[以]致使我[们](国)[这些]文化遗产蒙受莫大[的]损失。[现在],(今)反动政权(业)已[经]被推翻,海[上]陆[上]运输(均)已[经]畅通[行驶],[没有阻碍了],为了防止[这些珍贵](此项)文物图书继续失散起见,特别制定[了一份]《禁止珍贵文物图书出口的暂行办法》,随[着这个命]令颁布[下去],希即转令所属[各有关单位]遵照办理为要。

上面中括号里的字都是周总理删去的,小括号中的字是他添加或者改正的。经这么一改,短短200多字的一段话就用了"查、之、盗、今、已、业已、此、希即、为要"等文言词,它们的使用,既缩减了文字,又增加了典雅和庄重色彩。

b. 句式简洁。句式简洁是指力求用简练精粹的句子表达丰富的内容,它是公文简要性的第二个环节。使句子简洁要注意以下三个方面。

第一,注意浓缩句子结构,避免词语重复和堆砌。

第二,注意多使用"的字词组"。"的字词组"是指由"的"附着在实词或词组后面组成的名词性词组,这种词组具有很强的概括性。适当运用"的字词组",可以简化句子结构,减少公文的字数,实现公文的简练。如:"文化低、素质差,不能胜任工作的,企业将安排待岗。""文化低、素质差,不能胜任工作的"后面省略了"职工",但并不影响句意的完整。

第三,删去冗言赘语,努力压缩篇幅。公文的实用性和时效性决定了它不能容忍任何冗言赘语,写作人员在起草和修改时要严格把关,严加审查,坚决扫除一切套话、空话、废话,决不让坐而论道有任何安身之所,努力将篇幅压缩到无法再压缩的地步。删繁就简,压缩篇幅时要注意以下两点。

一是说明情况、叙述事实要高度概括,不要介绍细节。公文不是记叙文,它对事情的介绍是粗线条的快速推进的方式,重在说明结果。例如,有一份《××县××镇人民政府关于×××同志大摆酒席、广收礼金问题的通报》,其中情况部分这样写道:

2004年国庆节期间,镇文教办主任×××同志借为其父办八十大寿的名义,大摆酒席,广收礼金,在群众中造成很坏影响。根据县纪委和镇党委要求,经镇长办公会议研究决定,通报如下:

早在2004年中小学放暑假时,×××同志就通过其亲友向镇属中学及各小学校长、各村委会主任,或电话告知,或当面邀请,将自己欲为父亲举办八十寿宴之事广为传播。中秋节当天,又向镇内各单位领导及上述人员正式发了请柬,并借用镇中学食堂准备酒宴。10月3日10时,酒宴正式开始,镇中学门前燃放了八挂千响鞭炮,×××同志从县电视台请来摄像师,并租用一辆高级轿车将其父从数十公里外的×××村接至镇中学,接受来宾贺寿。从10时至13时,共摆酒席20桌,来宾近200人,席间一些人划拳行令,喊声震耳欲聋。共饮白酒60余瓶,啤酒30余箱。酒宴结束后,仍有一些人滞留镇中学,由×××同志安排,在会议室以每把1元至5元不等的数目,打麻将赌博。直至午夜才散去。

据了解,一些代课教师虽未参加酒宴,但也通过所在校领导代送或直接送交×××50元至100元不等的礼金。更有甚者,有的小学校长出于个人目的,竟然以此为借口,要求学生集资。此事在群众中引起极大反响。后经调查,×××同志通过为其父办寿宴,共收礼金5万余元。[①]

此段文字中,情况介绍可谓真实、清楚、生动、详细,但却缺少概括,不够简洁,冲淡了主题。如果将此文改为:

2004年国庆节期间,镇文教办主任×××同志借用镇中学食堂大张旗鼓地为其父举办了八十寿辰庆典。经查,该庆典共邀来宾近200人,收受礼金5万余元,其中包括一些未参加宴席的代课教师的礼金以及一些小学校长要求学生集资的礼金。庆典过程还出现划拳行令、聚众赌博的不文明行为。

这样一改,删去了过程和场面的描绘,不仅大大节约了文字,缩短了篇幅,而且突出了事件的重点,为后面的分析议论留下了空间,有助于深化主题。

二是分析议论要针对实际,切中要害,解决问题,切忌空谈阔论,不着边际。

C. 庄重性。

由于公文具有强大的执行力,所以公文的语言可以说是一字千金。因此,为了确保完成工作任务,圆满实现领导意图,顺利达到发文目的,为了维护公文的严肃性和权威性,公文的语气必须严肃、严谨、坚决、果断、干脆、端庄、郑重,坚决避免夸夸其谈,华而不实,轻率妄言,信"笔"开河。具体来说,公文语言的庄重性主要表现在以下几个方面。

a. 尽量不用描绘性词语。描绘性词语给人以生动形象、色彩斑斓的美感体验,较适合于文艺文体。公文以处理公务为目的,以实用为要,传达的是一种理性认识,因此,公文一般采用抽象性的词语。如上面所举的一份通报中的"席间一些人划拳行令,喊声震耳欲聋"就属于描绘饮酒现场的语言,给人以身临其境的感觉,如果作为文学作品尚佳,用在公文中就不当了。

b. 尽量不用口语。口语具有语境性、即时性、多变性和简散性,适用于口头交流、广告以及文学作品中的人物对话。公文用语是严肃和庄重的,应尽量避免使用口语。

c. 恰当地选用文言词语。制作公文恰当地选用文言词,不仅能节省文字,增强简要性,而且还能增强庄重性。这一点前面已作举例说明,在此不赘。

d. 多用整句。整句是指结构相同或相近的一组句子。整句在修辞上具有"形式整齐、声音和谐、气势贯通、意义鲜明"[②]的特点,这种句式常用于公文写作,它能增强公文的严密性和庄重性。例如:"中国要富,农民必须富。富裕农民,必须充分挖掘农业内部增收潜力,开发农村二三产业增收空间,拓宽农村外部增收渠道,加大政策助农增收力度,努力在经济发展新常态下保持城乡居民收入差距持续缩小的势头。"[③]一连用了五个结构相同的分句作状语,全面说明了"全方

[①] 长弓. 评改一份批评性通报[J]. 应用写作,2005(01):50.
[②] 黄伯荣,廖序东. 现代汉语[M]. 北京:高等教育出版社,1991:226.
[③] 中共中央 国务院. 关于加大改革创新力度 加快农业现代化建设的若干意见[N]. 人民日报,2015-02-02(01).

位开放投资领域"的方针,体现了作者思路的周严性和语言的庄重性。

D. 平实性。

公文所使用的语言一般不带强烈的感情色彩,多为抽象、理性的语言。反映在公文的用词上应朴实无华、诚恳实在,使用平易、浅显、通俗的词语,不追求华丽的词藻,不需要铺陈和渲染,避免过分的修饰,防止形式主义的修辞手段。

平实性与庄重性是对立统一的关系,庄重是为了公文的严肃、严谨、郑重、稳妥、典雅,但庄重必须以平实为基础,脱离了平实的庄重,必然走向生僻、艰深、晦涩、古奥,妨碍理解和接受,这是以实用为出发点的公文写作的大忌。同时,平实又必须以庄重为最高境界,脱离了庄重的平实是片面的平实,必然流于粗俗、浅陋,登不了大雅之堂。所以,公文写作要将庄重与平实很好地结合起来才能达到"雅俗共赏"的表达效果。

E. 模式性。

公文在长期的使用过程中,为了适应表达的需要,在形式上清晰醒目,逐渐形成了相对固定的框架语言体式,这种相对固定的框架语言体式就是模式性。了解和使用这些模式性语言,对于增强公文语言运用的准确性、简洁性、庄重性具有积极的意义。常用的模式用语有以下几种。

第一,称谓用语:本、我(第一人称)、贵、你(第二人称)、该(第三人称)等。

第二,开头用语:为了、为、根据、依据、据、按照、遵照、查、经查、经、兹因、鉴于、前接、顷接、近接、近悉、欣悉、惊悉、已悉、均悉、欣闻等,主要用于说明发文的缘由、根据、目的或引出来文的信息内容。

第三,经办用语:经、业经、前经、兹经、即经、拟、现将、责成等。主要说明对公务的办理情况和要求。

第四,承转用语:现将……如下、特……如下、为此、据此、综上所述、总而言之、有鉴于此、由此可见等,用于承上启下,前后过渡。

第五,祈使用语:请予、拟请、恳请、谨请、务请、烦请、希、敬希、务希、希予、盼、切盼、渴盼、望、同意、可行、宜、不宜、应、理应、本应、确应、切应、当、迅即办理、着、着即、责成、务必、令、责令、着令、严格执行、参照执行、为要等,用于向受文者表明态度,提出希望和要求。

第六,征询用语:妥否、当否、可否、是否可行、是否同意、是否妥当等,用于征询对方的态度和意见。

第七,受事用语:蒙、承、承蒙、惠、荷、是荷、为荷、为谢等,用于向对方表示感谢、感激。

第八,结尾用语:此复、此令、此布、特此函复(函达)、特此通知(通报、报告、公告、通告)为盼、为荷、自……起施行等,用于表示行文目的、要求、感激、期盼、训诫、强调等。

三、常用公文写作

(一) 决定

1. 决定概述

(1) 含义

适用于对重要事项作出决策和部署、奖惩有关单位和人员、变更或者撤销下级机关不适当的决定事项的下行文。

(2) 种类

① 安排性决定。

安排性决定适用于对重要事项或者重大行动做出决策和部署,如重大会议的召开、机构设置、人事安排,重大的方针、政策的制定,重要的活动举办等。

② 奖惩性决定。

奖惩性决定用于表彰或惩处有关单位及人员。前者通过对先进模范人物的表彰,以树立典型,推广经验;后者通过对错误的批评和处罚以进行教育,吸取教训。

③ 变更性决定。

变更性决定适用于变更或者撤销下级机关不适当的决定事项,废止或者修改本机关不合时宜的规章制度或文件。

(3) 特点

① 内容的重要性。

决定的内容都是当前需要解决的十分重要或重大的事项,一般事项不用决定。

② 执行的强制性。

决定是领导集体经过讨论研究后所做出的决策性的下行文,用于规范下级机关的行为,具有法定的强制力,要求受文机关必须坚决贯彻执行。决定在权威上仅次于命令,在不能发布命令的社会组织里面决定就是最有权威性的公文。

③ 使用的广泛性。

决定虽然具有很强的权威性、制约性和严肃性,但对使用的机关单位却不作限制,无论是党政机关还是企事业单位,无论是高层机关还是一般机关(基层机关或组织除外)都可以使用决定。

2. 决定的写作

(1) 决定的写作发现

① 发现重要情况,关注重要事件。

安排性决定所要解决的问题都是十分重要的,具有明显的政策性和方向性,对今后的工作将产生重大甚至深远的影响。因此,在作出决定之前,决策机构务必要深入实际,积极进行调查研究,充分了解情况,敏锐地发现工作中带有倾向性和全局性的重要情况或重大事件,弄清它们产生的根源、过程、发展趋势及其影响,审时度势,缜密思考,及时作出科学的决策。例如,中国共产党十八届三中全会通过的《中共中央关于全面深化改革若干重大问题的决定》,就是针对"国内外环境发生了极为广泛而深刻的变化,我国发展面临一系列突出矛盾和挑战,前进道路上还有不少困难和问题"①,然后作出全面深化改革的重大决定。调查全面,研究深入,情况重要,决定及时,意义重大而有深远。

② 抓住典型,积极引导。

各级机关单位、各阶层人民群众由于其思想意识、行事的方式方法以及工作和生活的环境和条件等诸多不同,在工作或生活中的表现呈现出较大的差异性,有的表现积极、业绩卓著、贡献巨大,有的则是问题突出,甚至犯有严重的错误,给工作或事业造成严重的损失,这就要求上级机关明察秋毫,充分了解情况,对于那些表现突出的先进单位和个人的事迹要予以及时的表扬和肯定,以便树立典型,推广经验,促进思想进步,推动各项工作的发展。对于那些犯有严重错误的单位和个人也要及时地进行批评或惩罚,以便自身以及他人能从中接受教训,避免类似问题的再次发生。

③ 检查审视已定事项,不断完善各项规章制度。

社会总是在不断发展和变化着的,随着社会的发展和变化,各项方针政策、各种规章制度也必须不断作出调整,以便与之相适应。否则,墨守成规,因循守旧,将错就错,就会阻碍社会的发展和各项事业的进步,给工作带来不良的影响。因此,作为上级机关,要不断检查审视本机关以

---

① 习近平. 关于《中共中央关于全面深化改革若干重大问题的决定》的说明[N]. 人民日报,2013-11-16(01).

及下级机关所作出的各项决定和法规制度,及时发现和变更其中不适当的决定事项,这样才能做到与时俱进。例如,国务院于2011年3月19日发布的《出版管理条例》对2002年2月1日实施的《出版管理条例》作了38处修改,其中第一处将"出版事业"修改为"出版产业和出版事业"。修改后的条例增加了"出版产业"的概念,反映出出版不仅仅是一种事业,其本身已变成了一种经济实体,体现出版业体制性质的变化。

(2) 决定的写作构思

① 区分文种,准确使用。

与决定类似的文种主要有命令、通知和通报。

决定与命令相比,其相同点主要有三个方面:一是权威性都很强,在行事性的公文中,决定的权威性仅次于命令;二是在性质上,它们都有决断性、指挥性和处置性;三是在适用范围上,它们都可以用来进行奖惩。它们的区别主要在以下两个方面。

第一,使用权限不同。决定的使用机关没有严格的限制,一般的机关和企事业单位都可以使用,但基层管理机构排除在外;命令的使用权限有严格的限定,根据《中华人民共和国宪法》《中华人民共和国各级人民代表大会和地方各级人民政府组织法》的规定,全国人大常委会、委员长、中华人民共和国主席、国务院、国务院总理,国务院各部委及其部长、各委员会主任,地方各级人民代表大会、地方各级人民政府等可以发布命令,其他机关、组织无权制发。

第二,格式不同。决定是通用的公文格式,命令的格式则是特定的。

决定与通知相比,针对事项的大小不同。决定与通知相比,安排性决定与指示性通知都具有对下级进行指挥、指导的行文意图,都具有权威性、强制性和告知性。它们的区别主要在于:决定的事项是属于大政方针方面的,宏观性很强;而指示性通知的内容则属于日常工作方面,相对较为具体。

决定与通报相比,它们的区别主要在以下两个方面。

第一,表述对象的分量、层级不同。用决定进行奖惩的先进事迹或错误事实较为重大,奖惩的分量较重,层次较高;通报的先进事迹或错误事实相对较小,奖惩的分量和层次相对较轻。

第二,制文的立足点不同。决定与通报都可用来表彰先进,批评错误。其区别在于:决定立足于处置,而通报则立足于晓谕。

因此,在行文之前,要仔细斟酌,搞清楚与决定类似文种的联系和区别,然后根据事情性质、行文目的等各种因素慎重选用文种。

② 仔细思考,精心作出决断。

决定是用来处理重大事项的下行文,为了保证决定的科学性和权威性,充分体现领导机关的决策水平,写作人员要对写作发现进行认真研究,抓住问题的实质和关键,然后对症下药,制订科学的处理方案,努力做到意图明确,措施得力,思路清晰,态度坚决,表达严谨,让决定成为正确施政的可靠保证。

(3) 决定的写作表达

① 了解格式,掌握文体规范。

决定一般由标题、主送机关、正文和生效标识四部分组成。

A. 标题。

决定的标题一般由发文机关、事由、文种等三部分构成,也可以省略发文机关,但事由和文种不能省略。

B. 主送机关。

决定一般写明主送机关,如果是由会议作出的决定一般不写主送机关。

C. 正文。

决定的正文一般包括开头、主体、结尾三部分内容,不同种类的决定在具体写作上又有所区别。

对于安排性决定来说,其开头部分主要写明决定的缘由,包括背景、条件、根据、目的、意义等;其主体部分要根据安排的对象性质进行撰写,不可一概而论;其结尾部分一般提出执行的要求,有的也可省略。

对于表彰性决定来说,开头部分主要是对先进事迹进行概括和评价,要求概括准确,重点突出,评价中肯,与事迹本身相符。这一部分是重点和难点,要下大力气把它写好;主体部分主要写明决定的具体事项,也就是表彰的具体方式,同时还应在决定的事项前面加上决定的目的和依据,以体现决定的合理性;结尾部分主要是提出希望和号召,以进行鼓舞。

对于惩处性决定来说,开头部分主要是对错误事实的概括和定性分析,这一部分也是重点和难点;主体部分是决定的事项,包括给予惩处的具体等级、作出决定的目的和依据等内容;结尾部分提出希望和要求,如果是一般性的错误,这一部分也可省略。

对于变更性决定来说,开头部分一般写明决定的原因和依据;主体部分包括决定的方式(如变更、撤销或者是废止)及被变更、撤销或废止的具体的名称;变更性决定一般不写结尾。

D. 生效标识。

参见前文"发文机关署名、成文日期和印章"的表述。另外,需要指出的是,决定的日期可以放置文尾,也可用圆括号置于标题之下。如果是正式会议通过的决定,在标题的下面在圆括号内以题注的形式注明在什么时间是什么会议通过或者批准的。成文时间要以会议通过的日期或者领导人签发的日期为准。

② 语言要庄重严肃。

决定是权威性仅次于命令的下行文,为了很好地维护其权威性,有效保证目标任务、方案和措施的贯彻落实,在语言的运用上除了要求准确、简洁以外,还要求在语气上严肃、庄重、坚决、果断,没有任何弹性,不留任何回旋的余地。

③ 阐述要清楚完整。

决定的表达以阐述为主,这是一种将叙述、说明、议论融为一体的表达方式,叙述以概述为主,主要用于奖惩性决定中对于先进事迹或错误事实的介绍,这是全文的基础,是其他表达方式无法替代的。说明主要用于对安排性决定和变更性决定中的决定缘由和事项的表达,如果决定的事项较多,就分条列项进行说明。议论主要用于对奖惩性决定中的先进事迹或错误事实进行分析和评价,指出其精神实质或错误的性质和教训,这是全文的点睛之笔,一般用"体现了……""代表了……""是……"等判断句来表达。对于决定的执行要求也需要通过议论来提出,一般用"要……""要求……""号召……""应当……"等祈使句来表达。

3. 例文

国务院关于表彰全国民族团结进步模范集体和模范个人的决定①

各省、自治区、直辖市人民政府,国务院各部委、各直属机构:

2009年全国民族团结进步表彰大会以来,全国各族人民在党中央、国务院领导下,积极投身建设中国特色社会主义的伟大实践,各地区、各行业涌现出一大批认真贯彻执行党和国家民族政策,为巩固和发展平等团结互助和谐的社会主义民族关系,促进少数民族和民族地区经济社会发

---

① 国务院. 关于表彰全国民族团结进步模范集体和模范个人的决定[ED/OL]. (2014-09-28)[2016-01-26]. 政策,政策信息公开专栏. http://www.gov.cn.

展做出重要贡献的模范集体和模范个人,他们是推进我国民族团结进步事业的优秀代表。为彰显他们的先进思想、模范事迹和崇高品质,促进我国民族团结进步事业的不断发展,国务院决定授予678个集体全国民族团结进步模范集体荣誉称号,授予818人全国民族团结进步模范个人荣誉称号。

希望受到表彰的集体和个人,珍惜荣誉,再接再厉,继续发挥模范表率作用,为促进中华民族大家庭和睦相处、和衷共济、和谐发展做出新的更大贡献。全国各族人民要以他们为榜样,自觉做国家统一、民族团结和社会稳定的维护者,做各民族交往、交流、交融的促进者,紧密团结在以习近平同志为总书记的党中央周围,高举中国特色社会主义伟大旗帜,以邓小平理论、"三个代表"重要思想、科学发展观为指导,认真贯彻落实党中央、国务院的决策部署,求真务实,甘于奉献、开拓进取,为进一步加强民族团结、维护社会稳定和国家统一,促进各民族共同繁荣与进步,全面建成小康社会,实现中华民族伟大复兴的中国梦而努力奋斗。

国务院(加盖印章)
2014年9月23日

4. 写作训练示范

根据下列材料,替××汽车齿轮制造有限公司写一份决定。

根据××省经贸委〔××××〕361号文《关于国有企业改制退让要求的指导意见》和各级环保部门的要求,××汽车齿轮制造有限公司于12月23日召开了总经理办公会议,决定撤销有三十多年历史的铸造车间建制,铸件产品由公司从市场上采购。铸造车间撤销后,原车间设备、量具、材料、在制品等资产由公司按有关规定统一处置。铸造车间撤销后,公司将依照《中华人民共和国劳动法》有关规定和××××字〔××××〕72号文《关于员工下岗的管理规定》有关条款给全体员工办理相关手续。

提示:

撤销建制适用于安排性决定。从结构来看,可以按三个部分来写:第一部分交代缘由,可以先介绍该车间的概况,肯定该车间所作的贡献,然后说明撤销该车间的根据和原因;第二部分是撤销的具体事项,主要包括撤销后的产品采购、原车间的资产处理以及原车间员工的安排等三个方面的问题,应分项来写;第三部分应再次强调该决定的意义,以进一步取得员工的理解与支持,最后提出希望和要求。

【示范】

关于撤销铸造车间的决定

司属各单位:

铸造车间是一个具有三十多年历史的老车间,长期以来,一直担负着公司铸件产品的生产加工任务,几代铸造人克服了设备陈旧老化,生产环境恶劣,工作条件艰苦等许多困难,圆满地完成了生产任务,为企业的生存与发展做出了重要贡献。为了适应市场经济的发展,淘汰落后的生产工艺,加快企业改制步伐,做到有所为、有所不为,根据××省经贸委〔××××〕361号文《关于国有企业改制退让要求的指导意见》和各级环保部门的要求,经12月23日总经理办公会议研究,决定:

一、撤销铸造车间建制,铸件产品由公司从市场上采购。

二、铸造车间撤销后,原车间设备、量具、材料、在制品等资产由公司按有关规定统一处置。任何单位和个人无权处理,违者将从重处罚。

三、铸造车间撤销后,公司将依照《中华人民共和国劳动法》有关规定和××××字〔××××〕72号文《关于员工下岗的管理规定》有关条款给全体员工办理相关手续。

企业改制是事关企业生存与发展的大事,希望铸造车间的全体员工能顾全大局,系统思考,积极支持企业改革,服从组织决定,为企业的健康发展做出新的贡献。

特此决定。

××汽车齿轮制造有限公司(加盖印章)

××××年××月××日

(二) 通告

1. 通告概述

(1) 含义

通告是适用于在一定范围内公布应当遵守或者周知的事项的下行文。

(2) 特点

① 法规性。

通告经常用来颁布部门或地方性的法规,这些法规一经颁布,下级机关和单位以及一定范围内的人民群众就必须严格遵守,否则就要受到相应的惩处。因此,从这方面来说,它又具有一定的强制性和约束力。

② 周知性。

还有一部分通告用来告知一定范围内的单位或人民群众应当了解或办理的事项,如道路管理、停水、停电等。

③ 务实性。

在具有告知性的文种中,有许多都是涉及思想、政策方面的问题,或者具有新闻意义的有关信息,并不涉及具体事务,与受文单位或个人往往没有直接的关系。而通告的事项一般都是与受文单位或个人有关的具体事务,具有明显的务实性。

(3) 分类

通告根据其内容性质的不同,可分为以下几种。

① 法规性通告。

法规性通告主要用于公布社会各有关方面应当遵守的事项,这类通告具有较强的约束性。

② 周知性通告。

周知性通告主要用于公布社会各有关方面应当周知的事项,这类通告所告知的事项与受文单位或个人的生活、生产或工作有一定的关系,但不具有制约作用。

2. 通告的写作

(1) 通告的写作发现

① 深入了解情况,及时发现问题。

通告具有法规性,担负着维护社会秩序的重任。因此,通告的制作者必须深入实际,了解情况,发现问题,对那些破坏公共秩序、违反行为规则、危害公众利益、触犯国家政策法规的现象要及时掌握,充分认识问题的性质和影响,积极制定法规进行规范,确保社会和谐、健康、稳定、有序地发展和各项事业的顺利进行。决不能对各种不合理的社会现象视而不见,听而不闻,任其发展,否则,将会延误解决的时机,以致产生不应有的严重后果。

② 熟悉大政方针,掌握法规法令。

党和国家的方针、政策以及国家的各项法律、法令是制定法规性通告的依据,任何违背国家的政策、法令的通告都是无效的,如有一个社区曾发布一则《关于严禁居民乱倒垃圾的通告》,其中有一条:对于被多次发现乱倒垃圾、屡教不改者,予以加重罚款,直至扭送司法机关依法追究其破坏环境罪。这就违背了法律规定,乱倒垃圾是构不成"破坏环境罪"的。所以,通告的制作者必须要熟悉国家的法律法规,掌握各项方针政策,以保证通告制发的合法性。同时也只有了解和熟悉国家的政策、法令,才能敏锐发现各种违法乱纪的行为和不良倾向,及早制定和颁布法规通告,将问题解决于萌芽或早期状态之中。

(2) 通告的写作构思

① 区分文种,准确使用。

通告的制作者在有了写作发现之后,接下来就要考虑是否选用通告行文的问题。这就需要充分认识通告文种的性质和特点,搞清楚通告与其他类似文种的联系和区别。与通告类似的文种主要有公告和通知(通告与通知的联系与区别在通知的文体中进行分析)。通告与公告都用来向社会各有关方面公布应当遵守或周知的事项,都属于周知性、法规性的下行文,但它们是两种性质不同的文种,区别主要在以下几个方面。

第一,公布的内容不同。通告公布的事项是应当遵守或周知的事项,多与业务工作有关,较为务实;公告公布的是重要事项和法定事项,多与政治方面有关,较为务虚。

第二,发布的范围不同。通告是在一定范围内发布;公告的发布范围最为广泛,是向国内外发布。

第三,使用的范围不同。通告的使用机关则较为宽泛,不受什么限制;公告的制发单位是具有一定权力的高级机关或经过授权的特定机关,一般的下级机关或企事业单位无权使用。

第四,发布的媒介和方式不同。通告的发布渠道较多,既可以通过公文传递,也可以通过新闻媒介或张贴等各种方式来发布;公告较为严肃庄重,一般通过级别较高的新闻媒体来发布,不得随意张贴。

第五,用语不同。通告有时是面向群众,为了照顾不同层次的人民群众的接受能力,其用语要通俗易懂;公告发布范围广泛,内容重大,用语要庄重严肃。

② 认真研究材料,理清写作思路。

通告的制作者面对写作发现要认真研究,精心梳理,弄清问题的的性质、影响、产生的原因以及解决的办法,确定适用的范围,明确写作的意图,拿出处理的方案。如果是需要有关单位或人民群众遵守的事项,要联系背景,说清楚为什么需要遵守,遵守什么,怎样遵守;如果是需要周知的事项,要搞清楚这个事项与有关单位或人民群众的关系,如果是需要办理的事项,要搞清楚办理的内容、程序、条件、方法以及需要注意的事项。总之,通告的内容事关重大,涉及范围较广,制发者在下笔之前一定要考虑充分,精心构思,切不可草率行文。

(3) 通告的表达

① 了解格式,掌握文体规范。

通告一般由标题、主送机关、正文和生效标识组成。

A. 标题。

通告的标题,有三种写法。

一是三要素俱全式,即由"发文机关+事由+文种"构成,如《广州市公安局关于广州大学城限制部分车辆行驶的通告》。这是最为规范严谨的标题,通常用于告之重大事项或以文件形式发布的通告。

二是二要素式,即由"发文机关+文种"组成,如《汉中市汉台区人民政府通告》;也可由"事由+文种"组成,如《关于中国水利学会迁址等事项的通告》。

三是只写文种,张贴的通告通常采用这种标题。

B. 主送机关。

通告的主送机关一般可以省略。

C. 正文。

通告的正文一般包括缘由、事项和结束语等三大部分。

通告缘由是通告的开头部分，主要写明发布通告的背景、根据、目的、意义等。

通告事项是通告的主体部分，内容单一的通告，可采用贯通式写法，内容较为复杂的通告，一般采用分条列项的写法，以做到条理清楚。

通告结语，是结尾部分，写法比较简单，多采用"本通告自发布之日起实施"或"特此通告"的模式化结语。

D. 生效标识。

参见前文"发文机关署名、成文日期和印章"的表述。

② 语言要通俗易懂，语气要因类而异。

通告的专业性较强，写作时难免要涉及一些专业术语和行话，同时通告的行文对象又较广泛，要涉及一定范围内的人民群众，而人民群众对该领域的业务又不甚熟悉，再加上文化程度的高低不同，对领域的专业术语和行话很难都能理解。因此，通告的写作一定要考虑人民群众的接受能力，在语言的运用上要做到通俗易懂，尽量避免使用专业术语和行话，以便让不同层次的人民群众都能理解和接受，从而达到"周知"和"遵守"的目的。

通告的语言运用除了总体上要求通俗易懂以外，还要根据其类型的不同有所区分。对于法规性通告来说，由于所公布的是要求有关单位或人民群众应当遵守的事项，具有强制性，语气要严肃庄重、果断坚决，如"依法惩处""从重处罚""严格执行""应当""必须""不得"等。对于周知性通告来说，其发文目的在于告知情况，甚至需要有关单位或人民群众予以理解、支持和配合，因此，其语气就要体现轻松、和缓、客气，常用"请""敬请""敬希""望"等礼貌性词语。

3. 例文

阜新市人民政府关于封山禁牧的通告①

为切实保护我市森林资源，巩固绿化成果，实现经济社会可持续发展，根据《中华人民共和国森林法》《辽宁省封山禁牧规定》和《阜新市封山禁牧管理办法》等有关规定，现将封山禁牧有关事项通告如下。

一、封山禁牧范围为本市行政区域内的所有林地和水土保持治理区，包括县级以上人民政府确定的宜林荒山荒地和退耕还林地。

二、禁止任何单位和个人在封山禁牧范围内放牧，严禁损毁或者擅自移动封山禁牧标志、护栏等管护设施。

三、对在封山禁牧范围内从事违法行为的单位和个人，由林业行政主管部门责令停止违法行为，依法赔偿损失，并依法予以处罚。

（一）进入林地放牧的，给予警告，拒不改正的，按每只（头）牲畜处以10元以上30元以下罚款。

（二）在林地内放牧致使森林、林木受到损坏的，限期补种毁坏株数1倍以上3倍以下树木。拒不补种树木或者补种不符合国家有关规定的，由林业行政主管部门代为补种，所需费用由违法者支付。

（三）损毁或者擅自移动标志、护栏等管护设施的，限期恢复原状，处以200元以上1000元以下罚款。不恢复设施原状的，由林业行政主管部门代为恢复，所需费用由违法者支付。

四、在封山禁牧区范围内草场上、水土保持治理区放牧、采挖植物或者破坏草场植被的，由有关行政主管部门按照《中华人民共和国草原法》和《中华人民共和国水土保持法》等有关规定进行处罚。

---

① 阜新市人民政府关于封山禁牧的通告[ED/OL]. (2013-10-09)[2016-01-26]. 新闻资讯, 阜新新闻. http://www.fxxw.net.

五、在封山禁牧范围内从事违法行为,构成治安处罚的,由公安机关按照《中华人民共和国治安管理处罚法》的规定进行处罚;构成犯罪的,依法追究刑事责任。

六、本通告自颁布之日起施行。

阜新市人民政府(加盖印章)
2013 年 9 月 16 日

4. 写作训练示范

根据下列材料,以××学院的名义写一份禁止学生酗酒的通告。

本学期开学以来,××学院连续发生两起学生酗酒的事件:第一件是 3 月 10 日晚上,机电系王××同学在校外饮酒过度,醉倒在路边后沉睡不起,直至半夜时分才被巡警发现并带回警务室,查明身份后通知到学校,由其辅导员领回;第二件是 4 月 2 日,体育系学生刘××醉酒后趁着酒兴向路过他身边的化生系蒋××同学进行挑衅,蒋××同学也没有避让,双方便打斗起来,结果蒋××眼角被打开裂,缝了三针。

提示:

酗酒不仅有害于身体健康,而且饮酒者容易情绪失控,导致突发事件,其后果十分危险。这两起酗酒事件情节都较为严重,影响较坏,给学校的安全管理工作敲响了警钟。学校应及时发出通告,以教育广大学生,制止酗酒行为。该通告从性质上来看,应属于法规性通告,即通过具体规定来约束学生的酗酒行为。在具体写作上,开头可结合两起酗酒事件所造成的影响,指出酗酒的危害性,阐明禁止酗酒的必要性,这是发通告的缘由。两起酗酒事件的具体情况不应详细介绍,以免写成情况通报。主体部分要写明禁止酗酒的具体规定和措施,要注意有效性和合法性。结语可采用"特此通告"的模式化写法,也可以本通告的具体实施时间来结语。

【示范】

关于严禁学生酗酒的通告

本学期开学以来,我校已连续发生两起学生在外酗酒事件,这不仅损害了学生本人的健康和形象,而且也给学校的声誉带来了较大的影响。为保护学生的身心健康,树立大学生的良好形象,维护正常的教学秩序,根据国家教委办公厅《关于禁止高等学校学生酗酒的通知》及其相关规定,结合我校实际,现将有关事项通告如下。

一、学生不论在何种情形下就餐都不得饮用烈性酒,对于如啤酒等之类的低度酒也应限量饮用,否则便视为酗酒。

二、任何人发现学生酗酒都有权并应积极向学生所在班、系的辅导员、系领导或学生管理部门举报。对于举报人应给予适当奖励,对于知情不报的同寝室或同班同学(尤其是同班的学生党员或干部)要给予批评教育。

三、凡酗酒学生不得参加本年度的任何评优活动,贫困学生不得享受本年度的任何资助,在本年度已受到奖励或资助的,应予以取消。

四、学生因酗酒而影响校园秩序、损害大学生形象者,给予警告以上处分。酗酒滋事者,加重处分。

五、对于接受批评、认错态度好、确有悔改表现者,可酌情予以从轻处理;对于拒不接受批评、态度恶劣、屡教不改者应从重处理,直至开除学籍。

六、本通告自公布之日起生效。

××学院(加盖印章)
2016 年 11 月 15 日

(三) 通知

1. 通知概述

(1) 含义

通知是用于发布、传达要求下级机关执行和有关单位周知或者执行的事项，批转、转发公文的下行文。

(2) 特点

① 广泛的适用性。

通知从适用范围上看，无论是党政机关还是企事业单位，无论是高层机关还是基层组织，都可以使用通知行文；从通知的内容来看，无论是重大的政治问题，还是一般的日常事务，都能使用通知；从行文关系上来看，通知不仅可以下行，而且还可以平行。因此，通知是机关公文中适用范围最广、使用频率最高的一个文种。

② 明确的告知性。

有些通知是用于传达要求下级机关办理和需要有关单位或人民群众周知的事项，与通告一样，都具有告知性。

③ 一定的强制性。

有些通知要求下级机关或有关单位办理或执行的事项，在机关公文取消"指示"这一文种以后，就用通知来行文，这种通知具有较强的指挥意识，下级机关或有关方面必须按通知要求去办理和执行。

(3) 种类

根据通知的适用范围来分，可以把通知分为以下几种。

① 颁转性通知。

就是用通知来颁发另一份公文，两者共为一体，构成复合型公文。这种通知根据所颁发的原件的来源不同，又分为批转性通知、转发性通知、发布性通知三类。上级机关对下级机关的来文作出批示并转发给下级有关部门用"批转"，如《国务院批转教育部国家教育事业发展"十一五"规划纲要的通知》；将上级机关、平行机关和不相隶属机关的文件加按语转发给下级机关用"转发"，如《国务院办公厅关于转发发展改革委等部门节能发电调度办法(试行)的通知》；本机关发布本机关的有关规章制度或领导人讲话稿、计划、总结、调查报告、工作意见等用"发布""颁发"或"印发"，如《安徽省人民政府办公厅关于印发安徽省政府网站管理办法的通知》。

② 指示性通知。

指示性通知用于向下级机关交代工作，布置任务，或者就某一问题提出原则、表明立场。这种通知具有很强的政策性、严肃性和强制性，下级机关必须坚决贯彻执行。如《国务院办公厅关于进一步清理取消和调整行政审批项目的通知》。

③ 知照性通知。

这种通知用于向下级机关或平级机关告知具体事项或信息，如举办活动，迁移办公地点，调整机构，启用新印章，更改电话，节假日时间安排，人事任免，召开会议等。

2. 通知的写作

(1) 通知的写作发现

① 认真阅读来自不同行文关系的公文，发现颁转价值。

通知用来批转下级机关的公文，转发上级机关和不相隶属机关的公文，因此本机关在接到这些来自不同机关的公文之后要认真研阅，准确领会来文的意图，吃透来文的精神，发现颁转价值。

然后才能确定是否需要让下级机关了解、贯彻和落实文件的精神,如果需要,就要将来文颁转给下级机关,并且要随被颁转的公文再发一份通知,表明本机关对被颁转公文的意见和态度。由此可见,对来文的阅读和理解是颁转公文的第一个环节,也是最重要的一个环节,是公文颁转的前提和基础。

② 了解政策,熟悉工作。

通知是上级机关用来指导和指挥下级机关工作的,为了有效地指导和指挥下级机关的工作,首先要了解和掌握当前的各项方针、政策,只有具有较高的政策水平,才能找到指挥的制高点和着力点,才能高屋建瓴,轻松驾驭工作大局,淡定自如地进行指挥,从而体现出领导机关的水平,让下级机关心悦诚服。同时,还需要熟悉工作,精通业务,成为行家里手,这样才能善于发现问题,有效地解决问题,不至于出现瞎指挥的现象。

③ 发扬伯乐精神,发现优秀人才。

通知还用来任免人员,或者是任免干部,或者是任免专业技术人员,无论是哪类人员,都要本着对国家、对人民、对单位高度负责的精神,发扬伯乐精神,慧眼识人才,把那些具有真才实学、德才兼备的人才提拔到领导或专业技术的岗位上来。因此,在下任免通知之前,任免机关要对拟任免的人员进行全面深入的考察,不仅要对拟任免的人员听其言、观其行,还要广泛听取群众意见,形成良好的人才提拔渠道和用人机制。所以,发现人才是写任免通知的先决条件和"文外功夫"。

(2) 通知的写作构思

① 区分文种,准确使用。

通知与通告、批复、函等多种文体都有相似之处,同时,颁转性通知中的各种颁转类型也有相似之处,使用时要严格区分,准确使用文种。

通知与通告相比,两者都具有知照性、指挥性和强制性,它们的区别有以下四个方面。

第一,受文对象不同。通知一般发送给具有隶属关系的下级机关或工作关系密切的有关单位,受文对象十分明确;而通告的受文对象既可以是自己的下级机关,也可以是一定范围内的其他机关和人民群众,受文对象不像通知那样明确。

第二,发文方式不同。通知的行文对象是确定的,一般通过"红头文件"的形式下发;而通告则是向社会有关方面公布应当遵守或周知的事项,行文对象难以确定,通常采用张贴或通过新闻媒体进行发布。

第三,适用范围不同。通告的适用范围相对较小,只是用来公布应当遵守或周知的事项;通知除了具有通告这个功能之外,还能用来颁转文件,任免人员。

第四,文件构成不同。属于颁转性通知,文件构成是两位一体的,具有复合性;而通告的文件构成则是单一的。

通知与批复一样,属于具有指挥性和强制性的下行文,其区别有以下两个方面。

第一,受文对象不同。通知的受文对象范围较广,具有普发性,可以多头主送;批复的受文对象是发给写请示的下级机关,具有特定性,一般不能多头主送。

第二,行文的主被动情况不同。通知一般是发文机关主动向受文机关单位主动告知有关事项,属主动行文;批复则是对请示的答复,属被动行文。

通知与函都具有告知性,它们的区别在以下两个方面。

第一,行文关系不同。通知属于下行文,是向具有隶属关系的下级机关行文;函属于平行文,是向无隶属关系的有关机关单位行文。

第二,语气不同。通知的语气较庄重严肃,函的语气则平和、客气、礼貌。

② 明确写作意图,理清写作思路。

下笔之前,通知的制发人员要明确为什么要发通知,发通知要解决什么问题,怎样解决这些问题,做到意图明确,理由充分,事项清楚,实事求是,切实可行。

(3) 通知的表达

① 了解格式,掌握文体规范。

通知一般由标题、主送机关、正文、生效标识组成。

A. 标题。

通知的标题一般由"发文机关＋事由＋文种"组成,如《教育部关于加强农村中小学食堂管理工作的通知》。也可以省略发文机关,由"事由＋文种"组成。

颁转性通知的标题一般由"颁转机关＋颁转性质＋被颁转文件的标题＋文种"组成。颁转性通知的标题往往较冗长,特别是多层转发的标题更显得叠床架屋,如"中共××市教育纪律检查委员会关于转发《中共××市纪委、监察委关于转发〈××市纪委、监察局关于严明纪律确保非典型肺炎防治工作顺利进行的紧急通知〉的通知》的通知"。为使标题一目了然,可对此进行简化处理,如果是一层转发,则可删除一个"关于";如果原件不是法规性文件,也不是通知,则可删除原件书名号,但要保留原件文种;如果原件也是通知,则可删除一个"通知",只保留一个"通知";如果是多层转发,则可省略中间的转发机关,直接转发原件的标题内容。如上例标题可简化为《中共××市纪委、监察委关于转发严明纪律确保非典型肺炎防治工作顺利进行的紧急通知》即可,而被省、市等转发过的内容,应在转发意见中予以交代。

B. 主送机关。

通知的主送机关较多,一般采用泛称,同一性质的机关应排列在一起,各机关之间用顿号,不同性质机关之间用逗号隔开。

C. 正文。

通知的类型不同,正文的写法也有所区别。

颁转性通知的正文一般包括颁转的对象和执行要求两个部分。批转性通知一般在批转对象前面表明批转机关的态度。转发性通知要注意根据情况掌握执行的要求程度,如"认真贯彻执行""遵照执行""参照执行""请研究试行"等均有所不同,应适当选用。

指示性通知的正文一般由通知的缘由、事项及执行的要求三个部分组成。缘由是通知的理由和依据,包括发文的背景、目的、原因和意义,这部分的写作要求具有概括性和针对性,不可面面俱到,长篇大论。事项是通知的中心内容,包括要完成的具体工作任务,要采取的具体措施和步骤,应该注意的问题等。这部分的写作要注意具体明确、重点突出,具有政策性和可行性,结构上可采用分条列项的形式加以表述,如果事项较简单,也可单段成文。

知照性通知因为类型丰富、内容复杂,正文写作没有统一的模式,如任免通知的正文通常只有任职依据和任职内容两部分。会议通知的正文一般包括召开会议的目的和意义,会议的名称、时间、地点(大型的会议还应写明报到的时间和地点),会议的主要内容和议程,参加会议的人员,会议的要求(如携带的材料、样品等),应注意的事项(如会议住宿、膳食、交通路线和方式、会费、会外活动、联系方式等)。

D. 生效标识。

参见前文"发文机关署名、成文日期和印章"的表述。

② 说明、议论、叙述兼用,语言明确、简洁,语气庄重、果断。

通知的表达以说明为主,缘由中的依据、目的,主体中的目标、措施、程序等都要通过说明来表达,指出发通知的意义、意见、执行要求等要用议论表达,缘由中如需介绍环境与背景,则需要叙述。通知的语言要明确、干脆,不要含糊其词,拖泥带水,否则,会对下级机关的理解和执行造成困难。同时,还要注意语言的简洁,如对发文原因只需简要地说明即可,无须细说。事项部分也只需要讲清楚怎么做就行,不需要交代这么做的原因。为了体现通知的权威性,语气要庄重严肃,但不像命令、决定、法规性通告等文种那样严厉。

3. 例文

关于召开落实重大技术装备进口税收政策工作会议的通知[①]

各省、自治区、直辖市及计划单列市、新疆生产建设兵团工业和信息化主管部门,相关中央企业:

为了更好地贯彻国务院关于装备制造业振兴规划的有关决定,推动落实重大技术装备进口税收政策的相关文件,促进重大技术装备进口税收政策的顺利实施,定于3月6日在北京召开落实2014年重大技术装备进口税收政策工作会议。现将有关事宜通知如下:

一、会议内容

(一)总结2013年落实重大技术装备进口税收政策工作情况,进一步规范重大技术装备进口税收政策申报工作;

(二)讲解2014年重大技术装备进口税收政策的修订内容;

(三)说明2014年重大技术装备进口税收政策有关装备和产品目录、进口关键零部件和原材料清单调整情况;

(四)布置2014年落实重大技术装备进口税收政策的各项具体工作,并进行现场答疑。

二、参会人员

(一)财政部、海关总署、税务总局、能源局等部门相关司局有关负责同志;

(二)各省、自治区、直辖市及计划单列市、新疆生产建设兵团工业和信息化主管部门负责此项工作的同志(每单位参会人员不超过2人);

(三)相关中央企业负责此项工作的同志;

(四)部机关相关司局有关负责同志。

三、会议时间地点

(一)时间:2014年3月5日(周三),会议报到;3月6日(周四),9:00—17:00开会议。

(二)地点:万寿宾馆(北京市海淀区万寿路甲12号,总机010-68132266)B座一层多功能厅。

四、其他事项

(一)请于3月3日下班前将参会人员姓名、职务、联系方式等信息告知会议联系人(报名表见附件)。

(二)请参会人员提前研究此项工作落实过程中的意见及和建议,会议发言时有的放矢、提高效率。

(三)会议统一安排食宿。

附件:重大技术装备进口税收政策工作会议报名表(略)

工业和信息化部办公厅(加盖印章)
2014年2月25日

联系方式:(略)

[①] 工业和信息化部办公厅. 关于召开落实重大技术装备进口税收政策工作会议的通知[ED/OL].(2015-11-23)[2016-01-26]. 信息公开,政策文件,文件发布,装备工业. http://www.miit.gov.cn.

4. 写作训练示范

根据下列材料写一份通知。

××学院一贯重视考风、考纪建设,先后出台了一系列关于考风、考纪方面的规定,但仍有少数学生无视纪律,实施作弊,在2016—2017学年第一学期期末考试中全院共有5名学生作弊被抓获,在广大学生中产生了较坏影响,对考风建设产生了较大冲击,为此,学院决定下发一份关于端正考风、严肃考纪的通知,对各系、各有关部门提出相关要求,请你代××学院拟写这份通知。

提示:

拟写这份文件,应注意两个方面的问题:其一是分清文种。通告和通知都有晓谕和规范行为的功能,但通告面向相关的单位和人民群众,而通知一般直接发给下级机关,有明确的受文对象。考风、考纪问题属于教学管理过程中的具体问题,教学行政单位和教学管理部门以及学生管理部门应共同负责抓这项工作,因此这份文件应该使用通知下发给相关单位和部门。其二是不要简单地写成了考场纪律与规则,要从教育、管理、纪律等多方面提出措施和要求。

【示范】

关于端正考风、严肃考纪的通知

各系、各有关部门:

我校自升本以来,一贯重视考风建设,先后制定并严格执行了一系列关于考风、考纪方面的规定,有效保证了考试的公正性和严肃性。但也应看到,仍然有部分学生不接受教育,作弊现象屡禁不止。同时也有少数监考教师对学生作弊问题认识不足,工作责任心不强,导致监考不严,考场纪律松弛,致使部分学生作弊有机可乘。这些现象在学生中造成了恶劣的影响,败坏了学风、校风。为进一步端正考风,严肃考纪,维护正常的考试秩序,营造良好的学习氛围和公平、公正的育人环境,现就有关事项通知如下。

一、积极引导,帮助学生端正学习态度

学习是一项艰苦的持续性的活动,它需要日积月累,循序渐进。各系领导、各班级辅导员要加强对学生进行革命理想教育,帮助学生树立远大目标,激发学生为祖国的振兴而刻苦学习的热情,培养学生的学习兴趣,增强学生学习的自觉性和主动性,让学生重视学习过程,加强平时学习,扎实苦干,掌握过硬本领,坚决摈弃投机取巧的侥幸心理和混文凭思想。

二、加强诚信教育,促使学生自觉遵守考试纪律

各系、各班级要在考前深入开展对学生的诚信教育,让学生建立"以诚信考试为荣,以考试作弊为耻"的正确的荣辱观,使学生在考试中不仅考出成绩,更要考出人品。同时还要向学生晓以利害,让学生清楚地了解作弊的严重后果,从思想上、源头上杜绝作弊行为的发生。

三、加强考务管理,严格考试制度

教务部门和各系要加强对考务的管理,严格执行巡考和监考制度。各专业的公共课程由教务处和督导组共同巡视,专业课由各系自行安排巡视,对巡视中发现的问题进行现场处理。各系在考前要组织监考教师学习监考须知,要让监考教师充分认识并严格履行监考职责。对于玩忽职守以至出现监考事故的监考人员,将按学校有关规定予以严肃处理。

四、严明考纪,严惩作弊行为

对于考试中出现的各类违纪作弊行为必须予以坚决、迅速、严肃地查处,特别是对那些态度恶劣的学生,如对监考教师履行职责的行为进行干扰、谩骂、威胁、胡搅蛮缠的学生要从严从重处理。

端正考风,严肃考纪,是一件关系学风、校风建设,关系人才培养质量,关系学校生存和发展,关系公平公正的育人原则的大事,全校教职员工要提高认识,积极支持和配合这项工作。各系

各有关部门要采取有力措施,确保考试工作的顺利进行。

××学院(加盖印章)
2017 年 1 月 12 日

(四)通报

1. 通报的概述

(1) 含义

通报是适用于表彰先进、批评错误、传达重要精神或者情况的下行文。

通报是通过典型事例教育广大干群的重要手段,是交流信息、明确情况、掌握动态的重要渠道,是推动工作、提高认识水平的重要工具。

(2) 特点

① 教育性。

通报通过表彰先进、树立榜样,以振奋精神、鼓舞斗志、明确努力方向;通过揭露问题、批评错误,以教育本人、警示他人,提高思想觉悟和认识水平。因此,教育性是发通报的主要目的。

② 知照性。

通报就是上级机关将其掌握到的情况告知下级机关,使下级机关能及时了解有关情况,实现信息共享。因此,通报具有传播性和知照性。

③ 典型性。

通报的教育性也体现出它的严肃性,通报一经发布,无论是对被通报者还是对社会都会产生较大的影响。因此,通报的事件一定要具有典型意义,在某一方面具有代表性,一般的事件不能通报,否则,便会削弱通报的功能。

(3) 通报的种类

根据适用范围,通报可以分为以下几种。

① 表彰性通报。

用于表彰先进集体或模范人物。

② 批评性通报。

用于对犯有错误或出现事故的单位或个人进行批评教育,所以批评性通报包括批评错误的通报和事故性通报两种。

③ 情况通报。

用于传达重要精神或者情况。

2. 通报的写作

(1) 通报的写作发现

① 了解下情,发现典型(参见"决定的写作""抓住典型,积极引导")。

② 思想敏锐,善于捕捉。

通报除了用来表彰先进、批评错误以外,还用来传达重要精神或情况。这就要求通报的制发者要多学习、多观察、多留心,多了解,拓宽信息渠道,尽可能多地了解和掌握本机关以及社会上的一些重要情况或重要精神,如领导人的出访考察情况,重大的事故或灾情,重要的社情民意,工作检查评比情况,重要讲话或文件精神等。只有充分了解和掌握各方面的情况,才能根据需要,随时将这些重要情况或重要精神通报给下级机关,以便让下级机关分享信息资源,了解动向,把握全局,促进工作,推动发展。

(2) 通报的写作构思

① 分清文种，准确使用。

与通报具有相似功能的文种主要有命令、决定、报告等。写作之前，要搞清楚通报与它们之间的关系，以正确选用文种。通报与命令、决定都可以用来奖惩有关单位或人员，只不过是它们的立足点和奖惩的层次有所不同（见决定的文种区分）。通报与报告一样，都可用来将本机关了解到的情况告知对方，以实现信息共享。但它们的行文方向不同，通报是上级告知下级，是上情下达；报告是下级告知上级，是下情上达。同时，在内容结构上也有所区别。

② 选材要真实典型，评析要中肯恰当。

通报的内容必须具有普遍意义，所选择的人和事必须是真实和典型的，这样才能经得起现实和历史的检验，产生积极的意义，达到教育人民群众，推动工作的目的。否则，不仅达不到应有的目的，丧失通报的作用和权威性，而且还会产生消极的影响。

要写好通报，不仅要情况真实典型，而且还需作出画龙点睛的评析，这样才能让人们更深刻地认识通报的意义，更好地达到宣传和教育的目的。但评析要中肯，不能随意拔高或贬低，不能文过饰非，夸大其词，这样才能具有说服力，真正起到通报的作用。

(3) 通报的表达

① 了解格式，掌握文体规范。

通报一般由标题、主送机关、正文和生效标识四个部分组成。

A. 标题。

通报的标题与一般公文的标题基本相同，主要有"三要素式"与"二要素式"两种形式。

B. 主送机关。

写法与通知基本相同。

C. 正文。

不同种类的通报其正文的写法也各不相同。

表彰性通报的正文一般由事迹介绍、分析评价、表彰决定、希望与要求四个部分组成。事迹介绍是通报的缘由和根据，叙述要完整、清楚，详略得当，重点突出。分析评价是指出其性质，总结其经验，探究其原因，概括其意义，肯定其精神，使先进事迹得以升华，写作时要画龙点睛，中肯适度。表彰决定是对事迹的处理结果，要写清楚表彰的具体方式以及作出表彰决定的根据和目的。最后提出希望和要求，激励先进继续努力，号召大家学习先进，以期共同进步。

批评性通报与表彰性通报的正文结构基本相似，通常也包括叙述事实、分析评议、通报决定、希望与要求四个部分。叙述事实是通报的缘由，要将错误事实或事故的经过包括时间、地点、人物、事件、原因和结果等交代清楚，也要注意突出重点，合理取舍。分析评议重在分析错误或事故发生的根源，指出其性质及其危害性，以引起人们的重视。通报决定是对其错误或事故的处理意见，应注意写清作出处理决定的具体方式及其目的和依据。最后提出希望和要求，提醒人们从中吸取教训，引以为戒，提高思想认识，采取有效措施，改进工作方法，防止此类错误或事故再次发生。

情况通报的正文一般包括基本情况、情况评析、对策与要求三个部分。情况部分要写清情况的表现、特点、进展与过程等，如果属于检查类的，一般还要写出工作的目的、依据、背景、条件、步骤、内容、范围等，要实事求是，一分为二，重点突出。情况评析部分是对有关情况进行分析和评论，指明其性质、意义、发展趋势等。最后一部分是针对前面的情况提出对策和要求，这部分的写作要求具有针对性、政策性和科学性。

D. 生效标识。

参见前文"发文机关署名、成文日期和印章"的表述。

② 通报的表达方式与语言要求。

通报以叙述为主,兼有议论和说明。叙述是基础,是分析评价的依据。通报的叙述采用的是概叙,不要涉及细节,切忌烦琐冗长。对事实的评析以及结尾的要求与希望要用议论来表达,这是叙述的升华,是全文的点睛之笔,但要注意议论的中肯性与深刻性。通报中的决定事项需要运用说明,要说清楚通报决定的目的、依据和具体的决定内容。

通报的语言要求准确简明,平易庄重。准确是指掌握分寸,符合文体规范。简明是指简明扼要,切忌啰唆拉杂、拖泥带水、含糊其词。通报重在告知情况,没有强制性,所以语言要平易近人,易于接受,但也不失庄重,体现上级机关的权威性。

3. 例文

农业部关于 2013 年农民负担检查情况的通报①

根据国务院减轻农民负担联席会议安排,2013 年 10～11 月联席会议 6 部门组成 3 个检查组,对黑龙江、安徽、山东 3 省农民负担情况进行了检查。检查组采取明查暗访、进村入户、查看账目等方式,随机抽查了 12 个县(市、区)的 30 个乡镇、77 个村。总体来看,3 省各级党委政府对减负工作重视,有关部门积极开展减负工作,涉农乱收费和集资摊派等问题明显减少,农民满意度较高。但检查发现一些地方减负惠农政策落实不到位问题仍然存在,村级组织负担呈增加趋势。现将有关情况通报如下。

一、主要工作及成效

黑龙江等 3 省党委政府重视减轻农民负担工作,采取有效措施,完善相关制度,强化监督检查,减负工作取得一定成效。

(一) 加强减负工作组织领导,健全完善减负工作机制。(从略)

(二) 实施农民负担重点治理,解决农民反映的突出问题。(从略)

(三) 强化一事一议规范管理,促进村级公益事业发展。(从略)

(四) 开展农民负担监督检查,推动减负惠农政策落实。(从略)

(五) 创新农民负担监管方式,拓宽农民反映诉求渠道。(从略)

二、检查发现的主要问题

检查发现,一些地方向农民和村级组织乱收费和摊派问题仍不同程度存在,村级组织负担呈增加趋势。

(一) 涉农乱收费问题仍然存在。各地面向农民的乱收费乱罚款及各种集资摊派明显减少,但一些领域涉农乱收费问题仍然存在。

一是农村义务教育乱收费。(从略)

二是农民用电乱收费。(从略)

三是农村卫生乱收费。(从略)

四是农民建房乱收费。(从略)

(二) 村级组织负担增加较多。(从略)

一是政府有关部门向村级组织乱收费乱摊派。(从略)

二是社团组织、企业等向村级组织乱收费。(从略)

三是乡镇政府向村级组织乱收费。(从略)

四是村级组织报刊订阅超限额。(从略)

(三) 一事一议存在问题不容忽视。(从略)

---

① 农业部. 关于 2013 年农民负担检查情况的通报[ED/OL]. (2014-08-18)[2016-02-2]. 通知公告. 通知. http://www.moa.gov.cn.

（四）农村发展中出现的新情况新问题。（从略）

（五）有关减负公示制度落实不到位。（从略）

三、下一步工作要求

上述问题虽然出现在个别地方、个别领域，且经过有关部门跟踪督办，得到了有效整改，但由于造成农民负担的体制机制因素还未彻底消除，涉及农民负担的各种问题还难以杜绝，因此减轻农民负担工作绝不能放松，监督检查与问题查处力度绝不能减弱。下一步，各地要认真贯彻落实国办发〔2012〕22号文件和农业部等6部门《关于做好2014年减轻农民负担工作的意见》（农经发〔2014〕5号）精神，进一步完善监管制度，强化监管手段，扎实做好减轻农民负担各项工作，确保农民负担保持在较低水平。

（一）深入开展农民负担问题重点治理。（从略）

（二）完善和规范一事一议筹资筹劳管理。（从略）

（三）强化减负惠农政策落实监督检查。（从略）

（四）加强减轻农民负担工作指导。（从略）

农业部（加盖印章）
2014年8月13日

4．写作训练示范

根据下列材料写一份通报。

××××年9月12日晚上，经济学院××××级3班的男生赵××住在丹枫园第七栋公寓603号房间，熄灯后违反规定在床上点蜡烛看书。不久睡着了。半夜时分，床上被子等物品着火，引起火警，虽然扑救及时，没有伤人，但还是造成了数百元财物损失，公家的床也被烧坏。①

提示：

拟写该通报要注意以下几个问题。一是不能照搬原材料，原材料里的"睡着了""公家"均属于口语，不能用于公文，"数百元"也欠具体。二是要注意中肯地分析在床上点烛看书的错误性质，要让学生充分认识到这种做法的有害性和危险性，以便从中接受教训，也让被通报的学生对所受到的处分心服口服。三是针对此次事故，要向广大学生及各系、各有关部门提出切实的希望和要求，以增强学生的安全意识，加强学生安全管理工作的力度。

【示范】

关于赵××同学违纪点烛看书引起宿舍失火的批评通报

各系、处、室，各班级：

赵××，男，经济学院×××级3班学生，住丹枫园第七栋公寓603号房间。××××年9月12日晚上，该生在宿舍统一熄灯后，在床上违规点烛看书，不久困睡，半夜时分，没有熄灭的烛火将床上被子等物品引燃，虽然扑救及时，没有伤人，但却造成了×百余元的财产损失。

赵××同学勤奋学习的精神虽然值得肯定，但其做法十分欠妥。在床上点烛看书，不仅使本人容易产生疲劳，影响学习效率，而且也妨碍他人休息，更给学生和学校带来极大的安全隐患。为此，学校在《学生手册》里明文规定并要求各系领导和班级辅导员反复向学生强调禁止在宿舍使用明火，熄灯后不得在宿舍做任何妨碍他人休息的活动。但赵××同学无视校规，有禁不止，终于酿成此次火灾事故，虽然损失不大，但其教训却十分深刻。为了严肃校纪，教育本人，警示广大同学，根据我校《学生手册》的相关规定，经校长办公会议研究，决定给予赵××同学以警告处分，并责令赔偿学校财产损失×百元。

---

① 余国瑞，彭光芒．实用写作[M]．北京：高等教育出版社，2002：303．

希望广大同学从这起事故中认真吸取教训,引以为戒,严格遵守校纪校规,正确处理好学习与休息的关系,既要勤奋学习,又要注意劳逸结合,把健康和安全放在第一位,坚决制止一切有害个人及他人健康和安全的行为,坚决杜绝此类事故的再次发生。

这起失火事故也暴露出我校在安全工作方面还存在着薄弱环节,各系、各有关部门也应从中吸取教训,进一步加强对学生的安全教育和宣传,进一步加强对学生宿舍的安全管理。各系领导要经常深入学生宿舍,了解情况,发现问题及时解决;各班辅导员要经常到学生宿舍检查学生就寝秩序,排除安全隐患;后勤、保卫等部门要与各系加强协作,互通信息,形成学生安全管理网络,齐抓共管,确保全校师生生命财产的安全。

××大学(加盖公章)
××××年×月××日

(五)报告

1. 报告概述

(1)含义

报告是用于向上级机关汇报工作、反映情况,回复上级机关的询问的陈述性上行文。它将本单位的工作或其他情况向上级机关进行汇报和反映,以便上级机关及时了解下情,进行科学地决策和指挥。

(2)特点

① 陈述性。

报告的目的在于下情上达,将下级机关所掌握的情况向上级如实报告,将情况陈述清楚便完成任务,不作其他要求。

② 系统性。

无论是综合性报告还是专题性报告,都要把所掌握的情况进行全面梳理,系统汇报,以便使上级机关能全面透彻地了解情况,进行科学地指导和指挥。

(3)报告的种类

根据不同的角度,可以把报告分成不同的类别。根据内容所涉及的范围来分,可以把报告分为综合性报告和专题性报告;根据性质来分,可以把报告分为工作报告、情况报告、答复报告以及报送报告;根据时限来分,可以把报告分为定期报告和不定期报告。这里主要介绍根据性质来划分的四种报告。

① 工作报告。

即向上级机关汇报工作情况的报告,包括综合性工作报告和专题性工作报告两种。综合性报告一般属于例行报告,其特点是定期地、全面地汇报本机关一段时期内各方面的工作情况;专题工作报告是就某一项工作的开展情况所进行的报告。

② 情况报告。

即下级机关在日常工作中遇到了新情况、新问题、新动向(如突发事件、特殊情况、事故灾情等)及时向上级机关进行反映的报告。

③ 答复报告。

即用于答复上级机关的询问,汇报上级机关交办事项办理情况的报告。

④ 报送报告。

即报送有关材料和物件所附的报告。

2. 报告写作

(1)报告的写作发现

① 立足本职工作,广泛关注社会问题。

无论是工作报告还是答复报告,都要求做到情况全面真实,不能无中生有。这就要求报告的撰写人要深入实际,亲自参与或过问各项工作,了解工作的各个环节,掌握工作的第一手材料,这样写的报告才能贴近工作实际,不至于胡编瞎吹,闭门造车。同时,报告还用来反映情况,将自身工作以外的其他情况,如社情、民情、灾情、敌情、案情、会情等及时向上级机关反映,以便上级机关及时了解更多的有价值的情况,及早布阵,积极应对,获得解决的先机和主动。这就要求报告的撰写人员除搞好本职工作以外,还要放开视野,心系全局,胸怀社会,做生活的有心人,敏锐地发现更多的有价值的情况,成为上级了解下情的重要渠道。

② 勤于思考,善于总结。

作为机关单位,各项工作千头万绪,纷繁复杂,作为单位的文秘人员不仅要了解工作情况,而且还要勤于思考,精于梳理,善于总结,这样才能在纷繁复杂的工作中发现有价值的写作材料。同时,对于社会问题也要多加思考,这样才能认清问题的性质,掌握社会的动态和潮流,捕捉到有意义的事件。否则,思想处于混沌的状态,即使遇到有意义的事件或重要情况,也会让它们成为过眼烟云,进入不了写作层面。

(2) 报告的写作构思

① 分清文种,准确使用。

报告作为情况交流,在内容上与下行文的情况通报、上行文的请示、事务文书的总结与述职报告以及会议报告等均有相似之处,关于报告与情况通报的联系与区别已在通报中做了简要分析,这里不赘述。报告与请示的关系在请示的文体中加以比较,这里主要谈谈报告与总结、述职报告的联系和区别。报告中的工作报告与总结和述职报告以及会议报告均是对前一阶段的工作进行梳理与归纳,都要谈成绩、经验、问题、教训,都要找出规律,上升为理论认识。但它们是不同的文种,其不同之处有以下几点。

第一,类别不同。报告属于法定的行政公文,规范严谨。总结与述职报告属于事务文书,大会所作的工作报告属于会议文书。

第二,汇报和交流的方式不同。报告属于上行文,要主送给垂直的上级机关,内容一般不公开;总结一般报送给本机关的领导,也可在报上公开发表,与兄弟单位进行交流;述职报告是在单位系统内部向领导和群众进行宣读,公开程度较高,宣读后还要进行评议,是双向互动的。会议报告是在大会上进行宣读,更大的范围内进行交流,会后也要组织群众进行讨论的,也有一定的互动性。

第三,行文目的不同。报告的行文目的是供上级机关了解下情使用的,是下情上达;总结是为单位或个人自身服务的,目的是为了指导自身今后的工作;述职报告的目的主要是为了让上级领导以及本单位的群众了解工作内容,以便进行考评,确定其是否称职;会议工作报告是为了让群众了解工作的内容和结果,增强行政透明度。

第四,结构内容不尽相同。报告的抬头要写明主送的上级机关名称,结尾用"特此报告"或"特此报告,请审阅"等模式化的结尾;总结可以不写抬头,也不用"特此总结"字样的模式化结束语;述职报告的抬头一般用"各位领导,各位同事"进行称谓,会议工作报告的抬头一般用"各位领导,各位代表"进行称谓,结束语一般用"谢谢大家"字样的客气和礼貌性的惯用语。此外,述职报告的内容还有其特殊性,不是像其他三个文体那样,按成绩、经验、问题、教训等内容模块来写的,而是按德、能、责、绩、廉等几个方面的履职情况来写的。

② 全面梳理,抓住重点。

一段时间的工作内容很多,但要分清主要的和次要的,重点的和一般的,常规的和新鲜的。写作之前,一定要全面回顾,系统梳理,防止有价值的材料被遗漏掉,造成以偏概全。同时,还要进行过滤筛选,抓住重点,做到主旨集中、重点突出、详略得当,千万不能胡子眉毛一把抓,甚至抓了芝麻丢了西瓜。否则,主旨就会被淹没,流于繁冗琐细,不便于上级透彻地了解情况。所以,写作之前一定要严格把关,坚决不能让那些细枝末节的材料进入报告之中。

③ 精于分析,善于归纳。

写报告不能像会计记账那样简单地记载和罗列几个事实,而是要对事实进行必要的分析和归纳。谈工作,不仅要讲成绩,讲问题,而且还要概括经验,指出教训,揭示工作的规律性。汇报情况,不仅要谈情况的表现,更要分析情况产生的原因、发展的趋势以及应对的策略。

(3) 报告的表达

① 了解格式,掌握文体规范。

报告一般由标题、主送机关、正文、生效标识四个部分构成。

A. 标题。

一般有三种写法,一种是由"发文机关+时限+事由+文种"组成的四要素式,这种标题主要用于工作报告;二是由"发文机关+事由+文种"组成的三要素式;三是由"事由+文种"组成的二要素式。

B. 主送机关。

报告的主送机关一般只有一个,是直接领导本机关的上级机关。

C. 正文。

不同种类的报告,其正文的写法也不尽相同。

工作报告的正文一般包括前言、主体和结尾三个部分。前言部分陈述工作的背景、指导思想、目的、主要成绩或主要工作内容;主体部分表述的有工作的过程、成绩、经验,还有问题、教训、今后的措施和打算等。在具体写作的时候,这些内容要根据写作的目的不同作适当的选择,如果是一般性的工作报告,应突出成绩和经验,问题部分要略写,教训不写。如果是工作中出现了明显的或重大的失误,要着重谈问题和教训,成绩部分要略写,经验部分不写;最后用"特此报告"或"特此报告,请审阅"等套语结束全文,当然结语也可省略。

情况报告的正文一般包括基本情况、情况分析以及处理办法三个部分。基本情况部分要将事情发生的来龙去脉及其结果叙述清楚,这是情况报告的基础;情况分析部分是揭示事情发生的性质、原因、影响及其教训;第三部分是在前面叙述和分析的基础上进一步指出问题的处理办法。

答复报告的正文一般包括答复缘由、答复事项以及结束语三部分。答复缘由是答复的根据,写法上或者"引述原文的发文日期+主要内容",或者"引述原文标题+发文字号",或者概括原文的主要内容。答复事项是针对上级机关所询问的问题或所交办的事项进行答复。这一部分的写作要具有针对性,上级问到的问题一定要如实回答,不能回避或含糊其词,没有问到的问题也不要主动答复,以免节外生枝。

报送报告的正文比较简单,只要写明所报送的材料或物件的名称及件数即可,然后用"请审阅"或"请查收"作结。

D. 生效标识。

参见前文"发文机关署名、成文日期和印章"的表述。

② 以叙述、说明为主,用语谦和、得体。

报告在表达上以陈述为主,将叙述、说明融为一体,作者用这种表达将本机关掌握到的情况如实报告给上级,使上级能客观地了解下面的情况,以便制定科学的决策,进行有效的指导和指挥。所以,下级机关单位在报告中尽量不发议论,不讲大道理,一是为了避免有逞能之嫌,二是为了避免干扰上级机关的正确判断。由于是上行文,为了显示对上级领导机关的尊重,语气要谦逊、坦诚、明确,切忌夸夸其谈、华而不实,或者吞吞吐吐,闪烁其词。

3. 例文

汉中市人民政府关于近期暴雨洪水灾害情况的报告①

省人民政府:

  入汛以来,我市出现了五次强降水,特别是9月5日以来,全市范围出现一次持续连阴雨过程,局地降大暴雨或特大暴雨,部分县区遭受洪涝灾害,镇巴、南郑等县受灾较重,现将防汛救灾工作有关情况报告如下:

  一、雨情汛情灾情

  (一)雨情。(从略)

  (二)汛情。(从略)

  (三)灾情。(从略)

  二、防汛救灾工作情况

  在防抗暴雨洪灾工作中,市委、市政府高度重视,快速反应,果断处置,科学指挥,采取有效措施,有力有序组织广大干部群众奋力抗洪救灾,努力把灾害损失降到最低。

  (一)领导重视,快速反应。(从略)

  (二)加强应急值守,及时研判预警。(从略)

  (三)及时启动预案,积极抢险救灾。(从略)

  三、下一步工作措施

  据气象部门预报,本次降雨将持续至15日,期间仍将会发生局部暴雨。这次降雨是我市今年汛期降雨持续时间最长、范围最广、局部强度最大、灾情相对严重的一次。由于前期降雨偏少,加之我市历史上发生秋汛洪涝灾害较多,由秋汛引发泥石流、崩塌、滑坡等次生灾害的形势严峻。下一步,我们将按照省政府和省防总的要求,高度戒备,进一步落实防汛责任,狠抓措施落实,全力做好防汛救灾工作。重点抓好以下几项工作。

  (一)强化防汛值班,保持信息灵通。(从略)

  (二)加密研判会商,及时启动预警。(从略)

  (三)加大隐患排查,防范次生灾害。(从略)

  (四)加强救灾查灾工作,妥善安排群众生活。(从略)

  (五)坚持靠前指挥,严明防汛纪律。(从略)

汉中市人民政府(加盖印章)
2014年9月11日

4. 写作训练示范

根据下列材料写一份报告。

  ××镇房管所投资20万元,对玄帝庙进行了修复重建,现该庙总占地面积为两亩;建筑面积为200多平方米。所有建筑面积均为仿古,已修复的真武殿、灵宫殿雄伟壮观,庙内绿荫蔽日,景色优雅。借助此庙,××镇已成功地举办了三次"农历二月十九"传统文庙会。古玄帝庙位于××镇的最北端,地处××、××、××三县交界,据现存庙碑记载,该庙始建于盛唐贞观年间(627—649),迄今已有一千三百多年历史,玄帝庙在历史上曾多次重修重建,最末一次重修是在清朝嘉庆十五年(1810年)。鼎盛时期,庙内有二十多名道人,二百多亩庙地,经济基础雄厚,平

---

① 汉中市政府办公室. 汉中市人民政府关于近期暴雨洪水灾害情况的报告[ED/OL]. (2014-09-11)[2016-04-09]. 信息公开,信息公开目录,市政府文件,汉政字文件. http://www.hanzhong.gov.cn.

时香烟缭绕,钟声不绝,是淮河流域乃至华东地区的著名古刹,民间影响极大。自上次修复后经近170年的风雨侵蚀以及其他各种破坏,玄帝庙已是破损不堪。

提示:拟写这份公文,一要注意正确选用文种。从内容来看,修建工作已经完成,行文的目的是为了向上级机关汇报修复的情况,显然应该用报告的文种,而不能用请示。二要注意安排材料顺序。这是汇报古庙修复情况的报告,带有记叙的性质,显然应该按照时间的先后顺序来安排结构。三是要说明修复的缘由,这是博得上级机关理解和支持的关键。所以,要花一定的笔墨来阐述修复的目的以及修复后所产生的良好的经济和社会效应。

【示范】

关于修复×××玄帝庙的报告

县人民政府:

据现存庙碑记载,位于我镇最北端的古玄帝庙,始建于盛唐贞观年间(627—649),迄今已有一千三百多年历史。玄帝庙历经沧桑,在历史上曾多次重修重建,最末一次重修是在清朝嘉庆十五年(1810年)。鼎盛时期,庙内有二十多名道人,二百多亩庙地,经济基础雄厚,平时香烟缭绕,钟声不绝,是淮河流域乃至华东地区的著名古刹,民间影响极大。

但自上次修复后经近170年的风雨侵蚀以及其他各种破坏,玄帝庙已是破损不堪。为充分利用古镇优势,保护和挖掘古镇丰富的历史文化遗产,大力发展旅游业,以旅游业拉动相关产业,寻求新的经济增长点,推动我镇经济发展,经镇政府批准,自××××年××月开始,由××房管所投资20万元,对×××玄帝庙进行了修复。现该庙总占地面积为两亩,建筑面积为二百多平方米。所有建筑均为仿古,已修复的真武殿、灵宫殿雄伟壮观,庙内绿荫蔽日,景色优雅,是开展文化娱乐活动的好去处。借助此庙,我镇已成功地举办了三次"农历二月十九"传统文化庙会。

玄帝庙的修复及庙会的成功举办为周边××、××和××县的广大农民的物资交流提供了重要的场所,对促进我镇旅游资源的开发,挖掘人文景观,增加流动人口,带动商贸发展,提高居民的文化生活品位,推动一方经济文化的发展起到了积极作用。

特此报告。

××镇人民政府(加盖印章)
××××年×月××日

(六)请示

1. 请示概述

(1)含义

请示适用于向上级机关请求指示、批准。请示是一种呈请性的上行文,下级机关在工作中遇到自身无权或无法自行处理的事项,需要向上级机关请示,在得到上级的指示或批准之后方可办理。因此,请示是上级机关积极行使职能、下级机关顺利开展工作的重要手段。

(2)特点

请示与其他公文相比,特别是与报告相比,有如下几个特点较为明显。

① 呈请性。

请示是将自己解决不了的问题交给上级,通过上级的指示或批准使问题得到解决,因此,请示的写作重点就要放在为什么要请示,请示的理由是否成立,要解决什么问题上面。

② 期复性。

请示不像报告,把情况向上级机关陈述清楚就完成任务了。请示的写作不仅要讲清楚情况,更重要的是希望上级机关能给予回文答应请求的事项,如果得不到上级机关的指示或审批,那就没有达到写作的目的。

③ 单一性。

请示的内容十分单一,只能一文一事,一事一请示。

④ 事前性。

请示是在事情办理之前就要向上级反映,在行文时机上属于事前行文。

(3) 种类

① 请求指示的请示。

这种请示适用于下级机关在工作中遇到了新情况、新问题,无法按现行的政策去处理的事项,要求上级机关给予明确的指示或解释。人们常把这种请示称为要政策、要办法的请示。

② 请求批准的请示。

这种请示是指本机关无力或无权自行解决,必须要经过上级机关批准方可办理的事项,如机构调整、财政拨款等。

2. 请示的写作

(1) 请示的写作发现

① 请求指示的写作发现。

需要请求指示的情况主要有以下几种。

在工作中遇到新情况、新问题,没有现成的政策法规可以遵循,需要上级机关做指示方可办理。

现行的有关方针、政策、法规不够明确,难以准确理解,或者不同的职能部门对某一问题有不同的规定,莫衷一是。需要上级机关做明确的指示方可办理。

本机关或下级机关对某一重大问题的处理有严重的意见分歧,需要上级机关予以定夺。

因情况特殊,难以执行原规定,需要做适当的变通方可处理的事项。

虽然有明确的政策法规可以遵循,但因事情重大,为了稳妥起见,需要上级机关确认方能办理的事项。

② 请求批准的写作发现。

需要请求批准的情况有两种:一是遇到按规定必须经过上级机关批准,本机关无权决定的事项,如机构设置、审定编制、奖惩人员、重大决策、重要活动的安排、财政拨款等;二是在工作中遇到了自身无法克服、无力解决的困难或问题,需要上级机关帮助与支持。

(2) 请示的写作构思

① 分清文种,准确使用。

与请示相似的文种主要有报告和函。

报告与请示都属于上行文,都是下情上达,它们的区别有以下几点。

第一,适用范围不同。报告适用于向上级机关汇报工作,反映情况,答复上级机关的询问;请示适用于向上级机关请求指示、批准。

第二,性质不同。报告具有陈述性,重在陈述情况;请示具有呈请性,重在说明理由和要求。

第三,行文目的不同。报告的行文目的在于向上级机关汇报情况,为上级机关的决策提供依据,不需要上级机关回复;请示的目的在于向上级机关诉说本机关在工作中遇到的困难与问题,请求上级机关予以指示或批准,从而使问题获得解决,所以请示需要上级机关给予回复。

第四,行文时机不同。报告是在工作已经开展或者已经结束、情况已经发生时才给上级行文,是事中或事后行文;请示必须在事前行文,在上级机关做指示或予以审批之后才能办理有关事项,千万不能先斩后奏。

第五,结构内容不同。报告的内容一般都很丰富,可以一文一事,也可一文数事,写法也较灵活,层次安排较为自由,结束语可有可无;请示的内容十分单一,只能一文一事,结构内容规律性很强,起因、事项、请求三者缺一不可。

② 研究策略,抓住关键。

决定一份请示的成败在于它是否如愿以偿地得到上级机关的批复,而获得上级机关批复的关键又在于请示的理由是否充分。因此,写作之前,一定要认真研究策略,在理由的寻找上多下功夫,可以从政策、从现实、从人际、从心理、从时机等多方面进行诉求。同时对于请求事项的提出也要注意其适当性,既不降低要求,也不做过高要求,要在上级机关的权限和能力范围内提出。对于请指性请示,有时还要提出意见和建议供上级机关批示时参考。总之,要写好请示,一定要在下笔之前进行充分研究,把问题提到点子上,把办法摆到桌面上,把把握握在手心上,这样才能"笔"开得胜,"文"到事成。

(3) 请示的表达

① 了解格式,掌握文体规范。

请示一般由标题、主送机关、正文和生效标识四个部分组成。

A. 标题。

请示的标题有两种写法:一是由"发文机关+事由+文种"组成的三要素式,二是"事由+文种"的二要素式。要注意在请示的标题上不能再加上"请求""申请"等字样,因为"请示"已包含了这两个词的意思,更不能将"请示"与"报告"连在一起使用。

B. 主送机关。

请示的主送机关只能写一个,而且必须是自己的直接上级机关。

C. 正文。

请示的正文由缘由、事项和结语三个部分组成。

请示的缘由是请示的原因和理由,用简明扼要的语言将工作、生产、生活中遇到的矛盾、困难和困惑及其解决的必要性陈述清楚。这部分是请示写作的关键,上级能否审批,就取决于这部分的写作。

请示的事项是请示需要解决的具体问题。指示性请示要写清针对缘由部分所提到的困惑和问题要求上级机关做具体明确的指示;请求批准的请示要写清在哪些方面需要上级机关给予什么样的具体支持。

请示的结语即请示结束时向上级机关提出给予批复的请求,常用"请指示""请裁示""特此请示,请批复""妥否,请批复""以上请示当否,请批复""以上请示,请予审核批准""以上请示如无不妥,请批准""特此报请核批"等惯用语。要注意根据请示的种类选择合适的结语,请求指示的请示用"请指示""请批示",请求批准的请示用"请批准""请审批"。两者也可通用"请批复"。

D. 生效标识。

参见前文"发文机关署名、成文日期和印章"的表述。

② 综合运用议论、说明、叙述的表达方式。

请示的文体总体上来看属于议论文体,其正文的层次安排是按照提出问题、分析问题、解决问题的顺序进行的,但这里的分析议论离不开说明和叙述,如问题的由来要靠叙述来表达,理由与事项要通过说明来表达,这里的议论不需要像论说文那样进行严谨的逻辑推理,叙述、说明也需要高度概括,对请示事项的说明要具体明确。

③ 语言要简明、平实,语气要恳切、谦和、得体。

请示的语言要简洁明确,不要绕弯子、兜圈子,如果让上级机关去琢磨体会,就是对上级机关的不尊重。语气要恳切、谦和,但也要注意分寸,不能谦虚过度,以至于低声下气、虚假客套,也不能急躁,讲过头话。

3. 例文

关于颁发 2013 年度兰州市科学技术奖的请示①

市政府:

为奖励在推动我市科学技术进步,促进科技成果转化,发展高新技术产业中做出突出贡献的单位和个人,充分调动科学技术工作者的积极性和创造性,加快我市科学技术事业发展,根据《兰州市科学技术奖励办法》的规定,兰州市科学技术奖励委员会于 2013 年 10 月 14 日至 15 日组织召开了 2013 年度兰州市科学技术奖评审会,评出兰州市科技功臣提名奖候选人 3 人,兰州市科技进步奖(技术发明奖)奖励项目 59 项。并于 10 月 17 日在《兰州日报》向社会公告。公告期结束,未收到实质性与非实质性异议。现请予授奖。

妥否,请批示。

附件:1. 2013 年度兰州市科技功臣提名奖人选名单
     2. 2013 年度兰州市科技进步奖和技术发明奖获奖项目

兰州市科学技术局(加盖印章)
2014 年 6 月 10 日

(联系人:略 联系电话:略)

4. 写作训练示范

××学院汉语言文学专业××××级部分同学拟在全院范围内发起成立跆拳道协会,请你代这些同学拟写一份请示。

提示:要写好该请示,首先要了解跆拳道运动项目的基本情况,如特点、优势、影响等,然后再说明在本校成立该协会的基础、条件及其必要性。之后,要进一步说明成立该协会的具体事宜,包括宗旨、机构、开展活动、经费来源及其使用等,这些内容较多,为了使请示简明扼要,可以把它们写进章程,随附件列出。最后是结束语,提出获得批准的请求。

【示范】

关于成立跆拳道协会的请示

院团委:

跆拳道是一项以脚踢为主、手脚并用的体育运动,练习跆拳道不仅可以强身健体,而且还有助于锻炼观察能力、判断能力、防范能力,有助于培养坚定的信心,顽强的毅力,勇于吃苦和奋力拼搏的精神,特别是跆拳道"以礼始,以礼终"的练习要求,更有助于青年学生对礼仪文明、道德修养的学习。正因如此,这项起源于朝鲜半岛的体育运动自 2000 年被列入奥运会正式比赛项目以后,很快在世界各国得到了推广,我们国家对这个运动项目也十分重视,全国绝大多数省、市、自治区和高等院校都成立了跆拳道协会,有的高校还开设了跆拳道专业,跆拳道运动项目在我国的发展已成蓬勃之势。

近几年来,随着我院体育事业的发展,跆拳道运动在我校也得到了较快的发展,体育系开设了跆拳道选修课程,体育专业的学生踊跃选修。对于我们非体育专业的学生来说,也有不少同学成了跆拳道运动的业余爱好者,仅仅是我们汉语言文学专业×××级 4 个班就有 15 位同学在练习这个项目,其中×××同学已进入蓝带。但由于缺乏统一的管理和必要的技术指导,不仅练

---

① 兰州市科学技术局. 关于颁发 2013 年度兰州市科学技术奖的请示[ED/OL].(2014-06-10)[2016-01-26]. 政府信息公开专栏,兰州市科学技术局. http://www.lanzhou.gov.cn.

习效果欠佳,进步缓慢,而且由于盲目练习,往往会导致一些身体伤害。

为有效进行跆拳道训练,推动我校体育事业的发展,进一步提高广大同学的身体素质,增强学生的防范能力、适应能力和承受能力,培养青年学生敢于吃苦、勇于拼搏的精神,磨练坚忍不拔的意志,全面贯彻落实德、智、体、美全面发展的教育方针,丰富学生的课余文化生活,活跃校园气氛,我们汉语言文学专业××××级4个班部分同学经过充分准备,拟在全校范围内发起成立跆拳道协会,挂靠中文系团总支。如能审批,我们将严格遵守国家的法律法规和学校的各项规章制度,按照本会《章程》积极开展活动,努力把本社团办成我校具有积极影响的重要社团,为我校体育事业的发展做出应有的贡献。

特此请示,恳请审批。

附件:××学院跆拳道协会章程

××学院跆拳道协会筹备组
××××年××月××日

(七)批复

1. **批复的概述**

(1)含义

批复是适用于答复下级机关的请示事项的下行文。只要下级机关有请示,上级机关就必须进行回答。

(2)特点

① 针对性。

批复是针对请示而发的,其内容一定要扣住请示的事项,请示提到什么问题,批复就回答什么问题,决不能答非所问。

② 指示性。

批复要针对下级所请示的问题表明立场和看法,拿出方案和策略,以切实指导和帮助下级机关解决在工作中遇到的实际问题。

③ 单一性。

请示是一事一请示,批复也是一事一答复,两者的内容都具有单一性。

(3)批复的种类

① 指示性批复。

这是对请求指示的请示所作的答复,是就下级机关在请示中所问到的有关政策和规定做清楚明确的解释和说明。

② 批准性批复。

这是对请求批准的请示所做的答复,是就下级机关在请示中要求予以审批的事项做出肯定或否定的表态。

2. **批复的写作**

(1)批复的写作发现

① 认真阅读来文,弄清请示要解决的问题。

阅读和理解来文内容是写好批复的基础,只有搞清楚来文的要求及其理由,才能对症下药,作出具有针对性的答复,否则,就可能出现答非所问、让下级机关啼笑皆非的尴尬局面,这不仅影响下级机关工作的开展,而且可能还会造成较为严重的后果。

② 认真学习和查阅政策、法规，为写作批复提供政策依据。

下级机关的请示事项有许多要涉及党和国家的路线、方针、政策和法规的问题，作为上级机关，首先要熟悉和透彻地领会和掌握政策、法规，这样才能比下级机关的政策水平高出一筹，为批复的写作提供较充分的政策依据。

③ 认真调查研究，了解下级实际情况。

写批复不能就请示而写批复，不能只根据请示的一面之词就进行答复，这样有可能造成片面性。所以，要写好批复还要对下级机关进行多方面的了解，搞清楚下级机关的真正困难和实际需求，这样写起批复来才能切合下级机关的实际，真正发挥其指导作用，不至于放空炮，不至于被下级机关所忽悠。

（2）批复写作构思

① 分清文种，准确使用。

与批复具有相似性的文种主要是函（复函），它们都可以用来答复审批事项和询问，结构内容也基本相同，都包括答复缘由、答复事项和结束语三个部分。但它们是不同性质的文种，其主要区别如下。

第一，适用范围不同。函的适用范围较为广泛，除了用来答复询问和审批事项以外，还可用来询问、商洽、告知、催办等多种事项，而批复只能用来答复询问和请批事项。

第二，行文关系不同。复函用于答复平级或不相隶属机关的询问或请批事项，属于平行文；批复是用来答复下级机关的请示事项，属于下行文。

第三，使用的机关级别不同。使用批复的机关级别较高，基层机关一般不用；函的使用机关不受限制，无论是高层机关还是基层机关都可以使用函。

第四，语气不同。函由于属于平行文，所以语气谦和、客气、礼貌；批复属于下行文，语气庄重、周严。

② 认真审核请示事项，审慎做出批复决定。

批复体现着领导机关对下级机关来文的意见和态度，对问题的解决具有决定的意义。因此，在批复之前，一定要认真审核请示事项，弄清楚请示事项的性质、意义、真实性和紧迫性的程度，然后对症下药，提出具有针对性的既符合政策法规又切合实际的批复意见，这样才能使问题得到最好的解决，体现领导机关的水平，维护领导机关的权威。

（3）批复的表达

① 了解格式，掌握文体规范。

批复一般由标题、主送机关、正文和生效标识四个部分组成。

A. 标题。

批复的标题主要有三种写法：一是"事由＋文种"的二要素式，如《关于北京旧城25片历史文化保护区保护规划的批复》；二是"发文机关＋事由＋文种"的三要素式，如《国务院关于东北地区振兴规划的批复》。三要素式还可写成"发文机关＋原请示标题＋文种"，如《国务院关于决定核准〈上海合作组织成员国政府间教育合作协定〉的批复》；三是由"发文机关＋批复事项＋行文对象＋文种"的四要素式，如《国务院关于处理第三方核责任问题给核工业部、国家核安全局、国务院核电领导小组的批复》。

B. 主送机关。

批复的主送机关一般情况就是呈送请示的下级机关，如果涉及面较广，需要有更多的单位和部门了解和执行，也可多头主送。

C. 正文。

批复的正文一般由批复的依据、批复事项和结语三个部分组成。

批复依据是说明针对什么来文所做的批复,一般引用来文标题加发文字号,也可引用来文日期加标题,还可引用日期加主要请示事项,有的还引用来文的发文日期加发文字号。

批复事项是批复的中心内容,对请示事项表明意见。如果是指示性批复,一般是先举出有关政策和法规的具体条款和内容,然后对照实际,进行分析说明,表明批复机关的立场和观点;如果是请求批准的批复,若是同意,则可直接表明态度,然后提出一些要求;若是不同意或是部分同意,则应先举出相关的政策和规定,并结合实际情况,以说明不同意或不能完全同意的原因,然后再表明态度,以让下级心服口服,避免产生情绪。

批复的结语比较简单,一般只写"此复"或"特此批复"。

D. 生效标识。

参见前文"发文机关署名、成文日期和印章"的表述。

② 综合运用叙述、说明、议论的表达方式。

批复的缘由用叙述来表达,交代出收到来文的时间、内容、标题、发文字号等。对来文的请示事项进行表态用说明来表达,一般用"同意……"的句式。对于批复的理由、意见和执行要求用议论来表达。

③ 用语简明、庄重、周严。

写批复用语要简洁明确,不要出现套语、废话,不要进行空泛的议论。同时语言要明确,不能含糊其词,模棱两可,让下级无所适从。此外,还要求语言庄重、周严,以充分体现批复的权威性。

3. 例文

国务院 中央军委关于同意新建湖南湘西民用机场的批复[①]

湖南省人民政府:

你省《关于湘西民用机场项目立项的请示》(湘政〔2016〕16号)收悉。现批复如下:

一、同意新建湖南湘西民用机场。机场性质为国内支线机场,场址位于湘西土家族苗族自治州花垣县花垣镇老天坪村附近。

二、本期工程建设规模为:飞行区等级指标4C,新建一条长2600米的跑道;航站区按满足2025年旅客吞吐量30万人次、货邮吞吐量450吨的目标设计,新建航站楼3000平方米、站坪机位4个;配套建设通信、导航、气象、供油、消防救援等辅助生产设施。

三、项目总投资约16.86亿元。原则上由国家发展改革委、民航局和湖南省共同筹措解决,具体资金安排在可行性研究阶段确定。

四、该机场建成后,由地方经营管理,民航局实行行业管理。

其他事宜请商有关方面办理。

国 务 院
中央军委
2016年10月10日

4. 写作训练示范

以"请示"的文种训练示范《关于成立跆拳道协会的请示》一文为依据,代××学院团委会写一份批复。

提示:这是一份请求批准的批复,写作时首先是引用来文以作为发文的依据。因为不是经常性的请示,不至于跟其他来文发生混淆,所以只要写出原请示的标题即可。然后要说明对原请示

[①] 国务院,中央军委. 关于同意新建湖南湘西民用机场的批复[ED/OL]. 国务院公报,2016年第30期. http://www.gov.cn.

审核的结果,这是审批的根据。之后,要明确表态,如果同意,还要提出一些希望和要求,如果不同意,则要说明原因,并给予必要的鼓励。

【示范】

关于同意成立××学院跆拳道协会的批复

××学院跆拳道运动协会筹备组:

你们报来的《关于成立跆拳道协会的请示》等材料收悉,经审查,申报材料齐全,条件成熟,符合《××学院学生团体管理办法》的规定,同意筹备成立××学院跆拳道协会,核准协会负责人及其成员,挂靠中文系团总支,自批准之日起,六个月内召开成立大会,通过协会章程,产生管理机构。

希望协会成立后,严格遵守国家和学院的各项规章制度,按照协会《章程》积极开展活动,认真履行承诺,为推动我校体育事业的发展,繁荣校园文化做出积极的贡献。

此复。

××学院团委(加盖印章)

××××年××月××日

(八) 函

1. 函的概述

(1) 含义

函是适用于不相隶属机关之间商洽工作、询问和答复问题,请求批准和答复审批事项的平行文。

在公文的 15 个文种中,绝大多数是在上下级之间使用的,唯有函是在不相隶属机关之间使用的。但在少数情况下,函也可以在具有隶属关系的上下级机关之间行文。例如上级机关向下级机关商借现金、物品、场地,借调有关人员,要求协办或者催办有关事项,询问有关情况等,不太适合用别的文种,可以用函行文,但下级的答复最好用报告。

(2) 特点

① 平等性。

函主要用于不相隶属机关之间互相商洽工作、询问和答复问题,双方之间不论级别高低,都是平等的关系,语气上要体现出谦逊、客气、礼貌和尊重。

② 广泛性。

在内容上,函有很宽的适用范围,既可告知、商洽有关事项,也可询问、请求批准和答复有关事项,兼具通知、请示、批复的部分功能;在行文关系上,除了平行以外,有时还可以下行,所以,函的适用范围十分广泛。

③ 单一性。

函与请示、批复一样,内容十分单一,只能一函一事,一事一函。

(3) 分类

根据不同的角度,可以把函分为不同的类别。

① 根据性质划分。

A. 公函

公函用于处理重要的公务事项,它是正式的公文,在写作上与一般公文一样,具有严格的公文格式。

B. 便函

便函是用于处理一般公务的事项,不属于正式公文,写作上比较随意,可以按照一般书信格式去写。

② 根据往来关系划分。

A. 发函。

发函也称去函,是主动发出的函。

B. 复函。

复函也称回函,是对来函的回复。

③ 根据内容划分。

A. 商洽函。

商洽函是机关单位之间商洽工作和有关事项的函。

B. 询问函。

询问函是向有关部门或单位询问有关政策、法规在理解和执行过程中所遇到的一些问题,或者本单位所关心的其他一些问题的函。

C. 答复函。

答复函是就商洽函和询问函所提到的事项进行答复的函。

D. 请批函。

请批函是向具有审批权限的主管部门申请办理有关事项的函。

E. 审批函。

审批函是对请批函进行审核并予以回复的函。

此外,还有知照函、催办函、征集函、报送函、邀请函等,这类函最多,难以穷举。

2. 函的写作

(1) 函的写作发现

① 广泛了解和联系,积极寻找和发现合作的对象和机会。

商洽函是用来商洽工作和有关事项的,如果商洽成功,对双方都有好处。因此需要商洽与合作的一方要积极主动,广泛联系和物色合作对象,受到邀请的一方也要积极回应,抓住机会,共谋发展。当然,要想商洽成功,双方都要有诚意,彼此要有深入的了解,摸清对方的底细和资质,权利和义务要对等,双方都对商洽的事项有浓厚的兴趣和强烈的愿望,这样才能商洽成功,创造共赢。

② 认真调查研究,发现问题的疑难点。

函与请求指示的请示一样,都是就本机关在工作中遇到的问题和困惑向有关部门询问解决的办法。为了增强询问的可疑性和必要性,发文机关要仔细审查所询问的事项,搞清楚问题的来龙去脉,找到问题的难点和焦点,选择合适的询问角度,切不可遇事就疑,动辄就问,随意发文,这样势必会增加有关部门的工作负担,产生文牍主义。

③ 积极学习政策法规,掌握政策依据。

有关部门是负责政策法规的解释工作的,为了提高机关部门答疑解惑的水平,增强解答的准确性,机关和职能部门要认真学习政策法规,熟悉各项方针政策,努力提高自身的理论水平和政策高度,这样才能保证党和国家各项路线、方针、政策得到正确的贯彻和落实,千万不能以己昏昏,使人昭昭。

④ 了解实际情形,寻找现实根据。

函还可以用来答复审批事项,为了保证答复的准确性和合理性,有关部门不仅要掌握政策与法规,而且还要了解实际,熟悉业务,这样才能发现和掌握请批函的理由是否正当和充足,也才能给予恰当的审批,使本部门的权力得到正确的发挥,职责得到正确的履行。

(2) 函的写作构思

① 分清文种,准确使用。

与函相似的文种有通知、请示和批复，它们既有联系又有区别。

联系：函的功能及其写法分别与通知、请示、批复具有交叉关系。告知函与通知都具有告知性，其功能与写法都基本相同。请批函与请示都具有请指性与请批性，其功能与写法都基本相同。答复函和审批函与批复都具有答复性和审批性，其功能与写法也都基本相同。

区别：函与通知、请示、批复的区别除了适用范围和语气不同以外，还在于行文方向的不同。函用于向不相隶属的机关单位行文，属于平行文；而通知与批复则是向具有隶属关系的下级行文，属于下行文；请示用于下级机关向具有隶属关系的上级机关行文，属于上行文。所以，只要是向不相隶属机关行文，不论对方级别有多高，不论是否有求于对方，都应该使用函。

② 认真思考，注意策略。

函是不相隶属机关之间相互往来使用的文种，属于平行文，具有平等性和协调性，协调能否成功，取决于公关的效果。因此，函的写作特别讲究技术和技巧，写作之前要认真思考，想好策略，懂得攻心，所提的问题要能吸引人，解决的方案要打动人，理由要服人，语言要尊重人，要学会换位思考，站在对方的角度想问题，否则，势必影响关系，达不到目的。

（3）函的表达

① 了解格式，掌握文体规范。

函一般由标题、主送机关、正文和生效标识四个部分组成。

A. 标题。

公函的标题与一般公文的标题基本相同，也有三要素式与二要素式两种形式，如果是复函，其标题的写法又与批复类似。

B. 主送机关。

函的主送机关一般是单一的、明确的，但如果涉及面较广，也可多头主送，如果主送对象不明确，还可采用泛称。

C. 正文。

函的正文一般包括缘由、事项和结语等三个部分。由于函的类型不同，各部分的写法又各有区别。

如果是商洽函，则要首先说明商洽的根据、时机与条件，这是商洽的缘由；然后在主体里面写清商洽的事项，写作时要注意具体、明确，并能引起对方的兴趣；最后表现出希望得到对方响应的要求和愿望；结语用"特此函商，盼予函复"等套语。

如果是询问函，则在开头直接提出有疑惑的或者是关切的问题及其来源，然后提出希望得到对方解释和说明的要求，也可提出自己对这个问题的看法，供对方研究和参考；结语用"特此函询，望予函告"等套语。

如果是请批函，则要首先提出请批的理由，这是决定是否得到审批的关键，所以要精心撰写，一定要把理由讲清楚、说充分。然后是希望得到审批的具体事项，这一部分要具体可行；最后用"请函复""祈复""请批准""请予审批"等套语收束全文。

如果是答复函和审批函，则是先写答复依据，再写答复事项，具体写法与批复类同；结语用"特此函复"等套语。

D. 生效标识。

参见前文"发文机关署名、成文日期和印章"的表述。

② 表达简明得体。

函的表达以说明、叙述为主，坦率真诚，直截了当。有时也可讲一点道理，但不要长篇大论。用语要谦和、礼貌、客气，不要居高临下，盛气凌人，也不用逢迎恭维，低声下气，要不卑不亢，既坦率直爽，又舒缓从容。

3. 例文

国务院办公厅关于同意山西省承办2019年第二届全国青年运动会的函[①]

体育总局、财政部：

你们《关于批准山西省作为第二届全国青年运动会承办单位的请示》（体竞字〔2015〕66号）收悉。经国务院领导同志批准，现函复如下：

一、同意山西省承办2019年第二届全国青年运动会。

二、筹备和举办第二届全国青年运动会的经费主要由山西省人民政府自筹，中央财政给予一次性定额补助；场馆设施建设所需资金由山西省人民政府自行负担。

三、请体育总局和山西省人民政府严格按照党中央、国务院有关规定，充分结合当地经济社会发展实际，坚持量力而行、量入为出、节俭高效原则，共同组织好第二届全国青年运动会。

国务院办公厅（加盖印章）
2015年7月7日

4. 写作训练示范

2015年9月10日，××学院发函给与该院处于同一市区的省级示范高中××中学进行商洽，拟在该中学建立教育实习基地，请你以该学院的名义，拟写这份商洽函。

提示：拟写这份商洽函，重点在于写好缘由，以获取对方的理解和支持，可从实习基地建设的重要性和该校的有利条件两个方面来谈，同时还应简单地介绍一下学院建设的背景情况。事项部分是基地建设的具体事宜，包括经费问题、管理问题等，并提出得到对方支持的愿望和要求。最后用模式化的套语作结。内容要简明扼要，要注意语气的谦和和态度的恳切。

【示范】

关于商洽建立师范专业教育实习基地的函

××中学：

教育实习是检验学生的理论素养，培养学生实践能力的重要手段，是整个师范教育中不可或缺的重要环节。为切实落实学生实习工作，保证实习质量，方便实习管理，我院已在市内几所中学建立了教育实习基地，从而为我院学生实习工作的顺利进行提供了有力的保障。然而，随着我院招生规模的持续扩大，在校学生数量的不断增加，原有的实习基地已经满足不了实习工作的需要，扩充新的实习基地已成当务之急。

贵校是一所拥有2000多名学生的省级示范高中，管理规范，师资力量雄厚，虽处郊区，但交通方便，是学生实习的理想场所。为此，特致函贵校，商洽在贵校建立实习基地事宜，望贵校予以鼎力支持。如蒙惠允，我们将按照我院的统一规定按期支付实习费用。实习期间，我们还将派出骨干教师带队，协助贵校对我院实习生进行督促和管理。

特此函商，盼予函复。

××学院（加盖印章）
2015年9月10日

第二节 总　　结

一、总结概述

总结是党政机关、社会团体、企事业单位以及个人经常使用的事务性应用文。私人事务也经

[①] 国务院办公厅. 关于同意山西省承办2019年第二届全国青年运动会的函[J]. 中华人民共和国国务院公报 2015(21):11.

常回顾得失,写个小结等。

(一)含义

总结是对已经做过的工作进行回顾、分析、研究,从中找出工作的经验、教训及本质与规律,并把它序列化,以备考查和指导今后工作而写作的机关办公及个人事务的应用文。

这里的回顾、分析和研究,是指运用辩证的方法,对从前的工作给予实事求是的科学归纳和理性判断。

这里的序列化,是指按照一定逻辑顺序排列组合,以揭示工作的本质与规律。

这里的本质与规律,是指存在于事物内部并通过外部现象表现出来的根本性质以及事物本身固有的内在联系和运动法则。

认真搞好总结,从中找出成绩及不足,以增强工作信心和防止自满情绪;归纳出经验及教训,以帮助我们认识事物的本质与规律,指导我们今后工作;并积累资料,以备检查。

(二)分类

总结分类的标准不同,类别也不相同。

1. 按内容划分

(1) 工作总结

是对党政机关、社会团体、企事业单位以及个人工作所写作的总结。比如《2016年税务工作总结》《信访工作个人总结》等。

(2) 生产总结

是对厂矿企业生产及经营情况等所写作的总结。比如《昌德化工关于环氧环乙烷生产总结》等。

(3) 学习总结

是对机关工作人员以及其他工作人员关于有关理论和操作技能学习等方面的总结。比如《科学发展观理论学习总结》《2016—2017学年度学习总结》等。

2. 按性质划分

(1) 综合性总结

是指对本地区、本部门、本单位一段时间内各个方面工作所写作的较为全面的总结,比如《××市财政局2016年工作总结》。

(2) 专题性总结

又称经验总结。它是对某个专项或某个方面的工作写作的总结。这类总结在于经验性,其内容集中、突出、针对性强,讲究思想的深度和规律的揭示等。它可以公开发表,比如《创新为民 科技救灾》[①]。

另外,按时限分,总结可分为年度总结、季度总结和月度总结以及某阶段总结等。按范围分,总结又可划分为地区性总结以及部门、单位、小组、个人总结等。

(三)特点

总结是机关以及个人有关的事务性应用文体,其不仅与文学文体有着很大区别,就是与其他事务性应用文体相比,也有着质的区别。

1. 回瞻性

计划是事前行文,总结是事后写作。它是对已经做过的工作等,予以回顾,进行调研,并按照一定理论,归纳和抽象出普遍的意义。因此,总结都具有回瞻性特点。

---

① 中国科学院党组. 创新为民 科技救灾[J]. 求是,2008(12):16.

2. 理论性

它有三层含义：一是在总结写作回瞻中，需要理论的指导；二是写作时，要按照一定的理论对写作材料进行分析、研究和表述；三是写作后要有理论的归纳与概括。这才是总结写作的正确态度，因此总结写作自始至终都贯穿着理论的意义，具有突出的理论性。

3. 概括性

这是从表达角度来说的。总结的主要表达模式是叙述，但它不像文学作品那样需要描述，它的叙述是具体的，同时又是简括的，它根据事物的内在联系和本质属性，把事物的共同特点归结在一起加以概括的叙述。

4. 规律性

这是总结的目的所在和根本要求。总结的写作不能揭示本质与规律，实则是隔靴搔痒，不着要点，这怎能指导实践和汇报工作？因此好的总结都具有规律性特点。

总结的写作只有达到这些特点要求，才是上乘之作。

二、总结的写作

总结的写作要经过三个阶段：发现、构思和表达。但在总结写作之前，必须回顾以往做过的工作，在回顾中有所发现，把发现变成总结的写作发现，围绕这个写作发现进行构思和表达。

（一）总结的写作发现

总结写作的发现绝不同于文学作品创作美的发现。文学创作美的发现是直觉、灵感的产物，有着很大的虚拟性和随意性；总结可不能这样，它的写作更是在理性原则指导下必须完成的任务，是客观实在的。因而总结的写作发现更是指典型材料、新的观点及本质与规律的发现等。

1. 总结写作发现的理念

总结写作发现的理念就是写作总结时你的指导思想及所持的理论观点。具体来说，有以下三点。

（1）实事求是，真实准确，恰如其分

总结必须客观真实，无论总结写作所使用的材料，还是在大量材料基础上所反映的工作、学习或生产的实绩以及所揭示的本质与规律必须实事求是。时间、地点、人物、事件要准确无误。成绩和缺点的概括恰如其分，既不扩大，也不缩小，要真实可靠。

（2）避免一般，突出重点，写出特色

两宋之交的杰出诗人陈与义说："宁饮三斗醋，有耳不听无味句。"[①]诗歌如此，总结也不能雷同化、一般化，其写作要特色鲜明，重点突出。做到他人无，我有；他人有，我优；他人优，我强，以揭示本质和规律。例如，《让思想解放从观念走向实践》[②]写得就好，既具体翔实，又新颖独特，它采用了大量数字材料，显得真实充分，重点突出。它从三个方面，"学习助推思想解放""学习激发经济活力""学习推动发展方式转变"，来叙述"让思想解放从观念走向实践"的工作，不仅使总结观点新颖独到，而且升华和深化了总结的写作，特色十分鲜明。

（3）深入分析，总结规律，避免罗列

事物的发展必有其因果的内在联系，工作成绩及不足也是这样。总结的写作一定要深入分析，找出因果，得出规律，也只有这样才能避免材料的罗列。这里的分析是指要透过现象看本质，从中形成观点和揭示规律。假如我们的总结只是从材料到材料，从现象到现象，没有理论的分析和规律的揭示，这是总结写作之大忌。《求是》发表的不少总结，如《湖北以"三级联创"推动农村

---

① 陈与义. 送王周士赴法运司属官[M]//吴书荫，金德厚. 陈与义集(上). 北京：中华书局，1982：173.
② 中共吉林省委理论学习中心组. 让思想解放从观念走向实践[J]. 求是，2010(23)：27.

党的建设》①等就没有这样的问题。

2. 总结写作发现的方法

总结写作发现的方法很多,我们主要从以下三个方面阐述。

(1) 在对过去实践活动的辩证分析中,提炼出符合客观实际的新观点

总结写作就是要在大量材料的基础上,提炼出符合客观实际的新观点。这里的辩证分析是指采用联系的、发展的、一分为二的方法分析问题。对收集的大量材料,通过去粗取精,去伪存真,由表及里的分析,找出它们的因果联系和发展轨迹,并从正反等方面的研判中,提炼出新观点。朱德写的《八路军抗战两年来的经验教训》②,就是用联系的、发展的、一分为二的方法,从正反两个方面进行总结的:第一,凡是在党政军民团结一致的地方,我们就能胜利;凡是在发生摩擦的地方,我们就要遭受不必要的挫折;第二,凡是在民众运动有成绩的地方,游击战争就能展开,抗战就能胜利地坚持;凡是在民运落后或受挫折的地方,抗战一定要遭受不必要的困难;第三,凡是采用灵活的战略战术的战役和战斗,我们大致就能胜利;凡是单纯防御或盲目进攻,就会遭受失败。这些对抗战工作的分析新颖独特、客观真实,逻辑力很强。

(2) 在对过去的工作回顾中,着眼未来发掘具有普遍意义的典型经验

这里的普遍意义是指其价值外延的广泛性;典型经验则是具有个别性和代表性的由实践而得来的知识或技能,也就是总结的规律。毛泽东写的《三个月总结》③高瞻远瞩,从十九个方面对解放战争等工作进行了准确的总结,对今后工作给予了规律性的指导。它的形成就是通过对过去的工作回顾,着眼未来而发掘出来的具有普遍意义的典型经验。总结写作的发现应该这样思考和认识问题。

(3) 在对过去的工作总结中,运用矛盾特殊性原理概括出具有鲜明特性的新经验

众所周知,任何事物都处在错综复杂的矛盾中,而矛盾又具有普遍性和特殊性,我们写作总结,只有经验还不行,在此基础上还应是新经验。而新经验则是在对过去的工作总结中,运用矛盾特殊性原理去概括和抽象,也就是说我们的工作是在克服一个个困难中发展的,并于此去发现具有鲜明特性的新经验。好的总结都是如此发现和写作出来的。《辉煌的历程 深刻的启示》④是对新中国60年文艺工作的回顾与总结,可谓时限跨度之长,但经验及教训很明了,原因就是在矛盾的特殊性中提炼和概括出来的。

(二) 总结的写作构思

总结的构思,主要从三个角度考虑问题。

1. 寻觅理论依据

工作做出来了,对其总结必须进行归纳概括。这种归纳概括离不开一定的理论指导,因此总结写作要寻觅其理论依据。因为只有理论"才解决本质问题"⑤,并且"凡是在理论上正确的,在实践上也必定有效"⑥。具体说来有两个方面,一是政策层面的,二是专业层面的。《辉煌的历程 深刻的启示》的写作,一个方面要考虑我们党有关文艺的方针政策,尤其是当前"科学发展观"和"和谐社会"的方针政策;另一个方面还要考虑文学艺术专业理论的特殊性,这篇写作就很好地处理了理论依据的问题,所以写得中肯、准确、深刻。也只有具有理论性,才能具有深刻性。

---

① 中共湖北省委组织部. 湖北以"三级联创"推动农村党的建设[J]. 求是,2008(19):42.
② 朱德. 八路军抗战两年来的经验教训[M]//朱德选集. 北京:人民出版社,1983:69—71.
③ 毛泽东. 三个月总结[M]//毛泽东选集(第4卷). 北京:人民出版社.1991:1205—1210.
④ 胡振民. 辉煌的历程 深刻的启示[J]. 求是,2009(13):42.
⑤ 毛泽东. 实践论[M]//毛泽东选集(第一卷). 北京. 人民出版社. 1991:263.
⑥ 康德. 论谚语:在理论上可能对的东西,但对实践未必有用处[M]//中国社会科学院哲学研究所西方哲学史研究室编. 国外黑格尔哲学新论. 北京:中国社会科学出版社,1982:2.

2. 挑选精当材料

总结写作的关键应是从多到精的选材上。在选材上,应是总结的观点形成于材料,反过来观点对材料的选择又具有统领作用,必须根据所确立的观点选择那些事实的、数字的以及理论的材料,同时还要注意一般材料与典型材料及正、反方面材料的选择,尤其是典型材料的选择,典型材料最能说明问题。比如《创新:上海世博会的战略制高点》[①]、《〈读者〉的发展壮大之路》[②]等。就《"迎、讲、树"活动为奥运会营造良好人文环境》[③]而言,选材就十分精当。比如,"据市政管理委员会统计,2007年'五一'期间,天安门广场清除的垃圾比上年同期减少1/3,'十一'期间比上年同期减少2/3。"其紧扣"抓环境文明建设"这一中心,使用了这一典型材料,使观点十分鲜明、准确。因此,只有精心选择典型而精当的材料,才能使总结的写作鲜明、深刻、有力。

3. 选用合适结构

结构是内容的存在形式,总结的结构模式主要有四种。

(1) 条文式结构

毛泽东的《三个月总结》是最典型的条文式结构。一开头就分成若干条目,层层叙述各项工作情况及经验、问题、努力方向等。一般性简单的工作总结经常使用这种结构模式。

(2) 小标题式结构

它是把一个事物按照它的性质,将它分成几个侧面,来分别表述。比如有篇××大学关于科研工作的总结,所归纳的四条经验:领导带头;政策对头;专家领头;焕发劲头,实际上就是取得"科研累累硕果"成绩的四个原因、四个经验。每一个侧面为一小标题,即小标题式结构。一般讲这样的结构模式最适合于经验总结的写作。报纸杂志发表的总结几乎都是这个类型。

(3) 三段式结构

三段式结构的简要形式是:第一段把要总结的时间、地点、人物及主要事件点出;第二段把事情的经过详细地写出来;第三段得出结论和理由。一般来讲,单项工作或某一方面工作最好使用这种结构。

(4) 四大块结构

"情况、成绩—经验—存在问题—今后努力方向",这是最常用的总结结构方式。(详述请见表达模式部分)

总结的写作知道每部分写什么,又懂得如何安排结构,这样的构思就比较成功了。假如再列出提纲,或必须列出提纲,会使你的构思更加成熟和臻美。

(三) 总结的写作表达

在构思过程中,列出较好的提纲,接着就是总结的写作表达。

1. 总结写作的表达要求

(1) 表达方法上叙议结合

总结的写作表达主要是夹叙夹议,以叙为主,兼以议论。总结只是概括的叙述,通过典型反映一般;议论则是对叙述的理论升华和理性认知,是画龙点睛式的。《让思想解放从观念走向实践》在充分叙述"学习助推思想解放"中,紧紧扣住"观念制约思路,思路关系出路"的问题,进行画龙点睛的议论:

在这样一个不进则退、慢进也是退的关键时期,必须加大改革开放和实施人才战略的力度,

---

① 上海市中国特色社会主义理论体系研究中心. 创新:上海世博会的战略制高点[J]. 求是,2010(15):15.
② 中共甘肃省委宣传部.《读者》的发展壮大之路[J]. 求是,2008(20):54.
③ 首都精神文明建设委员会办公室."迎、讲、树"活动为奥运会营造良好人文环境[J]. 求是,2008(16):25.

以增量带动结构优化,以创新促进产业升级,以发展保障民生改善,走出一条符合吉林实际的科学发展之路。

这段议论简洁、明快、朴实,深刻回答了解决"观念制约思路,思路关系出路"的问题,从侧面充分阐说了"学习助推思想解放"的重要意义。

(2) 表述上务去陈言

总结写作在语言上要避免大话、套话、空话、假话,努力做到务去陈言。要做到这一点主要从三个方面努力:一要运用简洁、明快的语言表述新颖的观点;二要选择鲜活、典型的材料用到总结中去;三要使用新鲜、活泼的语言,灵活叙事,中肯论说。例如,一位大学生写的《2015—2016学年度学习总结》,在对比上一学年度学习中,从四个方面:"学好专业课""上好选修课""突出特色课""强化实践课"来总结自己的学习,进而揭示出学习成绩优异的规律。这四个方面的表达,观点新颖,言简意赅,句式整齐,对偶味浓,没有一点儿陈言套语,且新鲜活泼,朴实真挚,这也是有文采的表现。"真理是最朴实的",我们的语言应该追求这样的表达效果。

(3) 篇幅上尽量短小

文章只要有内容,以精短为好。一般说来,除了特殊情况的总结,需要较长篇幅,其他总结篇幅均不宜过长,即使是特殊情况的总结也应在能够充分反映全面工作的基础上,尽量写短。要做到这些,首先要做到精心构思,避免旁逸斜出;其次注意以点带面、以典型带一般的叙述;再次就是"务去陈言",可说可不说的坚决不说,可删可不删的材料坚决删除,一般不会把篇幅拉长。

2. 总结写作的表达模式

总结的表达模式主要由标题、正文、署名及写作时间构成。

(1) 标题制作

总结标题的制作有两个类型,即公文式标题和新闻式标题。

① 公文式标题。

就是类似公文那样的标题。它有完整式和省略式两个类型。

第一,完整式标题,即"单位名称+时限+事项+文种"。比如《××区2016年税务工作总结》等。

第二,省略式标题,它也有两个类型:一是省略时限,其形式是"单位名称+事项+文种",比如《××区税务工作总结》;二是省略单位,其形式是"时限+事项+文种",比如《2010年税务工作总结》。

② 新闻式标题。

就是类似消息那样的标题。它也有两个类型。

一是单标题式,就是运用一个标题,直接揭示总结的核心内容。比如《创新为民科技救灾》。

二是双标题式,也即主副标题式,主标题直接点出总结要写作的核心内容,副标题标明单位、时间、内容等,比如《辉煌的历程 深刻的启示——新中国60年文艺工作回顾与总结》。

(2) 正文写作

正文写作由三个部分构成:引言、主体、结尾。

① 引言。

引言即总结的开头,它要紧扣中心,用极简短的文字破题,引起下文。它有概括式、疑问式、对比式、主旨式、背景式等。此处只介绍最常见的一种方式:概括式。这一模式首先以极其简括的文字,概述过去的工作、学习或生产情况。比如《〈读者〉的发展壮大之路》:

近30年来,《读者》杂志与改革开放同步发展。创刊时月发行量3万册,至1984年月发行量上升到180万册。1987年杂志在武汉开设分印点后,又陆续设立了天津等14个分印点,形成了完备的发行网。1991年突破300万册,1995年突破400万册,2002年10月突破600万册,2003

年10月突破800万册,2006年4月更是达到了1003万册,位居中国和亚洲第一、世界综合类期刊第四位,取得了突出的社会效益和经济效益,走出了一条中国期刊发展的成功之路。

这个引言既概括而又具体,运用了大量的数字材料简括地叙述了"《读者》杂志与改革开放同步发展"的工作情况,非常充分,是概括式引言。但要注意,不少一般性汇报工作总结引言的最后一句都有"现将有关情况总结如下"这样专业性术语,以承上启下,这是很好的。而用于发表的总结,一般没有这句话,也请注意。

② 主体。

主体部分是总结的核心,紧承引言,一般要写四个方面内容。

一是基本情况。这一部分要具体而详细地叙述工作、学习或生产等情况。叙述做了哪些工作、怎样做的,突出成绩有哪些等?基本情况可以总说下来,也可分条陈述。

二是主要经验。这是规律及本质揭示的部分,它是运用有关理论,对基本情况进行分析研究后的理性认知,以指导工作。一般讲这部分要分条陈述,特别是经验总结更要如此。

三是存在问题。用一分为二的观点分析,有成绩,也会有不足。在这一部分中,要实事求是地简要叙述存在的问题。同时也为下文"今后努力"做好铺垫。

四是努力方向。它针对存在的问题,概括而简略地陈说发扬成绩,克服缺点和今后努力的方向等。

③ 结尾。

好多总结因为主体部分说得非常具体,已把话说完,不再需要结尾了,我们称它为"0"结尾。如果有,有以下几种方式:总括全文式;点出主旨式;发出号召式;谦虚式或它们的综合式等。比如"我们虽然取得了一些成绩,但工作中还有不少问题,和兄弟单位比还有一定差距,这是我们今后努力的……"这是谦虚式结尾,许多总结都有,且也无可厚非。

(3) 署名及时间

署名及时间一般在正文右下方,如果标题中有机关名称和时间,此处可以省略。如果是报纸杂志上发表的总结,署名要在标题之下居中位置。

需要特别指出的是,根据领导指示和掌握的材料撰写好单位总结,应打印文稿请领导审阅,提出修改意见,必要时征求群众意见,分析反馈意见,做出相应修改,提交领导审定后成文。

第三节 求职信

一、求职信概说

(一) 含义

在中国,东方朔还是布衣时,为求得官职,撰写自荐信后进入官场。李白希望投靠韩朝宗以施展抱负,下过一番功夫书写《与韩荆州书》。在外国,达·芬奇33岁离开故乡佛罗伦萨,前往米兰,致函当时执政米兰的洛多维可·斯福尔扎以期得到一份工作,其后得以录用,供职16年。这是历史上的名人为了生活和发展,书写求职信。当代人为找工作也借求职信表达心愿。例如曾先后被聘微软中国公司总经理、TCL集团常务董事副总裁、TCL信息产业(集团)有限公司总经理之前最早还是北京宣武区椿树医院护士的吴士宏,就曾向北京市外国企业服务总公司人事部写信,介绍自己,表达到IBM上班的愿望[①]。可见求职信是为谋求工作由自己或他人写给用人单位的推荐性的专用书信。

---

① 吴士宏.TCL我回来了[J].华人世界.2008(01):100—101.

（二）求职信的功能

关于求职信的作用，据来自国外的信息，美国、日本等发达国家，人们通过求职信获得工作机会的占全部求职的25%以上[1]，中华英才网的一份网上调查：34%的人事经理表示非常重视求职信，55%的人事经理表示将求职信作为重要参考。

简历是根据要求被动制作的，是求职过程中必备的材料。而求职信则是用人单位没有要求，求职者为争取面谈、面试等机会主动写作的。前者属于"要我写"，后者属于"我要写"。求职者通过"我要写"和受文者进行文字沟通，给用人单位一个好印象，进而达到争取面谈或面试等得到一份工作的目的。求职信具有推销求职者的广告作用。

1. 使招聘单位感受到求职者的"鲜活"形象

请看一封应征函：

尊敬的校长：

您好。

向贵校应聘语文教师岗位，写诗一首，以表寸心。

语言文学灯　光明我心中
心有育人志　足下刻苦行
熟读诸子书　下笔亦从容
春咏风絮漫　夏读飞红浓
秋对雁字回　冬吟千雪重
书法练硬笔　演讲曾得名
简历附于后　望您审核定
佳信盼传来　旭日映窗红

祝贵校越办越好。

联系电话：1390558××××

××××学院××××级中文系×班李静静

××××年××月××日

这是为应聘一所中学语文教师岗位抒写的应征函，用人单位负责招聘的人员阅读它，立刻就能断定该学生有一定的诗歌写作特长。撰写求职信是把简历附在后面的。简历是按照表格填写的，内容有姓名、性别和出生年月等。在这样的表格面前求聘者在大学里很丰富的经历被分门别类地"表格化"了，不少特长被"格式"掉了。而撰写求职书则可以向用人单位介绍自己的长处，使该单位对自己有所了解。通过求职信，用人单位能判断出求职者的知识水平和写作能力。常言道，文如其人。一封求职信是写作者综合能力的反映，用人单位从中能衡量出求职者的素质、修养和能力。文质俱佳的求职书在求职者未同用人单位见面之前就展现了某种长处，因此，用人单位会对应聘者产生超出一般求职者的好印象。这样的求职信能起到敲开应聘大门的作用。例如达·芬奇在《致米兰大公书》中除了多方表述自己的军械方面的才能外，还说：

我还善于用大理石、黄铜或陶土雕塑；而且，在绘画方面，我也决不逊色于当今任何一位画家。

我还愿意应承雕塑铜马的任务，它将为您已故的父亲和声名显赫的施福萨家族增添不朽的光彩和永恒的荣誉。[2]

正是米兰大公从信中知道了达·芬奇的特长，于是聘用了他。

---

① 王证之. 求职信的分类与定义浅议[J]. 今日南国(理论创新版),2009(9):192—194.
② 达·芬奇. 致米兰大公书[M]//黄继忠,译. M.L. 许斯特. 世界名人书信集. 西安:华岳文艺出版社,1987:59—61.

2. 使招聘单位进一步感受到求职者的诚意

写求职信是为了找到工作,在表达时语言一般都是从内心里生发出来的,字里行间充满了对工作的渴望,对单位的喜爱,这种富有情感的心声能使用人单位感受到求职者的真诚和对单位的好感。例如,李白在《与韩荆州书》中有这样的话语:"此畴曩心迹,安敢不尽于君侯哉?""白每观其衔恩抚躬,忠义奋发,以此感激,知君侯推赤心于诸贤腹中,所以不归他人,而愿委身国士。倘急难有用,敢效微躯。""幸惟下流,大开奖饰,惟君侯图之。"[①]从这些表白中不难看出李白为了走出家门发展自己的急切心情和对韩朝宗的诚意。

3. 增加获得面试的机会

近年来,每年求职的应届大学毕业生近700万人,用人单位相对少而要求工作的人员多,这是不争的事实。一个岗位有几十人甚至几百人求聘是正常现象。要在几十人乃至几百人之中被用人单位看中,这当然有客观条件和主观因素。在客观环境基本同处一个水平的情况下,就要发挥主观能动性,制作能使用人单位青眼有加的求聘书参加竞争。一个岗位许多人参加竞聘,在投递简历之上,加上一份应征函,就等于参加了非正式考核,为谋求面试机会增添了一份希望。

(三) 求职信的类型

求职信属于书信体,这种体裁在现实的写作中由于写作者的创造呈现出丰富多彩的形式,以下分别作以介绍。

1. 从推荐者的角度划分[②]

(1) 他荐信

要想顺利地找到工作应该利用能够利用和可以利用的关系,包括亲戚朋友和同自己关系很好的领导、老师和同学等。请看王国维的《致刘聚卿》[③]:

聚卿先生:

上月晦寄一函,想达左右,……

曹君直今年辞铁路事,闲居于家。闻先生欲觅一校书者,因特荐之。校勘虽只是研究学问的一种手段,但其自身却是极精密而富有科学性的工作,涉猎不广,校阅不精,便不能辨误显真。渠颇研究敦煌事,于校勘当胜任有余。先生意下如何? 望即函告。专此。

敬请道安。

国维再拜
十二月十八日

曹元忠学贯古今,精于鉴别古籍,辞去铁路工作闲居家中,求助王国维帮忙寻找适合的工作,王国维写了这封信,推荐他到刘世珩那里工作。这种通过他人为自己求职的书信称为他荐信。

(2) 自荐信

求职信除了他荐信,都是求职者自己挥毫的,凡求职者向用人单位介绍自己,为谋求工作或职务而撰写的专用书信就是自荐信。

2. 从是否根据用人单位的招聘条件而撰写的角度划分

(1) 广普性求职信

这是一种"投石问路"的求职信。求职者不知道单位是否需要人,而主动发函,这带有询问和撞大运的性质。这种求职行为,有的采取纸质的信函形式把求职信邮寄给许多单位,以求回函;

[①] 李白. 与韩荆州书[M]//王琦,注. 李太白全集(下). 北京:中华书局,1977:1240—1242.
[②] 自荐信和他荐信的撰写参考了王证之的《求职信的分类与定义浅议》[J]. 今日南国(理论创新版),2009(9):192—194.
[③] 王国维. 致刘世珩[M]//谢维扬,房鑫亮. 王国维全集(15卷). 杭州:浙江教育出版社,广州:广东教育出版社2010:588.

有的通过网站发布自己的求职信,等待着用人单位"搜索";有的采用电子文本的求职信往许多单位的电子信箱里发送,期待回音。这些以"海投"的形式,在不知单位是否招聘人员的情况下,根据自己的情况撰写的求职信,称为求聘书。

在这里提醒求聘者要注意的第一点,写这一类广普性的求聘书因为没有明确目标,还是以较全面地介绍自己为好,多介绍一些自己的业务能力和其他优点,说不定用人单位看中你表述的哪一点业务能力或某一个优点后通知你面试或面谈。

在这里提醒求聘者要注意的第二点,要把这一类求聘书写得富有特色,让用人单位注意到你的求聘书的不同一般,不然"为了省事,印制大量的求职信来寄给雇主。这种千篇一律的文件就像垃圾广告,对方可能连看都没看就拿去回收"了①。

(2) 针对性求职信

同海投似的没有目标的求聘书不同,有一种求职信是作者获得用人单位信息,通常是从互联网上获取的用人单位发布的信息,依据期盼谋得的岗位而写的,这种根据用人单位提供的招聘岗位的信息而撰写的针对性很强的求职信,被称为应聘书或应征函。

现在互联网上许多网站都有各种类型的各个专业求职信的所谓模板,这些模板大都写得一般化,没有针对性。毛泽东指出:"'看菜吃饭,量体裁衣',我们无论做什么事都要看情形办事。"②真正要谋求工作,求职者不能从网上下载求职信,一定要根据用人单位发布的信息结合自己的特点自己写作,围绕应聘岗位选择材料组织材料,表述该岗位非你莫属的原因,进行有针对性的表达。

3. 从求职信是否具有创新性的角度划分

(1) 常规型求职信

采用书信的形式以叙述和说明文字向用人单位循规蹈矩地介绍自己情况的求职信就是常规型求职信。这是一种被绝大多数求职者采用的信函。其写作中规中矩,表述的内容与简历基本相同。

(2) 创新型求职信

找工作竞争激烈。《求职圣经》有关于以何种方式就业成功的统计数据:创意求职法成功率86%,直接找公司负责人成功率47%,找亲戚介绍27%,找朋友介绍成功率34%,利用母校成功率21%③。从这些数据中可以发现运用创意求职法成功率最高。这组数据告诉我们,在求职信的写作中想方设法把书信写得非同一般,以引起用人单位的注意,很有必要。

有位女士想应聘广告员,在该行业无一点经验,向所有中意的公司分别投寄了一个包裹,而且是直接寄给公司总经理的。在寄出的包裹里只有一张薄薄的纸尿片,上面仅有一句话:"在这个行业里,我只是个婴儿。"背面写的是联系方式。几乎所有收到纸尿片的广告公司都在第一时间给她打了邀请面试的电话。面试时无一例外,公司负责面试的问她的第一个问题就是:"为什么你要选择一张纸尿片?"她的回答同样富有创意:"我知道我不符合要求,因为我没有任何经验。但我就像这纸尿片一样,愿意学习,吸收性能特别强。并且,没有经验并不等于我是白纸一张,我希望你们能通过这个小小的细节看到我在创意上的能力。"之后,她成了一个广告公司的创意总监④。这位女士成功的原因是她写了一封别具一格的求职信。信纸是纸尿片,这在历史上从未有过,信中的内容更富有新意,这位女士把信纸的形式同求职信的内容很完美地统一起来,写了

---

①③ 玛吉・华特丝,林恩・欧康纳. 求职圣经[M]. 陈柏苍,译. 北京:九州出版社,2003.
② 毛泽东. 反对党八股[M]//2版. 毛泽东选集(第 3 卷). 北京:人民出版社,1991:834.
④ 走走. 写在纸尿片上的求职信[N]. 市场报,2005-09-16(13).

一封创新的求聘书。

写作是一种创新。求职信是文章,写作这种专用书信,不要老面孔,要出新。请看:

学生顿首,再拜校领导足下:学生冒昧,敢致音问。听闻贵校欲招聘语文教师一名,不胜欣喜,贵校之所欲,实某之所长也。某不才,特作此书,予以自荐,叨扰之处,还望海涵!

学生乃××××学院2008级学子,所修专业为汉语言文学。韶华之年,某所欲者,唯美好也;择业之际,某所求者,入贵校之门也。

某酷好读书,诸子百家,李杜欧苏,皆有涉猎,虽不敢称专,实亦博也。某尤喜为文,诗词歌赋,诸种文体,略有所成,《××诗坛》文章显,"我记诗词"风采展。

某亦常躬身实践,获益良多耳。竞争时代,实力为先,勤奋方能成功,某虽非最高学历者,然某所持者,勤奋也。某将以赤心回报贵校之青睐,为贵校之辉煌多作贡献!希冀贵校助某美愿得以实现。

多劳审视,再表谢忱。伫候明教。谨祝诸事顺意!

林丽莉　再拜

这是一封应征函的正文。通常写求职信都用白话文,作为一位应聘语文教师岗位的大学生用文言文书写这在言语表达上是少见的。有的求职信在内容上出新,例如一位学生求聘教师岗位,在简历前的求职信中写的是"我是一支蜡烛,期待着您的点燃",既富有诗意又十分恰切,颇有新鲜感。现在毕业生寻求工作,求职信创意迭出,五花八门,这些在内容或形式上新颖独特的求职信就是创新型求职信。

在这里特别强调,制作创新型求职信虽然要创新,但是创新要有道理,不要使人感觉求职信中独树一帜的是"另类"。雨果曾就文学作品的创作说过:"独创性在任何情况下都不能当作荒谬的借口。在文学作品里,构思愈是大胆,创作愈应无懈可击。如果你要有与众不同的理由,你的理由就应该十倍于人。"[①]同理,求职信的创新也应如此,写作时求职者要整体性、联系性和最佳性三者统一地考虑,把内容、形式和求聘岗位三者有机地联系在一起,使求职信成为一个完美的体系,只有这样写出来的夺人眼目的求职信才能使用人单位的读者颔首微笑。

(四)求职信的特点

1. 针对性

求职者根据自己的专业和爱好寻找适合的单位,结合争取被聘用的岗位围绕它撰写,这是写作求职信最基本的。不然,所写的求职信就会泥牛入海,永无消息。这是因为哪一个用人单位要聘用的人员也是同单位的工作岗位有直接关联的。求职信的内容不同它有密切的相关性,这样的求职信用人单位是不感兴趣的。

2. 展示性

求职信是求职者为自己设计的"广告"。在求职信里,求职者要把自己的业务能力和有关优点向用人单位进行介绍。通过求职信这个"绿衣使者"把长处展示给用人单位。

3. 求实性

诚实是一种美德,实事求是是撰写求职信最基本的写作准则。表优点不能夸大其词,述才能不能言过其实。内容不真实的求职信用人单位是有办法检验的,靠虚假的内容求职最终是难以过关的。

求实性在求职信里体现为材料的真实,撰写求职信一定要注意有一说一,有二说二。在这方面只表述强项"屏蔽"弱点是好的策略。而对强项的介绍不能把话说过头。"精通东西方经典名

---

① 雨果.《短曲与民谣集》序[G]//柳鸣九,译.雨果论文学.上海:上海译文出版社,1980:90.

著、西洋古典音乐、奇闻怪谈(毒物学、神话传说等)、天文地理、科学知识,此外还有一些高科技武器装备知识"这样的表述,且不说语言有逻辑错误,单就作为一个音乐专业的大学毕业生掌握东西方经典名著和西洋古典音乐达到"精通"的程度来说也有夸示之嫌。

二、求职信的写作

(一) 写作发现

求职信的写作发现有两点:

1. 发现符合自己需要的招聘岗位

这要通过网络、人才交流中心、人才市场、人才交流大会、报纸杂志、待业登记管理机构、学校就业指导中心等正式渠道和亲戚朋友交流等非正式渠道,收集需要的信息;接下来对这些信息进行过滤,排除虚假信息(特别要注意收费性的具有欺骗性的信息),留下真实信息;然后结合自己的专业爱好挑选其中的招聘岗位把它作为求职信写作的中心。

2. 发现求职信写作的出新点

这个发现可能是文体出新,也可能是写作角度的出新等。如果说求职者发现了适合自己的岗位很重要,这第二个发现就更加重要了,它可能就是求职者打开求职大门的钥匙。请看一封自荐信正文:

(1) 基本价值:1800元

作为一个教育部直属重点大学的本科毕业生,在16年的求学生涯中耗费了父母大量的金钱和感情,需要足够的物质支持来回报家人和提供个人生活基本费用,并用于支付工作技能的进一步的发展。

(2) 技能价值:-500元

明白自己作为一个新闻专业学生缺乏"一技之长",所能干的工作似乎任何专业的人都可以胜任,但我的优势只有在进入某单位经过一段时间的磨炼后才能有所发挥。为了感激贵单位给予这个"进门"的机会,认为应该减去500元的月薪。

(3) 性格价值:100元

开朗活泼幽默的性格,能最大限度地使一个团体士气高昂,在愉快的氛围中保持工作的高效。

(4) 沟通技巧价值:200元

喜欢并且善于与人沟通,待人诚恳,能够得到普遍的认同和信赖。

(5) 专业知识价值:500元

我的专业课成绩在新闻系中名列前茅,已经获得免试读研机会并自愿放弃。在报纸、杂志上发表的新闻和文学作品得到了老师和实习单位的一致肯定。

…………

综上所述,本人认为我的市场价值应在2500元左右,但同时也明白市场供求关系及其他不明因素对此的影响,因此愿意与贵单位沟通协商。

最后,再次感谢您给予我的这次宝贵的机会,并诚挚地期望再次得到您的认可。[①] (节选)

这封应征函的正文,许多网站上都上传过,点击率很高,受到许多人的好评。它是一篇创新型的求职信。开始求职不谈待遇,这几乎是找工作的一条不成文的规则。然而这封信的独特之处偏偏通过借助对工资计较的形式介绍自己的专业素质、能力和品德优势。该文写作角度独特,读之

[①] 胡萍. 瞧瞧这位本科生的"数字"简历[J]. 广西质量监督导报,2006(04):44.

耳目一新。

(二) 构思

1. 写出特色——构思理念

发现适合自己的岗位,许多人都会写书信竞聘。要使自己的书信像夜空之月那样明亮,求职者就要把写出特色作为构思理念。特色就是不一般,特色就是出众,特色就是生存之本。要像精心策划广告一样,根据用人单位的需求和自己的基本情况,在求职信的内容和形式上,力避平庸,写出自己的"这一个",使自己的信件在众多的求职信函中凸显与众不同的特点,给用人单位留下深刻的印象,从而提高求职成功的概率。反之,拘泥于一般写法,所写的求职信只能是"绿叶",成为"一点红"的背景。相反,有特色的求职信能打开用人单位的大门。请看一封求职信。

亲爱的希尔先生:

我是一名刚刚从一所名牌商学院毕业的学生,希望能进入你的办公室工作。因为我知道,对于一个刚刚开始他的职业生涯的年轻人来说,能够有幸在像你这样的人的指挥下从事工作,真的非常有价值。

随信寄去的 10 美元足以偿付你给我第一个星期指示所花的时间,我希望你能收下这张钞票。我非常乐意免费给您工作一个月,然后,你可以根据我的表现来决定我的薪水。我非常渴望得到这份工作,其程度超过我一生当中对任何事情的渴望,为了获得这份工作,我情愿付出任何合理的牺牲。[①]

求职者希望能够进入世界著名成功学大师拿破仑·希尔的办公室工作,与众多求职者不同的是:表白第一个星期不但不要报酬,反而给希尔指导费用,且工作一个月不要薪水。可以试想写作这种与众不同的求职信内容的作者,在构思中一定考虑到了如何与众不同的问题。

2. 突出要点——选材依据

书写求职信也是写文章,写文章都有一个围绕发现选择典型材料的问题。求职信的写作发现就是竞聘的工作岗位,要围绕这个岗位选用最能证明求职者最合适的真实材料。

有些求职者担心用人单位不了解自己,把姓名、年龄、出生年月、毕业学校、成绩、获奖和爱好等都写进求职信里,这大可不必,因为简历附在求职信的后面,是专门"装"这些内容的。而求职信则是用于表述求职者具有适合求职岗位才能的。在求职信里要集中突出地展示非求职者莫属的最具有"亮色"的材料。请看一封应征函的正文:

今日阅读报纸,获悉贵公司征求内容编辑人员。本人自信符合应聘要求,写此信应征编辑职位。

我毕业于××大学文学系,具有编辑经验,并熟悉校对、改编、出版以及此类相关工作。有关简历如下:

曾在销售量达三万份的《××》担任编辑部主任,历时两年,并曾直接参加报纸排版工作。

1998 年曾在《××××》担任编辑工作。主要工作:负责校对、改写以及长篇撰写项目。5 年的工作磨砺,使我熟悉媒体的运作,通过与名人进行访问,使我具备了很强的沟通能力。

我熟知一切办公室的例行工作,目前受雇于一广告杂志社,此项工作为临时性,故希望谋求一份较稳定的工作。

随信附有我的简历。如有机会与您面谈,我将十分感谢。[②]

这是一封应聘内容编辑的应征函正文,大学 4 年工作 5 年有很多可写的事情,而书信中所选材料

[①] 郑小九,黄传武. 公关与礼仪修养[M]. 天津:天津教育出版社,2008:112.
[②] 晏培玉. 高职应用语文[M]. 武汉:湖北科学技术出版社,2008:168—169.

仅与编辑业务有关,其他一概舍去,这在选材上十分精当。这封信通过选择这样的材料既表达了求职的愿望,又陈述了与求职岗位有关的工作经历,要点十分突出。

写作求职信应该把自己符合求聘岗位的闪光点表达出来。求职信不能面面俱到,要抓住重点,要言不凡,在信中陈说自己的才干和专长,引起用人单位的注意和好感。在这方面,有一个例子能给我们一点启示。2008年,澳大利亚昆士兰州旅游局向全球招聘一位大堡礁巡岛人,这份既能饱览海景风光,又能在半年时间内拿到15万澳元(约合65万元人民币)的工资,被认为是全球最好的工作。昆士兰州驻上海办事处沈经理介绍说,全球共有34684人报名,中国的报名人数是503人。据他说,中国人上传的视频创新度不够,除了入选的3位,"中国上传者中的很多人的外语很流利,但1分钟的视频中占据了大部分时间介绍自己,而忘记介绍为什么适合这份工作,而恰恰大家忘记的这部分,是澳方最看重的一部分,所以很多人都输在了这上面。"①沈经理的话告诉我们,求职信只有选择符合招聘岗位的材料才能引起用人单位的注意。

(三) 表达

1. 语言精美得体

(1) 精美

求职信写作同一般文章相比语言更要精美。这种精美表现为精练和朴素。

① 精练。

精练是一种美,简洁能显示出干练。

精练对字数要求少者不限,多者内容表达不能超过1000字,用一张A4纸打印完。

精练在表达上是从自己的经历中有针对性地精选对符合用人单位招聘岗位的事实的"实"的表白,而不是操作评语般的抽象的"虚"的陈述。请看下面两段文字:

进入大学以后,我抓紧每一天进行专业知识的积累和基本功的培养,不断充实自己的头脑。我在思想上积极要求进步,乐观向上,对大是大非保持清醒认识,不畏难繁,有信心、有责任感。在能力培养上,校内积极参加各项活动,校外广泛尝试,多次在中央和北京电视台的工作实践,既应用了所学,又锻炼了能力。

进入大学以后,我努力学习专业知识,积极参加社会实践,担任学院话剧团团长;参加过中央电视台《大风车》、北京电视台《特别关注》等节目的策划、编导和制作;我还积极参加政治活动,担任系团总书记、学生党支部书记和学生会副主席,为同学服务,被评为学院"优秀党员"和北京市"三好学生"。

这两段文字,前一段写得比较"虚",除了"多次在中央和北京电视台的工作实践"这话有具体内容,其余都是空泛的"虚说",没有实质性内容。后一段文字写得实在,表述具体,有扎实的内容。这种"实写"才是求职信语言精练所要求的。

② 朴素。

华美是一种美。如果对具体内容运用华丽语言表达不够理想,还不如就用朴实的语言表达。语言的朴素也是一种美。高尔基指出:"应该写得朴素,愈朴素愈好,而且愈朴素愈能打动人。""一切出色的东西都是朴素的"②。这说的是文学创作,对撰写求职信也具有同样意义。请看一封求职信正文:

我叫×××,现年22岁,来自××省,是××××职业技术学院水电专业2011届毕业生。今天我是怀着平静而又激动的心情呈上这份自荐书的。之所以平静,我的知识和能力不会让你

---

① 李洁.北漂女孩有望成大堡礁岛主[N].北京晨报,2009-3-4(A05).
② 高尔基.给瓦·吉·李亚浩夫斯基[M]//曹葆华,渠建明,译.文学书简(下).北京:人民文学出版社 1965:59—60.

们失望,将无愧于您的选择。之所以激动,我决定以无悔的青春走到你们中间,实现共同的辉煌。

器必试而先知其利钝,马必骑而后知其良驽。我深信:只要我找到一个支点,就能撬起整个地球,只要给我一片土壤,我会用年轻的生命耕耘,您不仅能看到我的成功,而且能够收获整个秋天。这就是我的自信和能力的承诺。

剑鸣匣中,期之以声。热切期望我这拳拳寸草心、浓浓赤诚情能与您同呼吸、共命运、同发展、求进步。请各位领导给我一个机会,我会用行动来证明自己。

这是一封除了几个漂亮言辞和几句豪言壮语而无实际内容的书信。它"文"胜"质",而就"文"而言,也是"掉书袋",捡拾别人使用过的词语。写求职信过多堆砌辞藻的最大危害就是给人以咬文嚼字的感觉,拉大与受文者的心理距离。在这方面一定要注意不要使用乍一看很美,实际上是拾人牙慧的没有实质性信息的假大空的学生腔。要用求职者在某一方面出色的事实表述代替华而不实的言辞。什么给我一个支点,我将撬起地球,什么给我一个机会,我将还您一个惊喜,什么让我们风雨同舟等。在求职信的写作中一定不要出现这种"拿来"的对自己的求职起反作用的学生腔。故弄玄虚绮丽不了,还不如老老实实质朴一点为好。

(2) 得体[①]

写求职信是同用人单位进行言语交流,凡交流就存在语言得体问题。求职信写作的语言得体表现为恰当地选用敬辞和谦辞,行文要大方地展示自己的才华,恭敬而不拍马,自信而不自大。求职信写作得体表述既涉及自己也涉及用人单位。

① 关涉自己的。

要防止两种倾向:

一是谦虚过度。谦虚是一种美德,过分谦虚会带来意想不到的负面效应。比如有学生在求职信中说:"我性格比较内向,在校时缺乏社交方面的锻炼,也许不能适应贵单位的岗位。"这样的表述,虽出于真心但谦虚有点过头,让人感觉自信心不足而怀疑没有才能。

二是有自大之嫌。高傲自大在交往中是不受欢迎的。请看一封求职信的部分内容:

千里马的告白

根据我在校的成绩及实践,我一定会比我前任做得更好。如果给我一个支点,我将撬起地球,如果您是独具慧眼的伯乐,那我就是一匹即将扬蹄驰骋的千里马。

用人单位的招聘人员看到这样口出狂言的表白,在第一轮筛选中就会把有着这样内容的求职信放进废纸篓里。有人研究过历史上干谒求仕书信后得出结论:

凡是动辄以栋梁材、千里马自比,以贤才能士自居的狂放之士,大多凤愿难偿;倒是那些一贯恭谦平和、含而不露的老成持重者,每每能够心愿事成。[②]

这是我们写作求职信要以此为镜的。

② 涉及单位的。

写作求职信是求职而不是求乞,对用人单位可以言美,在表述上要不卑不亢,做到谦恭有度,语言恳切而无阿谀奉承之辞,言美而不溢美才是得体的言辞。

2. 结构合乎规范

求职信一般包括标题、称谓、问候语、正文、致敬语、落款、附件七个部分的内容,由于这种文体同一般书信有所不同,在行文时除了符合一般书信体的结构形式外,还要注意:

标题。一般书信没有标题,求职书在第一行居中的位置,要根据是否依据用人单位的招聘信

[①] 编写参考了周兰愉. 论毕业生自荐书的撰写[J]. 华南热带农业大学学报,2003(4):85—87.

[②] 孟顺英. 干谒求仕与自荐求职[J]. 郑州牧业工程高等专科学校学报,2002(01):61—62.

息直接书写"求职信"或"应征函"三个字。

称谓。求职信的称谓很有讲究,要根据收信人的身份和地位选择恰当的称谓。对国有企事业单位收信人的称呼一般为单位领导或单位人事部门领导。对民营、私营或合资独资企业收信人的尊称一般是公司老板或公司人事部负责人。也可以根据对方提供的收信人的信息,称"×先生"或"×女士"。为礼貌起见,可以使用"尊敬的"作为修饰语,行文时顶格书写加冒号即可。

问候语。求职信的问候语要简明得体,一般写"您好"即可。问候语一定要另起一行空两格书写。

正文。这是求职信的核心,要下功夫撰写好。除内容外,行文要文从字顺,不要有错别字。写好要多次校对,文面上要做到万无一失。不然一个错别字就有可能失去一次绝好的应聘机会。正文要另起一行空两格书写。

致敬语。致敬语与一般书信相同。表述也要另起一行空两格。如用"此致敬礼"作为致敬语,"敬礼"要另起一行,顶格书写。

落款。落款要写明求职人的姓名和写信的日期,写出求职者详细的联系地址、联系电话或电子信箱等内容。书写的位置:联系方式十分重要,为了文面的美观和醒目,联系方式在致敬语的下方,另起一行空两格书写。姓名和写信日期在联系方式的右下方分行写出。

附件。为了证明自己的能力,根据需要把有关的资料附在求职信的后面,这些材料就构成了附件。附件一般包括:学历证明、奖励证明、各种资格考试的证明等(应是复印件)。附件必须写所附内容的标题或名称,附件若不止一件,则应标序号。序号使用阿拉伯数字(如"附件:1. ××××")。附件名称后不加标点符号。附件的位置在致敬语的下面另起一行空两格表述。

思考与练习七

一、思考题

(一) 比较文学语言和公文语言准确性的不同。

月凉梦破鸡声白,枫霁烟醒鸟话红。①

中国是世界上历史最悠久的国家之一……

一八四〇年以后,封建的中国逐渐变成半殖民地、半封建的国家。

…………

一九一一年孙中山先生领导的辛亥革命,废除了封建帝制,创立了中华民国……

一九四九年,以毛泽东主席为领袖的中国共产党领导中国各族人民,在经历了长期的艰难曲折的武装斗争和其他形式的斗争以后,终于推翻了帝国主义、封建主义和官僚资本主义的统治,取得了新民主主义革命的伟大胜利,建立了中华人民共和国。

…………

台湾是中华人民共和国的神圣领土的一部分。完成统一祖国的大业是包括台湾同胞在内的全中国人民的神圣职责。②(节录)

---

① 李世雄. 剑浦陆发次林守一[G]//钱锺书. 通感//张隆溪,温儒敏. 比较文学论文集. 北京:北京大学出版社,1984:26.
② 中华人民共和国宪法[M]. 长春:吉林人民出版社,2006:49—50.

(二) 比较通告与通知、通报,请示与报告,函与请示、批复、通知等几组公文的联系和区别。

(三) 下面的两篇通报其中的第2篇是对第1篇的修改,请就修改之处谈谈作者为何要这样修改?

育才中学教务处关于处罚王×同学考试作弊的通报①

育才中学全体同学:

  我校高中部二年级3班学生王×在2013年11月22日下午14时《语文》课程考试中作弊,其态度恶劣,情节严重。王×同学的行为不仅严重影响了考试纪律,而且损害了班级的良好声誉,更破坏了育才中学的"公平、公正"的考试风气,因此,教务处决定根据《育才中学考试处罚条例》对王×予以全校通报批评并记大过一次的处分。

  望各年级学生引以为戒,端正学习态度,严格遵守考试纪律,为营造我校优良的考试氛围做出贡献。

育才中学教务处(加盖印章)
2013年12月12日

育才中学关于王×同学考试作弊的处分通报②

  我校高中部二年级3班学生王×在2013年11月22日下午2时的语文课程考试中,无视考试纪律,夹带课本并抄写作答,被监考教师发现并提出警告。该同学不仅拒不认错,还出言顶撞并威胁报复老师。

  王×同学的行为严重违反了考试纪律,破坏了我校的良好考风,造成了恶劣的影响。为严格考试纪律,端正考风学风,学校根据《育才中学学生违纪处罚制度》第×条的规定,决定给予王×同学记大过处分,并通报全校。

  希望王×同学能认清错误,积极改过,吸取教训;同时希望其他同学引以为戒,端正学习态度,严格遵守考试纪律,为营造我校优良的考试氛围做出贡献。

育才中学(加盖印章)
2013年12月12日

(四) 阅读下面的文字,谈谈它对起草公文和事务性文书的启示。

  关于总结写作,笔者曾经听到一位作者的真实故事。其情况大致如下:当时他被临时抽调到教务处工作,并亲历了期中教学质量检查的全过程,一位负责教学的副校长要求他在3天内写出期中教学质量检查总结,以备总结会议之需。当时受命之后,他并没有马上就写,而是分别在教务处办公室和学校图书馆阅览室翻看有关教育的报刊,如《中国高教研究》《人民教育》《中国教育报》《光明日报》,等等。当时他看到一篇关于学风建设的文章,忽然来了灵感,就立即查阅《教育学》有关学风建设的章节,并由学风建设而及教风建设、校风建设,从而把期中教学质量检查的实际与之相联系,提出了"坚持改革开放,加强学风、教风、校风建设"的中心观点。尤其是教风建设,还打了一个比喻:老师教学不能仅仅让学生像蚂蚁一样,只是围绕红苹果欣赏其形状和颜色,必须教会学生如何打破苹果的果皮,让学生像蜜蜂一样吮吸到苹果甘甜的果汁。总结在当天晚上写成后,第二天上午略做修改就上交了。让他意想不到的是在其后的期中教学质量检查总结会上,那位副校长竟一字未改地读了那篇总结。更让他意想不到的是期中教学质量检查总结刚读完,一位系党总支书记马上发言评价说:"这次期中教学质量检查总结与以往都不同,不是就事

---

① 詹燕. 对《从语言到功能——评改一篇批评性通报》一文中修改后通报的评析[J]. 秘书之友,2014(07):39.
② 王茂跃,吴宁辛. 对一篇批评性通报再次修改稿的一些异议——与詹燕同志探讨[J]. 秘书之友,2014(11):41.

论事,而是抓住了事物的实质,会议开得短,成效大,不像有的总结纠缠于个别现象,甚至借题发挥。我欣赏这样的总结。"①

(五)下面的文字是一位同学写的《我的大学生活的总结》的开头,语言上有什么问题?

时间如白驹过隙,转瞬,我已不再是当初那个明眸皓齿的小女孩,大学生活也已经过去了大半。我不知道时间是怎样从我的指缝间悄悄溜走的,因为我不曾看到它留下来的哪怕是丁点儿斑驳的影子。记忆的芯片里有欢乐,也有酸楚,但笑过、哭过之后,发现所有的一切都只是云烟。我要到哪里去搜寻逝去的影子呢?心中的话语喷薄欲出,一时竟至于不知从何说起,还是先从学习说起吧。②

(六)请指出下面总结存在的问题。

公文写作学习总结
2014级文秘班 李明

"公文写作"这门课学习了54个学时,由王教授讲课,收获出乎预想的大。原来不想学,现在觉得越学越有滋味;原来以为学不到东西,现在不论写作知识还是写作能力都有明显的提高。

一、较系统地掌握了公文写作的基本理论知识

对公文,过去我只知道它是"官场文章",对它的性质、特点、作用不了解,也不想了解。我不想进"官场",了解它干嘛。现在知道了公文是专门用于党政机关单位办理公务的、作用巨大的应用文。还知道了如何根据它的性质、作用、特点来确定主旨、选择材料、安排结构、使用语言等知识和方法。

二、熟读了许多范文和病文

在学习写作中,"范文"有"示范作用"。它告诉我们"应该这么写","病文"有"警示作用",它告诉我们"不应该这么写"。课本中有100多篇范文,50多篇病文,大部分我都读了。特别是老师重点分析的,我学得更细致,将两种文章对照着读,具体弄清楚"为什么不该那么写","为什么应该这么写",这样学到的东西,道理明、印象深,很有用。

三、写了十多篇作文

写作课是实践课,学习写作理论知识是为了指导写作实践,是为了写出符合要求的文章来。因此,老师布置的七八篇作文我认真写,我还结合学生会工作写了好几篇。这十多篇作文,使我更实在地知道了有关文种"不应该那么写"和"应该这么写"的道理、知识,写出来的作文也基本符合要求,这对我将来参加工作很有好处。

总之,学习"公文写作"这门课的收获很大,感谢老师的教导。

2017年1月4日

(七)请扫描二维码,阅读曹袁军撰写的《自荐信》,指出它的优缺点。

(八)求职信的写作在表达上应注意什么问题?

(九)请扫描二维码,阅读李白的《与韩荆州书》,分析他在这封信中的行文脉络和语言技巧。

自荐信

与韩荆州书

二、小练习

(一)请指出下面的商务函在语言方面存在的问题,并加以修改。

××贸易公司:

你公司×月×日来信和随信寄来的××订单一份,我们都已收到了。从来信

---

① 阎自启. 总结写作的三个阶段[J]. 洛阳大学学报,2006(03):47.
② 张文军. 大学生总结写作的三大软肋[J]. 文学教育(下),2012(10):106.

中我们了解到你公司提出了增订××货物的要求,真对不起,我们很难答应你们的要求,至少在目前不能向你们提供。但请你们放心,以后供应情况如果有可能改善的话,我们一定会告诉你们的。

××进出口公司
2013 年 4 月 26 日

(二)请指出下面的公文标题的错误之处,然后加以修改。

1. 关于××省师范学校向××大学联系临时住房问题的函
2. 中共××市委教育纪律检查工作委员会关于转发《中共××市纪委、监察委关于转发〈中共中央纪委、监察部关于转发北京市纪委、监察局关于严明纪律确保非典型性肺炎防治工作顺利进行的紧急通知〉的通知》的通知
3. ××纪委办公厅对反腐败工作进行专项检查的通知
4. 办公厅人事处关于×××同志的考察报告
5. ××市人民政府对×××等综合治理先进单位放松教育和管理,造成严重后果予以撤销的决定
6. 关于大庆路封闭施工的公告
7. 关于请求修建篮球场所需经费的请示

(三)请指出下面习作的毛病,然后加以修改。

关于体育馆对体育系学生免费开放的请示

尊敬的系领导:

面对体育馆收费的问题,不知是否考虑过带来的负面影响。体育馆作为学生课余锻炼的重要场所,面对收费,将打击学生的锻炼的积极性。自从收费条例实施后,馆内的人少了,平时打球洒汗的运动场现在变成了十分安静的场所,这是否有资源浪费的遗憾呢。学校弘扬每天锻炼一小时,健康工作五十年,幸福生活一辈子,也不利于该宗旨的实施,愿系领导再三斟酌。

体育系学生会
××××年××月××日

(四)请给下面的总结加上概括式的引言和谦虚式的结尾。

××区政务中心 2015 年双拥工作总结

一、履行双拥职责情况

一是注重实事拥军。……二是解决实际困难。……三是走访慰问。……四是开展"六进基层"活动。

二、抓好机构建设情况

拥军优属、拥政爱民,是我党我军我国人民在长期革命实践中形成的优良传统,是党和政府的一项重要工作。区政务中心一直重视抓好机构建设,切实加强双拥创建工作的组织领导,在单位上下形成密切配合、步调一致的工作局面。作为成员单位,中心就成立了国防安全领导小组、双拥工作领导小组,组长由区政务中心主要领导担任,副组长由分管领导担任,成员由中心有关股室负责人组成,领导小组下设办公室,公布了联系电话,使双拥办切实肩负组织协调、参谋助手、服务保障和督查指导的重要职能,建立起顺畅、高效的协调机制、在军地之间沟通与协作中发挥好桥梁纽带作用。我们分别制定年度双拥工作计划、安排了专人为双拥工作联络人员,各项工作有序、有利推进。

三、落实各项制度情况

中心主动适应新形势下双拥工作特点,高标准、高质量抓好基础建设。一是抓好双拥制度建设……;二是进一步做好宣传造势工作……;三是为进一步融洽军地感情,中心双拥工作领导小

组充分发挥桥梁和纽带作用,联合区人武部、宣传部、妇联、团委等单位,挖掘基层双拥潜力,开展主题鲜明、内容丰富、形式多样的双拥活动……

三、文章评析

(一)请对下面的总结进行评析。
1. 总结的类别。
2. 主体的内容。
3. 结构模式。
4. 不足之处。

××市人民防空办公室
关于开展政策落实年活动的工作总结

根据市政府《关于印发全市开展政策落实年活动实施意见的通知》(×政发〔2012〕26号)精神,我办从3月份开始,认真组织开展了政策落实年活动,较好地完成了各项工作任务。现将开展活动的情况总结如下。

一、主要做法及取得的成效

1. 加强组织领导,健全组织机构。按照市政府的统一部署,成立了以主要领导任组长、班子其他成员为副组长的活动领导小组。领导小组下设办公室,具体组织开展各项工作。召开了机关全体人员和企事业单位主要领导参加的动员大会,学习了相关文件精神,进行了安排部署,使本部门、各单位进一步提高了对开展政策落实年活动重要性的认识,明确了目标,靠实了责任。

2. 开展政策评估,认真凝练项目。按照《任务分解表》的要求,结合人防工作实际,对于人防工作密切相关的各项政策,特别是国务院、中央军委《关于进一步推进人民防空事业发展的若干意见》(国发〔2008〕4号)和省政府、省军区《关于进一步推进人民防空事业发展的实施意见》(×政发〔2009〕1号)及其执行情况进行了再梳理和全面评估,进行了分类汇总,并提出了有针对性的落实措施。共凝练人防建设项目3个,即人防基本指挥所建设项目、人防机动指挥所建设项目、人防地面应急指挥中心和信息化系统建设项目。

3. 深入开展督查,推进项目落实。按照市政府的要求,主要组织开展了"五查五看"活动,不存在政策学习宣传不到位、政策执行流程不规范、政策执行标准有偏差、部门协调配合不密切、监督检查不到位等问题。在项目落实上,召开了市级人防基本指挥所改扩建及地面应急指挥中心项目可行性研究报告评审会。基本指挥所改扩建年内开工建设,地面应急指挥中心正在立项报审,机动指挥所正在实施招标采购。××市人防视频指挥系统建设项目、七里河区和西固区人防地面应急指挥中心建设项目已经省人防办同意立项建设。结合市政府"畅交通"和"地下空间开发利用与轨道交通建设相结合"实施意见,确定了地下停车场项目。积极开展人防工程招商引资,配合开发建设单位完成了部分地下人防工程项目的衔接、申报工作。

二、存在的问题及下一步工作

总体来看,我们在开展政策落实年活动中,取得了一定成效。但还存在一些不足,主要是:对国家和省上人防建设的政策学习、研究还不够;抓项目的力度还不大,措施还不多;筹集人防建设资金的渠道还不够畅通,向上级争取经费的力度还不大。下一步,我们将继续按照市政府开展政策落实年活动的部署和要求,进一步梳理政策,凝练项目,研究解决政策落实和项目建设中的突出问题,确保政策落实年活动取得实效。

××市人民防空办公室
2012年11月8日

（二）请扫描二维码，阅读达·芬奇的《致米兰大公书》，分析这封求职信的写作特点。

致米兰大公书

四、作文（选作）

（一）请根据以下内容代××省人民政府拟写一份表彰决定。

××省人民政府于2015年4月25日决定授予458人××省劳动模范荣誉称号，授予221人××省先进工作者荣誉称号，授予100个单位××省先进集体荣誉称号。

（二）请根据以下内容代××省建设厅拟写一份批评通报。

××艺术中心是××省的一个标志性建筑，省委、省政府领导对该项目高度重视，主要领导多次就项目建设召开专题会议，研究解决项目建设中存在的有关问题，并多次亲赴建设工地视察、调研，要求在保证质量的前提下，加快工程进度。但是，项目开工以来，业主现场管理不到位、组织不力，工程进度一直比较缓慢。特别是总承包单位××建工集团公司在主体施工过程中，由于对工程质量要求不高，××建科监理公司监理失职，致使中心服务区6米平台的踏步标高出现严重错误，导致后期不能按设计标高施工，严重影响工程进度。为此对××艺术中心业主单位、总承包单位××建工集团公司、监理单位××建科监理公司提出通报批评。

（三）夏季即将来临，请你以××市人民政府的名义下发一份关于加强防暑降温工作的通知。

（四）以你所在班班委的名义向本系呈送一份关于写作课程学习情况的报告。

（五）请根据本章"思考与练习"二的小练习第（三）题内容，以体育系的名义拟写一份批复。

（六）××团市委拟与××大学校团委联合举办一场庆"五四"晚会，请以这两个团委的名义写出商洽函和答复函。

（七）请写一份军训或学习的个人小结。

（八）请根据××民办中学招聘一位语文教师的广告写一份应征函。

第八章　理论文体

别林斯基在谈到狄更斯的小说创作时说过这样的话："人们看到,艺术和科学不是同一件东西,却没有看到它们之间的差别根本不在内容,而在处理特定内容时所用的方法。哲学家用三段论法说话,诗人则用形象和图画说话。""一个是证明,另一个是显示"①。对写作发现的表达,文学作品的写作采用后一种方法,即意象思维。理论文体的写作,本章讲授的文体,除了杂文需要意象思维和理论思维,采用前一种方法——理论思维。掌握本章文体的写法可以更好地发表新鲜见解。

第一节　社会评论

一、社会评论概述

（一）社会评论的含义

社会评论是写作者针对现实生活中较为重大或广受关注的社会事件、社会现象、社会问题、社会观念及思想倾向等进行分析、议论和评判的说理性文章。它总是站在时代精神的高度敏锐地评析当下的社会现实、明确地表达作者的态度和立场,并运用严密清晰的推理来阐明和论证作者的看法、观点和思想。社会评论是报纸、杂志、广播、电视、互联网等现代传媒的主要评论性文体之一,具有非常广泛的社会影响力。广义的社会评论是一种较为宽泛的总体性概念,是根据写作范围和表达方式所限定的一类说理性文章,其表现形式有社论、短评、述评、杂文、随笔、前言、编后等;而狭义的社会评论则是一种较为严格的文体概念,与专业性、思辨性、理论性等方面要求更为严格的政治评论、经济评论、思想评论和文化评论相比较而言,它是一种对象丰富多样、立意鲜明高远、内容平实精当、语言通俗平易且社会影响广泛的说理性文章,它与社论、杂文、时评等既存在着特定的差异,又具有一定的交叉与融合。这里,我们主要从狭义的角度来学习社会评论的写作。

社会评论作为社会理性精神的一种体现和张扬,既具有明辨是非、激浊扬清的功能,又具有交流对话、激发思考的功能,引导人们正确地分析和评判一些社会事件、社会现象或社会问题,从而促进整个社会形成健康向上的文明风尚和普遍共享的价值观念。尤其在社会发展日新月异的当下,影响深远的社会事件、社会现象和社会问题层出不穷,亟须得到充分而有效的阐释和解答,而社会评论作为宣传民主、文明、平等、公正、诚信等核心价值观的重要舆论工具,在启发社会公众思考、引导人们积极向善、促进社会和谐发展等方面理应发挥更为积极而有效的作用。社会评论的写作不仅可以提高当代大学生对社会现实的关注度、敏感度和洞察力,培育当代大学生的责任心、使命感、正确的人生观以及优良的个人品质,而且还能培养有志于从事公务员工作的大学生发现问题、分析问题和解决问题的能力。因此对于大学生而言,社会评论的写作既可以作为说理性文章写作的基本训练方法,又可以作为备考申论的一种常规训练手段。

---

① 别林斯基. 一八四七年俄国文学一瞥[G]//孟庆枢. 西方文论选. 北京:高等教育出版社,2002:207—208.

（二）社会评论的分类①

我国正处于全面深化改革的关键时期，处于实现民族复兴的重要转型时期，这使得社会评论的写作需求日趋强烈、功能日趋多样化，而写作的范围也日趋宽泛：举凡政治、经济、法律、时事、科技、教育、外交、体育、文艺、民生等方面，都可以成为社会评论的对象和内容。通常意义上，按照社会评论的立场、功能和作用，社会评论可以分为引导型、讨论型、答疑型、褒奖型和指斥型等五种基本类型。

1. **引导型社会评论**

引导型社会评论侧重于告知整个社会自己的立场、观点和态度，它不但可以回应和满足读者的各种现实需求，而且可以借助媒体平台的话语优势对大众进行理性而积极的启迪与引导。这种引导型评论通常有两种情况：第一种是针对社会现实问题正面提出自己的观点和见解，以事实或常识来引导受众的普遍关注、认知与信从。如针对我国当前教育发展中存在的诸多问题，《教育应培养什么样的人》②一文就指出：教育首先应该培养完整的人，其次应该培养有用的人，而教育的终极目的应该是培养自由发展的人。应当说，该文的这种理念本是一种教育学常识，但在教育实践以及教育改革实践中却往往被忽视，这篇评论文章有的放矢、阐发充分、思路清晰，有助于社会各界尤其是教育界确立科学合理的现代教育理念，从而推动教学改革的深入和教学水平的提升。第二种是针对社会中存在的带有倾向性的错误认识或观念，在否定和批驳的同时，又能以正确的观念予以分析、评判、提醒和引导，从而推动正确认识的形成和确立。如《"人民幸福是党和政府恩赐"错了》③一文就对"人民幸福是党和政府恩赐"的错误认识及宣传进行了批驳和矫正。该文指出，造福人民是党和政府的责任，而人民才是创造幸福的主体，因而既要有党和政府的正确路线、方针和政策，也要有人民的自由创造，这样才能保障人民享有真正的幸福；同时，媒体在清除错误认识方面应当负有重大责任。显然，这种分析鞭辟入里、切中时弊，对社会各界尤其是党政工作人员改正错误观念、弘扬优良传统具有非常直接的思想教育意义。

2. **讨论型社会评论**

讨论型社会评论侧重于发表作者对广受关注的社会问题的不同看法，体现着普通公民参与公共事务的热情、真诚与期望。这种讨论可以是关于是非问题的原则性探讨，也可以是对一时一事的不同态度和立场的纠偏或补正。例如，关于"网上的骂声"的讨论，很多人倾向于肯定网络民意表达的自由与民主，而《"网上的骂声"未必就等于民意》④一文则对这一现象进行了理性的反思。该文指出，网意等同于民意有两个不可或缺的前提，即技术前提与意识前提：就前者而言，我国还有一大批无法上网也不懂网络的民众，网络民意的覆盖面依然有限；就后者而言，网络民意并不能代表真正具有参政议政意识的民众的意志。因此，该文认为："网络上需要被尊重的，是客观理性的表达、有理有据的声音，就算'骂'，也要'骂'得有操守、有品性、有边界。'网上的骂声'不等于民意，更不等于需要通盘考量的筹码。"显然，相对于未经反思的一味肯定，该文所提出的讨论性意见和观点具有相当的说服力和启示性。

3. **答疑型社会评论**

答疑型社会评论侧重于及时解释社会生活中的疑问和困惑。由于社会分工越来越细，信息化程度越来越高，社会评论的解惑答疑功能也越来越强：一方面，社会评论可以提供更为开阔的

---

① 编写参阅了宋立民. 社会评论文体分析[J]. 商丘师范学院学报. 2008(4)：109—110.
② 陈家兴. 教育应培养什么样的人[EB/OL]. (2010-07-29)[2016-01-29]. 观点. 评论员文集. 陈家兴专栏. 评论. http://www.people.com.cn.
③ 杨于泽. "人民幸福是党和政府恩赐"错了[N]. 中国青年报，2012-05-10(02).
④ 邓海建. "网上的骂声"未必就等于民意[N]. 中国青年报，2012-12-05(02).

视野和全新的知识,有助于提升大众的知识水平和境界;另一方面,社会评论可以阐释公共政策,有助于提升大众的政策理解水平。如针对上海大学博士生还乡笔记的热转现象,《还乡笔记里的乡愁共鸣》①一文就深刻地指出:还乡笔记类文章"切中了一个时代共同的心灵课题:转型中的当代中国社会,从何处来,又往何处去?"同时,该文还认为:"乡村是中国的地基,但城市有中国的未来",面对转型中国社会的时代性考题,聆听、关注并记住乡愁才能创造属于未来中国人的全面小康。该文既有对还乡笔记现象的深层次解读和阐释,也有作者立足乡村、展望城市的理性认知与乐观向往,这无疑有助于人们对此类问题的深入思考与认知。又如针对"全国旅游厕所革命三年行动"这一举措,《文明素质 点滴做起》②一文从旅游厕所的重要性及存在问题、旅游服务部门的管理和如厕文明的培养等角度进行了辨析,较为充分地阐发了这一行动的价值和意义,有助于普通民众深入认识并支持这一旅游厕所管理政策。

4. 褒奖型社会评论

褒奖型社会评论侧重于通过正面典型人物或事件的评析来弘扬正气、把握导向。作为时代文化精神的重要载体,社会评论理应善于发现值得肯定和赞美的事物、人物和现象,并通过入情入理的分析予以充分的赞颂与宣扬,激励、引导民风、民意向健康文明的方向发展。如《小崔的一顿饭盛满对农民工的尊重》③一文在评析原央视著名主持人崔永元宴请暴雨中救人的农民工时就指出:"我们对于农民工的态度不仅仅是个人的问题,更是代表一个城市的接纳度与城市的包容度,只要我们时刻都拥有一颗与农民工坐一起吃顿饭的心,我们的社会才是可救的。"该文不仅肯定了农民工虽然贫困、卑微但依然保持着善良心肠的优良品质,肯定了崔永元对待农民工的真诚、感恩与尊重,而且张扬了一种平等、包容、开放的现代价值观念,这对于当下中国公众道德的提升、社会道德的重构无疑具有极为积极的示范性意义。

5. 指斥型社会评论

指斥型社会评论侧重于针砭时弊、惩恶斥邪,对社会现实中存在的各种假、恶、丑与腐败等现象进行政治、法律、道德等层面的分析与批评。通过平等、公正、公平等正义立场与评判尺度的张扬,这类评论往往能够发挥指陈时弊、纠偏去缪的作用,并能产生较大的社会影响乃至社会轰动。如关于"中国式过马路"这一较为普遍的社会现象,人们往往从国民性、法不责众、国情等角度进行分析,而《中国式过马路,能人多了路难行》④一文则从"能人"现象来进行分析,该文认为"能人"现象既有传统文化基因的制约,又受社会转型时期民众规则意识缺失的影响,而"能人"现象及"能人式"思维所造成的不仅是直接地损世害人的恶劣影响,而且更为严重的是整个社会大众心理的扭曲与异化。显而易见,该文对于"中国式过马路"现象的这种分析和批评是确当而有力度的。

此外,按照取材性质的不同,社会评论可分为事件性评论和非事件性评论;按照传媒方式的不同,社会评论可分为报刊评论、广播评论、电视评论和网络评论(包括移动网络评论)等。这里需要特别注意的是,网络评论(简称"网评")作为一种新兴的评论形态,是评论者在网络上完成的个人意见的表达,具有在线性、即时性、自由性、互动性、超文本性等特征。如知名网站的评论版块(包括人民网的"人民时评"、新华网的"新华时评"、南方网的"南方时评",以及搜狐、凤凰网等各大知名网站的评论版块)中的评论文章就属于网络社会评论。而随着互联网技术的飞速发展与普及,网络社会评论将成为广受欢迎的一种社会评论形态。

---

① 李洪兴. 还乡笔记里的乡愁共鸣[N]. 人民日报,2015-02-27(05).
② 钱春弦. 文明素质 点滴做起[EB/OL]. (2015-04-04)[2016-01-29]. 时政,新华时评. http://www.news.xinhuanet.com.
③ 闫芳. 小崔的一顿饭盛满对农民工的尊重[EB/OL]. (2012-07-31)[2016-01-29]. 评论,中青时评. http://pinglun.youth.cn.
④ 严辉文. 中国式过马路,能人多了路难行[N]. 中国青年报,2012-10-17(02).

（三）社会评论的特点

1. 政论性与实用性的统一

鲜明的政论性是社会评论的基本特征。社会评论的对象通常是具有一定政治意义、经济意义和社会意义的事件或现象，评论者往往需要运用辩证唯物主义和历史唯物主义以及特定的思想理论工具进行分析、讨论和评判，体现着一定的理论色彩和较强的理性精神。在当前的社会转型时期，社会评论理应围绕中国特色社会主义建设和改革开放的时代主题，对社会生活中出现的重大的社会问题、社会现象、社会事件、思想倾向等进行冷静的思考和分析，从而阐明科学、理性而积极的立场、观点和主张，引导社会形成正确的思想观念与舆论倾向。同时，社会评论不是无的放矢的、空洞的理论说教，它具有非常直接而有效的实用性。社会评论往往针对的是重大的或被普遍关注的社会事件或现象，是基于发现、认识和解决问题的社会现实需要有为而作的产物；评论者要基于基本的事实、缜密的推理和细致的分析来提出自己的观点、表明自己的立场，形成较强的感染力和说服力，从而发挥引导受众理解、认同乃至信从的现实效用。

2. 时效性与警示性的统一

社会评论通常需要迅速地捕捉、分析和评判当下社会生活中新近出现或发现的社会事件、社会现象、社会问题或思想倾向，并指明症结、提出解决问题的方法和措施，引导人们提高思想认识、增强辨识能力。即事即评、当机立断的社会评论可以充分吸引受众的注意，发挥社会评论更为迅速有效的影响力和说服力，而事过境迁的社会评论则很难发挥出其最佳的社会影响效果。同时，无论何种类型的社会评论，都具有一定的警示意义，也就是说，社会评论在及时发现、分析和评判问题的同时，也能引发民众的注意和反思，引导民众予以有效的应对和合理的解决，从而避免错误或不良现象的蔓延，维护和张扬良好的社会风气，推动整个社会良性有序地发展和进步。

3. 公众性与政策性的统一

社会评论的取材非常广泛，涉及政治、经济、文化、教育、法律、医疗、卫生、环保等社会生活的各个领域，反映着民众的需求、体现着民众的意愿；社会评论的受众是最为广泛的人民群众，评论对象则是人民群众普遍关心的现实问题，评论视角通常是从人民群众的切身利益和基本立场出发，平易通俗的论述方式和语言风格也力求符合民众的口味。因而，社会评论是一种贴近生活、贴近民众、引导舆情且公众参与度非常高的理论文体。同时，因为社会评论在信息传播和媒体宣传中发挥着引导、启示和监督等主导性作用，所以社会评论理应以党和国家的现行方针政策为依据，结合民众实际需要和社会实际来揭示问题、阐发原因，并提出合情合理合法的可行性解决办法和措施，从而在宏观上、思想上和舆论上真正发挥"导向标"和"巡逻兵"的引导作用。

二、社会评论的写作

（一）敏锐地发现评论对象

评论对象的发现与选定是社会评论写作者需要首先认真思考和解决的问题。社会评论是对纷繁复杂的社会现实的观察、反思、追问、分析与评判，这就需要评论者对社会现实保持高度密切的关注，并敏锐地发现和捕捉具有普遍社会价值和意义的评论对象。这里需要注意的是：一方面，社会评论写作者理应具备广博的人文情怀、高度的社会责任感、敏锐的社会洞察力、坚实的政策理论素养与深刻的理性思辨能力，这是其能够在瞬息万变的社会现实中发现和选取评论对象的主体基本素养与条件；另一方面，作为评论对象的社会事件、现象、问题或思想倾向本身应具有一定的评论价值，也即只有那些具有重大社会影响、广受社会关注、并具有长远社会效应的社会事件、现象、问题或思想倾向才有可能成为评论对象。那么，如何发现和选取评论对象呢？一般而言,应从以下三个方面入手。

1. 捕捉新闻时事的热点与焦点

新闻是新近发生或发现且被及时、客观地记述和反映的事实,它是社会历史发展历程的记录,受到社会大众的普遍关注,尤其是一些具有重大社会影响的时事热点和焦点,如党和国家的重要会议、新近出台或发布的重要政策,医疗、卫生、教育、环境等领域关系国计民生的各类社会事件,都易成为社会评论的对象。社会评论写作者只有始终保持对现实生活的新鲜感、敏锐感和责任感,充分发挥和调动自身的观察力、感受力,才能在面对时事热点和焦点时迅速地激发起自己的写作愿望和动机,发现和选取具有评论价值的社会新闻,并迅速确立自己认知和评论的独特视角。如针对美国独资企业上海福喜食品公司大量使用过期变质肉类原料生产加工食品的曝光新闻,《捍卫食品安全需要"社会共治"》①一文就抓住了食品安全这一社会焦点问题,从法律有效实施和社会力量参与二者相结合的角度提出了捍卫食品安全的对策,具有极强的现实针对性和时效性。

2. 透视有价值的社会现象

千姿百态、五彩缤纷的社会现象是社会生活复杂多样且日趋繁复的体现,也是每一个个体时刻需要面对、了解和认识的对象,但并不是每个人都有足够的时间和精力所能理解和把握的。而对于社会评论写作者而言,透过现象来把握本质则是一项最为基本的要求,也是社会评论能够顺利完成的基本前提。只有通过对各种社会现象的精确透视、深刻领悟与准确把握,评论者才能对评论对象作出较为恰当、得体而透辟的分析和评论,从而有助于广大民众明辨是非善恶、深化思想认识、提升理性素养。如针对近年来频发的中国人出国游时的不文明现象,郭晓冉的《用文明旅游打造中国"名片"》②一文就从中国传统文化陋习和东西方文化差异两个方面分析了原因,并从提高国民整体道德素质、主动了解西方文化、旅行社采取措施引导游客和政府相关部门进行宣传教育四个方面提出了对策,这对提高全体国民的文明旅游意识与素养无疑具有一定的启示与引导意义。

3. 发掘深层的社会思想动向

社会事件和现象通常蕴含着丰厚多元的社会思想观念,体现着特定的社会思想动向。在某种意义上,社会评论的影响力就取决于其对社会思想动向把握的精准性、深刻性和独特性,这就需要社会评论写作者运用敏锐的洞察力、精细的领悟力以及较为深厚的理论积淀,深入发掘纷纭多变的社会事件和现象中独特而鲜明的思想动向,形成自己独到的观点和见解,从而确保社会评论应有的思想深度和理性力量。如针对近年来网络讨论中的对立化和极端化倾向,《远离极端化 凝聚可贵的网络共识》③一文运用"舆论共识度"这一专业术语进行了深入辨析:"'舆论共识度'是评估一个社会凝聚度和向心力的重要指标",缺乏共识的社会必将成为彼此为敌、内耗不断的野蛮丛林;只有强化"强力反腐"和"深化改革"这两项社会共识,才能创造善意、健康、正面的公共舆论场,形成推动社会发展的理性力量。无疑,该文所具有的理论灵敏度和思想深度对于纠正错误的社会认识、倡导客观理性的社会观念起着举足轻重的作用。

(二) 精心地构思评论内容

评论内容的构思是社会评论写作者需要全力解决的核心问题。发现和选定评论对象解决的是"写什么"的问题,而构思评论内容解决的是"如何写"的问题,即确立鲜明的评论观点并运用合

---

① 应飞虎. 捍卫食品安全需要"社会共治"[N]. 人民日报,2014-07-24(05).
② 郭晓冉. 用文明旅游打造中国"名片"[EB/OL]. (2013-10-05)[2016-01-29]. 长城原创. http://report.hebei.com.cn.
③ 曹林. 远离极端化 凝聚可贵的网络共识[N]. 中国青年报,2015-04-21(02).

理的结构模式、恰当的论证方式予以准确地传达和呈现的问题,这就需要评论者进行精心的构思与设计。具体而言,评论内容的精心构思主要包括如下三个方面。

1. 确立鲜明的评论观点

社会评论依据基本的社会事实阐发和表明评论者自身的立场、看法和观点,具有鲜明的主体个性色彩,体现着特定评论者或评论媒体及机构的态度和立场。因而,社会评论的写作者首先要形成和确立自己独特而鲜明的评论观点。一般而言,评论者需要做好如下三个方面的工作。其一,选取新颖的角度。同一事件或现象往往具有多个可以审视和分析的切入角度,如何选择新颖而独特的视角,在很大程度上体现着评论者思维的敏锐性、独特性和创造性;面对同一个焦点事件或现象,评论者必须选择独一无二的视角,要能生发出"人无我有,人有我新"的鲜明观点。其二,提炼正确的观点。由于评论者自身理论素养及立场的差异,同一视角也可能生发出不同的观点,但不论何种观点,都应立足于科学的世界观和方法论,也即辩证唯物主义和历史唯物主义的世界观和方法论,并以现行的党和国家的方针政策为依据,力求正确、合理、合法,符合党和国家以及广大人民群众的最为基本的利益,唯有如此,这种观点才能产生良性而有效的积极效应。其三,拟定醒目的标题。社会评论的标题往往是评论内容最为集中而精练的概括和表达,好的标题不但能充分体现作者的立场、看法和观点,而且可以吸引读者的注意,成为发人深思的标志性话语,因此,社会评论写作者还需深思熟虑、反复斟酌,力求拟定一个富有创意和深意的醒目标题。如《从围观小偷溺水看公众法治思维的欠缺》[①]一文,针对社会公众对溺亡小偷的冷漠心理,作者既从道德评判的角度予以解读,又从"公众法治思维的欠缺"角度进行剖析和批评,并在文章最后指出:"道德是人性善的伸张。但是,道德也必须接受法治的考量。否则,就可能成为非正义的帮凶。"显然,相较于大众的惯常性观念,该文的观点更符合现代法治社会的精神理念,更具有先进性和合理性。

2. 采用合理的结构模式

在长期的写作实践中,社会评论形成了较为固定而典范的结构模式,这种结构模式可以概括为三部分。第一部分(提出问题):列举事实,明确观点;第二部分(分析问题):剖析原因,论证观点;第三部分(解决问题):提出对策,强化观点。在我们所看到的社会评论中,绝大多数评论都或隐或显地遵循着这一模式,这说明该模式是符合社会评论的文体思维规律的,是一种来自于写作实践并行之有效的合理化结构模式,便于评论者迅速地反思现实、把握现实、评判现实,并及时发表自己独到的观点和见解。如《旅游产品雷同是旅游文化资源贫瘠的隐喻》[②]一文就很具有代表性。第一部分,基于旅游商品同质化严重的现象,作者认为:旅游商品应是一个景点的文化浓缩,因而"一味地模仿和借鉴背后还透露着粗制滥造的尴尬现实,凡此种种,无不隐喻着贫乏的旅游文化"。第二部分,作者从两个方面分析了这一现象的成因:一是景区急功近利的短视思想,二是缺少积淀的人文景观的同质化开发。第三部分,作者从三个角度提出了"打造独一无二的个性产品"的方法:一是景区管理部门理应转换思维方式,实现从门票经济的传统思维向创意产品经济的现代思维转换;二是挖掘景区的文化特色,并将其融入景区产品之中;三是充分重视和利用景区当地民众的创意产品。文章最后一段,作者强调指出:"要想让旅游产品有独特的个性,其最终归宿必然体现在文化内涵的丰富上。"显然,由于合理的结构模式的运用,该文呈现出观点鲜明、思路清晰、层次分明、论证严密、表述到位等特征,具有一种较强的说理性力量,能够最大程度地发挥启示、引领、指导等积极性社会效应。当然,这一结构模式只是提供了一种最为基本的结构

---

① 王希忠. 从围观小偷溺水看公众法治思维的欠缺[EB/OL]. (2008-03-03)[2016-01-29]. 红辣椒频道. http://hn.rednet.cn.
② 张剑. 旅游产品雷同是旅游文化资源贫瘠的隐喻[EB/OL]. (2014-10-08)[2016-01-29]. 光明时评. http://guancha.gmw.cn.

模型,评论写作者还需根据材料特点、个性习惯以及观点表达的实际需要等灵活地而富有创造性地运用这一模式。

3. 运用恰当的论证方式

社会评论属于议论性文章,是基于真实材料发现问题、提出观点、表明立场、提出对策,并对自己观点予以充分阐释与论证的书面材料,它必须符合理论论证的基本规则与要求。一般意义而言,社会评论应当做到如下三点。其一,以事实为基础。社会评论通常是以现实生活中的真实事件或现象作为分析和评判的对象,如果社会评论中所使用的事实材料存在着虚假乃至谬误等情形,那么作者的观点和立场就难以取信于众,整篇社会评论的价值也会受到质疑。因而,社会评论的写作首先要关注和尊重基本的事实,在甄别真假、探明真相的基础上予以准确无误的表述,保证时间、地点、过程、人物等基本信息要素的真实。其二,确保材料与观点的统一。作者的观点是从材料中生发和提炼出来的,在文章中更需要相关材料的支撑和佐证,因而,评论的观点和所使用的材料必须保证有机的统一,避免出现生硬机械或牵强附会等情形。其三,整合运用论证方法。社会评论常用的论证方法包括归纳论证、演绎论证、引用论证、举例论证、对比论证、类比论证、比喻论证、因果论证等,评论者在写作时应根据观点论证的实际需要灵活地加以整合性运用,以求达到最佳的论证效果。如《传统节日是需要保护和传承的文化遗产》[①]一文就采用举例论证、引用论证、对比论证等多种论证方法,充分论证了作者的这样一种基本观点:传统节日的式微是由传统节日的"异化""空洞化""物化"等原因造成的,传统文化理应通过必要的变革得到更好的传承。

(三) 艺术地表达评论观点

为更好地发挥社会评论的功能和效用,社会评论的写作还需要解决"怎么写好"的问题,即如何表达才能取得最为理想的社会传播效果。这里,写作者需要做好如下三个方面的工作。

1. 说理真诚平等

社会评论是写作者基于自己对社会问题的独立思考的深入分析而进行的理性表达,是作者与读者真诚而平等的交流与对话,任何形式的说教或煽情都有违社会评论的文体规范。因而,社会评论的写作者应做到以下两方面。第一方面,保持真诚的基本态度。评论者通过对社会事件、社会现象、社会问题或社会思想倾向的深入思考形成自己的观点,并通过严密充分的说理论证引起社会各界的普遍关注和深入思考,体现的是写作者的社会责任感与参与感,因而写作者理应秉持一种最为基本的真诚态度,唯有如此才能真正打动读者、感染读者,形成作者与读者之间有效的交流与互动。第二方面,保持平等的基本视点。虽然评论者在表达时具有主导性话语权,但其仍然是作为现代社会的普通一员,而绝非高高在上的宣教者或鼓动者,进行自我思考和观点的表达,那些刻意教化、宣传或煽动的社会评论文章往往面目可憎、适得其反。总之,只有做到真诚、平等,评论者所写的评论文章才能最大程度上被认可、被接纳,从而形成引发关注、相互交流、达成共识等积极的社会效应。

2. 论述理性平和

社会评论是以鲜明的观点、扎实的材料和充分的论证来说服读者的,因而,社会评论的写作理应具备理性思辨的鲜明特色,力求以理服人,而非以势压人、以言欺人或以诡诈人。这就要求评论者在写作时做到:一方面,论述情理兼备。评论者既要有对社会现实的高度关注和热情,又要运用批判性思维对各种社会事件、社会现象或社会问题予以理性的审视和剖析,叙述态度鲜明、准确生动,思路清晰、论证辩证严密,既能叙论结合、以情动人,又能深入浅出、以理服

---

① 张魁兴.传统节日是需要保护和传承的文化遗产[N].光明日报,2013-03-14(12).

人,达到情理兼容的表达效果。另一方面,论述分寸得当。无论是观点的表达、问题的剖析,还是观点的论证、对策的提出,评论者的措辞和行文都应注意分寸,力求客观、公允、精准,避免出现极端化或偏执化等错误倾向。需要注意的是,社会评论的写作应严格避免出现如下问题:其一,以点代面,以偏概全,认识片面,观点偏激;其二,就事论事,罗列现象,问题不明,缺少分析;其三,主观臆断,感情泛滥,层次不清,逻辑混乱。

3. 表述简明精当

社会评论往往对社会现实进行精准而深刻的剖析和评判,并通过各种现代传媒进行传播,进而对广大民众产生深刻的影响,因而,社会评论的语言表述应追求一种简明精当的风格,反对假话、套话、空话,反对生搬硬套的八股腔。具体而言,社会评论的表述风格主要表现在两个方面:一方面,评论者要善于运用简洁明快、通俗生动的语言,能够将自己的观点和深刻的道理充分阐释出来,并能予以较为全面而充分的论证,切忌语言的艰深晦涩、矫揉造作;另一方面,评论者要善于运用措辞准确、内涵明晰的语言,论述一针见血、精准到位,切忌拖泥带水、啰嗦重复。总之,评论者要不断强化自身的语言素养,准确地把握评论语体的特征,通过认真斟酌、反复锤炼、不断修改来提高和完善自身的语言应用能力和水平,自觉追求并创造具有个性化特征的评论语言之美。

第二节 杂 文

一、杂文概述

(一) 含义及文体源流

杂文是一种以议论和批评为主、兼有评论与文学特色的边缘性文体。它以广泛的社会批评和文明批评为主要内容,多以对假恶丑的揭露和批判来肯定和赞美真善美;杂文体式多变,笔法灵活,篇幅简短,语言活泼;论理上讲究抒情性和形象性,具备鲜明的讽刺幽默喜剧色彩。

从文体角度考察,杂文可谓既古老又年轻。

早在先秦时期,就多有具备鲜明杂文特点的优秀作品。如《战国策》中的《邹忌讽齐王纳谏》《触龙说赵太后》,荀子的《劝学》、庄子的《秋水》、孟子的《齐人有一妻一妾》等。这些文章,或讽喻劝谏、婉而多讽,或连类取譬、论理形象,或直面现实、针砭时弊,用冯雪峰先生的话说"都是最好的、最出色和最本质的杂文"[①]。

自秦以降,大一统的封建帝国形成,严酷的专制统治,使思想领域"百花齐放,百家争鸣"的局面不复存在。但时代的夹缝中,杂文仍顶着重重压力在顽强生存,历朝历代,都不乏杂文佳作。南北朝时期,阮籍的《大人先生传》、鲁褒的《钱神论》、嵇康的《与山巨源绝交书》,唐代的"说"体文《马说》《捕蛇者说》,明代刘基的《卖柑者言》,清代龚自珍的《病梅馆记》、梁启超的《少年中国说》等,都堪称杂文精品。

但古代的杂文作品,并未有明确的文体归属。据考证,"杂文"一词,最早见于范晔的《后汉书》。但范晔之所谓"杂文",指杜笃等人写的那些不能归入"赋、诔、吊、书、赞"文体中的杂体文。之后,南朝梁代的刘勰,也曾论及"杂文",言"详夫汉来杂文,名号多品,或典、诰、誓、问,或览、略、篇、章,或曲、操、弄、引,或吟、讽、谣、咏,总括其名,并归杂文之区;甄别其义,各入讨论之域"[②]。显然,范晔、刘勰所称的"杂文",泛指非主流的杂七杂八文章,并非明确的文体概念。这种认识大

[①] 冯雪峰. 谈谈杂文[G]//冯雪峰论文集(中). 北京:人民文学出版社,1981:231.
[②] 刘勰. 文心雕龙[M]//范文澜. 文心雕龙注. 北京:人民文学出版社,1958:262.

致代表了古人对"杂文"的理解。

杂文文体地位的确立是在现代。五四之后,伴随着新文学运动的发展,文章分类出现了新的变化,古代"散文"概念的外延大大缩小,散文中的那类以论理为主的小品文,一时蔚为大观。以鲁迅为代表的一大批现代作家,从强烈的历史使命感和社会责任感出发,把小品文锻造为"文明批评""社会批评"的武器。他们在理论与实践两方面的不断尝试与探索,终于使直面现实、犀利泼辣的那类"硬性"小品文,以旧瓶装新酒的"杂文"名义挣脱出散文母体,毫无愧色地登上了20世纪30年代中期的文坛。

(二)文体特征

杂文的特征可概括为四个方面。

1. 感应敏锐,时代性强

杂文人称"千字文""豆腐块",它是各种文章样式中反映生活最敏锐、最及时、最富时代性的一种文体。鲁迅曾说过:"现在是多么迫切的时候,作者的任务,是在对于有害的事物,立即给以反响抗争,是感应的神经,攻守的手足。"①他的杂文颂扬真善美,鞭挞假恶丑,反映着时代的风雨阴晴。

正因为杂文能敏锐地反映生活,富有时代精神,优秀的杂文作品往往能激起强烈的社会反响。1979年8月4日,《人民日报》发表了乐秀良的《日记何罪》,作者针对"文化大革命"中许多人因写日记而受到残酷迫害,而"文化大革命"结束后,因思想领域中"左"的东西很多,这些冤案仍未平反这一社会现实,鲜明地提出自己的看法:"人们在日记里记录着自己的思想观点,既无推翻无产阶级专政政权和社会主义制度的目的,更无危害中华人民共和国的行为,既没有扩散,也没有对社会造成后果,何罪之有?"文章发表后,反响强烈。作者又接连写了《再谈日记何罪》《三谈日记何罪》等文,大声疾呼:日记无罪! 后来,作者把这几篇文章以及文章发表后引起的社会影响等内容,集为一本书,题为《日记悲欢》。一篇千字文,引出一本书,可见杂文对社会的影响了。

2. 敢于批评,富有思想

批评意识是杂文与生俱来的特质,也是杂文的本质属性。杂文的批评,是广泛的社会批评和文明批评。鲁迅的杂文,或剖析国民弱点、批评病态的社会文化心理,或揭露社会政治的黑暗、反动文人的无耻,或抨击专制统治者的凶残、帝国主义的罪行等,"论时事不留面子,贬锢弊常取类型"②,堪称杂文典范。但杂文的批评,并非只是破坏,不重建设。"破"与"立",是辩证统一的,"破"中有"立","立"中有"破"。杂文是通过批评达到建设的目的,是寓肯定于否定之中。"杂文的根本点在于社会建设性。批判是形式的、外在的,而追求人类共同价值的实现,是本质的、内在的。"③

杂文的批评通过深刻、具体的思想价值来实现。思想是杂文的生命,是杂文的内核和灵魂,也是杂文实现其社会价值的基础。杂文通过其独到的思想认识作用,影响读者,造就公平、合理、正义的社会舆论环境,激发改革社会、推动文明的巨大动力。杂文思想的表达不同于一般社会科学论文的思想表达,它不是抽象的、概括的,而是具体的、生动的,是思想性和艺术性的水乳交融。鲁迅先生关于"吃人"封建本质的认识,巴金先生关于"说真话"的感悟,既达到了前无古人、旁无众随的思想高度,又体现出杂文思想的具体和生动。

3. 曲笔论理,生动形象

"曲笔"是一种写作技巧,也称"绕笔",即由于某种特殊原因,作者不便直接道出本意,于是用

---

① 鲁迅.《且介亭杂文》序言[M]//鲁迅全集(六).北京:人民文学出版社,2005:3.
② 鲁迅.《伪自由书》前记[M]//鲁迅全集(五).北京:人民文学出版社,2005:4.
③ 朱健国."第六站杂文家"的思想轨迹——盘点刘洪波[J].唯实,2002(8):167.

委婉的表述,使读者通过思索,来了解作者本来的意旨。曲笔论理,体现的是杂文的文学特征。"只有'曲笔'的确立才使杂文作为一种文体走向自立,在形式范畴的根本性意义上赋予议论文体以艺术特质"①。杂文以思想的表达为主要目的,杂文的思想又是一种具体、生动的思想,因此,概念、判断、推理的逻辑形式,实现不了这个目的。直白浅露或一览无余,永远是杂文论理的大敌。杂文的"曲笔"论理,主要体现为作者创作思路的营构,是杂文艺术构思的主体。"曲笔",是就思想与事实、情景的沟通方式而言的,这种沟通,不是直接、单一的线式沟通,而是委婉、多维的立体沟通。杂文曲笔论理通过多样化的方法实现,常用的如象征、类比、对比等。

当然,杂文的曲笔,决非意味着越曲越好。时代不同,读者对象不同,杂文当然也可以写得明白晓畅些,但这只是曲笔如何运用的问题,而不是要不要曲笔的问题。没有了形象生动,杂文只能等同于时评、政论。

4. 幽默辛辣,亦谐亦庄

幽默辛辣是杂文突出的语体风格。杂文要关注社会、贬责痼疾,没有辛辣,便如同隔靴搔痒,实现不了其激浊扬清、革故鼎新的社会功能。杂文的讽刺常寓于幽默之中,因为幽默有助于作者发现和描绘生活中乖讹、悖谬的东西。杂文就如同雄鹰,有了辛辣与幽默两只健全的翅膀,它才能遨游天空;翅膀稍有残缺与损伤,便难以飞得高远。

好的杂文作品,总是涉笔成趣,使读者发出意味深长的微笑。但在笑过之后,却能领略到作者犀利尖锐的抨击和揭露,顿生痛快淋漓之感。不过,杂文的讽刺要看对象,它可以是"匕首""投枪",也可以是"银针""手术刀",还可以是"啄木鸟""乌鸦";杂文的幽默也非油腔滑调,不能为幽默而幽默,为笑笑而笑笑。

二、杂文写作

(一) 发现

杂文写作发现体现的是作者的选题与主旨,亦即解决"写什么"的问题。杂文作家朱铁志有言:人要写文章,总是源于他对这个社会有话说。"对我而言,写作杂文是对社会发言的一种形式,我要把自己心中的爱憎好恶都形之于笔端,诉之于读者。"②但作家的"社会发言",有的侧重再现,直面现实,关注当下;有的侧重表现,抒情写意,观照内心。考察现当代杂文源流及其发展演变,我们会发现,杂文作者更多的是倾向前者。

现代杂文脱胎于"五四"之后的散文小品,其文体形成,一直伴随着与那些"以自我为中心,以闲适为格调"小品文的对立与论争。在鲁迅看来,在激烈变动的时代潮流中,吟风弄月、无病呻吟式的表达自我,非但不合时宜,更可能误导广大民众,躲到象牙塔里,自我麻痹与陶醉。而"生存的小品文,必须是匕首,是投枪,能和读者一同杀出一条生存的血路来的东西"③。鲁迅杂文,之所以被誉为中国社会的百科全书,正是因为其直面现实的关注思考。

杂文作者的发现,主要表现在以下几方面。

1. 感于时事新闻有所发现

时事新闻,是变动着的社会记录。一个事件发生了,当肯定,还是当否定?一个问题产生了,什么原因,如何解决?这些,对有着敏锐感知的杂文作家而言,往往是现成的写作选题。于是,或就事论事、明辨是非,或由点及面、连类取譬,他们思索、寻求着恰当的言说方式。很多新闻从业人士撰写的杂文,常以"据报载"开头,这类杂文与时评一样,体现着鲜明的新闻时效性。

---

① 姜振昌. 鲁迅与中国 20 世纪杂文[J]. 鲁迅研究月刊,1999(8):21.
② 朱铁志. 自序——我思故我在[G]//你以为你是谁. 北京:文化艺术出版社,2002:4.
③ 鲁迅. 小品文的危机[M]//鲁迅全集(四). 北京:人民文学出版社,2005:592.

鲁迅先生创作杂文,往往感于报章的时事新闻。上海的鲁迅博物馆里,保存着一本鲁迅剪报集,剪贴得很整齐,每页上还有他亲笔所写报纸名称和日期,这些资料是他1928年到1933年期间从上海出版的《申报》《新闻报》《时事新报》等报纸上剪下来的,其实都是他日后杂文的选题和资料。他的《〈且介亭杂文二集〉后记》《〈伪自由书〉后记》《〈准风月谈〉后记》,都是洋洋洒洒的万言长文,不仅所涉事实,剪报为证,有案可稽,而且所评所论,有的放矢,弹无虚发,显现出娴熟的斗争艺术和高超的写作技巧。当今时代,资讯传播形式多样,内容海量,非鲁迅时代所能及。杂文作者如能敏于阅读,勤于思索,更会有源源不断的写作发现。

2. 感于生活体验有所发现

生活中点点滴滴的观察体验,往往也能触动杂文作者的写作灵感。鲁迅的杂文《由孩子的照相说起》,感于孩子照相这样的日常琐事,对比分析中日两国照相师"觑机摄取他以为最好的一刹那的相貌"之不同,批判教人"驯良",使人"低眉顺眼,唯唯诺诺"的文化"国粹"。邓拓的杂文《伟大的空话》,感于邻居孩子写的一篇《野草颂》:"老天是我们的父亲,大地是我们的母亲,太阳是我们的保姆,东风是我们的恩人,西风是我们的敌人……",作者把这类"悬河之口,滔滔不绝"的语言,戏谑地称为"伟大的空话"。文章曾于"文化大革命"起始批判"三家村"时,被扣上"最恶毒攻击"的帽子,正反证了其思想深度。

一次经历,一则笑话,一个场景,这些生活中的"一地鸡毛",在很多作家的眼里,可能只是写作素材的"下脚料",构不成完整的情节或冲突,但在慧眼识珠的杂文作家眼里,却可触类旁通,引发对社会现象、社会问题的思考,揭示出社会、人生的某些普遍本质。这正是通常所谓的"大处着眼,小处着手"。同时,由于触发作者的都是自身的所见所闻,融会着真切的生活体验,真实、具体而又鲜活,也使构思而成的杂文,具有了绚烂多姿的艺术魅力。

3. 感于世态人情有所发现

感于世态人情的发现,首先是透过现象看本质。"世事洞明皆学问,人情练达即文章。"世态人情,体现的是社会的阴晴变幻,它以潮流、风气、时尚等形式,潜移默化地影响着每一个人。但时尚潮流,明暗交错,亦真亦幻,有的反映了人民愿望,符合文明发展的趋向,也有的背时逆世,阻碍社会的健康发展。杂文作者感于世态人情,静观默察,独立思索,形成属于自己的观点与看法。比如杂文《"仇富"是个浅薄的结论》[①],文章着眼的是社会中所谓的"仇富"现象,作者却能透过眼花缭乱的表象,一语中的指出"其实质是仇'不公'"。可见,真正的杂文作家,总是如此不随波逐流,人云亦云。

感于世态人情的发现,也要辩证地揭示矛盾,分析矛盾。世事万象,纷纭复杂,其中充斥着乖谬与对立,这些看似矛盾的现象,却往往正是把握本质的突破口。仍以"仇富"现象而言,"越穷越光荣"的时代早已过去,现在人人都在向往着富裕,为什么却又"仇富"?同样是"仇富",为什么"人们却不'仇'袁隆平,乃至陈光标"?从这些矛盾的疑问切入,再结合社会现实进行分析,作者既充分肯定为社会不公而"仇"是是非感、正义感的体现,又立场鲜明指出"富并未错,不分清红皂白的仇富不但不对,而且是一种卑劣的妒忌品质,应该摒弃与鞭斥"。这样的论理方式体现了辩证思维的精髓。

4. 感于质疑辩驳有所发现

真理越辩越明,思想交锋、观点碰撞,容易擦出思想的火花,这是人所皆知的常理。同样的问题、现象,由于立场、角度、方法的不同,人们看法不一,见仁见智,是正常的。有不满,有质疑,争执起来,各抒己见,既可释疑解惑,又能启迪思维。2013年第3期(上)《杂文月刊》"三人行"栏

---

① 龚德明."仇富"是个浅薄的结论[N].杂文报,2011-07-15(1).

目,曾发表了署名郭树荣的杂文《向杂文界进言》,文章对当下的杂文创作,"自缚手脚,自我钳口""苍白无力,引不起读者的共鸣",深感失望,由此"吁请杂文界,回归鲁迅,回归鲁迅杂文,回归鲁迅精神。"第5期的栏目中,马上有郭平德的杂文《杂文姓辣不姓杂——也向杂文界进一言》呼应。随后,多篇争鸣文章先后在同栏目出现,有的认为《杂文性辣不姓"杂"》,有的却说《杂文如何"辣"得起来》,更有重申《杂文本姓"杂"》。一时间,众说纷纭,莫衷一是。但这样的争论,对人们认识杂文的本质、功能及风格,无疑起着重要的推动作用。

为寻求写作发现,杂文作者针对社会热议的话题,要满怀热情,积极参与,做"好事之徒"。不过,质疑辩驳并不意味着必须针锋相对,更不是成心抬杠。比如,谈人才问题,你阐述"伯乐相马",我论证"马相伯乐";你认为"相马不如赛马",我强调"要完善赛马规章"。这种思维的相互激发、认识的推陈出新,才是质疑辩驳的终极目的。

(二) 构思

写作构思,是复杂的思维活动过程。兼有"论文"与"艺术"特征的杂文,其构思过程中,固然少不了逻辑思维的推理、论证,更离不开形象思维的联想、想象,但却不是二者的简单相加。朱光潜先生曾从心理学角度,把思维的运用分为两种:

一是推证的,分析的,循逻辑的方式,由事实归纳成原理,或是由原理演绎成个别结论,如拨茧抽丝,如堆砖架屋,层次线索,井井有条;一是直悟的,对于人生世相涵泳已深,不劳推理而一旦豁然有所彻悟,如灵光一现,如伏泉暴涌,虽不必有逻辑的层次线索,而厘然有当于人心,使人不能否认为真理。[①]

朱先生所谓的前者,多表现在科学探索和理论思考中,人们称为科学的思维;而后者多用于艺术表现,可称为艺术的思维。体现着多种思维方式交融渗透的杂文构思,更多依赖感悟与体验,无疑属于艺术的思维。

1. 构思特征

(1) 真实自我的直接现身

一般文学作品,作者力求将自己隐匿得越深越好,他只把作品中的人物、形象推到读者面前,和读者对话、交流;杂文作者则不然,杂文作者的文格就是他的人格,反之亦然。所以,杂文是人格化的文,而杂文家则是文格化的人。

鲁迅的杂文便是作者"辗转而生活于风沙中的瘢痕"的真实记录。鲁迅在《华盖集续编·小引》[②]中说过,他的杂文"就如悲喜时节的歌哭一般","无非借此来释愤抒情"。他的杂文,几乎每一篇都有"我"出现文中,作家直接面对生活发言,面对读者说话。"我"不是小说中虚构的形象,而是真实的作家本人,是杂文中所描述对象的发现者、观察者、见证者和解剖者。无论是社会批评,还是文化批判;无论是对现实的断面剖析,还是对历史的纵向溯源;无论是对假恶丑的揭露,还是对真善美的礼赞,读者都能看到一个多愁善感、爱憎分明的立体形象。

(2) 隐喻性的论理形式

隐,即"藏身",所谓含而不露;喻,即比喻、比兴、比拟等,所谓借此言彼。杂文的论理,从来不靠严密的逻辑推理得出结论,更忌讳直白地点出观点,亮出看法。此种隐喻性的论理形式,人们通常谓之杂文的"曲笔艺术"。

杂文论理的"隐",可隐于事例,隐于形象,也可隐于情感的表达。叶永烈曾有篇千字杂文,从影片《人到中年》中的一句台词"金属也会疲劳"谈起,先以铁丝经反复弯曲会断裂的现象来说明,

---

[①] 朱光潜. 随感录(上)——小品文略谈之二[M]//朱光潜全集(九). 合肥:安徽教育出版社,1993:396.
[②] 鲁迅. 华盖集续编·小引[M]//鲁迅全集(三). 北京:人民文学出版社,2005:195.

再用"彗星号"喷气式客机因疲劳产生裂纹终致坠毁的具体事例来印证,最后又简要分析内燃机的曲轴、机车车辆的机器传动轴等,也常常因疲劳而突然断裂等情况,用来阐述"要注意爱护、保护人才,尤其是那些处于'超负荷'状态中的中年知识分子"①的观点,此之谓隐于事例;鲁迅的杂文,用媚态的猫、势利的狗、嗡嗡的苍蝇、哼哼的蚊子、挂着小铃铎的山羊等形象,来揭露帮闲御用文人的嘴脸,当代杂文作家用横行的螃蟹比喻"四人帮",用鬣狗活现"四人帮"走卒的行径,此之谓隐于形象;鲁迅杂文中,有很多充满诗情画意的句子,如"做了人类想成仙;生在地上要上天""真的猛士,敢于直面惨淡的人生,敢于正视淋漓的鲜血",此之谓隐于情感的表现中。

(3) 随感性的表达体式

杂文是"感应的神经",作品是作者的有感而发,但杂文的有感而发有些不同。一般议论文章往往把"感"作为"发"的由头,"感"过后就丢在一边,专注于逻辑推理的"发","感"与"发"是分开的;杂文的"感"与"发"往往融为一体,"感"中寓"发","发"在"感"中。杂文的"感",随心所欲,纵笔而谈,不拘一时一地,一事一物;也可大可小,可远可近。

作为感悟、体验性思维重要的特征,随感性的行文体式,仅从杂文标题上就鲜明地体现出来。诸如"随感录""杂感""杂语""偶成""闲谈""漫议""琐记""从……说起""因……而想起"等,都是我们常见的杂文标题样式。鲁迅杂文,往往由环境、时令、人物、事件、故事、笑话等个人的一点感想等作为由头生发开去。如《人话》,从记起荷兰作家望蔼覃所作童话《小约翰》中的小约翰与两种菌类的对话开头,写到青少年科普读物中往往也写些"人话",进而批评某些科普文章中掺入了封建伦理道德观念的倾向,又指出不同的人有不同的"人话",提醒人们注意某些人利用青少年的纯厚进行诓骗。他的以"论……"为题的杂文中,几乎都是从一点引申开来。即使没有"由头",也要写明"这是看了些杂志,偶然想到的——"②。

2. **构思方法**

杂文有几种最为常用的构思方法。

(1) 形象寄寓法

寻求一个典型的形象寓体,把要表述的见解观点寄寓其中,或借以引申,或妙笔点化,或指引暗示,让读者领会其中的思想意旨。形象寄寓法的思维基础,一是客观万物的普通性联系,二是人类思维的联想与想象功能。抽象的哲理寄托于形象的寓体中,哲理具有了生动性,形象具有了超越性,虚实映照,相得益彰。构思中的形象化"寓体",可以是虚拟的寓言,可以是真实的事件,也可以是具体可感的事物。

以形象寄寓法构思而成的杂文,可谓杂文的原初样式,中国古代就有,如孟子的《齐人》、韩愈的《马说》、刘基的《卖柑者言》、龚自珍的《病梅馆记》等。现当代文学史上,此类名篇佳作更是数不胜数。鲁迅的杂文《现代史》,写街头上"变戏法的",如何如何变换花样,"各有巧妙不同",借以讽刺的却是军阀混战、搜刮百姓的"现代史",其嘲讽意旨是通过标题指引,让读者自我领会。邓拓的杂文《一个鸡蛋的家当》③,引用了明人小说中的一个故事,某人捡了个鸡蛋,幻想着鸡生蛋、蛋生鸡发家致富,被老婆一巴掌打在地上摔碎,其发家梦随之破灭,由此引申阐发出主旨:要摒除一切想入非非的发财思想,踏踏实实用自己的辛勤劳动积累财富。沙叶新的杂文《门前的那条路》④,讲的是自家门前路被"三次开刀"的过程,其末尾的点题之笔却是一句话:"其实,世上本来有路,折腾的人多了,也就没有路了。"

---

① 朱亚夫. 叶永烈与科学杂文[J]. 杂文界,1990(1):22.
② 鲁迅. 论俗人应避雅人[M]//鲁迅全集(六). 北京:人民文学出版社,2005:211.
③ 邓拓. 一个鸡蛋的家当[M]//燕山夜话. 北京:中国社会科学出版社,1997:69.
④ 沙叶新. 门前的那条路[J]. 人民文学,1983(10):74.

(2) 取神画像法

抓住某类人的本质特征,用漫画式手法勾勒轮廓,创造出生动的杂文形象,借此喻彼,形成完整的文章构思。构思中的取神画像,可以借用现成的形象。如尚弓的杂文《螃蟹及其它》[1],表达对"四人帮"之流在"文化大革命"中横行霸道的憎恶之情,借用的是"螃蟹"形象:浑身铁甲,两眼朝天,双钳拼命舞着,几条腿扑扑愣愣爬着,真有股子睥睨一世、横行无忌、闯荡天下的神气,而最后的下场,还是"横行到铁锅里去了"。也可以创造出虚拟的新形象。如王蒙杂文《雄辩症》[2],写一个患"雄辩症"的病人,在与医生的对话中,口若悬河而又蛮不讲理。医生让他坐,他就说:"难道要剥夺我的不坐权吗?"医生让他喝水,他又说:"这样谈问题是错误的,因而也是荒谬的,并不是所有的水都能喝……"医生说:"今天天气不错",他却反驳:"你这里天气不错,并不等于全世界在今天都是好天气,比如北极……"医生忍不住反驳说这里不是北极,他又上纲上线"但你不应该否定北极的存在。你否认北极的存在,就是歪曲事实真相,就是别有用心。"显然,这种病人在生活中不可能存在,作者用想象中的这个夸张了的人物,讽刺社会中装疯卖傻、胡搅蛮缠的一类人。

杂文中的形象,常常是"个"与"类""特殊"与"一般"的统一体,其形象内涵有两重规定性,这与小说等文学中的形象有所不同。小说写"叭儿狗"就是写"叭儿狗",杂文写狗既是写狗,也是写人。杂文的形象不求完整,但求传神,如鲁迅所言的常常只写人物的"一鼻,一嘴,一毛"[3]。

(3) 旁征博引法

确立一个思维基点,通过思维的类比、对比,广泛征引相关的事件、材料,阐发一个中心意旨。此类杂感式杂文,内容丰富博杂,结构疏落有致,表达夹叙夹议,有较强的知识性。从文体渊源看,它继承的是其现代散文母体的基因,所谓"杂而不乱""杂而有味""杂而有文"等,正是对此类杂文的准确描述。现当代文坛上有数量众多的此类作品。鲁迅有篇标题长达几十字的杂文,题为《由中国女人的脚,推定中国人之非中庸,又由此推定孔夫子有胃病——"学匪"派考古学之一》,宋振庭的杂文《马尾巴·蜘蛛·眼泪及其它》[4],均体现了这种旁征博引的写作构思。

刘友德的杂文《人为贵》[5],其构思感于两则新闻报道:一个是某银行女员工在歹徒持械抢劫时,没有反抗,被歹徒劫走1.3万余元现金,却由此招致了"狗熊""叛徒"的骂名。一个是某银行被持枪匪徒抢劫,两名在场储户不幸遇难,银行方面却只关心被劫的50万元能否追回,而对遇害储户不理不睬。作者写作杂文时,没有就事论事,而是先从秦始皇、诸葛亮等古人说起,说他们"用计太多,杀人太狠""根本不把人民当人而当作奴役工具"。引出现实中两个案例后,又联想到马路边的绿化树砸伤了人,窨井盖没了以致行人失足受伤都要由市政当局予以赔偿;饭馆酒楼地面太滑致使顾客摔伤也要赔偿,而不能以顾客不小心而卸责,等等。再谈到一些发达国家有"汽车召回制度",不容许有缺陷的汽车上路运行而危害人民的安全,而我们却说"汽车召回制度不适合中国国情"。最后又谈到《墨子·经说》篇中所论的"爱人跟爱马不同……"作者的思维看似随心所欲,无拘无束,却始终围绕着"人为贵"这个基本的主张。

(4) 体式变换法

通过仿拟、借用或创新,使杂文的体式新奇而独特,获取出人意料的论理效果和睿智幽默的形象意味。此类变体杂文,"借他人酒杯,浇自己块垒",看似张冠李戴,不伦不类,却由于突破了读者

---

[1] 尚弓. 螃蟹及其它[N]. 解放军报,1976-12-28(4).
[2] 王蒙. 雄辩症[J]. 读者文摘,1984(3):7.
[3] 鲁迅. 准风月谈. 后记[M]//鲁迅全集(五). 北京:人民文学出版社,2005:402.
[4] 宋振庭. 马尾巴·蜘蛛·眼泪及其它[N]. 人民日报,1978-05-14(4).
[5] 刘友德. 人为贵[J]. 杂文选刊,2001(1):14.

惯常的阅读期待，更充分体现了生动灵活的杂文特色。杂文是最讲究变化、最注重创新的文体。杂文家严秀曾有言：鲁迅的杂文就什么形式都有，唯一不用的形式就是摆开架势板着面孔的枯燥杂文。

变体杂文，可以是对已有文章体式的巧妙借用，也可以是独出心裁的体式创造。近些年来，众多杂文作家在杂文的表现体式上做了有益的尝试，因而出现了诸如公文体、对话体、书信体、评点体、打油诗体、故事新编体等体式新颖的杂文，大大丰富了杂文的艺术表现力。

刘征的杂文《庄周买水》①，用"故事新编"的形式，讲了个庄子买水的令人啼笑皆非的故事：庄老先生"小仵濠梁"后，萌发了养鱼致富的念头，但养鱼要有水，到哪里买水呢？他先找"东海的尊神若大人"，又找"河伯"，再找"濠梁管理处的吴主任"，转了一大圈，水的价格由每吨10元提到了50元，最终还是要带着"提货单"到东海去取水。杂文创作于1988年，明眼人都能悟出文章影射的是体制转轨时期，以权谋私、哄抬物价的社会现象，其现实讽喻意义尽在其中。此文曾获《人民日报》杂文征文一等奖，表明变体杂文已得到了读者的普遍认可。

（三）表达

就写作而言，表达是构思的外化。从根本上讲，有什么样的构思，就有什么样的表达。但在思维语言向书面语言的转化过程中，也要讲究语言层面的方法、技巧。其表达要旨在两点：一是形象论理，二是讽刺幽默。

简要列举几种表达技巧，以资借鉴。

1. 多用具象材料

尽可能择取具象的材料，或把抽象的概念、笼统的描述，用生动可感的具象材料来呈现，这是增加杂文论理形象性的常用方法，这种方法也被称为"绎象法"②。

叶永烈的杂文《扫地·敲钟及其他》，主题是如果你要在科学上有所贡献，就要养成严谨细致的科学态度，却用了童第周扫地、核物理学家何泽慧敲钟、苏格兰化学家卜拉克悬空酸液、英国化学家开文迪许发现小气泡、英国物理学家雷拉和拉姆赛发现"氩气"、铁道工程师詹天佑建造京张铁路等七八个事例。文章征引的材料不是原理、结论，而是具体的人物、事例，正所谓"事实胜于雄辩"。鲁迅的《拿来主义》，在谈到对文化遗产的态度时，举了一个穷青年继承祖上大宅子的事例，没有提"国粹主义"，而是说"欣欣然的蹩进卧室，大吸剩下的鸦片"；没有提"虚无主义"，而是说"勃然大怒，放一把火烧光"；当然更没有用"批判地继承"这类术语，却说要"运用脑髓，放出眼光，自己来拿"。这是典型的化抽象为具象。

2. 巧妙引经据典

现代杂文，尽管也吸收了西方随笔的一些特点，但更多的还是继承了古代小品的文化血脉，引经据典，恰恰是中国古代诗文所极力看重的写作技法。什么是典故？《辞海》的解释是"诗文里引用的典籍中的词语或故事"。杂文所引所据之"典"，不妨作更广义的理解，包括载于历代典籍中的言辞成语、史实人物，也包括民间相传的故事、笑话、轶事、习俗等。

杂文用典，可以正用、反用，可以明用、暗用，可以直用、间用，其"运用之妙，存乎一心也"。杂文《尊贵与尊严》③，讽刺那些为了追求尊贵而抛弃尊严，不觉廉耻或以耻为荣的人。文章开头用了个典故：

《汉书·楚元王传》里有段史料很有意思。刘邦没有发迹的时候，常常带着些狐朋狗友到他大哥家蹭饭。大嫂很讨厌他们，故意用勺子刮锅底，表示羹已吃完了。但刘邦后来却发现锅里还

---

① 刘征. 庄周买水[N]. 人民日报，1988-08-06(4).
② 谭健. 杂文特征论(五)[J]. 军事记者，2006(9):29.
③ 茅家梁. 尊贵与尊严[N]. 讽刺与幽默，2006-05-05(05).

有"货",因此怀恨在心。等到刘邦当了皇帝,偏偏不封大哥的儿子。后来还是老爹帮着说话,这才封侄儿刘信为"颉羹侯"。

这里的用典,没有考虑原文,使用的是"间用"方式,作者用自己的语言复述故事,便于巧妙融入"蹭饭""有货""老爹"等生动的当代语汇,古今交错,移花接木,使单纯的叙述具有了幽默、戏谑意味。

3. 不惧使用闲笔

"闲笔",源自古代文论,多用于小说等叙事类作品,泛指作品中的非情节性因素。杂文的"闲笔",指那些没有直接参与文章阐发、论证,看似与主旨没有表面关联的闲散内容。通常为文,忌讳内容游离主旨,但杂文的"闲笔"运用得当,非但不"闲",还有着深化思想主旨、增强表达趣味的独特作用。一篇杂文,不能只有那些紧紧围绕论题的正笔。如果说正笔是树干,闲笔恰是鲜活的枝叶。

王小波的杂文《有关"伟大一族"》[①]中,当谈到"每个人都有自己的梦想,这些梦想不见得是伟大事业的起点"时,先举了个鲁迅杂文的例子:"鲁迅先生的杂文中提到有这样的人,他梦想的最高境界是在雪天,呕上半口血,由丫环扶着,懒懒地到院子里去看梅花。这真是一个典型而又幽默的例子。"内容至此,作者顺带来了一段精彩的议论和描述:

我看了以后着实生气:人怎么能想这样的事!同时我还想:假如这位先生不那么考究,不要下雪、梅花、丫环搀着,等等,光要呕血的话,这件事我倒能帮上忙。那时我是个小伙子,胳臂很有劲儿,拳头也够硬。现在当然不想帮这种忙,过了那个年龄。现在偶尔照照镜子,里面那个人满脸皱纹,我不大认识。走在街上,迎面过来一个庞然大物,仔细从眉眼上辨认,居然是自己当年的梦中情人,于是不免倒吸一口凉气。

这段文字,明显是游离论证的闲笔,作者紧接着也说"凉气吸多了就会忘事,所以要赶紧把要说的事说清楚",话题又引回。这段"闲笔"确与主旨没有多少内在联系,也非蕴含着什么微言大义,可仔细体味,其幽默、诙谐中透露出的关于岁月流逝、青春不再的感叹,正体现了作者智性的灵光,也使文章摇曳多姿,平添了幽默意味。

4. 活用修辞手法

(1) 比喻

通过打比方,把抽象的道理形象化。比喻是杂文表达常见的修辞手法。鲁迅杂文中的比喻俯拾皆是。例如,在《未有天才之前》[②]中,他调侃那些倡导"整理国故"的人,形象地把旧文化喻为"旧马褂",新思想、新知识喻为"新马褂",说"我总不信,在旧马褂未曾洗净叠好之前,便不能做一件新马褂";在谈及天才,他又说:"其实,即使天才,在生下来的时候的第一声啼哭,也如平常的儿童一样,决不会就是一首好诗。"

(2) 借代

杂文中的借代,也是增强文章形象因素的表达技法。常用的借代有部分与整体互代,原因与结果互代。请看:

本来,考核一个人的成绩,不是听他唱得好听不好听,而是看他"下蛋不下蛋"。但那善于炫耀和卖弄的人,生一个蛋就唱得像生了十个似的,只做出三分成绩就吹成十分,碰上个凡事只用耳朵听而不用眼睛看的糊涂官,自然就博得了偏爱,于是,一帆风顺,扶摇直上了。而那些埋头"下蛋"的人,由于他们一声不响,默默无闻,就很少为人所知,更不受重视。因此,他们既没有"蟑

[①] 王小波.有关"伟大一族"[M]//我的精神家园.北京:中国人民大学出版社,2010:162.
[②] 鲁迅.未有天才之前[M]//鲁迅全集(一).北京:人民文学出版社,2005:174.

螂"可吃,甚至连个"下蛋的窝"也没有。①

(3) 反语

反话正说,正话反说,正反交替,婉曲迂回,能使杂文含蓄幽默、情趣横生。例如,郭松民的杂文《如何大修恭王府才能重现盛世王气》②,本意是就一则新闻报道,批评劳民伤财的面子工程,作者却故意说看了报道,心里"真高兴啊",认为这是"盛世该办的事""最能给咱中国人挣面子,所以不仅要修,而且要修得体体面面。"作者接着"驳斥"了社会上的种种"质疑",说是"实在可笑",并煞有介事地提出了修好工程的"几点建议"。如此构思与表达,令人忍俊不禁,在笑声中悟出其讽刺意旨。

(4) 仿拟

将某个固定词语或惯用的熟语,巧妙改动其中个别成分,仿造出另一个相反或相似的词语。由于仿造的词语突破惯常的思维,出乎读者意外,却又机智灵活,也能产生幽默的讽刺效果。如鲁迅根据"公理"而造出"婆理";根据小姐的"深闺"造出穷女的"浅闺";根据"寿终正寝"造出"枪终路寝"等。

(5) 双关

利用谐音让一个词语同时兼有两种意思,表面上说的是这种意思,实际上指的是另一种意思。这种手法俏皮、含蓄。20世纪80年代初,针对当时市面上可口可乐的火热宣传推销攻势,缪群写了篇《未必"可口",更不"可乐"》③,表达了自己对民族产业受到冲击的忧虑。文章的标题巧用双关,耐人寻味。

(6) 夸张

有意识地夸大某种现象或某个问题,将之推到一个极端的境地,突出其本质的荒谬。作家夏衍20世纪50年代写过篇杂文,对当时"废名排号"的社会风气表示异议。文章末尾写道:

我设想若干年后,人们的履历表将如下式:

姓名:王十七。

籍贯:第五省第三十八县第二二六乡。

学历:第十一省第九十八中学毕业。

职业:第十五省第九市第三副食品商店第七门市部经理。④

请看,即使没有前面的分析论述,仅这一段文字,"废名排号"行为的荒谬性不也体现出来了吗?

第三节 文学评论

一、文学评论概述

(一) 含义

文学评论是指在一定的世界观和文学观指导下,以文学鉴赏为基础,对作家、作品、文学创作或文学思潮为对象进行分析研究、阐释评价而撰写的文章。其写作历史悠久,《尚书》中就有如何写诗的评论,诸子散文中也有不少三言两语式的论述。文学评论多为议论文,也有采用诗歌、散文、杂文等文体进行写作的。

---

① 谢逸. 下蛋. 唱鸡及其他[N]. 人民日报,1980-08-11(3).
② 郭松民. 如何大修恭王府才能重现盛世王气[J]. 杂文选刊(上半月),2006(2):41.
③ 缪群. 未必"可口",更不"可乐"[J]. 新观察,1983(11):64.
④ 蓝翎. 中国杂文大观(3)[M]. 天津:百花文艺出版社,1994:24.

文学评论包括两个方面：文学批评和文学理论。也即作家作品评论以及一定历史时期文学运动、文学思潮和各种文学流派的分析与评价；或者是探讨和归纳文学现象的规律问题，以建立健全有关创作实践的普遍原理。

习近平指出："文艺批评是文艺创作的一面镜子、一剂良药，是引导创作、多出精品、提高审美、引领风尚的重要力量。"[①]进步的、积极的文学评论，总结和归纳了文学创作的经验，分析并研究了作品的成败得失，阐发了文学创作的本质与规律，能够指导作家的创作，促进文学创作的发展。从接受美学的角度来看，由于文学评论通过对文学作品的客观分析、评价，也影响和引导受众对文学作品的鉴赏和认知，帮助受众正确地鉴赏文学作品，提高和培养他们健康的文学情趣，从而更好地发挥文学作品的社会作用。另外，作者撰写文学评论也是自我提升的过程和希望受众同自己有同样的见解而宣传自己的艺术哲学思想的过程。

(二) 特点

文学评论主要是议论文，但它与其他议论文相比则具有自己的特征。

1. 审美性

文学评论的写作对象主要是文学作品，而文学作品本身就具有强烈的情感性、艺术性和审美性。同时文学评论又是以鉴赏为基础，其中既有理性的判断，又有对作品的审美感受，因而文学评论实质上对文学作品的审美性具有延伸、补充和再创造的作用，这就使文学评论也具有了审美性特点。

2. 主体性

文学评论是精神劳动的产品，它受作者意识的支配，是在作者一定世界观和文学观主导下的写作，而作者的世界观和文学观又是千差万别和发展变化的，因而对同一文学评论对象，不同的作者或同一作者的不同阶段，其评论也会不尽相同，这是文学评论主体性的必然表现。

3. 科学性

文学评论因其具有正确指导创作实践和提升阅读水平等积极作用，需要具有客观性和准确性，这也就使文学评论具有了科学性特点。它有两层含义：一是指文学评论一定要抽象概括评论对象的客观规律和艺术本质；二是在文学评论写作中要做到概念准确、判断恰当、证明充分和推理合乎逻辑性。这些是文学评论写作必须要达到的要求。

(三) 类型

文学评论的种类很多，写作也不尽相同。

1. **按文学评论的表现形式划分**

（1）论文式文学评论

这是最主要、也是应用最多的文学评论样式，而且篇幅也相对长一些。它是针对文学现象以及作家作品等，按照议论文的形式，通过概念、判断、推理表明文学主张而写作的文学评论。

（2）文艺随笔、杂谈、漫谈（漫笔）

文艺随笔以及文学的杂谈、漫谈是一种相近的文学评论模式。它们都比较"随心所欲"，徐徐写来，自由灵活。

文艺随笔轻松灵便，笔调富有情趣，注重知识性，选用富有趣味性的材料作铺垫，从中引出对某种观点和哲理的议论，再与文学领域的有关话题联系起来加以评论。随笔写作讲究文采，亲切随意，深入浅出。《劳伦斯文艺随笔》就是经典的文艺随笔之作。

文艺杂谈是一种快捷的针对文学现象并紧密联系现实发表自己见解的文学评论。尤其是批

---

① 习近平. 在文艺工作座谈会上的讲话[N]. 人民日报，2015-10-15(02).

评类的杂谈文评,对社会某些丑恶文学现象、不良创作作风,给予一针见血的批评,这是文学杂谈最犀利、最直接的作用。《人民日报》副刊的"金台随感"和"文学点评"就是这样的栏目。

文艺漫谈是针对文学现象及创作等,不拘形式地谈体会或发表意见。鲁迅《〈且介亭杂文〉附记》以及他谈的:"这真是不过一篇漫谈,毫无深意,怎么会惹出这样大问题来的呢,自己总是参不透。"①就是漫谈文评的写作。

(3) 文学短论

文学短论是十分短小的文学评论,类似于文艺随笔等,但它更郑重一些,议论成分更浓一些。20世纪60年代,秦牧的《艺海拾贝》不少篇章就是文学短论。作者以缜密睿智的哲思、优美活泼的文笔、栩栩如生的形象和生动有趣的故事,谈论文学艺术,其发行至今已愈百余万册,影响了几代人。

(4) 序跋

序也作"叙"或"引",有如今日的"引言""前言",是说明文学创作的出版意旨、编次体例和作者情况的文章。也可对作家作品予以评论和对有关问题研究阐发。"序"一般写在书籍或文章前面,如戚蓼生的《石头记·序》,尤其是霍国玲等校勘的《脂砚斋全评石头记·序》洋洋洒洒5万言,几乎就是《红楼梦》版本学、点评学之大观。

跋是列于书后的"序",所以又称"后序",用来说明编写目的、简介编写体例、内容,或对作者作品进行评论、阐发文学理念等。比如《季羡林选集·跋》是他自己写的后序,写了自己散文创作经历及理念,言简旨深,真挚动人。

(5) 读后感、札记

阅读文学作品,把由此产生的想法和体会以"有感而发"的形式表达出来的文学短论就是文学评论的读后感。其写作常采用"读-感-联-结"的模式。札记是指阅读文学作品及文学理论所摘记的要点和心得等,如《钱钟书手稿集·容安馆札记》。

(6) 评点

评点是中国古代文学评论的一种形式。评,是评论;点,是圈点,就是在阅读文本的基础上,对文章的内容及作者的思想、观点、情感及写作方法进行评论与分析,从而深入理解文章内容。在评点名著方面毛宗岗、金圣叹、脂砚斋的评点影响深远。

(7) 书信体评论

顾名思义,书信体评论就是用书信的格式写文学评论。比如,《人民日报》《光明日报》《文艺报》等报纸经常有这样的书信体文学评论发表,特别是作为朋友的作家、评论家之间的书信来往,不少都是书信体文学评论。

2. 以评论方式的角度划分

文学评论以评论方式的角度来划分有简要评介式、全面分析式、局部分析式和借题发挥式等。

二、文学评论的写作

文学评论的写作分三个层面:发现、构思和表达。

(一) 文学评论的写作发现

1. 发现的内容

文学评论写作最重要的是内容的发现。

---

① 鲁迅.且介亭杂文[M].北京:人民文学出版社,1973:181.

(1) 选准写作对象

文学评论写作关键是发现并选准评论的对象,使之具有可写的价值。一般来说,被评论的对象要具备四个方面的条件才行。

① 典型性。

文学评论写作一定要选择在某一方面很突出和具有一定代表性的对象。例如,《红楼梦》问世以来,成为许多学科研究的对象,研究它的学问被称为红学。文学评论只有选准了对象才有写作价值。

② 新颖性。

文学评论写作,或是新观点,或是新材料,或是新动向,或既是新观点又是新材料以及新的评论方法等,才有写作价值。20世纪80年代西方的文艺新方法传入我国,出现了新方法热,用新方法评论文学现象就是一例,如弗洛伊德、皮亚杰的理论,"老三论""新三论"等。

③ 方向性。

事物发展是有方向的。在文学评论的写作发现中,要注意抓住那些代表了文学发展方向或是阻碍文学发展的现象予以批评,这正是文学评论予以扶持、推动,或是给以芟荑、批判的任务所在。20世纪后期二十多年中,我国相继出现了伤痕、寻根、新写实等小说思潮,文学评论不仅给以巨大的推力,而且还给予正确方向的指引,才使得小说创作健康发展,不断进步。

④ 问题性。

在文学评论写作中还要注意问题的发现。或是错误的创作倾向,或是艺术魅力的弱化等等,都需要文学评论予以拨乱反正和正确引导。《幻想与当代小说》[①]就是这样一篇专论,文章一针见血地指出:"新世纪文学,尤其是小说语境序列几乎失去了幻想的艺术魅力。这个问题在新时期文学及小说语境序列中就严重地存在着……",其问题性和尖锐性可窥一斑。

对文学评论的写作内容,必须努力发现它的典型性、新颖性、方向性和问题性,才具有写作的意义。

(2) 发现写作内容

文学评论选准写作的对象,还应考虑其具体写作内容。它有两大类,一是内容的;二是形式的。具体讲有四个方面。

① 评论对象的内容。

包括题材、形象及深蕴的审美理想、审美情趣、社会意义、历史价值及作家的审美感知图式和心理组织模式等。

② 评论对象的形式。

包括表现内容的结构模式、语言特色和艺术表现等。

③ 文学思潮及流派的评论。

文学思潮是指一定历史时期和一定地域内形成的,与社会的经济变革和人们的精神需求相适应的,具有广泛影响的文学思想和文学创作潮流。新时期出现的伤痕文学、寻根文学等和新世纪以来的底层写作、打工文学等都是文学思潮。也都需要对其评驳是非,引导创作。

文学流派通常表现为在思想和艺术的共性之下的有联系的作家集团。出现文学流派并不一定能形成文学思潮。中华人民共和国成立后的17年文学就有以孙犁为旗帜的"荷花淀派"和以赵树理为旗帜的"山药蛋派"。不过近些年来并没有新的创作流派产生,但文学评论也要时刻予以关注。

---

① 刘荣林. 幻想与当代小说[N]. 文艺报,2010-12-13(5).

④ 文学理论的归纳。

文学理论是指研究有关文学的本质、特征、规律和社会作用原理的一门学科,文学评论写作也应予以关注。

2. 发现的途径

文学评论写作发现的途径很多,比如接受任务、研讨会的启发、阅读和观察等。

(1) 接受任务

不少文学评论是受命而写作的,某个时段为了提倡某种创作理念,或是涌现出了突出的作家作品,准备召开研讨会等,往往预先策划和分配任务而写作文学评论。《文艺报》经常有这样的任务分配。另外还有报纸杂志的一些约稿等,也是文学评论写作发现的途径。

(2) 广泛阅读

广泛阅读也是文学评论写作发现的途径。这里的阅读包括三个方面:一是阅读作家作品,二是阅读有关哲学和文学理论,三是阅读文学创作的传承与发展。在这三个方面阅读的综合指导下,才能发现问题和把握方向,从而写出有价值的文学评论。

(3) 多方观察

荀子说:"不闻不若闻之,闻之不若见之,见之不若知之,知之不若行之,学至于行之而止矣。"①这是荀子对知行合一的深刻揭示,其中"闻""见""知""行",就包含着深刻的观察意义。社会、人生需要什么样的文学,老百姓欣赏怎样的诗歌、散文、小说和戏剧,我们需要怎样的文学创作等,都需要文学评论工作者细心观察,深入了解,增强责任,准确把握,并写成文学评论予以呐喊和助力。

3. 发现的方法

有了文学评论写作发现的途径,确立了评论的对象,还应该在此基础上深入发现和辩证思考。它也有个方法问题。

(1) 选择新角度

新角度,也称新视角。它是指观察事物、看待问题的出发点。文学评论写作不仅要有出发点和总看法,而且这个出发点和总看法要有新角度。2010年12月13日,《文艺报》进行打工文学专题研讨,就有十多位专家学者发表评论,他们毕竟都是专业人士,各自从人生、社会、历史、时代以及内容、形式等不同角度,全方位、立体、本质而又规律地反映了打工文学的创作实绩。对打工文学以及中国当代文学的发展起到了积极的推动作用。

(2) 采用新方法

文学评论深入发现的方法很多,比如纵横开阖、逆向反思;多维观照、立体透视;宏观把握、微观深入等。我们主要以某些科学范畴和哲学视野及获得科学新成果的途径方面来谈,它们有:马克思主义的批评法、社会批评法、比较文学批评法、心理学批评法、形式主义批评法、结构主义批评法、象征主义批评法、神话——原型批评法以及文学评论各类方法的互补与选择等。不同的评论方法,不仅给我们确立了文学评论写作的内容,而且也帮助我们更好地确立评论的新视角。

(3) 运用新理论

"理论是实践的眼睛"②,文学评论写作需要理论的提挈和支持。所以我们才说:你要评论但丁,就要把自己提高到但丁的水平。运用新理论、新观点观照评论对象就会有创新。20世纪80

---

① 荀子·儒效[M]//北京大学《荀子》注释组.荀子新注.北京:中华书局,1979:107.
② 邹韬奋.理论和实践的统一[M]//徐行,章镇.韬奋散文.北京:中国广播电视出版社,1997:151.

年代前后,西方现代哲学、新方法论和文学理论被介绍到我国,不仅使我国文学创作焕然生彩,而且也使我国文学评论熠熠生辉。像林兴宅的《论阿Q性格系统》、孙绍振的《文学创作论》等都是在新理论背景下写出来的文学评论,产生了一定的影响。

(二) 文学评论的写作构思

文学评论写作的构思包括的内容很多,这里主要从以下几个方面阐释。

1. 围绕写作发现构思

文学评论写作自然要以它的发现为基础来考虑构思。但在构思中一定要端正态度,抓住要害,有自己确定的构思理念和可遵循的原则。

(1) 知人论世和顾及全篇

"知人论世"语出《孟子·万章下》:"颂其诗,读其书,不知其人可乎?是以论其世也。"孟子读诗论文"知人论世"的理念令人敬佩,非此不能正确理解作品的实质。

鲁迅在《且介亭杂文二集·"题未定"草》中也说:"倘要论文,最好顾及全篇,并且顾及作者的全人,以及他所处的社会状态,这才较为确凿。"鲁迅所论不仅坚持孟子文学评论写作及构思的原则,而且进一步提出要"顾及全篇"。就是说无论从哪个角度、哪个"点"上评论文学,都要以"全篇"为出发点,才可能准确、全面地把握评论对象的本质与规律。

(2) 确定体制和确立标准

确定体制,就是首先确定使用哪种体裁写作文学评论,是用随笔、杂谈、漫谈,还是选择论文式写作文学评论。文学评论的种类不同,写作规律也迥然有异。恰如刘勰在《文心雕龙·附会》中说的:"夫才童学文,宜正体制。"

确立标准,是指文学评论写作应该确立一个衡量作家作品以及文学思潮等优劣的标准。尽管文学评论的标准繁复,但归纳起来不外乎两个方面。

一是思想标准。一方面要看作家作品以及各种文学思潮、流派等的思想倾向是否符合社会、人生、历史、时代的发展要求;另一方面也要看作家作品及文学思潮等是否真实、深刻地反映了生活的某些本质方面。

二是艺术标准。文学评论除了要分析作品的思想内容,还要看它的艺术形式如何?比如作品的艺术形象是否生动、鲜明和具有典型性;是否新颖独特,具有独创性;是否符合民族的审美需求,具有民族性等。

文学作品是用一定的写作手段对内容表达的统一体。进入流通领域的作品在内容和表达上的统一体是有程度差异的。其差异不外乎是质胜文、文胜质或文质俱佳。这三种情况不论是哪一种在文质统一上有着优劣之别。开展文学评论,要运用思想和艺术标准的二者统一的观点观照文学作品,在具体的构思方面,可以强调某一个方面。

(3) 一分为二和辩证分析

文学评论的写作及构思一定要客观、公正,既不溢美,也不贬抑。评论对象是什么就是什么,因为评论的目的在于揭示本质和规律,这就要求写作者要做到一分为二和辩证分析。恰如刘午子说的,文学评论要努力做到"五个统一":主观与客观的统一、形象思维与抽象思维的统一、先"入"后"出"和先鉴赏后评论的统一、情与理的统一、文学性与科学性的统一。[①] 林兴宅《速度的审美》[②]的构思就很全面,不仅具有很强的独特性和创新性,而且知人论世,顾及全篇,既紧紧扣住李白诗歌《朝发白帝城》"速度"之美的艺术特色予以重点评析,又兼顾到了诗

[①] 刘午子. 双重本质的统一[J]. 荆州师专学报,1991(1):38—42.
[②] 林兴宅. 艺术魅力的探寻[M]. 四川人民出版社,1985.

歌思想内容的表达,其思想标准和艺术标准融通辩证,深刻揭示了《早发白帝城》的审美特征和艺术规律。

2. 选择恰当的评论方式

文学评论写作构思时,除了要考虑文先定体,还要考虑选择评论的方式。

(1) 简要评介式

顾名思义,就是对一部作品或一个文学流派、思潮等作简要评说。这其中最典型的莫过于《中国大百科全书》中国文学Ⅰ卷、Ⅱ卷对诸多作家作品、流派及思潮的简要评介了。

(2) 全面分析式

全面分析式是相对而言的,再全面也不可能面面俱到,因此,全面分析式是就评论对象的思想内容和艺术形式以及二者之间的辩证关系予以较全面的分析而写成的文学评论。这类评论一般篇幅较长,可以是数万字,也可以是几十万字。

(3) 局部分析式

局部分析式是针对全面分析式来说的。它立足于整体,抓住评论对象某一局部特征,深入剖析,客观地评论它的思想内容或艺术表现,进而说明它对整体的意义或在整体中的地位等。比如王朝闻的《〈水浒传〉里的一个两面性的典型——何九叔》就是这种评论模式。这是一篇漫谈式文学评论,看似随手拈来,抓住《水浒传》中何九叔这个形象,不拘形式地谈天说地,发表意见,却深刻揭示了《水浒传》这个不重要人物何九叔形象的典型性。尤其揭示出何九叔熟悉的陌生人和美丑泯绝的审美特征。漫谈出了何九叔的社会价值和美学意义。其剥茧抽丝,层层递进的结构安排,使得层次既清晰了然,又极具严密的逻辑性,且材料翔实,论证充分,切中肯綮地揭示出《水浒传》塑造人物的深厚功底和艺术规律。

(4) 借题发挥式

这一类文学评论一方面对作品中的某一点进行分析,另一方面,它又不局限于分析作品,而是从作品中引出一个问题进行评论。这个问题可能是创作上的问题,也可能是一个社会问题。王蒙在香港中文大学文学奖颁奖典礼上的讲话,看似在谈阿Q、徐志摩不同的"恋爱"方式,实质上是借题发挥,目的在说"文学的作用",使评论既幽默诙谐,又一言中的,显得很有说服力。

这些"方式"的选择,是文学评论构思必须要做到的。

3. 选用最具说服力的材料

许多初学文学评论写作的人,往往有了深入看法却难以充分阐述,恰如刘勰《文心雕龙·神思》中讲的:"方其搦翰,气倍辞前;暨乎篇成,半折心始。"造成如此状况,大多是材料不充分的原因。因此,充分选用有说服力的材料是文学评论写作构思的关键步骤。

(1) 作品中的材料

选择评论对象的材料,要紧紧扣住中心观点,选择那些典型的、新颖的、生动的材料。假如我们要评论《红楼梦》的对话描写,那个上了王熙凤眼的小红的"奶奶论"(第27回),贾芸和他舅舅赊欠麝香的对话(第24回),尤其是第30回"宝钗借扇机带双敲"等,都是典型、新颖、生动、充分,可以遴选的材料。

(2) 其他的事实材料

材料选择,如果只是本评论对象的,必然会使文学评论单调乏力。在文学评论写作中,不仅要选择本评论对象的材料,还要注意选择与之同类或与之截然相反的其他扣题、典型、新颖的事实材料,以形成对比或类比论证等,而使文学评论阐述充分。

(3) 理论材料

一篇文学评论写作理论材料是必不可少的，因为"只有理论才能激发和发扬发明创造精神"①。运用理论材料可以充分论证和说明观点，使论述得以深化，理论得以升华。上文例举的林兴宅的《速度的审美》，正是引用了彼得罗夫斯基《普通心理学》中谢切诺夫"时间测量器"和"时间记忆"的理论，才使得作者对李白《早发白帝城》的评析深刻而又充分。

文学评论写作，材料的选择绝不能马虎从事。

(三) 文学评论的写作表达

到了文学评论写作表达这一步，要讲的内容更多，于此只能撮其要而简述之。

1. 写好评论的各个部分

(1) 标题的醒目

标题是一篇文章的眼睛，应朴实、简洁、明了。标题最好是本文的中心观点，把它凝结成一句话或一个词，来作为标题。比如洪子诚的《文学焦虑症》、杨义的《〈韩非子〉还原》等评论的标题，不仅简洁、明了、朴实、一言中的，而且令人遐思、引人入胜，真正起到了统领全篇的作用。

(2) 引论的鲜明

引论，也叫引言或导言等，即文学评论的开头。引论的主要功能有三个：一是扣题、破题；二是点出论题；三是"引"出本论，为本论深入阐述打下坚实基础。它和标题一样，也应做到简洁、明了、朴实，并且要引人入胜。最常见的引论模式是点出论题式，比如《批评的生成》②的引论：

文艺学是实践属性突出的理论学科，它向实践敞开，以实践为理论建构的根据。这种情况决定了它的批评功能的极为重要。而眼下的问题是批评并没有被文艺学界普遍确认为理论的构建形态与有机成分，一些研究者偏激地热衷于非现实批评语境的西论导入，或者倾情于非批评针对性的概念游戏。这种倾向不加以改变，文艺学则有可能成为一门没有理论锋芒的不伦不类的学科。

这个引论言简意赅，朴实真挚。第一句话为全文的核心观点，很好地达到了"立片言以居要，乃一篇之警策"的要求。接着就明确点出问题所在："批评并没有被文艺学界普遍确认为理论的构建形态与有机成分"、"一些研究者偏激地热衷于非现实批评语境的西论导入"等，对核心观点的提出给以初步印证。最后一句谈问题的严重危害，文艺学"可能成为一门没有理论锋芒的不伦不类的学科"，进一步强化核心观点提出的意义。使人不得不反思问题的严重性并引起警醒，不仅自然地导入本论，而且也会引导受众继续阅读下去和激起非弄清问题不可的欲望。整个引论一气呵成，逻辑性强，达到了引论鲜明的写作要求。

还有的引论说明文学评论选题的背景、理由、目的、意义，或引出中心，阐释论点的内涵与外延，对论点进行必要限制等。

(3) 本论的充分

本论是论文的核心部分，是作者精心打造和毕功其役的写作。在这部分，作者对论点进行展开和论证。运用论据通过论证，证明论点正确。作为论据的理论应该是科学的真理；作为论据的事实应该真实、典型、新颖。论证中，可采用归纳、演绎、类比、反证等方法。本论部分一定要写得既有理论高度又有文采情感。《陈忠实小说创作流变论》③运用大量真实而典型的材料和多重论证方法及推理形式，充分而深刻地揭示了陈忠实小说创作"经历过三次叙述形态的嬗变"：一是新

---

① 威-伊-比·贝弗里奇.科学研究的艺术[M].2版.陈捷,译.北京:科学出版社.1979:154.
② 高楠.批评的生成[J].文学评论,2010(6):5.
③ 李遇春.陈忠实小说创作流变论[J].文学评论,2010(1):127.

时期伊始"采用的'政治-人格'叙述和'政治-人性'叙述";二是1982年以后,"他转向了'社会-个性'和'文化-国民性'两种启蒙叙述形态";三是1985年以后,"陈忠实终于越过经典的启蒙叙述,寻找到了属于自己的'文化-心理结构'视角的新叙述形态"。这个本论的论证清晰、鲜明、充分,说服力很强。

本论部分写作,还要注意结构顺序的安排,一般来说并列的逻辑顺序居多,《陈忠实小说创作流变论》本论部分顺序安排就是如此。另外本论部分的逻辑顺序安排还有因果顺序、递进顺序以及以时间为序安排结构等,此不赘述。

(4) 结论的有力

文学评论的结论就是它的结尾。要做到简洁明快,干净利落。有经验的文学评论作者往往不急于"结论",而是回头重新阅读和审视标题、引论和本论,经过认真思考,再去写作结尾。此时结论会自然天成,力度强烈。

它有两种写法:一是扣住标题,呼应开头,总括本论,进一步点出和强化中心;二是本论部分已经结论,此处常常是本论的附加部分,对本论有关问题进行必要的说明或补充等。

假如本论都已做了说明,此处不要结论,戛然而止也是不错的形式。

2. 注意表达的"三个结合"

文学评论的表达主要是议论、说明和叙述,有时也需要描写和抒情。这之中要突出解决以下三个"结合"问题。

(1) 准确概括和具体分析相结合

先说概括。概括是文学评论写作必备的要件,它把事物的共同点归结在一起加以简明、扼要的表述。洋洋洒洒近百万言的《红楼梦》,我们可以用一句话简明、扼要地陈述:它主要写了贾宝玉、林黛玉的爱情悲剧故事。也可以用几句话、几十句话来简明、扼要地叙述《红楼梦》的故事,这些都是概括。概括和抽象密切相关,没有抽象就不能进行概括,在概括中,要注意舍弃次要的、非本质的属性,把主要的、本质的属性抽取出来,推而广之,遍及同类事物的全体。

再说分析。它是把事物、概念分成较简单的组成部分加以考察,找出这些部分的本质属性和内在联系。分析的意义在于细致地寻找能够解决问题的主线,并以此解决问题。分析的方法很多,如分类法、对比法、类比法及演绎法、归纳法等。同时有分析就有综合,这是必须注意的。

最后说分析和概括的紧密结合。概括可分为初级概括与高级概括两个类型。初级概括是在感觉和表象水平上的概括,它常常用在分析之前,树起评论的对象,引起分析议论。高级概括则是根据事物的内在联系和本质属性进行的概括,它常常用在分析之后,对分析给以理论的归纳和研究的升华。因而概括和分析是一个不可分割的命运共同体。《以写作反抗"幻灭"与"虚无"》①是"有感于《王蒙自传》"而写的文学评论。其中一段:

引述鲁迅的话,不全是站在读者的立场,由于无从考察传主的人生细节,便一定要"幻灭";其实也可以收获其"真"。我感到鲁迅的话还有一层含义,即真实与幻灭的关系。《活动变人形》和《王蒙自传》的真实性在于,王蒙以这样的写作,顽强地反抗来自社会变革、人生转变时期,时时活跃、散布在我们周围的幻灭与虚无的幽灵,正如他和自己患抑郁症的孩子一起,寻找一个真实的自我,为那只茫茫大海上孤独无助的小船,寻找由过去通向今天和明天的"罗盘"和"海图"。

在此意义,写作首先是作家反抗幻灭与虚无的一种自救方式。

这段议论,前面是分析,并运用引证法、例证法,特别是比喻法,比如"患抑郁症的孩子""小船""罗盘""海图"等,来分析研究《王蒙自传》中所说的创作境遇是多么"艰难""幻灭""虚无"和"反抗",

---

① 董之林. 以写作反抗"幻灭"与"虚无"[J]. 中国海洋大学学报(社会科学版), 2009(2):72.

在此分析的基础上,最后一句予以概括并得出结论:"写作首先是作家反抗幻灭与虚无的一种自救方式。"进而完成了段落性的议论。这是文学评论写作的重要规律。

(2)复述和议论相结合

复述是以言语重复刚才识记的材料,以巩固记忆的心理操作过程。但文学评论的复述不是简单的重复原文,而是评论者的再创造,不仅包含着评论者独到的发现,是评论者理论水平和感受的深刻反映,而且复述中熔铸着对评论对象的分析和证明,也就是议论,好的复述,必然与议论水乳交融。复述是评论的基础,不可或缺。

议论则是在复述的基础上进行,它是对人或事物的好坏、是非等表示意见和看法,也即评论是非。它是一种评析、论理的表述法。一篇或一段完整的议论,通常由论点、论据和论证三要素构成。

复述与议论密不可分,复述是为了议论评说,议论评说是在复述中渗透和展现,也是复述的目的所在。孙桂荣的《个人性・时代性・文学性》①是一篇复述很浓的文学评论,并且在复述中进行议论和评说:

……尤其是贾平凹2005年出版的书写乡土中国衰败与裂变的《秦腔》,一经推出好评如潮并最终获得茅盾文学奖,有人曾将《秦腔》视为贾平凹"对《废都》的唤醒与逃离",《秦腔》中引生偷了白雪的胸衣被人暴打后自我阉割这个"去除欲望之根的动作"是"对庄之蝶欲望历史的割裂","不再书写欲望的器官历史"的贾平凹转向"可以放开来表达"的无根的欲望。无论如何,《废都》被禁毕竟不是因为纯粹的政治原因,贾平凹的后期努力与他在文学及学术场中的巨大感召力为《废都》的再版发行打下了坚实的基础。

这段评论主要由复述构成,谈贾平凹《废都》被禁之后的创作以及"因《废都》而受'损'"的作家形象也开始得到修复"是复述;《秦腔》的故事及其评论等也是复述等。只有"无论如何,《废都》……"这最后一句话是孙桂荣对《废都》表示的肯定看法,是议论。并且在复述中,也渗透着孙桂荣的议论,一是其复述中具有肯定《废都》的倾向性;二是字里行间也渗透着孙桂荣肯定《废都》的态度,显得评论者具有广阔的阅读面和深厚的理论视野。

(3)锤炼语言和讲究文采相结合

文学评论主要是议论文,属于议论文的文学评论写作要求言之成理,持之有据。这种写作重在讲道理,可也要讲究一点文学性。作为文学评论写作要把"文质兼美"作为一种追求。理论阐述讲究文采,要锤炼语言,使评论文字生动形象。文学评论的"文质俱佳"请看李华岚的《弟弟和评论家》②:

弟弟是很喜欢发议论的:

"我们老师的声音顶高!"

"哥哥的鼻子最大!"

"顶"和"最"是他经常使用的词儿了。倘若遇见声音比老师更高和鼻子比哥哥更大的人,他只得无可奈何地说:

"他的声音顶顶高!"

"你的鼻子最最大!"

弟弟年幼,出现这样的说法是可以原谅的。遗憾的是,我们的某些写评论文章的人,也往往犯与弟弟相似的毛病:

"全诗的语言达到了炉火纯青的……"

---

① 孙桂荣. 个人性・时代性・文学性[J]. 中国现代、当代文学研究,2010(2):148.
② 李华岚. 弟弟和评论家[N]. 文汇报,1962-05-05(4).

"在人物的塑造上达到了登峰造极的……"

"给描写这类题材的作品开辟了道路,是我们新文学史上的一座里程碑式的……"

我常常为这种评论家担心,仿佛他们发誓只写一篇文章,以后就洗手不干了,不然,等更成熟更完美的创作问世后,他们只得借鉴弟弟的"顶顶"和"最最"法了。

这篇文学评论运用类比法说理,寓庄于谐,言简意深,朴质自然,形象性很强,语言锤炼非常精致。这篇短文凭借着生动的形象,深刻揭露和批评了时下文学评论界"顶顶""最最",没有辩证分析的浮华文风。文学评论就要向这篇短文一样锤炼语言和讲究文采。

第四节 学术论文

一、学术论文概述

学术论文,又名科学论文、研究论文。它是指对某一学科领域中的问题作比较系统、专门的研究和探讨后,对科研成果、科学观点进行表述的理论性文章。

写作学术论文是记录、表述科研过程、科研成果的重要手段,学术论文是进行学术交流、推动科学进步的重要工具,同时还能检验科技工作者的研究能力和学术水平。面临科技和经济的竞争,面临知识革命与知识经济的挑战,学习和掌握论文写作的方法与技巧,提高学术论文的写作水平,对促进学术交流与发展,推动科学技术的进步,具有十分重要的意义。

(一)学术论文的种类

学术论文按不同的标准可以分为不同的类别。具体划分如下。

1. 按研究领域、对象划分

可以分为自然科学论文、社会科学论文。自然科学论文是研究自然界物质形态、结构、性质和运动规律的科学论文,用于反映自然科学领域的研究成果。它注重科学性、实验性和实用性。社会科学论文是以社会、文化现象为研究对象的学术论文,研究并阐述各种社会、文化现象及其发展规律。它注重理论性和社会性。社会科学论文又可再分为文学、历史、哲学、政治、教育等方面的论文。

2. 按研究方式分

可分为实验型论文、理论型论文、描述型论文和设计型论文。

3. 按写作目的和功能划分

可分为交流性论文和考核性论文。交流性论文的写作目的在于学术交流,包括在各种学术刊物上发表、在学术会议上宣读;而考核性论文的写作目的在于检验作者的学术业务水平,像高校为检验学生的学习业务水平,要求学生撰写的学年论文、毕业论文、学位论文等都属于考核性论文。

(1)学年论文

学年论文是高等院校学生的一种独立作业。是在教师的指导下使学生初步学会科学研究的方法、培养科学研究能力而撰写的一种小论文。

(2)毕业论文

毕业论文是高等学校应届毕业生的总结性的独立作业。它是对学生所学知识和运用知识解决实际问题的能力的综合检验。学生在教师的指导下,综合运用所学专业的基础理论、基本知识和基本技能,针对某一现象或问题进行独立分析和研究后撰写的具有一定学术价值的文章。这种论文通过指导老师审查及答辩即为学位论文。

（3）学位论文

是学位申请者在从事科学研究中取得了创造性的结果或有了新的见解，撰写而成的作为提出申请授予相应学位时供评审用的论文。学位分为三级：学士、硕士、博士，故学位论文也相应地分为学士论文、硕士论文、博士论文。学士论文应能表明作者确已较好地掌握了本门学科的基础理论、专门知识和基本技能，并具有从事科学研究工作或担负专门技术工作的初步能力。硕士论文应能表明作者确已在本门学科上掌握了坚实的基础理论和系统的专业知识，并对所研究课题有新的见解，有从事科学研究工作或独立担负专门技术工作的能力。博士论文应能表明作者确已在本门学科上掌握了坚实宽广的基础理论和系统深入的专门知识，并具有独立从事科学研究工作的能力，在科学或专门技术上做出了创造性的成果。

（二）学术论文的特点

1. 科学性

科学性是指作者用科学的世界观和方法论作指导，以严肃认真的态度，运用相关的专业知识、理论，对研究对象进行深入研究，得出符合客观规律、反映事物本质的结论。科学性是学术论文的灵魂和价值标尺，具体表现在两个方面：一是内容科学，即内容真实、准确，能够反映客观事物的本质规律，揭示科学真理；二是表述科学，即立论科学客观，论据充分可靠，论证周密严谨，结构合理严密，措辞准确恰当，行文质朴流畅。

2. 创造性

创造性是指学术论文所揭示的事物的属性、特点和得出的结论是新颖独到的。创造性是衡量学术论文价值的重要依据，一篇学术论文无论是解答现存的某个问题，还是综合他人的研究成果，都要力求有所发现、有所发明、有所创造，才能超越前人、超越历史。学术论文的创造性具体表现在下面两个方面：一是在实践上，采用的材料、工艺、方法是先进的，效果良好的；二是在理论上，提出了新观点，取得了新成果，达到了一定的深度和广度。因此，勇于开拓新领域，探索新课题，提出新见解，是研究者富于创造性的表现。

3. 学术性

学术性是指作者运用专门的知识和理论，对某一问题进行研讨，找出其客观规律，并表述其研究成果。学术论文是对某一学科领域的问题进行的研究，是从感性认识上升到理性认识的过程，因此，结论不仅具有抽象性，而且更具有专业性和系统性，表述时也较多地运用专业术语和专业名词。

二、学术论文的写作

（一）发现写作论题

1. 论题的发现

发现学术论文的论题，也就是确立研究的方向和目标，这是学术论文写作的第一步。吕叔湘先生曾指出，提出问题是解决问题的头一步。连问题都发现不了，谈何去解决问题呢？所以，要善于发现问题，提出问题。学术论文论题的发现有三种情况。

（1）发现新的论题

每个学术领域都有一些论题，由于社会、科技发展而出现新矛盾、新问题等原因，没有得到解决，解决这些问题的研究，就是新论题。要发现这类问题，首先必须充分了解学术界在这方面已经下过的功夫和所取得的成就，特别要注意当前争论最多的问题。只有知己知彼，才能根据自己独立的见解寻找到自己前进的位置和获得开拓的机会。同时也必须对研究对象仔细钻研，详加剖析，反复实验，从中发现别人未曾涉及或涉及不深的领域，以此作为自己的开拓空间。这类问题的发现和研究,一般没有太多的资料可以利用,也没有现成的方法可作借鉴,难度较大,困难较多,要求研究者具有较高的研究水平和较好的意志品质,才能提出进而研究这类论题。

(2) 发现新的材料

或由于条件所限,或没引起注意,一些问题没有凸现,后来时代发展、科技进步,有了新发现的材料,可以形成新的论题,进行研究,形成新的成果。

(3) 发现新的观点

这类论题是指在已有的研究基础上,进行更加广泛、深入的研究,使已有的科研成果得到丰富和发展,或是使已有的理论观点得到深化和补充,或是对旧论题进行批驳、修正,或是赋予已有理论新的社会意义。通过对这类问题进行辨析、纠正,形成自己的论题。

当然,初学论文写作者,不一定都能做到"发前人所未发",但也要提出自己的见解,决不能人云亦云,仅仅重复前人讲过的意见,这样的论题将毫无意义。在论题发现时,也不能为了追求新奇挖空心思,随意编造见解。我们需要的是科学的、实事求是的、严肃的态度。

高等学校学生的学术论文的论题,主要是在教师的指导下,运用已有的知识,独立进行科学研究活动,学习分析和解决某一专门学术问题的方法,在研究活动中得到锻炼,增长研究才干,因此不必去写大而全的论题,论题可以小些,但要有科学价值。

2. 论题的选定

论题的选择,首先要遵循两个原则:一是选择客观上有意义的课题去研究,这决定了写作论文的客观必要性;二是选择主观上有能力完成的课题去研究,这决定了完成论文的现实可能性。同时符合这两条原则的课题,才是可选的论题。

论题选定还要做两方面的工作:一是调查研究论题,二是考虑主观条件。

(1) 调查研究论题

要确定一个有意义的论题,首先要做好论题的调查工作,这就是通常说的"查新"。调查的内容主要包括三个方面。

① 调查研究论题研究的历史。

通过调查,着重了解前人是否对此问题作过研究,作过哪些研究,研究的程度如何,已取得了哪些成果,还存在哪些问题。只有完全了解这些问题,才能确定自己是否可以对这个问题进行研究。

② 调查论题研究的现状。

通过调查,着重了解目前是否有人对自己所要研究的问题进行研究,研究的角度、研究的方法及研究的程度如何,以便找到研究的突破口。如果说调查研究的历史是一种对论题纵向的了解的话,那么调查研究的现状则是一种对论题的横向了解。

③ 调查相关研究的状况。

某个论题的研究,不仅需要利用某一方面的知识、某一领域的成果,还需要综合运用各种知识,合理利用不同领域的研究成果,才能更好地创造性地解决问题。为了提高论文质量,可以有意识地了解一下相关领域的研究状况,看看哪些科研成果可以借鉴和利用,哪些研究方法值得学习和使用。

(2) 考虑主观条件

① 考虑对论题的兴趣。

兴趣是促使人们对论题积极追求、潜心探索的动力。有了兴趣,会促使研究者自觉地去进一步了解研究对象,处处留神收集相关的材料。同时,兴趣会像磁铁一样时时吸引研究者的注意力,研究的课题无时无刻不在研究者的脑海中萦绕,随时都可能产生灵感的火花。兴趣是可以培养的。上级或导师给的题目,我们不见得很有兴趣,但只要认真对待,随着对问题的深入思考,对问题的不断关注,也会逐渐产生兴趣,这种情况也是常有的。

② 考虑自己的业务专长。

在科学研究领域中,每个研究者都会有自己的专攻范围,从而形成自己的业务专长。因此,学术研究,总会带有强烈的专门化色彩。选择课题就要选己之所长,避己之所短,从自己的研究能力出发,考虑知识结构是否优化,各种知识的构成是否合理,选取能发挥出业务专长的题目。

③ 考虑论题的难易程度。

选题既要尽可能发挥自己的优势,又要充分估计自身的能力,量力而行,尽量将选题定在自己力所能及的范围内,切忌好高骛远、贪大求全。与其大题小作,还不如小题大作,大而空不如小而实。抓住一个重要的小题,学术中的关键问题,能深入其本质,抓住其要害,把它说深、说透,论文也会有分量。

④ 考虑自己占有资料和进行实验的条件。

图书资料和实验是进行科学研究的基础。在选择论题时,就要充分考虑自己身边图书资料的数量和质量,如果身边有藏书丰富的图书馆,资料搜寻起来也十分方便,这样的论题是可以选择的。有些研究课题还需要借助仪器设备等进行实验,就要考虑实验设备的条件。实验设备条件成熟的论题,做起来才会有把握。

(二) 进行写作构思

确定了自己有体会、有基础、又符合主客观条件的论题之后,就要对论文进行构思。做好构思工作,需要从下面几个方面去进行。

1. 收集相关材料

俗话说,巧妇难为无米之炊。收集材料是进行学术研究的基础,没有材料就无从着手研究。只有通过对材料的深入研究,提出自己的观点,并有充分、可靠的材料证明它是正确的,才能提笔写论文。

学术论文的写作构思前,需要收集下面几个方面的材料:一是专业知识、理论。科学研究工作需要在一定的专业知识、相关的理论基础上进行,因此需要吸收、储备相关的专业知识、理论。二是论题研究的历史和现状。通过收集这方面的资料,可以学习和吸收已有的研究成果和先进的研究方法,还可以知道论题研究的深度与广度,借鉴别人的经验与吸取别人的教训,酝酿自己的观点。三是论题的背景和相关因素。主要是指影响研究对象的生成、发展、变化的社会背景、历史条件等。四是可供对照的资料。通过了解与研究论题相似、相关联的事物,把握研究论题的特点、意义、作用。五是自己通过观察和实验记录来的第一手资料。

材料是多种多样的,获取材料的途径也很广泛,概括起来主要有三条:一是运用图书馆和互联网搜集资料;二是调查访问获取材料;三是由观察和实验获得材料。

2. **分析研究资料**

搜集和研究资料是两个相互关联的阶段。要求研究者在收集资料时,及时分析,尽力发现问题,初步确定自己的观点。在全部资料收集工作结束后,再进行全面分析、归纳和综合,最后形成自己独到的看法,确定自己论文的论点和写作角度。

分析资料常常用定性分析和定量分析两种方法。定性分析既要考虑资料产生的背景、可信程度及社会反响,又要考察其描述的内容及其作者主观因素的影响,对材料作出科学的判断。定量分析是采用一定的数学方法,对资料进行系统、客观的量化统计处理,从量的规定性中获得对资料的验证和评价。

分析研究资料要注意下面三点:一是要辨别真伪。收集的材料有真有假,需要认真鉴别、分清真假,剔除粗糙的、虚假的材料,保留精细和典型的材料,为提炼观点创造条件。二是要把握整体。分析研究不能以偏概全,不能从个别孤立的资料提炼观点,必须从全部材料出发,概括出一个正确、深刻的观点;通过归纳分析,抓住特征,找出规律,成立新说。三是要注意相互联系。在分析研究过程中,要用联系的、发展的观点去观察、分析研究对象,进而把握研究对象的本质和规律,得出合乎客观实际的、正确的观点。

3. 提炼相应观点

观点的提炼就是学术论文写作中的发现过程。通过对大量的现实材料、文献资料等进行分析、比较、归纳、综合,得出结论,形成自己的观点,每一小部分形成一个观点,然后逐步明朗化、系统化。几个小观点说明一个大一点的观点,几个大观点统一起来,阐述一个科学的论断——即文章的中心论点。在拟定这些大小论点时,需要按照资料的逻辑联系,以一定的序列组合为系统,归纳出规律性的东西。

根据资料提炼出的观点,有三个要求:一要正确全面,即要符合客观实际,符合事物发展客观规律,经得起实践的检验;避免脱离实际、先入为主、顾此失彼、妄下结论。二要新颖深刻,即要抓住问题的要害和本质,发表前所未有的真知灼见;避免肤浅浮躁、标新立异。三要集中鲜明,即要在明确研究目的的基础上,得出确实肯定的结论;避免松散矛盾、含糊不清。

学术论文的观点一旦形成,就对材料的取舍、论证方法的选择、结构的安排、语言的运用起着制约作用。

4. 拟写论文提纲

我们对材料进行分析整理,并提出相应论点之后,不要忙于写初稿,还有一项重要的工作要做,那就是拟定论文提纲。一般来说,学术论文的篇幅都较长,内容较庞杂,需要考虑周密,所以要拟定提纲。重视论文提纲的拟写,不仅可以防止出现重复、遗漏,还可让写作者树立全局观念。大到全文布局,小到每个具体论据,都会心中有数,不会出现畸轻畸重的现象。对于初学者来说,通过编写提纲,可以训练自己的逻辑思维,使思路更加清晰,文章更有条理。学生请导师审阅提纲,不仅可以获得具体指导,提高论文质量,还可为论文的写作和修改提供依据和参照。

论文提纲有简略和详细之分。简略提纲,一般只需要概括地提示论文的中心论点及分论点即可。详细提纲,则既要列出总纲,写出各层次大小论点,还要把主要材料安排、论证方法的使用、主体段落及详略调配等细目列出。具体采用哪种提纲,要综合论文的范围、复杂程度、篇幅长短和作者的水平、习惯等来考虑。初学写作者建议写详细提纲为宜。

(三) 论文内容表达

1. 起草初稿

根据提纲用文字写成篇章形式的初稿,就是起草。这是把理论研究成果变成文章的重要一步,是学术研究及论文写作中的一项主体工程,需要全力以赴。起草的过程就是运用论据组织论证、归纳结论的过程。起草过程要做到:

(1) 按照提纲写,也要发挥创造性

既要按照拟定提纲顺序展开,又要在起草的过程中对原来的思路进一步检验、修订、发挥、升华,有新的创造和突破。

(2) 选择适合自己的执笔顺序

一般常用的执笔顺序有两种:一是自然顺序,按照提纲排列的顺序从绪论写起,接着写本论、结论;二是从本论入手,先写好本论、结论,再写绪论。

起草时,较短的文章可以在充分准备的基础上一气呵成。对于长篇文章,可以先分成几部分,一部分一部分地写,写完一个部分修改这一部分,然后合成一篇;也可以写完全篇初稿后,再修改定稿。

2. 修改初稿

论文初稿写成以后,应该认真修改,仔细推敲,精益求精,最后誊正定稿。修改初稿有时需要查书核对,要字斟句酌、润色文字,检查标点符号,力求论文的完善,这是论文写作的进一步提高和完善的阶段,是一项不能省去的工作步骤。它包括以下两个方面。

（1）内容方面的修改

这是修改的主要方面。修改时,先要通读全文,着力审视论文的内容及自我感受的状况。要说服自己,必须检验下面几个方面:论点是否明确,观点表达是否清楚确切,论据是否可靠,论证是否合符逻辑,结论是否准确精辟。所有这些都要逐个检查,认真修改,直至完善。

（2）形式方面的修改

要认真推敲文章布局是否合理,结构是否严谨,段落构成是否单一完整,段句衔接是否和谐紧凑,语言表达是否准确、简洁、生动,文面书写是否符合规范。总之,表达形式方面的修改,要尽可能在篇章结构、句、词、字、标点等方面下功夫。

3. 规范格式

中国新闻网记者2015年3月19日上传了采写的杨振宁在台湾大学演讲的报道,该报道其中的一段文字如下:

杨振宁19日在台湾大学演讲时指出,近年来因科学家及投稿量暴增,期刊被迫公式化地筛选文章,没仔细检视就把好文章丢掉,结果连他投稿一些科学史探究的文章,也老被期刊拒绝,搞得他很不高兴,……[①]

国际上和我国对论文书写格式都有要求,不按这些要求书写的论文,就是诺贝尔奖获得者写得非常好的论文也可能从形式上在编辑部的第一关就被剔除掉。为了规范学术论文的撰写和编辑格式,便于信息系统的收集、整理加工、储存检索、交流传播,国家标准局于1987年5月5日发布了《科学技术报告、学位论文和学术论文的编写格式》,要求论文写作应该由下面几个方面的内容构成。

（1）标题

标题又称题目。它是论文的眼睛,是论文内容的高度概括。论文标题形式多样,可以点名题意,可以说明研究范围,也可以提出问题。标题用词要确切、简约、醒目,避免使用不常见的缩略词、首字母缩写字、字符、代号和公式等,一般不宜超过20字。

（2）作者及工作单位

论文作者应署名,如作者是一个人,署在标题之下正中间。作者工作单位直接排印在作者姓名之下,如注于地脚或文末,应以"作者单位"或[作者单位]作为标识。如果多位作者,署名之间应以逗号隔开,不同工作单位的作者,应在姓名右上角加注不同的阿拉伯数字序号,并在其工作单位名称之前加上与作者姓名序号相同的数字,再标出相应的工作单位。

（3）摘要和关键词

摘要是论文的内容不加注释和评论的简短陈述。其作用是使读者不阅读论文的全文,就能获得必要的信息,也可为文摘、索引、出版转摘时提供方便。摘要的内容应包含与论文同等量的主要信息,供读者确定有无必要阅读全文。摘要应说明研究工作的目的、实验方法、结果和最终

---

① 杨振宁台大演讲自侃 称自己的投稿也会被期刊退［ED/OL］.（2015-03-20）［2015-10-23］. 新闻中心,台湾新闻. http://www.chinanews.com.

结论等,而重点是结果和结论。3000字以上的论文应有摘要,中文摘要一般为200~300字。写摘要时,采用短文形式,对论文内容进行准确、完整而简洁的概括,不分段落;用第三人称表述,不用"本文""作者"作为主语。

关键词是为了文献标引工作从论文中选取出来,用来表示全文主题内容信息款目的单词或术语。每篇论文应选取3~8个词作为关键词。关键词之间应以分号分隔。

(4) 正文

① 绪论。

绪论是论文开头和导引部分。它的写法很多,可以交代从事研究的背景,从而衬托出所论述问题的重要性;可以简述写作的缘起,说明为什么要写这篇论文,试图解决什么问题;可以指出研究这一课题的价值和意义;可以精要地写出本论部分的中心内容,为下文的全面展开创造条件,等等。

② 本论。

本论是学术论文的主干和核心,占相当大的篇幅。这部分要有条有理、逻辑严密地阐述论题研究的过程、方法和结果,并进行充分的论述。一篇论文质量的优劣,主要取决于这一部分。这部分篇幅较长,为了使面目清楚,层次分明,可分项撰写,前面冠以序号。

③ 结论。

结论是学术论文的收束部分,是在本论部分立论的基础上,必然发展的结果。结论所表述的主要内容,是作者对研究对象提出的总结性看法,是对本论中主要问题所作的科学概括,写作中要避免同本论的简单重复,要使认识有进一步的提高。

(5) 附录

① 注释。

注释的作用是说明论文中的引文出处,或对论文需要加以解释的地方予以解释。加注的方式有尾注、脚注和夹注。

在注释引文出处时,如果是期刊中的论文,要依次注明:作者、篇名、期刊名、年份、期数、页码;如果是著作,则要注明:作者、书名、出版社、出版年月、版次、页码。

② 参考文献。

参考文献要标识出对此论文有参考价值的专著或论文,表明论文写作的主要思想资源和资料来源,这也从另一方面表现作者研究的广度和深度。列参考文献要注意代表性,不可随便凑数。论文应注明作者、篇名、期刊名、年份、期号;著作应注明作者、书名、出版社、出版年月、版次。

思考与练习八

一、思考题

(一) 什么是社会评论?社会评论有什么功用?

(二) 如何发现社会评论的写作对象?

(三) 请扫描二维码,阅读李忠志、张博写的《唯有走在变化之前——从乐凯胶卷停产、泊头火柴破产说开去》,思考它是哪一类社会评论,作者是如何说理的。

唯有走在变化之前——从乐凯胶卷停产、泊头火柴破产说开去

（四）请扫描二维码，阅读傅绍万的《心如容器》，思考这篇社会评论的说理技巧。

心如容器

（五）有位杂文家曾打过一个比方：运动员跑马拉松比赛，观众们可以站在路边喊"加油"，也可以悄悄跑到前边去，搬掉前进道路上的绊脚石。杂文作家所作的便是后一种工作。请就此谈谈你对杂文"批评"与"歌颂"的理解。

（六）河北杂文时评作家储瑞耕于1992年提出一个有名的"死活论"，即"杂文时评化则杂文死，时评杂文化则时评活。"请结合目前的时评与杂文写作实际，谈谈你的具体看法。

（七）学术论文有什么特点？

（八）学术论文的论题有哪两种类型？下面选题各属于哪种类型？

① 论20世纪中国文学的近代性② 辩证与宽容——王蒙小说的哲学意味

③ 国际语境中的中国当代电影④ 巴金小说中的忏悔意识

⑤ 最近《文心雕龙》研究评述⑥ 俄罗斯文学对巴金创作的影响

⑦ 也谈唐诗自然意向的具体性——与华生等人的商榷

（九）学术论文的绪论、本论、结论写作各有什么要求？

（十）下列各组课题中，哪些适合大学本科学生研究、撰写毕业论文？

1. 第一组

① 当代娱乐新闻报道的弊端及对策　② 文化娱乐新闻标题的制作技巧

2. 第二组

① 中国传统文化元素在现代设计中的应用　② 中国书法艺术在平面设计中的应用

3. 第三组

① 当代散文写作特色研究　② 当代女性散文写作特色研究

③ 当代某位女性作家的散文创作研究

4. 第四组

① 对外汉语教学法初探　② 对外汉语教学中的中国文化教学　③ 对外汉语词汇教学中"ABB"式词语的教学

（十一）请扫描二维码，阅读计正山的《项羽究竟死于何地？》，指出这篇学术短论属于"开创说""对着说""接着说"，还是"照着说"？

项羽究竟死于何地

（十二）下面的文字是一位作者在论述"《老人与海》中的象征艺术及其现实意义"的观点之后撰写的"内容提要"，请指出它存在的问题。

厄内斯特·海明威是20世纪最著名也是最多产的美国作家之一。《老人与海》是海明威创作和发表的最后一部重要的作品。它向人们展现了一位年迈但经验丰富的古巴渔民在墨西哥湾与巨大的马林鱼之间的英雄诗史般的斗争。海明威凭借《老人与海》获得了诺贝尔文学奖等多项文学殊荣。这部中篇小说虽然语言简单，篇幅不长，但是用词精练且饱含了丰富的象征意义。本文旨在通过该部小说中几个重要的意象——大海、马林鱼、鲨鱼、狮子——的分析，探究《老人与海》中的象征艺术，并指出正因为如此丰富深刻的象征描写，《老人与海》这部作品无论是对当时的美国社会还是对今天的人们来说都具有十分深广的现实意义。

（十三）注释和参考文献有何不同？

二、小练习

（一）巧妙借用体式，常常会使杂文的艺术构思出人意料。请阅读下面这篇作品，模仿其构思特点，练习写作一篇变体杂文。

时尚造句①

汉言

并列关系

有些"豆腐渣"不是用来给人或猪吃的,而是用来杀人的。例如重庆綦江彩虹桥。

有些酒不是用来给人喝的,而是用来给人送命的。例如山西朔州假酒。

假设关系

假如张局长的家没被小偷光临,那么张局长现在还在礼堂作反腐倡廉的报告,而不是关在牢房里。

假如胡万林不是因治病而致人死命,那么他还是名声赫赫的神医。

假如某明星不是不断地给自己制造绯闻,那么她就不会有现在这么大的名气,也不会赚到数不清的钱。

递进关系

假数字不仅使账面上多出了许多钱,而且还使社会上多了许多官。

出书热不仅繁荣了出版界的热闹,而且制造了许多半文盲的作家或名人。

股票不仅在理论上唤起了大众的发财热情,而且在实际上使极少一部分人真的发了财。

转折关系

权力虽然不是印钞机,但对某些人来说,它比印钞机来钱来得快捷。

李副局长虽然是喝酒致死的,但他是在陪领导时喝的酒,他奋不顾身的精神永远值得我们学习。(节录)

(二)下面的论文提纲层次混乱,请按照合理的逻辑顺序对它进行修改。

余秋雨散文成功诸因素略论(提纲)

1. 过人的才气

1.1 博大的学识

1.2 语言特色

1.2.1 使用华丽宏大新鲜时髦的词语

1.2.2 修辞手法的灵活使用

1.2.3 具有超强的感染力

1.3 多样的散文写作手法

2. 独特的表现题材与主题

2.1 阐释精英文化

2.2 宣扬爱国主义

2.3 表现忧患意识

3. 散文发展史上的机遇与策略

4. 对散文发展的贡献

5. 成功的炒作

5.1 树立大师形象

5.2 激发争论以成为焦点

5.3 善于求取同情

6. 大众心理

6.1 中国百姓有附庸风雅和从众心理

---

① 汉言.时尚造句[J].杂文选刊,2001(06):7.

6.2 时代呼唤大家出现

6.3 公众欢迎轻松而又严肃的文学

(三)请根据中华人民共和国国家标准《文后参考文献著录规则》从"中国学术期刊网络出版总库"中搜集作者对"朱门酒肉臭"的"臭"的不同解释,从中摘其两个相反的观点和相应的最重要的论据,制作资料卡片(包括内容、作者和出处)。

三、文章评析

(一)请扫描二维码,阅读黄志华、张安全合写的社会评论《谨防"谦虚使人落后"》,回答问题。

1. 文章是围绕什么现象来行文的?
2. 透过现象看到的是什么?如何看待这一新现象?
3. 文章的写作思路是怎样的?

谨防"谦虚使人落后"

(二)阅读下面的杂文,分析它是如何体现杂文形象性的。

牛刀割鸡与鸡刀割牛①

刘征

夫子的弟子子游做了武城宰,夫子去看他,听到衙门里兴礼作乐的声音,笑着说:"杀只小鸡哪能用得着牛刀呢?"圣人的这句玩笑话竟流传开来,后来"牛刀割鸡"比喻大材小用,至今仍活在人们的语言里。

牛刀是什么样子的?那刀一尺多长,有刃的一边顺着刀头连刃一起围上去,恰好便于在牛的颈嗓部位一刀一刀地抹。用这刀杀鸡显得大了些,单一刀下去致鸡于死地是确定无疑的。

我以为牛刀割鸡似乎不宜全盘否定,而且在某些领域里还值得大大提倡。大学者写普及读物要算牛刀割鸡吧。早些年吴晗主编中国历史小丛书,吕叔湘、朱德熙合写语法修辞讲话,沈尹默写简体字帖,都曾产生很大影响,流惠无穷。这些作品虽说是"鸡",却有万牛回首的力量。不妨胡乱想开去,如果孔夫子教小学,却不会用沉重的负担压得学生透不过气来,鲁班建居民楼,绝不会盖得东倒西至,未完工就轰然塌倒。同样,孙悟空开出租车,不但开得又快又稳,遇到堵车,还会飞上天去……

只是鸡刀割牛,一无是处,万万要不得!鸡刀不过几寸长,也不特别锋利,用这种刀杀牛,在肥硕的牛脖上抹起来,恐怕会惹出麻烦。牛想:要杀就来个痛快,这样千刀万剐老子毫不耐烦!发起牛脾气,准会闹得人仰刀飞,连西班牙的斗牛士也会败下阵来。可惜在我们周围,"鸡刀割牛"之类不乏其例。古汉语一知半解就注释古书,外语似通非通就译外国名著,才懂得银翘片治感冒就挂牌行医,误事误人,啼笑皆非。还有,本无德能,却凭种种关系,飞黄腾达。夫子见之,必敛其笑容,骂一声:鸡刀割牛,真不像话!

不止此也。牛刀鸡刀幻出的五光十色的迷彩真令人眼花缭乱。比如,亮出的牌子是牛刀割鸡,可割鸡的不过是裁纸刀、水果刀、修脚刀,那牛刀却带着满身的机油,一直睡在刀鞘里,甚至不知道有割鸡这码事。明明是鸡刀割牛,却夸称有老牌超级解牛大师某做顾问,有国际解牛金奖获得者洋人某亲临指导,其实是子虚乌有。再如,牛刀割牛,鸡刀割鸡本来顺理成章,十分正常,却偏要把牛皮吹得胀破天,说此牛身大如犀牛,骨硬如金铁,是真正的牛魔王;说此刀是刺虎的刀,是屠龙的刀,是关云长的青龙偃月刀,是干将莫邪锻造的龙光射斗的宝剑,弄得知道底细的人侧目,不知底细的人头晕,连鼓刀者也忘了吃几碗饭。哎,这可怎么好。

---

① 刘征.牛刀割鸡与鸡刀割牛[N].光明日报,1996-04-20(07).

大潮迅涌,萝卜快了不洗泥。冒出些怪现象是难免的。——这里用得着难免论。但愿今后越理越顺,让牛刀割牛,鸡刀割鸡,各得其所,不妨让牛刀割一些鸡,而鸡刀割牛要立法禁止。还有一条,杜绝吹牛。(节录)

(三)请扫描二维码,阅读王朝闻的文学评论《〈水浒传〉里的一个两面性的典型——何九叔》,分析它在表达上是如何做到"三个结合"的。

(四)请扫描二维码,阅读汪少华、邓声国合写的《也谈朱门酒肉臭的"臭"》,回答问题。

《水浒传》里的一个两面性的典型——何九叔

也谈朱门酒肉臭的"臭"

1. 该论文的中心论题是什么?各部分是怎样围绕这一论题开展写作的?
2. 体会绪论和结论在文中的作用。
3. 本论的安排采用了什么顺序?

四、作文

(一)请以身边发生的热点事件发表自己的看法,写一篇社会评论。

(二)据2005年1月30日《京华时报》报道:中国消费者协会联系北京嘉仁体检管理中心到单位接种乙肝疫苗,但在接种过程中意外发现疫苗竟是过期产品。这颇富喜剧色彩的一幕被机智的网友形象地命名为"老鼠舔了猫鼻子"。请以"老鼠为什么敢舔猫鼻子?"为题,写一篇杂文,篇幅不少于600字。

(三)选择一个角度,采用一种评论方法,选用局部分析式撰写一篇小说评论。

(四)阅读下面的诗歌,请写一篇不少于600字的文学评论。

上班①

晓林

用第一缕晨曦/打开教室的锁头//一群欢乐的小鸟/飞进林子里/开始晨读/你又站在四条腿的旧讲桌前/让两条腿的黑板上路/为孩子们背去急需的食粮//衣袖白了/那是霜/衣角白了/那是雪/鬓发白了/那是大山里一晃的岁月

(五)结合所学专业,选一个感兴趣的论题进行研究,写一篇学术短论。

---

① 晓林. 上班[J]. 诗刊,2001(4).

附篇

应用性文本论

附篇一　广告文案

第一节　广告文案概述

一、广告文案的含义

在信息沟通交流频繁的商业社会,广告无处不在。作为人类相互沟通、相互交往的工具——语言,也在广告中扮演着越来越重要的角色。语言符号在市场中的运作便产生了一种新的应用性文本——广告文案。

广告文案服务于商业社会,是一种显而易见的劝服形式,劝说那些听到或看到文案的人采取某种行为或接受某种观点[1]。能够被采纳的文案其实是一种特殊种类的语言创作,要求创作者有艺术家的灵感和营销人员的策略——在有限时间内拿出完美的创作,为客户向消费者传达声音。

美国第一位专业广告文案撰写者是约翰·鲍尔斯,他于1880年受约翰·沃纳马克之请,到费城专门为"大货栈"写广告[2]。广告文案(Advertising Copy)一词在美国开始被使用,随后涌现出了一批杰出的广告大师——霍普金斯、奥格威、伯恩巴克等,他们撰写的文案对后来广告发展有巨大影响。

我国广告业在1979年复苏后,相关广告论著、译著相继出现。在不同著作中,广告文案定义涵盖范围有小有大。有的认为,文案是在印刷、广播和电视等媒体上的信息战略的文字与非文字元素[3]。此外,另一种更为广阔的界定是:"凡是在广告活动中,为广告而撰写的文字资料都可以称为广告文案,其中包括广告计划书、广告媒体计划书、广告策划书、广告预算书、广告总结报告和广告调查报告等。"[4]高志宏、徐智明在《广告文案写作》一书中认为,广告文案是"已经完成的广告作品的全部的语言文字部分"[5]。

上述几种观点相比,高志宏、徐智明的说法较为完善,但细加分析,并非完美无缺。按照这一定义,电视广告脚本因为是未完成的广告作品,所以理所当然地被排除在广告文案之外。但是,从广告公司的实际操作来看,电视广告脚本的写作的确是广告文案写作的一部分,也是文案撰写者(Copy Writer)的一项重要工作。

因此,广告文案不仅包括已完成的广告作品的语言文字部分,而且还包括以语言文字为广告作品的最终完成提供蓝本的那一部分(如电视广告脚本、广播广告文稿等)。

完整的广告文案由标题、正文、口号和随文等部分构成,广告文案可以从媒体、文体、内容、诉求等层面进行分类。

---

[1] 菲利普-沃德·博顿.广告文案写作[M].程坪,丁俊杰,等译.北京:世界知识出版社,2006:141.
[2] 秦冲.广告文案写作论[D].兰州:西北师范大学,2009:9.
[3] 威廉·阿伦斯,迈克尔·维戈尔德,克里斯蒂安·阿伦斯.当代广告学[M].丁俊杰,程坪,陈志娟,等译.北京:人民邮电出版社,2014:192.
[4] 顾执.广告文案技法[M].上海:中国大百科全书出版社上海分社,1995:1.
[5] 高志宏,徐智明.广告文案写作[M].北京:中国物价出版社,1997:4.

二、广告文案的分类

关于广告文案的分类,我们可以依据不同的标准,从不同的角度来划分:

按照媒体分类,可分为:报纸广告文案、杂志广告文案、广播广告文案、电视广告文案、户外广告文案、新媒体广告文案、其他媒体广告文案。

按照文体分类,可分为:描述体广告文案、论说体广告文案、说明体广告文案。

按内容分类,可分为:消费物品类广告文案、生产资料类广告文案、服务娱乐类广告文案、信息产业类广告文案、企业形象类广告文案、社会公益类广告文案。

按诉求分,可分为:理性诉求型广告文案、情感诉求型广告文案、情理交融型广告文案。

三、广告文案的特点

广告文案与小说、新闻报道等文体具有根本性的区别,它具有如下特点。

(一)广告文案立足点是为沟通物性和人性寻找巧妙的语言表述①

要创作出好的广告文案必须确立文案创作的基本观念(立足点),即文案创作不是单纯表现产品的物性,也不是单纯表现人性,而是努力去沟通人性与物性,并为此寻找巧妙的语言表达。在实际操作中大体上可采用如下三种方法。

(1)从产品中寻找独特的功效和利益来吸引消费者,以物性诱发人性。瑞夫斯的 USP 理论(独特销售主张)就是这种思路,即以"卖点"来吸引人。

(2)发掘产品个性与消费者内在需求的共鸣点,或者说探求物性与人性之间的共鸣点,即李·贝纳所说的发掘商品"与生俱来的戏剧性"。请看斯密丝化妆品广告语:

纯到无香就是真。

(3)如果同质化产品较多,就要想办法在物性上附加人性的内涵,即寻求商品的附加值(EVP, Extra Value Proposition)。例如,同济药业形象广告语:

漫漫人生,同舟共济。

(二)要创作出好的广告文案还必须遵循广告文案的基本原则

1. 真实性原则

真实性原则是指广告文案的信息内容要真实,不得造假、夸大、含糊,这是广告活动的根本原则和基本规范。创作中,必须实事求是地反映商品的特性、功能、价值及相关服务;必须要求措辞准确贴切、清楚明确,不能含糊不清。

2. 实效性原则

实效性原则是指广告文案要为一定的广告目的服务,做到实用、有效,而不能华而不实,片面追求文案的华丽。创作中,需要找准卖点,寻找说服消费者的充足理由;拉近与消费者的距离,注重文案的亲和力。

3. 原创性原则

原创性原则要求广告文案的写作要新颖、富有创造性,既不能重复或模仿别人,也不能重复或模仿自己。

4. 关联性原则

关联性原则指的是在广告文案的写作过程中要注意到与商品、消费者、竞争对手的联系,涉及目标消费群、品牌个性、广告利益点、媒介选择等很多方面,因而需要对市场、消费者有深刻的

---

① 胡晓云.广告文案撰写实质问题的再确定[J].中国广告,1996(3):35.

洞察,对品牌的概念有深入的了解。

5. **震撼性原则**

震撼性原则要求在进行广告文案写作时,要能深入人心,有很强的感染力,使受众产生强烈的共鸣。

6. **和谐性原则**

广告文案不是孤立的文字表达,它必须置身于一定的社会文化背景之下,是广告策略的一种表现,是广告作品的一个有机组成部分。因此,广告文案写作必须做到与整个广告环境的和谐,必须做到与广告作品其他要素相协调,必须做到与广告媒体特性的统一。

第二节 广告文案写作

广告文案写作时,需要根据不同时间、空间要求,为不同的产品或服务量身定做。广告文案必须兼顾告知和销售的功能,通过广告劝服有意向购买的消费者采取行动。

广告文案作为客户与消费者沟通的工具,需要文案撰写人员将客户的产品、服务的厂商语言转化为能被消费者理解的消费语言。如汽车参数中的"OHC发动机"就是厂商语言,当文案撰写人员将其转化为"马力更强劲"的消费语言时,消费者才能解读其含义。这一转化过程不是一蹴而就的,需要通过写作发现、构思、表达三阶段,才能达成与消费者沟通的目标。为了达成这一目标,广告文案写作需要完成大量的艰苦工作。

一、广告文案的写作要求

(一) 简明扼要

海外广告人曾经概括出这样一个文案创作模式,即 KISS 模式(Keep It Sweet and Simple),意为:"令其甜美并简洁。""简明扼要"还要在"简洁明了"的基础上"抓住重点"。许多广告人主张,要抓住重点,应"只说一件事(Just One)"。请看卡特牌白漆广告语:"永远不会泛黄。"也许这种白漆还有其他优点,比方说容易刷、不易脱落等,但广告语仅仅抓住这一个特点进行表述。

(二) 打动人心

KISS 模式的核心是甜美(Sweet),而甜美的要领则是煽情,即打动人心。当然,打动人心也有许多方法和途径。有切中消费的需求和欲望的,可称之为利益打动。例如,太太口服液的电视广告语言:

青春的风采,谁说不可以拥有?要拥有看你怎么选了,太太口服液。

还可以煽起消费者强烈的情感体验,可称之为感情打动,请看:

最温馨的灯光　一定在你回家的路上

如果人居的现代化只能换来淡漠和冰冷,那么它将一文不值;我们深信家的本质是内心的归宿,而真诚的关怀和亲近则是最好的人际原则。

多年来,我们努力营造充满人情味的服务气质和社会氛围,赢得有口皆碑的赞誉,正如你所见。

(三) 通俗易懂

"通俗易懂"应是针对目标消费者而言的。对于一般的消费者,一定要采用大众化的词汇、口语化的句子,而对于文化层次较高的目标消费者,可适当文雅一些,但不能"曲高和寡",让人难懂。

二、广告文案的写作过程

文案写作是广告创作的一个重要环节,是广告主题的文字表现,是广告创意的显化和具体化。它为平面设计提供文字的内容,为电视片制作和广播录音提供蓝本(文字脚本)。文案撰写人员要时刻提醒自己文案是写给产品和服务的目标消费群体看的,广告文案撰写是以信息接收者为主导的信息传输活动。

布鲁斯·本丁格尔在《广告文案训练手册》中介绍广告文案写作的整个程序:确定目标、发展战略、构思成形、好好落笔[①]。其提出的程序内隐着写作的逻辑线索:发现、构思、表达。这三个阶段相互融合渗透,交错发展。

(一)广告文案的写作发现

广告文案的写作发现阶段,文案撰写者要从产品、消费者和市场三个角度入手:认识产品的特性和功能;把握目标消费者,分析目标消费者的内在需求、购物动机和生活形态;分析市场,明确产品的市场定位。写作发现阶段累积的资料和素材,能让文案撰写人员明确广告的目标,形成广告的发展战略。

1. 认识产品的特性与功能

文案创作者必须首先对广告的客体——产品有比较透彻的了解和认识,才能写出对路的文案。对产品的理解与把握的第一条途径,是研究广告主提供的原形情报,即企业提供的产品说明书和企业简介等资料,从这些资料中找出产品的优势和卖点。第二条途径是研读市场调查资料,以增加对产品的感性认识。文案撰写者要善于从市场调查的资料中找出文案诉求的重点和产品推广的难点。

在认识产品的过程中,文案创作者要获取大量信息,把自己变成通晓该产品及产品所属品类的专家。恒美广告公司(DDB)为大众甲壳虫汽车进入美国市场所做的传奇式的广告战役就是立足于丰富的产品知识。恒美广告公司派驻创作团队前往德国沃尔夫斯贝格的制造厂,如伯恩巴克所说:"我们一复一日找工程师、生产人员、业务主管及装配线上的工人谈话,我们全程跟踪从金属融化到铸造成发动机的全过程,直到每一个零件都安装到位……"在这些前期工作的基础上,他们才找到了销售诉求:甲壳虫是一辆诚实的车——简单、实用、做工好到令人难以置信[②],才有了后期一系列精彩的广告表达"想想小的好处""柠檬"等。

2. 把握目标消费者,分析目标消费者的内在需求、购物动机和生活形态

对消费者心理把握,需要了解消费者的内在需求和购物动机。当消费者购买一种产品时,他可能有一两个最主要的需要,当然也附带考虑其他需要,要想把握消费者的主要需求,还必须经过周密的市场调查。例如,当消费者购买纯净水时,他的首要目的是解渴(生理需要),但是由于近几年环境污染(包括水质污染)比较严重,他可能最关心水质问题,害怕受污染的水给身体带来危害(安全需要)。乐百氏纯净水的广告成功之处,在于用市场调查的方法发现了消费者的关心点,并以"27层净化"作为诉求中心,可谓直指人心,一矢中的。

消费者的生活形态,包括生活方式、生活态度(价值观)以及所属社会阶层、经济收入等在很大程度上影响其需求。以雀巢咖啡在中国的广告为例。20世纪80年代,为了劝说中国的消费者尝尝西方的"茶道",雀巢以"味道好极了"的广告口号,做产品的面世宣传广告。对年轻人而言,与其说是品尝雀巢咖啡,不如说是体验西方的文化。而20世纪90年代后,中国年轻人的生

---

① 布鲁斯·本丁格尔. 广告文案训练手册[M]. 谢千帆,译. 北京:中国传媒大学出版社,2008:125.
② 乔治·费尔顿. 广告创意与文案[M]. 陈安全,译. 北京:中国人民大学出版社,2005:9.

活形态发生了变化,雀巢在市场上投放了一系列新的广告,口号变成了"好的开始"。广告以长辈对晚辈的关怀和支持为情感纽带,以刚刚进入社会的职场新人为主角,传达出雀巢咖啡将会帮助他们减轻工作压力,增强接受挑战的信心。

3. 分析市场,明确产品的市场定位

分析该类产品的市场状况。文案撰写人员不但要熟知自己所服务的产品和消费者的情况,而且要了解、摸清客户的竞争对手的情况。只有了解这些情况,才能发现竞争对手在广告宣传上的薄弱环节和致命弱点,从而写出有针对性和竞争力的文案,使竞争对手陷于被动局面。

比较客户的产品与竞争对手的状况后,明确产品的市场定位。"定位论"的提出者艾·里斯和杰·特劳特认为:"定位是你对未来的潜在顾客心智所下的功夫。也就是把产品定位在你未来潜在顾客的心中……其目的是在潜在顾客心中得到有利的地位。"[1]定位的方法主要有如下七种:①功能定位,即根据产品在功能方面的特点和个性化因素进行定位,如:丁家宜面容一洗白的定位是美白皮肤,广告语为"更白了,更美了!"②品质定位,即根据产品的自身质量和档次进行的定位,如台湾白兰洗洁精的定位为"品质好,去污力强,连小孩也会洗"。③经济定位,即根据产品价格上的优势进行的定位,如高路华彩电的定位是"创老百姓买得起的名牌"。④外观定位,当同类产品的功能、品质相差无几时,可考虑从产品的形状和包装找到个性,进行定位,如"来一桶"方便面的定位是"有两块面饼的碗仔面"。⑤逆向定位,即当同类产品都在强调某些特点的时候,自己却反其道而行之,如七喜汽水公司在可乐市场占据主体时,提出"非可乐"的定位。⑥年龄定位,即根据消费者的年龄层次进行的定位,如娃哈哈儿童营养口服液的定位为"食欲不振的儿童"。⑦性别定位,即根据消费者的性别差异进行的定位,如丽珠得乐胃药的定位是"生活压力大、易患胃病的男子",广告语是"其实,男人更需要关怀"。

4. 立足产品、消费者、市场的资料和素材,明确广告目标,形成广告策略

将产品、消费者和市场的信息进行汇总,精心整理,做出严谨而有创造力的分析,明确广告目标。广告目标具体、简洁,是消费者相信、理解、感受甚至能采取行动的信息点。

广告策略就是根据广告目标所采取的与消费者沟通的手段与方法,它包括广告诉求策略、广告创意策略和广告媒体策略等。广告诉求策略是广告文案写作的前提和基础,要解决"对谁说""说什么""怎么说"的问题。广告创意策略又称广告的创意表现策略,是指广告创作的核心概念与表现点子以及风格调性的设想,广告创意策略与广告文案写作有着最直接的联系,为广告文案的构思提供了基础。广告媒体策略旨在解决广告的发布渠道问题,它虽然是媒体策划的内容,但对广告文案写作形成了空间和时间的制约和影响。

(二) 广告文案的构思

广告文案的构思是广告文案写作的第二个阶段,即在有了写作发现后,执笔表达行为发生之前,对市场、客户、消费者的资料以及广告目标、广告战略材料进行选择、加工。在这个阶段,广告文案撰写者必须明确广告的主题,确定广告文案的主题重点、诉求方式和表现方法,并选择文案的表现风格。

1. 广告主题的提炼

广告主题就是广告所要表达的核心思想,它是广告作品的统帅和灵魂。文案撰写者将写作发现阶段整理出来的广告信息进行梳理:首先,解决哪些信息需要表现和哪些信息无须表现的问题;其次,区分哪些信息是主要信息,哪些信息是次要信息。一般来说,与产品的市场定位、目标对象相关的信息,应是主要信息,其他的属于次要信息。如果主要信息只有一条,那么就用它作

---

[1] 艾·里斯. 广告攻心战略——品牌定位[M]. 北京:中国友谊出版公司,1991:2.

为文案的诉求重点;如有几条主要信息的话,则需考虑用系列广告的形式加以表现,这样每一条主要信息就可分别作为系列广告中每一则广告的诉求重点。在平面设计中,文案信息的层次最好不超过三层。

广告主题有一个较为流行的公式,即"广告主题＝广告目标＋信息个性＋消费心理"。当然,这里的"＋"号并非表示简单相加,而是表示三者的相互融合。可见,广告主题在信息梳理的"物性"因素基础上,还应融合"人性"的因素,即消费心理,还应有明确的目标。换句话来说,广告主题应该是人性化、目标化的产品个性信息或企业个性信息。

2. 诉求方式的选择

广告文案的诉求方式有三种类型:理性诉求方式、情感诉求方式、情理结合诉求方式,文案撰写者可依据产品和企业的具体情况,采用不同的诉求策略。诉求方式的选择通常称为"走什么路线"的问题。

(1) 理性诉求方式

理性诉求方式就是通过说服、讲道理的方法,为消费者提供一些购买商品的理由,从而促使消费者购买该商品(或忠诚于该品牌)的一种广告方式。理性诉求的文案重事实,重依据,重说理论证。

(2) 情感诉求方式

情感诉求方式就是通过感情的渲染、情绪的撩动,让消费者的心灵产生深深的震撼或产生积极向上的情绪反应,从而促使消费者购买产品的广告方式,即通常所说的"以情动人"的手段。例如,台湾著名文案撰稿人杨梨鹤女士为味全食品公司创作的、在某年母亲节当日发布的广告文案:

多容易的一声"妈妈",我却漫漫等待奇迹!

我的孩子也是个有血有肉的人,只是阳光一直不曾照在他身上,人们在背后窃窃地唤他……同是十月怀胎之苦,我的孩子也曾一寸一寸地长大,却在经历一场命数的劫难后,微笑再也不曾从他嘴角漾出,灵慧的双眸从此空洞茫然。我拥抱他,试图走进他神秘的世界!我呼喊,试图唤醒他沉睡的心灵。这一切仿佛永远静止,却波涛汹涌地冲毁我脆弱的心房。孩子,我凄凄切切用一生的爱,为你换来一丝的阳光,等待你突然醒来唤我一声"妈妈"……①

这篇文案感人至深,催人泪下!借用母亲节做广告是许多商家惯用的方式,但真正能打动消费者的广告不多,此文案没有停留在浅层次的感恩戴德上,而从一个智障儿童母亲的视角表达了母亲内心深处的煎熬与挣扎、坚守与期盼,让母亲的大爱跃然纸上,令人动容。

(3) 情理结合诉求方式

由于单纯的理性诉求存在着平淡、乏味、生硬等缺点,而单纯的情感诉求又存在着信息较弱、理据不足等缺点,所以越来越多的广告开始注重将两者结合起来使用。

3. 文案风格的确定

构思阶段还有一个重要内容,就是依据广告的整体策略和广告创意确定广告文案的风格。

(1) 豪放型

这类文案的特点是充满激情,气势磅礴,有一种统领天下的豪情壮志。如2008年获得第十五届中国国际广告节长城奖全场大奖的阿迪达斯形象广告:"胡佳＋13亿人""郑智＋13亿人""隋菲菲＋13亿人",IMPOSSIBLE IS NOTHING(没有什么是不可能的)。寥寥数字,阿迪达斯的品牌精神与我国全民支持奥运的豪情壮志相得益彰,民族自豪感和澎湃的激情跃然纸上。

---

① 杨梨鹤. 广告文案传真[M]. 汕头:汕头大学出版社,2003:26.

(2) 稳健型

这类广告文案的特点是稳健踏实,富有理智,毫无矫揉造作之情。如爱多集团形象广告语"我们一直在努力",能把企业扎扎实实、埋头苦干的精神传递给受众。又如,广东邮电《服务形象篇》广告文案:

我们的服务每天都求创新

业务愈多样,服务愈多样

多年来,我们秉承"服务社会,服务万家"的信念,以充分满足社会各界对电信业务的需求为己任,不断开拓新业务(如视聆通、因特网、一线通、800电话业务、300卡等),使电信业务更为丰富多彩;与此同时,我们不断推出相应的配套服务,使用户能快速、方便、有效地使用电信业务。

每天前进一步,永远真诚服务!

这篇文案语言诚恳、稳健,体现出一种理性的力度感和成熟感。

(3) 婉约型

这类文案的特点是感情细腻真切,委婉动人。"它使人了解的不只是生硬的商品,而且还有人与人之间的相互体贴和关怀。"[①]例如,兰薇儿系列睡衣广告文案:

长夜如诗,衣裳如梦

兰薇儿陪伴您,在夜的温柔里!

月色淡柔,灯影相偎,夜的绮思悄悄升起在这属于你的季节里,兰薇儿轻飘飘的质感,高雅精致的刺绣,更见纤巧慧心,尤其清丽脱俗的设计,让你一眼就喜欢!今夜起,穿上兰薇儿,让夜的温柔轻拥你甜蜜入梦……

这篇文案语调柔和舒缓,感情真挚细腻,汩汩流淌着清丽的韵味和脉脉的温情。

(4) 朴实型

这类文案的特点是质朴无华,不夸大其词,语言上通俗易懂,平易近人,摒弃华丽的辞藻。如养生堂龟鳖丸的报纸广告文案:

餐桌美味	健康美味
(画面为一只蒸好的鳖)	(画面为一粒龟鳖丸)

秋冬进补吃龟鳖,餐桌上来一盘水鱼,既可口又滋补的美味,但生活、工作紧张,不能有太多的时间烹调美食,怎么办?

龟鳖丸与龟鳖菜式相比,省时省力,保留了龟鳖的精华,有效成分更多,搭配更合理,吸收更容易,滋补效果更好。

养生堂龟鳖丸,是您随身的健康美味。

(下文略)

(5) 幽默型

这类文案的特点是运用机智、诙谐、幽默的语言,让消费者在欢笑中接受广告所传递的信息,听从广告所提出的行动指令。如美国西海岸一条公路的急转弯处竖着一块醒目的广告牌,上面写着"如果你的汽车会游泳的话,请照直开,不必刹车"。司机看了这样的广告,定会会心一笑,愉快地刹车减速。

(三) 广告文案的表达

广告文案的表达是在写作发现和构思运作时,不断使用语言对前期发现和构思进行表述。同时,在与写作发现和构思不断互动中,逐渐将文案撰写人员罗列的零散的语言、片段式想法转

---

① 荔枝. 广告语言风格类型初探[J]. 修辞学习,1995(5):4.

化为系统的、完整的向目标消费者传达的广告文案。

完整的广告文案由标语、标题、正文、随文构成。广告文案的每个部分承担着各自的功能,在广告文案写作表达上也有各自的技巧。

1. 广告标语(口号)的写作

广告文案的标题和标语是两个容易混淆的概念。标题是放在广告文案最前面的、起引导作用的简短语句;而标语是指表达企业理念或产品特征的、长期使用的宣传短句。标题和标语有不同的作用和写法。

广告标语的撰写要能突出产品个性或企业精神,富有亲和力或感召力,构思新颖独特,语言简洁流畅,能契合公众心态,发掘文化内涵。广告语的表达技巧是多种多样的。对于创作者来说,要根据产品或企业的具体情况,找出最易与目标消费者沟通的表述方式。

(1) 返璞归真法

摒弃华丽的辞藻,用朴实无华的语言来与消费者沟通的写法就是返璞归真法。请看:

   也许你不相信广告,但你应该相信自己。　　　　(碧纯蒸馏水广告)

   偶然看见我,从此离不开。　　　　(京海法式面包房广告)

(2) 幽默引人法

用诙谐幽默的语言,让消费者在欢笑中接受广告所传递的信息的写法就是幽默引人法。例如:

   何必受冷气的气。　　　　(汽车取暖设备广告)

   除了钞票,承印一切。　　　　(法国某印刷厂广告)

(3) 唤起共鸣法

用情感诉求的方式,唤起目标消费者的内心体验,从而产生共鸣的写法就是唤起共鸣法,例如:

   一股浓香,一缕温馨。　　　　(南方黑芝麻糊广告)

   漫漫人生,同舟共济。　　　　(同济药业形象广告)

(4) 烘云托月法

烘云托月法不是直接说明产品(服务)或企业的优点,而是采取侧面衬托的写法。例如:

   福月牌电视机维修部的工作最清闲。①

这是以维修工作的清闲来衬托电视机质量的可靠。

(5) 正话反说法

正话反说法是利用消费者的逆反心理来创作广告语的写法。例如:

   彬彬西服,不要太潇洒了。

"女人爱漂亮,男人爱潇洒"可谓人之常情,但广告语却故意反其道而行之。

(6) 赞赏顾客法

赞赏顾客法就是通过赞扬消费者让他获得一种心理满足的写法。例如:

   优秀的你选优秀的车。

2. 广告标题的写作

广告标题的拟定要能吸引读者去阅读正文、提示产品或企业的主要信息。在众多的表达技巧与方法中,我们认为如下几种方法是比较重要的。

(1) 新闻报道法

新闻报道法就是将有关产品或企业的最新信息,或者将原先已有的但同类产品或同行未宣传过的信息在标题中表现出来的写法。例如:

---

① 刘文.广告中的文学手法举凡[J].语言文字应用,1996(3):98.

　　　　　超静32分贝,冷静皇新上市!　　　　　　　　　　　(华宝空调)
　　　　　日立特别天气报告:今日录得全港最高相对湿度!(日立抽湿宝)
　　　　　发现一瓶好水。　　　　　　　　　　　　　　(台湾黑松天霖水)
这类标题类似报纸的新闻标题,信息性较强,但要注意广告内容的时效性和重要性。
　　(2) 利益承诺法
　　利益承诺法即在标题中明确地向消费者作出承诺,表明产品或企业能给消费者带来什么样的利益和好处的标题写法。例如:
　　　　　拥有健康美丽,不再是遥不可及的梦想。　　　　("雅莱"减肥饼)
　　　　　以简单的操作,完成复杂的工作。　　　　　　　(电脑办公系统)
看了这样的标题,消费者马上就会明白产品与自己的利益有何关系,从而迅速作出决定。
　　(3) 悬念吸引法
　　悬念吸引法是以超出常规的表达引起受众的好奇,使他们产生追根求源、刨根问底的兴趣的标题写法。例如,获得1992年《广州日报》优秀广告奖的施贵宝广告,其标题为:
　　　　　你能尝到的最好"食物",却不是食物。
"食物"不是食物,看起来自相矛盾,读者自然会追问:这是一种什么东西呢?于是便有了阅读正文的兴趣。又如:
　　　　　9=8(主题)
　　　　　139满座138启用(副题)　　　　　　　　　　(中国电信广东全球通)
主标题"9=8"故意违反数学常识,读者自然要问是怎么回事,副标题随即给予明确的解释。
　　(4) 问题引发法
　　问题引发法即设计一个与产品、企业或消费者有关的问题,来吸引消费者的关注的标题写法。例如:
　　　　　奎科减肥酥问世8年为什么经久畅销?　　　　　(奎科减肥酥广告)
这是就产品销售设计的一个问题,其中隐含一个前提(预设):奎科减肥酥自问世以来经久畅销。标题意在让消费者在接受这一前提的情况下,去关注畅销的原因。
　　　　　感冒啦?请服用康泰克。
这是向消费者询问,显示了对消费者的关切之情。
　　(5) 品牌断定法
　　给品牌作一个结论性的断定,使品牌的个性得以强调的标题写法就是品牌断定法。例如:
　　　　　始终追求最好
　　　　　春兰空调挂机一族
　　　　　坚持不懈地向世界先进技术挑战
品牌断定法的好处是在标题中就把品牌信息传递给受众,增加受众对品牌个性的记忆效率。
　　(6) 效果感叹法
　　用感叹句表达对产品使用的效果的赞美的标题写法就是效果感叹法,运用它拟制标题能产生很强的感染力,例如:
　　　　　哇!小痘痘不见了!!!
这个标题是对使用效果的感叹,其喜悦惊叹之情溢于言表,又如:
　　　　　买了泽晖苑后我把省下来的钱
　　　　　存进了华景新城内的那间银行
　　　　　这种感觉,真好!　　　　　　　　　　　　　　(房地产广告)

这则标题虽然比较长,但把省钱的优点说得具体可感,令人羡慕、向往。感叹句的使用增添了住户的自豪感和喜悦之情,这对潜在顾客来说无疑产生了很大的吸引力。

3. 广告正文的写作

标题拟定以后,接下来的问题便是如何撰写正文。正文(Body Copy)是广告文案的主干部分,它陈述广告的信息内容,是对标题的进一步解释和延伸。

广告正文的结构一般由三部分组成:开头、主体、收尾(起、承、合形式或起、转、合形式)。在着手撰写正文之前,要对文案的结构有一个总体的安排,考虑好开头、主体和收尾写些什么内容以及如何去写。正文的段落之间要有内在的逻辑联系,可采用倒金字塔结构,即将最重要的内容放在第一段,次重要的内容放在第二段,不重要的内容放在最后一段;也可采用平行结构,每段前面加小标题。

(1) 开头

开头又称引子或开端,它是指标题之后的第一段文字,作用是为整篇文案起个"好调子"。要写好开头,可考虑从以下几个方面入手。

第一,注意与标题的衔接(或与画面的呼应)。如海尔一拖二空调广告文案:

(画面为一只机械手的两指顶住地面)

二指禅

海尔一拖二功到自然成!

独步武林的神功,不是轻易可见,然而海尔在技术上的领先一步,却实实在在感受得到。

(以下略)

这篇文案的开头,既与标题相衔接,又与画面相呼应,并由画面上的武功转到技术上的功夫,过渡自然。

第二,从目标消费者遇到的难题或目标消费者的关注点来切入。例如,中国电信《一线通业务·鼠标篇》的开头:

或许,您曾为上网速度的缓慢而抱怨不已;或许,您也想办法改进了电脑配置,然而收效甚微——

(以下略)

这一开头便是从电脑用户所遇到的上网速度慢的难题来切入的,这样迅速抓住目标消费者的视线,让他们再阅读下文的内容。

第三,以提问的方式引发受众的关注与思考。如中国电信《礼仪电报·手篇》的开头:

您的挚友是否不太顺心?

您的驻外员工是否很辛苦?

您的亲人是否需要您的问候?

(以下略)

这种以提问方式开头的文案,也能很快激起目标消费者的阅读兴趣。上述开头由于使用了第二人称,所以给人的感觉像一位久违的朋友在询问自己一样,亲切温和。

第四,通过具体情景的描绘,给整篇文案创造一种氛围,定下一个基调。如马爹利酒电视广告文案解说词的开头:

在法国近郊马爹利干邑世家一望无际的酒库上空,散发着一股醉人芳香,流传着一个动人故事。

这是一种充满抒情味和怀旧味的语气基调,给电视广告创造了一种诗情画意的气氛。有了这样的开头,以下的部分便易于展开了。

第五，以概括性的语言说明产品或企业的整体水平，先给受众以总体的印象。如联邦家私广告文案的开头：

联邦集团 14 年来，一直致力于改良自己的产品和服务，期望除了提供富于品位的设计、优良的品质和完善的服务外，还能给您更多的实惠。

（今天，我们终于可以自豪地推出"二万元家具套餐计划"……）

这一开头阐明了联邦集团的企业理念，为下文具体推出"二万元家具套餐计划"提供一种行动依据，给人以高屋建瓴的感觉。

（2）主体

主体部分的展开方式也是千差万别的，但主要有如下几种方式：第一，承接开头的内容作进一步延伸。例如，前面所举的海尔一拖二空调广告文案，其主体部分为：

十年磨一剑，海尔空调集多年一拖二空调制造经验于一身，尤其是组合一拖二与变频一拖二，厚积而薄发，出手便叱咤于空调领域，大小空间都能得到完善体验，种种设计均为此而生。

高手出招，谁与争锋，海尔志在让自己的功力化为您的生活享受，并带动空调技术的全面升级。

（以下略）

这是对开头部分"海尔在技术上的功力"的承接与延伸，是对开头部分的具体化与深化。

第二，由回答开头所提出的问题而展开。例如，前文中所举的中国电信《礼仪电报·手篇》的主体部分为：

4 月 10 日起，中国电信在原有礼仪电报：庆贺、请柬、吊唁三种业务之基础上，增开慰问礼仪电报新业务。如果您想表达一份关怀与鼓励，或是一份爱心与挚情，请使用慰问礼仪电报，详情可就近查询邮电部门。

这便是与开头部分所提出的几个问题一致的解决办法。

第三，笔锋一转，与开头的内容形成转折关系，给人以柳暗花明之感。例如，《一线通业务·鼠标篇》广告文案的主体部分为：

改变正是时候！

一线通（ISDN）为您提供高速率的上网选择。一线通可以在一根普通电话线上至少 64k 的传输速率接入 Internet 和视聆通，比传统电话线加 Modem（调制解调器）的连接方式快四倍以上，并能一边上网，一边打电话、发传真，真正实现了"一线多能，万事皆通"。

（以下略）

这篇文案的开头描绘了消费者可能遇到的尴尬处境，眼看是"山重水复疑无路"，但到了这里的主体部分却"柳暗花明又一村"；"改变正是时候！"简明扼要地道出转机的出现，接下来便详细介绍了一线通上网速度快的优点，使开头部分所描绘的难题迎刃而解。

第四，加小标题以平行叙述来展开。例如，景泰名苑的一篇报纸广告文案就是分别以"超前设计意念""北美建筑风格""星级住宅会所""成熟居住环境""特有退层设计""弧形阳台观景飘窗"为小标题展开的。

（3）收尾

收尾是正文的结束部分，可独立成段，也可与主体部分合在一起。就收尾的要求来说，有两点尤为重要：

第一，语句上要简短有力，用一两句话即可说明问题，可多用祈使句和反问句。

第二，内容要有鼓动性或煽动性。例如，"要成为信心十足的时代女性，您又怎可缺少全新的旁氏呢？"这是用反问句的方式鼓动女性消费者购买全新的旁氏。又如，"现在就打电话订购吧！"我们在一些电视购物的节目中经常听到这样的句子，这是用祈使句号召大家采取行动。

4. 广告随文的写作

随文(Supplementary Items)是广告文案中的附加性文字,是对正文的补充。随文是广告文案中必不可少的一部分,它用来传递产品与企业的附加信息,以方便消费者与企业的沟通与联系。

随文的具体内容包括:品牌全称、企业的全称、地址、邮编、电话、传真、网址及联系人,经销商及其地址、电话,负责安装、维修的服务部门的电话、联系人,服务承诺等。随文写作的关键是:确保每条信息的准确无误。随文的写作方法有如下几种。

(1) 排列法

排列法是按照一定顺序,把信息排列在文案的最下端,不添加任何多余的文字的写法。例如,小天鹅洗衣机在《羊城晚报》1998年5月4日投放的报纸广告的随文为:

> 小天鹅集团
> 地址:中国无锡惠钱路67号
> 邮编:214035
> 本地服务热线:(020)84420142
> 总部监督电话:(0510)3703114

该随文按顺序将企业名称、地址、邮编、电话排列出来,没有其余说明、描写性文字,这就是排列法。其特点是语言冷静、客观,但缺乏足够的热情。

(2) 附言法

附言法就是用委婉、礼貌的语言教说消费者注意那些附加性的信息的写法。例如,飞利浦DVD广告文案的随文为:

* 现凡购买DVD840影碟机一部,附送宝丽宝精选珍藏DVD MTV卡拉OK碟一张,数量有限,送完即止。

* 如有垂询,请致电飞利浦顾客服务热线:(021)65179158或广州办事处电话:(020)87320006。

这类随文由于礼貌语言的使用(如:"附送""垂询""请"等),可使受众产生一种交流感,读者会感到文案是在对自己说话。

(3) 表格法

表格法是将文案中附加性信息用表格的形式来表现的写法,这种写法在表达效果上更加清晰明了。另外,有的广告文案为进一步了解受众的情况,在末尾列了一个表格,供读者填写,这类似一张小的市场调查表。有的广告文案是传达促销活动或公关活动的信息内容,在结尾也列了一个小表格,供受众填写并寄回。这些都是表格法的随文,其作用是方便受众与公司的联系。例如,大峡谷蒸馏水报纸广告文案的随文:

类别	金额/元	套票数	赠送饮水机类型
A	499	18	送台式冷、热饮水机壹台
B	1500	40	送台式冷、热饮水机壹台
C	2240	80	送台式冷、热饮水机壹台
D	2500	50	送豪华冷、热饮水机壹台
E	2800	100	送豪华立式冷、热饮水机壹台(电子制冷型)
F	4200	150	送豪华立式冷、热饮水机壹台

大峡谷购水专线:87579380　87579775

不难看出,上述表格的内容,如果用语言来说明是非常烦琐的,而用表格处理后,就显得条理清晰,一目了然。

思考与练习九

一、思考题

(一)广告界关于广告文案的定义有几种看法?你认为哪一种看法更为合理?
(二)简述广告文案的结构和分类。
(三)广告文案创作的立足点是什么?为什么?
(四)简述广告文案的写作要求。
(五)广告文案写作发现阶段在广告创作中起何作用?
(六)如何理解和把握产品的特性?
(七)简述广告文案的构思中如何梳理广告信息。
(八)如何提炼广告主题?试举例说明。
(九)简述广告文案的风格类型。
(十)标题和标语有何区别?
(十一)解释正文和随文的含义。
(十二)随文写作的关键是什么?有几种格式?

二、小练习

(一)下面是上海奥美广告公司创意部招聘人员的一道笔试题目:
同一个人如果从不同的侧面去看他,可以被人作不同的描述,例如自由战士(褒)、游击队员(中性)、恐怖分子(贬)。请试举出类似的三个例子。
(二)请在10分钟内写出表现超薄手机的平面广告创意。要求:①只写点子,不展开。②先不评价优劣,点子越多越好。
(三)请用一句话形容高速上网的感受,试试看在10分钟内能写出几句精彩的句子。

三、作文

(一)请根据下列资料为中国邮政明信片写两篇报纸广告文案,然后运用本章的理论进行自我检测。
客　　户:中国邮政集团公司。
产品名称:中国邮政明信片。
广告主题:"我心中的美丽中国"中国邮政明信片。
品牌调性:沟通感情弘扬正能量。
传播/营销目的:通过中国大学生广告艺术节,将明信片文化传播融入到大学校园,培育大学生使用明信片等封片产品消费习惯,稳固并扩大明信片使用范围,引导青少年参与书信文化活动、文化创意活动、大学生创业活动。利用特色活动持续营造书信文化舆论氛围,丰富大学生校园文化生活的同时,让传统明信片真正走进青少年的文化生活,引发更多大众广泛参与,焕发新的生命力。树立中国邮政明信片品牌形象,将传统书信文化发扬光大,使明信片成为一种情感沟通的桥梁和使用习惯。

企业/产品简介：中国邮政是个百年品牌，信达天下，情系万家。明信片是展示国家文化、内涵，展现设计水平，实现人际沟通功能的重要载体。一封亲手绘制或是亲笔写成的明信片寄给你的朋友或者家人，在当今快餐消费的社会中独显出一种温情的传统。2016年是中国邮政成立120周年，古老的明信片经历历史沧桑的发展，在新的历史时期赋予了新的使命，成为弘扬社会正能量的载体，人们心灵沟通的桥梁。

目前，明信片属于中国邮政的函件业务，它具有广告、集邮、鉴赏、收藏于一体功能，是社会各界及个人展示宣传形象、理念、产品及人类心灵情感沟通的媒体。

目标消费群：喜欢明信片，乐于沟通情感，反映社会风尚的社会各界人士，特别是学生群体。

建议列入事项：所有明信片产品及视频作品需反映社会正能量，紧扣美丽中国主题，突出中国邮政明信片的载体作用。

命题要求阐述：文案简洁明了，能够突出"我心中的美丽中国"与中国邮政明信片的特点和关联。[①]

（二）请根据下列资料999感冒灵颗粒拟定三个系列的广告文案标题（分别用于网络媒体、户外媒体和平面媒体）。

广告主：999感冒灵颗粒。

主题：①爱是一种冲动；②定义你的感冒灵。

1. 主题解析

（1）爱是一种冲动

感冒的时候，冲一杯暖暖的999感冒灵，趁热喝下，感冒很快就好了。刹那间冒起的热气，模糊了视线。瞬间升温的暖意，温暖了心房。无声胜有声的关怀，爱是一种触动；及时表达的关心，爱是一种冲动。

（2）定义你的感冒灵

你看过999感冒灵的广告，你知道999感冒灵的疗效。但是现在，请你忘掉那些印象里的感冒灵。去放胆创造前所未见的999感冒灵广告。不怕被玩坏，就怕不会玩。来吧，大胆假设，放手颠覆。去定义属于你的999感冒灵。

2. 品牌简介

（1）999感冒灵颗粒是中国感冒药品牌领导者，连续7年销量位居中国感冒药市场第一位。

（2）作为全国销量最大、最受欢迎的感冒药品牌，每年有超过2亿人次服用过999感冒灵颗粒。2005年，999感冒灵被评选为百姓信赖的药品。2007年，999感冒灵成为唯一获得"中成药优质优价品种"资格的感冒灵品类产品。

（3）999感冒灵从2007年率先倡导"治愈感冒也要从心呵护"的品牌信仰，树立"家庭关爱"的品牌定位。2009年加入品牌承诺——"暖暖的 很贴心"，逐渐在消费者印象中塑造"温暖、关怀"的品牌形象。

（4）2013年冠名《爸爸去哪儿》，贴合品牌调性，引发舆论热点，为品牌年轻化迈出新的一步。

（5）2015年植入《何以笙箫默》，联合爱奇艺独播资源，将产品功效深入剧情，成功在年轻人当中引发"情感助攻手""默笙同款""开口说爱"等网络话题。

3. 广告目的

（1）结合年轻人群的心态或观点，与消费者建立情感联系，增加对品牌的好感度。

---

① 本资料选自第十三届中国大学生广告艺术节学院奖秋季赛中国邮政命题策略单[ED/OL]往届回顾，中国邮政. http://www.xueyuanjiang.cn.

(2) 借助心灵的共鸣,加强999感冒灵与年轻消费群体的纽带。

(3) 吸引年轻消费群体尝试999感冒灵产品,提升该年龄段的产品尝试率。

4. 宣传场合/传播时机/使用规格

(1) 宣传场合:线下线上。

(2) 广告形式:可用于互联网方式传播的flash、户外以及平面稿等。[①]

(三) 请根据以下资料为in APP写一篇平面广告文案:构思一句符合主题的广告语,相信一行字也能卖翻天;创作你和in之间的小故事,无论你想肉麻还是想高冷,无论你用语体文还是文言文,各种形式体裁都随你;写一个和in有关的小段子。

要求:

1. 按完整的文案格式来写(即有标题、标语、正文和随文);

2. 能鼓动消费者使用in APP。

杭州九言科技股份有限公司成立于2010年,在推出了图图购购、微博图购等几款产品后,进一步推出了升级版产品——爱图购,主攻方向为品牌导购。2014年6月,团队上线了APP——in,定位是"我的生活in记",支持以"图片+标签"的形式进行分享。in是一款与生活相关的图片社交软件,并不涉及工作,它的记录能够更纯粹,让生活变得简单快乐。

通过in,用户不仅可以给照片打上各种标签,如品牌、地点、心情等,还可以给图片加上各种贴纸进行创意,然后将这些打上标签的图片与好友分享互动。不同于instagram所主张的让图片更beautiful,in希望赋予图片更多的意义,使之更加meaningful,让照片的情感表达更加强烈,承载更多的信息,易于引发社交互动。

目标消费人群是年轻白领和大学生,希望广告能让更多人知道in,来in记录生活,发生联系,建立人与人之间美好的联结。[②]

[①] 本资料根据第七届全国大学生广告艺术大赛命题相关策略单整理而成。

[②] 本资料根据第十三届中国大学生广告艺术节学院奖秋季赛九言科技命题改编。

附篇二 申 论

第一节 申论概述

一、申论的含义

申论是选拔从事机关工作人员的笔试科目,"是测查考生在限定时间内根据给定材料,按照套题要求作答体现其机关工作具有的素质、修养和能力的公务性话语写作"[①]。

二、申论的内容与结构

《中央机关及其直属机构2017年度考试录用公务员公共科目考试大纲》(以下简称《考纲》)"申论介绍"对申论试题结构做了如下说明。

申论试卷由注意事项、给定资料和作答要求三个部分组成。申论考试按照省级以上(含副省级)职位、市(地)以下职位的不同要求,设置两套试卷。

省级以上(含副省级)职位申论考试主要测查报考者的阅读理解能力、综合分析能力、提出和解决问题能力、文字表达能力……

市(地)以下职位申论考试主要测查报考者的阅读理解能力、贯彻执行能力、解决问题能力和文字表达能力。[②]

从近年的中央和各地的申论科目的题型设置来看,申论试题的结构总体上分为三大部分:注意事项、给定资料和作答要求。

注意事项主要说明答卷的要求、时限,提出常规性建议。

给定资料主要给出相关材料,文字量较大。所供资料涵盖政治、经济、法律、教育等诸多方面,涉及的大多为社会热点、焦点等带有普遍意义的问题,也是公务员工作中所要面对和解决的问题。背景材料所反映的问题大多已有定论,也有一些尚未定论存在争议的问题。

作答要求是对应试者如何运用给定资料分析与解决问题的明确和直接的要求,是申论试题的核心部分。有两层式、三层式、多层式等。

三、申论的特点

申论题型尽管千变万化,但其测试的目标和内容万变不离其宗。其特点介绍如下。

(一)明显的综合性

首先,试题内容涵盖面广,事先猜题押题不容易。

其次,更注重对考生综合素质和能力的测查。就文体而言,应用文中的公文、事务文书、书信、演讲稿、消息等都有考查的可能,甚至在一次考试中综合了多种文体形式。就表达方式而言,

---

① 王锡渭. 从写作学角度释义"申论"之概念[J]. 写作.2015(12):44.
② 中央机关及其直属机构2016年度考试录用公务员公共科目考试大纲[ED/OL].(2016-10-14)[2016-11-12].考试录用,中央机关及其直属机构2017年考试录用公务员专题,重要通知. http://www.scs.gov.cn.

叙述、说明、议论等基本表达方式兼顾。就思维能力而言,诸如思维的广阔性、思维的深刻性、思维的灵活性、思维的逻辑性、思维的创造性,以及与现代实用文写作密切相关的分析比较、抽象概括、分类归纳等思维方法都必须具备。此外,申论考试还必须具备与公务员身份相符的相关的知识、实践经验或生活体验等。

(二)较强的针对性

申论考试和写作的针对性主要体现在两个方面:一是命题提供的背景材料和考生写作内容都与现实生活密切联系;二是申论写作(答题)必须紧扣所供材料,不能脱离材料另立话题,率意发挥。

(三)一定的研究性

研究能力是"人才"因素中的核心因素。研究能力主要表现为善于从纷繁的现象中发现问题、寻求本质、把握规律的能力。从这一意义上说,申论考试有别于一般的作文考试。它所提供的背景资料,它的答题要求,都带有对考生潜在的研究能力的考核。面对大量的信息、纷繁的社会现象,如何去筛选、甄别、提炼,从中敏锐地发现问题,并提出科学的解决问题的对策,这正是作为公务员必须具备的基本素质和能力。

第二节 申论考试的解题过程及其注意事项

一、审题

审题是申论考试中的首要工作,审题准确,迅速了解题意、把握试题要求,是作答的前提,是获得高分的关键。审题是一个有目的、有步骤的认知活动,这一活动的主要形式是读、思、记——发现信息,转译信息,记录信息。审题的要求是细致、全面、准确、深刻。先认真仔细阅读题目,通过对考题的分析,了解作答的基本要求,确定作答采用的方式、内容。审题中有以下技巧。

(一)结合《考纲》,整体观照,综合考虑

根据《考纲》要求,一般来说,申论重点考查应试者发现问题、分析问题和解决问题的能力。在审题时抓住这个本质,会简单省事又不容易跑题。例如,2004年"国考"申论第2题:"假设给定资料中有关我国城市交通拥堵的问题在你市都存在,你作为市交通主管部门的负责人,请根据给定资料,写一份'关于我市交通拥堵情况的报告'。"题目中具体要求明确说:"简要介绍情况,恰当分析原因,提出全面、明确、可行的对策。"这正是"发现问题、分析问题和解决问题"思路。2004年"国考"申论第1题"概述我国汽车工业的现状和发展趋势",这里的"现状"虽然是中性词,但是结合阅读材料发现,现状中主要是以负面"问题"为主,因此,"趋势"应该是以解决这些问题为目的。相当于"发现问题、分析问题和解决问题"思路,这样回答时就容易多了。

《考纲》"申论介绍"对参加市、地级以下职位录用考试的报考者测查的是阅读理解能力、贯彻执行能力、解决问题能力和文字表达能力。一般来说,申论基本题型主要有:概括题、分析题、对策题、论述题、写作题,而考试中至少会出现概括、对策、写作三种题型。请看2016年"国考"申论B卷题目:

1. 请你根据"给定资料1"的内容,将与会人员关于"好政策"的有关见解,汇总整理成一份简报。
2. 请你根据"给定资料2",列出H市政府办理"市长信箱"群众来信的基本流程和要求。
3. 根据"给定资料3",回答下列问题。
(1) T县政府出台的规定引发了社会热议。请你分析引发热议的主要原因有哪些。
(2) 对于T县政府出台的规定,网友们有的赞成,有的反对。请你对网友们的意见进行梳理,概括他们赞成和反对的主要理由。

4."给定资料4"中提到:"从某种意义上说,好的政策不仅仅是对公民意愿的满足,更是对公民理性乃至德性的滋养。"请你从对这句话引发的思考说开去,写一篇文章。

结合《考纲》,整体观照,就会看出:第1题、第3题(2)属于概括题;第3题(1)属于分析题;第2题明确《考纲》规定的"贯彻执行能力",而《考纲》对"贯彻执行能力"解释是"要求能够准确理解工作目标和组织意图,遵循依法行政的原则,根据客观实际情况,及时有效地完成任务",因此该题也可以看作对策题;第4题是写作题。需要指出的是,因为前面有题目涉及对策,第4题可以不以"对策"为主要内容,这一题重点考查"文字表达能力"。

(二)仔细体会准确理解题干中关键词语的含义

题目中关键词语对答题有重要帮助,请看2005年"国考"申论题:

1. 给定资料中提到扶贫资金被挤占挪用的问题。下面列出了解决这一问题的A~E五项措施,其中不正确的是哪几项?请写出这几项的序号,并分别说明为什么不正确。

2. 根据给定资料,概述我国近年来农村扶贫开发工作的基本方针政策。概述文字要简明扼要,不超过200字。

3. (1)给定资料罗列了解决我国农村农民问题的多种意见。其中反映了两种不同思路,请对这两种思路分别加以简述。

(2)请以"评解决我国农村农民问题的两种思路"为题,写一篇800~1000字的文章。

阅读完全部题目,就会发现,整个题目中涉及的内容是由小到大、由微观到宏观:扶贫资金被挤占挪用的问题→扶贫开发工作→我国农村农民问题,答题时必须紧扣这些关键。比如,给定资料罗列了解决我国农村农民问题的多种意见,而第2题在概述时就必须只抓住"扶贫开发工作"一个方面,并且只能是"基本"的方针政策,否则就会超过字数限制。而第3题中"解决我国农村农民问题的两种思路"也不能仅仅指扶贫开发一个角度,否则概括就不会全面。

(三)挖掘题目中隐含信息

有些题目中包含隐含信息,对正确答题很有帮助,必须仔细分析,深入挖掘。

例如,2008年"国考"申论第2题:"请根据给定资料9、10,分析这两个资料对搞好水电开发提供了哪些重要启示。"这个题目包括以下信息:

其一,2008年"国考"题主要讲在怒江水电开发问题上存在重大争议,主张开发与反对开发的理由看起来都有道理,有些考生对此无所适从。但是,本题目说"分析这两个资料对搞好水电开发提供了哪些重要启示",就说明怒江水电是肯定要开发的,关键是如何"搞好"这项开发。这就奠定了开发的基调。

其二,既然题目说对"搞好水电开发"的"重要启示",说明这个题目的落脚点在"如何"搞好水电开发方面,该题相当于对策题。因此,在谈"启示"时决不能泛泛而谈,必须落实在从实际方面谈做好怒江等区域水电开发具体举措。

再如,2008年"国考"申论第3题(1)"给定资料7引述了上海某研究所G所长的话,'美国人民把搁浅的鲸鱼推向大海,这值得赞扬;鲸鱼被非洲难民捕食,这也值得赞扬,因为它救活了一群人。'请说明,这表达了G所长怎样的观点。"题干中"请说明,这表达了G所长怎样的观点"实际包含两个小问题:

其一,明确G所长的观点是什么?(从前面材料中可以看出,G所长的观点是:支持怒江水电开发。)

其二,G所长这个观点是如何表达出来的?

类似的例子还有2009年"国考"申论卷第2题(1):"对给定资料3中林老板的心态进行分

析,并指出他的心态所反映的本质问题。"这个题目其实包括三个小问题:① 林老板的心态是什么? ② 林老板为什么有这种心态? ③ 林老板这种心态反映了什么本质?

这类题目,只有准确挖掘出题干中隐含信息,在回答时才能够全面正确。

(四)注意区分作文题题型

申论大作文分为命题作文与非命题作文。

1. 命题作文

命题作文又可分为显豁型与隐藏型。

显豁型。例如,2008年"国考"申论B卷"请以'从怒江水电开发'说开去为题,写一篇文章",2008年"国考"申论A卷"请以'人与自然'为题,写一篇文章"。作文只能按照要求写作,对题目不能有任何的改动。如有考生将题目拟为"既要金山银山 又要绿水青山",副标题是"从怒江水电开发说开去"或"人与自然",这是违规的。如果主标题"从怒江水电开发说开去"不变,将"既要金山银山 又要绿水青山"改为副标题,倒是没有违规,但是主副标题之间不能匹配,显得画蛇添足。

隐藏型。例如,2004年"国考"申论作文"假设给定资料中有关我国城市交通拥堵的问题在你市都存在,你作为交通主管部门的负责人,请根据给定资料,写一份关于我市交通拥堵情况的报告",作文题只能是"关于我市交通拥堵情况的报告"。

这两类作文在拟题时,必须以题干中题目为主标题,不能有任何的改动。可以在主标题下加副标题,但绝不能改为副标题。

2. 非命题作文

非命题作文的话题(论题),也就是文章议论的范围。例如,2009年安徽"省考"申论试题"围绕'城管·摊贩'这一话题,自选角度,自拟标题,写一篇1000字左右的议论文",2012年"国考"申论卷A"给定材料7中讲述了农妇刘女士和李老太家人之间发生的一段感人故事,请你以这个故事为话题,自拟题目,写一篇文章"。而2006年"国考"申论题"请你就我国政府如何提高应对突发公共事件的能力,写一篇文章,谈出自己的看法",实际也是指出"我国政府如何提高应对突发公共事件的能力"是议论的范围。

这类作文,在拟题时可以采取两种方式:①论题(范围)型标题。这种标题只说明文章涉及的内容和范围,并不能看出作者对这些问题的态度、观点和思想倾向。②主题(论点)式标题。题目就是论点。例如,2011年安徽"省考"申论B卷:"请根据给定资料,紧扣'乡村旅游与乡村文化'这一话题,自定立意,自拟标题,写一篇1000~1200字的议论文。"可以将题目拟为"乡村旅游与乡村文化"或"乡村旅游推动乡村文化发展"。前者是论题型标题,后者是论点式标题。

另外,在审题的过程中,还要尽量记住题目的主要内容,以免在阅读材料时不断回看题目,影响阅读的效果。在复习备考过程中,可以有意识地训练背诵题目的能力。

二、阅读材料

申论考试快速准确审题后,就进入阅读材料的环节。阅读材料时有以下几个方面需要注意。

(一)顺序阅读,依次答题

阅读给定材料时,根据审题印象,带着具体问题按照材料的本来顺序阅读材料。一般情况下,第一遍阅读时,就应该比较仔细,边阅读边进行概括、归纳、分析,注意前后材料之间的内在联系,必要时当然可以回看,对重点段落也要反复阅读仔细推敲。我们不主张第一遍"略读"再进行"精度"的方式,这样会浪费宝贵的时间,往往抓不住重点。

在阅读时,有时可以对材料进行归类。例如,2004年"国考"申论题,通过审题发现,所有给定资料可分为"汽车工业"和"城市交通拥堵的问题"两个方面。这样边阅读边对材料归类,使答题更加有的放矢。有的题目已有明确要求,无须归类。例如,2008年"国考"申论第1题明确指出"根据给定资料1~8"答题,第2题"根据给定资料9、10"答题,一般来说只要重点阅读题目明确的材料即可。也有部分题目明确了答题所参考的资料范围,但根据要求仍无法概括的,其他材料可能会有所帮助。例如,2009年"国考"申论第2题(1)"对给定资料3中林老板的心态进行分析,并指出他的心态所反映的本质问题",但是资料3较短,许多考生难以概括出其中蕴含的"本质"。根据前面给定资料2所说"广东的问题也是中国的问题",我们可以推论,深圳的问题就是广东的问题,而东莞又是深圳的代表,林老板是东莞问题企业的典型,再看到后面给定资料5所说"种种迹象表明,'东莞模式'已到了不得不改的地步",我们稍有敏感就会发现,这正准确概括了林老板心态的本质。

绝大多数申论题中材料出现顺序与题干中问题先后是基本对应的,但也有出题顺序与材料先后并不一致的情况,请看2012年"国考"申论A卷:

1. 认真阅读材料,简要回答下面两题。

(1)"给定材料2~6"反映了市场经济背景下社会生活中的种种问题,请对这些问题进行概括和归纳。

(2)"给定材料8"介绍了最近社会上涌现出的先进人物事迹,某单位党委决定编印一期《内部学习资料》,宣传他们的事迹,号召本单位全体人员向先进人物学习,请你为这期《内部学习资料》撰写一则"编者按"。

2. "给定材料5"中提到,某网站曾组织网民进行了一场讨论。请你根据"给定资料",反驳"网民A"的观点。

3. "给定材料1"中反映的问题需要妥善处理,假定你是市政府职能部门的工作人员,领导安排你处理此事,请你提出解决问题的具体措施。

4. "给定材料7"中讲述了农妇刘女士和李老太家人之间发生的一段感人故事,请你以这个故事为话题,自拟题目,写一篇文章。

面对这种情形,我们在做题时仍然要按照材料本来顺序来阅读,切不可打乱顺序,可以将答题顺序加以调整,按照阅读材料的先后顺序来依次回答第3题、第1题(1)、第2题、第1题(2),最后完成作文。按照阅读材料的先后顺序来依次答题时,要特别注意不要在答题卡上写错了位置。

(二)关注重要人物的讲话与态度

一般而言,在阅读材料时,首先要特别关注国家主要领导人的讲话或相关表态,其次要注意相关职能部门负责人态度,这对解题往往有着关键性指导作用。

例如,2009年"国考"申论第2题(2):"'给定资料11'提出了解决我国粮食问题的对策,认为提高粮食价格是关键之策,不必担忧对低收入人群的影响。他的这种观点有没有道理,为什么?请谈谈你的见解。"在给定资料1中,胡锦涛同志前往河南焦作农村考察粮食生产,有农民提出"希望粮食价格提一点",胡锦涛的答复是"发展粮食生产,一靠政策,二靠科技"。胡锦涛同志前往安徽凤阳县小岗村考察,明确指出:"以家庭承包经营为基础、统分结合的双层经营体制是党的农村政策的基石,不仅现有土地承包关系要保持稳定并长久不变,还要赋予农民更加充分而有保障的土地承包经营权。同时,要根据农民的意愿,允许农民以多种形式流转土地承包经营权,发展适度规模经营。"总书记讲话表明,解决我国粮食问题关键应该是土地承包经营体制及相关政策,而非提高粮价。

又如2008年"国考"申论题,对引起巨大争议的怒江水电工程,给定资料4说:

2006年水利部门某负责同志表示,完全不开发保持原生态是不可能的,因为事实上怒江已不是原生态河流,但原先提出要充分利用怒江水资源,建设13级水电站,是一种掠夺性的开发。虽然当地希望尽早开发,但即便是没有争议的一两个水电站,也要在严格前期工作审查的基础上实施开发。要严格遵循先规划、后开发的原则,确保工程方案安全可靠、经济合理,有序推进开发工作。

第2题:"请根据给定资料9、10,分析这两个资料对搞好水电开发提供了哪些重要启示。"资料9是反面材料,其中"漫湾水电站建成后出现的许多问题,超出了工程建设者的预料",说明该电站前期规划存在不科学、缺乏前瞻性等问题,而这位负责人恰恰从规划角度指出了水电开发应遵循的一些原则和具体措施,应该是"搞好水电开发"启示之一。同时,这些科学规划原则,对回答第3题(2)"请你站在水电规划部门的立场,对C主编的意见做出答复",也有重要帮助。

(三)抓关键段落、语句与词语,相关材料反复印证

材料中一些段落、语句和词语对申论答题往往十分关键,阅读时要特别注意。

2005年"国考"申论第3题(1):"给定资料罗列了解决我国农村农民问题的多种意见。其中反映了两种不同思路,请对这两种思路分别加以简述。"我国农村农民问题涉及方方面面,不少考生在概括时往往只注意从经济的角度,特别是从扶贫开发的角度加以概括,就不够全面。其实给定资料5明确说:

……当前,有些地方进行了乡镇体制改革的试验,这说明我国正在实现从计划经济向市场经济的进一步转变,从传统人治向现代法治的进一步转变,从单纯追求经济增长向政治经济社会协调发展的进一步转变。

这段话的最后一句明确否定了"单纯追求经济增长"的做法,告诉考生要从"经济"和与经济相对应的"政治社会"两个角度来概括。

2009年"国考"申论第1题:"我国改革开放三十年取得了巨大成绩,也面临许多问题。请概述给定材料反映的我国当前经济发展要解决的主要问题。"有些考生在答题时只从产业经济的角度进行概括,而忽视了农业经济中存在的问题。而给定资料1最后一段说:

……党的十七届三中全会决议指出,当前国际形势继续发生深刻变化,我国改革发展进入关键阶段,我们要抓好利用好重要战略机遇,把握农村改革这个重点,在统筹城乡改革上取得重大突破,给农村发展注入新的动力,为整个经济社会发展增添新的活力。

这段话明确告诉考生,"农业"是"整个经济"重要组成部分。在解答一些较难的问题时,给定资料中往往有多处暗示。前面第二部分谈及2009年"国考"申论第2题(2)对网友提出涨价是解决粮食问题关键的分析,除胡锦涛总书记谈话可以帮助答题外,给定资料9提供的记者就我国粮食问题对国家粮食局领导Z先生的采访摘录也是重要参考,Z先生所说"如果说出现了粮价涨得很高的情况,国家也一样有能力采取措施来平抑。我们有足够的库存,使价格保持基本稳定,对此我们很有信心,也请大家放心",也否定了粮食涨价是关键之策的说法。他同时指出:"要解决好粮价问题,归根结底还是要想方设法提高农民种田的积极性。一方面要提高农民种田补贴,另一方面要通过技术手段调控好农业物资的价格。如果这两方面的问题解决好了,粮价问题或许根本算不上一个问题。"这段话对前面胡锦涛同志所说的"政策"进行了补充说明。同时,给定资料8还说"同粮食市场不一样,我国食用油市场是一个开放的市场",这句话从侧面说明我国的粮食市场是不开放的,也旁证了粮食涨价是关键之策不太靠谱。

(四)充分运用逻辑思维与辩证思维

我们知道,逻辑学的基础是概念和推理,而推理一般又分为归纳推理和演绎推理。而归纳推理分为完全归纳推理和不完全归纳推理,不完全归纳推理的结论不一定是科学结论。

例如,2004年"国考"申论题,在提出解决城市交通拥堵的问题建议时,有人借鉴给定资料9

中纽约、巴黎等城市限行措施,提出"限制轿车驶入城区"。但从整个材料可以看出,当时我国汽车工业方兴未艾,国家打算采取措施鼓励轿车生产与消费,单纯提出"限制轿车"从逻辑上说与国策矛盾。再者,材料9明确"出租车"属于公交系统,而绝大部分出租车是轿车,在城区限制出租车驶入,显然是错误的。这里考生没有注意到"轿车"与"出租车"这两个概念的交叉之处。

关于阅读材料注意逻辑问题请再看2009年"国考"申论第2题(2)的题干和题料:

"给定资料11"提出了解决我国粮食问题的对策,认为提高粮食价格是关键之策,不必担忧对低收入人群的影响。他的这种观点有没有道理,为什么?请谈谈你的见解。

给定资料11:

今年9月胡锦涛同志前往河南考察后,网上有作者发表了一篇谈粮价的文章。其中提出如下政策建议:

要鼓励粮食生产,基本的政策取向是提高粮价和补贴,降低农资成本。但种粮补贴受制于财政状况,不可能无限扩大。所以,粮价才是粮食政策的关键。对于增加农民收入而言,粮价上涨比增加补贴要实惠有效。按2007年的粮食产量,中央财政1028亿元的种粮补贴摊到每公斤上为0.2元。也就是说,粮价每公斤再上涨两毛,农民兄弟就能把从中央财政获得的种粮补贴挣回来。这两毛钱的涨幅,按2006年城镇居民人均消费75.92公斤粮食来算,人均支出仅增加15.2元。如果每公斤涨五毛呢,那么就可以增加农民收入2570亿元,而这换成财政补贴可能需要好几年才能实现。因此,只要粮价上去了,农资价格涨一点没关系,补贴低一点也没关系。

我们现在之所以不敢大幅提高粮价,是担忧粮价上涨影响低收入人群,其实这种担忧是不必要的。因为农民基本上不需要买粮,完全可以种粮来满足自己吃的需要。因此,真正受粮价上涨影响的是城镇居民,尤其是城镇居民中的低收入者。但这种影响完全可以通过补贴来避免,而且这种补贴,要远比种粮补贴少。我们可以测算一下,2006年城镇居民低收入户的人均粮食消费为78公斤,按占城镇人口比例20%计,为11 541万人。假设粮食价格每公斤上涨0.2元,那么低收入人群每人增加粮食消费15.6元,如果这部分钱全部由财政来补贴,仅需18亿元,远远低于1028亿元的种粮补贴。

即使财政给所有国人都补贴,上涨0.2元,也仅需支出200亿元,还是要比种粮补贴节约。粮价上涨的受损者,一是政府。因补贴低收入人群而支付财政资金,但前面算过,规模不大,政府完全可以承受;另外的受损者则是城镇居民中的中、高收入人群。但这部分支出对他们的消费总支出来讲并不大,相信不会产生重大影响。农村支持城市那么多年了,现在确实该城市反哺农村了,提高粮价其实是效应最直接的一个反哺政策。

因此,在当前的政府框架中,提高粮价是关键之策、点睛之笔。

这一网友的观点,乍一看说得头头是道,实际上经不起仔细推敲。关于这一题解答,除了前面第二、第三部分分析的解题思路,还可以从逻辑学常识来入手。材料中说"因为农民基本上不需要买粮,完全可以种粮来满足自己吃的需要",这句话将"农民"这一概念与"粮农"混淆了。因为农民不仅包括以种粮为主的"粮农",还包括以种菜为主的"菜农"、以养殖业为主的养殖户等。网友在推论过程中,只考虑到粮食涨价对粮农的影响不大,没有顾及其他农民,属于不完全归纳推理,得出涨价对农民没有影响的结论,显然站不住脚的。再者,从辩证思维的角度看,网友未能从事情各个方面的相互联系中考察。材料中说,对受粮价上涨影响的城镇居民中的低收入者,每人只需补贴15.6元即可,不必担忧对低收入人群的影响。粮食是人们最基础的消费品,一旦粮食涨价,以粮食消耗为基础的副食品肯定也会涨价,甚至引起连锁反应形成通货膨胀,对低收入者乃至整个社会局面的生活影响不可估量,绝不是每人补贴区区15.60元所能解决的。

（五）善于使用借鉴材料

申论题本中常常包含一些借鉴材料。这种借鉴材料常分为正反两个方面，阅读时注意对正面经验的学习，对反面教训的吸取。在学习其中正面经验时还要注意结合我国实际情况，不能照搬照抄或生搬硬套。

例如，2004年"国考"申论题，有人借鉴给定资料9中纽约、巴黎等城市公交系统发达及对私车限行措施，提出"大力优先发展公交系统"和"限制轿车驶入城区"的建议，以解决我国城市交通拥堵的问题。根据当年实际情况，"优先发展公交系统"的确是切实可行的对策。但材料中明确提出，汽车产业在我国国民经济中地位越来越重要，政府应制定政策刺激汽车（特别是私人汽车）消费，"限制轿车"之策并不符合实际。

（六）联系常识，跳出材料进行思考

申论《考纲》明确要求"借助自身的实践经验或生活体验"来解决问题，这些经验当然包括我们从书本等处间接获得的知识与常识。阅读材料时，不能完全沉迷于材料，这样往往找不到头绪，可以联系常识，跳出材料从宏观角度来把握。例如，2004年"国考"申论第1题"概述我国汽车工业的现状和发展趋势"，有的考生可能会觉得对汽车工业不熟悉，但从常识角度看，汽车也是一种普通工业产品，涉及生产、消费、服务等具体环节。如果阅读材料时注意从这几个环节进行概括，思路就会清晰许多，降低难度。再如，2010年安徽"省考"申论B卷第2题"从三个方面分别用一句话归纳'零团费'旅游中设置的陷阱"，如果从旅游牵涉到"吃、住、行、玩"四个方面，考生从这四个角度来概括，就不会遗漏，容易做到全面准确。

此外，在平时的备考训练中，阅读材料时要养成关注细节的习惯，培养对材料的敏感性。这样才能在真正考试中快速阅读材料，准确归纳概括分析，正确解答，取得满意成绩。

三、答题及写作

（一）答题注意事项

公务员录用考试的特点是以考生解题能力的高低为标准的一次性选拔，这就使得临场发挥显得尤为重要，研究和总结临场解题策略，进行应试训练和心理辅导，正确运用临场解题策略，不仅可以预防各种心理障碍造成的不合理丢分，而且能调动思维潜能，考出最佳成绩。在这里，提供以下建议供参考。

1. 调整心理，沉着答题

要摒弃杂念，排除干扰，提前进入"角色"。集中注意力，消除焦虑怯场情绪。集中注意力是考试成功的保证，一定的神经亢奋和紧张，能加速神经联系，有益于积极思维。

2. 答题要迅速准确

审题是整个解题过程的"基础工程"，题目本身是"怎样解题"的信息源，必须充分搞清题意，综合所有条件，提炼全部线索，形成整体认识，为形成解题思路提供全面可靠的依据。在准确审题的前提下，要稳扎稳打，快速答题。但也不能为追求速度而丢掉准确度。要注意认真对待每一道题，力求有效得分。

3. 语言简洁，答案切中要点，条理清晰

注意字数限制，字数超过或不足都是不允许的，特别是问答题，如果超过字数，往往会被扣分。因为申论考试要求规定字数本身就是一项测评要素，这其实是对考生归纳概括能力和文字表达能力的要求。超过字数太多会被认为累赘啰嗦，而且会浪费宝贵的时间。

例如，前面审题部分提到的2009年"国考"申论题："对给定资料3中林老板的心态进行分析，并指出他的心态所反映的本质问题。要求：观点明确，分析恰当，不超过200字。"其中资料3

内容是:

东莞某鞋厂的林老板,2003年来东莞办厂前,在台湾地区打拼了20多年。他说现在很糟,最近赔了几十万元。他已经不再接美国鞋子大卖场和贸易商的订单了,觉得风险太大。他给记者算了一笔账,2007年,受人民币升值、原材料上涨等影响,合计增加的成本超过20%。

"广东山区对我来说太陌生,我没有太大的兴趣内迁,到一个地方又得从头再来,需要很多时间。补给线拉得很长,对我来说将是致命的打击。"林老板这样回应记者提出的是否借这次广东产业转移的机会,内迁到粤西北山区投资的问题。有朋友劝他将工厂迁移到越南。但林老板看得很清楚:"越南劳动力缺乏,税收各方面跟这里差不多。我一些朋友搬到那里,也没好到哪里去,做几年我估计他们也会走。"当记者问林老板,有没有考虑走出低端化生存,增加企业的研发能力,推出高端产品,林老板有点无奈地笑着说:"还没有这个能力。"

这题可以这样回答:心态:焦急而无奈。分析:生产成本提高,国际市场风险加大导致企业亏本(所以焦急);企业内迁外移困难,自身研发能力差(因此感到无可奈何)。本质:林老板代表的东莞模式到了转型的生死关头,不转型没有出路;要转型却困难重重。

4. 规范书写,卷面工整,无病句无错别字

要保持卷面书写工整,干净整洁。在申论考试中,表述不规范、字迹不工整容易造成试卷失分。因为即使在答卷中有精练准确的概括、切实可行的对策、充分深入的论述,但潦草的字迹也无法让阅卷人了解文中的内容,从而影响成绩。字迹潦草,会使阅卷老师产生不好的第一印象,"感情分"也就相应低了。当然,如果发现自己答题出现明显错误,还是要修改的。因为,即使卷面整洁美观,内容不正确,还是无法得分。切不可因噎废食。因为是在电脑上阅卷,还要注意用黑色墨水的钢笔或签字笔书写,笔画不要太细,字也不要写得太小。

(二)申论作文的限制与自由发挥空间

近年来,在国家及地方公务员招考申论考试中,不少考生作文时常出现一些带有共性问题,比如脱离材料、立意错误或不明确、语言文学性太强、文体选择失误等。下面就以上四个方面展开论述。

有人形容申论作文是"戴着镣铐跳舞",这种说法形象揭示了申论作文的特点。因为申论作文在立意确定、文体选择、材料整合、语言使用等方面受到很大限制,但又有一定自由发挥空间。

1. 立意一元化

申论作文属于供料议论文。近几年申论的作文题中常出现"以……为话题"的命题方式,有不少考生在答题时把这种作文理解为中学的"话题作文",在写作时出现了偏差。中学话题作文的特点在于"开放",具体表现为"三自":"立意自定""文体自选""题目自拟"。命题者给出的只是话题,至于写什么内容,用哪种文体,不受限制,只要符合话题就行,目的就是要给考生提供宽松自由,可以充分发扬个性,发挥创意的空间。中学"话题作文"立意可以多元化。而申论中所谓"话题"类作文与中学的"话题作文"有着本质差别,仍属于供料议论文。一般来说,供料议论文写作时须从所供材料中提炼出论点或论题,然后写成议论文。

申论是供料议论文,它的材料虽多但有着明确的倾向性,所以申论作文立意必须符合这种倾向,体现出"一元化"特点。例如,2008年"国考"申论题材料,主要是讲在怒江水电资源开发问题上存在争议,分别列举了支持开发和反对开发的诸多理由,但是通过全面分析材料发现,开发怒江水电资源势在必行,只是何时开发和如何开发的问题。该年题干中文字对开发怒江水电资源的态度也有暗示:"请根据给定资料9、10,分析这两个资料对搞好水电开发提供了哪些重要启示。""搞好水电开发"就明确表明了命题者支持怒江水电开发的态度。所以,无论是A卷中作文"人与自然"还是B卷作文"从怒江水电开发说开去",行文中都必须明确支持怒江水电开发的态

度。否则,就会被看做离题,不符合该次作文要求。又比如,2009年安徽"省考"申论作文题:"请根据给定资料,围绕'城管·摊贩'这一话题,自选角度,自拟标题,写一篇1000字左右的议论文。"而题目提供材料倾向性十分明确:通过平等交流、民主自治、市民参与等方式,推进城管执法的制度化、规范化、人性化,和谐城管与摊贩关系。如果脱离这个大方向来立意,很容易偏题甚至离题。当然立意可以有所侧重,不一定面面俱到。申论作文的立意虽然受限制,但在文章中具体写什么内容却有一定自由发挥的空间,往往可以选择一个或几个角度切入。比如,2009年安徽"省考"申论作文题就明确要求"观点明确,重点突出""切忌泛泛而谈,大而化之,尽量做到就某个侧面或某一点展开论述"。

2. 材料使用的必然性

申论作文,不能脱离所供背景材料,天马行空,自由挥洒,必须紧扣材料。申论问题的概括、观点的提炼、道理的阐述等,都与所供材料密切相关。申论题目本身对此就有明确规定。所谓"根据××材料",自然必须联系给定材料,而且紧密联系。论点来自给定材料,而且可以用给定材料作事实论据,通过分析给定材料来说理。中学话题作文只要在话题范围之内,题目中的提供的材料,是否在行文中使用,考生在选择上有较大自由。可不拘于背景材料,只要与"话题"有关,完全撇开给定材料也无妨。

申论题目中所提供材料既是写作时立论的依据,又是写作的"由头",还可以用作部分论据。下面以2012年"国考"申论题(省级以上)为例,举例说明。作文题是:

"给定材料7"中讲述了农妇刘女士和李老太家人之间发生的一段感人故事,请你以这个故事为话题,自拟题目,写一篇文章。

要求:(1)结合"给定资料",并注意联系当前社会实际和自身体会;(2)观点明确,内容充实,层次清楚,语言流畅;(3)总字数800～1000字。

"给定材料7"中讲述刘女士和李老太家人间故事原文是:

前不久,一位普通农妇刘女士在骑电动三轮车赶集的归途中,遇到同村76岁的李老太太及其孙女步行回村,遂热心搭载她们坐"顺风车"。不料路上三轮车侧翻,三人均受伤,其中李老太太伤情最重,经抢救无效去世。出于愧疚,刘女士主动提出给予经济赔偿,而李老太太家属四次坚决拒绝。刘女士说:"如果不是我好心办坏事,老太太就不会走得这么早。无论花多少钱都必须补偿!"

李老太太家属则说:"我们不能让好人做了好事,却得不到好报。"

作文前,应该先对这段材料进行具体分析,概括出这个故事中所包含的深刻含义:刘女士在回家途中热心帮助乡亲,出了事故不推卸责任,真诚提出赔偿;李老太家人知恩图报,坚决拒绝赔偿。因此,这个看似简单故事中反映出的热心助人、勇于承担、知恩图报等道德品质,正是作文立论的依据,自然也就成为后面展开议论的由头,两家人的故事当然也是大力弘扬高尚品质、道德建设的有力例证。

2012年"国考"后,网络上有一篇范文,广为流传:

人无德不立　国无德不兴
——大力加强道德建设　促进社会和谐发展

中华民族历来有崇德重德、尚德倡德的传统,常言道,"人无德不立,国无德不兴",强调的就是道德对于个人修身立业和国家长治久安的重要作用。普通农妇刘女士出于好心搭载同村李老太太及其孙女,不料路上三轮车侧翻致李老太太伤情严重,对此,刘女士主动提出给予其经济赔偿却遭对方家属四次坚决拒绝。这一动人故事的背后,折射出的是社会公德之美,它犹如一股清泉,浸润了我们每一个人的心田。

随着改革开放和社会主义市场经济的不断发展,我国社会意识出现多样化态势,人们思想的独立性、选择性、多变性、差异性日益增强。但随之而来的各种道德范畴内的问题却屡屡出现,社会一些领域和一些地方道德失范,是非、善恶、美丑界限混淆,拜金主义、享乐主义、极端个人主义有所滋长,见利忘义、损公肥私行为时有发生,不讲信用、欺骗欺诈成为社会公害,以权谋私、腐化堕落现象严重存在着。在全面建设小康社会、加快推进社会主义现代化、构建社会主义和谐社会的新时期,高度重视和大力加强道德建设,显得尤为重要。

加强道德建设需要以教育为根基。早在战国时期,孟子就曾提出"善政不如善教之得民也"。当前,随着经济全球化的深入发展和社会生活各领域的深刻变革,人们思想多元多样多变的趋势日益明显,主流价值观和基本道德规范在一定程度上受到挑战。但市场经济的发展不能以牺牲社会道德为代价,道德教育在任何时候只能加强不能削弱。只有把社会主义核心价值体系作为道德教育的主题,融入到整个国民教育当中,不断丰富教育内容,创新教育方式,充分发挥道德模范的榜样作用,抓细节抓具体,持之以恒,才能推动良好道德风尚的形成,更好地助推经济社会的健康发展。

加强道德建设需要法律和制度作保障。德以劝善,法以诛恶。要使道德教育由软变硬、由虚变实,必须有一套严格的法律和制度来规范和保障。法律是道德规范和社会文明的风向标,必须把道德观念渗透到社会管理之中,把道德规范体现到法律、法规的制定之中,并通过法律、法规和各项制度的严格执行,扶正祛邪、惩恶扬善,使外在的道德规范内化为人们的行为自觉。惟其如此,人们从善的信心才能得到提升,整个社会的道德基石才能坚实稳固。

加强道德建设需要每个人从自身做起。国家者,积人而成。遵守社会主义道德既是觉悟,也是义务,道德大厦的建设需要每个社会成员添砖加瓦。全社会都要讲公德,只有人人修身自律、躬行实践,才能积小流而成江海,积小善而成大德,富强、民主、文明、和谐的目标才能真正实现。加强道德榜样的宣传,辩证吸取中华传统道德精华,去其糟粕,才能适应当今社会,提高中华人民的整体素质。

康德曾说:"世界上有两件东西能够深深地震撼人们的心灵,一件是我们心中崇高的道德准则,另一件是我们头顶上灿烂的星空。"相信随着公民道德建设的大力提倡,我国公民道德建设会取得长足的进步与发展,社会主义精神之花必将灿烂绽放,国家必将长治久安。

这篇作文洋洋洒洒,看起来写得很有高度,语言流畅,层次分明,但它没有结合具体的材料来构思行文,只是泛泛而谈,犯了供料议论文的大忌,更像是一篇纯粹的中学话题作文。具体而言,它虽然在开头概述刘女士的故事,随即提升到道德建设的高度,自然没错,但因为道德包含的内容太丰富,必须对这个故事加以分析提炼,指出其中的特殊性,即刘女士、李老太家人的高尚品德到底是什么,这样论述起来才能有依据。

需要指出的是,行文中使用材料时要特别注意,不要整篇文章或大段照搬照抄、堆砌给定资料。一般情况下应结合给定资料,并注意联系当前社会实际和自身体会,必须对材料进行整合、提升,做到来源于材料又高于材料,同时根据作文实际,为我所用,用得恰到好处。

概括而言,中学话题作文中提供的材料,行文时可用可不用,作文只要和材料相关即可。而申论题目中提供的材料,行文时必须使用,具有必然性。

3. 文体的单一性

申论作文的文体,一般由命题者设定,考生在文体选择上受到限制,没有选择自己擅长的文体的自由。限定文体,是与公务员特定身份有关。公务员写作经常使用的文体主要是议论性文章和公务文书等实用性文体,而非审美性文体。公务员的写作能力,体现的是实用文的写作能力。申论要求"申而论之",记叙文、抒情文、描写文都难以达到"论"的目的。因此,记叙文、描写文、抒情文等文体，一般不在考查范围之内。文体"走样"，写出的文章自然不符合要求。申论作文文体比较固定，是议论文。当然，这里的议论文是广义的，它包括政论类、策论类、评论类和话题类等。一篇申论作文也可以是以上两种类型的综合体。需要特别指出的是，公文也可以看做一种特殊的议论文。

4. 语言的限制性

现行《考纲》（省级以上）对"文字表达能力"的要求是："熟练使用指定的语种，运用说明、陈述、议论等方式，准确规范、简明畅达地表述思想观点。"《考纲》（市地以下）对"文字表达能力"的要求有所降低："熟练使用指定的语种，对事件、观点进行准确合理的说明、陈述或阐释。"《考纲》规定的"省级以上"和"市地以下"两类写作的表达方式都不包括"描写"和"抒情"，而二者正是表达方式中最具有文学性的。申论作文文体一般可以看做广义议论文，不是审美类文章，能显示文体特征的表达方式，如议论、叙述、说明可以使用，而描写、抒情则不宜使用。

一般而言，申论作文语言应做到准确、平易、流畅，富有表现力。但这并不意味着语言只能平易，没有文采。2008年"国考"省级（含副省级）申论试卷作文题和2009年"国考"省级（含副省级）及市（地）以下综合管理类申论作文题都明确要求"语言生动"。这是对之前考生作文八股文风的反拨。但是，如何做到既语言生动，又符合申论作文特殊文体的文风，并不容易。考生平时复习迎考过程中可以多阅读此类文章（如《半月谈》中"半月评论"），细心揣摩，借鉴这类文章进行练笔，应该有所帮助。

此外，申论作文并不完全排除抒情，比如：议论文本身可以带有感情倾向；论述时可以适当使用抒情式议论；如果是讲话稿，广义上说它属于演讲稿，自然可以有一些抒情的成分，但是对抒情方式仍然需要控制性使用。申论写作，不仅要"练治"（掌握理论知识、政策水平，具备分析问题、解决问题的能力），还要"工文"（熟练应用相关文体，有良好的语言表达基本功），力求做到文质兼美。

歌德说"在限制中才显示出大师的本领，只有规律才能够给我们自由。"[①] 申论大作文的写作，要受到种种限制。要熟悉这些限制，通过多次练习，把限制转化为规律，在答题中巧妙地利用这些规律，才有可能写出满意之作。

第三节　申论考试备考策略

一、密切关注时政热点，掌握国家方针政策

申论成为公务员招考科目以来，围绕什么来命题成为申论研究者和应试者关注的焦点。实践证明，每年的申论命题大多选择近年的社会热点问题作为给定资料，所以关注社会热点就成为人们想取得理想成绩的必然选择。

社会热点是指最近一个时期社会各界比较关注的，引起党和政府重视的社会、政治、经济问题等。要勤于看书看报以及媒体的日常报道，包括阅读报纸、杂志中对这些社会热点问题的评论。如果能够了解热点问题的前因后果，把握热点的特点本质，就能够理解热点的解决方法。所以，把握社会热点必须提前介入，这样才能够使自己在申论考试中"胸有成竹"。尤其是对党和国家的基本路线、基本纲领、基本政策等，要深刻领会。只有深切领会党和政府的各项决策，才能在申论的写作中有精神支柱，才会高瞻远瞩，有"话"可说。要做到这一点，应首先阅读和熟悉每年的《政府工作报告》和党的重要文件。认真思考重要现实问题和"国策"的关系。这就是说，要理

---

① 歌德. 自然和艺术(1802)[M]//冯至，钱春绮，绿原，译. 歌德诗选. 人民文学出版社，2001：222.

论联系实际,在熟悉某个现实问题时,要认真思考一下:解决这个现实问题,运用哪个"国策"比较有效。或者在熟悉"国策"时,认真地思考:这一"国策",可在现实生活中解决哪些重要现实问题?在复习中,力求把现实问题与"国策"挂钩,把两者紧密地联系在一起。只有这样,才能真正把握未来考试的内容,才能够真正做到"万事俱备"。

根据近几年命题的思路,中央和各省、市的申论试题从媒体、官方文件取材的频率较高。考生要充分利用各种媒体,比如:

中央政府网站(http://www.gov.cn/)。是国务院的门户网站,该网站刊登国务院发布的各种方针、政策,许多文件针对具体问题,有不少问题属于社会热点。例如"国考"2007年申论试题的土地问题,关于土地问题的现状、如何解决土地问题的措施,国务院于2006年8月31日发布了《国务院关于加强土地调控有关问题的通知》,在这个通知里,对如何保护土地,给出了具体的规定。如果考生在考前阅读过这个文件,必然对答题有很大帮助,尤其是最后的作文题,可以直接使用文件中的观点与措施。

人民网(http://www.people.com.cn/)。人民网是依托人民日报的网站,要重点关注其中的"人民日报要闻要论""评论频道"。

新华网(http://www.xinhuanet.com/)。该网站由新华通讯社主办。往往对人们普遍关心的社会热点问题给予深度报道。2006年"国考"申论试题,就是新华网中"新华访谈"的原文,只是把访谈的"武部长"换成了"D部长",如果考前阅读过,绝对帮助很大。

《半月谈》。该杂志由中共中央宣传部委托新华通讯社主办,有着巨大的影响力和权威性。该杂志的"政治观察""经济纵横""专题报道"等栏目都是对某一社会热点问题的较宏观的报道或介绍,可读性强,反映面广,议论深刻。特别是它的评论性文章,为申论大作文写作提供了借鉴范例。

《瞭望周刊》。该杂志对每周所发生的社会热点都给予了集中的关注和报道,有助于及时了解真相,把握时代的脉搏,笔锋犀利,见解深刻,引人深思。

中央电视台新闻综合类节目。如《焦点访谈》《新闻调查》《新闻会客厅》《新闻1+1》《朝闻天下》等。

在阅读中培养申论思维,积累资料。关注热点以及社会各界的看法,综合各方面的意见,提出自己的观点,并提出与之相对应的解决方案。久而久之,观察、分析、理解能力就会不断提高。申论考试的资料涉及面虽然很广,但万变不离其宗。申论考试的目的是为了考查考生分析、整理资料能力和概括问题、分析问题、解决问题的能力。考生应从考试的目的着手,有的放矢,在考前的准备过程中,多积累资料,做关心国家大事的"有心人"。

二、深入了解申论命题原理及答题规律,多练习

申论的复习过程一定要讲究方法,不能一蹴而就。在备考阶段对历年试题有宏观上的认识,密切关注申论的命题趋向。要深入领悟申论热点资料的内涵。平时可以多看一些申论试题及参考答案。多写多练,找一些真题及模拟试卷进行练习。在写出文章之后,最好及时找到专业人士给予客观地点评,循序渐进地提升自己的申论写作水平。

思考与练习十

一、思考题

申论论证不同于高考话题作文的写作,申论论证必须具有"阅读材料的问题意识""思考问题

的公职意识""针对机关工作的务实意识"和"答题表述的公文语体意识"。下面的3篇文章是学生根据教师布置的作业撰写的申论论证,比较这3篇文章,分别指出前两篇存在的问题,第三篇好在何处。[1]

材料:有一残疾女,生活本来就很困难,又被人骗走了1000元钱,气极之下,欲从12层楼跳下。在苦劝无果的情况下,一位警察自掏1000元作为对她的补偿,这才将她劝下……作为人民警察,在实际工作中,经常会遇到诸如此类需要紧急救助的问题。

要求:假设你是政府机关的工作人员,请你根据材料所反映的主要问题,自拟题目,发表看法。写作时,要求见解明确,理据充分,条理清楚,语言通畅,不少于800字。(略有改动)

[选文一]

不值得大力提倡

因为1000元被骗而欲跳楼自杀的残疾女子,其生活的困窘、经济的拮据、生命的卑微、对尘世的厌倦、对行骗者的憎恨与无能为力,从这种极端的方式中可想而知。

尽管围观的人很多,但别人去救,值得赞扬与褒奖,别人不救,也不能评头论足,惟有警察,必须救下这条稍纵即逝的生命,否则,只会受到社会的谴责与非议。所以,任何一位有良知与责任感的警察,都会掏出这1000元的。

但是,这种做法显然不值得大力提倡,毕竟民警不是霍英东、邵逸夫那样的大慈善家。在喧嚣繁华的都市,在经济飞速发展的今天,有人因1000元被骗而自杀,民警个人掏钱包解决问题,是社会的不幸?还是现实的无助?在那些手握公款大吃大喝、公费旅游的人眼中,1000元,可能连一道菜、一瓶酒都不够。政府机关应当效仿某些发达国家,对屡禁不止的公款消费予以约束,节余的部分建立政府爱心救助创业基金;对确实因生活困难而绝望走上不归路的人予以扶助,让其创业。只要其能自食其力了,也就不会自杀了。民警也不会面临这样的难题了。

[选文二]

救人一命,被骗何妨

无论是否被欺骗,救人是第一位的,如果自掏腰包能救人一命,我会自掏1000元,理由如下。

一是保护公民的人身安全是人民警察的任务。"保护公民的人身安全"是《中华人民共和国人民警察法》赋予人民警察的任务之一,新录用的人民警察上岗前都曾面向警徽宣誓过,要"恪尽职守,不怕牺牲,全心全意为人民服务","愿献身于崇高的人民公安事业,为实现自己的誓言而努力奋斗"。人民警察为了保护公民的人身安全甚至可以付出生命,何况1000元钱。

二是科学发展观的核心是以人为本。以人为本,是公安机关及其人民警察坚持全心全意为人民服务宗旨的体现,是人民警察坚持"立警为公,执法为民"的必然要求。公安民警学习、实践科学发展观,就是要始终把实现好、维护好、发展好最广大人民的根本利益作为一切公安工作的出发点和落脚点,因此,应该自掏腰包1000元,保障残疾女子的生存权。

三是帮助残疾人是公德的要求。残疾人是社会的弱势群体,给予残疾人方便和帮助是社会公德的要求。作为公务员,人民警察理应模范遵守《中华人民共和国公务员法》规定的"模范遵守社会公德"的义务。从帮助残疾女子的角度来说,人民警察自掏腰包1000元也不为过。

[选文三]

关于建立人民警察爱心救助长效机制的意见

面对1000元被骗而欲跳楼自杀的残疾女子,作为人民警察,必须救下这条稍纵即逝的生命,别无选择,否则,只会受到社会的谴责与非议。所以,任何一位有良知与责任感的警察,都应当掏

---

[1] 张志华. 谈申论写作应具备的科学意识[J]. 写作.2015(02):44—48.

出1000元的。但是,对于民警个人而言,处置这种情况,一次、二次可以,三次、四次也还能够勉强应付,但毕竟民警不是霍英东、邵逸夫那样的大慈善家,次数多了,必然难以承受。为有效解决这一问题,有必要从社会管理创新的角度,从经费保障、管理制度上考虑,形成长效机制。

一、建立人民警察爱心救助基金。近年来,我国慈善组织和基金正如雨后春笋般发展,关爱弱者,扶危帮困,解决了不少问题。但对于需要紧急救助的问题,有时远水解不了近渴,很难做到及时到位、雪中送炭。人民警察由于职责的缘故,经常遇到需要紧急救助的人员,上述1000元被骗而欲跳楼自杀的残疾女子,就是典型的一例。因此,有必要建立人民警察爱心救助基金,既可以接受民警平时的爱心捐赠,也可以接受社会人士志愿捐款,遇到迫切需要救助的时候,即可以动用。

二、授予人民警察爱心救助基金使用的处置权。人民警察爱心救助基金,不同于社会上的一般慈善基金,应当与人民警察依法履行职责相配合,用在刀刃上,用在急、难、险、重的问题上,对于处置类似被骗而欲跳楼自杀的残疾女子这样的问题,应当授予人民警察爱心救助基金使用的处置权,简化程序,及时高效,以解决燃眉之急,救助于当救之时。

三、对于人民警察爱心救助基金的处置情况给予检查与监督。人民警察爱心救助基金,仅限用于人民警察依法履行职责、需要迫切救助的情况,既不容许人民警察滥用职权动用救助基金,也不容许别有用心的人骗取救助基金,为了做到这一点,应当对于人民警察爱心救助基金的使用情况给予严格的检查与监督,确保这一制度的良性运行。

如果建立了人民警察爱心救助基金,健全了人民警察爱心救助制度,形成了人民警察爱心救助的长效机制,从经费保障、制度上解决了这一问题,人民警察也就不会面临这样的难题了。

二、小练习

(一)从互联网上查阅5套近几年的"国考"申论试题,运用说明或议论从中分别选作各种题型的"内容概括"和"材料分析"。

(二)从"超星电子图书"中查阅《〈申论〉最后冲刺》中的《2004年国家公务员录用考试〈申论〉最后冲刺(十一)》,就该书给出的第2题(制定对策)的"答案提示"(第94面)中的错误进行修改。

三、申论大作文

(一)申论论证"自编题"

请扫描二维码,阅读柳昌林、赵叶苹采写的通讯《"资深醉汉"脱贫记》,假设你是政府机关基层工作人员,请就脱贫问题,自拟题目,发表看法。写作时,要求见解明确、理据充分、条理清楚、语言通畅,不少于1000字。

"资深醉汉"
脱贫记

(二)申论论证"国考""省考"题

1. 从互联网上查阅2005年"国考"申论试题,按第3题(2)的题干要求撰写评论文。

2. 从互联网上查阅2006年"国考"申论试题,按第3题的题干要求撰写策论文。

3. 从互联网上查阅2007年广东省公务员录用考试申论试题,按第3题的题干要求撰写政论文。

4. 从互联网上查阅2012年"国考"申论试题(省级以上含副省级),按第4题的题干要求撰写话题文。

第四版后记

深受各界好评的《新编大学写作教程》经过三年修订,第四版终于和大家见面了。

三年来我们做的补苴罅漏工作如下。

为了适应学生实现生命与生存意义上的更高价值、写作的发展变化和更好地开展精讲多练、讲练结合的教学及社会需要,对一些章节作了不同程度的修改,重新编写了戏剧文学、杂文、社会评论,增添了广告文案,这是本次修订教材做的第一项工作。

同第一项工作相比,投入精力花费时间更多的是第二项工作——增补"思考与练习"。我们深知教师根据讲授的理论寻找精切的材料、设计相应的训练题目常是"耐得半宵寒",学生学习写作"既学患不行"。为了方便教师有计划地教和有利于学生有规范地学,第二项工作是以设计题目更有益于以学生为中心的启发式、合作式、参与式教学与符合写作的规律性、指导训练的科学性、构建训练题目的系统性、训练的有效性和开拓学生写作思维能力的引导性为原则开展的。全书中"思考与练习"增加内容很多。在整个配套练习中,供学生把写作意识与写作训练结合起来阅读的文章是按照"深、精、趣、美、新、宜"和读之眼睛一亮,阅后不会忘记的标准选择的。思考题和小练习都是为开展课堂讨论或课下练习设计的,大作文也是为学生学习一章内容后的针对性训练设计的。

通过做"思考与练习",学生在动脑、动口、动手中产生写作兴趣,真正掌握了写作理论,提高了写作的素质、修养和能力,走出校门成为在工作单位需要的写家或更高效地指导学生写作的执教者,这是我们增订教材渴盼的效果。

这次参加第一项修订工作的人员:

第一章、第二章、第三章执笔者是王锡渭(阜阳师范学院);第四章执笔者是廖万军(淮北师范大学);第五章中的报告文学执笔者是王锡渭;第六章中的散文、诗歌、戏剧文学执笔者分别是王锡渭、涂明求(合肥学院)、张莹(安徽省艺术研究院);第七章中的公文执笔者是王锡渭、付为贵(皖西学院);第八章各文体执笔者分别是郝学华(聊城大学)、毕建模(泰山学院)、王锡渭、黄悠纯(湘南学院);附篇一广告文案执笔者是杨先顺(暨南大学)、周文娟(广州工业大学);附篇二申论执笔者是李定乾(安徽师范大学)。

参加第二项修订工作的是王锡渭。

对教材提出具体修订意见的和全书的统稿者是王锡渭。

教材是教学的基本工具,一本好教材是提高教学质量的重要保证。为把教材打造成一个开放体系,使之成为一本完善的教本和学本,我们在继续努力,热切地期待着您的修改意见或建议。

编 者

2017年2月28日